KB237175

현대의 지성 96

이성과 정치존재론

남경희

문학과지성사

1997

현대의 지성 96
이성과 정치존재론

펴낸날/ 1997년 9월 5일

지은이/ 남경희
펴낸이/ 김병익
펴낸곳/ ㈜**문학과지성사**
등록번호/ 제10-918호(1993. 12. 16)

서울 마포구 서교동 363-12호 무원빌딩(121-210)
편집: 338)7224~5 · 7266~7 FAX 323)4180
영업: 338)7222~3 · 7245 FAX 338)7221

ⓒ 남경희, 1997. Printed in Seoul, Korea
ISBN 89-320-0940-6

값 17,000원

이성과 정치존재론

이성과 정치존재론

책머리에

　인간의 존재 양식에서 정치적 또는 사회적인 관계는 가장 본질적이고 기초적인 특성이다. 이런 관계의 전형적인 것이 타인들과 사회적 관계를 맺는 한편으로 국가의 법과 권력의 규제를 받으며 사는 일일 것이다. 인간은 정치적 동물이라는 이 그리스적 테제는 많은 사람들에 의해 거듭 반복적으로 강조되어왔다. 하지만 정치성의 핵심인 타인들과의 인간 관계는 외부적이고 심리적 압박을 가해오기도 하는 측면이 있으며, 국가란 많은 선(善)들을 제공함에도 불구하고 강제와 구속의 가장 큰 근원지이기도 하다. 그러므로 인간이 본질적으로 정치적인 존재임을 밝히려면 인간의 삶에서 국가 권력과 정치적 사회적 의무의 당위성이나 필연성을 보여주어야 할 것이다.

　이런 문제들에 대해 현대의 정치철학적 저서들이 국가의 존재나 인간의 정치성에 대한 논거로 제시하는 것은 주로 경제적 협동과 교환의 이익이나 사회적 교류의 필요, 또는 개인적 자유와 권리의 보호 등이었다. 이들은 인간의 정치성을 경제적이고 이해타산적인 관점에서 논하고 있다. 이런 입장의 핵심적 논거는 근본적으로 국가 내에서의 타인과의 협동이나 국가에의 소속이 개인적 삶에 보다 편리하고 안전하며 효율적이라는 것이다. 이들은 국가가 자연 상태의 불편함을 극복하기 위해 개인들이 계약을 체결한 결과 등장한, 개인적 삶의 도구라는 국가 도구론을 개진하고 있다.

　현대의 지배적인 이념은 개인주의 · 자유주의 · 개방주의 등이다. 이런 정신적 분위기에 힘입어 위의 입장은 설득력을 발휘하는 것으로 보인다. 이런 이념들은 개인의 자유와 권리, 삶의 영위에 있어서 개인의 주도권을 제1의 가치로 삼으며, 그러므로 국가나 타인과의 관계를 개인적 삶에 있어 이차적인 역할을 하는 것으로 간주한다. 다른 한편으로 이들 이념들은 국가의 등장을 인간 권리의 창출과 보호라는 요인에서 찾으려 하며, 권리라는 개념이 인간의 존재론적 지위와 연관되므로, 인간의 정치성을 설명하는 데에서 어느 정도는 윤리적이고 존재론적인 접근을 보여주기도 한다.

　그런데 국가 도구론이나 국가 이익론은 국가와 타인과의 관계가 삶의 불편함을 해소시켜줌을 보여줄 수는 있으나, 그런 관계가 인간 삶에서 윤리적 당위이거나 존재론적 본질임을 입증해주지는 않는다. 이 입장은 오히려 그 반대를 함축하여, 삶의 불편을 감수할 자신이 있다면, 정치적 삶을 떠나서도 인간적 인간으로 존재할 수 있다고 시사한다. 인간은 전통의 믿음과는 달리 비정치적일 수 있다는 것이다. 타인과의 관계, 권력의 존재는 인간의 삶에서 필연적이지도 당위적이지도 않다. 그것은 단지 삶의 불편을 덜기 위한 차선적 불편 또는 필요악이라는 것이다.

　다른 한편으로 이들이 논하는 권리의 개념은 개인의 불가침성, 고로 폐쇄성을 전제하므로 개인 실체론의 입장에 서 있으며, 이런 입장 역시 인간을 존재론적으로 비정치적인 존재로 만들어버린다. 이런 접근은 자연권론의 전통이 안고 있는 가장 큰 약점이라고 지적할 수 있을 것이다. 타산적 합리성이 인간의 정치적 능력의 핵심이며 국가는 개인들간의 계약의 소산이라는 견해는 개인 실체론의 필연적 귀결이다. 이런 실체론과 밀접히 연관되어 있는 것이 그들의 소극적 권력관이다. 국가 권력은 그 필요성에도 불구하고 개인을 구속하고 강제하는 가장 큰 힘으로서 일종의 필요악이라는 것이다. 권력은 개인의 자유와 권리를 보호하기는 하나, 근본적으로는 강제력으로서 자유를 구속함으로써만이 그 자유를 보호하는 역설적인 존재이므로, 인간 역사의 이상은 국가 권력을 해체하는 것이다.

국가의 기원이나 존재 이유, 개인의 권리, 국가의 권력, 자유와 평등과 정의 등의 정치적 여러 가치를 논함에 있어 개인을 중심에 놓거나 더 나아가 개인 실체론을 전제할 경우, 정치성은 인간에게 우연적 속성으로 격하될 수밖에 없다고 생각된다. 그러나 과연 인간이 이 자연에서, 지구에서, 우주에서 홀로 살 수 있는가? 과연 인간적인 인간이 국가 사회 역사와 무관하게 등장할 수 있는가? 인간은 정치적 관계를 떠나서는 인간적인 인간이 될 수도 없음은 물론이거니와 이 지구에 등장할 수도, 나아가 개인적 자아를 형성할 수도 없다.

현대 자유주의 국가관에서 개인의 존재나 그의 권리는 당연한 것으로 주장되고 전제되어왔다. 현대 정치철학에서 개인의 실체성은 그 기초나 근거에 대한 논의 없이 당연한 출발점으로 전제되어 있다. 바로 여기에서 자유주의의 이론적이고 현실적인 문제들이 발원한다는 것이 필자의 판단이다. 필자는 자유민주주의의 보편적 정당성을 인정하고 수락하면서도, 그 존재론적 기초가 되는 개인성, 개인의 자유와 권리, 권력의 존재, 국가의 존재 이유 등의 근거가 모색되어야 하고, 그 모색은 보다 근원적인 관점에서 이루어져야 한다고 생각한다. 새로운 전망의 관점을 제공할 수 있는 것이 존재론이다. 우리는 정치철학적 주제들이 존재론의 긴밀한 연관 속에서 논의되는 모범적인 예를 고대 그리스적 사고에서, 특히 플라톤과 아리스토텔레스에게서 발견할 수 있다.

왜 존재론적 전망인가? 그것은 존재론이 기초적이기 때문이다.

단지 철학적에서만 존재론이 더 기초적인 것이 아니라 우리 사고의 범주에서도 이런 관점이나 개념들이 보다 기본적이고 일차적이며 포괄적이다. 좀더 정확한 표현은, 존재론적 개념이 일상의 사고와 어법에서 더욱 기반적 역할을 하므로 철학에서도 존재론이 더 근원적이다. 존재론이 기초적임을 보이는 단적인 사실은 '있다' 와 '이다' 의 어휘가 우리의 사고와 언어에서 필수적이며 편재적이라는 점이다. 이들의 어휘가 이렇게 범주적인 이유는 언어 활동이라는 것이 본질적으로 술어 규정이고 존재하는 것들에 대한 인식의 표현이기 때문이다.

이들의 어휘가 없이는 우리의 언술은 물론 사고조차 불가능하다. 그런 점에선 우리는 일상의 언어 생활과 사유에서도 존재론자들이다. 인간이 살고 행위함에 있어서 여느 동물과 다른 결정적인 차이는, 인간은 먼저 무엇이 있고 없음을 인식한 연후에 행위하고 삶을 영위한다는 점이다. 다른 생명체와는 달리 인간은 말하자면 행위의 수행과 삶의 영위에 있어 존재론적인 결단을 선행시키며, 나름의 존재계를 구축하고서 그리고 그러면서 삶을 영위한다.

인간이 존재계를 구축하고 정치적 활동을 함에 있어서 가장 중요한 능력은 이성이다. 국가의 기원과 관련하여 많은 철학자들이 이성의 역할에 주목하였다. 이성은 다양한 기능을 발휘하며 여러 가지의 모습을, 심지어 상반되는 모습까지도 보이고 있다. 인간의 이성은 공장과 시장에서 개인의 욕망에 봉사하는 도구의 역할을 하기도 하지만, 학문의 세계에서 개인의 특수성을 넘어 보편의 지평으로 나아가게 한다. 현대의 정치철학자들이 주목하는 이성은 도구적이고 계산적인, 공장과 시장의 이성이다. 근현대의 국가론의 주류는 계약론이며, 인간으로 하여금 국가를 계약하게 인도하는 이성은 서로간의 이해 득실을 계산하는 타산적인 이성이다. 필자의 견해로는 타산적 이성은 국가의 등장을 가능하게 할지는 모르나 국가나 정치적 관계의 당위성을 지원해주지 않을 뿐 아니라, 그런 이성은 국가와 정치적 관계를 단지 도구로서 이용할 뿐이다.

공장과 시장에서만이 아니라 학문적 활동을 하면서도 인간은 이성을 사용한다. 그런 이성은 인간의 개인적 특수성을 넘어서 인간의 현존과는 전혀 차원이 다른 보편의 지평으로 나아가게 한다. 가령 기하학적 증명을 하는 경우를 보자. 하나의 기하학적 정리에 대한 증명에 합의하는 두 사람은 서로 타자이면서 증명을 행하는 동안은 하나의 존재이다. 그들은 일자(一者)이다. 두 개인이 서로 이질적인 타자이면서도 동질적인 일자가 되고 보편성의 공간에 설 수 있게 하는 것은 그 증명의 주체인 보편 지향적 이성이다. 이런 보편 지향성이 학문적 이성의 특성이며, 이런 이성은 비단 학문의 세계에서만이 아니라 윤리적 가치의 추구, 나아가 정치적 세계의 구성에서도 작동하고 있다. 어쩌면 인간은 정치적이고 사회적 존재이기 때문에 학문적 보편의 세계를 전개할 수 있는지도 모른다.

국가라는 것이 실체적 개인들이 자연 상태에서부터 지니고 있던 자신의 능력이나 재화 그리고 자유와 권리를 들고 나와 흥정을 하고 계약을 맺어 등장한 것이라면, 그것은 통합성이나 동질성을 갖출 수 없을 것이며, 하나의 주권을 행사하지도 못할 것이다. 그러나 국가란 공적인 상태로서 어떤 종류의 동질성의 공간이고, 그런 이유에서 우리는 '법 앞의 평등'이니 '분배의 평등' 등을 논하며, 모든 사람들이 동등할 수 있는 측면을 찾는 것일 것이다. 나아가 국가는 단순히 개인들의 계약적 집합체가 아니라 하나의 통합적이고 일자적인 인격체와 같다. 국가가 이런 인격적인 존재일 수 있을 때, 우리는 한 국가의 정체성을 논할 수 있으며 주권의 절대성이나 신성성을 운위할 수 있다. 국가는 일자적인 존재이며 보편의 공간이다.

개인들은 이런 국가의 구성원으로서, 타인과 경제적이고 시장
적 흥정의 관계만이 아니라 정치적이고 윤리적이며 문화적인 관
계를 맺는다. 개인들은 한 국가와 민족이나 공동체의 일원으로서
소속감이나 연대감을 중히 여기면서 살며, 그런 한에서는 다른 사
람들과 같은 동질적이며 하나인 삶을 영위하는 측면이 있다. 정치
적 관계, 국가적 관계는 단지 타인들과의 협동의 이익을 나누기
위한 경제적이고 외적인 관계만은 아니다. 정치적 관계에서 좀더
기반적이고 일차적인 것은 개인들이 타인과 공존적이며 동질적인
연대성을 지니며 산다는 점이다. 인간은 보편적 이성의 인도를 받
아 국가를 구성하고 정치적 관계를 맺으며 사는 한, 타인과 하나
가 되며 보편의 공간에 서기도 한다.

다른 한편으로 정치적 인간 *homo politicus*은 학문적 인간과는
달리 순수 이성 주체가 아니라 신체를 거점으로 하는 구체적이고
특수적인 존재이다. 이런 존재로서 인간은 자연의 사물들·동물
들과 동류의 존재이다. 인간은 동물이며, 그런 한에서 아직도 자
연 상태에 몸담고 있는 특수적 존재들이다. 인간은 신체를 벗어날
수 없으며, 그러므로 벗어나려 하거나 신체적 현실을 무시해서도
안 된다. 정치철학은 물론이거니와 철학 일반은 인간의 이런 근본
적인 사실을 탐구의 출발점으로 삼아야 한다. 전통적으로 존재론
은 인간의 이런 특수자적이고 구체적인 현실을 지양 극복하려 시
도하였으며, 그런 관점에서 존재론을 전개하기도 하였다. 정치존
재론은 이런 전통의 극단성을 지양하고자 한다.

신체적 삶을 영위하는 존재로서 인간은 필연적으로 타인과 경
계를 그으며 자신의 사적인 영역을 존중받고자 하는 특수자적 존
재이다. 인간은 하나의 공동체 속에서 타인들과 공존하는 존재임
은 물론 더 근원적으로 그 속에서 존재성을 확인받으며 정체성을
형성해가는 존재이다. 그런 점에서 공동체의 다른 구성원들과 보

편적 가치를 공유하며 이를 실현하려 노력하며 하나의 통합적이고 일자적인 공동체의 구성원임을 확인하기도 하지만, 다른 한편으로 자신의 신성 불가침의 권리를 향유하고 자유를 구사하여 나름의 개성과 인생관 및 가치관을 실현하면서 살려고 하는 특수적이고 다자적(多者的) 존재이기도 하다. 이런 양면적인 존재 구조를 지니고 있는 개인들을 구성원으로 한다는 점에서, 국가 역시 일자적이면서 다자적이고, 보편적인 동질성의 공간이면서도 다양성의 자유를 보장해주어야 하는 다적(多的)인 공간이다. 필자가 말하는 정치존재론은 바로 이런 일자적이면서 다자적이라는 양극적인 측면을 지니고 있는 정치적 인간과 국가를 주제로 한다.

　여기에 실린 논문들은 필자가 위와 같은 문제들에 필자 나름으로 답을 모색하기 위해 생각을 세우고 논거를 들어 스스로를 설득하며 써온 글들이다. 약 10여 년 간 써서 발표한 글들 중 정치철학과 관련된 글들을 모아 수정 보완하였다. 어떤 것들은 수사적인 윤문 정도에 그친 것들도 있으나, 어떤 경우는 그 양이 두 배 가까이 늘어난 것도 있다. 이런 수정 보완을 거치면서도 생각의 기본 틀은 변경시키려 하지 않았다. 여기 글들은 쓸 때부터 한 권의 책으로 묶을 구상을 하면서 쓴 것들이기는 하나, 발표의 계제 때문에 다소의 반복은 피할 수 없었고, 이번에 한 권으로 묶는 과정에서도 문맥의 흐름을 고려하여 그대로 두었다.
　필자가 비판적 검토의 대상으로 삼았고, 필자 사유의 출발점과 이론적 배경을 제공한 것들은 이 책의 9장에서 11장까지의 자유민주주의의 정의론과 국가론이다. 그래서 이들의 글을 먼저 읽고서 앞의 글들을 읽을 수도 있을 것이다. 필자의 입장에서 핵심적인 개념들은 이 책의 제목이 보여주듯이 이성과 존재, 그리고 정치적 삶에 대한 고대 그리스의 존재론적 관점이다. 이런 관점 때문에

정치철학의 전통적인 개념들보다는 존재론의 개념들이 많이 원용
되었다.

현대의 정치철학에서 존재론이나 형이상학적 관점은 무관심,
나아가 기피의 대상이다. 이는 비단 정치철학이나 윤리학 등의 규
범학에서만이 아니라 20세기 철학의 기본적인 흐름이다. 필자는
인간의 정치성이 인간의 존재에 있어 본질적임을 밝히기 위해서
는 존재론적 전망이 필수적이라고 여기며, 더 나아가 철학 일반이
현상론임을 넘어서서 분과 과학과는 다른 지위나 역할을 주장하
고자 한다면, 존재론적 문제 의식은 필연적이라고 믿는다.

어려운 출판 여건에서도 필자의 책을 출판하여주신 문학과지성
사의 김병익 사장님과 출판을 주선하여주신 이화여대 불문과의
김치수 교수님께 감사드린다. 수정 사항, 추가 원고 등으로 어지
러운 원고를 전산 입력하고 교정하신 출판사 편집부 여러분들에
게도 사의를 표한다.

1997년 7월 17일
二梅村 서재에서
南 京 熙

차 례

제3부 권리와 권력

제4부　자유와 정의

제5부 이성과 평등

제1부

존재론적 전망

제1장
공동체, 자유 그리고 말

그러므로 국가가 자연의 창조물이며 인간이 본성상 공동체적 동물임은 명백하다. 〔……〕 우리가 거듭 말한 바와 같이, 자연은 무엇도 헛되이 만드는 법이 없으며, 인간은 자연이 말이라는 선물을 증여한 유일한 동물이다. 〔……〕 말의 힘은 편리한 것과 불편한 것을, 그러므로 정의로운 것과 불의한 것을 밝히는 데에 있다. 그리고 인간만이 선과 악, 정의와 불의 등등을 가릴 수 있음은 인간의 고유 특성이며, 이런 구분 능력을 소유한 생명체들의 연합이 가족이요 국가이다. (아리스토텔레스, 『정치학』, 1253a)

1. 우연적 삶

한 개인이 특정한 사회의 일원이 됨은 우연적이다. 나는 한국 사회의 일원일 수도 아닐 수도 있었으며, 이런 귀속은 선택이나 당위에 의해 결정되는 일이 아니라 우연적으로 이루어진다. 비단 한국이라는 특정의 공간에 태어남뿐 아니라 나의 삶의 현재라는

시간의 한 길이를 차지하고 있음 역시 우연적이다. 어디 그뿐이
랴. 나의 삶의 시·공간적 환경뿐 아니라 이 환경 속에서 고유한
삶을 영위하는 나의 신체의 제반 조건들마저 나의 뜻과는 상관없
이 부과된 것들이다. 나는 천재일 수도 백치일 수도, 키다리일 수
도 난쟁이일 수도, 몽고인들처럼 멀리 볼 수도 또는 안경에 콘택
트 렌즈까지 껴야 하는 약시일 수도 있었으며, 이러한 가능성의
현실화는 나의 존재 이전에 이루어진다. 그러나 내가 나이면서 지
금과 전혀 다른 신체를 지닐 수는 없으므로, 그리고 개인들 사이
의 차이는 결국 신체의 차이에서 기인한다는 철학자들의 견해를
수락한다면, 내가 나임까지도 우연적 소산이므로 나의 있음까지
도 우연이요, 결국 나는 우주의 변덕스러운 바람의 풍향에 날려
이곳에 잠시 머물게 된 미진일 수밖에 없을 것이다. 수만의 정자
들 가운데 나의 씨앗이 된 그 정자가 난자와 랑데부함은 우연 곱
하기 우연의 확률이 아니겠는가?

   이런 우연적인 나, 그리고 이 우연적인 내가 삶을 영위하는 환
경으로서의 사회는 도대체 이 우연성을 반성적으로 인지하고 있
는 나에게 어떤 의미가 있는가? 우연이란 무의미요 따라서 우연
의 늪 속에서 우연의 의미를 묻는 것은 도로에 불과할 것임은 분
명한 듯하다. 위의 의미에 대한 질문은 나는 왜 이 우연한 사회와
세계 속에서, 그리로 나아가 우연적인 신체를 가지고 살아야 하는
가라는 질문과 동치이다. 달리 말해서, 그것이 사회이건 세계이건
나의 신체이건간에, 내가 왜 우연히 점유된 공간인 여기에서 살아
야 하는가라는 물음이다. 내가 살아야 할, 그것도 특정의 방식으
로 살아야 할 당위적 이유를 이 질문은 요구한다. 이 '왜?'의 질
문은 모든 질문들의 원형으로서, 이 질문은 질문의 대상이 되는
사태에 대한 당위적인 설명을 요구한다. 실상 모든 설명은 설득력
이 있어야 하고, 설득력이 있는 것은 이성적인 것이며, 이성적인

것은 당위적이므로, 모든 설명은 당위적이다. 따라서 우리의 애초의 질문은 우연적 사태로부터 합리적 당위성을 찾아내려는 불가능한 시도이니, 세계에 대한 우리의 이러한 질문은 어쩔 수 없이 부조리를 잉태하여, 인간의 자식인 이 부조리는 제 어미의 목을 조를 수밖에 없는 것이다. 문제는 결국 우리에게 주어진 이 세계에 마침표를 찍기보다는 물음표를 던진 데 있다. 인간의 과도한 자의식 또는 반성적 의식은 원래 자신의 존재를 의미의 단단한 지반 위에 정초하고자 하는, 또는 자그마한 신체에 의해 제약된 협소한 공간에서 탈출하고자 하는 적극적인 노력의 현실화임에도, 역으로 우리를 허무의 심연으로 밀어넣는 역모를 꾸밀 가능성을 품고 있다.

2. 공동체

그러나 다른 한편으로 우연적인 세계에 대한 질문은 우연의 늪 속에 함몰되지 않으려는 몸부림일 뿐 아니라 그리 되지 않을 가능성 자체이기도 하다. 분명한 것은 내 발끝에 차여 구르는 돌멩이는 이 세계를 우연으로 인식하지도 않으며 이에 대해 질문하지도 않으니, 이런 점에서 돌멩이는 철저한 비(非)당위로서의 우연 또는 필연에 의해 규제되는 자연 세계의 일부이다. 인간의 고뇌는 주위의 세계가 우리에 대해서, 또는 내가 세계에 대해서 우연적임을 알아버린 데에 있으나(식자우환이라고 차라리 몰랐을 것을!), 이런 인식으로 하여 인간은 새로운 차원으로 비상할 수 있는 가능성을 갖게 되었으니 이 고뇌는 인간의 특전이라 할 수 있으며 따라서 부조리의 고뇌는 감내의 대상이 아니라 향유의 대상일 것이다.

그런데 이 상승에 대한 가능성을 현실화하기 위한 적극적이고

도 구체적인 작업의 제1단계에서 사회의 구성이 이루어진다. 이러한 사회의 구성은 우연적인 것으로부터 탈출하여 가치의 세계를 구축하기 위한 예비적 조건이다. 달리 말하면, 사회란 인간의 근본적인 제약 조건을 극복하기 위한 도구이며, 이 제약 조건들은 결국 신체 soma에 집약되므로 사회 구성은 신체에 날개를 달기 위한 이카로스 Icaros의 섣부른 만용일 수도 있는 것이다. 따라서 사회의 문제는 신체의 문제이다. 그리고 신체를 제약으로 인식한 것은 우리의 영혼이므로 신체의 문제는 영혼 psyche의 문제이기도 하다. 사회의 구성과 함께 문명·문화의 건설이 이루어지며 문명과 문화란 인간만의 세계, 우연의 바다 위에 떠 있는 당위와 가치의 항공모함이다. 아니 일엽편주이다. 그러므로 도시의 성(城)은 이방의 적들을 막아내기 위한 방어벽도, 우리의 안주를 보장해줄 보호벽도 아니다. 도시란 지상 탈출을 음모하는 자들의 비밀스러운 우주 로켓 발사 기지이다.

　내가 황색의 피부, 검은 눈동자, 검은 머리칼을 나의 일부로 지니고 있으며 한국어를 말함은 과연 우연적이며, 따라서 나는 한국 사회에, 한국 사회는 나에 대해 우연적인 존재임에 틀림없다. 그러나 한 사회를 이러한 우연성, 인간의 근원적인 제약 조건을 극복하기 위한 장(場)으로 파악할 때, 사회 구성원들은 이러한 제약 조건들을 연대적으로 인식하게 되며 이 제약에서 연유하는 고통을 함께하게 될 것이다. 이와 같은 상황 인식의 동일성, 고통의 공감이 이루어질 때, 이 사회는 더 이상 개인들이 이유 없이 피투(被投)된 우연성의 공간이 아니라, 오히려 문제들을 해결하여 고통으로부터 해방되고 모든 우연적 제약 조건들로부터 자유로워지기 위해 동참해야 하는 당위의 영역이 된다. 인간들의 우연적인 집합이 당위적이며 가치 추구적인, 소위 공동체로 변화한다. 내가 한국 사회의 일원이 됨은 분명 우연이나, 이제 내가 이 사회를 공동체로 파악하는 한, 내가 이 사회의 일원으로 삶을 영위해야 함은 당위이다. 한국 사회는 나에게 없어야 좋은 구속이 아니라, 오히려 나의 우연적인 그러나 근원적인 제약들(한국인이라는 제약까지 포함해서)을 극복하기 위한 필수적인 장치가 된다, 또는 될 수 있다.

우연적인 집단이 당위적인 공동체로 전화함에 있어 결정적인 요인은 방금 언급한 바와 같이 집단 구성원들이 자신들의 우연적 제약 조건들에 대한 인식을 공유하고 고통을 공감하는 일이다. 그리고 이런 공유의 인식과 고통에 기반하여 공동의 노력이 경주되어야 한다. 공동의 노력은 다시 지향하는 이념과 가치들의 체계를 정립하게 하는데, 이 체계를 그 사회의 가치관이라 한다. 가치관이란 한 주체가 소유하려 하거나 또는 이루어져야 한다고 믿는, 또는 좋거나 정의롭다고 생각하는 바들의 일관성 있는 체계일 뿐이다. 좋다 또는 정의롭다는 개념은 현실이 그렇지 못하다는 상황 판단과 이런 상황을 개선하려는 욕구에서 비롯하므로 가치관은 현실 개선을 위한 설계도이며, 이 개선된 세계는 우리의 동경과 이상과 열망의 피안이므로 한 사회의 가치관은 그 사회의 바람의 체계라 다시 규정할 수 있다. 가치란 당위의 세계, 꼭 이루어져야 한다고 우리가 생각하는 바의 세계에 속하는 특성이니, 가치관을 소유함으로써 개인들의 우연한 모임으로서의 한 사회는 당위적인 집단인 공동체로의 질적인 변화를 한다. 이런 당위적인 공동체는 인간 삶의 우연성과 부조리성을 극복할 수 있는 여건과 가능성을 공여해준다.

지금까지 공동체 구성의 결정적인 계기가 가치관의 형성·공유임은 논했다. 이 가치관을 공유하지 못한 사회는 단순한 원자적 개인들의 집적체일 뿐이고, 이러한 공간적 집적은 바람이 불면 언제고 흩어져 날리는 먼지의 무더기요, 그를 응결시키는 물기가 마르면 스러지는 모래덩이에 불과할 것이다. 우리의 신체는 자연의 일부로서 내 발길에 차여 구르는 돌과 같이 끊임없이 비와 바람에 씻겨 자신을 상실해갈 수 있다. 또는 자신 아닌 타자, 즉 모래와 먼지로 변해갈 수 있다. 그러나 우리의 신체가 돌과 달리 타자화의 경향성을 거스를 수 있음은 소위 생명이 있기 때문이요, 이 생명이 단지 우리를 자의적이고 충동적으로 휘몰아가지 않음은 정신이 존재하기 때문이다. 그렇다면 한 사회를 공동체이게 하는 것, 그 사회에 결속력과 유대감을 불어넣어 그 구성원들로 하여금 바람에 불려 이합집산의 원자 운동을 하지 않게 하고, 단일한 통일체이게 하는 그 사회의 가치관은 공동체의 영혼이라고 부를 수 있을 것이다.

3. 자 유

　공동체의 정신으로서의 가치관의 핵심적인 이념은 무엇이며, 이 가치관의 형성은 어떻게 가능한가? 인간은 자신의 몫으로 주어진 것에 만족하지 못하는 존재이다. 인간이 반성적 의식이 없는 동물이거나 그 이하의 존재라면, 즉자적(卽自的)인 상태에서 이 우주의 한구석을 차지하고 앉아 안분자족할 것이며, 자신의 현존이 설사 불만스러운 것이라 할지라도 이를 불만스럽게 느낄 리 없을 것이다. 불만은 자신의 상태에 대한 자의식과 이 상태의 미래적 상태와의 비교를 논리적으로 전제한다. 불만의 의식도, 그렇다고 해서 만족의 의식도 없는 무념(無念)의 상태에선 당연히 모든 인간적인 정서들, 고통 · 고민 · 갈등 · 회의 · 방황 · 동경 · 그리움 · 사랑 · 문제 의식 등은 우리를 괴롭히지 않을 것이다.

　인간이 완전한 존재인 신의 위치에 있다면, 인간이 자신의 반성적 의식을 아무리 첨예하게 하여 자신의 현존을 투시한다 해도 자신의 상황에 대한 불만을 느낄 리 없을 것이다. 인간이 자신의 현존에 불만을 느끼며 이념과 현실 사이에서 갈등과 고통을 느끼고, 현실 극복의 의지와 현실 안주의 유혹 사이에서 방황함은 지극히 인간적인 사태라고 말할 수 있다. 인간의 자신에 대한 의식, 즉 반성적 자의식은 따라서 인간의 멍에이기도 하나 인간을 이 우주의 좌표에서 고유한 위치에 정립시키므로 자연의 세계, 우연의 대양에서 우리를 부상시키는 부력과 같은 것이다.

이와 같이 물질의 세계에서 부상하고 더 나아가 비상하여 날아가고자 하는 지향처에 관한 이념들이 사회내에서 체계적으로 표현될 때 가치관이 형성되는 것이니, 이 가치관의 핵심적 가치는 자유이다. 자유란 인간이 떠나고 싶은 인간의 조건들로부터의 해방이며, 고통의 해소요, 문제의 해결 상태라고 규정할 수 있다. 우리는 주어진 현존의 조건에 아픔을 느끼고 주어진 현상에 대해 문제를 제기하게 됨으로써 자유의 이념을 소유케 되며, 따라서 이 이념의 실현 상태는 곧 고통과 문제가 해소 또는 해결된 상태라 할 수 있다.

자유는 달리 표현하면, 인간의 우연적인 제약 조건, 스스로 선택하지 않았음에도 외부로부터 강제된 조건들로부터의 해방을 의미한다. 외적인 조건들은 자연적인 조건과 사회적인 조건으로 나뉜다. 인간은 신체를 갖고 태어나며 따라서 신체의 변덕스러운 욕구를 충족시켜야 할 것이고 신체의 제약성·유한성 때문에 생로병사의 고통을 감수할 수밖에 없으므로, 자신이 날개를 단 듯한 착각에 빠져 절벽에서 비상하려는 무모한 시도를 감행해서는 안 될 것이다. 그리고 사회란 조직체로서 소정의 규약과 권력의 존재를 필수 조건으로 하며, 권력은 정당한 과업의 수행을 위해서이긴 하나 우리의 자연적 자유를 구속할 뿐 아니라, 더 나아가 사용(私

用)·오용·악용·남용되어 우리를 부당하게 강제·억압하고, 우리의 권리를 제한·침해·훼손할 수 있다.

인간은 자신의 자연적 조건들로부터 해방되기 위하여 사회를 구성하였으나 이 사회는 부메랑과 같이 인간을 역습하고 오히려 자연보다 더 강포한 힘으로 우리를 구속한다. 그리하여 자유를 운위할 때 이 자유는 자연적 제약보다는 인위적·사회적 구속으로부터의 자유를 지시하는 경우가 보다 많아, 무정부론이 적극적인 지지 논리를 확보하게 됨은 인간 역사의 역설이라고나 할까? 역사의 진행은 인간으로 하여금 자유라는 이념의 본적지를 망각케 하였다. 아니 역사와 사회는 인간적 상황의 모순성을 극대화함으로써 인간들에게 자연 상태에서는 불가능했던 자유의 이념을 잉태하고 탄생케 했을 수도 있으며, 아니면 적어도 그 이념의 명징화를 가능케 했었을지도 모르는 일이다.

여하간에 이러한 제반의 자연적·사회적 제약과 구속들로부터 해방되려는 의지, 이것이 자유에의 의지이다. 물론 자연적 제약에는 인간 스스로가 스스로에게 부과하는 제약, 가령 본능·충동·타성·편견 등의 비합리적인 요소들도 포함되는 것이나, 보다 근원적인 자유는 이런 인간 내적 요인들로부터의 정신의 해방이라고 말할 수도 있다.

흔히들 자유를 적극적인 자유 *free to*와 소극적인 자유 *free from*로 구분한다. 전자는 무엇을 할 수 있는 자유이나, 후자는 어떤 구속으로부터의 해방이 그 구체적 내용이다. 그러나 이 두 종류의 자유의 실체는 모두 무엇으로부터의 자유로서, 양자의 차이란 단지 해방되고자 하는 그 제약이나 조건이 무엇이냐에 있다. 소위 적극적인 자유란 무엇을 하고자 하는 욕구가 어떤 제약 때문에 획득될 수 없기 때문에 의식화되므로, 결국 이 역시 무엇으로부터의 자유의 일종이라 할 수 있다. 적극적 자유의 실현을 불가능하게 하는 것은 근원적으로는 인간의 자연적 제약이요, 소극적 자유를 빼앗아가는 것은 사회적 구속들이다.

인간의 자연적 제약들은 인간이 존재함과 동시에 부과된 것으로서 인간이 자연적 존재인 한 벗어날 수 없는 멍에이다. 따라서 적극적 자유가 지향하는 궁극 목표의 실현은 직접적으로는 실현 불가능하며 오로지 사회적인 장치나 문화적인 장치를 통해 간접적으로 보상될 수 있다. 인간은 사회적 협동과 교환을 통해 그리고 기술의 발전에 의해 재화의 총량을 증대시키며, 재화의 분배를 균등하게 함으로써 자연 상태에서의 물자의 부족을 메운다. 그리고 글이란, 책이란 무엇인가? 이는 단지 기록이나 의사의 표현이나 전달의 도구가 아니라 인간 정신의 시·공적 확대 행위이다. 인간은 글을 통해서 시간적 제약과 공간적 제약을 극복하려 시도하며 이런 시도는 어느 정도의 성공을 거둔다. 이런 점에서 적극적 자유의 실천은 말에 의한다고 볼 수 있다. 소극적 자유의 제약은 이미 지적한 바와 같이 사회 제도나 권력의 속성의 일부이거나 이들을 의도적으로 또는 의도와는 달리 잘못 운용함에서 기인하므로 이의 시정과 개선에 의해 그 자유는 실현될 수 있다. 현대 정치철학에서 논의되는 사회 정의의 문제는 바로 정의로운 제도의 마련을 통해 소극적 자유의 결여를 시정하자는 시도로 이해할 수 있다.

자유란, 자유의 이념이란 이중적인 성격을 지니고 있다. 자유의 이념이란 인간이 자신의 상태를 구속으로, 제약으로 인식함을 전제로 한다. 자신이 해방된 상태, 구속되지 않은 상태에 있다면 우리는 구태여 자유를 동경하지 않을 것이다. 우리가 자유를 더 이상 희구하지 않을 수 있는 방책, 자신의 현존의 피구속성을 느끼지 않을 수 있는 방책은 둘이 있다. 하나는 그 구속에서 벗어나는 것이요, 다른 하나는 자신의 피구속성을 아예 부정하는 것이 그것이다. 말하자면 우리는 자신의 제약성에 대한 비판과 자유의 이념에 대한 인식으로부터 해방됨으로써 자유로울 수도 있다는 것이다. 마치 신체적 고통을 없애는 한 방법으로, 그 고통의 외적 원인을 제거하는 방법 이외에, 그 고통의 의식 주체인 감각을 마비시킴을 생각할 수 있는 것과 같다.

문제는, 우리가 자신의 현존에 대한 평가적 판단을 중지할 수 없고 따라서 구속감·불만감을 회피할 수 없으며, 그러므로 우리는 자유의 이념을 포기할 수 없다는 데에 있다. 사유의 이념이란 구속을 구속으로 파악하므로 형성될 수 있으며, 또는 역으로 자유의 이념이 존재하므로 인간은 현존을 구속으로 파악한다고 볼 수도 있을 것이다. 이 두 선언지(選言枝) 중 어떤 것이 타당한 논리적 관계인지의 논의는 차후로 미루자. 그렇다면 우리의 멍에는, 구속으로 파악되는 현존의 상태라기보다는 이를 구속으로 파악케 하는 자유의 이념이라 할 수 있지 않겠는가? 그런데 더욱 난감한 사태는 자유의 이념이라는 멍에는 인간인 이상 벗어버릴 수 없는 것이므로 인간 정신의 일부를 구성하는 것이며, 스스로 짊어진 또는 짊어질 수밖에 없는 멍에라는 점에 있다.

자유를 동경하므로 인간은 고뇌하는 것이나, 인간의 정신은 자유의 이념을 잉태하고 있으므로 인간으로서의 자부심을 지닐 수 있다. 인간은 애초부터 정신분열 환자이다. 배부른 돼지보다는 불만스러운 소크라테스가 되겠다는 밀의 선언 배후에는 현실의 부자유함을 직시한 인간 정신의, 현실에 대한 좌불안석의 불안감이 숨어 있으며, 이 불안감은 현실을 넘어서 피안의 자유로 향하고자 하는 의지의 표현이기도 하다. 만족보다는 불만의 상태를, 행복보다는 불행을 선택하겠다는 이 역설적인 결의는 인간이 인간다울 수 있는 당위의 요청이기도 하나, 인간은, 그것이 행복일지라도 자신의 의지와는 상관없이 외부로부터 우연히 주어진 것이라면,

그 수동적 상태를 넘어서려 한다는, 인간 자신의 모습에 관한 사실 기술이기도 하다. 인간은 단순히 쾌락 감응기 또는 행복 감응기만은 아니지 않은가?

인간은 절벽과 절벽 사이를 가로지르는 동아줄이며 이 외줄을 타는 곡예사라는 것이 니체의 통찰이다. 그는 계속하여 차라투스트라의 입을 빌려 전하기를, 인간의 위대성은 그가 종점이 아니라 다리라는 데에 있으며 인간에게서 사랑할 수 있는 바가 있다면 그것은 그가 서곡(序曲)이라는 사실에 있다고 말한다. 인간은 절벽 사이 깊은 심연의 어두움 속에 익사할 위험이 있음에도 불구하고 피안의 손짓이 보내는 유혹에 저항할 수 없으며, 저편의 해안으로 날으려는 화살의 동경을 포기할 수 없다. 위험한 외줄의 곡예는 이미 시작되었으며, 서곡이 울렸으니 오페라의 막은 올려져야만 한다.

인간은 자유치 못하므로 자유의 이념을 소유하며, 또한 자유롭지 못한 상태에 안주하지 못하므로 자유의 이념을 품을 수밖에 없는 것이다. 정신의 날개와 육체의 하중, 이카로스의 날개를 달고 위태로운 비상을 하여 자유롭고자 하는 새의 바람과 단단하고 안온한 잠속에 침잠하려는 바위의 타성 사이에서 갈팡질팡하는 것이 인간의 모습이다. 그러니까 인간은 건너가는 존재 *overman, Übermensch*라는 것이 니체의 결론이었다.

4. 말

이제까지 우리는 우리 삶의 우연성에 관해서, 이런 우연성이 공동체를 통해 당위로 전화될 수 있음에 관해서, 공동체 구성의 필수 요건인 가치관에 관해서, 그리고 이런 가치관의 핵심적 가치로서의 자유에 관해서 논했다. 다음의 문제는 과연 가치관의 형성은 어떻게 가능한가 하는 것이다. 이에 대한 해답은 서두에 인용한 아리스토텔레스의 통찰에서 찾을 수 있다. 인간은 본성상 공동체적 동물이며, 자연은 인간에게 말을 부여함으로써 선과 악, 정의와 불의를 구분케 하여 한 사회 내의 가치관의 형성을 유도하고 그리하여 공동체의 성립을 가능케 했다는 것이 인용구의 함축이다.

말의 본성은 어떠한 것이기에 이런 힘, 말의 힘을 발휘케 하는가? 말이란 대체 무엇인가? 이 질문에 대한 상식적인 해답은 말은 우리의 사유를 표현하고 전달하여 의사 소통을 가능케 하기 위한 수단이라는 견해이리라. 의사 소통은 분명 말의 중요한 기능이며 가장 많이 접하는 기능이다. 그러나 이것이 과연 말의 실체인가? 왜 우리는 생각을 표현하고 전달할 필요를 느끼는가? 인간은 왜 말을 할까? 우리는 왜 바위와 같이 함묵하거나 신과 같이 직관하지 않고 말을 할까?

말의 전형적인 형태는 대화이다. 우리는 항상 누구에게 말을 건넨다. 소위 '독백'도 그것이 말이 되기 위해서는 자신이 분열되어 화자와 청자가 마주하여야 한다. 책이란 과거의 인간들이 우리에게 말을 건네기 위한 장치이며, 따라서 책읽기는 과거와의 대화이다. 말은 이렇게 항상 누구에게 건네어지는 것이므로, 말은 우리가 타자의 존재를 인지하고 나아가 그 타자를 우리와 동류의 존재로 인정함으로써 시작된다. 우리가 이 타자를 우리와 무관한 순수 타자가 아니라 우리와 같은 차원에 서 있는 존재로서 파악할 때 우리는 이 타자에게 말을 건네게 된다. 우리는 비단 인간들에게뿐 아니라 나무와 돌에게도, 이들을 우리 삶에 영향을 주는 존재로서 파악하는 한, 말을 건넬 수 있다. 여기에서 물활론(物活論)의 단초가 생겨난다. 말은 그러므로 한 개인이 타자와 함께 있는 존재, 즉 공존재(共存在)임을 의식함으로써 시작된다. 물론 말을 건넴으로써 나는 타인과 공존재가 될 수도 있다. 이렇게 볼 때 말은 우리의 존재 양식의 기본적인 구조를 드러낸다.

　말은 나와 남이 함께 있음에 대한 증거이기도 하지만 나와 남의 공존재적 성격을 공고히하는 수단이기도 하다. 여기서 '함께'란 공간적인 근접성을 의미하는 것이 아니라 정신적인 유대를 뜻한다. 나와 아무리 공간적으로 가까이 있는 존재자라도 나의 삶과는 아무 관계가 없을 수 있다. 나와 남이 함께 있음은 나와 남이 공동체의 일원임을 의미한다. 우리는 자연 상태에서는 기껏해야 혈연 집단의 일원일 것이나, 말을 통해 비로소 이념 집단, 이익 사회, 종교적 공동체, 문화 단체, 시장과 광장, 국가 등 제반 공동체의 일원이 된다. 이런 공동체들의 구성에 있어 말을 통한 의사 소통, 가치관에의 합의는 절대 필수적인 조건이며, 이 합의는 나아가서 공동체의 지속적인 운영을 위해서도 핵심적인 역할을 한다. 말의 이런 기능에 비추어볼 때, 나와 남의 사이를 차단시키고 나와 남의 우리로서의 성격을 상실케 함으로써 공동체를 와해시키는 말은 말답지 못한 말이다. 말이 오가는 한 대화는 지속되는 것이며 대화가 진행되어야만 우리의 공유 영역이 확대되는 것인데, 말에 의해 공동체가 축소 와해된다면 그것은 분명 말답지 못한 말일 것이다.

　이제 말의 본성을 좀더 철저히 구명해보자. 우리가 말을 건네는 이유는 이를 통해 공동체의 일원이 되기 위한 것이고 우리가 공동체를 구성하는 소이연은 우리 현존의 우연성이나 무의미함을 극복하기 위함임은 위에서 지적하였다. 말은 이렇게 볼 때 우리 존재의 우연성과 무의미성을 당위성과 의미 있음으로 전화(轉化)시키기 위한 시도라 말할 수 있다. 어떻게 이런 극복·전화를 시도할 수 있을까? 인간 현존의 우연성은 신체에서 온다. 인간의 신체가 점유한 이 특정의 시간과 공간, 그리고 신체의 제반 조건들은

나의 의도와 상관없이 주어진 우연적인 것임은 이미 지적한 바 있
다. 신체의 이런 우연적 속성들은 우리의 개인적 특성들을 구성한
다. 나와 남은 기본적으로 신체적인 한계에 의해 구분된다. 우리
는 우연적이고 개별적인 신체 속에 갇혀 있으며, 신체적인 존재로
서 고독한 원자들이요, 창 없는 단자(單子)이다. 해변의 무수히
많은 모래들은 모래사장이라는 공동체의 일원이라 할 수 있겠는
가?

　인간의 정신은 원자의 감옥을 탈출하여 보편의 세계에로 나아
가고자 한다. 인간 정신의 본질적 능력인 이성은 보편화 · 공유화
의 능력이자 객관화의 능력이다. 개인의 개별성을 사상하고 보편
의 차원에로 우리를 이행시키는, 그리하여 우연에서 당위의 장
(場)에 서게 하는 이성은 우리의 날개이다. 이성적인 것은 보편적
이라는 말이다. 수학과 기하학은 가장 보편적인 학문이며 그런 이
유에서 모든 학문들의 모델이 된다. 무엇이 보편적이라 함은 그것
이 언제 어디서나 누구에게나 수락 · 공유될 수 있음을 의미한다.
2,400여 년 전 그리스인 유클리드에 의해 체계화된 기하학이 그
오랜 시간을 넘어서 그리고 그리스와 한국의 사이라는 먼 거리를
건너질러 우리들에 의해 공유될 수 있음은 그것이 이성의 소산이
기 때문이다. 나의 신체, 너의 신체를 논함은 의미 있으나 너의 기
하학, 나의 기하학을 운위할 수 없음은 기하학적 지식이 사적 소
유권의 대상이 아니기 때문이다. '기하학' 이란 어휘 앞에 놓인 소
유격 제한사는 사족에 불과하다. 기하학의 세계, 이성의 세계, 논
리의 세계에서 나와 너와 남의 우연성과 개별성은 제풀에 스러져
버린다. 영혼은 말을 사용해 신체의 국경을 넘어선다. 우리가 서
로에게 건네는 말의 주제는 그러므로 근원적으로는 우리의 탈출
과 해방과 자유의 지평에 관한 것이다. 말의 본성은 자유이며, 자
유 실현의 구체적 매체이다.

플라톤은 이 인간 해방의 지평을 이데아계(界)라 지칭하며, 말이란 이 이데아계에 관한 것이라 했다. 그에게 있어서 말의 본성은 자유이다. 말의 원형은 이미 지적한 바와 같이 대화이다. 플라톤에 있어 대화의 행위는 상기(想起) *anamnesis*의 작업, 잊혀진 과거로 그리고 과거 영혼의 주거지인 이데아계로 지향하려는 시도이다. 따라서 말의 행위는 자유로의 지향이다. 이 이데아계에서 우리는 인식론적인 확실성과 윤리적인 완벽성, 그리고 인간 정신의 해방을 누릴 수 있다고 플라톤은 갈파한다. 인간 정신의 해방이란 정신의 이념들이 실현됨 그리고 정신이 완전한 존재가 됨을 의미한다. 말의 행위를 통해 인간은 보다 높은 차원으로 비상하여 존재론적인 상승을 체험하는 것이다. 그래서 플라톤은 말에 관한 학문으로서 수사학은 존재론을 전제해야 하며, 이런 전제 조건을 갖춘 수사학은 영혼을 현상 세계에서 존재 세계로, 구속의 상태에서 해방의 시경으로, 불완전성에서 완전의 영역으로 인도하는 학(學)이라 규정하였다. 수사학이란 그에게 있어 단지 메시지를 효과적으로 전달하거나 아름다운 글을 쓰는 기술이 아니라는 것이 그의 통찰이다.

이와 같이 말은 자유와 본질적인 관계를 맺고 있으므로, 부자유한 말이란 자가당착적인 개념이며 말의 억압은 자유의 억압이다. 자유의 양식이 여럿 있고 그 중 하나가 말의 자유인 것이 아니라 자유의 모든 양태는 말의 자유에 의해 표현된다. 그 이유는 말이 곧 자유 그 자체이기 때문이다.

말의 본성은 자유이므로 말은 개방적이어야 한다. 말을 사용해 타인의 영혼을 질식시키거나 그의 말을 봉쇄해서는 안 된다. 말은 말을 이끌어낼 수 있어야 한다. 대화란 바로 이런 것이 아닌가? 말은 본성상 보편을 지향하므로 주관의 늪과 독단의 틀에 사로잡혀서는 안 된다. 타인의 영혼을 고양시키지 않고 자신의 틀에 끌어넣으려는 모든 폐쇄적이며 강압적인 말, 선동 어구, 프로파간다, 시엠 송, 캐치프레이즈, 중상, 모략, 세뇌 공작, 정치적 이데올로기, 종교적 도그마 등, 한마디로 타인의 자유로운 사고를 용인치 않으며 타인의 영혼이 깨어 있기를 바라지 않는 말, 타인의 영혼을 마비시키는 말은 모두 비(非)대화적인 말, 말답지 않은 말, 죽은 말, 말의 행위를 죽이는 말, 목조르는 말, 타인의 영혼을 억압하고 자신의 영혼에도 역모하는 말이다. 타인의 영혼을 구속하고 질식시키는 말들이 존재하며, 역사에서는 말이 억압과 세뇌의 수단이 된 경우가 비일비재하나, 그런 말들은 스스로의 본질을 소외시키고 있으므로 필연적으로 조만간 말의 지위를 상실한다. 그리고 역설적이지만 말이 그렇게 폭력보다 더 억압적일 수 있음은 대부분의 말이 말다운 말이기 때문이다.

말은 자신의 오류 가능성을 인정할 때에만 개방적일 수 있다. 말 그 자체가 해방의 성취나 자유의 실현인 것은 아니다. 언어란 단지 시도, 끊임없는 시도이므로 시행착오가 있을 수 있을 것이다. 따라서 당연히 개방적이어야 한다. 이 시도가 성공리에 끝났다면, 우리는 더 이상 말의 행위를 수행할 필요가 없을 것이다. 말은 영혼의 지향적 성격이 외화(外化)된 것이며, 우리가 쏘아보낸 말은 아직 지향하는 바에 도달한 바 없으므로 우리는 말을 계속하는 것이다. 영혼은 자신을 외화·객관화하여 타인의 비판과 검토를 받아 자기 수정할 용의를 갖추고 있어야 한다. 자신을 타인에게 강요할 의도로 발언된 말이란 폭력과 다를 바 무엇이겠는가? 말의 논리와 힘의 논리의 차이란 상대방을 동급으로 인정하느냐 않느냐에 달려 있다. 말이란 이렇게 시도며 과정이며 지향 행위이고 수정 가능한 개방적 존재이므로 여하한 문장에도 마침표를 찍어선 안 된다.

현대의 가장 중요한 정치적 이념의 하나인 자유주의는 개인적 자유의 귀중함, 자유를 선용할 줄 아는 개인들의 합리적인 능력에 대한 신뢰, 개인들의 분방한 창의성이 중요함에 대한 인식, 인간적인 소견의 오류 가능성에 대한 인정 그리고 이에 따른 부권주의 *paternalism*의 포기에 그 기초를 두고 있다. 보다 근원적으로는 자유와 개방성을 그 본성으로 하는 말에 대한 신뢰에 터잡고 있다. 인간은 신체적인 존재인 한에서 고독한 원자들이다. 나와 남의 육신은 뚜렷한 울타리로 구분되어 있다. 내가 남과 일체(一體)가 될 수는 없다. 인간의 정치·경제적인 행위는 일차적으로는 자신의 원자적인 신체를 배려 *therapeia* 하기 위해서 이루어지는 활동이다. 자유주의는 몸의 원자적 상황을 철저하게 인식하여 원자적 개인의 자신에 대한 소유권을 철저히 존중해주고, 다른 한편으로는 타자가 원자 밖에서 이 원자의 영역을 침해하지 못하도록 그 한계를 명확히 그어주자는 입장이다. 그러므로 자유주의가 지지하는 인간관은 원자론이되, 그것은 신체의 원자론이다. 자유주의가 개인들의 정치·경제적 자유를 최대한 인정하는 이유는 바로 여기에 있다.

그런데 자유주의는 문화적 자유와 정신적 자유도 최대한 인정하여 개인들로 하여금 각자 고유의 인생관·세계관·가치관을 형성하게끔 허락하고 있다. 문화적 자유가 허용되는 이 영역은 정신의 세계이다. 그렇다면 자유주의 사회 내에서 개인들은 고독한 실존의 성주(城主)인가? 그렇지 않다. 정신의 본성은 개방적이며 보편 지향적이라 함은 이미 지적하였다. 인간의 정신은 세계에로 나아가 세계 내의 존재들을 만지려 한다. 자신만에 의해서가 아니라 모두에 의해 인정받고자 하는 것이 인간 이성의 본성이다. 따라서 인간의 정신에 자유를 허용할 때, 다시 말하면 자신의 본래적 성향이 제대로 발휘되도록 방임할 때, 인간의 정신은 개방적 지평을 확대하고 보다 넓은 보편에로 이행한다. 자유주의는 정신의 본성에 대한 통찰, 그리고 정신의 기능, 말의 힘에 대한 신뢰를 그 논거로 한다. 그러므로 자유주의는 신체의 세계에서는 원자론이되 영혼의 세계에서는 보편론을 견지한다. 거듭 확인되어야 할 것은 자유주의의 자유는 그 자체가 목적이기도 하지만, 궁극적으로는 공동체 내의 개인들의 특수성을 부각시키기 위한 것이 아니라, 이들간의 보편성과 공동체의 공통분모가 저절로 드러나게 하기 위한 장치라는 점이다.

5. 사십 세의 어눌함

대한민국의 나이 이제 사십 세,* 개인으로 치면 가정 생활과 직장 생활에서 권태로운 안정을 찾고 앞으로의 삶에 대한 비교적 확실한 전망을 할 수 있는 때이다. 이제 두 세대째가 들어선 이즈음이면 사회로서는 그 사십 세 소시민의 편안함을 느낄 수 있을 만한 때이다. 그런데 우리 사회는 아직도 사십 세의 안정이 아니라 사춘기의 카오스를 겪고 있으며, 모든 사회 구성원들이 합의하는 공동체적 가치관이 부재한 채 혼미를 거듭하고 있으며, 이런 합의에 이를 제도적 장치마저도 갖추지 못한 것 같다. 이제까지 우리가 어떻게 살아왔는지 감을 잡을 수 없으니 미래에 대한 전망도 불투명할 수밖에 없고, 수시로 상황 판단을 하지 않으면 언제 어느 구덩이에 빠질지 모르는 다급한 시간을 우리는 살고 있다. 한국 사회는 그 구성원들로 하여금 삶의 우연성을 극복케 하는 데 도움을 주기는커녕, 오히려 이 사회에서는 무수히 많은 없어도 좋

---

* 이 글은 해방 40년이 되는 1985년에 씌어진 것이다. 이하 5절의 내용도 80년대 당시의 정치사회적 상황을 반영하고 있다. 현재는 그때에 비해 많이 변모하였으나, 당시의 분위기를 전하기 위해 그대로 게재한다.

은 것들, 있어야 할 이유가 없는 것들뿐 아니라 없어야 마땅한 것들이 우리 삶의 길을 가로막고 있다. 나아가 이들은 더미를 이루어 악취와 유해 가스를 품어대면서 우리의 숨을 조이고 있으며, 우연과 변고는 첩첩산중에 점입가경을 이루고 있지는 않은지를 우리에게 회의케 한다. 이런 상황에서 우리는 이 한국 사회를 우연적인 우리 삶을 당위의 차원으로 올려놓을 공동체로 간주하기보다는 한판 때려 먹자는 투기장으로, 먹고 먹히는 약육강식의 발가벗은 싸움터로, 정직해서는 손해만 보는 불신의 현장, 고독한 군중들의 집단 서식처, 기회만 주어지면 떠나고 싶은 피난막사로 생각하는 사람들이 있지나 않은지 반성해볼 일이다.

그 동안 다섯 개의 공화국이 들어서는 과정에서 몇 차례의 정변도 겪었으며, 나라는 두 동강으로 잘려 동서 냉전의 전초지가 되어 있고, 경제적으로는 중진국 대열에 들어서면서 동시에 몇 년 후엔 올림픽 개최국으로서 그리고 세계 유수의 교역국이 되어 한국의 이름을 널리 알리게는 되었으나 과연 우리의 정신은 얼마나 성장하였는가? 이 사회의 정신을 이룰 공동체 의식은 얼마나 공고해졌으며 현실은 자유와 말의 이념에 얼마나 가까이 갔는가?

해방 사십 년의 현재는 한마디로 말의 부재 시대요, 사십 세의 장년은 아직도 어눌함을 면하지 못하고 있다. 그리고 자유라는 어휘는 그 사용 빈도에 비례해 우리의 공복감만을 더해주고 있다. 이런 어눌함과 공복감의 원인은, 권력에 의한 말의 제한이나 차단, 건전한 토론 풍토의 부재, 말의 타락 등 세 가지로 잡아볼 수 있다. 권력에 의한 언론의 차단은 제도에 의해 원천적으로 이루어지기도 하지만, 법이나 제도가 설사 이를 명문화한다 하더라도 권력은 이들을 사문화하거나 자의적인 기준에 따라 적용함으로써 말의 흐름을 조직적으로 왜곡한다. 그러면서 권력자들은 시민의 발언권을 이렇게 제도적으로나 실제적으로 제한함을 정당화하는 논거로 흔히 안보, 정치적 안정, 경제적 성장 등을 내세워왔다. 그러나 이제 이런 슬로건은 빛바랜 지 오래며, 더욱이 현실적 결과를 보면 언로(言路)의 제약은 결국 그런 논리들의 설득력을 파괴시켜버렸다. 상호간의 이해 관계의 갈등을 해결·해소시킬 수 있는 언어적 장치를 상실한 사회의 제반 집단들·계층들은 문제의 해결을 말에 의존하려 하기보다는 행동으로 돌파하려는 의지를 보임으로써 합리적 토론·협상·타협의 여지를 배제하고 있다. 이렇게 말이 부재하는 사회는 몰이해와 비합리성과 반이성으로 치달을 수밖에 없다.

한국 사회는 전통적으로 위계적인 사회였으며 따라서 말의 흐름도 위에서 아래로 흐르는 일방적인 것이었다. 이러한 역사적 요인은 위와 같은 정치적인 요인과 결합하여 이 사회의 결속력을 다지는 데 큰 장애물을 제공해왔다. 사람들은 이것이냐 아니면 저것이냐는 흑백 논리에 편리하게 편승하여 자신의 입장을 견강부회로 강화하고, 반면 타인의 입장에 대해서는 오불관언의 태도로 팔짱을 끼고 있다. 토론의 제일 요건은 이성임에도 우리의 목소리는 쉽사리 격앙되며, 발언자의 발언 내용에 귀기울이기보다는 그의 주머니 먼지나 털어보려는 대인 논증의 오류를 고의적으로 범함은 다반사이고 제 뜻대로 말이 통하지 않으면 힘으로라도 밀어붙이려 한다. 이 사회에는 아직도 목소리 큰 녀석이 이긴다는 식의 힘의 논리가 무성하다.

우리의 조상들은 "말로써 말 많으니 말 말을까 하노라"라고 유장하게 읊어대며 자신들의 언어 기피증을 정당화하였다. 이 문장에서 첫번째 언급된 '말'은 말다운 말이요, 두번째 것은 말답지 않은 말이며, 세번째 '말'은 말다운 말이라 해석할 수 있다. 이렇게 해석해보면 우리 조상님의 말씀은 말의 세계에서도 악화가 양화를 구축한다는 그래셤의 법칙이 통한다는 지당하신 통찰이었다. 그래도 우리의 조상들의 사정은 나은 편이었다. 지금 이 사회에서는 말답지 못한 말들이 말다운 말을 구축하는 정도가 아니라 말 잘못했다가는 큰코다치는 수가 있으니, 당당하게 따지기보다는 눈치나 보며 알아서 길 수밖에 없고 그리하여 이제 말은 단지 기피의 대상이 아니라 두려움의 대상이 되고 있다. 그래도 확실히 해야 할 것은 말 많은 사회, 말다운 말이 풍성한 사회가 건전한 사회가 아닐까 하는 것이다. 고대 아테네를 보라. 그 사회가 그와 같이 찬란한 보편 문화를 이룰 수 있었던 이유는 순전히 말에 대한 사랑 때문이었다. 말에 대한 사랑은 이성에 대한 사랑을 낳고 이성은 보편 문화를 가능케 한다. 그리스적 보편 문화의 대표적인 예가 유클리드의 기하학이며 플라톤과 아리스토텔레스의 철학이다.

한 사회 내에서 말의 논리의 부재는 말의 타락을 가져온다. 그리고 말의 타락은 그 사회에 불신을 심어준다. 정치와 광고, 근자에는 종교까지도 이러한 말의 타락에 적극 기여하고 있다. 정치는 어휘의 의미를 끊임없이 왜곡시켜 의미의 이중 가격을 형성시키고 있으며, 광고는 언어의 인플레를 급속도로 조장시켜 우리 정신 세계의 화폐인 낱말들의 가치를 수시로 평가절하시키고 있다. 드디어 종교까지도 본래 우리 내면 세계와 초월 세계로의 창을 여는 암호였던 어휘들을 남발하여 이들은 이제 더 이상 우리를 감동시키지 않는다.

내포와 외연이 명석 판명한 언어를 구사했다가는 백주에 벌거벗은 꼴이 될 수 있으니 될 수 있으면 애매모호한 표현을 사용하는 것이 처세에 이로우며, 사람들은 너도나도 우둔함을 자신의 명함에 박아가지고 다니면서 겸손을 과시하는 오만을 부리고 있다. 나는 가끔 이런 위장된 겸손에 두려움을 느낀다. 공동체 내에서는 신뢰가 가장 중요한 생존 수단이어야 한다. 그러나 말이 발기 불능의 상태에 있는 현대의 우리 사회에서는 오히려 불신이 생존의 수단이 되어버리는 가치 전도의 지경에 가까이 다가가고 있다. 많은 경우 "믿으면 손해"라는 현명한 충고는 그 공신력이 더욱 커야 할 정치권이나 매스컴이 대상인 경우에는 더욱 깊이 새겨두어야 하며, "흥 누가 그 말을 믿어" 하는 냉소주의의 한마디는 방심하면 언제고 우리의 허파에 침투해 신체를 부식시키는 유해 가스로부터 자신을 막아낼 방독 마스크가 되어버렸다.

이 사회에는 성역도 많다. 정치적 · 종교적 · 직업적 성역 등, 우리는 이 폐쇄된 영역에 접근해서도 안 되며 불경스러운 말을 해서도 안 된다. 종교와 신화가 사라진 이 세속 도시에 성역의 존재를 주장한다면 그것은 시대착오일 것이다. 한국 사회가 표방하는 자유 사회, 개방 사회에서는 무엇이든 말의 대상이 되어야 한다. 말의 자유는 행동의 충동성과 자의성을 제한하기 위해 있는 것이다. 말이 제한될 때 의사의 표현은 자의적이고 충동적인 행동으로 표출될 수밖에 없다. 이 자유 사회에 성역이 존재한다면 그것은 말의 자유의 거주지여야 한다.

한국 사회의 구성원 모두가 바라는 바는 명백하다. 누구도 이 삶의 터전을 우연히 불시착한 황량한 벌판으로 생각하고 싶지 않으며 서로를 남이나 적으로가 아니라 우리의 일부로 생각하고 싶어한다. 우리는 모두 이 사고 많고 우연적인 삶의 어려움을 함께 극복하고 삶의 질을 향상시키는 협동체로서의 공동체로 한국 사회를 생각하고 싶다. 그러기 위해서는 공유의 정신적 공감대, 즉 가치관의 형성이 있어야 할 것이며 이런 가치관의 형성의 필수적 요건은 말의 자유이다.

제2장
정치 세계의 존재론

1. 현실 정치 세계에 대한 반성

I

　나는 매주 토요일이면 북한산에 오르곤 한다. 한걸음 한걸음 옮기며 점차 계곡과 숲과 산그늘과 산바람 속으로 빠져들어가면 산은 천년만년 의연하고 당당하게 그곳에 버티고 앉아, 그러면서도 항시 겸손하고 부드러운 마음으로 나를 받아주곤 하였다.

　시내에서 정상까지는 겨우 한두 시간 남짓의 거리인데, 그 거리는 우리의 마음으로부터 도시의 소음과 먼지와 매연 그리고 신경을 짓누르는 인간 관계의 앙금과 스트레스를 저 멀리로 밀어내어 버린다. 저 멀리 도봉산, 그리고 그 앞의 수락산과 불암산, 남으로 내려와서 이들이 거느리고 있는 안산·낙산·삼각산·인왕산, 저 앞으로 남산과 그 뒤의 한강, 그리고 관악산과 청계산, 이 산과 산 사이의 평야와 분지에 궁색하게 자리잡은 서울이라는 도시. 이 도시에서 천만 이상의 사람들이 의식주를 해결하며 생존해가고 있지만 그 모든 것이 적어도 외형적으로는 한눈에 들어오는 한줌의 삶이었다. 도대체 인간 관계, 인간의 사회적 관계, 모든 사회에서 그리도 중시되는 사람들 사이의 관계란 무엇인가? 그것은 정말로 우리의 본질적 삶, 존재론적 삶과 관련하여 볼 때, 그리도 중요한 것인가? 원만한 인간 관계가 중요시되는 사회적 삶, 정치적 관계, 타자와의 관계는 피상적 삶, 현상적 삶, 오히려 삶의 소외 형태가 아닌가?

게다가 저 비좁은 구석에는 물질주의·권력 지향주의·기회주의·한탕주의가 만연해 있으며, 허세와 허상들, 탐욕과 불의와 부정의 군상들, 진짜를 밀어내는 가짜들이 세력을 얻어가고 있다. 그뿐인가? 이 도시에 팽배한 피상적이고 이기적인 인간 관계, 낯간지러운 허사들, 스트레스와 두통과 소화불량과 노이로제와 욕구 불만과 파괴 충동과 짜증 등은 우리의 삶을 갈수록 피곤하게 하고 있다. 사람들은 진실한 인간 관계를 노래하나 그것은 깊은 내면성이 결여된 공허한 울림이며, 사람들은 간단없이 사회 정의를 부르짖으나 그런 만큼 도덕성의 결핍은 더욱 두드러져 보인다. 교회의 십자가는 늘어가도 종교성이 사라진 이 도시의 피상적 삶에서는 이미지와 인상과 PR 효과가 내용을 결정하며, 이 시대에는 학문에서마저도 패션이 중시된다.

시장성이 모든 가치의 척도요, 부박한 여론의 관심이나 인기가 의미와 중요도의 측량 단위이며, 인간의 만남은 서로가 홀로 있음만을 확인해줄 뿐이다. 이곳에서 실용성은 도덕성으로 변신하였고, 도덕은 실용주의적 처세술이나 생존의 기술로 전락했고, 윤리학은 살아남은 자의 윤리학으로만 살아남을 수 있으며, 종교는 지극히 현세적인 기복주의의 하수인이 되어버렸다. 진정한 윤리학은 삶과 죽음의 윤리학이다. 그것은 죽어간 자들, 소외된 자들, 죽음과 고통을 보살피는 윤리학이어야 한다. 우리는 철학은 죽음에의 연습이라고 하는 소크라테스 명제의 윤리적 함축을 새겨야 한다. 진지한 윤리학은 삶의 번영을 희생하고서라도 삶의 도덕적 가치를 높일 수 있어야 할 것이고, 그러기 위해서는 인간이 안고 있는 근본적인 조건에 고뇌하여야 한다.

근대 이후의 서구의 윤리학은 살아남기 위한 윤리학, 살아남되 행복의 양을 최대화하기 위한 윤리학, 보다 큰 쾌락을 향유하기 위한 윤리학이었다. 죽음의 윤리학은 삶을 삶의 밖에서, 즉 죽음의 시점에서 문제삼는 윤리학, 삶의 존재 이유와 의미를 묻는 윤리학이다.

우리는 서구의 윤리학에 대한 비판을 계속해볼 수 있다. 아리스토텔레스나 롤즈 등의 윤리학, 자유주의나 사회주의의 정치철학이 전제하는 윤리학, 그리고 인간 가능성의 계발을 삶의 궁극 목표로 설정하는 윤리학들 역시 살아남은 자만을 위한 그리고 인간만을 위한, 자연 진화의 우연한 결과인 인간종만을 위한 윤리학이다.

현대 서구의 거의 모든 윤리학, 실로 서구 철학사에 등장한 거의 모든 윤리학이 살아남은 자만의, 인간종만의, 그리고 현세대만을 위한 윤리학이다. 따라서 허무하게, 부당하게, 부조리하게, 억울하게 죽은 자들은 논외로 치는, 그리고 앞으로도 누대에 걸쳐 탄생할 미래의 세대들은 안중에도 없는 현재성의 윤리학이다. 교회와 절을 찾는 수많은 사람들은 이 지상에서 보다 많은 행복을 누리고자, 이미 누리고 있는 행복을 잃지 않으려고, 또는 이유 없이 닥친 불행에 대한 위안을 얻고자, 그리고 천당과 극락에서 땅한 평이라도 더 확보하고자 하는 복부인의 심리에서 십일조와 공양을 바치며 우상에 절을 하고 기도를 드린다. 한마디로 이 도시에서는 현상이 실재로 간주되는 신소피스트 시대가 연출되고 있다. 다른 한편으로, 저 도시의 삶은 한줌의 삶이요, 서울의 무수한 고층 빌딩은 이 북한산의 높이와 의연함에 비하면 보잘것없지만, 저 도시의 사람들은 이 산보다 높고 거창한 사상과 이념과 가치의 바벨 탑을 쌓아올리고 있다.

나는 토요일이면 변함없이 이 도시를 떠났다가 다시 돌아오는 의식을 반복하고 있지만 과연 이 도시는 떠나야 할 곳인가, 머물러야 할 곳인가? 우리의 산행은 이 도시를 영원히 떠나기 위한 예행 연습일까, 아니면 다시 귀환하여 저 도시에서 살아야 할 날들을 위한 휴식과 관망일까? 나는 떠나기 위해서 돌아오는 것일까, 돌아오기 위해서 떠나는 것일까? 우리의 산행은 탈속일까, 환속일까?

저 산과 산 사이에 자리잡고 있는 폴리스 *polis*,[1] 즉 정치 세계는 인간적 삶의 기본 구조로서 상호 공존의 협동을 통해 인간 삶의 질을 고양시키는 터전이었다. 그러나 이제 현대의 폴리스는 그 현실에 있어 서로 죽고 사는 경쟁의 싸움터가 되어가고 있다. '정치'란 표현은 더 이상 우리의 본질적 삶의 양식을 가리키는 것이 아니라, 경쟁의 싸움터에서 적자 생존하기 위한 기능, 처세의 기술이 되었다. 이 역사 세계에서도 자연 세계의 진화 법칙이 지속적인 위력을 발휘하는 것인지, 우리의 삶에서도 돌연변이, 자연 도태, 적자 생존의 원칙이 가차없이 적용된다. 그러나 자연 세계에서와는 달리 이 정치 세계에서 누가 적자가 되느냐는 그 누구의 '정치적 역량'에 달려 있고 이 '정치적 역량'은 공존의 기반을 마련하는 데 있는 것이 아니라 오히려 깨뜨리는 데에 있다. 자연 세계에서의 진화가 인간종이라는 집단의 진화요 이 진화는 발전이랄 수도 있음과 달리, 정치 세계에서의 '진화'는 집단의 공존 기반의 붕괴를 통한 개인의 생존인데(과연 이것이 가능할지!), 이런

---

1) 그리스적 폴리스에 관해서는 V. Ehrenberg, *The Greek State*, London, 1969, Pt. I, Ch. II 참조 이 글에서의 '정치 세계'는 그리스적 폴리스를 모델로 한 삶의 공동체를 의미한다.

사태는 사실상 진화가 아니라 퇴화라는 점에 있다.

Ⅲ

　나는 왜 저 도시로 다시 돌아가야 할까? 영원히 저 도시를 떠나 이 산속에 칩거하면 안 될까? 나는 습관처럼 되돌아가는 것일까? 어두운 현상계의 동굴에서 해방된 수인(囚人), 즉 플라톤의 철인은 왜 다시 어두운 동굴 속으로 하강해야 했으며,[2] 산속에서 10년을 거주하던 니체의 차라투스트라는 왜 현자의 경고를 무시하고 마을로 내려와 사람들의 조롱거리가 되어야 했을까?[3] 이것이 서구 철학과 종교의 전통적 문제인 구원의 문제이다(우리는 유가적 전통에서는 이 구원의 문제가 제기되지 않았음을 유념할 필요가 있다). 저 도시에서의 삶은 나의 삶의 본질적 일부를 이루는가? 정치 세계의 삶은 나의 삶의 본질적 일부를 이루는가? 도시에서의 삶이 나에게 우연히 주어진 것이거나, 즉 내가 단지 그곳에서 태어났으므로 그곳에서 안주하고 있다거나, 자연이 가져다줄지도 모르는 결핍과 위험으로부터 벗어나기 위한 편의에 의한 것은 아닐까? 도시에서의 삶이 단지 편안한 생존을 위한 것이라면, 그것은 수지타산이 맞지 않는 거래이다. 이 도시적 삶의 치욕과 수모를 감내하느니 차라리 황야의 늑대가 되는 것이 훨씬 더 속편하다고 생각하는 사람들이 상당히 많을 것이다.

　위의 질문들을 개념적으로 정리해보자. 물음은, 물음을 제기케 하는 상황이 이론적으로나 실천적으로 우리가 영원히 머물러야 할 곳이 아니라 떠나야 할 곳임을 알린다. 그러므로 물음의 명료한 정리를 통해 우리는 우리가 떠나야 할 그 이론적·실천적 상황의 구조를 밝히고, 이와 함께 가서 거주해야 할 상황의 윤곽을 드

---

2) Platon, *Politheia*, bk. Ⅵ, 동굴의 비유 참조.

3) Nietzsche, *Also Sprach Zarathustra*, 서문 참조.

러낼 수 있다. 이런 드러냄은 이성에 의해 이루어진다. 반성적 이성은 우리의 정치 세계에 여러 물음들을 던질 수 있다. 가장 궁극적이고 본질적인 이성의 물음은 정치 세계의 의미·존재 이유·존재 근거에 대한 것이다. 이 물음은 이성적 숙고의 선택과는 상관없이 주어진 정치 세계가, 헤겔이 말한 대로 이성의 상형 문자일지는 모르나,[4] 적어도 그 현실태에서는 이성적 존재 이유를 결여하고 있을 가능성을 암시한다.[5] 여기서 이성이란 경험, 현상, 개별 초월적 능력, 즉 소여(所與)에 대해 보편적이며 이성적인 존재 이유를 궁구하는 이성이고, 정치 세계에 대한 이성의 물음은, 우리가 이제까지 당연히 존재한다고 인정해왔던 그리고 삶의 일부요 울타리로서 간주해왔던 정치 세계가 그것의 존재 이유를 결여할 때 전혀 무의미한 것, 아니 전혀 존재하지 않는 것으로 포기되어야 한다는 당위 의식을 내포하고 있다.

존재론은 소여, 현상계 또는 경험계에 대한 반성을 탐구의 단초 *archē*로 하는 이성의 작업이다. 이성은 이 경험 세계에 태어나면서부터 서먹함을 느낀다. 이 서먹함의 표현이 '왜?'의 물음이다. 이 세계가 이성적으로 설명될 경우, 이 세계와 이성은 친화 관계를 맺을 수 있으나, 그러하지 못할 경우 이성은 이 세계를 포기하고 다른 세계로의 진입을 시도한다. 그 다른 세계가 부재한다면 이성은 자신을 포기하는 수밖에 없을 것이다. 존재론적인 작업은 그러므로 이성의 자기 구원 활동, 구원학이다. 경험 세계가 우리에게 이미 있는 것으로 주어져 있음에도 불구하고 이 주어진 세계에 대한 비판을 통해 이성은 새로운 세계를 구성한다. 이 작업이

---

4) Hegel, *Philosophy of Right* (Knox의 번역), addition to § 279.

5) 우리가 해야 할 일은 정신의 발전사에 근거해 현실적 국가를 해명·변호함이 아니라, 그 현실적 국가와 발전된 정신의 긴장된 대결을 야기시킴으로써 그 현실적 국가를 극복하는 일이다.

존재론이다. 존재론은 이성의 타향 의식에서 오는 귀향의 작업이
다. 따라서 존재 세계 개시(開示)의 소임을 이성이 담당할 수 없
음이 명백히 입증되지 않는 한, 무엇이 존재하느냐의 여부는 이성
을 기준으로 할 수밖에 없다. 존재론의 역사에서 실재계 개시의
소임은 이성의 것이었다. 이 사실은 진정으로 실재하는 것이 무엇
이냐의 기준이 이성적인 것임을 알려준다. 즉 그 내용이 무엇이건
간에 이성적인 것만이 존재한다고 말할 수 있다. 이성의 사실과
감성의 사실의 구분, 필연 판단과 우연 판단, 선험적 종합 판단과
경험적 종합 판단 등의 구분은 이런 이성 존재론의 전통의 소산이
다. 이를 달리 말하면, 존재 이유가 없는 것은 존재하지 않는다.
소여로서의 정치 세계가 존재 원인을 가질지라도 존재 이유를 소
유치 못할 때, 그것은 존재하지 않는다. 존재 이유가 없는 것은 우
리의 이성적 삶에 대해 무의미하다. 진정으로 존재한다고 말할 수
있는 모든 것은 우리의 삶에 대해 의미를 갖는다. 저 멀리 수십억
광년 저편의 블랙홀까지도. 존재론은 철저하게 비판적 이성의 작
업이다. 존재 세계의 드러냄이 이성의 소임이므로 존재론, 로고스
적 작업으로서의 존재론이 성립한다. 비판적 이성의 발휘가 없다
면 존재론이라는 학문은 성립하지 않았을 것이다. 감성적으로 수
용된 바들은 인간의 정신이 단지 개념화하고 분류·정리만 하였
다면, 오직 감각과 의식의 현상만을 탐구하는 현상학만이 가능하
였을 것이고, 그 현상은 당연히 실재로 간주되었을 것이다.

　존재론의 시작은 반성적이고 비판적인 이성이 감성의 사실들,
의식의 사실들을 존재의 사실로 인정할 수 없었기 때문이었다. 감
각과 의식에 나타난 바의 것들은 비판적 이성의 관점에서는 단지
나타나 있는 것, 현재하는 것 *presence*일 뿐이다. 'presence'와
'being'은 구분되어야 한다.

정치 세계에 관한 위의 우리의 질문들은 어떤 구분을 전제한다. 우리에게 주어진 경험 세계 그것은, 이성의 관점에서, 있어야 할 세계가 아닐 수도 있다. 눈에 보이는 것은 실재하는 것이 아닐 수도 있다. 그냥 살아지는 우리의 습관적인 삶은 마땅히 살아야 할 본질적이고 당위적인 삶이 아닐 수 있다. 의미 있다고, 중요하다고 생각되는 것이 실제로는 무의미하며 하찮을 수 있다.

삶에는 본질적인 삶과 우연적인 삶, 존재애적(存在愛的) 삶과 현상적 삶, 이성적 삶과 감성적 삶이 있으며, 우리가 거주하며 삶을 영위할 수 있는 세계로는 실재계와 현상계, 이성 세계와 자연 세계, 당위 세계와 우연성의 세계, 가치 세계와 사실 세계가 있다. 정치 세계는 이 쌍들의 전자에 속할 수도 있으며 후자에 속할 수도 있다. 왜 사느냐, 어떻게 살아야 할 것인가, 무엇을 할 것인가 등의 질문, 너의 삶이 헛되지 않았다는 평가, 훌륭한 삶, 좋은 삶의 평가, 더 비근하게는 시간을 낭비하지 말라는 일상의 충고 등, 이 모두는 위의 두 종류의 삶에 대한 구분을 정당화한다. 우리의 삶은 바람이 부는 대로 휘날리는 능수버들과 같이 그렇게 흐느적거리며 살 수도 없는 것이며, 발길에 차여 이리저리 구르는 조약돌과 같이 아무렇게나 취급되어도 상관이 없는 것이 아니다. 그렇다고 해서 따스한 봄날에 꽃향기를 맡으며, 꿀을 빨면서 방창한 만화(萬花)를 완상하며 유유히 나는 나비의 삶을 살 수 있는 것도 아니다. 우리의 삶이 설혹 나비의 꿈일지언정, 우리는 그 몽유중에도 식은땀을 흘리며 무언가 의지적 노력을 경주하면서 자연적 삶 이상의 삶을 살도록 애써야 하는 것이다.

우리의 삶이 바람의 흐름이라면, 우리의 삶이 나비의 날개를 달고 유유자적하게 훨훨 날 수 있다면, 유선형의 몸체로 강물을 따라 흐를 수 있다면 얼마나 좋을 것인가? 우리 인간은 이제 자연적 삶마저도 자연스럽게 살 수 없다. 아니 자연적 삶을 살기 위해서는 지극히 인위적인 노력을 하여야 한다. 노자(老子)의 삶이나 소로우 H. D. Thoreau의 삶은 지극히 절제적이고 인위적인 노력을 하여야만이 가능하다. 이제 인간에게는 인위성이 인간의 자연이 되었다. 동물들의 경우와는 달리, 인간 존재의 특징은 자연 *nature* 과 본성 *nature* 의 괴리이고, 이 괴리의 상태가 인간의 본성이다.

V

전통적으로 존재론자들은 진정으로 존재하는 것이 무엇이냐고 물어왔고, 이런 물음은 실재계와 현상계의 구분을 전제한다. 이들은 통상 현실 정치 세계를 포함한 경험 세계를 현상계에 귀속시켰으며, 이와 함께 정치 세계의 가치와 의미를 격하시켰고(현상계는 당연히 존재성에 있어 열등하므로, 중요도에서도 열등하다. 현상계는 본질적으로 열악한 상황이다), 이런 존재론적 입장을 취할 때, 올바른 삶의 태도는 이런 현상계로부터 빨리 떠나는 것이다. 이런 경향을 우리는 그리스 초기의 자연철학자들, 그리고 헬레니즘 시기의 철학자들에게서 볼 수 있다. 이들만이 아니라 대부분의 철학자들이 현실 비판적이고 초월적이다.

현실 정치 세계에 적극적인 의미를 부여하는 근대 이후의 철학자들, 혹은 로크에서 롤즈, 노직에 이르기까지 정치 세계에 관해 적극적이고 긍정적인 논의를 하는 철학자들의 논의에서 우리는 고전적인 정치철학자들과의 중요한 차이를 발견할 수 있다. 이들은 존재론을 지나치고 있으며, 이런 태도는 이들이 정치 세계를 그 자체 완결된 존재 세계로 보고 있음을 시사한다. 이 점들에 유념해 이들 이론의 특징을 지적해보면 1) 이들의 정치철학적 논의에서는 존재 · 무 · 현상 · 진리 · 인식 · 실체 · 속성 등의 존재론적 개념들이 전혀 등장하지 않거나, 등장한다 해도 상당히 변질된 의미로 사용된다. 가령 'property'란 어휘는 존재론적으로는 사물의 속성이나, 정치 경제학적으로는 소유 재산을 의미한다(정치 · 경제권에서 재산은 개인의 속성인가?). 한마디로 이들의 논의에서는 존재론적 탐구가 생략되어 있다. 2) 이 사실은 그들이 폴리스의 세계를 그 자체 자족적이며, 완결될 수 있는 세계로 간주하고 있음을 알린다. 근대에만 해도 폴리스와 자연 세계의 관계는 핵심적인 논의 사항이었으나 현대에 와서는 그런 논의마저 배경적인 역할만을 수행한다. 3) 이런 논조는 인간의 삶을 정치 · 경제 · 사회적 관계에서만 논의하고자 하기 때문이며, 이는 인간 삶이 이런 관계 이상의 차원이 없거나, 있다 해도 논의 불가능하다고 보는 현대의 반(反)형이상학적인 경향을 반영한다. 4) 그리하여 이들은 인간 삶을 공적 영역과 사적 영역으로 구분하고서 인간 삶의 종교적 · 존재론적 · 윤리적 측면은 공적인 정치 세계 밖의 사적 영역의 문제로 간주한다.[6]

근대 이후 정치철학의 이러한 특색들은 정치철학을 철학으로서는 이차적인 것이게 한다.[7] 과연 현대적 삶에 있어서 정치 · 경제 세계는 인간의 삶에서 이차적 의의만을 자임하고 있다. 이 세계의 주요 분배 대상인 정치 · 경제적 재화는 그 자체로서 가치를 갖는 것이라기보다는 각 개인이 사적으로 선택 · 형성한 삶의 가치와 목적을 실현하기 위한 수단적 재화이다(현실적으로는 많은 사람들이 이 이차적 · 수단적 가치를 삶의 궁극 목표 또는 자체적 가치로 착각하고 있긴 하지만). 그러므로 우리 삶에 이차적 · 수단적 의미만

---

6) H. Arendt, *The Human Condition*, The Univ. of Chicago Press, 1958 참조.

7) 정치철학의 존재 자체에 대한 현대적 회의는 다음에서도 잘 지적되어 있다. I. Berlin, "Is Political Philosophy Possible?" in P. Laslett ed., *Philosophy, Politics, and Society*, First Series, Blackwell, 1971.

을 갖는 재화들에 관한 학(學)으로서의 정치철학은 당연히 우리의 본질적 삶과 관계해서는 이차적 의의만을 지닌다. 현대의 자유주의 정치철학자들은 도구적 국가론을 개진하며 국가와 사회를 구분한다.[8] 국가는 사회적 삶을 위한 도구나 수단이고, 국가는 강제적 권력의 영역, 사회는 자유와 권리의 영역이자 자율적 영역이라는 점에서 차이가 있다는 것이다.[9] 전자는 후자에 종속되며, 문화 역사 발전의 주도권은 전자에 있다고 본다.

이런 구분이 전제하는 수단과 목적의 이분법은 배타적인 것이어서는 안 된다. 수단의 성격은 목적에 영향을 끼치며, 역으로 목적은 수단의 성격을 결정한다. 양자는 연속적이다. 이런 연속성은 반성적 평형이나 반성적 조절의 관계에 있다. 이런 관계가 필연적인 이유는 언어의 존재 때문이다. 언어는 그 자체의 존재 기반이라 할 수 있는 의미를 지니고 있지 않음에도 자신의 운용의 논리는 지니고 있다.

정치철학이 우리의 삶과 관련하여 본질적 의의를 지니기 위해서는 그 주제인 정치 세계에서의 삶이 우리에게 본질적 의의를 지님을 보여야 한다. 정치 세계의 존재론적 기초를 마련함은 바로, 정치 세계가 우리의 존재애적(存在愛的) 삶에 본질적 기여 또는 당위적 기여를 수행함을 보임과 동일하다. 우리의 과제는 과연 정치 세계가 적어도 그 이상적인 형태에 있어서, 보다 나은 삶의 양태로 이행해가는 데에 필수적인 기여를 하는가의 문제이다. 여기에서 보다 나은 삶이란 보다 많은 재화를 향유할 수 있는 삶이라거나, 보다 많은 재화가 보다 평등하게 분배되는 삶, 불의와 불행과 비리와 부정과 악이 제거되고 정의와 평화와 사랑과 행복이 넘

---

8) 국가와 사회를 구분하고, 후자를 진정한 인간 삶의 장으로 보는 견해는 A. Levine, *Liberal Democracy*, Columbia Univ. Press, 1981, pp. 16~18 참조.
9) 헤겔의 시민 사회와 국가의 구분 참조. 그러나 그의 단계론은 재고되어야 한다.

치는 삶만을 의미하지는 않는다. 평화는 권태로울 수 있으며 사랑은 이기적일 수 있고, 행복은 무의미할 수도 있다. 일상적으로 지상의 목적으로 추구되는 이들은 단지 보다 더 나은 삶, 존재론적으로 보다 완전한 삶의 추구를 위한 조건에 불과할 수도 있다. 우리가 추구해야 하는 최선의 삶의 양태는, 조금 추상적이긴 하나, 존재론적으로 완전한 삶이다. 정치 세계는 인간의 존재론적 상승에 필수적인 기여를 할 때 그것은 존재론적 당위성을 갖는다고 말할 수 있다. 존재론적으로 완전한 삶이라는 개념은 현존에 있어 인간이 단지 생물학적으로 또는 경제적으로 결여의 존재임은 물론, 존재론적으로도 불완전함을 함축한다. 그런데 그런 불완전성이란 무엇이며, 그 논거는 무엇인가? 그 증거라고 하는 허무감, 의미에의 갈증, 고독, 불안감 등은 언어 심리분석적인 프로이트 심리학에 의해 해결될 수 있는 것이 아닐까? 즉 그 모든 존재론적인 결여의 증상은 실은 인간이 언어를 사용하는 존재이므로 생기는 징후들이 아닐까? 그리고 언어의 사용은 초월적이거나 또는 선험적인 사태가 아니라, 자연적 진화의 우연적 결과가 아닐까?

정치 세계의 존재론적 기초를 정립하려 한, 아마도 서양 철학사 최초의 그리고 가장 중요한 철학자는 플라톤이다. 그는 존재론자이면서 동시에 정치철학자였으며, 그의 두 관심은 근대 정치철학에서와 달리 분과화되어 있는 것이 아니라 통합되어 있다. 그의 주저 『국가』는 정치철학적 저작이면서 존재론적 저작이다. 그의 이상국에서 정치적 지도자로서의 적격을 갖춘 자는 철학자이며, 철학자는 그의 정의에 따르면[10] 존재 세계에의 열망을 품은 자요, 그런 점에서 존재 세계에 가장 가까이 있는 자이다. 따라서 플라톤의 이상적 정치가는 존재애적 개인이고, 정치의 궁극 목표는 정

---

10) Platon, *Politheia*, 여러 곳, 특히 bk. V.

치 세계의 구성원을 존재 세계로 인도함이다. 이런 점, 즉 존재애적인 점에서 소크라테스는 진정한 의미에서 가장 정치적 자질을 지닌 인물이다. 그가 아고라 *agora*에서 행한 대화의 활동은 물론 철학적 활동이기도 하지만, 정치적 활동이기도 하다. 대화의 현장인 아고라는 바로 이상적인 폴리스이다. 물론 그는 고소자들에 의해 불경죄와 선동죄로 피소되었던 만큼, 그들에게 정치적으로 위험한 인물로 간주되었음은 분명하다.

필자의 주장은 그와는 전혀 다른 의미에서 소크라테스는 정치적인 인물이라는 것이다. 우리는 정치가와 철인은 적어도 외연적으로 일치하여야 한다는 플라톤의 주장에 귀기울 필요가 있다. 소크라테스의 정치성은 플라톤의 『국가』에서의 철인왕이 당위요 사회적 의무로서 갖추어야 할 그런 의미의 정치성이다. 그가 독배를 마셔야 했던 진정한 이유는 국가와는 다른 신을 섬겼다거나 젊은 이들을 타락케 했기 때문이 아니라, 아테네 기존의 정치성과는 전혀 다른 정치성을 주장하며, 아테네 한복판에 아고라라는 그의 폴리스를 건설하려고 하였기 때문일 것이다. 그렇다. 그는 아테네의 현실 정치의 이념과 체제를 전복하려 하였다.

2. 자연 세계와 합리적 사회 세계

I

이제 우리의 문제에 대한 해답을 모색하기 전에 예비적 작업으로 이 글에서 자주 사용될 개념들을 간략히 정리하자. 진정한 존재란 자신의 존재 이유나 의미를 자신 속에 지닌 독립적인 존재로, 철학적 개념으로는 실체(實體)라 하며 신, 플라톤의 이데아, 데카르트의 사유 실체가 그 예들이다. 반면 의존적 존재는 실체에 의존해 존재하는 이차적 존재성을 지닌 존재이다. 기독교가 파악한 인간, 실체의 속성, 전체의 부분, 신체의 사지 등이 그 예들이다. 실재(實在)란 실제로 존재함을 의미하며, 현상(現象) *appearance*란 존재하는 것으로 보이나 실제는 존재치 않을 수도 있음 또는 그러한 것으로, 그 예는 물 속에 반쯤 잠겨 굽어 보이는 젓가락의 모습, 신기루 등이다. 무엇의 의미 또는 존재 이유는 그 무엇을 있게 하는 이성적 요인 또는 이성적 근거로서, 한 표현의 의미는 그 표현을 단지 소리나 잉크 자국이 아니라 언어의 한 요소이게 하는 요인이요, 시계의 존재 이유는 그 시계의 본질적 기능이고, 삶의 의미는 만약 있다면 삶을 영위케 할 만한 이성적 이유이다.

사실 세계란 자연과학의 연구 대상이 되는 자연 세계와 같이 그 자체로는 의미나 가치나 이성적 존재 이유를 갖지 않는 무표정한 세계로서, 도덕 세계나 가치 세계와 대조된다. 가치에는 자체적 가치 *intrinsic value*(또는 절대적 가치)와 도구적 가치 *instrumental value*(또는 상대적 가치)가 있다. 전자는 일반적으로 도덕적 내적 가치와 외연이 같으며, 후자는 무엇의 성취·획득을 위한 수단으로서의 가치로서 자신의 가치를 그 무엇에 의존한다. 이성에는 보편적 이성과 타산적 이성(또는 합리적 이성)이 있는데, 전자는 윤리적 이성이나 존재 추구적 이성으로 학문적 진리와 보편적 도덕 규범의 발견 주체이며, 후자는 경제적 이성이나 현상 적응적 이성으로서 효율성을 최상의 덕목으로 하고, 수단과 목적의 인과 관계를 계산하여 도구를 고안한다. 보편성은 학문적 진리나 도덕 법칙의 특성으로 언제 어디서나 누구에게나 타당함을 의미하며, 개별성은 개별자들, 가령 고유명사적 개인이나 지금 여기 내 손에 쥐어져 있는 만년필과 같은 유일자(唯一者)의 특성이다. 우연성은 교통 사고와 같이 아무 이성적 이유 없이 일어남 또는 있음을, 당위성은 이성적 이유가 있음을 의미한다. 교통 사고의 발생에는 그 발생 원인은 있으나 이성적 이유는 없다. 인간의 본질적 삶이란 일상적 삶, 감성적 삶, 현상적 삶과 대조되는 것으로, 그것을 달리 표현하면 윤리적 삶, 이성적 삶, 존재애적 삶과 외연적으로 같다.

II

필자의 논의는 다음과 같은 방식으로 전개될 것이다. 우선 필자는 자연 세계, 합리적 세계, 윤리 세계(또는 존재 세계), 정치 세계의, 네 종류의 세계에서의 삶의 양식들인 자연적 삶, 합리적 삶, 윤리적 삶 또는 존재론적 삶, 그리고 정치적 삶을 구분할 것이다. 그런 다음 인간이 자연 세계에서 벗어나 존재 세계 또는 윤리 세계로 이행함이 이성의 요청이요 당위임을 밝힐 것이다. 정치 세계의 형성과 이 세계 내에서의 폴리스적 삶이 이러한 이행을 위해 필수적이라면, 정치적 삶이 인간의 존재 구조에 기반한다넌, 그리고 그 삶이 아리스토텔레스의 말[11]대로 인간 본질의 요청이라면, 우리는 정치 세계가 존재론적 기초를 갖는다고 말할 수 있다. 이런 논의에서 중요한 역할을 할 것은 이성과 경험, 존재와 현상, 인간의 본질과 우연성, 보편과 개별, 당위(또는 이성의 필연)와 우연, 의미와 무의미의 이분법일 것이다.

인간이 정치 세계의 형성 이전에 삶을 영위했던 세계는 자연 세계이다. 이 세계 속에서 인간은 나무와 돌과 바람, 그리고 바다의 물고기와 같은 자연적 존재로서 삶을 영위한다. 이 세계에서 인간은 자연 세계의 일부로서, 자연물로서 주체 의식 없이 그냥 생존한다. 이런 이유로 이 세계에서 인간은 진정 인간적인 삶을 영위한다고는 할 수 없다. 이런 삶의 양태 또는 존재 양태를 갖는 인간

---

11) Aristoteles, *Politics*, 1253a.

은 현상적 존재로서 생성·소멸해간다. 인간은 바람과 구름, 나무
와 잡초, 바닷속의 무수한 물고기떼의 한 마리처럼 이름도 없이
태어났다 사라져간다.

이런 자연적 세계는 반성적 의식이 결여된 사실성의 세계이다.
물고기는 감각과 욕구를 가진 점에서 나무나 풀과 다르고, 나무
와 풀은 영양 섭취를 하며 생식을 하는 점에서 바람이나 구름과
다르다. 이런 것들 모두 자연이 부여한 존재 양식에 따라 존재한
다는 점에서 자신과 자연 세계를 분리시키지 못하고 자연의 일부
로서 존재한다. 이들은 모두 바람이나 구름과 같이 자연 현상의
일부이다. 반성적 이성의 관점에서 볼 때, 이들은 그 자체로서는
의미도 가치도 존재 이유도 결여한 개별성과 우연성의 사실 세계
이다.

Ⅲ

어떤 사람들은 자연을 찬탄하며 말하기를, 바람처럼, 구름처럼,
물처럼, 푸르른 하늘처럼 살라고 한다. 자연적 삶이 인간의 이성
적 삶이고, 도시적인 삶은 타락된 삶이라는 것이다. 이들에게 자
연 세계는 에덴 동산임에 비해, 정치 세계는 실락원(失樂園)의 상
태이다. 과연 내가 매주 오르는 북한산은 도시적인 삶에 대한 회
의를 확인해주며 북한산의 어느 그윽한 계곡 근처로 나의 현주소
를 옮기라고 은근히 유혹한다. 자연의 의연함과 변화 없음 속의
변화와 당당함 속의 부드러움과 바람과 물의 맑음과 태양빛에 비
치는 나뭇잎의 밝음에 반하여, 저 도시적 삶의 왜소함과 유치함과
궁색함과 더러움과 시끄러움은 자연적 삶의 당위성을 강력히 설
득한다.

북한산의 매력적인 설득력에도 불구하고, 자연적 삶은 인간의
이상적 삶일 수 없다. 인간은 욕망의 체계를 갖고 있는데, 이 체계

는 자연의 질서와 다르다. 인간은 바람이 부는 대로 물이 흐르는 대로 살 수는 없다. 인간은 자연이 먹을 것을 마련해주지 않아 배고프면 먹을 것을 마련해야 하며, 추우면 따스한 잠자리를 찾거나 없으면 만들어야 한다. 인간의 욕망 체계는 자연 질서와 다르므로 인간은 자연이 주지 않는 것을 욕망하게끔 되어 있다. 따라서 필연적으로 자아와 세계, 인간의 질서와 자연의 질서는 갈등할 수밖에 없다. 인간은 세계 속에 살면서 자신의 욕구를 충족시키고 가치를 실현하기 위해 자연을 점유·이용·극복·정복하고, 급기야는 자연을 착취하는 지경에 이르러, 자연계의 생태학적 질서를 교란시키고, 그리하여 자신의 거주 환경까지 파괴하는 자충수를 두고 있다. 인간은 자신이 생명체라는 사실을 망각하고 있다.

많은 정치철학자들이 국가의 존재 원인이자 존재 이유는 자연 상태가 우리에게 적대적이거나 또는 적어도 호의적이 아니기 때문이라고 논한다. 인간이 타고난 자연적 본성마저도 인간을 전쟁과 죽음으로 이끌 수 있다고 홉스는 논하고 있다. 국가라는 인간의 인위적인 질서는 자연 상태에서의 재화의 결여, 투쟁 상태, 생명의 위협 등을 극복 해소하기 위해서라는 것이다. 그래서 그들이 국가의 존재 이유를 드러낼 수 있는 방법론으로 자연 상태론을 논하는 이유가 여기에 있다.

그러나 과연 이러한 논리가 타당할 수 있는가? 인간은 여하간에 자연의 오랜 진화 과정에서의 가장 탁월한 적자이고, 인간이 적자가 될 수 있었음은 바로 인간의 자연적 본성 때문이라고 보아야 하지 않겠는가? 그렇다면, 인간의 자연적 본성은 인간을 배반할 리가 없다. 만약 인간을 배반하는 경우가 있다면 그것은 인류라는 종(種)의 보존을 위한 인구의 자동 조절 기능의 발현이라고 할 것이다.

홉스는 인간의 욕구는 무한 욕구로 특징지어지는 점에서 여타 동물들의 욕구와 구별된다고 통찰한 바 있다.[12] 이런 무한한 탐욕성을 감안할 때 인간이 자신의 욕구를 상당히 통제할 때에만 자연질서와의 갈등 없이 조화로운 자연적 삶을 영위할 수 있다. 현자들은 욕구를 줄여라, 억제하라, 없애라며 금욕과 절제와 무욕의 덕을 논하나, 욕망을 절제함은 몰라도 인간은 무욕하거나 금욕할 수 없다. 욕구함은 인간이 신체를 가지고 생물학적으로 존재함과 동시에 지게 되는, 그러므로 인간으로 존재하는 한 벗어날 수 없는 인간의 존재론적 조건이다. 욕구란 무엇인가? 욕구란 자연적 과정의 일부요, 따라서 자연 현상의 일부라고 할 수 있는가? 아니면 그것은 자연 외적인 현상인가? 인간은 욕구함으로써 자연 질서와 갈등하며, 존재와 무, 삶과 죽음의 기로에 선다.

이 점에서 보면 욕구는 자연 외적인 사건이라고 할 수도 있을 것이다. 또는 인간의 어떤 욕구는 자연스러운 것이되, 어떤 것은 반자연적이고 부자연스러운 것이라고 할 것인가? 그러면 그 기준은 무엇인가?[13] '금욕' 하여 '무욕' 한 수도사의 삶에서도 기본적인 욕구는 존재하므로 그는 이 기본적인 욕구의 충족을 위해 자연의 질서를 교란시켜 자신의 욕구 체계를 부분적으로라도 자연 세계에 이식해야 한다. 이런 행위가 노동이다. 노동이 힘들고 수고로우며, 우리의 삶이 애를 써야 영위됨은 인간의 욕구 체계가 자연질서와 갈등함에 대한 증거이다.[14] 인간의 '자연적' 욕구와 이를 충족시키기 위한 노동의 행위는 실상 자연 외적 사건이다. 인간이 무한 욕구의 존재여서가 아니라, 단지 욕구를 지녔다는 이 사실 때문에 그리고 이 욕구의 체계가 자연의 질서와 다르기 때문에,

---

12) Hobbes, *Leviathan*.

13) 인간의 소위 '자연적' 욕구의 이성적 성격에 관해서는 이 책의 「규범적 국가의 인간 존재론적 정초를 위한 시론」 참조.

14) 먹이사슬의 존재는 인간과 자연뿐 아니라, 생명체 일반과 자연간의 갈등이 존재함에 대한 근거이다.

인간은 자신을 필연적으로 자연 세계로부터 분리하여 이 세계와 대결·갈등할 수밖에 없다. 노동은 이 갈등의 인간적 해소 방식이며, 욕구의 질서와 자연의 질서, 더 발전된 단계에서는 인간의 목적 체계와 자연의 인과 연쇄,[15] 목적론과 기계론이 결합할 수 있음을[16] 보여주는 사건이다. 자연 세계의 인과적 계열은 폐쇄적이 아니라 개방적이다. 자연적, 더 근원적으로 물리적 인과 계열은 빽빽하지 않고 타자가 개입할 틈이 많다. 그러나 이러한 틈이 존재한다는 주장은 자연에 대해 타자가 존재함, 가령 노동하고 실천하는 인간이 자연의 일부가 아니라, 자연 밖에 존재하는 자연에 대해 타자임을 가정하는 것이 아닐까? 그리고 이러한 가정은 인간이 과연 자연의 일부냐 아니냐는 원래의 질문을 요청하는 선결 문제 요구의 오류를 범하는 것이 아닐까?

생명과 생명체의 욕망들은 일반적으로 자연적 현상으로 여겨진다. 자연과 욕망의 관계는 무엇인가? 국가는 자연과 인간 욕망의 중재자로서 어떤 역할을 수행하는가? 생명체는 욕망의 체계라고 말할 수 있다. 그런데 이 욕망들은 유감스럽게도 자연 세계에서 완전히 충족되지 않으며, 이런 부족은 어쩌면 당연한 자연의 순리일 것이다. 완전히 충족되면 자연의 조화와 균형이 깨어지고, 자연의 이러한 불균형은 균형점을 찾으려는 자연적인 원리에 따라 종의 수적 감소, 더 나아가 종의 절멸을 가져온다. 이런 점에서 보면 자연 세계에서의 불완전 충족은 불완전성의 한 양태가 아니라 오히려 완전한 균형을 이루려는 경향성의 귀결이랄 수 있다.

욕구 자체가 유한한 들짐승과 날짐승들의 세계에서 그러한데, 하물며 상상력의 날개를 타고 무한히 비약하는 인간의 욕망에 있

---

15) 이 점에 관해서는, G. Lukács, 『청년 헤겔』에서의 헤겔의 노동 존재론에 관한 논의 참조.

16) 이 점에 관해서는, Platon, *Timaeus*편 참조.

어서랴. 인간의 욕망은 무한하고 자연은 유한하므로, 당연히 인간의 욕망은 필연적으로 좌절될 수밖에 없다. 인간은 노동과 실천을 통해서, 그리고 더 근원적으로는 안분자족의 삶을 택하고 욕망 자체의 절제를 통해서 그런 좌절을 극복하려 하지만, 그래도 자연은 그런 기본적인 욕구의 충족마저도 허용하지 않는 경우가 많다.

생명체의 고통과 죽음은 자연의 가장 기본적인 현상의 하나로서, 어쩌면 자연스러운 일일지도 모른다. 그럼에도 이런 자연의 원리를 우리는 수락할 수가 없다. 고통의 최소화, 수명의 연장, 질병의 퇴치, 기아 문제의 해결, 죽음에 대한 공포의 극복, 이것은 인간만이 아니라, 모든 생명체들의 가장 궁극적인 것은 아니어도 가장 기본적인 염원이다. 토끼도 늑대의 발톱을 벗어나려고 발버둥을 친다. 밟으면 꿈틀거리는 지렁이의 움직임에서 시작하여 인간의 도덕적이고 역사적인 실천에 이르기까지 모두 이런 기본적인 염원을 표현하는 생명체의 몸부림이라고 규정할 수 있다.

그러나 다른 한편으로 생명체들의 세계에서 고통과 죽음이 사라지고, 기쁨과 즐거움과 풍요가 흘러넘치고, 인간은 물론 모든 생명의 개체들이 불로불사하면서 영생을 희구할 수 있다면, 그것은 과연 자연스러운 현상일까? 자연스럽다고 양보해 인정한다 해도, 그것이 모든 생명체의 이상적인 목표가 될 수 있을까? 아니 더 근원적으로 그러한 사태가 자연의 세계에서 대체 가능할 것인가? 이러한 사태는 가능하지도 않으며, 자연스럽지도, 바람직하지도 않다. 아마도 보다 정확한 논리는, 그것은 바람직하지 않으므로, 자연스럽지 않으며, 그러므로 가능하지 않다는 것일 것이다. 그러한 환상적인 사태는 어쩌면 전혀 예상치 못하는 재난과 불행을 인간과 모든 생명체와 지구의 생태계에 안겨줄 수도 있을 것이다.

생명체의 탄생과 고통과 죽음은 지극히 자연적인 사태요, 자연의 조화와 균형 속에서 이루어지는 자연 보존적인 사태라고 할 수 있음에도, 일단 태어난 생명체는, 역설적이게도, 이 고통과 죽음이라는 자연 질서의 극복을 목표로 한다. 이렇게 위협적인 자연의 질서를 자연 상태론자들은 자연적 재화의 희소성이라는 어구로 표현하였다. 생명체들, 특히 인간의 관점에서 보면 자연은 가난하거나 인색한 주인이다. 자연 상태를 모델로 국가 구성의 원리를 찾는 철학자들은 국가 구성의 원리를 자연적 재화의 희소성에서 찾고 있다. 이것이 서구 정치철학자(플라톤, 홉스, 루소, 로크, 흄, 칸트, 롤즈)들의 국가론의 특징이라고 할 수 있다.

자연 재화의 희소성을 국가 구성의 출발점으로 보는 자연 상태론자들의 근본적 문제점은 바로 여기에, 즉 국가를 인간 자연적 욕구의 충족을 위한 효율적인 수단이요 장치로 파악한 데에 있다. 서양의 사상가들과는 달리 동양의 사상가들은 자연을 희소성의 상황, 가난한 상태로 파악하지 않은 것은 주목할 만하다. 우리는 동양의 철학자들과 같이 자연 그 자체는 가난하지도 부족하지도, 인색하지도 않다고 보아야 한다. 자연에 인간이 등장하면서 자연 상태는 국가를 구성하여 극복하여야 할 장애요 시련의 상태로 평가되기 시작한다.

위에 언급한 가설적인 상황의 부조리성은 국가의 구성 원리가 인간의 자연적 욕구의 충족, 자연의 희소성의 극복에 있지 않음을 암시한다. 자연은 그 자체로서는 가난하지도 인색하지도 않다. 위에서 지적한 바와 같이 인간 욕망의 완전한 충족이란 있을 수도 없거니와 있다 하더라도 그러한 사태는 자연의 붕괴 그리고 결국은 인간이라는 종의 멸종을 가져올 것이다. 이것이 인구 문제와 생태 문제의 본질이다. 인간은 인간의 수를 적절히 조절하고, 자신들의 욕망들의 수를 적절하게 축소하고 양을 절제하는, 자연과 타협하는 삶의 방식을 추구하여야 한다. 인간은 자연과 타협하여 생존을, 종의 연명을 도모하여야 한다.

이런 관점에서 볼 때, 국가의 구성 원리이자 존재 이유는 인간의 자연적 욕망의 충족을 위한 장치가 아니며, 그런 것이 되어서도 안 되고, 인간의 자연적 욕구에 관여하는 경우에도 그것의 충족이 아니라, 조절을 도모하는 것이 본무라고 말할 수 있다. 국가 이전에 국가를 구성하게 하는 동인이요 원리로서의 결여나 희소성을 말할 수 있다면, 그것은 자연의 희소성이나 결여태가 아니라, 인간의 결여 상태, 인간의 존재론적 결여이다. 그런데 구체적으로 인간의 존재론적인 결여란 무엇인가? 그것은 이성적 결여, 세계와 삶의 의미에 대한 관심의 결여이다.

우리는 아마도, 왜 국가를 구성하여야 하는가, 왜 국가적 삶을 선택하여야 하는가라고 묻지 말고, 국가적 삶은 인간에게 무엇을 결과하였는가 하는 인과사실적 물음을 물어야 할지 모른다.

IV

욕구가 인간의 존재론적 조건인 것처럼, 욕망의 충족이나 자아 질서와 세계 질서의 충돌을 해소하는 방식인 노동 역시 인간의 또 다른 존재론적 조건이나. 노동을 이와 같이 파악할 때, 인간 의식의 발전에 따라 노동은 섭취한 음식물의 소화·흡수에서부터[17] 도구의 사용, 국가의 구성 그리고 도덕적 실천에 이르기까지 다양한 형태로 나타난다. 도덕적 실천은 도덕적 법칙이나 가치에 대한 이성적 인식뿐만 아니라, 이 가치를 현실 세계에 구체화시키려는 신체적 활동이거나 그리하려는 의지를 구성 요소로 하므로, 역시 일종의 노동이다. 원시적 노동이나[18] 발전된 정신의 도덕적 실천 모

---

17) 소화·흡수는 의도적 행위가 아니라는 점에서 노동이 아니라고 볼 수도 있다.
18) 자연적 노동의 이성적 성격에 관해서는 이 책의 「규범적 국가의 인간 존재론적 정초를 위한 시론」 참조.

두 인식적 측면과 실천적 측면을 지니고 있으니, 이 중요한 유사
성에 비추어 이들은 모두 의식의 연속적인 발전 과정에서 나타나
는 단계로 볼 수 있다.

V

인간은 노동에 의해 자신과 세계와의 갈등을 해소하며, 이런 노
력과 함께 인간은 필연적으로 원인과 결과의 인과적 체계인 자연
세계에서 보다 나은 단계의 세계, 즉 수단과 목적 체계에로 이행
한다. 더불어 인간은 자연적 삶을 벗어나 목적 성취를 위한 수단
의 효율성을 계산해야 하는 합리적 삶 또는 타산적[19] 삶을 영위케
된다. 이 단계에서 인간은 도구적 이성, 타산적 이성 또는 합리적
이성에 의해 도구를 발견·발명함으로써 자신의 기본적 욕구를
충족시킨다. 여기에서 반성적 의식에 의해 수단과 목적에 대한 개
념이 형성되며, 수단과 목적 사이의 인과 관계에 대한 계산이 이
루어진다. 더 나아가 협동 생산의 필요를 느끼며, 재화를 획득함
에 따라 소유 의식이 발전하고 권리들의 갈등이 야기되는데 이런
여러 문제들을 해결하기 위한 조직적 공동체로서 국가가 구성된
다. 이 단계에서 이성은 인간의 자연적 욕구, 그리고 본질적으로
이에 기초한 사회적 욕구에 봉사하는 도구의 역할을 수행한다. 자
연적 삶의 단계에서와 달리 이 단계에서 비록 도구적이고 타산적
이긴 하나, 이성이 등장하여 인간의 충동적이고 직접적인 삶을 규
제·지도·인도하고, 자연 세계의 법칙성을 드러냄으로써 법칙
성·일관성·보편성의 개념을 형성한다. 나아가 삶 전체에 대해
서는 아니더라도 자신의 욕구에 대한 반성을 행하고, 욕구를 충족

---

19) 현대의 많은 윤리학자·정치철학자들은 합리성 *rationality*을 경제적 의미로 사
  용한다. 이때 합리성은 타산적 능력, 즉 주어진 목표 성취를 위해 가장 효율적인
  수단을 발견할 수 있는 능력을 의미한다.

시키는 자연물과의 인과적 관계에 대해 의식한다. 전반적으로 이 단계에서 가장 중요한 특징은 반성적 이성의 등장이다. 그리고 이는 뒤에 언급할 여러 개념과 의식들을 형성한다.

VI

합리적 세계 또는 타산적 사회 세계, 그리고 이 속에서의 합리적 삶은 자연적 삶과 중요한 차이를 가지나, 본질적으로는 동일하다. 이 단계에서 역시 삶의 지배 원리는 자연적 욕구의 충족이므로, 새로이 등장한 도구적 이성은 결국 이 원리에 봉사한다. 이 단계에서 자연 세계의 법칙성과 보편성은 그 자체로 중요한 것이 아니라, 개인의 개별적 욕구나 인간종의 종적 욕구를 충족시키는 수단으로서만 의의를 지니므로, 이 두 종류의 보편성은 개별성에 봉사한다. 이 단계에서의 반성은 삶과 세계 전체에 대한 것이 아니라 삶의 일부인 욕구들과 이를 충족시킬 자연 세계의 일부에 대해서만 이루어지므로, 이 반성의 행위는 현존 탈출적이라기보다는 현존 적응적이다. 나아가 이 단계에서는 인간의 자연적 욕구가 비록 타산적 이성에 의해 충족되긴 하나, 이 욕구 자체와 이의 충족 행위가 이성적 존재 이유를 결어하고 있으므로, 이런 타산적 삶과 마찬가지로 무의미하고 무가치하다. 이 단계에서 합리적 이기심에 기초하여 도덕 규범의 체계, 가령 타산적 윤리나 공리주의적 윤리는 구성할 수 있으나, 진정한 윤리 체계는 세울 수 없고, 본래적 가치 개념이나 정언 명법의 개념은 형성될 수 없다.

자연 세계, 합리적 세계 모두 현상 세계라 규정할 수 있는데, 이 속에서의 삶인 자연적 삶과 합리적 삶은 모두 현상적 삶 또는 넓은 의미의 자연적 삶이라 말할 수 있다. 이 단계에서 구성된 국가는 도구적 국가요, 헤겔이 말하는 시민 사회이다. 이런 삶의 양식에서 가장 중요한 특징은 그것의 존재론적 우연성·무의미성·무가치성에 있다.

하지만 타산적 삶을 몰가치적이라 평결케 하는 이 이성적 관점이란 무엇인가? 왜 타산적 삶이 애써 살 만한 가치가 없는가? 욕구가 존재한다는 사실만으로 그것이 충족될 가치가 있는 것은 아니다. 자연적 욕구라는 것의 경우는 어떠할까? 그것이 생명의 보존을 위한 기제의 일부라고 한다면, 생명의 보존은 귀한 가치이므로, 자연적 욕구의 충족은 도덕적으로 옳다고 말할 수 있을까?

과연 모든 생명은 윤리적으로 그리고 존재론적으로 중요할까? 우리가 바퀴벌레와 같은 미물의 생명을 중히 여길 수 없음은 단지 인간 중심주의적인 사고 때문이 아니다. 먹고 먹히는, 죽고 죽이는 먹이사슬은 생태계의 균형과 조화, 더 크게는 자연계의 존재와 안정을 위한 핵심적 기제요 원리이다. 먹이사슬이 증거하는 바는 생명의 보존은 타생명의 살상을 요청한다는 점이다. 혹자는 생명 경외론을 주장하나, 생명도 그 생명체의 자연적 욕구도 경외의 대상으로 삼을 만큼 신비한 것은 아니다. 생명, 그것은 구름과 바람과 같은 자연적 현상의 하나일 뿐이다.

불교의 중생 사상이나 환경론자들의 주도에 의한 생물학적 종의 다양성 조약도 일부 종이나 생명체들의 절멸을 막을 수는 없을 것이다. 그렇다면 그들 종과 생명체가 자연스레 소멸하도록 두는 것이 보다 자연스러운 노릇일 수도 있을 것이다.

VII

우리가 거하는 경험적 현상 세계는 왜 떠나도 좋으며, 자연적 삶이나 합리적 삶은 구태여 애를 쓰고 힘을 들여 살 가치가 없는 것일까? 자연적 삶은 둘로 나눌 수 있는데 그 하나는 바람과 구름의 삶이요, 또 다른 하나는 하늘을 나는 새들과 바다 물고기의 삶이다. 전자의 존재 양식은 우리가 생명체로 존재하길 중단하고 물리적 원소가 되지 않는 한 불가능하거니와, 그럴 수 있다 하더라도 무의미하다. 인간은 어쨌든 생명체로 존재하므로 욕구를 품고 있고, 이 욕구의 충족을 위해 노동을 해야 한다. 이것이 우리의 존재 조건이다. 이 욕구는 자연 상태에서 완전히 충족되지 못하므로 우리는 좌절하며, 따라서 이로부터의 고통과 불행의 체험은 필연적이다. 이런 체험이 바람직하지 않음은 직관적으로 타당하다(불행과 고통은 자연적 현상이므로 바람직한가? 일반적 대답은 이런 체험은 반갑지 않다는 것이다. 그러나 잊지 말아야 할 것은 역사의 전개는 불행의 의식에서 시작되며, 고통이 기쁨보다 실재적이라는 점이다). 따라서 자연적 삶은, 그 어느 양태이건, 불가능하거나 바람직하지 않다.

자연적 삶의 고통을 피하기 위해 우리가 필연적으로 이행해가는 타산적 삶은 어떠한가? 그것 역시 바람직하지 않다. 이 삶의 양태는 도구를 사용하여 수렵하는 원시인의 삶에서부터, 도구적 국가 또는 합리적 국가내에서 만인이 모두 욕구의 충족을 향유하며 행복하게 사는 삶에 이르기까지 다양하다. 그러나 합리적 삶의 다양한 양태들은 모두 자연적 욕구의 충족을 삶의 원리로 하는 점에서, BC 20세기의 원시인의 삶이나 AD 20세기의 현대인의 삶은 동일하다. 이러한 삶은 우리의 반성적 이성의 관점에서 볼 때 존재 이유나, 이성적 당위성을 결여하고 있는 삶이요, 자연적 필연, 그러나 동시에 이성적 우연에 얹혀사는 삶이다. 우리는 이런 삶을 존재론적 결핍의 상태로 규정할 수 있다. 이런 삶은 사실상 존재론적 허무이고, 이런 삶이나 존재에의 노력은 헛수고요, 엄격히 말해서 논리적 자가당착이다. 노동의 땀과 수고로움은 노동 주체인 자신의 존재나 이 노동을 통해서 충족되는 자연적 욕구에 의미를 부여하려는 활동이다. 그런데 노동은 힘이 들고, 이 점에서 노동은 자기 소진의 행위이다. 그러므로 자연적 욕구를 충족시키며 사는 삶은 자신을 소진시키면서 자신을 구원하는 역설적 삶이다. 우리가 우리의 자연적 욕구를 충족시킬 때, 쾌락과 충족감을 향유할 수 있다. 그러나 이런 것들은 무엇을 위한 것들인가? 그것들은 그 자체가 가치가 있다고 하기에는 너무도 공허하다. 왜 논리적 자가당착일까? 그 이유는 이런 타산적 세계 내에 머무르는 한, 허무를 벗어나 존재하려는 노력은 오히려 우리를 점점 더 절대 무(無)의 심연으로 이끌어가기 때문이다. 이 타산적 삶이 무의미하며, 무가치한 이유는 그것이 단지 이기적·현세적·현상적이어서가 아니라, 이성의 관점에서 볼 때 존재론적 결여태이기 때문이다.

자연적 삶이나 합리적 삶은 근본적으로 인간의 자연적이고 개별적인 욕망들에 종속되어 있다. 마치 가언 명법(假言命法)의 행위들이 그 가언적 조건에 의존해서만 가치 있듯이, 이런 삶에서의 행위나 싱대 또는 이를 성취하기 위한 노력들은 자연적 욕구의 충족에 기여하는 것으로서만 의미와 가치가 있다. 따라서 자연적 삶이나 합리적 삶은 자연적 욕구가 그 자체 가치를 가지며 존재 이유를 갖는 한에서만 가치와 존재 이유를 갖는다. 그러나 자연적 욕구들은 그 자체의 가치나 존재 이유를 갖지 않는다. 나무와 물고기의 자연적 성향이나 욕구가 그 자체 가치와 존재 이유를 갖지 않는다면, 인간의 자연적 욕구 역시 자체적 가치나 존재 이유를 갖지 않는다.

VIII

위의 결론에 대하여 다음의 반론이 있을 수 있다. 자연적 욕구는 생명체의 생존을 위해 필요하며, 생명이란 그 자체로 가치가 있다. 이것이 위에서 언급한 생명 외경 사상이다. 이에 대해 우리는 다음의 응수를 할 수 있다. 1) 생명 그 자체가 가치 있으며, 존재 이유를 갖는다 해도 그 가치나 존재 이유는 이성적으로는 알려지지 않는다. 따라서 생명 외경 사상은 종교적 신비주의로 귀결하며, 신비주의는 이성적 관점에서는 수락할 수 없다. 생명이 귀하다는 믿음은 생명체가 고통받는 존재라는 관찰과 긴밀한 관계를 갖는 것으로, 고통은 최소화되어야 한다는 직관적 논리의 지지를 받는다. 다른 한편으로 지구의 생태계에서 생명이 있는 한, 고통은 피할 수 없으므로 생명 존중론은 역설적이다. 2) 생명 외경 사상이 신비주의적임을 접어두고, 생명 그 자체가 가치 있다는 주장을 수락하더라도, 이 견해는 인간의 이성이 생명의 보존이나 존속의 도구라는 이성 도구론을 가정한다. 이성이 도구라면, 인간과 식물적 생명체간의 질적인 차이는 없어지며, 오히려 인간은 후자에 비해 자연 상태에서는 보다 열등한 존재라는 평가를 수락해야 한다. 3) 보다 중요한 난점으로 이성 도구론은 이성의 본질적 속성이며, 수학과 도덕 법칙 정립의 가능 근거인 보편 지향성과 상충한다. 보편 지향적 이성이 철저히 특수적인 자연적 욕구에 종속·봉사함은 논리적으로 불가하다. 이성이 개별자의 특수적 욕구에 봉사하는 도구라면, 수학의 가능성은 설명할 수 없다. 수학은 이성이 보편적 인식을 지향하므로 기능하다. 이성이 도구에 불과하다면, 반성적·비판적 이성에 의거하는 철저히 이타적 행위 역시 설명될 수 없을 것이다. 보편 지향적 이성은 특수성을 극복하고 보편을 지향하므로 궁극적으로는 개별에 봉사할 수 없다. 물론 이런 지향 과정이나 이성의 발전 과정에서는 개별에 봉사할 수 있으나, 궁극적으로는 그럴 수 없다. 4) 생명체는 본성상 정태적 존재가 아니라 동태적 존재이며, 완결된 존재가 아니라 개방적으로 발전해가는 존재라는 사실은 생명체가 그 자체의 존재 이유를 갖는 존재라기보다는 어떤 가치를 위한 과정이요 절차임을 시사한다. 생명체는 도구적 가치, 수단적 가치, 좀더 정확히 표현하면 과정으로서의 존재 의의를 갖는다.

인간의 자연적 욕구와 이에 의해 지탱되는 자연적 삶이 그 자체로 존재 이유를 갖는다는 테제가 지지 논거를 찾을 수 있는 또 하나의 방향은, 인간의 자연적 욕구나 삶은 여타 생명체의 그것과 달리 반성적 의식이 동반되어 있다는 점에서 질적으로 다르며, 이 차이점으로 인해 인간의 자연적 삶은 여타 생명체와 달리 자체적 가치를 지닌다는 논리이다. 그러나 이 반성적 의식 자체가 내재적 가치를 갖지 않는 한, 그리고 설사 그것이 인간의 것이라 하더라도 자연적 삶에 종속되어 있는 한, 이 의식의 소유는 인간을 다른 생명체와 질적으로 구별지어주지는 않는다. 오히려 인간의 자연적 삶이라는 것이 반성적 의식의 담지자로서 보조적 역할을 할 가능성이 크다. 이 경우 인간의 삶은 더 이상 자연적 삶이 아니다. 결론적으로 말하면 자연 세계에서나 합리적 사회 세계에서의 인간의 삶은 그 자체로 존재 의의를 지니지 않는다.

IX

자연적 삶이나 합리적 이기주의의 삶, 즉 타산적 삶은 다음과 같은 특색을 갖는다. 1) 특수적이고, 2) 자연 사실적이며, 3) 자연 필연에 의해 지배되므로, 4) 이성적 관점에서 우연적이며, 5) 현상 구속적이다.

자연 세계에서 인간은 충동적이고 본능적인 이기주의에 의해 지배되며, 합리적 사회 세계에서의 삶은 타산적 또는 합리적 이기주의에 의해 지배된다. 이런 세계들에서의 삶은 아집적 삶이다. 이런 삶과 욕구의 주체요, 관심의 대상은 철저히 특수적 자아이다. 현상계는 특수자들의 세계이고, 현상적 삶은 이런 특수자들의 아집적 삶이다. 이성은 이 현상계의 개별성과 특수성에 대한 비판을 통해 보편적 존재 세계로 이행한다. 존재 세계는 보편 세계이

다. 진정한 윤리 규범은 개별적 자아를 초월한다. 그러므로 이 단
계에서, 특히 타산적 사회 세계에서 정립될 수 있는 어떠한 행위
규범도 윤리적 성격을 결여하고 있다.

이 단계에서 자신의 욕구와 행위와 사유와 삶의 중심은 개별적
행위 주체 자신에 있으므로, 그 주체는 철저하게 자신을 중심으로
세계를 형성한다. 이 개별적 자아는 관념론자요 유아론자(唯我論
者)이다. 그러므로 논리적으로 당연히 내가 세계 안에 존재하는
것이 아니라 세계가 나의 내부에 존재하며, 내가 세계를 위해 존
재하는 것이 아니라 세계가 나를 위해 존재한다. 나는 나의 세계
요, 세계는 바로 나다.[20]

아집적 단계에서 유아론은 논리적 귀결이다. 개별적 자아의 행
위와 삶의 방식의 개별성·특수성은 논리적으로 오로지 위와 같
이 유아론적 입장을 취해야만 극복될 수 있다. 자신이 세계의 일
부인 하나의 개별자에 불과하다는 사실을 승인함은 이 자연적 삶
의 아집적 성격에 비추어 비논리적이다. 아집적 자아는 자신이 세
계의 일부에 불과함을 인정하고 아집적 삶의 방식을 포기함으로
써가 아니라, 반대로 세계를 자신 속에 편입시키거나 자신의 외연
과 세계의 외연을 일치시킴으로써[21] 자신의 개별적 삶을 보편화한
다. 보편적 삶의 방식이란 결국 세계의 일부만이 아니라 세계의
전체에 대해 타당한 삶의 방식일 뿐이므로, 자아와 세계가 일치된
삶, 자아의 삶이 바로 세계 전체에 타당한 삶의 방식이 된다. 그러
나 이런 삶은 엄격히 말해서 보편적 삶이 아니라 제국주의적 삶이
다. 이 삶의 방식에서 중요한 것, 의미를 지닌 것은 단지 한 개인
의 삶뿐이다. 자연 세계나 타산적 사회 세계에 실제 존재하는 것
은 자연 세계나 사회 세계가 아니라, 아집적 자아의 수만큼의 폐

---

20) L. Wittgenstein, 『논리 철학 논고』, 5. 621, 5. 63 참조.
21) L. Wittgenstein, 앞의 책, 5. 6.

쇄된 유아론적 세계들이다. 이 세계들은 서로 다른 질서를 갖고
있다. 자연적이고 타산적인 삶이 영위되는 환경은 실은 자연 세계
도 타산적 사회 세계도 아닌 단지 특수적 자아의 관념 세계일 뿐
이다.

X

　최근 일군의 학자들은[22] 합리적 이기심에 기초하여 윤리 규범이
나 정치 규범의 체계를 정립하려 시도하고 있다. 이들은 대체적으
로 이런 체계를 위한 세계관으로 원자론적 세계관을 채택하고, 규
범 정립의 과정으로 계약론을 수용할 때 그런 시도가 성공할 수
있으리라고 생각한다. 그러나 합리적 이기주의자는 이기주의자인
한, 타인을 자신과 등위(等位)의 존재로 인정할 수 없는 철저한 단
자(單子)이니만치 결코 타인과의 계약 상황에 들어갈 수 없다. 계
약이란 타인을 자신과 대등한 존재로 인정해야만 이루어질 수 있
는 관계이다. 계약의 쌍방은 계약자로서는 평등하다. 다시 말하
면, 계약은 계약 당사자들이 타방을 등가(等價)의 존재로 인정할
수 있는 측면을, 그리고 그런 측면이 인정될 수 있는 장을 필수적
으로 요청한다. 그러므로 창 없는 단자와 단자들 사이의 관계맺음
은, 만약 가능하다면, 오직 신의 예정 조화에 의해서만 가능할 것
이다. 합리적 이기주의자는 이기주의자인 한에서 합리적인 자이
건 충동적인 자이건간에 상관없이 타인을 자신과 대등한 존재로
인정할 수 없다. 그는 타인의 이해 관계에 무관심할 수밖에 없다.
타인은 그의 안중에 둘 수 없다. 왜냐하면 그의 유아론적 세계에
는 자신만이 존재하기 때문이다.
　재화의 공정 분배를 위한 규범적 원리의 정립을 위해 계약 상황

---

22) 가령, J. Rawls, *A Theory of Justice*, Oxford Univ. Press, 1973; D. Gauthier, *Morality and Rational Self-Interest*, Prentice Hall, 1970.

에 들어서는 계약 당사자들이 구비해야 할 조건으로, 롤즈는 이들이 서로의 이해 관계에 무관심해야 한다고 요청하였다.[23] 롤즈의 계약 당사자들은 합리적 이기주의자이다. 따라서 롤즈의 요청이 없어도 그들은 당연히 자신의 이해만을 계산하고 타인의 이해에 무관심할 수밖에 없다. 이들이 타인의 이해에 관심을 갖는 경우는 오직 그것이 자신의 이해에 영향을 미치는 한에서만이다. 합리적 이기주의자는 타자를 자기 세계의 일부로서만 인정하며, 그를 대등한 계약 대상자가 아니라 그에게 어떤 원인적 태도를 취할 때 결과적 반응을 할 대상으로밖에는 취급하지 않는다. 합리적 이기주의자에게 타자는 자신의 욕구 성취에 대해 인과적 관계가 있는 수단에 불과하다. 그에게는 자신을 제외한 모든 타자는, 자연적 사물들뿐 아니라 타인도, 냉정한 계산의 대상이다. 합리적 이기주의는 교활한 이기주의이므로 윤리 규범이나 정치 규범의 기초가 될 수 없다.

XI

보다 유연한 형태의 합리적 이기주의를 취할 때, 계약론의 수락이 가능할 수 있다. 이런 입장에서 자아의 세계는 개방되어 있으며, 따라서 타인을 자신과 대등한 계약 당사자로 인정할 수 있는 여지가 있다. 그러나 이 경우라도 계약론은 도덕 규범의 성립 논거로서는 문제점을 갖고 있다. 계약이 가능하기 위해서는 계약 쌍방이 자신들의 계약 체결의 동기와 계약을 통해 서로로부터 얻을 수 있는 바에 대해 명확히 알아야 한다. 이런 명확한 인식이 가능하기 위해서는 계약 당사자들이 유한하고 명확하게 규정된 욕구의 체계를 품고 있어야 한다. 무한하고 미결정적인 것은 명확한

---

23) J. Rawls, 앞의 책, pp. 127 이하.

인식의 대상이 될 수 없으며, 자신과 타인의 욕구 체계에 대한 불명확한 인식은 계약을 위한 홍정을 불가능하게 한다. 그러므로 계약론의 인간관, 즉 인간은 유한하고 판명하게 규정된 욕구의 체계라는 가정은 수정되어야 한다. 인간은, 홉스가 지적한 바와 같이, 무한한 욕구의 체계이다. 인간의 반성적 의식은 욕구 체계 전체에 대한 반성을 통해 새로운 그러나 무한하고 미결정적이며 다양한 욕구를 산출한다.

이런 그릇된 가정을 피하기 위해서는, 계약을 통해 정립될 규범의 역할을 어느 영역에 제한함으로써 개인을 그 측면에서만 계약 당사자라고 보아야 한다. 그리고 이렇게 정립된 규범의 기능을 가령 개인의 가치관을 구성·실현하기 위한 도구적 재화로서의 사회적 재화들을 공정하게 분배하기 위한 기준으로 파악하며,[24] 계약 당사자인 개인도 그러한 재화를 보다 많이 갖기를 욕구하는 존재로서 계약 상황에 참여하는 것으로 간주할 때,[25] 계약론은 어느 정도의 호소력을 발휘할 수 있다.

XII

필자가 위에 비판한 학자들의 합리적 이기주의가 그 의도에 있어서는 타인을 자신과 대등한 권리의 소유자요 자유의 행사자로 인정하자는 입장이라면, 그것은 이기주의자가 아니다. 이런 입장은 평등주의적 개인주의 또는 평등주의적 자유주의라 이름할 수 있다. 이 입장의 내용은 보편 세계와 가치 세계에 이르는 통로는 개인에 따라 다양하고 자유롭게 선택할 수 있으며, 이 자유는 행위 주체의 자율성에 비추어볼 때 제1의 가치라는 견해이다. 이 견해의 강조점은 개인보다는 자유에 있으며, 그 자유는 개인의 자유

---

24) J. Rawls, 앞의 책, pp. 3, 93.
25) J. Rawls, 앞의 책, p. 142.

라기보다는 개인의 행위 주체로서의, 즉 보편적 가치의 실현 주체
로서의 자유이다. 궁극적으로 더 중요한 것은 보편적 가치의 실현
이며, 이 실현의 자율성이다. 합리적 자유주의는 반(反)이기주의
적이다.

이러한 입장이 성립되기 위해서는 세계 개념 자체가 개방되어
있어 여러 등가의 세계들이 공존하는 다원적 세계관이 채택되어
야 한다. 이런 세계관 아래에서 개별적 자아는 자신이 행위 수행
의 준거로 삼을 확정된 세계가 존재치 않으므로 불안할 수 있다.
이 자유주의적 세계 내에서는 확정된 울타리로 둘러싸인 자아나
세계가 존재치 않으므로 개별이니 보편을 말할 수 없다. 개인의
개별성은 그의 신체적 요인들, 즉 신체, 본능적 욕구, 감정 등에
의해서만 확인되며 그의 정신은 보편에로 개방되어 있다. 이 개방
된 세계의 개체는 비유하건대, 좌표대 위의 한 점을 차지하고 이
점을 중심으로 하여 자신의 외연을 끝없이 확대하여 드디어는 자
신의 외연과 타자의 외연이 좌표대 자체와 일치하게 되기를 염원
하는 점들과 같다. 외연의 확대에 따라 이들 점들의 차이는 점차
축소된다.[26]

전통적으로 자유라는 정치적 가치는 평등이라는 가치와 갈등히
는 것으로 간주되어왔다. 이러한 견해가 자유와 평등에 대한 단선
적인 오해에서 기인하고 있음은 쉽사리 알 수 있다. 정치적 이념
으로서의 자유는 그 어느 경우에건 그리고 그것이 아무리 폭넓고
적극적으로 해석이 되어도, 자의성·방종·무제약성을 의미할 수
는 없다. 왜냐하면 진공에서의 자유란 무의미하므로 있을 수 없
고, 항상 타인과의 공존적 관계에서의 즉 사회 세계 또는 정치 세
계에서의 자유를 의미하기 때문이다. 자유는 최소한으로 엄격하

---

26) 자아와 세계의 성격에 따라 우리는 자연적 삶, 유아론적 삶, 개방적 삶, 윤리적 삶
의 네 종류의 삶을 구분해볼 수 있다.

게 해석될 경우, 그 자유를 지상의 가치로 하면서도 이는 이성을 빙자한 독재주의를 지지할 수도 있으나, 다른 한편으로는 현대의 자유 지상주의들과 같이 최대한 관대하게 해석하는 경우에도(노직의 입장), 그것은 공존하는 타인에게 대등한 자유와 권리를 허용하는 한에서의 자유를 의미하는데, 이렇게 폭넓게 해석된 자유도 어떤 중요한 종류의 평등의 제약 아래에서의 자유이다. 이 자유는 타인에게 중요한 측면, 즉 자신이 제1의 가치로 여기는 바를 대등하게 허용한다는 단서 아래에서의 자유이고, 이 단서는 상호적이므로, 우리의 자유는 타인이나 그의 자유를 보장하기 위해서라기보다는 바로 자신의 자유를 최대한 담보받기 위한 단서하에서의 자유이다. 따라서 이 단서를 위반하는 자유는 자기 파괴적이다. 무제약적 자유는 바로 자신에 대한 무제약적 구속과 무화(無化)를 결과한다.

자유와 평등 사이에 갈등이 존재한다는 전통적 견해는 평등에 대한 오해도 담고 있다. 평등을 제1의 가치로 하는 평등주의에서의 평등이 모든 사람들을 모든 면에서 평등하게 대해야 한다는 주장이라면, 이는 반가치의 실현, 가치의 쇠락을 귀결할 뿐이다. 평등은 그 자체 가치 있는 것이라기보다는 무엇을 위한 평등이요, 어느 관점에서의, 어느 문맥에서의 평등이다. 이런 평등을 우리는 이성적 평등이라고 말할 수 있는데, 이런 평등은 자유와 얼마든지 공존할 수 있다. 우리는 이렇게 말할 수 있다. 이성적 평등은 이성적 자유를 결과할 것이고, 이성적 자유는 이성적 평등을 함축할 것이라고.[27]

---

27) 이 책의 제5부 참조.

이기주의는 왜 문제가 있는가? 자연적 삶이나 타산적 삶이 개별적 욕구의 충족을 원리로 삼는다는 사실이 왜 문제되는가? 개별적인 것은 우연적이며, 우연적인 것은 이성적 존재 이유를 결여하고 있다. 북한산 기슭의 풀 한 포기가 이성적 존재 이유를 결여하고 있듯이, 특정의 개인이 존재해야 할, 그리고 그의 욕구 체계가 충족되어야 할 이성적 존재 이유도 없다. 그 줄기차게 자라는 강인한 풀 한 포기가 그 강인한 삶에의, 존재에의 노력에도 불구하고 시들어 죽어 사라져버려도 상관없다면, 그 특정의 개인의 존재가 포기되고 그의 욕구 체계가 좌절되더라도 그것이 부조리하다고 부르짖어서는 안 된다. 역으로 그 개인이 충족된 삶을 영위해야 마땅하다면, 그 이름조차 없는 풀 한 포기라도 가뭄에 말라 죽거나 등산객의 경쾌한 발길에 짓밟혀서는 안 된다. 이성적 관점에서 볼 때 비는 와야 하며, 억센 생명력으로 자라는 그 풀 한 포기의 생존권은 존중되어야 한다. 그리고 우리는 아무 곳에서나 솟아오르는 잡초 한 포기에라도 아름답고 개성적인 이름을 지어주어야 한다. 권리 소유의 선행 조건은 이름의 소유이다.[28] 우리가 무명씨니 돌쇠니 막둥이니 하는 아무렇게나 붙여진 이름을 갖기 원치 않듯이, 우리가 익명이나 무명의 존재로 이 세계의 사물들 속에 묻혀 있기를 원치 않듯이, 그 잡초도 그저 이름 없는 풀 한 포기로 불리기를 원치 않을 수 있다. 시인들은 자연에 관해 노래하나, 그들의 노래에서 새와 나무는 단지 인간 삶의 현상을 묘사하기 위한 비유물로서만 동원된다. 진정한 자연 시인은 인간 삶의 일부로서의 새와 나무가 아닌 자연 그 자체를 찬미해야 할 것이

---

28) 권리 개념에 관해서는 이 책의 6장 참조.

다. 우리는 자연 그 자체의 정서를 인정해야 할 것이다.

인간의 실존뿐 아니라 잡초의 실존까지도 문제삼아야 논리적 일관성을 갖출 수 있다고 주장한다면, 실존주의자들은 그런 주장이 공허한 트집이라며 대꾸도 않을 것이다. 이런 태도는 납득할 만하다. 그러나 이 사실이 함의하는 바는 무엇인가? 그것은 인간은 역시 인간의 관점을 벗어날 수 없고, 그러므로 인간의 관점에서 철학적 문제를 제기하는 것이 타당하다는 것, 철학에서도 객관적인 절대자의 관점이란 무의미하다는 것을 증거하여준다.

자신들이 서 있는 관점에 대한 성찰도 없이 부조리와 절망을 부르짖는 실존주의자들은 응석받이이다. 인간은 고통과 불행에 대한 천재적인 상상력을 지닌 존재임에는 틀림이 없다. 그러나 들짐승이나 날짐승, 그리고 심지어 지렁이 같은 미물도 인간처럼 다양하고 심도 깊은 것은 아니나 고통에의 능력을 소지하고 있다. 지렁이도 밟으면 꿈틀하지 않는가? 그리고 천재들의 고통만이 아니라 범부들의 고통도 배려되어야 할 뿐 아니라, 오히려 고통에의 배려에 있어 후자가 다수이니 우선적이어야 할 것이다. 그렇다면 인간보다는 지렁이와 같은 미물들이야말로 우선적 구원의 대상이라 말할 수도 있다. 윤회의 사상에 의하면 인간은 그래도 몇 겹의 구원을 거쳐서 이른, 생명체로서는 복된 존재 양식이다. 그런데 그런 구원의 긴 과정에서 진화된 단계에 있는 인간이 오히려 미물들보다 더 다양하고 심각한 고통을 느껴야 하다니, 이 사실은 인간이 구원의 완성에 다가서 있음을 알리는 것일까?

그렇다. 어쩌면 고통을 느낌은 수동적 감수성이 아니라, 적극적 능력이다. 인간 역사에서 천재적 인간들이 한 일이란 행복을 창출하기보다는 오히려 범부들의 고통과 불행을 가중시키고, 오수(午睡)의 나른함을 즐기고 있는 대중들에게 불필요한 문제 의식을 불러일으키는 방화자의 역할이었다. 그들은 항상 평지에 풍파를 불러일으켜, 우리의 안온하고 달콤한 삶을 보장하는 단단한 껍질을 두드려 깨부순다.

미물이나 개인 등과 같은 특수자들이 자신의 생존에서 고통을 받으며 구원을 염원하는 이유는 자신들의 존재와 생존이 우연에 의해 결정되고 침투되어 있음에도, 이 명백한 삶의 사실을 자신의 진실이요 당위로 수락할 수 없기 때문이다. 여기서 아마도 부조리의 의식이 생겨날 것이다. 특수자는 이성적 존재 이유를 결여한 우연적 존재인 한, 사실상 이성의 관점에서 허무이다. 이성적 허무, 그것이 생성 세계 내의 특수자들의 본모습이다. 무의미와 허무는 동일하다. 무의미는 바로 이성적 허무와 동연적이다. 의미 또는 존재 이유는 바로 존재이다. 세계가 이성적으로 완전히 설명되기 위해서는 그것의 존재 이유가 제시되어야 하며, 그래야 그 세계는 실재계로서의 지위를 공인받을 수 있다. 존재 이유가 없는 존재자는 당위적 존재가 아니므로, 그것이 없더라도 이 세계가 기우뚱할 리는 없다. 수많은 특수자들이 이 세계에서 사라져가도 태양은 여전히 동쪽에서 떠오른다. 나의 등장과 소멸은 나에게는 절대적일 것이나, 이 세계에 대해서는 우연이다. 나는 수많은 사람들이 죽어갔다는 보도를 수없이 접하였으니, 그 때문에 이 세계의 축이 움직였다는 소식을 들은 적이 없다.

한 여인이 있었다. 그녀는 일찌감치 사람들이 스스로들에게 부여하곤 하는 절대적 실재성과 중요성의 절대적 허구성을 간파하고서, 일찌감치 자신을 완전히 무화하였다. 그녀는 자신의 모든 물리적 흔적들, 자신의 소유물들, 일기는 물론, 노트들을 남김없이 불태워버리고, 심지어 도서관에서 대본하여 빌려본 도서들의 행간에 그녀가 끄적였던 메모까지도 지워버리고 홀연히 사라져버렸다. 마치 그녀가 이 세상에서 존재하였던 그 20여 년의 세월, 이미 흘러가버려 저 멀리 있는 세월까지도 되불러서 지워버리려는 듯한 그러한 몸짓을 하며 사라져버렸다.

그러나 그러한 그녀의 몸짓은 오히려 우리에게 깊은 인상으로 기억되게 하고 말았으니, 애초부터 자신의 흔적을 지운다는 것은 불가능한 일이었다. 몇 겁(劫)의 시간을 흐르면서 얼기설기 얽혀 온 무수한 인연의 가닥들을 어떻게 끊어버릴 수 있겠는가? 그녀가 이미 살아남아 있는 우리들 의식의 일부가 되었음에야. 일단 이 세상에 적을 두게 된 이상, 완벽한 자살은 불가능하다. 그렇다면 나의 삶은 나의 것이 아니라, 이 세계 내의 다른 타인들 모두의 것인가? 그렇다면 나의 삶은 내가 죽은 후에도 살아남아서 잘 먹고 잘살 타인들에 대해, 세계에 대해 전적으로 우연적인 것만은 아닐 수도 있을 것이다. 나의 삶이 아무리 시시한 범부의 삶일지라도, 그것이 이 세계와 타인들의 삶의 존재 이유와 가치와 의미에 좁쌀만한, 겨자씨만한, 먼지만큼 가벼운 보탬은 될 수 있는 것이 아닐까?

그렇다. 나의 삶은 일단 태어난 이상, 아니 태어나기 전부터 나의 것이 아니다. 나는 의무로서 산다. 삶은 특권도 아니고, 행복의 향유를 위한 시간도 아니며, 우리는 재미보기 위해서 이 세상에 태어난 것도 아니다. 나는 내가 이 현생에서 재미를 볼 권리를 갖고 있다고 주장할 수 있을 만큼 대견한 일을 전생에 한 기억이 없다. 설사 그런 선행을 한 일이 혹시 있었을지라도 삶이란 포상으로 주어지는 것이 아니다. 하지만 다른 한편으로 내가 전생에 무슨 짓을 저질렀기에 이 삶의 노동을 감내하여야 하는 것인지? 그러나 이런 불만 섞인 넋두리도 무의미한 것이, 삶이 포상이 아니라면 징벌도 아닐 것이기 때문이다. 자연적 삶과 타산적 삶의 실체는 허무주의이다. 이런 삶의 주체인 아집적 자아는 사실상 자신만을 존재라고, 자체적 의미와 가치를 지닌 존재라고 고집함으로써(이것이 唯我論) 객관적 자연 세계와 사회 세계를 부재자로, 존재하지 않는 무로 간주한다. 그러므로 아집적 자아, 유아론적 세계는 허무에 둘러싸여 있다.

3. 반성적 이성과 이성적 존재 세계

I

이제까지 우리는 자연 세계와 타산적 사회 세계의 현상적 성격, 자연적 삶과 타산적 삶의 허무주의적 성격, 또는 무의미성과 우연성을 논했다. 그러면 우리가 주거지로 삼아야 할 그 세계는 무엇이며, 우리가 영위해야 할 삶의 양태는 어떤 것인가? 이에 답하기 위해서는 우선 이성적 삶의 조건을 살펴보아야 하겠다. 우리는 애를 쓰고, 힘을 들이며 살아간다. 우리는 살기 위해, 살아남기 위해 노력하고 노동해야 한다. 어떤 재수좋은 녀석들은 멋지고 즐거운 인생을 운위하며, 삶 자체가 즐거움이요 기쁨이라고 노래하지만, 살기란 본질적으로 쉽지 않다. 그냥 가만히 있는다고 해서 삶이 저절로 영위되는 것도 아니며, 무진 애를 쓴다 해도 그에 값하는 대가가 주어지지 않는 경우가 대부분이다. 삶의 어려움은 일부의 사람들, 불행한 자, 고통받는 자, 소외된 자, 억눌린 자에게만 안겨지는 부담이 아니다. 삶은 본질적으로 노동의 연속이다. 삶이 즐겁다고, 살아 있는 것만으로도 기쁘다고 흥얼거리는 자는 삶의 직무를 유기한 혐의가 짙다.

삶의 본질에 대한 인식이 먼저 주어졌다는 점에서, 불행한 자, 고통받는 자는 창조주의 선택을 받은 자이다. 가난한 자는 복이 있으며, 역사 세계에서의 유대인의 시련은 그들이 신의 선민임을 알려준다. 불행의 의식은 행복과 불행의 저편이 있음을 인식케 해준다. 불행은 행복에의 갈증이 아니고, 고통은 단지 필요 충족을

78

위한 반사적 호소가 아니다. 불행은 행·불행의 가능 근거에 대한 부정이며, 고통은 쾌·고라는 독재자의 지배에[29] 대한 반항이다. 불행이 행복과 본질적으로 다른 것으로서 그에 대한 단순한 반대의 상태가 아닌 이유는, 불행의 의식은 행·불행의 가능 근거에 대한 부정에 이르게 할 수 있다는 점이고, 고통은 쾌·고라는 심리적 독재자의 지배에 대한 반항을 부추긴다는 점이다. 불행과 고통은 행복과 쾌락과 동일선상의 저편에 있는 단순한 반대 상태가 아니다. 그것은 그 연장성 자체를 전면 부정케 할 수 있는 가능성이다. 고통과 불행을 통해 인간은 현존 삶의 조건에 대해 의식화한다. 그러므로 불행의 의식이나 고통의 자각은 지향적이며, 이점에서 현존 적응적인 행복의 의식이나 쾌락의 느낌과 동차원적이 아니다.

II

삶의 노동이 힘겨우니만치, 우리의 이성은 정당한 대가를 요구한다. 우리의 반성적 이성은 삶의 의미가 무엇이냐, 삶의 존재 이유가 무엇이냐, 삶의 노동을 통해 우리가 궁극적으로 성취하는 바가 무엇이냐, 한마디로 대체 왜 사느냐, 왜 노동하느냐고 묻는다. 왜 삶의 노력을 경주하느냐는 물음은 삶의 주체에게는 필연적으로 제기되는 질문으로서 적절한 대답을 요구한다. 설사 삶이 수고롭지 않고 편하고 즐거운 것이라도, 찰나주의적 인생관을 취하지 않는 한, 왜의 질문은 당위이다. 반성적 이성은 본성상 모든 행위와 상태와 존재에 왜의 질문을 제기하며, 그것들의 이성적 존재 이유와 의미를 요구한다. 반성적 이성은 우리에게 주어진 것을 그대로 수락할 수 없다. 이것이 반성의 기능이다. 반성은 단순히 소

---

29) J. Bentham, *The Principles of Morals and Legislation*, 1789.

여 *data*에 대한 정관이 아니라 소여의 거부요, 소여의 근거 탐구이고, 이성화이다. 반성하는 이성은 반성 대상을 이성화하여 자신의 존재 세계에 편입시키거나, 이성화되지 않을 때 허무로 돌린다. 이런 소여를 거부하는 물음이 왜의 물음이다. 우리에게 주어진 경험 세계나 삶은 실재가 아니며, 의미 있는 것이 아니다. 그 이유는 소여의 세계가 생성·변화하기 때문이 아니라, 반성하는 이성과 동일 구조를 지니고 있지 않기 때문이다.

III

어느 시인은 왜 사느냐고 물으면 웃겠다고 읊었지만, 이 질문은 웃어서 해결되거나 해소될 성격의 것이 아니다. 이 물음은 삶 전체, 삶의 욕구와 노동의 행위 전체, 그리고 현존의 거주 공간인 자연 세계와 타산적 사회 세계의 존재성 여부를 결정하려는 물음이므로 엄청난 긴장을 요한다. 우리는 그냥 웃고만 있을 수 없다. 이 질문은 우리가 영위해왔던 삶, 당연히 충족되어야 할 것으로 여겨왔던 욕구들, 이 욕구의 충족 행위로서 의미 있다고 생각해왔던 다양한 형태의 노력들, 한마디로 명백한 존재의 사실로 간주해온 바가 허무로 폐기 처분되어야 할지도 모른다는 우려에서 비롯된다. 왜의 질문은 우리를 삶과 죽음, 존재와 무의 기로에 서게 한다. 왜의 물음은 현상의 부정, 실재에의 관심에서 비롯한다.

IV

삶에 대한 윤리적 태도의 진정한 단초는 왜 사느냐, 왜 존재하느냐, 왜 행위하느냐의 물음들이다. 이런 물음의 제기 없이, 자신의 존재 전체에 대한 반성 없이 윤리적 체계는 정립될 수 없다. 의미 물음과 윤리적 관심, 윤리적 탐구란 한마디로 선(善)에의 탐구이다. 선이란 삶의 가치를 이른다. 삶이 영위되고 행위가 수행할

만한 가치가 있느냐 없느냐의 여부는 바로 왜 사느냐는 근거 물음
에 대한 해답에 의해 결정된다. 이런 무반성적 윤리 체계의 대표
적인 것이 공리주의와 타산적 합리성의 윤리학이다. 왜의 물음은
위에 지적한 바와 같이 존재에의 관심의 표현이므로 삶에 대한 윤
리적 태도란 바로 존재론적인 태도이다. 윤리적 삶이란 존재론적
삶이며, 이런 삶은 현상적 삶, 일상적 삶, 자연적 삶, 타산적 삶에
대한 부정에서 시작한다. 윤리 세계란 존재론적 삶이 영위될 존재
세계를 말한다. 존재론의 단초는 존재와 무, 실재와 현상, 이성에
주어진 것과 경험에 주어진 것의 구분이다. 윤리학과 존재론은 정
확히 일치한다. 이런 일치의 전형적인 예를 플라톤의 사상에서 찾
아볼 수 있다.[30] 그에게서 윤리적 삶이란 존재애적 삶이요, 존재
세계에로의 지향의 활동이다. 또는 그 세계의 상기(想起)이다.

V

인간적 존재 방식의 특색은 반성 행위에 있다. 이 반성의 행위
는 판도라의 상자와 같이 모든 문제들을 불러일으킨다. 인간의 골
치를 썩이는 문제들을 해결 또는 해소하는 가장 간단한 방법은 반
성의 중지이다. 그러나 인간은 반성 행위를 중지할 수 있을까? 반
성의 중지 역시 반성에 의해 이루어지므로 우리는 영원히 반성을
중지할 수 없다. 반성은 이성의 소임이다. 이성은 삶의 개별적 욕
구와 욕구 대상에 대해 반성하고, 수단과 목적 사이의 인과적 계
산을 하기도 하므로 도구적 성격이나 욕구 종속적 성격을 지님은
위에서 지적한 바 있다.

보다 발전된 단계에서 이성은 삶 전체, 자아 전체, 세계 전체를

---

30) 어떤 개념을 중시하느냐에 따라, 우리는 네 종류의 윤리학을 구분할 수 있다: 존
재의 윤리학(플라톤, 아리스토텔레스); 가치의 윤리학(칸트, 로스); 의미의 윤리
학(실존주의); 합리성의 윤리학(현대 영미 철학자) 등.

반성의 대상으로 삼을 수도 있다. 이 전체에 대한 반성이 이루어질 때 윤리적 삶의 태도나 존재론적 삶의 태도가 정립되며, 이때 비로소 인간 고유의 존재 양식이 가능해진다. 정치 세계의 존재론적 탐구는 이런 인간 특유의 존재 양식의 영위에 정치 세계가 어떤 기여를 하는가에 대한 탐구이다.

우리는 바람과 구름과 같이 존재하기를 원치 않으며, 나무나 풀 그리고 벌레나 물고기와 같이 단지 자연의 일부로 존속하거나 자연의 자비에 자신의 생명을 내맡기고자 하지 않는다. 우리는 무위 자연의 무생물적 삶이나 무반성적 삶을 영위키 원치 않는다. 아니 그렇게 영위할 수도 없다. 우리의 존재 구조가 그것을 허용하지 않는다. 혹자는 무위 자연의 덕과 최대한의 절제적 삶을 설파한다. 그러나 최소한의 삶의 노력 그 자체에서 인위성·행위는 시작된다. 인간은 인간인 이상, 강물처럼 구름처럼 흐르며 또는 나비처럼 사뿐히 봄바람을 타고서 살 수는 없다.

그렇다고 해서 만인에 대한 만인의 투쟁, 갈등 상태, 영원한 결핍의 상태에서 욕구하나 그 욕구를 채울 수 없는 존재, 욕망의 충족 여부를 자연의 자비에 맡기고 사는 존재, 욕망 충족의 노력이 갈등하여 서로가 서로에게 늑대로 변신하여 투쟁하는 존재로 살아가는 것도 원치 않는다.

도구의 발견에 의해 자신의 욕구 충족을 더 이상 자연에만 의존하지 않게 되고, 국가 조직의 구성에 의해 욕구 충족의 방식을 효율화하며, 갈등을 조정케 되었지만 그것만으로써 인간의 삶이 완성되었다고 생각하지도 않는다. 이미 말한 바와 같이 이런 삶은 타산적 사회 세계의 삶이며, 어느 자연 상태에서보다 편안하고, 풍요하며, 쾌적하고, 심지어 행복하다고 할 수 있는 상태이나, 본질적으로 자연적 욕구가 지배 원리이며 따라서 이성의 관점에서 볼 때, 자연적 삶의 무가치성·무의미성·우연성·사실성의 갑옷을 벗어버리지 못한 상태이다.

VI

자아와 삶과 세계에 대한 반성, 그것도 자아의 일부나 삶을 구성하는 욕구 체계와 노동의 연속의 한 국면 또는 세계의 어떤 사태들에 대한 반성이 아니라 그 전체에 대한 반성과 함께 인간은 자신이 이제까지 거주했던 자연 세계와 타산적 사회 세계를 떠나 전혀 차원이 다른 새로운 세계를 탐구한다. 그와 함께 인간의 삶은 전혀 다른 국면으로 접어든다.

이를 가능케 하는 왜의 질문은 다음 네 가지 특성을 갖는다. 동시에 윤리적 세계와 윤리적 삶도 같은 특징을 갖는다. 첫째, 질문 대상의 존재 이유를 그 해답으로 요청하므로 존재애적 관심을 그 내용으로 하며, 둘째, 왜의 질문 대상 또는 이성적 반성 대상과 자신간의 거리를 유지하며, 셋째, 전체성을 지니며, 넷째, 자신의 현존 전체를 떠나 던지는 물음이므로 초월적 성격을 갖는다.

VII

일반적으로 "왜 사태 x냐?"는 물음은 그 사태 x에 대한 이성적 설명의 요청이다. 이는 달리 표현하면, 그 사태를 있게 하는 이성적 이유에 대한 요청이다. 그 사태가 이성적 요인에 의해 설명되지 않는 한, 그것은 자신을 있게 하는 존재 이유를 결여하고 있다고 말할 수 있다. 그런 것은 사실상 있는 것으로 보이나 실제로는 있지 않는 것, 즉 현상에 불과하다. 따라서 그것은 실질적으로는 허무이다. 다른 한편으로 이성적 존재 원인은 있으나 이유가 없는 사태는 이성의 세계에서는 자연적이거나 부조리한 사실성의 사태이다. 그런 것을 우연적 사태라 하며 이는 우연히 존재케 되었으므로 우연히 무화(無化)할 수도 있다. 우연히 존재했다가 우연히 없어질 수 있는 것은 이성의 철칙인 모순 배제율을 위배하므로 이성의 세계에서는 추방되어야 한다.

왜 사태 x냐는 물음은 사태 x의 존재 여부를, 사태 x가 진정한 실재성을 소유하는지의 여부를 결정하려는 질문으로, 이 물음에 어떤 해답이 주어지느냐에 따라 그 사태의 존재 여부가 결정된다. 왜 사느냐는 물음은 따라서 삶의 주체가 삶과 죽음, 존재와 무 중에서 선택코자 하는 결의의 표현이다. 우리는 우리의 선택과는 상관없이 살게끔 이 세계에 던져졌다. 인간은 피투성(被投性)의 존재이다. 이제 왜 사느냐는 물음을 제기함으로써 우리는 삶과 죽음까지도 우리의 이성에 의해 선택코자 한다. 반성적 이성에 의해 삶의 밖으로 나아가 삶 전체를 이성적으로 근거지을 수 있을 때, 비로소 진정한 윤리학이 가능하다. 삶의 내부에서는 삶을 논할 수 없으며, 따라서 진정한 윤리 이론은 불가능하다. 진정한 윤리학은 삶의 근거와 존재 이유에 관한 학, 삶의 존재론이며, 자연 현상의 존재론이 형이상학이듯이,[31] 그것은 삶의 형이상학이다.

VIII

이성의 반성 대상은 있는 그대로의 세계 그 자체가 아니다. 인간의 원초적 인식은 이성에 의해서라기보다는 감정 · 본능 · 편견 · 상식 · 문화를 기초로 하여 형성된다. 우리가 일상 세계에서 형성한 인식은 순수 이성의 인식이 아니라, 어느 정도는 유기체의 구조, 개인의 편견과 습관, 사회적 관습과 전통적 문화에 의해 제약된 왜곡된 인식으로 이를 그리스인들은 속견 *doxa*이라고 칭했다. 이 속견(俗見)에 의해 구축된 세계가 현상계 *phenomena, appearance*인데, 바로 이 현상계가 이성의 반성 대상이다. 이 현

---

31) 'Meta-physics'라는 어휘의 어원 자체가 자연 현상의 배후를 탐구하는 학이란 뜻이다.

상계는 이성의 반성이 있기 전의 일상적 인식의 틀 안에서는 실재계로 간주되었으나, 이성의 비판적 반성과 함께 그 실재성이 의심받기 시작한다. 이 세계는 완전한 허구의 세계, 즉 허무이거나 기껏해야 플라톤의 표현대로 존재도 무도 아닌 세계일 수 있다.

반성적 이성이 이 속견 의존적 세계, 즉 현상계에 거리를 둔다는 말은 자신을 이 세계로부터 분리·독립시켜 자신이 이 세계의 일부로 존재하거나 타산적 이성으로서 현상적 질서의 하수인 노릇 하길 중지함을 의미한다. 그리하여 이성은 자신의 존재 기준을 이 현상계로부터 철수시켜, 새로운 세계, 존재론적 존재 세계, 가치 세계, 도덕 세계의 구성을 준비한다. 현상계와의 이 거리에 의해 가치 개념이 발생한다. 발생론적으로 볼 때(현상론적으로 볼 때), 반성의 행위가 계기가 되어 자아와 세계, 이성 인식과 속견, 실재와 현상의 거리가 생겼고, 이 거리에 의해 가치 개념이 드러났을 가능성이 있다. 그러나 논리적으로(존재론적으로) 볼 때, 가치 개념의 존재가 반성 행위와 거리 유지에 선행하며, 나아가 이 선행하는 가치 개념이 반성 행위와 거리 유지의 가능 근거일 수 있다.

이 거리를 유지키 위해선 반성적 주체인 이성적 자아가 반성 대상과는 전혀 다른 차원의 세계에 진입해야 한다. 평면 위의 점은 평면 위에 존재하여서는 자신이 평면 위의 점이라는 사실과 자신의 위치를 인식할 수 없다. 이 인식을 얻기 위해선 3차원으로 비약하여 평면 전체를 조감하여야 한다. 이 다른 차원의 세계를 순수 이성의 세계라 부르자. 이 순수 이성의 공간 안에서 자아는 속견이 제공하는 세계의 모습이 과연 실재인지 허무인지 판별하여 그것이 실재이거나 실재적일 때, 자아는 그 세계에 다시 귀환하여 실천 이성화하지만, 허무임이 판명될 때 이를 부정하고 새로운 존재 세계를 발견·구성하거나 그렇지 못할 경우 자아는 허무한 공간의 미아가 된다.

현상계는 그 자체로는 가치 · 의미 · 존재 이유 · 당위 · 존재성을 갖지 않는다. 도덕적 행위 역시 현상적으로 파악할 때 신체적 변화, 심리적 변화에 불과하므로 그러한 외적인 행위로서는 아무 윤리적 · 존재론적 의미를 갖지 않는다. 도덕적 행위의 가치성은 이를 지지하는 이성적 사유 주체에서 오며, 현상계와 이성적 실재, 행위로서의 도덕적 실천과 도덕성 사이를 매개하는 것이 가치 개념이다. 현상계의 그 무엇이 진 · 선 · 미의 도덕적 가치를 갖는다 함은 그것이 이성적 실재와의 연결 통로가 있음을 의미한다. 그런 루트를 갖지 못한 것은 허무요, 무가치요, 무의미한 것이다. 무의미하며, 무가치하고, 우연적인 것, 단순히 자연적 사실에 불과한 것은, 이성의 관점에서 존재 이유를 결여하고 있으므로 존재하지 않는 허무이다. 자연적 사실들은 감성의 소여로서 현존한다. 그러나 그들이 우연히 거기 그대로 놓여 있는 한, 그것은 이성의 관점에서 부재의 사실이다. 그것들은 감성계의 기준으로는 존재하는 것이나 이성계의 기준으로는 부재의 것이다. 이성적 사유의 대상만이 존재하고, 존재하는 것만이 이성적 사유의 사실이다.[32] 이성적 관점에서 부재의 것이 왜 현상의 양태로 나타나는지는 설명되어야 할 것이다.

IX

그러나 왜 이성의 관점이 존재의 기준이 되어야 하는가? 이성적 관점에서 존재하는 것은 이성적 존재요, 감성적 관점에서 존재하는 것은 감성적 존재이며, 이 양자 모두 '이성적' 또는 '감성적'이라는 제한사에 의해서 제약되어 있으므로 진정한 존재가 아닐

---

32) *Parmenides*, Fr. 8 참조.

수도 있지 않을까? 감성적 존재가 무의미·무가치하다면, 이성적 존재 역시 무의미하며 무가치할 수 있지 않을까? 이성적인 존재는 이성적인 인식자에게만 존재함은 동어 반복이다.

　존재론적인 작업은 우리에게 주어진 소여, 우리의 감각 세계, 정서 세계, 사유 세계에 현재(顯在)하는 것, 우리의 감관·감정·사유의 앞에 놓여 있는 것들, 한마디로 현상적인 것들에 대한 반성·비판·분석·분별에서 시작한다. 현상이 실재가 아닐 수도 있다는 자각에 의해 실재자를 탐색할 때, 존재론·형이상학이 시작된다. 서구의 존재론이 현상의 근거를 드러냄, 현상의 존재성에 대한 비판의 형태, 즉 'meta-physik,' 자연적 사건의 배후에 관한 학의 형태로 시작된 것은 바로 이 이유에서이다. 존재론이나 형이상학은 소여의 비판학이다. 이 작업에서 기준이 되는 것은 당연히 반성과 비판을 행한 주체, 즉 이성이다. 그러므로 이성과 존재론은 본질적인 관계에 있다. 이성적 존재자, 이성 앞에 현재한 것만이 실재자이다. 플라톤의 이데아는 이성 앞에 현재하는 것들이다. 이렇게 볼 때 있음의 기준이 중요한 것이 아니라 이성에 무엇이 나타나느냐가 중요하다. 있음의 전통적인 기준, 가령, 불변성·영원성·단일성·자기 동일성 등은 실은 이성에 나타난 것들의 특징들이다. 이것이 사유와 존재를 일치시킨 파르메니데스 테제의 논리이다.

X

　왜의 물음은 그 대상에 대해 전면적이다. 이 물음은 질문 대상에 대한 전면 부정의 가능성을 내포한다. 이 질문과 함께 질문자와 질문 대상은 완전한 모순 관계에 들어가며, 양자간의 질적 연속성은 단절된다. 왜 사태 x냐는 물음은 오직 사태 x 전체의 밖에서만, 그리고 그것과의 단절을 통해서만 제기될 수 있다. 그러므

로 이 물음은 사태 x의 완전한 무화를 예비하며 동시에 완전한 유
화(有化)의 가능성을 내포하고 있다. 신체의 소멸은 생성을 배태
하지 않으나, 정신에서 죽음은 새 것의 탄생을 준비한다. 정신은
생과 사, 존재와 무를 오갈 수 있다. 정신의 운동은 그러므로 모순
에 의해 매개된다.

자신의 존재 이유를 갖지 않는 현상적 존재 그것은 존재 우연적
존재라 하는데,[33] 이는 이성적으로 볼 때 순수 우연의 존재, 즉 존
재론적 허무이다. 물론 이들은 경험적 · 자연적 · 현상적 원인에
의해 현상의 일부로서 존재케 되었으니, 이런 점에서 이들은 생성
필연적 · 자연 필연적 존재라고는 말할 수 있다.

이성적으로 그 존재 이유가 드러나지 않는 존재는 보통 신비의
대상이나 불가지의 대상으로 여겨진다. 존재 이유를 알 수 없는
자연의 주기적 변화는 신비롭다. 자연은 말 그대로, 스스로 있는
것, 즉 타자와는 무관하게 스스로 있는 것일 뿐이다. 신비로움은
자연의 속성이 아니고, '신비롭다'는 형용사는 자연을 올바로 기
술하는 술어가 아니다. 신비로움은 우리 마음의 상태나 우리 마음
의 자연에 대한 태도의 속성이다. 자연은 그 자체로서는 신비롭지
않은데, 우리의 마음이 신비로움을 느끼게 되는 그 원인은 우리의
마음에 있다. 신비로움은 우리 마음이나 인식의 능력이 걸린 일종
의 질병이다. 모든 인식의 현상들, 확실성 · 회의 · 놀라움 · 의
문 · 문제 의식 들은 대상 자체가 아니라, 마음의 상태를 기술하는
것들이며, 그래서 인식론의 탐구 대상은 소위 대상 자체라기보다
는 우리의 마음의 상태이거나 또는 그를 기술하는 인식적 표현들
이다. 여기서 메타 윤리학에 대한 메타 인식론을 전개할 필요가
생긴다.

---

33) 존재 우연성, 이하의 생성적 필연, 자연적 필연, 이성적 필연의 개념에 관해서는
필자의 「지성과 우연적 필연」, 『희랍 철학 연구』, 종로서적, 1988 참조.

학적인 탐구를 통해서 우리가 알고자 하는 것들은 결국 우리 자신들이다. 이런 점에서 학적 인식의 대상은 외부 세계가 아니라 인식 주체 자신이다. 천문학·물리학·동물학도 그 어떤 현상에 대한 인간의 반응과 태도에 대한 연구로 볼 수 있다. 그런데 어떤 사람들은 이런 인간의 반응에서 초이성적 신의 질서를 해독해낸다. 이런 태도는 이성 이상의 존재를 인정할 때에만 가능하다. 이성이 최고의 인식 능력이라는 인간 중심적인 가정이 타당할 수 있다면, 이성 이상의 존재는 신비하지 않고 허무하다. 어느 인식 주관의 인식 능력에 의해서도 인식되지 않는 것, 그것이 허무이다. 어떤 것이 만약 진정 존재한다면, 그것은 어떤 고도의 인식 능력을 발휘할 수 있는 자에 의해 어느 때엔가는 인식될 것이다. 이는 개념적 진리이다. 존재하는 것으로 그 어느 경우에도 인식되지 않는 것은 없다. 플라톤이 인식 대상과 존재를 일치시킨 이유는 여기에 있다.[34] 인식 대상은 개념적으로 존재이며, 존재는 본질적으로 인식 대상이다. 어떤 것이 존재이면서도 여하한 인식 주체에 의해서도 인식되지 않는다고 가정할 수 있는지 생각해보자. 그리고 어떤 것이 존재가 아니면서도 인식 대상이 될 수 있는지 자문해보자. 같은 논리로 무지의 대상은 허무이며 속견의 대상은 현상이다. 플라톤은 인식 개념과 존재 개념의 본질을 통찰하고 있었다.

XI

칸트는 이성의 본성은 무조건의 *조건 the unconditioned condition*을 헛되이 추구하는 성향에 있다고 보았다.[35] 이성의 본질이란 주어진 인과 계열, 술어 계열, 조건 계열의 한계를, 한마디로 주어진 세계의 한계를 추적하는 것이라는 주장이다. 이성의 보다

---

34) Platon, *Politheia*, bk. V.
35) 칸트, 『순수 이성 비판』, 이성의 이율 배반에 관한 부분 참조.

본질적인 기능은 그러나 그 계열의 한계가 아니라, 그 한계의 밖에 나아가 그 계열 전체를 떠받치고 있는 이성적 근거나 존재 이유를 드러냄이다. 인과 계열의 한계는 그 계열의 연속선상에, 그리고 그 계열과 같은 차원에 있다. 그래야 그 한계는 그 계열의 다른 부분과 인과 관계를 맺을 수 있다. 이성이 추구하는 것은, 즉 인과 계열 전체의 존재 이유는 그 계열의 밖에 그리고 그 계열과 다른 차원에 있다. 계열의 한계는 계열의 존재 원인은 될 수 있으나 존재 이유는 될 수 없다. 이성이 궁극적으로 추구하는 것은 무조건의 조건 이상의 것이다. 이 이상의 것을 찾기 위해서는 이 술어 계열, 인과 계열, 조건 계열, 즉 세계 전체로부터 초월해야 한다. 그러나 이 초월은 이성에서 비이성으로, 이성에서 신비의 세계로의 초월이 아니라 우연적 사실성의 세계에서 이성 세계로의 초월이다.[36]

XII

고대인들이 신이니 운명이니 하는 초자연적 존재를 설정함으로써 세계를 완전히 설명했다고 주장했듯이, 현재의 많은 학자들도 인과적 자연 법칙에 의해 사연 현상을 완선히 설명했다고 믿고 있다. 그러나 이 믿음은 환상이다. 양자는 확연한 차이를 갖고 있는데 현대인보다 고대인이 오히려 더 설명에 대한 보다 명확한 개념을 갖고 있었다. 그들은 자연 현상을 진정 설명하는 것은 자연 세계 밖에 있으며, 설명에의 모든 요구를 종결시키는 것이어야 함을 통찰하였다.[37] 물론 현대적 설명은 법칙이라는 이성적 존재에 의해 현상계를 설명하려 했다는 점에서 적절한 설명의 한 요건인 합

---

36) 플라톤에 따르면 기계론은 비이성적 입장이요, 오히려 목적론이 이성적 입장이다. *Phaedon*편 참조.
37) L. Wittgenstein, 앞의 책, 6. 371, 6. 372.

리성의 조건도 충족시키긴 했지만.

XIII

이상에서 논의된 자연 세계와 타산적 사회 세계를 비판하는 반성적 이성의 특징을 정리하면 다음과 같다. 1) 그것은 두 세계의 지배 원리인 자연적 욕구와 이의 충족을 위한 노동, 그리고 이들의 연쇄로서의 자연적 삶과 타산적 삶을 거부한다. 2) 이런 거부 행위의 시작으로 왜의 물음을 제기하며, 이 물음은 자신의 삶과 노동의 존재 이유 또는 존재 근거의 요청이다. 3) 반성적 이성의 관점에서 볼 때 이성적 존재 이유를 지닌 것만이 실재하며, 그렇지 못한 것은 단순한 현상에 불과하다. 이성적 존재 이유에 의해 지지되지 못한 것을 우연이라 하는데, 이는 존재론적으로는 허무이다. 이성적 필연 또는 당위만이 진정한 존재이며, 이성적 우연은 허무이다. 이성 또는 논리의 세계와 존재론의 세계는 상응한다.[38] 4) 이성이 삶에 대한 전면적인 반성을 통해 삶과 노동의 존재 이유를 요청함은 삶을 허무로부터 구원하여 실재성의 확고한 기반 위에 정초하려 하기 때문이다. 5) 여기에서 진정 윤리적 삶의 태도가 정립되는데 우리는 이 태도를 존재애적 삶의 태도라 부를 수 있다. 6) 왜의 물음을 던지면서 시작되는, 삶을 이성화·존재화하려는 이성의 작업이 의미 있고 성공적이기 위해서는 자연 세계나 타산적 사회 세계와는 존재론적으로 차원이 다른 세계, 소위 가치 세계, 당위 세계, 이성적 필연의 세계, 본질 세계, 보편 세계, 내재적 의미의 세계, 자체적 존재 이유를 구비한 세계가 실재해야 한다.

이 새로운 세계는 이성의 관점에서 진정한 존재 세계, 즉 이성

---

38) 논리적으로 존재는 필연이며, 무는 우연이다.

의 추구 대상이므로 당연히 이성적 세계이다. 그리고 자연 세계와 타산적 사회 세계의 우연성이 극복된 이성 필연의 세계이다. 다시 말하면, 이 세계는 모든 것이 이성적 존재 이유를 구비하고 있는 세계이다. 자연 세계와 타산적 사회 세계의 구성원들간의 차이와 이에서 비롯되는 갈등, 그리고 불의와 부정, 불행과 고통은 이 우연성에 기인하므로, 우연성의 극복과 함께 이 모든 부정적 요인들도 필연적으로 극복된다. 더 나아가 이 현상 세계의 우연성의 궁극적 원인은 특수성에 있으므로, 특수성 역시 극복되어야 하며 따라서 이 신세계는 진정한 보편의 세계이다. 뿐만 아니라 자아와 타자의 구분·갈등, 더 나아가 자아와 세계의 구분·갈등, 주관과 객관의 구분이 해소되어 사실상 노동이 불필요한 세계일 것이다. 그리고 이 세계는 이성적 필연, 이성적 당위가 존재론적 사실로서 존재하므로 사실과 가치의 구분도 부재한다. 가치란 이성의 사실에 불과하다. 가치란 개념은 신체를 가지고 의지를 발동해 실천해야 하는 존재로서, 즉 현상계 내에서 파악된 이성의 사실이다. 이 세계는 이성적 존재 이유를 그 전체로서 가지고 있는 세계이므로 완결된 세계, 완전한 존재 세계이다.

이런 세계는 물론 현실로서 존재하지는 않는다. 이것은 반성된 삶과 노동의 지향처로서 존재하는 이념이요, 이상이라고 말할 수 있다. 그러나 이념이요 이상이라고 해서 그것이 희망 사항에 불과할 수는 없다. 그것은 이성의 반성적 사고가 빚어낸 신기루일 수만은 없다. 우리의 삶은 영위되어야 하고 우리가 욕구를 지니고 있음은 본질적인 존재 조건이며, 이 욕구의 충족을 위해 노동해야 함은 당위이다. 이런 삶이 논리적으로 가능키 위해서, 위의 세계는 논리적으로 존재해야만 한다.

4. 정치 세계로의 복귀

　정치 세계는 위의 이성적 존재 세계와 어떤 관계를 맺는가? 정
치적 삶은 우리가 이성적 존재 세계로 이행하는 데에 어떤 기여를
하는가? 정치 세계는 적어도 그 이상에 있어서 현상 세계의 이성
공간이고, 사실성 속의 가치 세계이며, 무의미한 자연 세계로부터
노동을 통해 의미와 가치 세계를 구성하는 공간이다. 이 세계는
존재론적 우연과 생성적 필연의 무자비한 연쇄 속에서 존재론적
필연과 이성의 당위를 실현하고, 경험의 사실 대신에 이성의 사실
을 대체하려는 우리 노력의 결과이다. 나아가 이 세계는 우연과
무의미와 무가치의 늪 속에 인간을 함몰시키려는 자연의 위협 속
에서 가치와 의미와 이성의 세계를 구축해가는 길이며, 과정이며,
방법이다. 마르크스는 인간의 역사는 자신에 의해서 비로소 시작
된다고 주장함으로써, 이제까지의 역사는 진정 인간적인 삶이 영
위되지 못한 역사임을 시사하였다. 그의 주장이나 시사의 타당성
은 제쳐두고, 이 시사가 함의하는 구분, 즉 진정한 역사와 단지 인
간이 산 시간으로서의 역사의 구분은 음미해볼 필요가 있다. 필자
가 말하는 존재론적 의미의 정치 세계는 바로 진정으로 인간적인
역사를 이루려는 인간적인 삶의 공간을 이른다. 이런 정치 세계는
인간이 단지 동물적·사회적 생존만을 도모하지 않고, 윤리적이
고 존재론적인 삶을 영위할 수 있는, 그럼으로써 역사의 과정을
통해 인간의 존재론적인 완성을 이룰 수 있는, 인간의 모든 문제
들의 해결을 도모할 수 있는 공간이다. 그 공간의 일례는 위에서
잠시 언급하였듯이 소크라테스의 아고라이고, 진정으로 인간적인
역사란 유비컨대, 소크라테스의 생애에서 사후까지의 긴 과정이
다. 소크라테스는 자신이 명계(冥界)에 가더라도 대화와 검증의

작업을 그치지 않겠다고 공언한 바 있다.

　정치 세계는 궁극적으로 개별자들의 공존 공간이거나[39] 이들 사이의 조화로운 협동을 통한 재화의 효율적 생산과 공정한 분배를 위한 협동농장이나,[40] 보다 다양한 욕구를 다양한 재화에 의해 충족시키며 유용성과 쾌락과 행복을 추구·향유하는 시장이나 백화점도[41] 아니고, 소위 인간적 가능성을 실현하는 신체적·문화적 올림픽 경기장도[42] 아니다(논리적으로 세계는 개인이나 인간종을 위해 존재하지 않으므로, 세계는 인간적 가능성들의 현실화를 위해 존재하는 것도 아니다). 국가란 이성의 관점에서 보면 애초부터 불필요했던 만인에 대한 투쟁을 종식시키기 위한 평화 회담의 장소도[43] 아니며, 개별적 개인들의 권리와 이익을 보호하여 개별성의 벽을 공고히하기 위한 원자들의 공간만도[44] 아니며, 그렇다고 해서 개인들이 무한하고 무제한적인 자유를 향유하며 브라운 운동을 하는 우주 공간일 수도[45] 없다. 세계가, 인간이건 사물이건간에, 특수자들을 위해 존재하는 것이 아님은 명백하다. 개인주의나 인간주의는 자기 중심적 사고의 표현일 뿐이다. 이런 입장은 마치 등잔불이 비치는 지역만이 세계요, 인식되고 중요성이 부여된 것만이 세계에 속한다는 사고 방식과 유사하다. 이런 사고 방식은 인간의 전생활, 인류의 전역사를 지배하여왔다. 이런 믿음이 수정

---

39) 홉스, 로크의 견해.

40) 롤즈의 견해.

41) 공리주의자들 그리고 R. Dworkin, "What is Equality?" *Philosophy and Public Affairs*, 1980 참조.

42) 아리스토텔레스의 견해. 롤즈의 'social union,' 노직(*Anarkchy, State, and Utopia*)의 'meta-utopia'의 개념 참조; 비트겐슈타인의 다음 언급은 대조적이다. "We are not here to have a good time," in R. Rhees ed., *Recollections of Wittgenstein*, Oxford Univ. Press, 1984, p. 88.

43) 홉스의 견해.

44) 로크, 노직 참조.

45) 소박한 자유주의.

되어야 함에도 불구하고, 그것이 인간의 근본적 확신의 일부요, 인간의 삶과 역사를 지배하여왔음은 놀라운 일이 아닐까? 또는 우리는 그 믿음의 지배적이고 뿌리깊음은 바로 그 믿음이 어떤 진실을 담고 있음에 대한 증거라고 보아야 할 것인가?

다른 한편으로 세계 개념이 인간의 사유틀, 개념 체계, 또는 비트겐슈타인이 『논고』에서 말하는 사유 가능성이나 『탐구』에서의 언어 게임에 의해 형성 결정되는 것이라면, 즉 세계란 간단히 말해서 인간의 사유에 의존하여 존재하는 것이라면, 세계가 인간을 위해 존재한다는 믿음은 오히려 당연하며, 필연적인 생각이라고 볼 수 있지 않을까?

그럴 수도 있을 것이다. 그러나 다른 한편으로 인간이 인간 자신의 사유를 넘어선 객관적 세계의 개념을 형성하는 이유는 바로 인간의 정신이 주관의 울타리를 벗어나려 하기 때문이다. 현상학자들은 이를 지향성이라고, 플라톤은 이를 에로스라고 불렀다. 정신은 본성적으로 자신의 울타리를 벗어나려 한다. 정신은 보편 지향적이고 객관 지향적이며, 세계나 존재(사유와 구분되는) 개념의 형성은 바로 이 성향에서 비롯하므로, 세계와 존재는 보편적이고 객관적 성격을 지니고 있어야 한다. 그리고 이 객관성과 보편성은 확대되어야 한다.

정치 세계는 반성적 이성의 요청을 충족시키기 위해 존재하며, 그 요청의 대상은 세계와 자아와 자아의 삶과 욕구와 노동의 존재 이유이다. 그러므로 정치 세계의 궁극 목표는 이성적 관점에서의 진정한 실재 세계의 도달이다. 정치 세계의 구성은 인간이 자연 속에서 부딪치는 우연성을 극복하고 당위 세계로 이행하려는 노동의 최고 형태로 이해할 수 있다. 자연 속의 우연성과 무의미를 극복할 수 있는 최선의 방책은 그 자연 속에 자신들의 질서, 즉 자아 질서의 최고 형태인 이성 질서가 통용될 수 있는, 그리고 그에

의해 지배되는 세계, 자연 세계에 대한 이성 세계, 자연 질서에 대
해 자아 질서의 세계를 구축하는 일이다. 인간은 인간으로 존재하
는 한, 신체를 가지고 경험계 속에 거주한다. 따라서 그는 자신의
이성 질서를 노동과 실천을 통해 이 경험 세계에 외화(外化)해야
한다. 도덕 법칙이나 가치에 대한 사유는 의지의 발휘에 의해 현
실적으로 외화되어야만 도덕적 가치를 지닌다. 정치 세계는 바로
이런 이성 질서의 수육화를 위한 공간이다. 이와 같이 볼 때 인간
의 정치 세계 구성은 현상계에 거주하는 이성으로 볼 때 필연적이
며, 정치 세계가 그 이상적 형태에서 존재론적 의의를 지님은 당
연한 결론이다.

정치 세계는 개인의 존재, 타인의 존재, 법의 존재, 법에서 우러
나오는 강제권 또는 권력의 존재를 필수적 구성 요소로 한다. 개
인들은 이성 질서·존재 질서 실현의 주체로서 마땅히 자유와 권
리를 보장받아야 한다. 개인의 권리란 정치 세계 내에서의 개인의
존재 의의이며, 개인의 자유란 이성 질서의 자율적 실천을 위해
필수적이다. 법은 이성이 객관화된 형태이고, 이는 현상계의 비이
성, 즉 우연성의 제거를 위한 방법이며, 이성의 실현을 위한 수단
이다. 권력의 강제력은, 그것이 합법적인 한, 이성의 수육화 형태
이다. 이성은 경험적 세계에서 경험적 실체로 기능해야 한다.

제2부

국가 기초론

제3장

규범적 국가의 인간존재론적 정초를 위한 시론

1. 우리의 현실적 삶에서의 국가

I

인간은 태어나면서부터 국민으로 존재한다. 마치 우리가 심장과 이성을 지니고 태어나듯이, 우리는 국적을 가지고 이 세상에 태어난다. 국적의 소유 여부나 특정의 국적 선택은 우리가 자신의 탄생 이전에 스스로 결정할 수 있는 일이 아니다. 우리의 국민됨은 그렇다면 우리의 동물됨이나 이성적임과 같이 우리에게 필연적인가 또는 우연적인가, 아니면 보다 중요한 성격의 것으로 당위적인가? 전역사에 걸쳐서 그리고 특히 현대 사회에 있어서 개인의 삶에 가장 심중하며 포괄적인 영향력을 행사하고 있는 것은 사회 조직들의 힘, 그 중에서도 특히 국가의 힘이며, 개인들은 요람에서 무덤까지 이 국가의 힘을 느끼면서 살아야 한다. 국가는 이제 우리의 삶의 보편적인 양식이 되었다. 현대에 있어서 국적은 심장의 박동이나 이성적 능력과 달리 인위적인 속성임에도, 그들과 같이 우리 인간의 본질적 특성의 하나가 되었다. 국적은 이제 개인에게 있어 꼭 지녀야 할 본질 여건의 하나로 간주되어, '무국적자'니 '국적 불명'이니 하는 표현은 국가 권력의 구속에서 벗어

난 자유인을 의미하기보다는 가져야 할 중요한 가치, 당위적 가치
의 상실자 또는 의도적 방기자를 가리키는 비난조의 표현이 되었
다. 국적의 변경은 심장 수술이나 성전환 수술만큼이나, 아니 어
느 경우엔 그보다 더 어려운 일이 되었다. 국제적인 방랑자, 무국
적자가 더 이상 존재할 땅을 찾지 못하게 된 지금의 사정은 역사
의 발전인가 후퇴인가? 우리가 국적을 심장처럼 가슴에 품고 다
녀야 함은 우리 삶의 부정적 측면일까, 아니면 긍정적 측면일까?

도대체 우리가 태어나면서부터 구청에 출생 신고되어 주민등록
과 호적의 등재 대상이 되고, 그리하여 이 지상에 존재하는 가장
강력한 인위적인 힘의 소재지인 국가 조직의 보호 또는 감시(!)하
에 놓여야 한다는 사실, 그리고 자연에서 태어난 우리가 사망 신
고된 연후에야 자연 속에 묻힐 수 있다는 사실은 우리를 숨막히게
하지 않는가? 사망 신고가 되지 않으면 죽어도 죽은 것이 아니다.
그것은 단지 행방불명으로 처리된다. 이제 우리는 삶의 영위만이
아니라, 죽음도 자연 속에서가 아니라 정치 세계 속에서 죽어야
한다. 루소의 말과는 달리, 우리는 자유롭게 태어나지 않았다. 우
리는 태어나면서부터 부자유하며, 죽음을 통해서 비로소 국가나
사회적 관계로부터 자유로울 수 있다.

Ⅱ

역사란 정치 권력 강화의 역사였으며, 이 강화된 권력을 제약하
려는 투쟁의 과정이었다. 이 투쟁은 규범적으로는 공적인 권력을
장악하여 개인의 권리로 사용(私用)하려는 개인 또는 소수의 집단
과 이 공적 권력의 산출자인 국민들 사이의 투쟁이었다. 이렇게
역사가 투쟁과 갈등으로 점철될 수밖에 없었음은 아마도 국가 성
립의 역사적 기원과 관련이 있으리라 생각된다. 역사적으로는 이
성적 조직체로서의 국가가 먼저 존재하고 그 다음 권력과 이 권력

을 행사하는 지도자 집단이 존재하게 된 것이 아니라, 그와는 반대로 강력한 힘을 소유한 개인이나 집단이 먼저 존재하고 이 개인의 지위나 그의 강력한 힘을 정당화하는 구실로서 국가 조직이 발생하였다.[1] 자연인이 법인(法人)을, 사실성의 우연이 이성의 당위를 앞선다. 인간의 이성·도덕성은 역사와 문화의 진행과 발전에 따라 개화되고 현실화된다. 이성과 도덕성, 의식의 발전 계기는 아이러니컬하게도 역사의 비이성이나 비도덕성이다. 윤리 의식의 발전 계기가 비이성이고 정의 국가의 이념이 '열병들린' 국가를 거쳐서 의식화된다는 사실(플라톤의 『국가』 참조)은, 정의·불의·이성·비이성의 구분과 그 존재가 의식 내의 사실임을, 그리고 그것들이 언어에 의존함을 시사한다. 인간은 자연 세계 속에 존재하면서부터 이성적이요 도덕적인 존재로서 존재하는 것이 아니었다. 역사 이전, 국가 이전에 인간은 자연적 존재로서 생존해 왔으며 역사 세계에 진입하고 국가 세계의 일원이 됨으로써 비로소 이성적이요 도덕적인 존재가 된다.[2] 동시에 극도로 비이성적이고 비도덕적인 존재가 된다. 그러므로 국가 권력은 자연히 현실에 있어 비이성적인 요소를 지니게 되고, 현존의 국가는 비규범적일 가능성이 있다. 이렇게 볼 때 역사는 우연적으로 그리고 비규범적 기원에서 형성된 국가 권력의 이성화의 과정이며, 이런 이성화는 규범적 국가의 올바른 청사진을 기초로 하여 가능하다.

III

국가 권력이란 당위적으로는 공적이며 국민 모두를 위해 사용

---

1) 국가 발생 초기에 물리적 힘은 정치 질서의 논거였다. J. B. Morrall, *Political Thought in Medieval Times*, Harper Torchbooks 참조.

2) 자연 상태에서 인간은 전혀 비도덕적인 존재인 것이 아니라 가능적으로 도덕적인 존재이며, 역사라는 계기에 의해 도덕적 의식을 갖게 된다.

되어야 한다. 그럼에도 불구하고 현실적으로는 이 권력이 이기적인 욕구나 권력욕의 대상이 되는 이유는 무엇일까? 권력이란 힘이며, 이 힘은 타자에 대해 무엇을 할 수 있는 가능성 또는 잠재력으로서, 이 힘은 타자와의 관계에서 현실화된다. 이 현실화의 양태는 자신의 방어건, 타인의 영역 침해건간에 타인에 대한 행위의 강제 또는 억제의 형태로 나타난다. 따라서 그 현실화 형태에 있어서 권력은 항상 타자 지배력이다. 정치 권력은 많은 것들을 이루어낸다. 그러나 이 성취는 타인의 지배를 통해서 가능하다. 비이성적이고 이기적인 욕구의 대상으로서의 권력은 타자를 물리적으로 강제할 수 있는 힘, 즉 물리적 타자 지배력이다. 그러나 이성적이고 공적인 합의의 산물로서의 권력, 즉 이성적이고 규범적인 존재로서의 국가의 공권력은 오히려 이성적 자기 규제력으로, 비이성적이며 이기적이고 특수적인 욕구를 통제하여 이성화·보편화할 수 있는 능력이다.

역사는 지배자와 피지배자, 자연인과 이성인, 권력을 장악하여 사용(私用)하려는 욕구와 이를 제약하려는 노력 사이의 갈등·투쟁의 긴 과정이기도 하지만, 달리 표현하면, 역사는 바로 타자 지배력으로서의 권력을 자기 규제력으로 전환시키려는 시도들의 연속으로 이해할 수도 있다.

IV

우리의 국민됨이 인간에게 우연적인지 필연적인지, 또는 당위적인지,[3] 그리고 우리가 자연 상태에서와 달리 강력한 국가 권력의 보호 또는 구속하에 있음이 역사의 진보인지 퇴보인지 하는 문

---

3) 이 여러 개념 사이의 차이점들과 관계에 관해서는 필자, 「지성과 우연적 필연」, 『회랍 철학 연구』, 종로서적, 1987 참조. 우연과 필연은 사실 세계 또는 경험 세계의 특성이며 당위는 가치 세계 또는 존재 세계의 특성이다.

제들의 심중성은 국가 권력의 막강함에 있다. 좀전에 지적한 바와 같이 국가 권력은 본질적으로 강제력이며, 이 강제력은 심신의 구속과 같은 물리적 형태로 나타난다. 국가 권력은 말하자면 일종의 합법적인 '폭력'이랄 수 있으므로 필요악이고, 따라서 이의 정당화 논거가 제시되어야 한다. 국가 권력은 인위적인 힘으로서는 가장 큰 힘이므로 인간이 만들 수 있는 가장 큰 선(善)의 창출 주체일 수도 있지만 그와 반대로 가장 잔혹하고 처참한 악의 원흉이 될 수도 있다. 세계 대전을 보라. 국가 연합이 없었다면 우리는 세계 대전도 치르지 않았을 것이다. 인간이 저지른 가장 큰 악의 자행에 국가 권력의 역할은 결정적이었다. 그러나 과연 인간이 역사상에서 이룰 수 있는 가장 크고 복된 선의 성취를 위해 국가는 필수적 또는 당위적일까? 위에 말한 필요악과 가장 큰 악의 존재 가능성에도 불구하고 국가를 당위적으로 요청하는 존재 이유가 있을까? 있다면 그것은 무엇일까? 국가의 존재는 우리에게 사실이나 이는 동시에 당위가 될 수 있을까?

제목이 시사하듯이 이 글은 국가에 대한 규범적 탐구이다. 현실적으로 존재하는 국가는 당위적 요청의 결과라기보다는 역사적 우연의 산물이다. 그럼에도 국가는 우리 삶에 심중한 영향력을 행사하고 있고, 이 사태를 단지 삶의 우연으로 체념코자 하지 않는다면, 그 당위적 존재 이유를 살펴보아야 한다. 국가는 역사적 소산이 아닐지도 모른다. 국가가 편재적임은, 적어도 그 핵심과 골격에 있어서 국가는 인간의 삶에 본질적이고 당위적임을 시사할지도 모른다. 필자는 국가의 존재 이유를 인간 존재론적 관점에서 찾아보고자 한다. 인간은 역사적 존재로서 역사의 우연의 손아귀에 잡혀 있을 수도 있으며, 자연적이고 현상적 존재로서 자연의 필연에 구속되어 있을 수도 있다. 그러나 윤리적이며 존재론적인[4] 존재로서 역사의 우연과 자연의 필연을 초극하여 이성의 당위를 실현하고자 할 수도 있다. 바로 이 측면이 인간을 인간답게 하는, 인간의 존재론적 구조이다. 바로 이러한 인간 존재론적 관점에서 국가의 당위적 존재 이유를 모색코자 하는 것이 이 장(章)의 의도이다. 존재론적 기초 위에 국가가 정립될 수 있을 때 그것은 비로소 철학적인 의의를 지닌다. 반복건대 여기에서의 목표는 현존하는 국가의 정당화가 아니라, 오히려 국가 존재의 당위성 여부를 밝히고 국가가 당위적인 경우 이상적인 국가상을 제시함으로써 현존 국가의 기능과 역할에 대한 비판적 시각을 마련해보고자 하는 것이다. 국가 이론은 국가에 관한 사실 기술이 아니라, 현실적 국가에 관한 기준을 제공해야 한다.[5] 국가란 과정이요 도구인데, 존재론적 기초를 가질 수 있는가? 필자가 말하는 존재론적 기초란 인간의 존재애적(存在愛的) 욕구에 기초함을 의미한다.

이 글에서는 개념적인 논의에 치중하여 국가에 관한 개념적인 지도를 그려보고자 한다. 완전한 지도를 그리기 위해서는 권력의 개념, 권력 의식과 구체적 권리들, 규범 의식 또는 당위 의식, 자유와 평등의 개념, 개인의 개념, 우연성과 필연성 그리고 당위의 개념, 특수성과 보편성의 개념, 특수성으로서의 개인과 보편성으로서의 국가 개념, 욕구의 개념 등 많은 범주적 개념 등이 분석되어야 할 것이다. 여기에서는 그 첫 단계로서 자연 상태 또는 무국가(無國家) 상태에 대한 분석과 욕구 및 노동 개념에 대한 분석을 행하겠으며, 다른 개념들에 대한 논의는 차후로 미루겠다.

이 글은 모든 철학적인 작업이 그러하듯이, 계속적인 사고의 중간 보고로서 과정적인 성격을 지니고 있으며, 따라서 완전히 확증을 얻은 견해들의 표현이 아니다. 철학적 저작에 마침표는 찍을

---

4) 인간의 윤리성이 실존하는 모습이라는 점에서 윤리적임과 존재론적임을 같이 보았다.

5) H. J. Laski, *The State in Theory and Practice*, p. 19.

수 없으며, 쉼표와 물음표, 콜론과 세미콜론만이 사용될 수 있다. 그러나 필자는 철학적 저술의 이런 일반적 성격을 핑계로 하여 필자의 견해에 대한 비판으로부터의 도피처를 마련하고자 하지 않는다. 오히려 필자의 주장의 미완결성을 명백히함으로써 비판과 이의와 문제의 제기를 초청하고 있는 것이며, 그들이 설득력 있고 건설적이라면 적극 수용하겠다는 개방적 의사 표시를 하고 있는 것이다.

2. 문제에 대한 문제 제기

I

문제에 대한 해답의 모색에 착수하기 전에 문제 자체의 성격을 잠시 고찰해보자. 문제의 성격을 이해하고 올바른 형태의 문제를 제기할 때, 그 해답 모색의 방향도 올바르게 정립될 수 있다. 우리는 국가에 관해, 국가란 무엇이냐, 국가는 어떻게 생겨났는가, 왜 국가는 존재케 되었는가, 왜 우리는 국가를 필요로 하느냐(또는 국가는 우리를 왜 필요로 하느냐[6]) 등등 여러 형태의 질문을 제기할 수 있다. 어느 형태의 질문이 올바른 질문인가, 그리고 그 논거는 무엇인가?

문제 제기의 논리적 가능 근거는 다음과 같다. 그것이 이론적 문제인 경우(가령, 숫자란 무엇인가와 같은 문제를 예로 들어보자), 1) 문제 제기자가 존재한다.[7] 2) 문제 대상이 존재한다. 3) 문제 제

---

6) 가령 헤겔처럼 국가를 개인보다 더 근원적인 존재로 볼 경우 이 후자의 질문이 제기된다.

7) 문제 제기자는 항상 개인, 특수한 개인이다. 개인이 문제를 제기하는 이유는 개인의 특수하고 개별적인 상황 때문이다. 모든 문제는 개인의 존재를 필수적 요건으로 한다. 그러므로 문제 제기의 행위는 개인의 특수성을 극복하고 보편을 지향

기자가 문제 대상의 현존(그것의 본질이 아니라)을 인지한다. 4) 문제 제기자가 문제 대상의 본질을 인식할 수 없다. 5) 문제 제기자가 그 본질을 인식해야 할 필요성을 인식하거나 느낀다. 6) 문제 제기자가 그 본질을 인식함으로써 자신의 어떤 정신적 또는 삶의 변모를 의지한다. 7) 문제 제기를 위한 표현 매체가 존재하는데, 이 표현 매체는 문제 대상의 본질 인식에 이르는 방법의 첫 단계, 또는 주관과 객관의 매체일 수도 있다. 제기된 문제가 실천적 문제인 경우(가령, 어떻게 수영하는가의 문제를 예로 생각해보자),[8] 1) 문제 제기자가 존재한다. 2) 문제 대상 또는 상황이 존재한다. 3) 문제 제기자가 그 대상에 대해 어떤 행위를 취하려는 의지가 존재한다. 4) 그 의지를 문제 제기 당시에는 관철할 수 없음을 인식하거나 또는 느낀다. 5) 문제 제기자가 의지의 관철을 불가능하게 하는 현재 상황을 인식하고 있다. 6) 의지력을 발휘하고 행위를 수행하여 자신의 상태에 어떤 변모를 의지한다. 7) 문제 제기를 위한 매체가 존재한다. 8) 문제 상황이 매체의 질서(가령, 언어의 질서)로 변환 가능하며, 9) 따라서 문제 상황이 질적으로 변환 가능하다(가령, 언어적 분절화 가능성). 문제 상황 자체와 이를 표현하는 언어 사이에는 질적 차이 또는 단절이 존재한다. 따라서 언어적 분절화의 가능 근거를 마련함은 매우 중요하다.

　이상의 분석에서 드러나는 몇 가지 중요한 사실들은, 첫째, 문제 제기의 행위란 인식 주체와 세계 또는 행위 주체와 상황과의 괴리 또는 갈등의 표출이라는 점이다. 문제 제기자가 인식 주체일 경우 그가 세계를 직관할 수 없기 때문에 문제는 제기되며, 문제 제기자가 행위 주체일 경우 세계에 대하여 자신의 의지를 관철·

하려는 행위로 이해할 수 있다.

8) '왜 정직해야 하는가?' 와 같은 당위적 문제가 문제삼는 대상은 행위이나 문제 자체의 성격은 이론적 문제에 가깝다.

실현할 수 없으므로 문제는 발생한다. 일반적으로 문제는 인식 주체이며 행위 주체인 인간이 존재로 나아갈 수 없을 때 발생한다. 그러므로 문제는 나아갈 길이 없음, 즉 아포리아 *aporia*의 형태를 띠게 된다. 그리스어 'aporia'는 직역하면 나아갈 길이 없음을 의미한다. 둘째, 문제 제기의 행위 또는 문제의 성립 가능성은 존재론적 의의를 지니는데, 그것은 인식·행위 주체와 세계 상황이라는 일차적 이원론의 성립 가능성을 시사한다. 셋째, 문제 제기의 행위는 문제 제기자의 문제 대상으로의 지향 행위의 일종이며, 넷째, 언어는 문제의 표현 매체일 뿐 아니라 괴리된 두 존재, 즉 문제 제기자와 문제 대상을 매개하여 지향 행위를 가능케 하므로 방법적·존재론적 의의를 지닌다.

문제에 대한 해답을 얻음은 세계로 나아가 세계를 인식하고 세계 속에서 행위함을 의미한다. 그러한 인식과 행위 또는 실천이 있기 위해서는 세계로 나아가는 길이 필요하며 이 길을 방법이라 한다. 방법에 해당하는 그리스의 어휘인 메토도스 *methodos*는 어디로 가는 길을 의미한다.[9] 이 길은 그런데 우리 편의 어디에선가 시작될 수밖에 없다. 이 길의 시작 또는 문제에 대한 해답의 추구를 위한 단초는 세계 쪽에서가 아니라 우리 쪽에서 마련되어야 한다. 그것이 바로 세계로부터 우리에게 주어진 것, 즉 소여(所與) *data*이다. 이 소여로서 간주되는 것으로는 감각적 경험, 언어적 사실, 의식의 체험, 사회·역사적 사태들, 수학·논리적 진리

---

9) 철학적 지식, 아니 일반적으로 지식이란 문제에 대한 해답이다. 그리고 이 해답은 언어적으로 표현되며, 언어는 과정적·매체적·방법적이다. 철학적 지식이란 우리의 삶을 완결시키는 것, 그것의 획득과 함께 우리의 삶이 완성될 수 있는 것이라기보다는 우리 삶의 완성으로 우리를 인도하는 과정 또는 방법의 성격을 지니고 있다. 철학적 지식이란 삶의 완성이 아니라 그곳으로 나아가는 길이다. 철학적 지식과 가령 수학적 지식간의 차이는 인식 주체인 인간에 대한 관심 유무에 있다. 헤겔, 『정신현상학』, 서문, pp. 42 이하 참조.

들, 종교적 체험 등의 여러 가지를 들 수 있다. 그리스인들은 이성
이란 이들을 단초로 하여 세계로 나아가는 길이라 보았으며, 그 실
제의 이행 과정을 플라톤은 대화의 활동으로 규정했다. 그에게 있
어 대화는 단순한 의사 소통의 행위가 아니라 윤리적 초월, 존재
론적 상승의 행위, 현상계에서 실재계로의 여행이었고 이성과 언
어는 바로 그 방법이었다.

Ⅱ

　일반적으로 x는 무엇이냐는 물음은 그 전형에 있어 본질 질문
이다. 이 물음은 우선 x가 존재함을 가정하며(즉 존재론적 개입을
한다), 둘째, x의 항구적인 본질이 존재함을 전제한다. 이와 같이
본질 질문은 항구적인 본질을 소유한 존재자를 질문 대상으로 하
므로, 이 물음은 대체 그 x가 존재하느냐에 대한 해답이 먼저 주
어진 연후에야 의미 있게 제기될 수 있다. 다시 말하면, 우리는 현
상 세계와 대비되는 실재 세계의 일원을 질문의 대상으로 삼을 수
는 없다. 파르메니데스에게 물리적 변화란 무엇이냐는 질문은, 질
문 대상이 실재하지 않으므로 무의미하고, 흄에게서 자아(自我)란
무엇이냐는 질문[10] 역시 그 대상이 존재하지 않으므로 그의 이론
안에서는 사이비 질문 *a pseudo-problem*이다.

　철학적 질문의 일차적 대상은 우리에게 이미 주어진 바의, 즉 현상
적 소여의 일부이다. 우리는 우리에게 전혀 주어지지 않은 것을 질
문 대상으로 할 수는 없다. 질문 대상은 어떠한 양태로건 우리에게
주어져 있어야 한다. 우리가 질문을 제기함은 질문 대상의 존재 여
부가 확인되었으나 그것의 본질이 알려지지 않아서가 아니라, 무엇

---

10) 흄은 이 물음을 제기하였고 이에 대해 그는 "자아란 지각의 다발에 불과하다"는
　'해답'을 제시하였다. 그러나 이 '해답'은 문제의 해소이다. 그의 견해는 자아의
　본질 규명이 아니라 '자아'라는 것의 정체 규명이었다.

이 존재하는지가 전혀 알려져 있지 않아서이다. 진정한 존재자는 본질과 함께 존재하며 알려지므로, 그것의 존재 여부는 그것의 본질과 함께 알려진다.[11] 존재자는 자기 현시를 한다. 이 점은 논리적 명제이다. 존재자는 정의상 그냥 자신의 모습으로 존재한다.

그러므로 소정의 성립 요건을 충족시킴이 없이 성급하게 본질 질문을 제기할 경우 부당한 존재론적 개입을 하는 오류를 범하게 된다. 이러한 위험을 피하기 위해서는 우리에게 주어진 것, 존재론적으로 세계 또는 존재와 구분된 현상계의 구성원을 그 질문 대상으로 할 수밖에 없다. 이와 같이 존재론적으로 지위가 다른 것을 질문 대상으로 할 때 질문의 형태도 달라진다. 이제 x는 무엇이냐고 물어야 하는 것이 아니라, 왜 또는 어떻게 우리에게 y가 주어졌느냐는 형식의 질문, 줄여서 왜 y냐는 형태의 질문이 제기되어야 한다. 이 질문에서 y는 이미 말한 바와 같이 현상계의 일원 또는 우리에게 직접적으로 주어진 것의 하나임에 반해, 왜의 물음에 대한 답에 해당하는 것은 x와 다른 차원의 존재이어야 한다. x의 근거나 존재 이유가 되는 것은 x와 다른 차원의 것이다. x는 현상 세계에 속함에 반해 왜의 해답에 해당하는 것은 존재 세계에 속한다. 우리는 왜 y냐는 질문을 제기함으로써 우리에게 주어진 y의 존재 근거를 탐구하기 시작하며, 이를 통해 우리에게 주어진 것에서 우리에게 주어지지 않은 것에로 이행해간다.

이러한 이행을 요청하는 것은 우리의 이성이다. 우리의 이성은 우리에게 주어진 소여가 그대로는 불가해하다 판단하고 그것에 대한 설명을 요청한다. 이런 불가해성의 인지는 이성과 소여 사이의 갈등으로 표현할 수도 있다. 흔히 철학의 단초라 말해지는 놀라움은 바로 우리의 이성과 주어진 소여 사이의 갈등이다. 즉 그 소

---

11) Spinoza, *Ethic*, 정의 1: 정리 7.

여가 이성적으로 이해될 수 없음에 대한 자각이다. 또는 그 소여에 대한 언외적 기술을 정위(定位)시키는 기존의 신념 체계와 우리의 개방적이고 자유로운 이성간의 갈등이라 표현할 수도 있다. 그리고 아포리아, 나아갈 길이 없음을 느끼는 주체는 우리의 이성이다. 이런 불가해성의 인지와 갈등과 놀라움의 체험은 이성으로 하여금 근거에 대한 의문을 품게 하며, 이 의문이 표현된 것이 왜 y냐는 질문이다. 갈등과 놀라움의 경험이 없었다면, 아니 더 근원적으로는 갈등과 놀라움의 주체인 이성이 없었다면, 문제는 전혀 제기되지 않았을 것이다. 그러므로 문제아는 이성이다.

III

우리의 원래 질문으로 돌아가자. 국가란 무엇이냐는 질문은 엄격하게는 국가가 존재 세계의 일원이며, 항구적인 본질을 소유한 경우에만 정당한 질문이 될 수 있다. 그러나 이 두 요건의 충족 여부는 불확실하다. 국가가 현상 세계의 일부임은 분명하다. 그 이상은 확인할 수 없다. 국가의 역사적 기원이나 경험적 성립 요건은 찾을 수 있을 것이나, 그것이 항구적인 본질까지 갖는지는 알 수 없다. 이러한 제한 속에서 국가를 질문 대상으로 할 때 그 질문의 형태는 본질 질문이 아니라 근거 질문이 될 것이다. 이제 우리가 제기해야 할 것은 국가란 무엇이냐는 것이 아니라 왜 국가냐 또는 왜 국가가 우리에게 주어졌느냐는 물음이다. 다시 말하면, 국가의 본질이 아니라 국가의 존재 근거가 우리의 탐구 대상이다.

그런데 왜 y냐는 물음에서 왜에 해당하는 것은 y와는 다른 차원에 존재하는 것이며 이 근거로의 이행의 단초는 우리 자신 쪽에 있는 소여라고 지적했다. 국가의 경우는 어떠한가? 국가란 하나의 현상이긴 하나 현상의 다른 사태들과 달리 자연적인 존재가 아니라 인위적인 존재이다. 국가는 역사 이전에, 인간의 존재 이전

110

부터 자연의 일부로서 존재하던 것이 아니라 인간의 필요나 당위에 의해 고안되었거나 또는 역사적인 우연에 의해 생성되었다. 그런데 국가가 우연의 소산이냐 또는 인간적 필요나 당위에 의해 구성된 것이냐의 판정은 인간의 존재와 본질적 관계에 있다. 그러므로 문제 대상의 피안, 국가라는 현상의 존재론적 기초, 왜 국가냐라는 물음의 지향처, 왜 국가냐 하는 근거 물음에 대한 해답은 인간의 존재론적 구조를 규명함으로써 찾을 수 있는바, 이 해답 추구의 단초는 인간에 관한 현상적 소여에서 출발하여야 한다. 왜 국가냐 하는 질문은 그러므로 인간의 존재 구조가 어떠하기에 우리는 국가를 필요로 하느냐 또는 필요로 하지 않느냐 하는 형태로, 보다 구체적으로 다시 표현될 수 있다. 국가란 무엇이냐는 물음은, 바람이란 또는 소수(素數)란 무엇이냐는 질문과 같이 질문 제기자와 적어도 직접적으로는 무관한 질문이 아니다. 그것은 삶이란, 언어란, 역사란, 예술이란, 또는 철학적 물음이란 무엇이냐는 질문들과 같이 질문 제기자의 본질과 긴밀한 연관을 갖는다. 우리의 질문 대상인 국가의 성격 때문에 국가란 무엇이냐는 본질 물음은 왜 국가냐 하는 존재 근거 물음으로 재표현되어야 하며, 이는 다시 왜 우리 인간은 국가를 요청하느냐는 인간 자신에 관한 물음으로 바뀐다. 국가가 인간 삶의 한 본질적(또는 당위적·필연적 또는 우연적—이들 중 어느 것인지의 여부도 이 글의 한 주제이다) 국면인 한, 국가에 관한 질문은 동시에 인간 존재에 관한 질문이며, 국가의 존재 근거는 인간에게 구해져야 한다. 왜 국가냐는 물음의 해답이 있는 저편, 국가와는 다른 차원의 저편은 바로 질문 제기자인 자기 자신이다. 질문의 제기는 정신의 지향 행위이다. 왜 국가냐는 질문을 던지면서 그 질문의 해답이 있는 곳으로 눈길을 돌리고 있다. 국가의 존재 근거는 결국 인간의 존재 구조에 있으므로, 그 눈길의 지향처는 인간 자신, 그 눈길 자체가 시작

하는 자신이다. 국가가 만약 정당한 존재 이유를 갖는다면, 국가
는 인간이 자연 세계 속에서 처하게 된 아포리아에 대한 해결책이
라 볼 수 있으며, 따라서 국가에 대한 물음은 인간에 관한 근본적
인 아포리아로 우리를 인도한다. 즉 국가에 관한 아포리아의 실체
는 인간에 관한 아포리아이다.

IV

질문이란 질문 대상에 대한 일차적인 관심의 한 형태이다. 질문
제기자가 질문 대상에 질문을 제기하는 것은 그 대상에 관심을 갖
고 있기 때문이다. 그러나 그 대상에 앞서, 그리고 그 대상보다 더
큰 관심의 대상이 되는 것은 질문 제기자 자신이다. 국가란 무엇
이냐, 정의란 무엇이냐와 같은 실천적인 문제는 말할 것도 없고
원자란 무엇이냐, 대기권이란 무엇이냐와 같은 순수히 인식적인
문제에 있어서까지도 일차적이며 가장 진지한 관심의 대상은 질문
제기자 자신이다. 관심의 초점이 될 수 있는 질문자는 항상 질문의
배후에 숨어 있으나 그 질문과 해답의 중요성·의의가 자신에게
주어지길 요구한다. 실천적 물음의 경우 당연히 실천이 질문자의
궁극적 과제이고, 인식적인 문제의 경우에도 질문자의 무지에 대
한 자각에서 오는 궁금증과 이의 해소는 물론 이에 뒤따르는 일정
한 행위의 실천이 질문자의 궁극적 과제이다. 모든 질문에 있어
궁극적 과제는 그러므로 질문에 대한 해답이 아니라, 그 해답의
획득을 통한 질문자 자신의 변화이다. 따라서 우리가 국가에 관해
던져야 할 보다 올바르고 정확한 형태의 질문은 "국가를 통해서
우리의 삶이 어떻게 변모하길래 우리는 국가를 필요로 하는가?"
하는 형태의 것이다.

3. 규범적 국가 기원론

I

현대의 많은 국가들과 국가론자들(사회 정의론자들)은 역사적 국가(우연적 국가)에서 합리적 국가로의 지향을 도모하며, 그런 국가의 이상으로 생각하고 있다. 그러나 우리가 궁극적으로 지향해야 할 국가는 윤리적이고 규범적인 국가이다. 국가란 인위적인 산물이며 이것은 인간이 지닌 어떤 필요의 산물이다. 국가란 우리의 삶에서 무엇인가, 왜 우리는 국가를 필요로 하는가 하는 물음에 답하기 위해서는 그러므로 국가 이전의 상태와 이 상태에서의 개인의 조건을 상정하고 이렇게 상정된 입장에서 국가의 필요성을 밝혀보는 것이 도움이 되리라. 국가의 기능과 목적에 대한 이러한 접근 방법을 국가 기원론이라 이름할 수 있다. 국가 성립 이전의 상태, 통상적으로 '자연 상태'라 불리는 무국가적 상태를 상정해서 이 상태에서 인간은 왜 국가라는 조직체에 대한 필요성 또는 당위성을 갖게 되었는가를 물어보자는 것이 이 국가 기원론의 의도이다. 이 기원론에는 세 종류가 있다. 첫째, 역사적 기원론으로 이는 현재 존재하는 형태의 국가들이 어떻게 하여 성립하였는가에 답하려는 것으로 이 해답은 국가의 철학적 정당화 또는 규범적 당위성과는 무관하다. 역사적 기원론은 현존 국가의 역사적 원인을 밝혀 인과적 설명을 제공하려는 것이다. 이 역사적 원인은 우연적일 수도 있으므로 현존의 국가는 비당위적일 수도 있다. 현존의 국가는 특정 개인이나 집단이 여타 개인이나 집단에 대한 지배력을 강화하기 위한 조직체일 수 있으니, 이런 국가란 지배당하고 있는 개인이나 집단의 입장에서 보면 단지 우연한 사고로서 당위적 선택의 대상은 물론 자연적 필요의 결과도 아닐 것이다. 이런 국가와 이 국가의 권력은 지배당하고 있는 개인들에게는 사고 (事故)이다. 이런 역사적 기원론은 역사학·인류학·고고학적 논의의 대상이다.

둘째, 위와 같은 사실학이긴 하나, 어떤 인간적 필요에 의해 국가의 존재 근거를 밝히려는 시도로 이는 합리적 기원론이라 부를 수 있다. 이러한 관점에서는 인간에 관한 사실을 검토하긴 하되, 과거의 역사적 사실이 아니라 통시간적인 사실들, 그러나 현상적이거나 경험적인 사실에 주목한다. 물론 이 사실들은 인간이 국가 상태에서만이 아니라 그 이전에도 있었던 사실이며, 이는 자연적 존재로서의 인간에 관한 사실이다. 가령, 인간의 물질적인 욕구 충족의 필요성, 자연 상태에서의 재화의 희소성, 인간적 협동의 효율성, 인간의 자족성의 결여 등이 자연 상태의 인간에 관한 사실들일 것이다. 합리적 기원론은 자연 상태 또는 무국가의 상태에서 인간들이 위와 같은 자연적 필요를 지니리라 보고, 이 자연적 필요의 해소를 위한 효율적인 장치로서 국가가 성립되었다고 본다. 이런 입장에서 국가의 기원을 논할 때, 국가의 필요성이 발생하는 무국가적 상황은 역사적으로 존재했던 자연 상태일 필요가 없으며, 그 상황에서의 인간 역시 원시인에게 조금 더 발전한 인간일 필요도 없고 그래서도 안 된다. 하지만 이 상황이나 개인은, 통시간적이긴 하나 자연적인 상황이며, 자연적 존재로서의 개인이어야 한다.

이런 견해에 따르면 그러나 국가는 자연적 존재로서의 인간의 자연적 욕구와 필요를 충족·해소시키기 위한 합리적이고 효율적인 방편이므로 당위적·규범적 선택의 대상은 되지 않는다. 이 경우 국가란 인간의 당위적이고 도덕적인 삶을 위한 선택의 대상이 아니라, 인간의 자연적 삶, 이 자연 세계 속에서 자신의 삶을 성공적으로 부지하기 위해 계산해서 선택할 대상이다. 이런 합리적이며

효율적 수단으로서의 국가는, 인간의 인간적 삶의 완성을 위해서
당위적으로 선택해야 할 국가가 아니라, 인간이 합리적 이기주의자
로서 행위할 때 필연적으로 귀결하는 국가이다.[12] 이런 국가의 기
원 또는 기초가 되는 합리적 효율성이나 합리적 이기주의는 그 자
체로서는 도덕성과 무관한 개념이므로, 이런 국가는 도덕적으로 부
당하지도 않지만 그렇다고 해서 도덕적으로 당위적인 것도 아니
다. 나무를 자르기 위해선 톱을 사용함이 효율적이긴 하나, 그래
야만 할 도덕적 이유는 없다. 우리는 삶의 도덕적 완성을 위해 자
연적 생존을 희생할 수 있다고 판단하면 이런 국가의 일원이 됨을
포기할 수도 있다.[13] 합리적 국가 기원론은 국가에 대한 합리적 설
명은 제공할 수 있으며, 국가라는 조직체가 적어도 도덕적으로 부
당하지 않음을 보여줄 수는 있으나, 국가의 도덕적이고 규범적인
존재 이유를 제시해주지도 않으며 국가가 인간 존재의 본질적 요
청임을 보여주지도 않는다.[14] 이런 논의는 경영학 · 행정학 · 공학

---

12) 이런 합리적 이기심을 기초로 해 규범철학을 논하는 철학자가 롤즈이다. J.
Rawls, *A Theory of Justice*, Oxford, 1971; R. Nozick, *Anarchy, State, and Utopia*,
New York, 1974 참조. 그러나 후자의 경우, 자신의 과제와 최소국가의 도덕적 당
위성이 아니라 도덕적 정당성임을 명백히하고 있다. 도덕적 당위성과 도덕적 정
당성의 차이는 다음이다: 전자는 후자보다 외연이 좁고 적극적인 개념으로 적극
적이고 긍정적 가치를 표현하며 우연성이나 사실성과 차원을 달리한다. 후자는
단지 악이나 불의와 같은 반(反)가치의 부재 상태를 기술하는 폭넓은 개념이다.
사실의 세계는 도덕적으로 당위적은 아니더라도 도덕적으로 정당할 수는 있다.

13) 가령, 로빈슨 크루소나 수도사의 삶을 택할 수도 있다. 소로우의 예.

14) 국가의 존재에 대한 인과적 설명과 합리적 설명 또는 합리적 정당화, 도덕적 정당
화, 그리고 도덕적 당위성 부여는 구분되어야 한다. 홉스는 첫번째와 두번째를 혼
동하였다. D. D. Raphael, *Hobbes : Morals and Politics*, London, 1977, p. 61 참조.
두번째와 세번째는 개념적으로는 다르나 그 외연에 있어서는 같을 가능성이 있
다. 많은 철학자들이 첫번째와 두번째 또는 세번째 사이의 차이는 지적했으나, 이
들과 네번째 작업과의 차이는 거의 지적하지 않았다. 세번째까지는 모두 사실학
의 일부임에 반해 마지막만이 규범학 또는 보편 지향적(윤리적) 이성에 관한 사
실학이며, 세번째는 도구적 · 합리적 이성에 관한 사실학으로, 구체적이고 개별적
인 목표 성취를 위한 도구에 관한 사실학이다.

의 대상이다.

셋째, 국가의 기원에 대한 보다 적극적인 논의로 규범적 기원론이라 부를 수 있는 관점이 있다. 이런 논의의 관심사는 규범적 관점에서 볼 때 국가가 당위적 선택의 대상이 되느냐는 문제이다. 인간은 돌이나 나무나 인간 이외의 동물들과 달리 단지 자연적인 생존만을 위해 노력하는 것이 아니라 자연적 삶 이상의 삶, 소위 윤리적·규범적·당위적 삶의 영위를 위해 애쓰며, 이것이 인간의 중요한 삶의 모습이라고 생각한다. 이것이 인간에 관한 사실 중에서 가장 특징적이고 중요한 부분이다. 이 사실은 인간은 왜 자연 세계의 여타 존재와 같은 방식으로 살아갈 수 없느냐는 물음을 제기하게 한다. 철학은 개념의 논리에 관한 학 또는 이성의 사실에 관한 학이다. 실천에 대한 철학적 논의는 규범학의 형태를 갖게 되며, 따라서 국가에 관한 진정한 철학적 논의는 사실학이 아니라 규범학적 논의여야 한다. 국가의 기원을 철학적으로 논하려 할 때 당연히 취해야 할 관점은 규범적 관점이다. 이런 규범에 대한 의식은 인간 존재의 본질적 특징이며,[15] 따라서 국가에 대한 규범적 기원론을 전개함으로써만이 국가의 존재론적 기초를 마련할 수 있다. 국가라는 조직이 진정 철학적인 의의를 지니려면, 그것은 우리의 도덕적이고 존재애적인 삶의 본질적 일부를 이루거나 그것에 직접적인 기여를 해야 한다. 규범적 기원론은 국가의 당위적 존재 이유를 살핌으로써 국가가 단순한 도덕적 정당성뿐 아니라 도덕적 당위성까지 확보하고 있는지의 여부를 밝히려 한다.

첫번째의 역사적 기원론은 국가를 역사적 또는 자연사적 우연의 결과로서 파악하며, 국가의 발생 과정을 "이러저러한 사태들의

---

15) 소위 인간의 '자연적' 욕구에서도 이 규범 의식은 적어도 가능적으로는 발견된다는 것이 필자의 견해이다. 이 글의 V항 참조.

우연한 결과로서 국가가 발생하였다"는 식의 과거 사실에 관한 과거 사태적 표현에 의해 기술한다. 두번째의 합리적 기원론은 국가를 본질적으로 신체적 삶 또는 자연적 삶의 필요에 의한 산물로 보며, 이 경우 역시 국가의 성립을 "만약 인간들이 합리적이라면, 또는 만약 인간이 자신의 자연적 욕구 충족을 위해 가장 효율적인 수단을 선택하고자 한다면, 국가를 선택할 것이다"라는 사실적인 그러나 조건 미래적인 표현에 의해 서술한다. 반면 세번째의 규범적 기원론은 국가를 인간의 존재론적 필연 또는 윤리적 당위의 요청으로 보며, 이 경우 국가의 성립은 "인간이 윤리적 삶의 완성을 실현하고자 하면, 국가라는 공동체적 삶을 선택해야 한다"와 같은 당위적 명제의 기술 대상이 된다. 첫번째 기원론에서는 자연적(우연적) 필연성을, 두번째에서는 합리적이고 합목적적 당위성을, 세번째에서는 윤리적이고 이성적인 당위성을 중시한다.

Ⅱ

그러면 이런 국가의 규범적 기원론 또는 규범적 국가의 기원론을 논하기 위한 방법적인 절차는 어떠해야 할까? 이 절차는 제거적 구성의 방법이라고 부를 수 있을 것이다. 첫째, 현존의 국가들의 구성 요건들을 분석하여 공통적인 요소들을 추출하고, 그 밖의 것들은 국가 구성에 우연적인 것으로 제거한다. 이럴 경우 국가의 본질적 성립 요건으로, 다음의 여섯 가지 요소를 추출할 수 있다. 1) 특정의 지역, 2) 이 지역 내의 거주민인 국민들, 3) 이 국민들 사이의 공동체적 삶의 양식, 4) 이 공동체적 삶을 조직할 법, 5) 이 법에 의해 필연적으로 발생하는 그리고 이 법에 의해 정당화되는 권력과, 6) 이 권력의 행사를 담당할 조직체. 이 여섯 가지 요건 중 개인의 삶에 직접적인 영향을 미치는 것은 개인이 국가의 일원이 됨으로써 공동체적 삶을 영위해야 한다는 사실과 이에 따라 자신의 자유와 권리가 국가의 권력에 의해 제약됨을 허락해야 한다는 사실이다. 개인이 국민됨을 선택함은 본질적으로 공동체적인 삶을 선택하고 이에 따라 자신의 자유와 권리에 대한 제약을 수락하는 것이다.

두번째 단계로 우리는 자연 상태 또는 무국가 상태를 상정해야 한다. 이 상태를 상정하기 위해서는 우리는 역사적 과거의 한 시점으로 돌아가야 할 것이 아니라, 우리의 현재 상태를 논리적으로 추상해야 할 것이다. 즉 현재의 국가적 삶에서 위에서 추출된 여섯 가지 요소를 제거한다. 인간은 이제 여기저기 흩어져 원자적 삶을 영위하며, 자신의 자유와 권리를, 적어도 법의 이름으로 제약받는 일은 없을 것이다

세번째 단계는 이 무국가 상태에 처해 있는 개인의 모습을 상상하는 일이다. 이런 상상에 있어 유념해야 할 것은 이 개인이 역사 발전 단계의 한 시점에서의 개인이어서도 안 되며, 우리가 현재 일상적으로 접하는 평상인이어서도 안 된다는 점이다. 다시 말하면, 역사적으로 존재했던 자연 상태에서의 개인이나, 합리적 이기심을 지닌 일상의 인간이어서도 안 된다. 국가의 규범적 기초를 밝히기 위한 장치로서 무국가 상태에서의 개인은 우리가 현재 상상할 수 있는 인간적 가능성이 의식의 차원에서 완전히 실현되어 있는 그러한 인간, 즉 윤리적 의식이 있는 인간이어야 한다. 이 점에서 필자가 제안하는 규범적 국가 기원론은 국가의 기원과 정당화 근거를 밝히려는 작업이지만, 근대의 자연 상태론과는 판이하게 다르다. 윤리 의식이 있는 인간은 윤리적인 이상을 성취한 인간과 구분된다. 전자는 후자로 이행하려는 의식적이고 의도적인 노력을 하는 인간으로 아직 그 의식을 실천화하지는 못한 단계의 인간이다. '윤리적'이라는 제한이 너무 협소하다면, 적어도 자신의 자연적인 조건을 극복하려는 의지를 지닌 존재여야 한다. 우리의

문제는 국가가 윤리적 삶을 영위하려는 우리의 노력에 기여하느냐, 우리의 윤리적 삶을 위해 국가가 필요하느냐는 것이므로, 이 무국가 상태의 개인은 당위 의식·윤리 의식, 또는 규범 의식을 갖고 당위적 선택을 할 수 있는 존재여야 한다. 물론 이 개인들은 자연적 존재로서, 좀더 정확하게 말하면, 무생물과는 달리 그러나 여타의 생명체들과 마찬가지로, 일정한 필요와 이에 기초한 욕구도 충족시키려 하리라.

　무국가적 상황에서의 개인에 대한 이상의 기술을 요약하면, 그는 1) 타자(이 타자는 타인뿐 아니라 자연 안·밖의 다른 존재자 일반)와 아무 관계 없이 원자적인 삶을 영위하고 있으며, 2) 국가와 법이 존재하지 않으므로 타인이 그의 자유와 권리를 적어도 합법적으로 제약하는 일은 없을 것이고, 3) 자연적 존재로서 자연적인 욕구, 가령 자기 보존과 종족 보존의 욕구를 품고 있을 것이며, 4) 자연 이상의 존재로서 자신의 현존인 자연 상태를 벗어나고자 하는 점에서 당위 의식이나 윤리 의식을 갖는다.

III

　규범적 국가의 성립을 논하기 위해서 상정해야 하는 무국가적 상황은 과거에 존재했던 자연 상태도 아니고 이 상황에서의 개인 역시 자연적 존재만은 아니며, 이어서도 안 된다. 제거적 구성에 의해 정립된 원초적 입장에서 선택될 국가의 모습이나 그 속에서의 인간 삶의 방식에 대한 한 예는 플라톤의 『국가』에서 또는 롤즈의 '질서 잡힌 사회 *a well-ordered society*'의 개념에서, 또는 노직의 '메타 유토피아 *meta-utopia*'의 이념에서 발견할 수 있을 것이다.[16)]

---

16) 플라톤의 『국가』의 주제는 정의로운 삶과 정의 국가이다. 롤즈의 개념은 다음 참조: "A Well-Ordered Society," P. Laslett & J. Fishkin eds., *Philosophy, Politics &*

　그러면 인간에게 자연적인 것 이상의 측면, 필자가 말하는 존재론적인 측면이 있는가? 자연적 존재자들이란 자연 세계의 일부로 존재하며 필연적 또는 우연적,[17] 다시 말하면 비당위적이며 비이성적인 자연 법칙에 의해 그의 삶과 행동이 지배되는 존재자들을 말한다. 이들은 현존 구속적이며 시·공적 고유성을 갖는 개별자들이다. 이런 개별자들의 전형적인 예로 나무나 풀과 돌, 그리고 인간 이외의 동물들이 있다. 인간은 부분적으로는 자연적 존재이니만큼 자연적 특성을 이들과 함께 공유하는 반면 비자연적 또는 초자연적 존재로서 이들과 질적으로 구분된다. 인간을 자연적 존재 이상의 것이게 하는 그 특성으로 흔히 지적되는 것은 반성적 의식, 목적적 이성, 윤리 의식 또는 당위 의식의 소유, 언어와 도구의 상용 등이지만, 가장 근본적인 것은 이성의 소유이다. 인간은 이성적 존재로서 언어와 도구를 사용하며 윤리 의식에 의해 인도된다. 이를 통해 인간은 자연의 일부로서만 존재하는 것이 아니라, 자연 밖으로 나아가며 자연 세계와는 다른 차원의 질서로 이행한다. 달리 표현하면, 인간의 이성 소유는 이미 인간이 그 다른 차원의 세계에 속하고 있음에 대한 증거라고 말할 수 있다. 인간은 자연적·사회적·정치적·역사적 존재이기도 하지만 이성적 존재로서 자연·사회·정치·역사의 벽을 넘어서는 존재이기도 하다. 이성은 사회·국가·역사 발전의 산물이라기보다는, 후자의 국면들이 오히려 이성에 의해 전개되었다는 것이 정확한 기술이다.[18]

Society, 5th Series, Yale Univ. Press, 1979. 노직의 개념은 그의 앞의 책 참조.

17) 자연 세계에서 모순율이 파기되지 않는 한 필연과 우연은 그 외연이 같다.

18) 인간이 자연적 존재 이상의 존재라는 주장은 더 철저하고 본격적인 논의를 요하나 여기서는 인간이 윤리적 존재임을 전제하고 나아가자. 윤리 의식의 근원성에 관해서는 6장의 「개인의 존재론」 참조.

4. 합리적 국가 기원론의 비판

Ⅰ

많은 자연 상태론자들, 가령 홉스, 로크, 노직, 롤즈, 플라톤, 매보트 Mabbott 등은 철학적 국가 또는 규범적 국가의 기원을 논하기 위해 상정해야 하는 자연 상태가, 역사적으로 실재하는 자연 상태가 아니라 추상적 환원을 통해서 구성되어야 하는 상황임에 동의한다.[19] 그럼에도 불구하고 그들은 이 상황에서의 개인들은 무한 욕구의 주체(홉스),[20] 자신의 권리를 보호하려는 자기 보존적 존재(로크),[21] 이해의 갈등을 합리적으로 해소하고 자신의 권리를 보호받으려는 존재(노직),[22] 합리적 이기심의 소유자(롤즈),[23] 자족성의 결여로 협동을 필요로 하는 존재(플라톤)[24]로 이해하였다. 이런 이해에 공통되는 특징은 이 무국가적 상황의 개인이 자연적 생존을 목표로 하는 자연적 존재라는 지적이다.

이제 위에 언급한 여러 학자들 중 플라톤의 국가 기원론을 살펴봄으로써 합리적 기원론과 규범적 기원론의 차이를 보다 뚜렷하

---

19) 이 글에서 자연 상태론으로 지칭하는 바는 국가 이전의 자연 상태를 역사적으로 또는 사유의 공간에서 상정하고 그 상황에서 발생하리라 예상되는 국가 구성의 필요성을 들어 국가의 본질을 규명하려는 모든 시도를 포함한다. 홉스는 자연 상태라는 개념을 사용하지는 않았다. 이에 관해서는 맥퍼슨의 다음 책 참조: 황경식 · 강유원 공역, 『홉즈와 로크의 사회철학』, 박영사, 1990, p. 29. (원제는 C. B. Macpherson, *The Political Theory of Possessive Individualism* 이다.)

20) 레오 스트라우스는 홉스가 인간의 본성을 무한한 것으로 규정하였다고 해석함에 반해 맥퍼슨은 그가 그리 보지 않았다고 해석한다. 필자는 『리바이어던』, 11장 (47)에 근거하여 전자의 견해에 동의한다.

21) 『통치권』 Ⅱ, 6. 11.

22) R. Nozick, *Anarchy, State, and Utopia*.

23) J. Rawls, *A Theory of Justice*, 25절.

24) Platon, *Politheia*, bk. Ⅱ, 369b~c.

게 부각시키고 합리적 기원론의 문제점을 지적해보자. 플라톤은 국가를 돼지들의 국가,[25] 사치스러운 국가,[26] 그리고 정화된 국가[27]의 세 종류로 나누고 이들 국가의 기원에 관해 논하고 있다. 이 글에서는 돼지들의 국가 기원에 관한 플라톤의 견해에 집중하겠다.

원초적 폴리스의 성립에 관한 플라톤의 견해는 그의 저서 『국가』 2권, 369b 이하에 개진되어 있다. 이곳의 내용을 분석·요약하면 다음과 같다. 첫째, 우리는 서로 다른 많은 욕구들을 소유하고 있다. 둘째, 우리는 이 욕구를 모두 충족시킬 수 있는 능력을 결여하고 있다. 즉 자족적인 존재가 아니다 *ouk auktarkes*. 셋째, 우리는 서로 다른 자질과 능력을 갖고 태어난다. 넷째, 함께 모여

---

25) Platon, *Politheia*, bk. II, 369b~c. 플라톤은 의식주의 기본적인 필요를 해소하기 위해 구성되는 최초의 국가를 '돼지들의 국가'라 불렀는데, 이런 호칭법이 가치 격하조의 것인지의 여부는 확실치 않다(이 논의에 관해서는 다음 참조: G. K. C. Guthrie, *A History of Greek Philosophy*, vol. IV, Cambridge, 1975, pp. 445~49). 필자의 논의를 이 부분에 집중하는 이유는, 첫째, 이 원초적인 국가의 구성 요인들을 분석함으로써 플라톤은 국가의 필수 요건을 제시하고 있으며, 둘째, 국가 성립에 개입하는 요인들을 가장 체계적이고 본격적으로 지적하고 있는 플라톤의 논의는 이 부분이기 때문이다. 어쨌든간에 돼지들의 국가보다는 세번째의 국가를 완전하고 이상적인 국가로 보는 것이 플라톤의 입장임은 이론의 여지가 없다. 이 세번째의 국가가 어떤 점에서 이상적인지, 무엇을 완전한 국가의 요소들이라고 보는지에 대한 논의는 다음 기회로 미루기로 하자. 플라톤의 국가론에서 흥미있는 측면은 제3의 국가가 열병들린 국가를 거쳐서 등장한다는 점이다. 이런 발전 과정은 모순의 극대화를 통해서 새로운 단계로 도약한다는 헤겔의 입장을 연상시킨다. 더 근원적으로는 정의의 이념의 형성이 의식의 전개에 의존한다는 사실을 시사할 수 있다.

26) 사치스러운 국가에 관한 논의는 372d~374c 참조. 이 국가를 앞의 국가와 대조하면서 플라톤은 후자를 건강한 국가, 전자를 염증을 앓고 있는 국가라 묘사하고 있다. 전자는 보통 우리가 플라톤의 이상국으로 알고 있는 국가를 필요로 하는 정치 상태이다. 이 전자를 정화할 때 플라톤의 이상국의 기초가 놓인다. 이렇게 보면 열병, 즉 불의의 상태는 정의의 생성을 위한 필수 조건이다. 이 국가는 불의의 가능성이 있어 정의가 필요로 되는 국가이다.

27) 399e 참조. 이 정화된 국가가 명확히 세번째 단계의 국가인지, 아니면 두번째 국가가 정화된 형태의 국가인지는 확실치 않으나, 일단 전자로 가정하자.

협동적이고 분업적인 공동체를 구성할 때 우리는 자신들의 욕구를 충족시킬 수 있다. 다섯째, 이 최초의 협동적이고 분업적인 공동체는 농부·직조공·제화공·집짓는 이의 네 사람으로 구성되어 있다.

위의 요약에서 우리가 주목할 것은 플라톤의 국가 기원론에서 결정적인 개념은 1) 욕구의 존재, 2) 자족성의 결여에 대한 반성적 인식의 존재, 3) 협동의 필요성에 대한 인식, 4) 또는 협동적 삶이 단독적 삶보다 낫다는 비교적 판단, 5) 타자의 존재에 대한 인식과 타자와 함께 삶의 필요 또는 당위성에 대한 인식, 6) 단독적 삶과 공동체적 삶에 대한 평가적 판단, 7) 따라서 좋다, 나쁘다는 가치의식의 개입 등이다. 그런데 여기서 필자의 논의와 관련하여 가장 중요한 요인은 원자적 개인의 자족성의 결여에 대한 반성적 인식이다. 이 자족성의 결여는 여러 측면에서 나타날 수 있다. 자연적 존재로서의 삶의 영역에서도, 그리고 자연적 존재 이상의 존재, 즉 이성적 존재로서의 삶의 영역에서도 이 부족함은 인식될 수 있다. 신체적이고 자연적인 부족감은 일차적이고 기본적인 욕구를 일깨우지만, 정신적이고 이성적인 부족감(이성적 삶을 영위함에서 느끼는 부족감, 행위의 일관화에의 욕구, 보편화에의 욕구, 대화에의 바람, 외부 세계에 대한 보편타당한 인식 획득의 열망)은 발생적으로는 이차적이긴 하나 인간에게 보다 본질적이고 당위적인 욕구를 일깨운다.

그런데 플라톤이 국가 구성의 원리가 된다고 본 자족성의 결여는 자연적 삶의 영위에서의 그것이라는 데에 주목할 필요가 있다. 공동체 구성을 통해 제공받게 된 것은 신발·옷·식량·집 등 자연적 욕구의 대상이다. 이성적 존재로서가 아니라 자연적 존재로서의 필요와 욕구가 플라톤적 국가의 기원과 원리이다. 이런 입장에 따르면, 인간은 자연 상태 속에서 자연적 존재로서 살기에는 혼자만의 힘으로 부족하였으므로 국가를 구성한 것이지, 자연 상태 속에서 이성적 존재로 살기에 부족함을 느꼈기 때문이 아니다. 자연적 필요와 욕구를 국가의 원리라 할 때, 국가는 일차적으로 자연적 생존을 위한 효율적인 수단일 뿐이요, 국가가 수행할 수 있는 윤리적 기능은 이차적이고 부차적인 것이 될 것이다.

II

인간이 어떤 종류의 삶을 영위하려 하건, 인간은 완전히 자족적인 존재, 가령 신과 같이 완전한 존재는 아니다. 그렇다고 해서 이러한 자신의 부족성을 전혀 인식하지 못하는 돌과 같은 존재(돌에게 어떠한 형태건 자아가 있는지조차 의심스럽긴 하지만)[28]도 아니고 이를 단지 직각적으로만 파악하는 동물과 같은 존재도 아니며, 이 부족성을 반성적으로 인식하는 존재이다.

인간은 홀로는 자족적일 수 없으므로 타자를, 타자의 도움을 필요로 한다. 그런데 이 타자는 인간보다 열등한 존재인 무생물이나 동물일 수도, 인간보다 우월한 신과 같은 존재일 수도, 또는 자신과 같은 인간일 수도 있다. 인간이 자신의 부족함을 극복하기 위해 필요로 하는 타자가 꼭 인간일 필요는 없다. 그 타자가 무생물일 경우, 인간의 이 타자와의 관계는 하향적 관계이고, 신일 경우 상향적 관계요, 인간일 경우 상보적 관계이다. 첫번째는 자연적 관계로서 일방적 소유나 사용의 형태로, 두번째는 종교적 관계로서 숭배나 경건의 형태로, 세번째는 정치적 관계로서 협동·대화·공론의 형태로 나타난다.

국가 속에서 개인은 다른 인간과 관계를 갖는다. 자연 상태의

---

28) 그들의 규정성 *definiteness, peras* 을 그들의 자아로 볼 수 있을지? 어떻든 울타리의 존재가 자아의 필수 요건임은 분명하다. 현대 사회에서 사유 재산권은 경험으로 확인할 수 있는 개인의 자아 영역의 개념과 본질적으로 연결되어 있다.

개인이 그 도움을 필요로 하는 타자를 자연물이나 신이 아니라, 자신의 동류(同類)의 타인으로 인식할 때, 비로소 국가 발생의 단초가 마련된다. 개인은 다른 인간과 관계를 맺을 필요를 느꼈으므로 국가를 요청하였다. 그러면 자연 상태에서의 개인이 갖는 부족함은 어떠한 것이기에 그 개인은 그 여러 종류의 타자들 중 다른 인간과의 관계를 맺게 되는 것일까? 인간은 행위하는 한 이미 타자와 관계를 맺으며, 그 타자는 자연적 존재, 가령 돌과 나무 그리고 동물들이다. 이 일차적 관계를 통해서 인간은 자신의 일차적 부족을 메우게 한다. 만약 이 관계를 통해서 부족함이 완전히 메워지지 않거나, 이들과의 관계에서 충족할 수 없는 질적으로 다른 욕구가 있을 때 인간은 자연적 존재와는 다른 존재와의 관계에 들어간다. 그 다른 존재란 자신과 동류의 인간이거나, 만약 있다면, 신과 같이 자신보다 높은 존재일 것이다. 개인은 타인과 대등한 관계를 맺음으로써 공동체 구성에 진입한다. 이 다른 개인이 원래의 개인과 똑같은 개별적(똑같은 종류가 아니라) 필요와 욕구를 느끼게 된다거나, 또는 서로 다른 개별적 욕구를 갖고 있더라도 그것이 전혀 질적으로 다른 종류의 것이라면, 이 두 개인의 관계 정립은 서로의 필요와 욕구를 해소 또는 충족시켜줄 수 없으므로 국가라는 공동체는 구성되지 않는다.

　가령, 자연 상태에 세 개인 A, B, C가 있다고 해보자. 이들이 모두 주거지를 필요로 하나 이들이 처한 자연 상태에선 오직 한 사람만을 위한 주거지가 마련되어 있다면, 이들은 상보적 협동이 아니라 치열한 경쟁 상태에 들어갈 것이다. 다른 한편으로 이들이 자연 상태에서 모두 최소한의 물질적 욕구를 충족시킨 상태에 있으나, A는 감각적 쾌락주의자여서 무한한 물질적 욕구를, B는 소크라테스적 이성주의자여서 타인과의 이성적 대화의 갈망을, C는 심오한 신비주의자여서 혼자만의 신비적 체험을 염원하고 있다면, 이들이 결합하여 공동체를 구성할 가능성은 없어진다. 그리고 이들이 서로의 욕구 충족을 위한 능력을 소유하고 있거나 공동체의 창출을 통해서도 이 능력을 마련할 수 없다면, 설혹 원자적인 삶이 자족성을 결여하더라도 공동체를 구성하지는 않을 것이다.

그러므로 이들이 타인과의 관계에 들어가 상보적인 공동체를 구성할 수 있기 위해서는 이들의 욕구가 1) 동질 또는 동류의 것이어야 하나, 개별적인 양태에 있어서는 서로 달라야 하며,[29] 2) 동류이나 개별적으로는 서로 다른 욕구의 충족을 위한 방편이 공동체의 구성을 통해서 마련되어야 하고, 3) 물론 이들의 욕구는 자연 상태에서는 충족될 수 없는 것이어야 한다.

Ⅲ

공동체 구성의 직접적인 계기가 되는, 따라서 공동체의 존재 이유가 되는 그 욕구는 구체적으로 무엇일까? 홉스는 이를 인간의 무한 욕구와 타자 지배욕 그리고 이에서 비롯하는 갈등, 흄은 자연 상태에서의 재화의 희소성에서 비롯하는, 보다 많은 재화 생산에 대한 욕구, 로크는 자신의 신체와 재산의 보호에 대한 필요성, 플라톤은 삶의 기본 요건인 의식주를 위한 재화 생산을 위한 분업적인 협동의 필요, 롤즈는 재화의 희소 상태에서 오는 효율적 협동에 대한 욕구, 노직은 로크와 같이 개인의 자유와 권리의 합리적 보호 장치에 대한 필요라 보고 있다. 위에서 지적한 바와 같이 대체적으로 이들은 모두 국가라는 공동체의 가장 중요하며 본질적인 존재 이유가 우리의 자연적 삶의 필요와 욕구를 해소·충족시켜줄 수 있는 도구요 수단으로서의 역할이라고 생각하고 있다.

---

29) 또는 각자가 다른 욕구 대상을 갖거나 아니면 욕구 대상이 동일한 것이되, 그러면서도 모두의 욕구를 충족시킬 수 있는 그런 것이어야 한다. 욕구 대상이 보편적인 것, 가령 음악이 그 한 예이다.

홉스와 같이 철저히 유물론적이고 기계론적인 형이상학을 기초
로 정치철학을 전개한다면, 이런 입장은 당연한 귀결이라고 말할
수 있다.[30] 이런 입장에서는 국가에 관한 규범적 정당화에 관한 논
의 자체가 불가능하므로[31] (사실상 메타 정치철학은[32] 가능할지 모르
겠으나 정치철학은 이 경우 불가능하다), 국가의 역사적 기원에 관
한 인과적 설명만을 제공할 수 있다. 이런 인과적 설명은 실천의
영역에 관한 한 규범학이어야 하는 철학의 과제가 아니라, 이미
지적한 바와 같이 인류학이나 역사학 또는 고고학의 과제이다. 더
원칙적인 문제로 홉스는 그의 자연 상태론이나 기계론적인 형이
상학으로부터는 정치적 규범과 권력의 정당화 논거를 마련할 길
을 전혀 찾을 수 없게 된다. 다른 철학자들의 경우 기계론적 형이
상학을 전제하지는 않으나, 이들은 국가의 규범적 기원을 논함에
있어서 그 기원을 인간의 자연적 삶과 연관시켜서만 논하고 있는
데, 이런 논의 방식은 수정되어야 한다. 이런 식의 논의법은 국가
의 역사적 기원론과 규범적 기원론을, 또는 합리적 기원론과 규범
적 기원론을 혼동하였거나,[33] 그들의 차이를 인지하기는 하였으나
그 차이를 철저히 확인하지 않는 데서[34] 연유한다.

반복하건대, 국가라는 공동체가 단지 우리의 자연적 생존을 위

---

30) 홉스의 유물론적 형이상학에 관해서는 다음 참조: L. Strauß, *The Political
Philosophy of Hobbes*, The Univ. of Chicago Press, 1952.

31) 이 문제에 관한 보다 자세한 논의는 위의 맥퍼슨 책, pp. 81~122 참조. 맥퍼슨은
홉스의 정치적 의무는 타산적 의무이고, 이런 유의 의무 도출에 그는 어느 정도는
성공적이라고 옹호하나(pp. 99~101), 필자는 이에 대해 부정적이다. 타산적 의무
는 진정한 의미의 의무가 아니다. 그것은 칸트가 말하는 가언의 명법이고, 가언의
명법은 단순한 계산을 하면 나오는 분석적 명제로서, 이 명제가 지시하는 행위의
수행은 의무나 당위나 선택의 문제가 아니라, 계산의 결과를 따르느냐 않느냐, 즉
타산적으로 행위하느냐 충동적으로 행위하느냐의 문제이다.

32) 메타 정치철학과 정치철학의 차이는 메타 윤리학과 윤리학의 차이와 유사하다.

33) 가령, 홉스.

34) 가령, 플라톤, 로크, 롤즈.

한 효율적 수단에 불과하다면, 국가의 일원이 됨을 선택하지 않아도 아무런 도덕적 존재론적 문제가 발생하지 않는다. 즉 국가 안의 삶과 국가 밖의 삶은 아무 질적인 차이가 없다. 다만 편리함의 차이만이 있을 뿐이다. 즉 국가적 삶은 우리의 이성적 또는 윤리적 삶의 완성을 위한 당위적 선택의 대상이 아니라 합리적 선택 또는 효율성의 계산에 따라 선택 또는 거부할 성격의 것이다. 그리고 국가라는 제도적 장치가 우리의 자연적 삶의 편의와 유용성을 가져다줄지의 여부는 경제학·행정학·경영학, 또는 공학의 논의 대상이다. 규범의 문제와 사실의 문제는 엄격히 구분되어야 하며, 국가가 우리의 자연적 삶을 위해 효율적일지의 여부는 사실의 문제이다. 필자는 인간의 삶이 짐승의 삶에 비해 단지 좀더 편안하고 안전할 뿐이며, 이런 이점을 제공하는 것이 국가의 유일한 기능이라고 생각하지는 않는다. 인간은 그 이상의 차이를 지니며, 그 이상의 차이와 특성을 가능하게 하는 것이 국가 내에서의 사회적 삶이라는 것이 필자의 견해이다.

위에 언급한 철학자들이 국가라는 공동체 내에서의 정신적·윤리적 삶이 중요하며, 국가는 이를 위해 기여해야 함을 강조하지 않은 바 아니다.[35] 만약 그런 역할이 인간의 삶에서 단지 부수적인 것이 아니라 일차적 중요성을 갖는다면, 국가는 인간 삶의 그러한 측면의 영위에 결정적 기여를 한다는 것이 필자의 생각이고, 규범적 국가 기원론은 바로 이 점을 보이려 하는 것이다. 역사적 발전을 거쳐 국가는 그런 기능을 갖게 된다는 식으로 논리를 전개하는 것은 국가에 관한 철학적 문제의 성격을 이해하고 있지 못했기 때문이다. 우리의 문제는 국가가 어떻게 발생하였으며, 역사가 발전하면 국가가 어떤 기능과 역할을 갖게 되느냐 하는 사실의 문제가

---

35) 가령, 롤즈의 'social union' 의 개념, 노직의 'meta-utopia' 의 개념을 참조.

아니라 이성을 가지고 윤리적 삶을 영위하려는 현재의 우리의 입장에서 볼 때, 또는 인간적인 삶을 영위하려 할 때, 또는 인간의 삶의 기본적인 형식에 비추어볼 때 국가가 당위적 선택의 대상이 될 수 있느냐, 있다면 그것의 당위적 존재 이유는 무엇이냐는 규범적 문제이다. 윤리적 문제란 결국 보편적 이성에 관한 사실의 문제이다. 윤리학은 인간에 관한 존재론적 탐구라고 할 수 있으며, 인간에 관한 여러 분과 과학들, 생물학·사회학 등은 인간에 관한 현상적 연구이다. 윤리학은 인간 존재론이다. 현대의 윤리학은 바로 윤리학의 존재론적인 성격을 상실하고 있다.

IV

플라톤에 있어서 공동체 구성의 결정적 계기가 되는 욕구는 농부·직조공·제화공 등에 의해서 충족될 수 있는, 자연적 욕구라 부를 수 있는 것이었다. 이 욕구는 자연 상태에서 자연물이라는 타자와 관계함으로써 부분적으로는 충족될 수 있었던 욕구이다. 플라톤의 일차적 국가는 자연 상태를 보완하기 위한 도구로서 그것은 망치나 도끼와 유사한 성격을 지니나 인간이 만들어낸 도구로서는 가장 크고 강력한 도구에 불과할 뿐이다. 이런 도구를 사용한다 해서 국가 상태에 있어 자연 상태와는 다른 인간 삶의 양식의 질적인 차이는 생겨나지 않으며, 두 상태의 차이란 양적인 것으로 인간은 국가 상태에 진입함으로써 자연적 욕구를 보다 많이 충족시킬 수 있게 되었을 뿐이다.

인간은 여타 존재들과 질적으로 다른 삶의 양식을 갖는다 생각되는데, 그 이유는 자연 상태나 이의 보완에 의해서도 전혀 충족될 수 없는, 자연적 욕구와는 질적으로 다른 욕구를 갖기 때문이다. 그 욕구는 윤리적 삶, 당위적 삶, 보편적 삶에 대한 욕구인데, 이런 욕구를 충족시킬 수 있을 때 비로소 국가는 인간의 삶을 질적으로 변화시킬 수 있는 것으로서, 단지 자연적 필요의 결과가 아니라 당위적 선택의 대상이 된다. 다음 절에서 논의할 바와 같이, 인간의 '자연적 욕구'가 비자연적 성격을 지니고 있다면, 인간은 자연적 욕구와 함께 이것과는 질적으로 다른 욕구를 지닌다기보다는, 인간의 욕구는 그 전체에 있어 비(非)자연적이다.

인간의 윤리적이며 보편적 삶에 기여하는, 따라서 당위적 선택의 대상이 될 수 있는 공동체란 보편적 이성과 가치 개념에 의해 매개되어야 한다. 수단적 국가를 창출하는 이성이란 개별적이고 특수적이며 우연적인 욕구에 종속되어 그 욕구 충족을 위해 가장 효율적인 수단을 발견해내는 도구적 이성이다. 그리고 위의 플라톤의 국가 기원론에서 언급된, 자연적 삶과 공동체적 삶에 대한 비교·평가적 판단에 개입되어 있는 선(善)의 개념은 도구적 선의 개념이다. 이런 선의 개념은 사실과 엄격히 구분되거나 당위적이고 자체 목적적인 선의 개념이 아니다.[36] 도구적 선의 개념은, 달리 표현하면 공동체적 삶이 자연적 삶보다 자연적 욕구의 충족에 효율적이다라는 의식이다. 이 단계에서의 가치 개념은 사실에 종속되어 있으므로 사실 초월적이거나 현존 초월적일 수 없고, 당위는 자연적 필연에 예속되어 있으며, 보편적 이성은 특수자의 개별적 욕구에 봉사하고 있다. 개별에 봉사하는 보편적 이성을 도구적 이성이라 한다. 플라톤의 일차적 국가의 성립에는 본질적 이성의 발휘도, 엄격한 의미의 가치 개념도 매개되어 있지 않으므로, 그것은 우리의 인간적 삶의 완성에 본질적 기여를 할 수 없다. 그러므로 그것은 당위적 선택의 대상이 되지 않는다.

---

36) 도구적 선의 개념은 절대적 선의 개념에 대해 생성적으로는 선행한다고 말할 수 있으나, 존재론적으로는 후행한다. 즉 어떤 자연적 계기에 의해 도구적 선의 개념이 의식되었고 이의 추상을 통해 절대적 선의 개념이 형성되었으나, 후자는 전자의 논리적·존재론적 가능 조건이다.

5. 인간 욕구의 이성적 성격

I

인간적 삶의 특징이자 여타 존재들과의 존재 양식의 본질적 차이는 사실성을 넘어서며, 현존 극복적이며, 자신의 개별적이며 우연적인 욕구의 구속을 탈출하려 하고, 할 수 있다는 데에 있다. 인간을 존재론적으로 파악할 때 욕구의 사실보다 더 근원적인 것은 이성의 존재, 자연적 삶의 현존을 우연으로 인식하고 이를 극복하여 당위화하려는 규범적 이성, 이런 우연의 진원지를 자신의 삶의 특수성으로 이해하고 보편의 지평으로 이행하려는 보편적 이성, 그리고 자연 세계의 사실성의 감옥을 벗어나 가치와 의미의 세계로 초월하려는 지향적 이성의 존재이다. 국가란 우연적이며 특수적이고, 사실적인 개인의 자연적 욕구를 충족시키기 위한 재화의 효율적 생산·합리적 분배의 체계일 뿐 아니라, 더 중요하게는 당위적이며, 가치 지향적이고 보편적인 정신 공동체이어야 한다. 국가를 이렇게 파악할 때, 국가는 인간의 보편 지향적이고 윤리적인 이성의 필연적 요청이다. 이제 우리는 많은 철학자들이 국가 성립의 계기로 지적하는 자연적 욕구들을 논리적으로 분석함으로써 그 '자연적' 욕구가 인간의 것인 이상 단순히 자연적이지만은 않고 이성적이라 말할 수도 있는 측면을 지니고 있음을 보이고자 한다. 필자의 이 시도가 성공적이라면, 국가의 성립은 인간의 보편 지향적이고 윤리적인 이성에 기초하고 있다는 주장이 설득력 있는 논거를 갖게 된다.

II

구체적으로 배고픔이라는 필요와 이에 기반한 음식에의 욕구를 예로 들어보자. 자연 상태에서 식욕은 충족되거나 충족되지 않거나이다. 늑대가 토끼를 잡아먹고 싶은 욕구를 느낄 때, 그 토끼가 곁에 있다면 그 욕구는 충족될 것이나, 없으면 충족되지 않을 것이요, 늑대가 사자 고기를 먹고 싶어하는 경우에 설혹 사자가 곁에 있다 해도 능력의 부족으로 그 욕구는 충족되지 않을 것이다. 인간이 늑대와 같은 동물적 존재일 뿐이라면, 역시 인간의 욕구도, 자신에게 주어지거나 자신이 처한 자연적 조건에 따라 충족되거나 충족되지 않거나 둘 중의 하나일 것이다. 그러나 인간은 늑대와 달리 단순히 자연적 존재가 아니므로 그 둘 이상의 선택지를 누릴 수 있다. 인간은 자신의 욕구가 발생할 때 이를 당장은 충족시키지 못할 수 있으나, 그렇다고 해서 바로 좌절하여 자기 상실 상태[37]에 빠지지 않고 조만간 자연에 변모를 가하여 그 욕구를 충족시킬 방법을 찾아낸다. 인간에게 있어 욕구 자체와 욕구 대상, 욕구의 상태와 욕구 충족 상태, 그리고 욕구 자체와 욕구 주체 사이에는 직접성이 지양되어 거리가 존재하며, 이 거리는 이성이 개입할 여지를 제공한다. 달리 보면, 외부의 제삼자가 틈입하여 욕구와 욕구 주체 사이에 간극을 만들어낸다기보다는, 오히려 욕구 주체가 자신의 반성적 이성을 통해 적극적으로 이 거리를 만들어낸다고 볼 수도 있다. 그리고 이성은 자신의 방식으로 이 간극을 연장·도구·수단·방법·절차 등을 사용하여 메우는데, 이들 역시 이성의 고안물들이다. 그리하여 이성에 의해 벌어진 거리는 다시 이성에 의해 메우어진다고 말할 수 있다. 이성은 인간의 욕망에 두 양태로 개입하는데, 반성적 이성은 주체로 하여금 대상과의 거리를 두게 하고, 계산적·합리적 이성은 수단 목적의 관계를 설정하여 그 거리를 메우게 한다.

---

37) 욕구는 자연에 대한 자기 주장이며 좌절은 일종의 자기 상실이다. 완전한 좌절은 완전한 자기 상실, 즉 죽음으로 이끈다.

　이성이 도구를 발견한 것이 아니라 도구의 발명이 이성을 발전시켰다는 반론이 있을 수 있다. 이성의 발아나 발전 또는 가능적 이성의 현실화는 도구의 발명에 의해서 이루어졌고 그리고 도구의 발명은 우연적 계기에 의해서, 따라서 가능적 이성의 현실화는 우연에 의해 원인지어졌음은 역사적 사실일 개연성이 크다. 그러나 이성에의 가능성 정도라도 인간의 내부에 심어져 있지 않았다면, 과연 설사 인간이 우연히 도구를 사용케 되었더라도 그것이 인간의 이성을 발전하게 할 수 있었을까? 이성의 맹아가 없었다면, 대체 도구의 발견 사용이 가능하였을까? 도구의 ‘우연한’ 발견과 사용이 과연 논리적으로 가능한 사태일까?

　원숭이는 매우 기초적인 도구를 사용한다. 그러나 설사 엄격하고 가혹한 훈련이 장기간 가해지는 경우에도, 그 훈련이 원숭이로 하여금 이성적으로 사유케 하는 데 성공했다는 사례가 보고된 적은 없다. 고릴라도 초보적 단계의 음성적 의사 소통을 행하기는 한다. 그러나 사람들이 고릴라를 체계적이고 조직적으로 훈련하고 교육한 결과 그 고릴라들이 발전된 단계의 언어적 활동을 하게 하는 데 성공하였다는 보고를 들은 적이 없다. 어쩌면 이런 부정적 실험 결과들은 당연할지 모른다. 원숭이나 고릴라의 유전 인자는 인간만큼 오랜 진화의 역사를 거치면서 수없이 다양한 자극과 변이 가능성을 겪어 형성된 매우 단단한 껍질을 지닌 인자일 것이다. 이리 단단한 유전 인자는 아무리 강도 높은 훈련이라도 그 벽을 뚫고 들어가 그 모습을 변형시키거나 언어 능력을 이식시키기는 힘든 그런 것이다. 반대로 인간의 언어 능력 역시 인간 유전자의 다른 요소들과의 총체적 상관 관계 속에서 형성되고 획득된 것이므로, 고릴라의 대뇌가 아무리 유연하더라도 그 속에 이식되어 기능하기는 힘들 것이다. 인간적 언어 능력이 후천적인 훈련에 의해 취득될 수 있는 것이라면, 고릴라는 진화의 긴 과정에서 무수한 자극과 변이의 계기를 맞는 과정에서 벌써 언어적 능력을 취득했었을 것이다. 그들이 이성적이고 언어적인 활동을 하지 못함은 이성 언어 능력이 인간과 고릴라라는 두 자연종 사이의 넘을 수 없는 본질적인 차이임을 알려준다. 이 차이는 인간의 언어 사용 능력, 단지 도구의 우연한 사용에 의한 것이 아님을 밑받침한다.

눈앞에 놓인 돌조각을 단지 돌조각으로 보지 않고, 자신의 욕구를 효율적으로 충족시킬 수 있는 도구로 파악하거나, 우연히 그 돌조각을 사용하여 어떤 결과를 이루었다고 할지라도, 그 돌조각의 사용에 의해 이루어진 결과를 보고 그 돌조각이 단지 돌조각이 아니라 도구라는, 전혀 의미가 다른 존재로서 역할했음을 반성적으로 이해하지 않는 한, 도구의 발견이나 사용은 불가능했을 것이다. 그 돌조각은 영원히 돌조각이었을 것이다. 사람들은 문맹자를 낫 놓고 '기역'자도 모른다고 조롱하지만, '기역'을 모르는데 어떻게 낫을 보고 '기역'을 생각해낼 수 있겠는가? 원초적 시대의 어느 한 순간 번득였던 이성의 불씨는 도구의 발견을, 보다 정확히는 무엇을 도구로 파악하게 하는 것을 가능케 했을 것이고, 이는 역으로 인간의 이성을 발전시키고 현실화했다고 보아야 한다.

Ⅲ

인간은 늑대와 같은 자연적 존재와 달리 제3의 선택지에 열려 있다. 그리하여 인간의 욕구는 첫째, 당장 충족되거나, 둘째, 전혀 충족되지 않거나, 셋째, 당장은 충족되지 않더라도 어떤 절차 · 방법 · 수단 · 도구 등을 통해 충족되거나이다. 인간은 논리적으로 이 세번째의 선택지를 가질 수 있다는 점에서 자연적 존재 이상이다. 네번째 논리적 가능성으로 도구의 매개를 필요로 하지 않는 창조에 의한 욕구의 충족을 생각할 수 있다. 신은 욕구하는 즉시 그 욕구를 충족할 수 있다. 그러나 아마도 신은, 또는 창조의 능력이 있는 존재는 욕구를 느끼지도 않을 것이다. 도구의 사용은 인간에게 있어서 존재론적인 사건이며[38] 이 논의의 기초를 이룬다.

위의 세번째의 가능성은 이성의 개입에 의해 마련된다. 어떻게 그런가? 자연적 욕구가 당장 직접적으로 충족될 수 없더라도 이런 사태에도 바로 단순 좌절하지 않고, 자신과 자신을 둘러싸고 있는 자연과의 갈등을 반성적으로 인식하고 이를 해소하려는 의지적 노력을 경주할 때에만 제3의 선택지가 열릴 수 있다. 이런 갈등 관계의 인식, 그리고 의지적 노력은 자신의 욕구가 어떻게 해서라도 충족되어야 한다는 목적 의식이나 당위 의식을 논리적으로 전제하는데, 이 목적 의식의 현실성이 있기 위해서는 수단에 대한 의식, 또는 무엇을 그 목적에 이르기 위한 수단으로 파악할 수 있는 방법 의식이 수반되어야 한다.[39] 목적 의식의 발생을 가능케 하는 것은 합목적적 이성이며, 일정한 목적에 대한 돌조각의 수단적 기여 여부나 기여도를 판정할 수 있는 능력이 계산적 또는 도구적 이성이다. 그러므로 자연적 장애를 극복하고 자연적 욕구를 충족시키려는 의지는, 따라서 인간의 욕구가 고유하게 가질 수 있는 이 제3의 선택지는, 합목적적 이성과 도구적 이성의 존재를 전제한다.[40]

수단·도구·방법이란 욕구 충족의 상태와 욕구 주체 사이의 거리를 건너가기 위한 절차이고 과정이다. 이런 수단의 존재는 인

---

38) 노동의 수행은 나타난 사건, 즉 현상에 불과하며, 그 저변의 존재론적인 실재는 이성의 활동이다.

39) 수단의 의식은 인간의 존재론적 특성과 중간성을 드러낸다.

40) 제3의 선택지를 갖는 이외에도 인간의 욕구는 동물의 욕구와 다음의 차이를 갖는다. 인간의 욕구는, a) 양적·질적으로 무한하며, b) 추상적인 것을 그 대상으로 하기도 하며, c) 그 대상이 자연 속에 존재치 않을 경우가 있으며, d) 충족되면 그에 만족지 않고 질적으로 새로운 욕구를 다시 창출한다. 반면 동물의 욕구는, a) 유한하며, b) 구체적인 대상을 갖고, c) 자연의 일부만을 대상으로 하며, d) 자기 복제적이 아니다.

간 현존의 분열성을, 인간 정신의 지향성을, 인간이 이 세계의 일부이면서 일부가 아님을, 인간이 초월하려 함을 논리적으로 보여준다. 도구적 이성 또는 방법적 이성 또는 이성의 도구적 측면은 인간의 존재론적 구조의 한 본질적 측면을 보여준다. 이렇게 보면 도구적 이성과 윤리적 이성은 본질적으로는 연속적일 가능성이 있다.

제3의 선택지가 현실화된 일차적 양태가 인간의 노동과 이에 의한 재화의 생산 행위이다. 노동 역시 발생적으로는 이성에 선행할 가능성이 있으나, 논리적으로는 이성에 후행한다. 왜 그런가? 짐승의 행태와 같은 맹목적인 노동은 신체의 반사적·습관적 움직임에 불과하므로 노동이 아니다. 진정한 노동이란 일정한 욕구에 대한 자각과 이 욕구 충족 대상에 대한 인지, 그리고 이 대상 획득의 방법에 대한 인식을 전제한다. 이런 인식들은 이성에 의해 이루어진다. 따라서 노동의 수행은 적어도 잠재적 이성의 소유를 전제한다. 그리고 존재론적으로 이성의 소유가 노동의 수행보다 더 근본적인 사실이다.[41]

6. 노동의 존재론적 구조

I

여기서 노동에 관하여 간략한 언급을 하고 넘어가자. 인간은 자연에 자신의 노동력을 가하여 재화를 창출하고, 이 재화를 소비함으로써 자신의 욕구를 충족시킨다. 노동의 목적은 외면적으로 그리고 일차적으로는 이런 욕구 충족의 행위이다. 보다 근원적으로

---

41) 노동의 논리적 가능 조건은 노동의 존재론적인 기반이다. 위에서 지적한 바와 같이 노동은 현상이요, 이것의 실재는 이성이다.

인간 존재론적 관점에서 파악할 때, 노동은 노동 주체의 노동력을 소비 가능한 재화로 질적 변환시키는 활동이고, 더 근본적으로는 노동 주체의 자기 변환의 행위이다. 이렇게 말할 수 있는 이유는 두 측면에서이다. 재화의 산출을 통해 욕구 불만의 단계에서 욕구 충족 상태로의 삶의 질적 변환이 이루어졌으며, 자신의 일부였던 노동력이 소비 가능한 재화로 변환되었다는 점에서 그러하다.

인간이 노동하기 이전에 존재했던 것은, 노동의 주체인 인간과 인간에 의해 충족되길 기다리는 욕구, 그리고 이 욕구를 직접적으로는 충족시켜줄 수 없었던 자연 세계였다. 노동 이후 어떤 변화가 발생하였는가? 노동 이후, 첫째, 인간의 욕구를 충족시킬 수 있는 재화가 존재하게 되었으며, 둘째, 노동의 매개에 의해 자연 세계는 부분적으로 소비 가능한 세계로 변모하였다. 자연 세계는 이제 인간에게 완전한 타자[42]가 아니라 인간에게 유용한 것 또는 보다 일반적으로 인간에게 의미 있는 것이 되었다.[43] 자연 세계에서의 욕구의 좌절은 인간으로 하여금 자연과의 단절을 느끼게 하였다. 그리고 그때의 그 세계는 인간에게 완전한 타자로 존재하였다. 하지만 노동 이후 자연 세계는 인간에게 전혀 다른 양태로 존재하기 시작한다. 노동의 매개에 의해 인간과 자연 사이에 연속성이 생기며, 인간은 자연에 적응하고 자연은 인간화된다. 욕구에 의해 발생한, 또는 욕구를 발생케 한 가능적 이념을 현실화함으로써 인간도 새로운 존재 양식을 갖게 된다.[44]

노동에 의한 재화의 산출은 그러므로 자연의 인간화나 인간의

---

42) 완전한 타자란 자신과 절대적으로 모순적 관계에 있는 존재를 말한다. 심지어 적대적 관계도 맺을 수 없는 타자.

43) 인간의 의미 부여 능력은 윤리적일 뿐 아니라 형이상학적 함의를 지닌다. G. Brand, *The Essential Wittgenstein*, Basic Books, 1979에서 의지에 관한 부분 참조.

44) 플라톤에서 상기의 과정, 아리스토텔레스에서 가능성의 현실화, 헤겔에 있어서 절대 정신의 자기 전개의 개념들도 비슷한 생각이다.

자연화라고 기술될 수 있는 것 이상의 변모이다. 재화의 산출 소
비는 이미 존재해 있는 현존적 자연에 자신을 적응시키는 것이라
거나, 기존의 인간 조건에 자연을 동화시키는 것도 아니다. 노동
은 욕구 속에 잠재해 있는 이념을 자연 속에 현실화시킴으로써 자
신과 자연을 변모시켜 자신과 자연을 새로운 차원의 존재로 변모
시킨다. 노동 주체인 인간은 좌절의 단계에 있었던 욕구를 충족의
단계로 이행시키며, 자연은 노동에 의해 인간에게 절대적인 비
(非)재화의 단계에서 유용하며 의미 있는 재화로 변모해간다. 전
자의 단계는 후자의 단계와 질적으로 다른 존재 양식이다. 이렇게 새
로운 단계로 이행하게 되면 새로운 욕구가 발생하여 자신과 자연
의 변모를 위한 새로운 시도가 경주된다. 이 새로운 욕구는 단지
같은 종류의 새로운 대상을 추구하는 것이 아니라 질적으로 다른
대상을 목표로 한다. 인간의 무한 욕구는 처음에는 대상의 양적
확대를 도모하나, 어느 단계에 이르면 자신의 질적 변화를 시도한
다.

II

노동에 의한 새로운 재화, 자연에 대하여 새로운 존재자의 창출
은 어떻게 가능한가? 노동력에 의해 자연적 사물이 유용한 재화
로 변모함은 일종의 변화, 그러나 질적인 변화이다. 인간뿐 아니라
동물도 원시적인 노동을 행한다. 약한 짐승의 포획·소화·흡수
도 원초적 형태의 노동이다. 인간이나 동물의 노동 행위가 존재하
지 않는 무생물의 세계에도 변화는 존재한다. 무생물 세계에서의
이런 변화마저도 부분적으로는 질적인 변화, 적어도 현상적으로
는 질적 변화이다. 철저히 기계적인 자연 법칙에 따라 움직이는
자연 세계에도 새로운 질(質)의 등장은 일어난다. 이 질의 탄생은
노동에 의해 자연 세계에 의미가 부여됨으로써 가능하여진다. 자

연 세계에 의미가 부여됨으로써 무의미한 존재에서 의미 있고 가치 있는 존재로의 질적 비약이 이루어진다. 이런 점에서 인간의 거주 공간과 환경으로서의 자연은 더 이상 자체적인 자연, 스스로 있는 자연이 아니다. 자연 세계의 변화는 새로운 성질들을 탄생시키고 이 점에서 이 변화는 일종의 창조라 말할 수 있다. 창조는 무(無)로부터 유(有)의 생성으로서 모순율을 파기한다. 자연 세계의 변화는 모순율이 파기될 때에만 가능하다. 사고의 기본 법칙인 모순율의 파기를 거부한다면 자연 세계의 변화도 부인해야 한다. 이것이 생성·소멸·운동 등 모든 종류의 변화를 부인한 파르메니데스Parmenides의 논지이다.

노동에 의한 자연 세계의 변화는 논리적으로 그리고 존재론적으로 더욱 심각한 문제를 우리에게 안겨준다. 인간은 노동에 의해 자연 세계에 변화를 불러일으킬 뿐 아니라, 새로운 질서의 것으로 변모시킨다. 그 질서란, 의미의 질서, 가치의 질서, 목적의 질서이다.[45] 이러한 인간의 노동이나 실천에 의해 생겨나는 여러 세계들 중의 중요한 하나는 정치 세계, 국가이다. 그 노동의 소산인 여러 세계들의 예는 다음과 같다: 문명 세계·역사 세계·가치 세계·정신 세계…… 노동 이후 자연 속에 자연적인 성질이 새로이 생긴 것이 아니라, 비자연적인 또는 초자연적인 질서가 들어서게 되었으며, 이를 통해 인간의 삶과 인간의 노동력이 가해진 자연의 일부는 더 이상 자연의 일부이길 그치게 된다. 도대체 이런 변모가 어떻게 가능한가? 노동의 존재론적인 가능성은 적어도 그들을 사유의 대상으로 삼는 한에서, 자연 세계의 자연적 변화의 가능성보다 더욱 심각한 아포리아를 제기한다.

---

45) 플라톤, 『티마이오스』참조. 플라톤은 이 가치와 목적의 질서가 세계 정신에서 연유한다고 본다.

　다시 노동 이후의 인간과 자연과의 관계에 주목하자. 노동 이후 인간은 자연에 대해 직접적 관계가 아니라 간접적 관계를, 구속적 관계가 아니라 초월적 관계를, 적응의 관계가 아니라 극복의 관계를, 종의 관계가 아니라 주인의 관계를 갖게 된다. 노동이, 더 근원적으로는 이성이 매개됨으로써 인간과 자연 사이의 관계는 이제 매개 이전과는 전혀 상반된 관계가 되었다. 그럼으로써 인간은 질적인 전환, 존재 양식의 질적인 변모, 즉 존재론적인 전환을 하게 된다.

　그러나 과연 이런 이행에서 질적으로 다른 존재 양식의 출현이 이루어졌다고 볼 수 있을까? 이런 이행에서 일어난 것은 우리 의식의 변화가 아닐까? 그 이행이 결과한 것은 인간 의식이 열매를 열매로만 보는 것이 아니라, 식량으로 볼 수 있게 된 것에 그치는 것은 아닐까? 변한 것은 자연도 나 자신도 아니며, 나의 정신, 나의 의식이다. 노동은 본질적으로 의식의 변화이고 정신 노동이다(신체의 움직임은 부수적인 현상일 뿐이다). 노동이나 노동에 의한 인간의 역사는 헤겔이 말한 바처럼, 정신의 자기 전개 과정인가? 정신은 허무(虛無)나 모순을 매개로 하여 생성과 변화를 가능하게 한다. 노동은 일종의 상기의 과정이다. 노동에 의해 결과한 것은 새로운 사물의 탄생이 아니라, 정신의 변모이다.

　노동의 근원적인 의의는 인간이 자신의 자연적인 욕구를 충족시켰다는 데 있는 것이 아니라 그 자연적인 것으로 보이는 욕구가 실은 자연적인 것이 아님(왜냐하면 인간의 욕구에는 노동과 이성에의 가능성이 내재되어 있으므로)을 보이고, 인간을 자연의 질서에서 해방시켜 새로운 질서에 거주케 한 데에 있다. 사태의 진실은 아마도 인간이 이미 적어도 가능적으로 그 새로운 질서에 속해 있었기 때문에 노동이 가능했었던 것인지도 모른다. 존재론적으로 후자가 사실에 가까울 수 있으나, 여기서는 이 문제는 논의치 말고, 노동이 단지 자연적인 의미만이 아니라 존재론적인 의의도 함축함을 확인해두자.

위에서 잠시 언급한 바 있지만, 플라톤의 이상국이 돼지들의 국가, 열병들린 국가를 거쳐서 등장함에 주목해보자. 이 변증법적인 과정은 시사적이다. 필자는 인간의 자연적 노동이 실은 자연 이상의 것으로서 인간을 자연적 질서의 제약으로부터 해방시킬 뿐 아니라, 이성의 차원으로 비약시키고 도덕적 실천과 연속적일 수 있음을 논했다. 같은 식의 논리로, 플라톤은 위의 변증법적인 발전 과정을 통해 최초의 돼지들의 국가가 내재적으로 철인 지배의 이상국에의 가능성을 내포하고 있음을 시사하는 것으로 해석해볼 수 있다. 플라톤의 이데아론과 상기론은 영혼 윤회론이나 영혼의 전생(前生)을 함의한다. 칸트 역시 인간의 도덕적 실천을 수행할 수 있음을 인간이 현상계가 아니라 예지계에 관여하고 있는 징후로 해석한다.

합리적 국가 기원론에서 국가의 형성 원리는 자연적 욕구와 이를 합리적이고 효율적으로 충족시키려는 협동적 노동이었다. 이제 필자가 논한 대로 자연적 욕구와 노동이 자연 이상의 요인, 즉 이성적 요인을 내포하고 있다면, 이를 원리로 하여 구성되는 국가 역시 이성적 국면이 있다고 하여야 할 것이다. 욕구나 노동은 현상적으로는 자연적이지만, 존재론적으로는 이성적이다. 국가 역시 마찬가지이다. 합리적 국가 기원론자들은 국가를 현상적으로만 파악하고 있다.

IV

노동의 행위를 이상과 관련하여 파악하면 어떤 양태일까? 노동의 시작은, 인간의 욕구가 자연 세계 속에서 좌절하고 이 좌절을 욕구 주체와 자연 사이의 갈등으로 반성적 인식을 함으로써이다. 자연 속에서 충족될 수 없는 욕구나 이 욕구의 주체는 자연의 질서에 반하는 존재이다. 이 관계를 욕구 주체의 입장에서 파악하면, 자연은 인간 자신의 질서에 반하는 존재이다. 이런 상반된 질서를 우연적 관계라 한다. 원초적 갈등의 모습은 인간이 자연에 우연적이거나, 또는 역으로 자연이 인간에 우연적인 관계를 담고 있다. 자연이 자신의 생존에 우연적이라고 규정하기보다는 자신을 자연이나 세계에 우연적이라 인식함은 소극적인 태도요, 이런 태도를 취할 때 인간은 자신을 자연의 질서에 맞추어야 한다. 그럴 수 있는 가장 확실한 방법은 욕구의 포기, 더 근원적으로는 욕구 주체의 포기, 즉 죽음이다. 죽음을 통해 우리 자신을 순수 자연적 존재로 귀환시킬 때 갈등은 해소된다.

보다 적극적인 자세를 취할 때 인간은 자신이 아니라 자연이나 세계를 우연적인 존재로 파악한다. 이 경우의 인간은 특수자로서의 자아가 아니라 이성 주체(理性 主體)로서의 자아이다. 여기서 우연의 개념은 반이성적임을, 보다 좁게는 비당위적임을 의미하는 것이지 반필연(反必然)을 의미하는 것이 아니다. 필연적인 것도 비당위적일 수 있다. 경험적 사실의 세계는 필연적인 세계요, 이 세계는 비당위(非當爲)의 세계, 몰가치(沒價値)의 세계이다. 그런 점에서 필연성과 사실성은 통하며, 이는 적어도 그 외연에 있어 당위성과 배타적이고, 우연성과 일치할 수 있다. 필연적으로 움직이는 사실의 세계 또는 자연의 세계는, 욕구는 충족되어야 한다는 당위 의식의 현실화를 방해하며, 바로 이 점에서 우연적이다. 자연은 그러므로 필연적이며 동시에 우연적이다.[46]

---

46) 각주 3)에 언급된 필자의 논문 「지성과 우연적 필연」 참조.

　　자연 세계의 질서는 필연성의 질서이다. 자연적 사태들은 법칙
적은 아닐지 모르나 필연적으로 움직여간다.[47] 반면 욕구 주체의
질서는 욕구의 필연성의 질서이며, 이 욕구는 충족되어야 한다고
반성적으로 인식하므로 욕구 주체는 좌절감을 느끼고 이 좌절감
을 극복하려는 의지를 갖게 된다. 이 의지는 반성적 의식, 더 근원
적으로는 이성적 의식의 소산이다. 욕구 주체의 질서는 단지 욕구
의 필연성이 아니라, 당위성이며 이는 다시 이성의 필연성을 갖는
다. 그러므로 욕구 주체의 좌절은 표면적으로는 자신과 세계의 갈
등으로 이해되나, 더 깊게는 자연의 필연성과 이성의 필연성 사이
의 갈등으로 파악할 수 있다. 자연은 자신의 지배율을 준수토록
강제하나 욕구 주체인 인간은 자신의 지배율을 명령한다. 자연 속
에 거주하는 인간이 자연과는 다른 질서에 따라 움직이고, 그 질
서를 역으로 자연 세계에 요청한다는 사실, 그리고 자연적 필연성
을 자신의 필연성에 반하는 우연적인 것으로 이해함으로써 그를
극복하려 한다는 사실은 신비하다. 노동은 바로 세계의 이런 사실
성과 우연성을 극복하고 당위를 실현하려는 적극적인 노력이다.

　　자연의 존재 양식이나 운행의 질서가 인간의 존재 양식이나 행
위 방식과 다르다는 사실을 증거하는 제1차적 사건이 바로 욕구의
좌절이다. 그러나 단순한 좌절만으로 이 차이의 인식이 이루어지
진 않는다. 욕구 주체인 인간은 이 좌절을 반성적으로 인식해야만
그 차이를 인식할 수 있다. 좌절이나 차이에 대한 반성적 자각은
그 자체로서 갈등에 대한 인식이 될 수는 없다. 서로 다른 두 질서
가 자신의 질서를 강요할 때 비로소 갈등이 생기며, 그 상호 강제
적 관계를 인식할 때 갈등에 대한 인식이 생긴다. 그리고 욕구 주

---

47) 인과율과 인과 법칙은 구분된다. 자연의 생성계는 인과율에 따라 움직이나, 인과
　　법칙은 존재하지 않을 수도 있다. 필자의 「지성과 우연적 필연」; 「존재, 인과성,
　　언어」, 김재권 외, 『수반의 형이상학』, 철학과 현실사, 1994 참조.

체가 자신의 질서가 더 중요하며 지배적이라는 의식을 갖고 자신의 질서가 실현되어야 한다는, 자신의 욕구가 충족되어야만 한다는 당위 의식을 가질 때 자신의 욕구를 좌절시키는 자연 세계의 질서는 반이성으로, 즉 우연으로 파악된다. 그 자연이 필연적으로 움직이건 여타의 원리에 의해 움직이건, 그것이 우리의 당위 의식의 실현을 방해하는 장애로 인식될 때, 그것은 우연이다.

당위 의식이 현실화되기 위해서, 다시 말하면 욕구 충족이라는 당위가 사실로서 현실화되기 위해서, 그리고 그리함으로써 우리를 가로막고 있는 우연성을 극복하기 위해서는 의지가 개입하여야 한다.[48] 의지란 당위 의식을 현실화하는 계기, 정신적 이념을 신체화하는 계기이다. 의지의 개입에 의해 비로소 노동이 수행되며 이에 의해 욕망의 충족, 욕망에 내재한 가능적 이념의 현실화, 좌절의 극복, 갈등의 해소, 인간의 자기 질서의 실현, 당위 의식의 현실화, 인간 자신의 변모가 이루어진다. 이상의 논의는 노동의 논리적 구조 분석에 해당한다. 인간의 노동이 가능하기 위한 논리적 조건을 요약하면 다음과 같다: 1) 자연과 독립하여 존재하는 자아의 존재(즉, 노동 주체, 욕구 주체의 존재), 2) 자연적 존재 양식과 인간적 존재 양식의 차이, 3) 이 서로 다른 두 존재 양식 또는 질서의 충돌, 즉 욕구의 좌절과 갈등, 4) 이 좌절과 갈등에 대한 욕구 주체의 반성적 인식, 5) 욕구가 충족되어야 한다는 당위 의식의 존재, 6) 자연 세계를 우연성으로 파악함, 7) 우연성을 극복하고 당위 의식을 현실화하려는 의지의 개입, 8) 의지에 의한 정신적 이념의 신체화 또는 신체, 즉 자신에 있어 자연적 세계라 할 수 있는 신체에 이성적 질서를 요청한다.

---

48) 의지와 세계의 관계에 관해선 G. Brand, *The Essential Wittgenstein*, pp. 157 이하 참조.

7. 맺음말

위에서 우리는 인간의 욕구는 여타 동물의 욕구와 달리 수단이나 도구의 사용에 의해, 보다 일반적으로, 노동에 의해 충족될 수 있다고 논했다. 이 노동에는 비자연적 계기 또는 이성적 계기가 내재해 있어 이 계기는 자연 세계를 우연으로 파악한다. 논리적인 관점에서 볼 때 자연과 인간의 대비는 우연과 이성의 대비로 환원할 수 있으며, 인간의 노동은 이성이 우연을 극복하려는 의지의 표현이다.

국가나 공동체의 구성은 인간들이 자연 속에서 부딪치는 우연성을 극복하고 당위의 세계로 이행하려는 노력들 중에서 가장 조직적이고 최고의 형태의 것으로 이해할 수 있다. 자연 속의 우연성을 극복할 수 있는 최선의 방책은 그 자연 속에 자신들의 질서, 즉 자아 질서의 최고 형태인 이성 질서가 통용될 수 있으며 그리고 그에 의해 지배되는 세계, 자연 세계에 대한 이성 세계, 자연 질서에 대해 자아 질서의 세계를 구축하는 일이다. 이미 논의한 바와 같이 자연 세계의 우연성을 극복하려는 이성적 의식, 당위적 의식은 인간의 원초적 현상인 욕구와 노동의 사건 속에 이미 내재해 있었다. 그렇다면 규범적 국가 구성의 단초는 이미 인간의 원초적 욕구와 노동의 행위 속에 내포되어 있었다고 말할 수 있다.

국가라는 공동체의 구성은 이 우연성을 극복하고 자신의 삶의 환경을 이성화·당위화하려는 의지의 가장 중요한 형태이다. 국가의 존재는 인간의 비자연적·초자연적 존재 양식을 드러내며, 국가와 이성은 본질적인 관계에 있다. 국가라는 공동체는 이성의 요청이다.

위에서 우리는 주요 정치철학자들의 국가 기원론을 간략히 언급하였다. 그들 입장의 세부는 서로 다르지만, 그들이 표현하고 있는 사태들의 기초가 되는 더 근원적인 사태는, 인간이 욕구를 지니고 있으며, 이 욕구는 자연 속에서 그리고 자신 혼자의 능력 만으로는 충족될 수 없다는 사실, 즉 자족성의 결여 상태에 대한 자각이라는 데에 동의하리라 본다. 우리가 욕구의 분석을 통해 본 바와 같이 인간의 욕구는 여타 동물의 욕구와 달리 충족되거나 좌절되는 것이 아니라, 좌절되는 경우라도 노동을 통해 충족될 가능성을 모색한다. 노동은 논리적으로 이성의 개입, 이성이 자연을 우연으로 파악함, 당위 의식 등을 전제로 한다.

국가 구성의 보다 근본적인 계기, 현상적 인간이 아니라 존재적 인간의 관점에서 더 근원적인 계기는 자족성의 결여에 대한 자각이 아니라 당위의 의식과 우연성의 개념이다. 다시 말하면, 인간이 국가를 구성하게 된 이유는 자연 세계의 우연성을 극복하고 이성의 당위를 현실화하고자 하는 의지 때문이다.[49] 자연 세계의 우연성에 대한 인식과 이를 극복하려는 의지, 그리고 이성의 당위 의식이 국가의 철학적 또는 규범적 근거이므로, 국가는 우리의 삶을 이성화하여야 한다. 철학적 관점에서 볼 때, 국가의 근본 과제는 인간의 삶과 삶의 환경을 이성화하는 일이다. 실상 이는 비단 국가의 과제만이 아니라 모든 인간적 행위, 더 일반적으로 모든 자연 극복적 행위의 과제와 목표라고 말할 수 있다. 왜냐하면 모든 의도적인 행위란 사실성의 감옥, 현존의 구속, 자연의 필연성을 벗어나려는 행위이며, 사실과 현존과 필연으로부터의 해방은 바로 이성의 능력의 범위 안에 있기 때문이다.

국가를 우연성 극복을 위한 공동체로 볼 때, 자연인이 국가의 일원이 되기 위한 조건은 다음과 같다. 이 조건들은 자연인의 측

---

49) 필자의 「우연과 당위」 참조. 『계간 경향』 제16집(1987) 소재.

면에서 국가라는 공동체를 구성할 필요의 발생 근거라고 표현할
수 있다. 조건이건 근거이건 그것들은 다음과 같다: 1) 욕구의 소
유, 2) 욕구가 충족되어야 한다는 당위 의식[50]의 소유, 3) 삶의 우
연성(삶이 뜻대로 안 됨, 욕구 좌절)과, 4) 이 우연성을 인지할 수
있는 반성적 의식의 소유, 5) 우연성 극복 의지의 소유, 즉 삶의
개선 의지의 소유(선에의 의지),[51] 6) 이 우연성 극복을 위해 타자
들과 유대 관계 형성(정의에의 의지), 7) 이 우연성의 극복을 위한
수단의 소유(합리적 또는 보편적 또는 당위적 이성의 소유).

　우연성의 극복을 위한 필요에 의해 공동체가 구성되나, 이 공동
체는 역시 개인들의 집합체이다. 공동체는 당위의 실현을 위한 과
정적 또는 절차적 존재이며, 이런 성격 때문에 공동성과 개별성,
보편성과 특수성의 양 측면을 모두 지니고 있다. 이 공동체 안에
서의 삶과 행위의 주체는 개인들이며, 개인들은 그러한 존재로서
자신의 자유와 권리를 소유하고 주장하며 또 그리해야 한다. 이런
상황에서 개인들은 서로의 자유와 권리를 제약할 수밖에 없기 때
문에 이를 근거로 해서 국가의 권력이 탄생한다. 강제적인 국가의
권력은 개인들이 삶의 당위를 실현하기 위해 치러야 할 대가이며,
그런 점에서 권력의 존재는 국가 존재 근거로서는 이차적이며 종
속적인 것이다. 강제적 권력은 오로지 삶의 우연성 극복이나 당위
의 현실화를 위한 필요 조건일 뿐이다.

　이상에서 필자는 규범적 국가의 존재 근거를 위한 서론적이며
시도적인 논의를 하였다. 규범적 국가의 존재 이유는 규범적이거

---

50) 도덕적 당위와 당위 의식은 구분되어야 한다. 전자는 후자를 전제, 후자는 도덕
　　외적 행위, 심지어 비도덕적 행위로 전제되어 있다. 후자는 인간 실천의 근본적
　　범주이다.
51) 삶의 개선 의지는 선(善) 개념, 보다 일반적으로 가치 개념이 매개되어야 한다.
　　당위 의식의 경우와 마찬가지로 선 개념 또는 선 의식과 도덕적 선은 구분되어야
　　한다. 선 개념은 모든 종류의 가치 평가에 전제되어 있다.

나 당위적이어야 하므로, 국가의 필요성을 확인할 수 있는 자연 상태 또는 무국가적 상태 역시 규범적 상태이어야 함을, 그리고 그 상태에서의 인간이 갖는 욕구와 노동이 사실상 규범 의식을 전제하고 있음을 논하였다. 더불어 전통적인 정치철학자들의 국가 기원론이 갖는 문제점을 지적하였다.

앞으로 더 논의되어야 할 것은 규범 의식 또는 당위 의식이란 무엇인가, 개인의 권리와 국가의 권력 사이의 관계는 어떠한가, 자연 상태에서 어떤 과정을 거쳐 국가 권력이 발생하는가, 삶의 이성화란 보다 구체적으로 무엇인가, 그것은 보편화 · 효율화 · 합목적화…… 그 어느 것이냐, 국가 강제력의 범위는 어디인가, 이성과 자유의 관계는 무엇인가, 등등의 문제들이다.

제4장

자연계 내의 이성 질서로서의 국가

1. 주제들과 논의의 방향

인간은 정치적 존재로서 이 세상에 태어난다. 우리는 국민으로서 태어나며, 국민으로서 살아야 하고 국민으로 죽어야 한다. 출생 신고를 하지 않으면 태어날 수 없고, 사망 신고가 되지 않으면 죽을 수 없으며, 국적을 지니지 않으면 이 지구에 발을 붙일 수 없다. 우리는 이 지상에 아나키스트들을 위한 공화국, 아니 아나키스트들이 노숙이라도 할 수 있는 벌판을 마련해야 한다. 국가는 우리가 이룰 수 있는 가장 큰 선의 시혜자일 수도 있다고 사람들은 말하나, 가장 큰 악의 범죄자일 수 있음을 우리는 거듭 목도하였다. 국가는 역사의 어느 한 시점에 구성되었음이 확실한데도, 유한성·신체성 등과 같이, 전혀 우리의 선택의 여지 없이 주어지는 현실의 필연이다. 그러나 이 사실은 과연 필연일까? 더 나아가 그것은 당위일까? 아니면 우리가 국민이 된 것은 우연이요 사고였을까? 국가가 인간에게 필연이요, 당위라면 그 국가의 올바른 모습은 무엇일까?

필자는 대략 자유주의적[1] 입장을 취해 위의 물음들에 대한 해답

---

1) 자유주의에 관해서는 J. Rawls, *A Theory of Justice*, Oxford, 1971; R. Nozick,

을 시도하려 한다. 자유주의는 국가 권력의 최소화와 개인 권리의
최대화를 이상으로 하며, 따라서 개인들의 삶의 가치 실현이나 행
복의 증진은 개인들의 자발적이고 자율적인 노력에 맡기고, 국가
는 이들의 행복을 증대하려 노력하기보다 불행을 줄이는 데 주력
하는 입장이라고[2] 요약할 수 있다. 필자는 논의의 과정에서 자유
주의 국가관의 두 주요 논거인 자연적 욕구의 합리적인 충족 필요성
론(또는 합리적 이기주의론)[3]과 자연권론[4]에 비판적인 입장을 취하
겠다. 필자가 제시할 논거의 핵심은 자유주의의 기본 개념인 권리
개념에 대한 윤리적 또는 존재론적 해석이다.[5] 이 해석에 따르면,
개인의 권리는 개인의 울타리라는 통상적 해석과 달리 이성적이
고 윤리적인 성격을 지니고 있어 개인의 개별성을 극복하고 보편
성을 실현하는 데 기여해야 한다는 것이다.

　일반적으로 자유주의는 사회주의와 대조되며, 전자는 자본주의
와, 후자는 통제 경제 체제와 동반자적 관계에 있는 것으로 이해
된다. 이런 이해에 근거해 자유주의와 사회주의 사이의 일반적인
논쟁점은 어느 것이 정치 · 사회 · 문화적 가치의 극대화를 위해
효율적이냐는 물음이다.[6] 하지만 이 물음은 철학적 관점에서 볼
때 국가론에 비본질적 물음이다. 이 글에서의 필자의 논의는 이런
효율성의 논의를 철저히 배제하고 규범적이요 원리적인 입장을 견

　　Anarchy, State, and Utopia, N. Y., 1974; R. Dworkin, *Taking Rights Seriously*,
　　London, 1977; A. Levine, *Liberal Democracy: A Critique of Its Theory*, N. Y., 1981;
　　M. Sandel, *Liberalism and the Limits of Justice*, Cambridge Univ. Press, 1982 참조.

2) 이런 입장은 특히 포퍼에 의해 소극적 공리주의 *negative utilitarianism*라는 이름으
　　로 주장되었다. 다음 참조: *Conjectures and Refutations*, London, 1972, pp. 345 이
　　하; *The Open Society and Its Enemies*, Princeton, 1971, p. 158.

3) 가령 롤즈, 위의 책; 노직, 위의 책; D. Gauthier, *Morality and Self Interest*, Prentice-
　　Hall, 1970.

4) 가령, 홉스, 로크, 노직.

5) 이에 관해서는, 6장의 「개인의 존재론: 권리 개념의 새로운 해석」 참조.

6) 가령, M. Friedman, *Capitalism and Freedom*, Chicago, 1982.

지할 것이다. 따라서 현실적인 국가들에 대한 분석과 비판 역시 관심 밖이다. 이 문제들은 필자의 견해로는 철학 외적인 것들이다.

근대 이후의 국가론자들은 국가에 대한 존재론적이고 윤리적인 접근을 회피하는 경향을 보인다. 필자는 오히려 그런 존재론적 접근법이 철학적으로 옳은 태도이며, 우리의 삶에 대한 국가의 근원적인 역할을 조명해주고, 국가론에 철학적 지위를 부여할 수 있다고 본다. 그런 방법적 태도만이 정치철학의 복권을 가져올 수 있다. 이런 생각에서 필자는 존재론적이고 윤리적인 관점을 적극 채용하겠다.

2. 규범적 국가 기원론

이제 우리가 위에서 제기한 물음 즉 국가는 우리에게 우연인가, 필연인가, 또는 당위인가의 물음으로 돌아가자.[7] 이 물음은 결국 국가의 정당화의 논거를 밝히는 과제로, 이 과제의 해결을 위한 장치로는 필자가 위에서 논한 바, 흔히 국가 기원론의 방법이 채용된다.[8] 이는 우리 자신을 무국가적 상황에 넣어 그 상황에서 국가의 필요성 또는 당위성을 찾아보는 일종의 사유 실험이다.

이 국가 기원론은 세 종류가 있다.[9] 첫째는 역사적 기원론으로 이는 현재 존재하는 국가들이 어떤 역사적 과정을 거쳐 성립하였는가에 답하려는 것으로, 국가 발생의 선사적(先史的) 또는 역사적 원인을 밝혀 인과적 설명을 제공하려는 논의이다. 이 논의는 국

---

7) 우연·필연·당위의 차이점은 곧 지적될 것이다.

8) 이런 방법론을 취하는 학자로는 플라톤, 홉스, 로크 등이 있다.

9) 이 세 종류의 기원론에 관한 보다 상세한 논의는 이 책의 제3장 참조.

가의 철학적 정당화나 규범적 당위성 부여와는 전혀 무관한, 경험적 사실에 관한 것이다. 이 논의는 사회학·역사학, 또는 고고학의 주제일 것이다.

둘째는 합리적 기원론이라 부를 수 있는 것이 있는데, 이것은 첫번째와 같이 경험에 관한 사실학이라고 말할 수는 있으나, 국가기원을 논함에 있어 과거에 존재했던 인간에 관한 선사적 또는 역사적 사실에 주목하지 않는다. 이런 논의는 인간에 관한 현상적이고 경험적이긴 하나 보편적인 사실에 주목한다. 이 관점은 타산적 합리성을 발휘할 수 있다는 점을 제외하고는 인간을 여타의 동물과 같이 자연적 존재로 본다. 인간은 이런 존재로서의 자연적 욕구를 합리적이고 효율적으로 해결하기 위한 수단 또는 방법으로, 국가적 삶을 선택했으리라고 이 입장은 추정한다. 이 입장이 자연 상태의 인간에 관한 보편적 사실로 드는 것은 자연 상태에서의 재화의 희소성, 협동의 효율성, 권리 보호의 필요성, 만인 투쟁 상태의 극복 등이며, 이 입장은 이런 사실들이 국가 구성의 원리라고 논하고 있다. 이런 원리를 기초로 해 구성된 국가는 인간의 자연적 욕구를 보다 합리적으로, 즉 효율적으로 충족시키기 위한 도구적 국가에 불과하다. 이런 국가에서의 인간의 삶은, 자신의 자유를 제약받는 대가로 자신의 자연적 욕구를 보다 효율적으로 충족시키게 되었다는 점에서, 자연 상태에서의 삶과 차이를 갖기는 하나, 그 차이는 단지 양적인 것이다. 이 국가는 개인이 합리적인 존재로, 즉 소정의 목적 실현을 위해 가장 효율적인 수단을 강구하는 자로서는,[10] 필연적으로 선택할 국가이다.

하지만 질적인 기준으로 봐서 이런 국가 안에서의 삶은 자연 상태의 삶과 별로 다를 바 없다. 합리성이나 효율성은 도덕성과는

---

10) 합리성에 대한 경제적 해석: 합리성이란 정해진 목표의 성취를 위해 가장 효율적인 수단을 발견할 수 있는 능력. 롤즈, 위의 책, p. 14 참조.

무관한 개념이니만치 이런 국가는 도덕적 선택의 대상이 아니다. 인간의 윤리적 완성을 위해서라면, 구태여 합리적 국가 내에서의 제약적 삶을 택하지 않고 오히려 이를 탈피할 수도 있다. 따라서 이런 기원론은 국가의 윤리적 당위성을 마련해주지 않는다. 이런 관점에 의하면 국가는 단지 편리한 도구에 불과하며, 이 도구는 사용치 않아도 우리의 윤리적 삶의 실현에 별 장애를 초래하지 않는다. 이 합리적 '국가'는 사실상 자연 상태이다.

국가의 존재를 정당화하려는 많은 정치철학자들이 이 합리적 국가 기원론의 방법을 택하고 있으나, 이 방법론은 중요한 문제점을 안고 있는 것으로 보인다. 합리적 국가 기원론은 국가 구성의 근원이 되는 사실을 인간의 자연적 욕구에서 찾고 있는데,[11] 이 점에서 이들의 방법은 인간의 삶에 자연적 측면만이 있다고 가정하거나, 그렇지는 않다고 하더라도, 국가는 인간의 자연적 삶에만 봉사하는 부차적 존재라는 전제를 하고 있다.[12] 이들이 제안하는 합리적 국가란 결국 인간의 자연적 욕구를 보다 효율적으로 충족시키기 위한 효과적인 도구에 불과하며, 따라서 이러한 논리는 국가에 대한 철학적 정당화를 제공하지 못한다. 왜냐하면 도구란 우리가 사용치 않아도 우리 삶에 아무런 본질적인 문제를 야기하지

---

11) 가령 무한 욕구(홉즈): 자신의 권리를 보호하려는 이기적 존재(로크): 이해의 갈등을 합리적으로 해소하고 자신의 권리를 보호받으려는 존재(노직): 합리적 이기심의 소유자(롤즈).

12) 롤즈는 국가를 개인들이 자신들의 가치관 실현을 위해 도구적으로 필요한 재화의 협동 생산과 분배에 관여하는 것으로 보며, 노직에 따르면 이상적 국가란 개인들이 개별적으로 또는 연합하여 가치관의 실험 또는 실현을 위한 수많은 유토피아들의 공간, 즉 메타 유토피아라는 것이다. 아우구스티누스와 홉스 역시 비슷한 국가관이라는 것이 Levine의 견해: 위의 책, pp. 17~18. Levine의 해석에 따르면 많은 자유주의자들이 사회 *society*와 국가 *State*를 나누고 전자는 자유와 이성의 영역, 또는 인간적 가능성을 실현하기 위한 영역으로, 후자는 인간의 자연적 조건에 따라 필연적인 그리고 사회의 보호·유지를 위해 필요한 가치 중립적 도구로 이해한다. 이런 견해에 따르면 국가, 특히 국가 권력은 필요악이다.

않는 것이기 때문이다.[13] 정치적 삶이 자연적 삶보다 우리의 자연적 욕구를 보다 많이 그리고 효율적으로 충족시켜준다는 사실은 전자를 선택할 경제적 이유는 될지 몰라도 철학적 이유나 철학적 정당화 논거를 제공하지는 못한다.

국가에 대한 철학적 정당화는 철학적으로 이해한 인간의 조건에 비추어 국가의 당위성을 보여주어야 한다. 세번째의 국가 기원론, 즉 규범적 기원론은 이런 철학적 정당화의 논거를 제시하려 한다. 이런 논의는 국가가 진정 철학적 탐구의 대상이 되기 위해서 그것은 당위적 선택의 대상이 될 수 있어야 한다고 본다. 인간은 여타 존재와 질적으로 다른 삶의 양식을 영위하며, 그 양식의 본질적 특성은 윤리 의식의 소유이다. 인간은 자연적 욕구와는 질적으로 다른 윤리적 욕구나 보편적 삶에 대한 욕구 또는 존재애적(存在愛的)인 욕구를 품고 있다. 정치적 삶은 우리에게 많은 제약을 가한다. 이런 제약에도 불구하고 국가가 당위적 선택의 대상이 될 수 있기 위해서는, 그것은 우리의 윤리적 욕구 충족에 기여해야 한다. 규범적 기원론이란 이런 기준에 의거해 국가의 정당화 근거를 찾아보려 한다.

국가에 대한 이러한 시각은 플라톤과 아리스토텔레스에게서 찾아볼 수 있다. 플라톤에게서 국가론은 존재론에, 보다 구체적으로 인간에 관한 존재론에 기초하고 있으며,[14] 아리스토텔레스에게 국가적 삶은 인간의 존재론적 · 윤리적 삶의 완성에 기여하는 것으로, 윤리학까지 포섭하는 '주재적' 실천학이었다.[15] 필자가 취하

---

13) 가령 종로에서 한강까지 가는 데 자동차를 탈지 지하철을 탈지, 또는 전혀 이것들을 이용하지 않고 걸을지는 자의적인 문제이다.

14) 플라톤의 『국가』 참조.

15) "kuriotates kai malista architektonikes," 『니코마코스 윤리학』, 1094 a 24. 아리스토텔레스는 각주 12)에서 Levine이 언급한 전통적 자유주의의 입장과 달리 인간의 자유와 이성 실현의 영역을 오히려 국가 polis로 본다. 그리고 자유주의적 의미

고자 하는 방법론적 관점 역시 이 세번째의 규범적 기원론이다.

필자가 비판하는 국가 도구론자들은 인간이 자연적 욕구 이상의 욕구를 지니고 있음을 부정하지는 않는다. 그러나 학문적 · 윤리적 · 예술적 욕구의 삶은 국가의 관심 사항이 아니라는 것이 그들이 도구적 국가론을 전개하는 한 이유이다. 이런 논거에서 그들은 사회와 국가를 구분하거나 자율의 영역과 강제의 영역, 시민사회와 국가를 구분한다.

이런 견해는 국가의 본질과 인간 삶의 양상을 잘못 이해한 결과이다. 공동체적 삶, 국가, 폴리스적 삶은 인간 삶의 본질적 측면이다. 그것이 국가건, 사회건, 공동체건 또는 그리스적 폴리스건 개인이면서도 어떤 통합적 조직 내에서 살아야 함은 인간에게는 필연적이고 당위적이다. 즉 공동체, 국가, 폴리스는 인간 이성의 필연성이고 당위이다. 도구란 이성의 관점에서는 없어도 좋은 것으로서, 이런 것은 인간의 삶을 철학적으로 논함에 있어서 논의의 대상이 되지 않는다. 인간 삶에 있어 도구적인 것은 인간 삶의 이차적이고 현상적 국면에 대한 논의라고 할 수 있는 경제학 · 행정학 · 공학의 대상이다. 국가 내에서의 삶이 인간적 삶에서 본질적 국면이라면, 국가론은 인간론 또는 인간 존재론의 한 중요한 부분이 된다.

그러면 인간의 이성은 왜 국가, 폴리스를 요청하는가? 정치 경제적 삶뿐 아니라, 학문적 · 예술적 · 대화적 삶, 심지어 종교적 삶

의 'state,' 즉 도구적 국가, 가치관의 실현을 위한 수단이 되는 재화 생산 체제는 국가의 본질적 일부가 아니라 단지 필요 조건에 불과하며, 따라서 자유 시민들은 'polis'의 본질적 일부이나, 노동자 · 상인들은 'polis'의 구성원이 아닌 필요 조건에 불과하다. 플라톤, 아리스토텔레스와 비슷한 또 다른 정치철학자는 한나 아렌트로 그녀는 경제학은 필연의 영역, 정치학은 자유의 영역에 속한다고 본다. Bhikhu Parekh, *Hannah Arendt and the Search for a New Political Philosophy*, MacMillan, 1981, p. 150.

까지도 이 이성의 요청에 의해 구성된 국가의 울타리 안에서 그리고 폴리스의 규범의 제약 아래서 영위된다는 것이 필자의 생각이다. 폴리스와 대화의 활동, 그리고 대화의 활동과 이성의 능력, 이성과 타자, 특히 자신과 동류의 행위 주체 사이에는 본질적 관계가 있다. 이성은 타자를 요청하며, 자신과의 동류(同類)의 이성과의 관계에서 발전된다.

모든 종류의 인간 삶의 국면을 가능하게 하는 국가는 특별한 국가인가? 필자가 말하는 국가는 현존하는 국가의 모든 기본 요건들을, 권력, 권리, 자유와 평등의 가치, 상호를 규제하는 규범, 타자와의 내적인 관계, 법적 강제와 상호 자발적인 교류의 관계 등을 구비하고 있는 원형적 국가를 이른다.

국가 도구론을 주장하는 학자들은, 국가라는 개념으로 국가적 삶보다는 국가 조직을 염두에 두고 있다. 이런 생각에서 그들은 국가와 사회를 구분한다. 이런 구분은 근대의 자유주의 국가관의 발달이나 사적 영역의 확대와 긴밀하게 연관되어 있다. 위의 구분은 국가 권력의 개입을 최소화함으로써 개인들의 사적인 영역을 최대로 확대하려는 시대적 정신과 연장선상에 있다.

국가 도구론의 국가관은 이런 관점에서는 어느 정도는 이해 가능하다. 그러나 조금 깊이 생각하여보면, 이런 견해는 국가의 성격만이 아니라, 실은 국가 도구론을 통해서 보장하고 확대하려는 개인적이고 사적인 삶의 성격에 대해서도 심각한 오해와 선입견과 선판단에 의해 오도되고 있음을 알 수 있다. 그 결과 이 입장은 인간 삶의 핵심적 국면을 간과하고 있다. 개인의 삶에서 '사적인' 측면으로 여겨지는 것은 실상 본질적으로 사회적이고, 공적이며, 정치적이고, 타자 의존적이라는 점이다. 진정으로 사적인 것은 없다. 사적인 것의 울타리는 그 자체의 성격에 의해서가 아니라 타자와의 관계에 의해 간접적으로 세워지며, 그리고 자아의 정체성은 타자에 의해 영향받아 결정된다. 나의 모습을 결정하는 것은 나 자신이 아니라, 타자들이다. 타인들은 나의 모습의 거울이다.

인간이 자연 상태에서 자연적 생존을 부지하고 있었던 때, 인간이 사유하는 존재도 아니고 언어 사용자도 아니었던 때, 그 유인원은 정치적·사회적 존재가 아니었으므로 그의 생애에서 공적인 영역은 당연히 없었을 것이고, 따라서 그는 전적으로 사적인 존재로서만 생존하였을 가능성이 있다. 그러나 이 가능성은 단지 논리적 가능성으로만 그친다. 왜냐하면 그 유인원에게는 사적 삶의 영위를 위한 내적인 공간이 형성되어 있지 않기 때문이다. 유인원에게 공적인 영역이 없다고 해서 그가 사적인 존재로서 생존을 부지하는 것은 아니라는 사실은 사적인 영역과 공적인 영역 사이의 긴밀한 관계를 시사한다.

내적인 공간은 타인의 존재를 인지하고 자신에 대한 타인의 시선을 의식함으로써 형성된다. 여기서 우리는 개인의 삶에서의 공적 영역과 사적인 영역은 상보적이고 상호 의존적임을 알 수 있다. 사적인 영역은 내면의 존재를, 내면의 존재는 타인을 의식함을, 그리고 타인을 의식함은 인간이 공적 존재임을 의미한다. 이런 연관하에 그 사적 영역이라는 것은 타인을 의식하여 형성되고 발전되므로 그것은 본질적으로 공적인 성격을 지니고 있다.

개인의 삶에서 공·사의 영역이 엄격하고 배타적으로 이루어질 수 없음은 개인의 삶에서 국가 사회적인 부분과 순전히 개인적인 부분을 구분함이 불가함을 알려준다. 인간이 사적인 삶을 영위할 수 있는 원인은 그가 타인과 함께 살며, 타인을 의식하는 존재이기 때문이다. 아담과 이브의 무화과나무 잎은 이들이 서로를 타인으로 의식하고 있었으며, 이미 에덴에서부터 사회적 존재였음을 알려준다. 타인과 함께 살지 않으며, 타인과 함께 살더라도 그 공동의 삶이 군거(群居)하는 경우에서와 같이 서로간의 관계가 단지 공간의 공유나 신체적 접촉에 불과한 존재들, 그러므로 자신을 가릴 무화과나무 잎을 필요로 하지 않는 존재들은 공적 영역은 물론, 사적 영역도 없다.

더 근원적으로 개인의 의식도 정치적 규제나 권력 관계에 의해 지배되는 억제의 기제이다. 정치적 조직은 단지 인간들 사이의 외적 관계를 조정하고 제한하는 질서로서 조직만이 아니라 이미 개인의 심층적 의식의 구조적 일부로서 존재한다. 금기, 터부, 의식과 무의식의 구분, 수치감, 죄의식, 양심, 자기 통제 등은 인간 의식 깊숙한 곳에 이미 정치적 기제가 장치되어 있음을 알린다. 왜 이런 정치적 기제가 장치되었는가? 그 이유는 인간이 언어를 사용하는 존재이기 때문일 것이다. 인간은 언어를 사용하기 시작한 다음부터 언어적 기억을 축적하기 시작하였고, 축적된 기억은 의식과 무의식 내부에 분류·정리되어 그 기억의 소유자의 행위를 언어적으로 통제한다. 그리고 이 언어적 통제의 필요성은 타인을 의식하기 때문에 생긴다.

그러면 진정으로 사적인 것은 없는가? 무의식은 어떠한가? 이 무의식마저도 두 측면에서 공적이고 정치적이다. 첫째, 그 무의식은 과거의 의식으로 기억의 서랍 속에 축적된 공적인 의식이다. 그리고 공적인 의식을 구성하는 믿음들은 타인들과 공유하며 언표될 수 있는 것이었다. 둘째, 그 무의식은 위에서 말한 대로, 의식의 구조적 일부를 이루는 규제적 권력 관계의 지배를 받는데, 물론 이 의식 내부의 정치적 질서는 일차적 의미의 정치적 질서가 투사된 것이다. 무의식이 억압적 성격을 띠는 이유는 여기에 있다.

사적인 것이 있다면, 그것은 공적인 질서의 일부로서, 공적인 것의 존재를 기초로 해서 형성될 수 있다. 자연권론자들이 논하듯이 사적인 권리들이 존재론적으로 우선하고 이를 근거로 계약 등의 관계를 통해 국가와 같은 공적인 영역이 등장하는 것이 아니다. 자연권론이란 존재론적으로 개인들의 사적인 권리가 우선한다는 것이고, 자연 상태론은 바로 이런 사적인 자연권을 정치적 의무의 정당화 논거로 제공하고자 하는 입장이다.

분명 우리는 자유주의 사회에 살고 있으며, 이런 사회의 특색은 개인의 사적 영역을 최우선적으로 존중한다. 그러나 이 사적 영역은 위에서 논한 바와 같이 국가라는 공적인 질서에 의해서 그 한계와 범위가 결정되고 실체적인 것으로서 보호되고 존중받게 된다.

형이상학 및 윤리학의 퇴조와 함께 근현대의 국가 철학자들은 국가와 사회를 구분하여, 전자는 강제적 법적 질서의 세계, 후자는 자율적 윤리의 질서라고 구분하면서 인간의 존재론적이거나 윤리적인 가능성을 개현하기 위한 활동은 전자가 아니라 후자의 영역에서 이루어진다고 주장한다. 그리고 형이상학을 기피하는 현대의 시대 정신에 동승하여 국가론적 논의를 주로 전자에 국한하는 경향을 보인다. 전자의 국가는, 롤즈나 노직에 있어서와 같이, 삶의 이상 실현을 위한 재화와 권리의 분배나 보호를 목적으로 하는 도구적 국가이다. 국가는 법적 질서와 권력의 조직을 근간으로 하느니만치 강제성의 영역이고, 따라서 그 역할도 인간의 삶에서 이차적이고 도구적인 영역에만 관여케 하는 것이 바람직하다는 생각에서이다.

이런 국가관의 문제점은 무엇인가? 1) 헤겔적 시민 사회에서만이 아니라 국가에서도, 그리고 현대 국가론자들, 특히 자유주의 국가론자들이 말하는 국가적 영역만이 아니라, 자유의 영역이고 문화의 영역이라고 하는 사회의 영역에서도 국가에서와 같은 지배 관계나 권력 관계는 존재한다. 전자의 시민 사회나 국가에서의 권력이나 지배력은 외재적임에 비해, 후자의 국가나 사회에서의 그것은 내재화되어 있을 뿐이다. 인간의 삶에서 타자와의 관계는 필연적이므로, 타자의 의식, 타자의 규제나 그 의식에서 오는 자신의 규제는 항존적일 수밖에 없으므로, 인간의 삶에서 타자의 지배나 규제 역시 항존적이다. 헤겔이 말하는 국가는 완전한 자유의 실현 상태가 아니다. 왜냐하면 자유의 완전한 실현 상태란 존재하지 않기 때문이다.

2) 인간 가능성의 실현과 문화적 삶의 영위는 사회적 영역 또는 자율적 영역에 맡긴다는 것이 근대적 국가관이다. 국가의 기능은 이차적인 것으로 인간의 자기 가능성 실현을 위한 재화의 생산 분배에 국가의 기능을 제한하여야 한다는 것이 그들의 입장이다. 이런 입장의 문제점은 다음이다. 첫째, 그들의 입장이 타당하다면, 국가는 더 이상 인간의 본질적이고 존재론적 관점에서의 인간 삶에 대해서는 이차적인 것이므로 진정한 철학적 논의의 대상이 되지 않을 것이다. 이러한 도구적 국가는 아리스토텔레스의 혹평에 의하면 '노예들의 국가'라는 것이다. 근·현대의 국가론자들이 심혈을 기울여 논하는 국가는 노예적인 삶을 영위하기에는 좋은지 모르나 자유인들은 구태여 관심을 가지지 않아도 좋은 국가라는 것이 아리스토텔레스의 혹평이다. 이런 국가에서 최고의 덕목은 도구적 효율성이다. 둘째, 위에서 논한 바와 같이 '자율적 사회'에서도 실은 권력의 관계나 지배와 피지배의 관계가 존재한다. 실로 이런 권력 관계는 인간의 삶에 근원적이고, 그것이 근원적인 이유는 인간이 언어를 사용함에서 그리고 타자와 관계를 갖는다는 점에서 기인한다.

3. 국가와 인간의 특성

규범적 기원론의 방법을 적용하기 위해서는 두 가지 예비 작업
이 필요하다. 왜 국가냐는 물음은 바로 우리는 어떤 존재자이기에
국가라는 특정한 삶의 양식을 요청하느냐의 질문이다. 따라서 이
질문에 답하기 위한 사유 실험에서는, 첫째, 우리 자신의 특성 규
정과, 둘째, 국가에 대한 특성 규정이 선행되어야 한다.

우선 국가의 기본적인 특성을 지적해보면 다음과 같다. 1) 특정
의 지역, 2) 이 지역 내의 거주민인 국민들, 3) 이 국민들 사이의
공동체적 삶의 양식, 4) 이 공동체적 삶을 조직할 법, 5) 이 법에
의해 정당화되며, 이 법의 실현을 위한 힘으로서의 권력, 6) 이 권
력의 행사를 담당할 조직체. 이 여섯 가지 특징 중 가장 중요한 것
은 공동체적 삶의 양식과 권력의 존재이다. 개인이 무국가적 상황
에서 벗어나 국가의 일원이 되어 정치적 삶을 영위하기로 결정한
다 함은 그 개인이 타인과의 공동체적 삶의 양식을 선택하고 이와
함께 국가 권력에 의해 자신의 삶이 부분적으로 규제되는 것을 수
락함을 의미한다.

무국가적 상황에서의[16] 인간의 특징을 살펴보자. 이미 지적한
바와 같이 이 무국가적 상황은 역사적으로 존재했던 자연 상태가
아니라, 가설적 사유의 공간이다. 따라서 이 공간의 개인은 현재
우리의 현실적 특성은 물론 우리가 상상할 수 있는 인간적 가능성
이 적어도 의식의 차원에서는 완전히 실현되어 있는 인간이어야
한다. 그 대표적인 것이 윤리 의식 또는 존재론적 지평의 전개와

---

16) 홉스, 로크, 노직의 자연 상태, 롤즈의 원초적 입장, 플라톤이 '돼지들의 국가'를
　　구성하기 전의 상황(『국가』, 369b), 이 모두가 가설적인 무국가적 상황이다.

이를 실현하려는 욕구라고 말할 수 있다.[17] 이 점을 고려하여 인간의 특성을 살펴보면 다음과 같다: 1) 인간은 경험계의 여타 존재들과 같이 특수자이나, 2) 이들과 달리 자아 의식, 그것도 특수자적 자아 의식을 지니며, 3) 자족의 상태가 아니라 부족의 상태에 있으므로, 4) 그 부족을 메우려는 욕구를 품고 있다. 5) 이 욕구는 대별하건대, 자연적 욕구와 윤리적 또는 존재론적 욕구가 있다. 6) 인간은 이 욕구를 충족시키기 위해 노동 또는 실천을 통해 자기 밖의 외부 세계와 만나며, 7) 이 욕구 충족의 노력이 좌절될 때, 그 외부 세계를 타자로 판단하며, 8) 자신의 욕구 체계가 요구하는 자아 질서에 배반하는 외부 세계의 질서를 타자적 질서, 우연적 질서, 사고로 규정한다.

이상의 인간에 관한 특성 규정 중 본 논의와 관련하여 특히 중요한 것은 인간이 결여적 존재라는 사실과 이 결여태로부터 인간은 자연적 욕구와 윤리적 욕구를 갖는다는 사실이다. 이 두 욕구로 인하여 개인은 무국가적 상황에서 타자와의 관계를 정립하며 국가의 존재를 요청하게 된다. 이제 어떤 과정을 거쳐 이 두 욕구는 개인들로 하여금 국가를 구성케 하며, 그 국가의 모습은 어떤 것인가를 검토해보자.

4. 타산적 이성의 문제점

자연적 삶의 단계에서의 자연적 욕구는 충족되거나 좌절되거나 둘 중의 하나이다. 많은 경우 자연적 재화의 희소성이나, 자연이

---

17) 거의 대부분의 자연 상태론자들이, 국가 존재를 정당화하기 위한 자연 상태는 가설적 상황임을 인지하고 있다. 그럼에도 불구하고 그들이 범하는 흥미있는 오류는, 이 상황 속의 개인이 합리성에의 욕구뿐 아니라 윤리적 욕구도 갖고 있어야 한다는 점을 간과하고 있다는 점이다. 그들 채용하는 기원론의 방법은 철저하지 않다.

충족시켜줄 수 있는 것 이상으로 과도한 인간 욕구는 도구를 발명하거나 타인과 합리적 관계를 성립케 요청한다. 자연적 욕구는 자연적으로만은 충족될 수 없으므로, 인위적인 노력에 의해 충족되어야 한다. 전자의 경우 자연 상태에 머물며, 후자의 경우 자연 상태를 벗어나려는 노력이 시작된다. 이 노력이 우리를 과연 자연 상태에서 벗어나게 하는지 살펴보자. 이 충족을 위한 노력에서 핵심적 역할을 하는 것이 도구적 이성 또는 합리적 이성이다. 이 이성은 특정의 구체적이고 특수적인 목적의 성취를 위한 가장 효율적인 방법을 찾아낼 수 있는 계산적 또는 경제적 이성이다.

이 합리적 이성의 매개에 의해 자아가 타자와 관계할 때, 그 타자가 자연 속의 사물이건 타인이건, 그 관계의 기본적인 성격은 별 차이가 없다. 1) 이 관계에서 중요한 것은 자신의 자연적 욕구의 충족이며, 2) 자아는 자신에게만 실체성을 부여하고, 이 관계의 타방인 자연이나 타인은 단지 자신에 종속되는 상황이나 속성, 그리고 그 자체의 복잡한 반응을 고려해야 하는 속성으로서만 그 존재 의의를 인정받으며, 3) 따라서 타산적 이성에 의해 매개된 세계에서 각 욕구 주체들은 **상호 목적과 수단**의 관계에서 서로의 절대적 가치나 존재 의의를 부정하는 유아론적 세계 또는 존재론적 독재주의의 상태에 있다. 4) 그러므로 타인의 욕구나 그의 반응 방식은 인과적 관계 속에서 계산의 대상이다.

이 타산적 이성에 의해 정립되는 합리적 사회 세계는 본질적으로 역사 이전에 실재했던 자연 상태와 다를 바 없다. 자연 상태의 자연적이고 직접적인 자아나 합리적 사회 세계 속의 합리적 자아나, 모두 자신의 특수자적 존재에만 절대적 존재 의의를 부여하고, 개별적 자연적 욕구의 충족을 삶의 가장 중요한 목적으로 삼으며, 자연이나 타인을 이 욕망의 충족을 위한 수단이나 재화로 간주한다. 자연 상태 속에서 만인은 만인에 대한 늑대였으나, 합리적 세계 속에서 만인은 만인에 대한 여우의 관계로 변했을 뿐이다. 자연 세계에서의 직접적인 갈등은 어느 정도 해소되어 평형을 이루고 있으나, 이런 일시적 평형의 실체는 언제라도 힘의 균형이 한쪽으로 기울면 와해될 수 있는 긴장된 관계이다.

계산적 이성에 의해 매개되어 정립된 관계는 공동체로서의 국가가 될 수 없다. 원리적으로 자연 세계에 무한한 재화가 있거나, 개인이 타인을 완전히 장악할 수 있는 무한 능력이 있거나, 또는 만능의 기계를 만들어낼 수 있는 재능만 있다면 구태여 타자와의 합리적 관계에 들어갈 필요가 없다. 합리적 관계 속에서의 타자는 결국 이 무한 재화, 무한 능력, 또는 전능의 기계를 위한 대체물이다.

많은 정치철학자들은 인간이 합리적 이성에 의해 자신의 자연적 욕구를 충족시키려 할 때 국가가 구성된다고 주장함으로써, 국가의 정당성을 합리적 이기주의에서 찾으려 한다. 이러한 계산적 이기주의를 삶의 원리로 택하는 개인은 타자와의 관계 정립에 있어서 오직 자신의 존재, 자신의 삶, 그리고 자신의 욕구 체계에만, 윤리적으로 표현하면, 내재적 가치, 자체 목적성을, 존재론적인 개념을 사용하면, 유일의 실체성, 존재 필연성을 부여한다. 이에 반해 타자에 대해서는 도구적 가치, 상대적 목적성, 실체에 대한 속성, 그것도 우연적 속성의 지위, 존재 우연성(타자는 자아가 우연히 만나는 상황에 불과)을 부여한다.[18] 이런 관계 위에서 구축되는 것은 공동체가 아니라, 본질적으로 유아론적 독재국이다. 이런 상황 속에서는 공동체 구성의 필수 조건인 둘 이상의 대등한 개체들은 존재치 않고, 따라서 대등한 자들 사이의 당위적이고 윤리적

---

18) 이 문장에서 언급된 윤리학, 존재론의 개념들, 그리고 여기서 시사된 윤리적 개념과 존재론적 개념의 외연적 동일성의 주장은 별도의 논의를 요하나 여기서는 생략한다.

행위 방식도 존재치 않는다. 타산적 사회 세계는 본질적으로 자연 상태와 동일하며, 자연 상태에서 도덕적 문제란 있을 수 없다. 그러므로 타산적 사회 세계 속에서는 한 개인이 타개인을 침해해도 도덕적 문제는 발생하지 않으므로 사법적 처벌도 정당화할 수 없다. 이러한 세계의 언어에는 정당화란 개념이 없다. 그러므로 당연히 이런 세계 속에서는, 한 개인의 타개인과의 관계는 정의감이나 옳고 그름의 의식이 아니라 흥정에 의해 맺어진다. 그리고 국가의 윤리적 기초인 헌법에서는 정의의 원리가 언급될 이유도 여지도 없다.

공동체로서의 국가가 구성되기 위해서는 그 구성원들이 국가 세계 속에서 어떤 중요한 측면에서의 내재적 가치, 자체 목적성, 실체성, 존재 당위성을 소유하고 있어야, 또는 적어도 그런 존재로 상호 승인되어야 한다. 따라서 공동체의 구성원은 서로를 경제적 계산의 대상으로서가 아니라, 이성적이요 윤리적 태도인 존중[19]의 대상으로 여겨야 한다. 구성원들이 지니는 자체 목적성과 이에 기초한 상호 존중의 관계가 국가를 공동체로서 지속시킬 수 있는 본질적인 요건이다. 합리적 관계에서의 손익 계산은 항상 상황적인 요인을 고려해야 하며, 이 상황은 수시로 변할 수 있으므로, 서로 다른 욕구 주체의 타산적 손익 계산에 기초한 국가는 공동체로 기능할 수 없다. 그것은 언제고 와해될 가능성을 내포하고 있다. 합리적 이기주의에 기초한 사회에서의 인간 소외, 인간의 사물화, 계층간의 갈등, 권력의 타락, 자본의 독점 등을 국가의 본질 상실, 소외화 현상으로 설명하는 학자들이 있다. 그러나 이 현상은 본질의 상실이 아니라, 그 사회의 구성 원리인 이기주의와 개인주의적

---

19) 존중 *respect*이란 존재론적 개념이다. 그것은 실체(實體)에 대한 태도이다. 존중 또는 존경의 개념에 관해서는 칸트, 『도덕철학 원론』, p. 40(정진 역, 을유문고); 『실천 이성 비판』, pt. I, ch. III 참조.

사회관의 필연적 귀결이다. 자연적 욕구를 합리적으로 충족시키기 위해, 한 개인이 타자와 갖는 관계는 본질적으로 비국가적일 수밖에 없기 때문이다.

필자는 합리적 이기주의란 입장 자체가 논리적으로 불가능한 입장이라고 믿고 있다. 이 믿음에 대한 개략적 논거는, 첫째, 이기주의의 초점인 개별화될 수 있는 경험적 자아란 허구이며, 즉 그 개념은 존재하나 그 대응 실체는 없으며, 둘째, 합리적 계산을 위해서는 즉자적 자아와는 다른 미래적 자아를 상정해야 하며, 지금의 행위가 그 미래적 자아의 이익에 얼마나 기여해야 할지를 계산함에 있어 지금과 미래 사이에 개입하는 타자적 요소들을 고려해 넣어야 한다. 타산적 계산을 위한 이 두 조건은 자아의 특수성을 약화시킬 것이다. 합리적 이기주의가 불가능하다는 필자의 추정이 맞다면, 자아는 합리적이건 윤리적이건, 이성을 사용하는 한 사실에 있어 보편 지향적이다. 현재만을 생각하는 이기주의는 찰나주의이고 이는 시간적 일관성을 지녀야 할 주의(主義)로서의 자격을 갖추지 못한다.

합리적 이기주의는 한 입장으로서 성립할 수 있을지 모른다. 그러나 그런 주의가 성립할 수 있으며 일반인들이나 현대의 정치철학자들에게 매력적인 입장으로 여겨진다는 사실은, 어떤 종류의 이기주의가 공동체적 규범의 윤리적 기초가 될 수 있음을 알려주기보다는 단지 이들에게 심리적 호소력을 지니고 있음을 증거하는 데에 그칠 수 있다. 그리고 적어도 서구 현대인들의 다수에게 대체적인 호소력을 발휘하는 그런 종류의 합리적 이기주의 또는 개인주의에서의 자아는 배타적이고 특수적인 자아라기보다는 어느 정도는 이미 사회화되어 있으며, 지속적으로 자신의 특수성을 지양하며 보편화해가는 그런 자아일 수밖에 없을 것이다.

합리적 이기주의를 설득력 있는 입장으로 수락할 수 있는 사회의 행위 주체나 삶의 주체들은 어느 정도는 사회화되어 있어, 이들은 모두 대체적으로 유사한 삶의 이상들을 공유하고 있으며, 이 이상의 실현을 위한 방법이나 도구에 관한 기준이나, 각자의 이상 실현이나 그를 위한 방법간의 수단-목적의 관계 정립 및 계산의 방식에 있어서도 유사한 믿음들을 공유하고 있다. 합리적 '이기주의'를 수락함은 이미 우리의 자아가 합리적이고 자신의 합리화 과정에서 자신을 보편화하고 있음을 의미한다. 합리적 이기주의자는 자신의 욕구와 이의 충족을 위한 타인과의 계약 관계를 목적 수단의 관계 속에 정립하기 위해서 타인은 물론 자신도 그 타인을 척도로 하여 객관화하여야 한다.

따라서 현대 사회에서의 합리적 '이기주의'의 호소력은 이기주의의 가능성보다는 오히려 개인의 자아가 시공적으로 확대될 수 있는 가능성 또는 자아의 보편 지향성을 시사해준다. 이런 시사는 합리적 이기주의의 설득력이 역설적으로 이기주의의 당위성이나 이기주의가 공동체의 규범적 기반이 될 수 있음을 부정한다. 공동체의 규범적 기반은 합리적 이기심이 아니라 자신의 특수성을 지양하고 보편과 객관을 지향하는 자아이다. 국가 구성의 당위성, 정치적 의무의 당위성은 또 다른 당위로부터 연역하거나 또는 사실로부터 논리의 비약을 무릅쓰고서 힘겹게 도출되는 것이 아니라, 인간의 자아는 언어적 주체이고 이런 존재로서 개인의 자아는 보편 지향적이라는 사실을 보임으로써 당연히 뒤따르는 인간에 관한 또 다른 사실이다. 규칙의 준수는 인간의 자아 구성적이고, 이러한 자아들은 국가 구성적이다.

5. 이성적 욕구와 국가

이상과 같이 해서 우리는 자연적 결여에서 오는 자연적 욕구를 원리로 해서는 국가가 구성될 수 없음을 보았다. 그러므로 우리는 국가 구성의 원리를 윤리적 또는 존재론적 욕구에서 찾아야 한다. 윤리적 욕구는 이성적 결여에서[20] 기인하는 것으로, 이는 한마디로, 자아의 존재와 삶에의 노력에 대한 가치와 의미, 이성적 존재 이유의 요청이다.

이성적 요청의 동기는 자연적 삶은 이성의 관점에서 볼 때 허무한 것, 즉 부재하는 삶이라는 판단이다. 사는 것은, 그것이 자연적 삶이라 해도 쉽지가 않다. 삶을 영위하려면 힘이 든다. 살기 위해서는 애를 쓰고 노력해야 하며, 삶의 노동을 기울여야 한다. 이 삶의 노동이 헛수고라면 구태여 이를 수행할 필요가 없다. 따라서 당연히 삶의 가치, 의미, 존재 이유를 물어야 하는데, 이 물음들은 존재론적이고 윤리적인 의의를 지닌다. 이 질문은 이성의 관점에서는 필연적이다. 사실상 자연적 삶에 대한 전면적 반성으로서의 왜 사느냐는 물음과 함께, 그리고 그 물음이 제기되어야만 엄격한 의미의 윤리적 사유가 시작되며, 자신의 존재론적 위치를 정립하려는 노력이 시작된다.[21]

주어진 것 전체에 대한 반성적 이성의 물음으로서의 왜냐? 라

---

20) 이성적 자족의 상태는 어떤 것일까? 아리스토텔레스는 'eudaimonia'를 인간적 자족의 상태라 말했으나, 이 상태에서는 지적 활동이 이루어지고 있으므로 아직 결여태이다.

21) 윤리적 사고의 진정한 단초는 무엇이 선·악, 시·비냐가 아니라, 왜 사느냐의 물음이다. 이 물음과 함께 새로운 삶의 방식이 전개되므로, 마찬가지로 주어진 경험 세계 전체에 대한 반성은 이성적 존재론의 단초가 된다. 이것이 놀라움의 사건이다.

는 물음은 존재에 대해 다음의 기준을 제시한다. 1) 존재 이유가 없는 것은 논리적으로 비이성이요 우연이다. 2) 존재 이유에 의해 근거지어지지 않은 것은 이성적 실체가 아니다. 그것은 현상 또는 가능적 허무이다. 3) 존재 이유가 부재한 것은 이성적으로 숙고된 행위의 목표가 될 수 없으므로 비선(非善)이요, 무의미하거나 무가치한 것이다. 4) 존재 이유를 결여한 것은 비진리요, 허위이다. 5) 개체는 우연적이므로, 개체성은 비이성이요 허무이며, 보편성은 윤리성이며 진리이다.

왜냐? 의 물음이 전제하는 이런 윤리적이고 존재론적인 기준으로 미루어볼 때, 윤리적 요구란 자연적 상태에서의 자아의 비이성적 성격, 즉 우연성·사실성·허무성·무가치성·무의미성·비선(非善)을 극복하고 이성적 필연성, 이성적 존재 이유, 이성적 실체성, 가치, 의미를 확보하려는 시도라고 말할 수 있다. 삶의 주체는 존재와 무, 필연과 우연, 의미와 무의미, 가치와 사실의 극명한 대조를 의식할 수 있을 때 비로소 윤리적 삶의 단계에 이를 수 있다. 우연과 허무와 무의미로부터 삶을 구원하려는 노력, 그것만이 엄격한 의미의 윤리적 노력이다. 당위적 국가, 규범적 국가, 당위적 선택의 대상이 되는 국가, 진정한 의미의 국가는 이러한 노력의 일환으로써 구성된 것이어야 한다.

우리의 윤리적 요구는 과연 이 경험 세계에서 충족될 수 있을까? 엄격한 의미의 윤리적 가치나 이성적 실체는 자연 세계에 존재하지 않는다. 자연 세계는 그 자체로서는 개별자들의 세계요, 우연의 세계이다.[22] 윤리적 가치는 그러나 보편적이요, 이성적 필연이다.[23] 그러므로 우리의 윤리적 요구는 자연 세계의 초월을 통

---

22) 개별성과 우연성은 동연적이다. 개별자로 존재·행위하는 한 타자의 질서와 충돌한다. 따라서 자신은 타자에 우연적이요, 타자는 자신에 우연적이다.

23) 정언 명령은 이성의 필연이라는 칸트의 입장을 참고하라. 역시 비트겐슈타인의

해서만 응답될 수 있다. 우리는 신체적 존재인 한에서 개별자적 존재이다. 이런 개별성에 머물러 있는 한, 우리의 초월은 불가능하다. 그러면 윤리적 요구는 절대 허무에 직면하는가? 그리하여 인간의 윤리적 요구는 충족될 수 없고, 인간은 윤리적 결여태, 이성적 존재 이유를 갖지 못한 이성적 허무로서 포기되어야 할까?

6. 국가의 기초로서의 권리

인간은 개체로서 이 경험 세계에 우연적으로 태어났으며, 우리를 구성하는 많은 요소들이 우연적이다. 개체로서의 개인이나 종으로서의 인간종(種)은 돌연변이의 결과이다. 개인은 우연의 논리에 따라 존재케 되었으며, 그의 삶 역시 우연의 논리에 의해 지배된다. 그러나 개인은 이성적 행위 주체로서 윤리적 요구, 존재론적인 요구를 한다. 이 요구의 원초적 형태는 원시 노동이고 가장 발전한 형태는 도덕적 실천이다. 인간은 자신의 존재와 삶이 우연과 허무의 질서의 일부이길 거부하고, 이성의 논리나 가치의 논리에 의해 삶을 근거짓고 운영하겠다는 결의를 표명한다. 이런 결의가 구체화된 것이 인간의 정치적이고 국가적인 삶이다.

인간은 자연 세계에서 가치의 거주지를 발견하지 못하므로 스스로 가치의 세계를 구축한다. 그 첫 단계가 자신의 윤리적 욕구의 확인이다. 이 욕구의 소유를 근거로 하여 자신에게 이 자연 세계의 자연물과는 다른 지위를 부여한다. 이것이 개체의 존재론적 · 윤리적 지위, 다른 말로 하면 인격성과 그의 구체적 표현인 권리이다.[24] 이와 동시에 인간은 같은 윤리적 욕구를 갖고 자신과 관계

「윤리 강의」 참조.

24) 권리 개념에 관해서, 특히 권리 개념의 상반되는 두 특성인 우연성과 윤리성에 관

하게 되는 타인에게도 동일한 근거에 의거하여 자신과 동일한 윤리적 지위인 인격성과 권리를 부여한다. 이렇게 해서 인간은 윤리적 관계를 정립하고 이 관계 위에 가치와 당위의 세계를 건설한다. 이 세계를 밑받침하고 있는 것은 인간의 윤리 의식이며, 이 세계를 지배하는 것은 이제 인간을 자연 세계에 존재케 했고 자연적 삶을 영위케 했던 우연의 논리가 아니라 이성의 논리이다. 바로 이 세계가 현상계에 건설된 존재 세계로서의 정치 세계이다. 이런 규정은 비유적 표현이 아니다. 정치계는 우리의 실질적 주거 환경이므로, 엄격한 의미의 존재 세계이다. 자연적 어휘들이 아니라 권리 개념에 의해 기술된 세계, 그것이 우리의 구체적이고 현실적인 삶의 세계이다. 우리에게 일어난 단순 사고는 우리를 분노케 하지 않지만, 우리의 권리에 대한 침해는 우리를 분노케 한다. 권리는 정치 세계 구성적이다. 이 정치 세계의 시민권을 표시하는 개념이 권리이며, 이 권리의 논거는 인간이 이성적 행위 주체라는 사실에 있다. 개인을 권리의 소유주라 인정·승인함은 그가 한 세계 내에서 타자에 의해 이성적 이유 없이 무시되거나 침해될 수 없는 고유의 절대적 존재 이유를 지니는 존재론적 실체이며, 이를 근거로 하여 그는 이성적·윤리적 태도로서의 존중의 대상임을 인정함이다.

권리 소유주로서의 개인은 신체를 지닌 경험적 존재로서 우연적이며 허무한 존재이고, 다른 한편으로 이성적 존재로서는 당위적이요 실체적인 존재이다. 따라서 개인이 소유하는 존재론적 지위로서의 정치적 인격성과 권리는 부분적 우연성과 부분적 윤리성을 지닌다. 개인이 정치 세계 속에서 지니는 실체성이나 가치는 절대적이지 못하다. 개인은 도덕적 가능성, 존재론적인 가능성을

해서는 이 책의 제6장 참조.

지닌 이성적 행위 주체로서 윤리적 노력에 의해 그 가능성을 현실화하기 위한 과정이자,[25] 근거지로서 정치 세계를 구성하였고, 그런 노력의 주체로서 권리의 소유주라는 지위를 부여받았다. 그러므로 정치적 인격체로서의 개인은 정치적 실천에 의해 그 권리에 내재해 있는 우연성과 허무를 점차 축소시키고 사상해나가야 한다.

정치 세계 형성에 필수적이요, 결정적인 요인은 윤리 의식과 절대적 가치 또는 이성적 실체성의 개념이다. 이런 개념이 정치적 차원에서 표현된 것이 정치적 인격과 권리의 개념이다. 한 개인이 권리의 소유주라 함은 그가 어떤 세계 내에서 절대 불가침의 고유 영역, 존재 의의, 가치를 소유하고 있음을 의미하며, 따라서 그 개인은 그 세계 내에서 실체성을 소유한다. 권리 소유주는 국가라는 존재계의 실체이다. 정치 세계는 이성적 실천이 현상 세계에 구축한 존재 세계이며, 권리 소유주로서의 이성적 행위 주체는 그 세계의 실체이다. 따라서 이 실체를 침해·훼손함은 윤리적이고 존재론적인 결함을 야기하는 것, 즉 우연과 허무의 틈입을 야기하는 것이니만치 이는 방치할 때 그 세계 전체를 허무화할 수 있다. 그러므로 그 세계의 이성, 즉 법에 의해 그 침해자는 당연히 처벌되어야 하며, 그리하여 그 결함은 조속히 시정·복구되어야 한다. 법과 사법적 처벌은 존재론적 함축을 지니고 있다.

물론 이상적 이성 세계의 실체, 엄격한 의미의 실체는, 개념상 타자에 의해 훼손되지 않는 존재이다.[26] 그것은 타자의 영향을 받지 않는다. 그것이 타자에 의해 실체성을 부분적으로라도 상실한다면, 그것은 엄격한 의미의 실체가 아니다. 그러나 경험적 이성

---

25) 국가는 완전한 가치의 세계로 가기 위한 과정이지 도구가 아니다. 과정은 길과 같이 목적지에 이르는 데 필수적이나 도구는 그렇지 않다.
26) 가령, 플라톤의 형상들, 칸트의 도덕률, 데모크리투스의 원자들.

세계, 즉 정치 세계의 실체는 경험적 존재이므로,[27] 항상 타자에 의해 침해될 가능성을 안고 있다. 하지만 경험 세계의 개체들인 사물들의 침해 · 훼손은 윤리적 · 존재론적 문제를 제기하지 않음과 달리, 정치 세계의 실체에 대한 훼손은 윤리적 · 존재론적 문제를 야기시킨다. 개인은 윤리적 욕구 주체, 이성적 행위 주체로서의 권리를 소유케 됨과 함께, 자연적 사물들과는 전혀 다른 존재론적 위치를 점유케 된다.

칸트는 개인을 가능적으로 도덕적 가치의 소유자 또는 인격체로 보았다.[28] 이 인격체의 개념이 순수히 이성적인 세계를 떠나 구체적인 행위와 삶의 문맥인 경험 세계의 좌표대로 이동하여, 그런 구체적이고 개별적인 문맥에서 규정될 때, 개인은 권리의 소유주가 된다. 권리란 인격성의 구체적이고 경험적으로 확인 가능한 형태요, 인격성이 수육화된 형태로 볼 수 있다.

이성적 행위 주체라는 사실을 기준으로 하여 자신에게 도덕적 지위를, 즉 권리를 부여할 수 있다면, 같은 논리로 타인에게도 권리를 부여함은 필연적이다. 그래서 그 타인은 이제는 계산의 대상이 아니라 존중의 대상으로 변모한다. 이렇게 권리 개념의 도입에 의해, 자아와 타자는 이성적 행위 주체로서 절대적 가치의 소유주 또는 존재론적 실체성의 소유자로 새로운 지위를 부여받게 된다. 자아와 타자는 권리의 소유자라는 윤리적 특성을 공유하는 존재, 이제 자연적 사물과는 질적으로 다른 존재 양식을 갖는 존재로서 윤리적 관계, 존재론적 관계를 갖게 되며, 이 관계 속에서 진정한 공

---

27) 경험적 자아에 내재한 우연성은 구성적 우연성이라 부를 수 있다. 이에 관해서는 B. Williams, *Moral Luck*, Cambridge, 1981; T. Nagel, *Mortal Questions*, Cambridge, 1979; 필자, 「도덕적 행위 주체」, 『철학과 현실』 제3집.

28) 칸트 윤리학의 정치철학적 함의는 다음 참조: H. Williams, *Kant's Political Philosophy*, St. Martin's Press, 1983; P. Riley, *Kant's Political Philosophy*, Rowman & Littlefield, 1983.

동체가 형성된다. 즉 윤리적 질서 또는 이성적 질서, 존재론적 질서로서의 국가를 구성하며, 이 국가는 진정한 의미의 민주주의 국가이다. 민주주의란 통상 이해되듯이 모든 시민들의 지배를 의미하지 않는다. 왜냐하면 그 국가에는 피지배자가 존재하지 않기 때문이다. 진정한 민주주의란 모든 국민이 주권을 소유하는 제도이며, 주권의 소유란, 타자에 의해 훼손될 수 없는 실체성, 타자의 간섭을 거부하는 고유의 존재 방식과 행위 방식의 소유를 의미한다. 주권 개념은 재해석되어야 한다.

거듭 말하건대 권리 개념을 원리로 하는 정치 세계는 자연 세계나 합리적 사회 세계와는 질적으로 다른 세계이다. 그것은 부분적으로 가치의 세계이며, 존재론적 존재 세계, 경험적 존재 세계이며, 완전한 의미의 가치와 존재 세계로 나아가는 과정이요 절차이다. 따라서 그것은 많은 정치철학자들이 제안하는 합리적 국가와는 전혀 성격이 다르다. 합리적 '국가'는 실은 국가가 아니라, 본질적으로 자연 상태이다. 정치 세계에서 개인에게 부여되는 권리는 개인의 개별성과 이에서 연유하는 우연성을 보장·강화하여 당위화하기 위한 제도가 아니다. 그것은 오히려 개인의 개별성과 우연성을 사상하고 보편과 이성적 필연의 세계로 초월하려는 이성적 행위 주체의 지위와 여기서 생겨나는 자율성을 보장하려는 장치이다.

7. 자연권론 비판

자유주의 국가관을 지지하는 또 하나의 전통적인 논거로서 자연권론이 있다.[29] 이 견해에 따르면, 개인들은 자연 상태 속에서

---

29) 이런 주장을 하는 철학자로는 로크와 노직이 있다.

자신의 신체와 생명, 그리고 노동과 자유에 대한 자연적 권리를 갖는다고 주장하고 이 자연권에서 인위적 질서로서의 국가의 기초를 찾으려고 한다. 이 견해는 국가 질서 구성의 핵심적 개념이 권리라고 보는 점에서 위에 개진한 우리의 견해와 유사하다. 그러나 이 입장은 다음의 점에서 우리의 견해와 중요한 차이점을 지닌다. 자연권론은 개인들이 이미 자연 상태 속에서부터 인간이 자연적 존재이면서도 이미 일정한 권리들을 소유한다고 주장하고 있으며, 이렇게 이미 선재(先在)하는 권리에 기초해 국가의 법적 질서가 마련된다고 논한다.

우리는 자연권론을 어떻게 이해할 것인가? 이 입장의 진의는 개인들이 이미 자연 상태에서 도덕적 속성으로서의 권리(즉 도덕적 또는 이성적 지위)를 소유하므로 한 개인이 자연 상태에서 타인을 대할 때에는 윤리적·이성적 태도로서의 존중의 태도를 취해야 한다는 것일 수 있다. 이런 이해가 맞다면 그 소위 자연적 상태는 진정한 의미의 자연적 상태가 아니라 윤리적 상태이다. 이 견해는 실로 인류가 이미 그 상태에서, 아니 존재의 시초에서부터 개인으로나 타인과의 관계에서나 윤리적 세계 속에 있다는 주장을 하고 있는 것이다. 그러나 그렇다면 첫째, 자연 상태와 국가 상태의 원리적인 구분은 불가하며, 둘째, 개인들은 애초부터 타인들뿐 아니라 다른 자연물에 대해서도 자신의 윤리적 지위를 주장하며 그에 상응하는 대접을 요구할 수 있어야 하나 이는 공허한 메아리만 되돌려받을 뿐이다. 원리적으로 존중될 수 없는 권리는 공허하다. 윤리적 관계의 성립은 오직 윤리적인 관계 타방이 존재해야 하며, 이런 관계 타방은 자연물 이상의 존재여야 한다. 셋째, 자연권론자들은 자연권을 소유한 개인들이 이를 기초로 계약을 맺어 국가를 구성한다고 주장한다. 그러나 자연권의 소유주인 개인들은 이미 각자 몫의 권리를 나눠 갖고 있으므로, 거래요 상호 이용 관계이며 상호의 손익 계산이 평형을 이룰 때 맺어지는 관계인 계약은 애초부터 체결되어야 할 이유가 없다.

권리 개념은 이미 논한 바와 같이 윤리적·이성적 개념으로, 한 개체가 특정의 권리를 소유하고 있음은 그 개체가 어떤 세계 속에서 윤리적 또는 이성적 지위를 점유하고 있음을 의미한다. 따라서 권리 소유주는 자연적 태도가 아니라 이성적 태도로서의 존중의 대상이며, 이런 태도는 자연적 존재가 아니라 이성적 존재에 의해서만 취해질 수 있다. 그러므로 권리 소유주는 윤리적 질서 속에서만 그리고 다른 윤리적 존재(권리 소유주)와의 관계 속에서만 존재할 수 있다. 개인이 자연적 욕구만을 지니고, 자연적 삶을 영위하며, 자연적 사물과 관계하면서만 존재할 때, 그 개인은 권리의 소유자일 수 없다. 만약 그럴 수 있다면, 나무와 돌도 자연권을 소유할 수 있어야 한다. 반대로 자연적 존재, 가령 동물도, 우리가 그것의 어떤 특성에 근거해 윤리적 존재로 간주하여 윤리적 세계 속에 편입시킬 때, 그것도 권리의 소유주로 변모할 수 있다.[30] 한마디로 말해서, 자연 상태 속에서는 권리가 존재할 수 없으며 자연권이라는 개념은 논리적으로 불가능한 개념이다.

8. 전통적 자유주의의 권리 개념

권리 개념을 위와 같이 존재론적으로 해석할 때, 우리는 전통적 자유주의가 갖는 중요한 문제점을 해결할 수 있다. 전통적으로 자유주의는 개인의 권리, 그것도 개인의 신체적이고 그리고 경제적

---

30) 이를 동물의 권리 *animal right*라 한다. 최근의 많은 학자들은 동물이 권리를 지닌다고 주장한다. 이 주장에서 권리 부여의 근거로 드는 것은 보통 고통의 능력과 애정의 능력이다.

인 권리를 중시하여왔다. 그 결과 자유주의는 지나친 개인주의, 심지어 이기주의적 경향을 조장하여 사회 전체적으로 자유보다는 구속의 양을 증대시키고, 국가로 하여금 공동체적 성격을 상실케 하는 경향을 보여왔다. 자유주의가 이런 문제점을 야기하는 이유는 권리 개념의 잘못된 해석에 있다. 이 해석에 따르면 권리란 개별성과 우연성의 폐쇄된 공간, 타인이 전혀 침투할 수 없고 타인을 받아들이지도 않는 배타적 개체들의 공간이다. 이런 공간의 전형적 예는 데모크리투스의 원자들의 세계이다. 이 세계에서 원자들은 불가침투적이므로 서로에 대해 우연적 관계에 있다. 즉 권리를 전통적으로 해석할 경우, 자유주의 국가 내에서 한 개인의 삶이나 존재는 타개인에 대해 사고, 즉 장애 요인이다. 이런 세계는 진정한 공동체가 못 되고, 그 구성원들이 공간만을 공유하는 공간의 공동체이다.[31] 이런 특성은 인간 삶에서 신체적 · 경제적 측면을 중시한 데서 오는 당연한 귀결이다. 왜냐하면 신체적이고 경제적인 측면에서 개인들은 타인에 대해서 배타적이며 상호 적대적일 수밖에 없기 때문이다. 한 장소에 두 신체가 거주할 수 없으며, 한 사물을 동시에 두 사람이 점유할 수는 없다. 소유권은 배타적이다. 좁은 장소에 두 사람이 있으면 사랑이 피어날 수도 있을 것이나 대개의 경우는 폭발적인 적대감이 끓어오른다. 이런 이유로 해서 공간의 공동체는 원리상 공동체가 될 수 없다.

위에 비판한 합리적 이기주의에 기초한 자유주의는 당연히 개인적 권리의 폐쇄성을 옹호할 수밖에 없었으며, 자연권론은 인간에게 인간이라는 자연적 사실을 근거로 해 권리를 부여했느니만치, 그 권리의 자의성을 피할 수 없다. 그들이 개인에게 부여한 권리란 기본적으로 개인의 신체가 갖는 물리적 불가침투성의 확인

---

31) Aristoteles, *Politics*, 12802 30, 'koinonia topou.'

에 불과하므로, 그런 권리가 공동체의 결속보다는 와해에 기여함은 오히려 당연하다. 그들의 권리는 윤리적·이성적 기준을 결여함으로써 우연의 절대 당위화, 허무의 절대 실체화에 기여한다.

윤리적 욕구에서 연유하며 이성적 행위 주체라는 윤리적 특성을 논거로 하여 부여되는 권리는 자유와 이성의 개방된 공간이다. 권리의 소유주는 이성적 행위 주체로, 이 공간을 근거지로 하여 영토 확장을 하고 튼튼한 울타리를 쌓아 개별성을 확대할 것이 아니라, 오히려 이성적 정신의 자유를 통해 삶의 이성화·윤리화에 노력해야 한다. 이미 지적한 바와 같이 권리를 부여한 법과 제도는 경험적 질서를 기초로 하며, 입법과 그 적용은 태초부터가 아니라 역사의 어느 시점에서 시작되므로 구조적 우연성을 근저에 깔고 있으며, 국가의 근본 단위이며 법의 적용 대상인 개인의 자아는 구성적 우연성을 부분적으로 내포하고 있다. 그러므로 삶의 이성화를 위한 노력은 바로 이런 구조적 우연성의 제거에 경주되어야 한다.[32]

9. 타자의 이성

인간은 자신의 존재와 삶의 우연성과 허무를 넘어서 가치와 실체성을 지닌 존재로 살고자 한다. 이런 욕구를 윤리적 욕구 또는 존재애적 욕구라 이름할 수 있을 것이다. 그는 자연 상태에서의 자연적 삶을 극복하고 가치와 의미를 지닌 삶을 영위코자 한다. 바로 이런 점에서 인간은 윤리적 행위 주체 또는 이성적 행위 주체이며, 인간은 자신의 바로 이런 특성을 근거로 하여 자신과 타

---

32) 일(一)과 다(多)의 변증법, 공동체 내에서의 개인의 특수성과 보편성, 다성과 일자성에 관해서는 이 책의 제5장 참조.

인에 윤리적 가치와 존재론적 실체성을 부여함으로로써 자연 세계와는 다른 세계, 단지 비유가 아니라 문자 그대로 존재론적 의의를 지니는 새로운 세계를 구축하고 타인들과 윤리적 관계를 정립한다. 이 세계가 정치 세계, 즉 국가요, 그리스적인 폴리스*polis*이다.

이 정치 세계는 다음의 특징들을 갖는다: 1) 이 세계는 완전한 의미의 절대적 가치와 이성적 실체성을 지향하는 세계이다. 2) 이 세계의 목표는 그러므로 현존의 허무와 비합리성과 우연성의 극복이다. 3) 이 세계의 구성원들은 모두 제한적이긴 하나 도덕적 가치와 실체성의 소유자, 즉 권리 소유자들이다. 4) 이 권리 소유의 근거는 그들이 이성적 행위 주체라는 사실이다. 5) 이들은 따라서 이 세계, 즉 국가 속에서 윤리적 관계를 맺는다. 6) 이성적 행위 주체는, 개념상, 자연 세계, 사회 세계, 자신의 삶 그리고 자기 자신을 이성화하며, 그런 존재로서만이 권리의 소유주가 될 수 있다. 보다 구체적으로 그는 최소한 자신에게 윤리적 지위와 실체성을 부여한 기존의 법이나 제도의 범위 내에서 행위해야 하고, 더 나아가 법과 제도가 필연적으로 안고 있는 부분적 우연성을 축소하는 데 기여하며, 뿐만 아니라 자신에 부여된 윤리적 지위의 근저에 있는 자아의 구성적 우연성, 즉 실체성의 기초를 위협하고 있는 허무를 제거한다.

우리의 삶에 대한 이런 국가의 윤리적 당위성은 명백하다. 인간은 무국가적 상황에서 이성적 결여태 또는 윤리적 결여태이다. 그래서 인간은 존재애적이고 윤리적인 욕구를 갖는다. 이런 욕구를 충족시키기 위해서 필요한 것은 타자와의 경제적 협동이나 거래가 아니라, 타자와의 이성적 관계이다. 우리가 우리의 이성적 결여태를 극복키 위해 필요한 것은 타자의 노동이나 그 결과 산출된 재화가 아니라, 타자의 이성이다. 바로 타인의 이성만이 자아의 이성적 결여를 메울 수 있다. 따라서 우리가 우리의 이성적 결여태를 극복해야 함, 그리고 이 극복을 위해 타인의 이성과의 관계에 진입해야 함, 즉 국가를 구성해야 함은 이성적 관점에서 필연이다. 정치 세계의 구성에 있어서 중요한 것은 타자의 역할이 아니라, 타자 지향적 정신이나 이성의 역할이다.

이 국가의 시민들은 잠정적으로 이성적 실체성을 서로간에 인정하고 인정받아, 서로의 이성적 결여를 메워주는 한편, 이런 지위를 근거지로 하여 잔여의 우연성과 허무를 극복하는 이성적 노력을 경주한다. 국가 상태는 그 자체로서는 우리 삶의 우연과 허무가 완전히 극복된 이성 질서나 가치 질서는 아니다. 그런 질서는 존재론적 실재계라 할 수 있는 곳으로, 말하자면 플라톤이 논하는 바, 폴리스의 이데아일 것이다. 현실의 국가란 이 실재계나 국가의 이데아에 도달하려는 노력이 경주되는 과정이다. 이런 과정 또는 현실적 국가의 가장 전형적이고 이상적인 형태, 그것이 소크라테스의 아고라 *agora*이다. 이곳에서 모든 사람들은 이성적 사유 주체 또는 이성적 행위 주체로서 서로를 존중하며 대화에 참여하고, 이 대화를 통해 삶의 비이성적 국면을 극복해간다. 소크라테스는 『변명』에서 자신은 평생 정치에 무관심하였다고 고백하였지만 그야말로 진정한 의미의, 아리스토텔레스적 의미의 정치적 인간이었다.[33]

---

33) 아리스토텔레스의 정치관과 폴리스관에 관해서는 이 책의 5장 참조.

제5장
아리스토텔레스의 국가론

1. 들어가는 말

국가는 우리의 개인적 삶에 넓고 강한 영향력을 행사한다. 따라서 우리는 이상적이며 완전한 정치 체제 아래에서 살고자 하는 열망을 품고 있다. 우리가 갖는 정치 체제의 형태에 따라 개인의 삶은 크게 제약되거나 신장될 수 있다. 민주주의는 대부분의 현대 국가들에 의해, 정치·경제·사회, 심지어 이데올로기의 차이에도 불구하고 이상적인 정치 형태로 간주되고 있다.[1] 민주적인 국가는 이상적 국가의 현대적인 동의어이다. 현대 국가는 대부분 그 구성원을 개별적 개인들로 하며, 이들의 지배자는 그 자신들이거나 이들의 대표자이고, 국가의 목표는 이들 개인들의 삶의 질을 향상시키는 데 있다는 점에 동의한다.

현대에서뿐 아니라 근대나 고대에서도 민주주의는 정치의 이상이었다. 루소는 근대의 이런 견해를 반영하여 "신들의 국가가 있다면 그것은 민주주의의 국가일 것이며, 이와 같이 완전한 국가는 불완전한 인간에게는 적합치 않다"[2]는 말로 민주주의의 이상적

1) C. B. MacPherson, *The Life and Times of Liberal Democracy*, Oxford, 1977, p. 10.

2) J. L. Claster ed., *Athenian Democracy*, New York, 1967, p. 1에서 재인용.

성격, 그리고 이 이상의 비현실성을 지적하였다.

민주주의는 고대 그리스에서 유래하여 기원전 5세기에 그 전성기에 이르고 페리클레스에 의해 최선의 정치 형태로 찬양되었다. 이런 민주 정치에 대해 그리스의 철학자들, 특히 아리스토텔레스는 어떤 견해를 갖고 있었으며 그 논거는 무엇이었을까? 이 물음에 답하려 시도하기 전에 먼저 확인해두어야 할 것이 있다. '민주주의' 또는 '민주 정치'는 'democracy'의 번역이요, 이 영어 표현은 그리스어의 'demokratia'에 그 어원을 두고 있다. 그런데 이 표현들은 서로 다른 시간과 공간 속에서 사용되었으므로 이들 표현들의 내포와 외연이 일치하는지는 확인되어야 한다. 이미 지적한 바와 같이 민주 정치는 현대의 정치 이상임에 비해, 고대 그리스에서의 'demokratia'는 꼭 그렇지만은 않았다는 사실 때문에 위와 같은 확인의 요구는 더욱 설득력을 지닌다.

이 글에서 필자는 고대 그리스의 'demokratia'에 대한 아리스토텔레스의 견해, 그리고 현대 민주 정치에 해당하는, 만약 있다면, 고대 그리스의 정치 형태에 대한 그의 견해를 검토하겠다. 이 검토의 중점은 그의 견해 개진 과정에서 드러나는 그의 정의관과 국가관이 될 것이다. 필자는 아리스토텔레스의 입장을 옹호·비판하기보다는 그의 철학을 확대 심화하여 해석하는 데에 주력할 것이다.

2. 민주정의 등장

고대 그리스에서 'demokratia'는 아리스토텔레스의 분류에 따르면(1279a ff.),[3] 여섯 가지 폴리테이아 *politeia* 중의 하나이다.[4] 폴

---

3) 이하 1279a 등과 같은 인용 숫자는 아리스토텔레스의 『정치학』의 표준 인용 페이지 숫자이다.

리테이아는 "폴리스 *polis*의 직책 일반, 특히 모든 분야에서 최고의 통치권을 발휘하는 그 직책의 분배·조직 방식"[5]이라고 아리스토텔레스는 정의하고 있다. 폴리테이아를 분류하는 아리스토텔레스의 기준은 폴리스의 통치권 *to kyrion*[6]이 어디에, 보다 구체적으로 어느 계층에 있느냐는 것이었다. 그러므로 폴리테이아는 정치적 권위나 권력의 분배 형태, 통치 형태, 또는 정치 체제라고 번역될 수 있다.[7] 다른 한편으로 아리스토텔레스는 폴리테이아를 삶의 방식이라 규정하고 있으며,[8] 이 규정은 그가 어느 계층이 폴리스의 통치권을 장악하느냐와 그 폴리스의 삶의 방식 사이에는 중요한 함수 관계가 있다고 보고 있음을 시사한다. 이는 마치 한 인간의 영혼의 어느 부분이 그의 삶을 통치하느냐에 따라 그의 삶의 방식이 달라짐과 유사한 논리라고 하겠다.[9]

데모크라티아는 어떤 형태의 정체인가? 아리스토텔레스는 위에 말한 통치 계층에 따라[10] 세 종류의 폴리테이아로 구분한다. 통치권의 소유자가 일인일 경우 그것은 군주정, 소수 계층일 경우 귀족정과 중산정(中産政)[11]이 생겨난다. 전자의 두 정체를 이해하는

---

4) 아리스토텔레스는 158종류의 그리스 정체를 분류해냈다고 한다. W. D. Ross, *Aristotle*, London, 1966, p. 236.

5) 1278b 9~10. "poleōs taxis tōn te allōn archōn kai malista tēs kyrias pautōn."

6) 통치권은 그리스어 'to kyrion'의 역어이다. 이는 지배 또는 통치 행위에 정당성과 합법성을 부여하는 심의 기관으로 아테네에서는 'ecclesia'에 참석한 수천의 시민들을 포함하곤 했다. E. Barker, *The Politics of Aristotle*, tr. with introd., Oxford, 1952, p. lxviii(이하 *PA*로 약함).

7) 영어로는 'constitution'으로 번역된다.

8) 1295a 25, 1265b 1, cf. Barker, *PA*, p. 106. "폴리테이아는 정치적 직책의 분배 방식일 뿐 아니라 삶의 방식, 사회 윤리의 체계이기도 하다."

9) 이런 견해는 플라톤이 『국가』에서 개진한 바, 영혼의 어느 부분이 개인을 지배하느냐에 따라 달라진다는 견해와 유사하다.

10) 보다 정확히는 통치자의 수. 그러나 이 수는 계급의 우연적 속성이다. 당시 아테네에서 부자는 소수였고 빈민 대중은 다수였다.

11) 'politeia'의 한 종류인 'politeia'(곧 말하겠지만 아리스토텔레스는 유개념과 종

데에는 별 난점이 없으나, 세번째는 약간의 설명을 요한다. 세번째는 아리스토텔레스가 현실적으로 가장 이상적인 정치 형태로 본 것으로, 바로 그런 이유에서 한 종류의 폴리테이아임에도 불구하고, 유적(類的) 표현을 그대로 써서 그냥 폴리테이아 *politeia* 라 불렀다. 이 표현은 영어로는 'polity' 'constitutional government' 라고 번역되며, 한국어로는 '입헌 민주 정체'[12] 또는 '혼합 정체'[13]라고 번역된다. 내용적으로는 자유와 평등을 권력 분배의 원리로 삼되 중산 계층이 다수가 되고 이 다수의 중산층에 의해 지배되는 안정적 국가를 지칭한다. 이 국가 형태에 관하여는 뒤에 다시 논의하겠다.

위와 같은 분류 다음에 아리스토텔레스는 또 하나의 기준을 도입하여 다시 세 종류의 폴리테이아를 더 구분해낸다. 그 기준은 위의 각 통치 집단이 국가의 올바른 목적을 성취하려 하느냐, 즉 그 집단이 국가 구성원 모두의 이익 증대를 도모하느냐 아니면 자신들의 이익만을 취하려 하느냐는 것이다. 전자의 경우 올바른 정체들이 등장하며 위에 언급한 통치 집단 계층에 따라 위의 세 폴리테이아가 성립한다. 통치 집단이 자신들의 이익만을 취하려 할 때 그릇된 정체가 탄생하는데, 그것은 위의 세 정체에 상응해, 각각 참주정·과두정, 그리고 데모크라티아 또는 민주정 또는 중우정 또는 빈민정[14]이다.

개념에 같은 표현을 썼다)의 역어이다. 이는 여러 가지로 번역될 수 있지만, 실질적이고 중요한 특징인 중산 계급의 지배라는 점을 고려하여 이렇게 번역했다.

12) 양창삼, 『아리스토텔레스의 정치철학』, 대영사, 1982, p. 94.

13) 민주정의 원리와 과두정의 원리를 조화한 정치 권력 배분의 원리를 채택했다는 점에서 이런 표현이 사용되기도 한다. 이 표현은 다음의 논문에서 채용하였다. 허승일, 「폴리비우스의 혼합 정체론과 티베리우스 그락쿠스의 개혁」, 『역사학보』 119집, 1988. 9.

14) demokratia는 직역하면, 아티카의 데모스 *demos* 에 의한 지배를 의미한다. 원래 데모스는 도시 *asty* 의 거주민인 agros에 대응하는 집단으로 도시 주변 시골의 거

데모크라티아는 아리스토텔레스가 두 가지의 기준에 의해 분류해낸 여섯 개의 폴리테이아 중 하나로 아테네 시민의 다수를 점유하는 데모스 집단에 의한 통치 형태이되, 이들이 전체 시민의 이익이 아니라, 자기 집단만의 이익을 증대시키는 편파적 또는 당파적 정치 형태라고 규정할 수 있다.

그런데 위의 분류의 주요 기준이 된 통치자의 수 또는 어느 계층이 통치자가 되느냐는 것은 국가의 비본질적 측면이라고 생각된다. 국가 분류의 본질적 기준이라 말할 수 있는 것은 국가의 존재 이유나 근거 또는 목적이다. 좀더 철학적인 의의를 갖는 정치 형태의 분류는 각 국가가 설정하는 목적에 따른 분류일 터이고, 이런 분류에 따라 국가 형태가 경찰 국가, 복지 국가, 재분배적 국가, 윤리적 국가, 종교 국가로 구분될 수 있을 것이다. 이런 분류 기준에 비해 통치자의 수에 따른 아리스토텔레스의 분류는 국가의 본질에 관계해볼 때, 우연적이요, 자의적이요, 상황 의존적인 분류라 생각할 수도 있다.

상당히 현실적인 사고 방식을 지니고 있는 아리스토텔레스는 통치자의 수나 이에 의해 결정되는 통치 계층에 따라 국가 내에서의 삶의 방식, 국가의 본질, 지향 목적이 달라진다고 생각했었을 수도 있다. 이런 추측이 타당하다면, 아리스토텔레스는 통치자의 수가 결과적으로는 국가 분류의 본질적 기준이 될 수 있다고 생각했다고 해석할 수도 있다.

다수의 데모스에 의한 지배로서의 데모크라티아를 정당화하는

<hr>

주민이었다. 그러나 점차 'demos'는 도시 거주민까지도 포함해 지칭하는 개념이 된다. Barker, *PA*, p. lxv. 원래 이들 'demos'는 빈곤하며 지적 수준이 낮았으므로 'demokratia'를 빈민정·중우정이라는 폄하적 표현으로 번역하기도 한다. 양병우 교수는 'demos'를 민중이라 번역하였다(양병우, 『아테네 민주 정치사』, 서울대학교 출판부, 1980, pp. 45ff. 참조). 이 번역을 채용할 때 'demokratia'는 '민주정'이라 번역할 수도 있다.

원리는 무엇인가? 그것은 자유와 평등의 가치이다. 민주정에서 정치 권력을 배분하는 기준은 자유 시민이라는 정치·사회적 신분이었다.[15] 이 정체 아래서 이런 신분을 지닌 자들은 모두 평등하게 통치에 참여할 수 있다. 이에 대조해 소수의 지배 형태인 과두정을 정당화하는 원리는 경제적 부이다. 과두정에서 정치 권력의 분배는 소유 재산의 다소에 비례하며, 그 결과 지배력은 소수의 부유 계층이 장악한다. 다른 한편으로 귀족정의 정당화 원리는 귀족들의 고결한 인품과 능력이다.

위와 같은 정당화 논거에 비추어볼 때, 그리스의 민주정은 자유주의적 평등주의를 실현하고 있는 듯이 보인다. 그러나 실상은 그렇지 않았다. 그리스 민주정이 지향하는 평등성은 평등한 정치 참여, 모든 시민들이 통치와 피통치를 교대하는(1317b 3)[16] 정치 권력 참여에서의 기회 균등을 의미하며, 이 기회 균등을 위한 자격 요건이 되는 자유는 출생 신분으로 해서 취득케 되는 정치·사회적 지위의 특성이었다. 현대의 정치·윤리적 가치로서의 자유와 평등은 고대 그리스의 그것과 사뭇 다르다. 현대적 평등은 인간을 인격적 존재나 도덕적 주체로서 파악할 때의 평등함이며, 바로 이런 평등성이 현대 민주주의의 기초가 되어 있다. 그리고 현대적 자유는 도덕적 주체로서의 개인이 갖는 자율성이나 타인에 의한

---

15) 아테네 인구의 신분적 구조는, 자유인과 비자유인으로, 그리고 전자는 다시 시민과 비시민, 후자는 'serf'와 'slave'로 나뉜다. V. Ehrenberg, *The Greek State*, Methuen & Co. Ltd., 1974, pp. 30 이하. 시민의 자격은 자유인, 남성, 양친이 모두 시민, 그리고 17세 이상이라는 네 조건의 충족이다. J. W. Roberts, *City of Socrates*, Routledge & Kegan Paul, 1984, pp. 21 이하; 아리스토텔레스, 『정치학』, 1317a 40~41을 보라.

16) 민주정을 시민들이 지배와 피지배를 교대하는 정치 체제로 보는 아리스토텔레스의 이해 방식은, 그에게 있어 삶의 방식을 결정함에 있어 지배 또는 통치 개념이 핵심적 역할을 한다고 보는 그의 관점을 표출한다. 이는 이성의 자율성을 민주주의적 삶의 핵심으로 보는 현대적 관점과 대조적이다.

불가침성을 의미한다.

고대 그리스 사회에서 통치에 참여할 자격이 있는 자들은 모든 성인들이 아니었다. 그런 참여의 기회는 오직 자유 시민이라는 신분 계층에만 주어졌으며, 이 자유 시민의 수는 폴리스 전체 인구에서 오히려 소수라고 말할 수 있다. 그래서 어떤 학자들은 고대 그리스의 민주정은 일종의 확장된 귀족정이라고까지 규정한다.[17] 그리스 민주정이 갖는 이런 제약점에도 불구하고, 아테네의 데모스들이 소수의 부유 계층에 대항하여 평등한 정치 참여를 주장한 이면에는, 폴리스의 운영에는 경제적 부보다 더 중요한 요인이 관여하며, 그 점에서는 빈자나 부자나 평등하다는 생각이 작용했을 것이며, 이런 사고는 현대적 평등주의에 근접한 것으로 볼 수 있다.[18]

이와 관련하여 한 가지 더 언급할 것은 민주정의 두 특성, 즉 데모스에 의한 지배와 자유 신분에 따른 평등주의라는 원리 사이의 관계이다. 전자는 사실적이고 현상적인 특징임에 반해 후자는 규범적이며 이성적인 특성이라고 기술할 수 있다. 어떤 학자들은 고대 그리스 사회에서 민주정의 등장을 후자로서보다는 전자로 해석하는 경향이 있다.[19] 그리스 사회의 계급적 이해 갈등의 과정에서 민중 계급이 자신들의 계급적 이해에 동기지어져 그 이해를 추구한 결과가 민주정의 등장이요, 자유와 평등이라는 가치는 단지 그런 추구를 위한 외적 명분에 불과하다는 것이다. 이런 해석과는

---

17) Ehrenberg, 위의 책, p. 50. 그러나 Barker는 다른 견해이다. E. Barker, *The Political Thought of Plato and Aristotle*, Dover Pub. Inc., 1959, p. 463(이하 *PTPA*로 약함)을 참조.
18) 그러나 현대적 평등론의 기초가 되는 형이상학적 의미의 인격 개념(가령, 칸트 윤리학에서의)은 명료히 의식화되지 않았다.
19) E. M. Wood & N. Wood, *Class Ideology and Ancient Political Theory*, Basil Blackwell, 1978, pp. 287 이하.

달리 자유에 근거한 평등에의 욕구가 민주정을 결과했으며, 그 결과 다수의 민중 지배 및 민중 이익의 신장이 뒤따르게 되었다는 보다 윤리적인 해석도 가능하다.

이 두 해석이 제시하는 상황은 매우 다르다. B보다 적은 몫을 갖고 있는 A가 자신의 이익 증대를 위한 노력을 경주하되, 그 노력의 진정한 동기는 단지 B보다 더 많이 갖기 위한 것이고, 평등등의 도덕적 명분은 오직 이 노력의 외적 분식을 위해 내건 것에 불과하다면 그것은 전자의 상황이다. 반면 A가 자신의 열악한 상황이 불공정·불평등·불의의 결과라는 가치 판단을 내리고 이 판단에 동기지어져, 자신이 B만큼 또는 B보다 많이 가져야 한다는 믿음 아래 자신의 이익 증대를 위해 노력하고 쟁취하는 것은 후자의 상황이다. 전자는 단순히 자연적 상태임에 비해, 후자는 도덕적 상황이다. 후자의 상황에서 불의에 대한 A의 자각은 도덕적 감정으로서 의분을 유발하며, 그의 노력은 단순한 사욕의 충족이 아니라 도덕적 가치의 실현 행위로 타자에게 인식됨으로써 보편적 설득력을 지니게 된다.

그러나 민주정의 등장 과정이 위의 둘 중 그 어느 것이건 자유와 평등의 가치가 명분으로라도 등장했음은 철학적으로 중요한 의의를 지닌다. 아리스토텔레스도 지적했듯이(1301b 30, 1302a 25) 아테네 반란 *stasis*[20]의 원인은 데모스가 갖게 된 불평등에 대한 의식이었다. 이 의식과 함께 이제 민주정과 과두정의 싸움은 단순한 계급적 이해의 갈등이 아니라 도덕적 원리의 선택이나 정의 개념에 대한 서로 다른 두 해석의 선택 문제로 변한다. 이런 변화는 두 계층간의 갈등의 초점을 어느 쪽이 강하냐가 아니라 어느 쪽이 옳으냐의 문제로 변질시키며, 따라서 그 갈등의 해소는 도덕적 정당

---

20) E. M. Wood & N. Wood의 위의 책; W. von Leyden, *Aristotle on Equality and Justice*, MacMillan, 1985, pp. 65 이하 참조.

화의 논거 제시에 의해 이루어진다.[21]

아리스토텔레스가 이해한 당시의 민주정의 특색을 정리하여 요약하면 다음과 같다. 민주정에서 정치 권력 배분의 원리는 자유 시민이라는 정치·사회적 신분에 따른 평등이었다. 그런데 당시의 상황에서 이들의 대부분은 경제적 빈한 계층이었으며, 이 빈한한 계층이 아테네 자유 시민의 다수를 점유하고 있었다. 따라서 자유인의 신분을 기준으로 하여 통치권을 평등하게 분배할 때 민주정은 다수의 지배, 그리고 빈민 계층의 지배인 빈민정이 된다. 그리고 이들은 교육이나 교양에 있어 열등하였으므로 민주정은 중우정(衆愚政)이라고도 평가된다. 이 빈한한 다수는 부유한 소수와 경제적 적대 관계에 서게 되므로, 후자를 다수의 힘에 의해 소외시키려 하며, 그 결과 이들은 모든 시민을 위한 정치가 아니라 자신들의 통치 집단만을 위한 파당적 정치를 행하게 된다.[22] 그래서 아리스토텔레스는 민주정을 그릇된 정체의 하나로 간주한다.

3. 민주정의 정의관과 국가관 비판

민주정을 잘못된 정체의 하나로 간주한 아리스토텔레스가 이에 대해 비판적임은 분명하다. 그러나 이 비판의 논거는 어디에 있을까? 아리스토텔레스는 민주정의 문제점을 여럿 지적하고 있다.[23] 이 정체는 빈부 계층간의 경제적 갈등으로 인해 폴리스의 존속·발전에 절대 필수적인 유대감을 결여하여 그 결과 폴리스를 와해

---

21) 역사 발전의 주요 동인은 물리적 힘이나 경제 사회적 이익이라기보다 한 집단을 결집시키고 그 집단의 힘을 가능케 하는 가치·명분·이념 등에 관한 믿음이다.

22) Barker의 표현에 따르면, 당시의 민주정은 "the government of the people by the poor for the poor"이다. E. Barker, *PTPA*, p. 312.

23) 1304a 이하; 1317b.

시킬 위험을 안고 있으며, 통치 집단인 민중들이 낮은 출생 신분, 빈곤, 통속성의 특성을 지니고 있어 비이성적이고, 따라서 선동 정치가의 수중에 장악될 수 있다는 등의 단점을 아리스토텔레스는 지적하고 있다. 그러나 이 단점들은 부차적 · 현상적 · 결과적인 것이며, 그의 비판의 핵심은 보다 원리적인 것이라고 보아야 한다.

아리스토텔레스는 민주정이 근본적으로 잘못된 정의관과 더 궁극적으로는 잘못된 국가관을 전제한다고 본다.[24] 이 비판은 과두정과 민주정의 차이에 대한 그의 논의를 통해 개진되어 있다. 그에 따르면, 민주정이나 과두정 모두 정치 권력의 배분이 정의 *to dikaion*의 원칙에 따라 이루어져야 하며 그리고 정의는 어떤 종류의 평등임에는 합의한다. 그러나 이 양자는 무엇이 정의이며 평등이냐에 대해서는 큰 견해의 차이를 노정한다. 전자는 정치 권력 배분에 있어 가장 중요한 그리고 유일의 준거를 자유 시민이라는 정치 · 사회적 신분에 있다고 보며, 이 점에서의 평등은 정치 권력의 배분뿐 아니라 모든 면에서의 평등을 함축한다고 주장한다. 반면 과두정은 그 준거를 경제적 부에서 찾으며, 이 점에서의 불평등은 모든 면에서의, 특히 정치 권력 분배에서의 불평등을 수반해야 한다고 고집한다.

아리스토텔레스는 이 두 정의관의 차이를 보다 명료히하여 민주정의 정의관을 산술적 평등론 *to arithmō*, 과두정의 정의관을 비례적 평등론 *to kat' axian, to tō logō*이라 규정한다.[25] 전자에 따르

---

24) 1280a 이하. 여기서는 다른 곳에서와 달리 원리적인 비판을 행한다. 과두정도 마찬가지로 잘못된 정의관과 국가관을 갖고 있으며 이 점에서 비판의 대상이 된다고 아리스토텔레스는 본다. 그는 산술적 평등과 비례적 평등을 조화시키는 것이 현실적으로 이상적이라고 본다(1302a 7~8). 이하의 논의는 주로 1280a 이하를 중심으로 한다.

25) 1301b 31, 33, 37; 1302a 8.

면, 모든 시민들은 자유 시민의 신분을 가진 자로서 동등하며, 따라서 한 단위의 비중을 갖는다. 민주정의 정의관은 이들 시민들에게서 오직 시민의 신분만을 고려하고 이들이 이 점에서 동등한 이상, 정치 권력도 균등하게 산술적인 동등성을 유지하도록 분배해야 한다고 주장한다. 이 원칙에 따르면, 자유 시민의 신분 이외의 다른 특징, 가령 인품 · 지도력 · 재산 정도 그 어느 것도 고려해서는 안 된다는 것이다.

과두정의 지지론자들은 그러나 시민들이 시민으로서는 동등하나 소유 재산의 다소에서 차이가 나며, 이 차이는 정치력 발휘에 관계할 가능성이 있으므로, 그 재산 정도에 비례해 정치 권력을 분배하자고 주장한다. 산술적 평등론은 평등 분배를 받을 자의 특성을 전혀 고려치 않는 획일적 평등을 주장하는 반면, 비례적 평등론은 분배 당사자인 시민의 어떤 특성이나 가치 *kat' axian*를 고려해 이성적이거나 또는 비례적으로 *to logo* 분배한다는 점에서 차별적 평등, 이성적 평등을 주장하는 셈이다.

아리스토텔레스는 이 두 정의관이 모두 문제가 있다고 비판하면서 이 양자를 융합한 정의관을 채택하여, 비례적 배분의 원칙을 채용하긴 하더라도 재산 아닌 다른 특성이 고려되어야 한다고 논한다. 민주정과 과두정의 정의관에 대한 비판을 그는 명시적으로는 행하고 있지 않으나, 추측건대 다음과 같다. 민주정의 산술적 평등론은 개인이 출생의 연원을 통해 얻게 된 자유 시민의 신분을 분배의 준거로 하나, 이 준거는 분배 대상인 정치 권력이나 통치력의 발휘 기회와는 아무 본질적 관계가 없다. 그런 획일적 분배는 그러므로 이성적 숙고에 의해 밑받침된 이성적 평등이라기보다는 비이성적이며 자의적인 평등이고, 이런 평등의 결과는 열등하고, 천박하며, 파당적인 집단을 통치자의 위치에 올려놓는다. 단적으로 자유인이라는 사회적 신분은 그 자체 통치 능력과 아무 상관이 없다고 그는 본 듯하다. 그러므로 산술적 평등을 사회 정의로 삼는 폴리스는 비이성이 지배하여 와해된다.

아리스토텔레스는 산술적 평등보다는 비례적 평등이 올바른 정의의 실체라 논한다. 그러나 그는 과두정식의 비례적 평등론은 비판한다. 비례적 평등론에서 중요한 것은 비례의 기준이 되는 바의 것이되, 이것은 비례적 평등에 의해 분배될 바인 정치 권력이나 통치 능력과 본질적 관계를 가져야 한다. 비례적 평등을 실시하되 그 비례의 기준이 비이성적인 것이 될 때, 결국 그 사회는 그만큼 비이성적이 된다. 과두정의 비례적 평등론자들은 시민의 재산 정도가 통치 능력이나 통치될 폴리스의 목적 실현에 기여하리라 생각하며, 이런 논거에 따라 재산 정도에 비례해 정치 권력을 차등 분배해야 한다고 주장한다. 그러나 아리스토텔레스의 생각에는 이러한 기여에의 기대가 현실화되기 힘들며, 그것이 어떤 기여를 하더라도 그것은 국가의 진정한 목적 실현에의 기대가 아니라는 것이다. 아리스토텔레스에 따르면, 과두정의 지지자들은 비례 평등론을 택하였으되, 국가의 진정한 목표 실현에의 기여도를 비례의 기준으로 설정하지는 못했다. 그들이 기준으로 설정한 재산 정도는 그런 기여도를 측정하기 위한 적절한 지표가 되지 못한다.

결국 아리스토텔레스의 견해는, 정의는 획일적인 산술적 평등이 아니라, 분배의 유관 사항을 고려하는 비례적 평등이며(실질적으로는, 정당화될 수 있는 차등 분배), 이 비례적 평등 분배를 위해서는 준거가 필요한바, 정치 권력 배분에 있어 준거가 되어야 할 것은 국가의 진정한 목표 실현에의 기여도라는 것이다. 국가 권력 배분에서의 정의에 관한 이런 입장은 아리스토텔레스를 국가의 목표에 대한 논의로 인도한다. 그래서 그는 민주정과 과두정의 정의관에 대한 비판에 바로 이어 그 정의관들이 암암리에 전제하고 있는 국가관에 궁극적 비판의 화살을 겨눈다.

아리스토텔레스의 이해에 의하면, 민주정과 과두정의 정의관은 국가의 목적 또는 존재 이유를 무엇으로 보고 있는가? 이 두 정의관은 폴리스의 목적을 재산의 축적 *tōn ktēmatōn charin*,[26] 단순한 동물적 생존 *ton zēn monon hēneken*, 모든 종류의 권리 침해로부터의 상호 방위 *symmachias heneken hopōs hypo mēdenos adikōntai*, 재화의 상호 교환이나 거래 *dia tas allagas kai tēn chrēsin tēn pros allēlous*라고 가정하고 있다. 원전 자체는 두 정의관이 위와 같은 국가관을 전제한다고 명시적으로 표명하고 있지는 않다. 그러나 민주정은 자유인이라는 정치·사회적 신분을, 그리고 과두정은 재산의 소유 정도를 정치 권력 분배의 기준으로 설정하고 있다. 이러한 기준의 설정은 민주정이 국가의 기능을 주로 경제적 부의 축적, 재화의 교환과 거래에서 찾으려 하며, 과두정이 국가의 역할을 주로 권리 침해로부터 시민의 보호, 상호 방위에 두고 있음을 시사한다. 따라서 아리스토텔레스가 비판하고 있는 이러한 국가관은 민주정과 과두정의 그것이라 보아도 무방할 것이다.

국가의 목적과 존재 이유를 이렇게 정치·경제·사회적인 측면에서만 찾을 때, 국가란 단지 다른 국가와 지역적인 구분밖에 갖지 않는 단순히 실용적인 동맹체 *symmachia*로 전락하며, 법은 계약 *synthēkē*이나 개인 상호간의 사법적 권리를 보장하기 위한 담보물 *enggyētes allēlois tōn dikaiōn*에 불과할 것이다. 이런 국가는 국민들이 상호간의 불의를 방지하고 재화의 교환을 가능케 하기 위해 함께 모인 공간의 공동체 *koinōnia topou* (1280a 30~32; cf. 1280b 35)에 불과하며, 함께 모여 살기 위한 군거지 *suzēn* (1280b 39, 1281a 4); *tou zēn monon hēneken* (1280a 32), 맹목적이며 즉자적인 삶을 영위하는 동물의 왕국 또는 노예들의 집단 *doulōn kai*

---

26) 이하의 인용구는 1280a 25 이하.

tōn allōn zōōn polis (1280a 32)과 같을 것이라고 아리스토텔레스는 혹평한다.[27]

위의 역할들이 전혀 불필요한 것은 아니다. 그것은 어쨌든 동물인 인간의 삶을 위해 필수적이며, 따라서 국가는 이런 역할을 수행해야 한다. 그러나 이 역할은 단지 국가 성립의 필요 조건(1280b 32)이거나,[28] 국가가 실현해야 할 보다 더 고귀한 어떤 목적을 위한 수단(1281a 1)에 불과하다. 그러면 국가의 진정한 목적이나 존재 이유는 무엇인가? 그것은 시민들을 최대로 선하고 정의롭게 함 *hoios poiein agathous kai dikaious tous politas* (1280b 13), 완전하고 자족적인 삶 *zōēs teleias charin kai autarkous* (1280b 35; 1280a 1)을 영위케 함이며, 단지 같은 공간에 함께 모여 삶 *suzēn* 이나 동물적 생존이 아니라, 잘 삶 *euzēn* (1280b 40; 1280a 32), 행복하고 훌륭하게 삶 *to zēn endaimonōs kai kalōs* (1281a 2), 그리고 훌륭한 행위를 실천하며 삶 *tōn kalōn praxēon charin* (1281a 3)에 기여함이다. 한마디로 요약해서, 폴리스란 잘 삶을 위한 공동체, 개인이 완전하고 자족적인 삶을 영위키 위해 모인 가족들과 종족들의 공동체 *hē ton eu zēn koinōnia kai tais oikiais kai tois genesi, zōēs teleias charin kai autarkous* (1280b 34; cf. 1281a 1)이다.

국가의 이런 목적에의 기여 능력, 또는 기여도가 진정한 시민의 시민으로서의 덕목 *politikē aretē* (1281a 8, 9, 1280b 7)이며, 올바른

---

27) 이런 평가에 이어 아리스토텔레스는 1280b 20에서 목수·농부·제화공이 재화의 교환 관계만을 갖는 사회는 국가가 아니라고 주장한다. 이런 주장은 세 직업인이 모여 원초적인 국가가 형성되나 이는 돼지들의 국가라고 한, 『국가』에서의 플라톤의 기술을 상기시킨다.

28) 아리스토텔레스는 국가의 유기적 부분(politas, 1278a 3; poleōs mere, 1328a 24)과 필요 조건(hōn aneu ouk an eiē polis, 1278a 3; hosa tais polesin anangkaion hyparchein, 1328a 24, 1327b)으로 구분하고 도시의 정치에 참여할 수 있는 시민을 전자의 범주에, 노예·노동자·기능공을 후자의 범주에 분류한다.

정의, 올바른 평등이란 이런 시민적 덕목에 따른 *kata tēn politiken areten*(1281a 8) 분배, 즉 이와 같은 목적 실현을 위한 공동체적 기여에 비례해서(1281a 5~6) 정치 권력을 분배함이다. 요약건대, 올바른 폴리테이아, 즉 정치 체제란 1) 폴리스의 올바른 목적을 정립해야 하며, 2) 그 정치 권력을 분배함에 있어 이 목적 실현에의 기여도를 기준으로 삼아, 3) 이에 비례해 차등 분배함으로써, 4) 산술적 평등이 아니라 비례적 평등, 즉 이성적 평등이자 가치에 따른 평등을 이룬 체제이다.

민주정의 문제점은 1) 폴리스의 목적을 그릇된 것으로 설정함으로써 폴리스의 본질을 오해하고 있다. 2) 그 결과 민주정은 그 목적에 대한 기여도는 고려함이 없이, 3) 자유 시민이라는 이성의 관점에서는 우연적인 출생 신분을 준거로 하여, 4) 산술적 평등을 실현하려 한다. 5) 당연히 민주정은 이런 산술적 평등을 정의의 실체로 왜곡하고 있으며, 6) 그럼으로써 평등과 정의 실현에 있어 고려해야 할 이성적 요인이나 가치를 무시한 형식적 평등주의의 체제이다. 국가의 목적을 오해하고, 시민적 덕과는 무관한 재산 정도를 정치 권력 분배의 준거로 삼은 점에서는 과두정도 민주정과 같은 과오를 범하고 있으나, 비례적 평등의 원리를 수용함으로써 어느 정도 이성적 요소를 도입하려 하였다.

4. 국가의 존재론

이상과 같이 해서 우리는 민주정과 과두정의 정의관과 국가관, 그리고 아리스토텔레스의 이에 대한 비판과 그 자신의 정의관 및 국가관을 개관하였다. 이제 그의 비판과 정의관 및 국가관의 기저에 깔려 있는 아리스토텔레스의 보다 근본적인 생각을 살펴보자.

그는 왜 비례적 평등 또는 불평등 분배가 정의의 이념이라고 보았으며, 왜 그 비례의 기준은 재산이나 사회적 신분이 아니라 정치적 덕목이라 생각했는가, 그리고 왜 그는 민주적 국가나 과두적 국가가 진정한 국가가 될 수 없다고 보았으며, 그 진정한 국가를 위한 논거는 무엇인가?

평등의 덕목은 대인적 덕목으로서 한 행위 주체의 타행위 주체에 대한 재화 분배, 대우나 대접, 존중, 기회 제공 등과 관여하여 논의된다. 이 경험 세계에 있는 어느 개별자도 다른 개별자와 동일하지 않다. 현상계의 개별자들은 엄격한 의미의 특수자이다. 같은 것에 대해서는 같은 대접을 함이 정의요, 일관성을 지닌 이성적 행동이라고 말할 수 있다. 서로 다른 특수자들을 서로간의 차이에도 불구하고 같게 대접함은 오히려 자의적이요 비이성적이다. 따라서 특수자들에게 이성적 평등의 대접을 하고자 할 때는 이성적 관점에서 그 특수자들을 새로이 인식해야 하며, 그 평등의 행위나 대접에 이성적 관점에서 유관한 기준을 정립하여 그 점에서 그 특수자들이 동등함을 확인해야 한다. 즉 두 특수자가 동일한 그 측면은 이성적으로 볼 때 취해질 행위나 대접과 본질적 연관성을 지니고 있어야 한다. 이런 본질적 연관성을 확인함이 없이 임의의 한 기준을 채택해, 그 기준에 비추어볼 때 두 개체가 동등하다고 해서 평등 대접이나 분배를 행함은 오히려 비이성적이다.

민주정 아래서 아테네의 시민들이 동등할 수 있는 한 측면인 자유 시민의 신분은 물론 중요한 측면이긴 하나, 적어도 정치 권력 분배에 대해서는 우연적이라는 것이 아리스토텔레스의 판단이었던 것 같다. 과두정이 비례적 평등 분배를 위해 제안한 재산 정도 역시 국가의 진정한 목적과는 상관이 없거나, 있다 하더라도 이차적 목적(즉 권리 보호, 경제적 복지의 향상)과만 연관이 있다. 민주정이 지지하는 평등론의 기초가 되는 출신 성분이나, 과두정의 원리인 차등론의 근거가 되는 재산 정도는 윤리적 관점에서 보면 자의적이고 우연적이다. 그리고 이 자의적이고 우연적인 기준에 의거한 평등 역시 그 근거와 같이 자의적이요 우연적이다. 즉 비이성적이다. 출신 성분은 한 개인의 선택이나 노력 또는 도덕적 행위의 대가나 결과가 아니라는 점에서 우연적이며, 재산 정도는 그 소유자가 그 재산을 획득·소유하기까지는 많은 상황적 우연성이 개입하며, 획득을 위한 노력의 바탕이 되는 노력 주체 자신의 능력·품성·기질 역시 그 자신의 선택이나 노력, 또는 도덕적 행위의 대가나 결과가 아니다. 그러므로 민주정의 평등은 우연적 평등이며, 과두정의 차등은 우연적 차등으로, 이성의 관점 또는 윤리적 관점에서 정당화될 수 없다.

정의나 평등이란 사회의 이성화를 위한 덕목이므로, 정의와 평등에 대한 올바른 해석은 이성적 숙고의 뒷받침을 받아야 한다. 이성적 정의나 이성적 평등이란 분배 대상과 분배받을 사람의 특성간의 이성적이고 본질적인 관계에 기초한 분배를 의미한다. 이런 관점에서 볼 때 산술적 평등은 이성적 고려가 무시된 획일적이요 어쩌면 자의적이고 비이성적인 평등일 수 있으며, 비례적 평등(어떤 기준에 따른 차등 분배), 그것도 분배 대상과 이성적 관계를 갖는 기준에 의거한 평등 분배만이 이성적 평등이라는 것이 아리스토텔레스의 생각인 듯하다. 그가 비례적 평등을 표현하는 "to kat' axian" "to logō"라는 표현에서(1301b) 'axian' 'logō'는 가치와 비례를 의미할 뿐 아니라 각각 윤리성과 합리성으로 해석될 수도 있다.

민주정과 과두정의 국가관을 아리스토텔레스가 비판하는 이유는 무엇인가? 우선 위에 요약한 그의 비판에서 언급된 국가의 비본질적인 또는 이차적인 목적을 정리하면, 1) 생물학적 생존에의 기여, 2) 재화의 축적과 상호 교환 및 거래를 위한 수단, 3) 대내적으로 상호 권리 침해의 방지 및 권리 갈등의 해소 및 조정체, 4) 대외적으로는 외침으로부터의 자기 방어를 위한 상호 연합체이다. 1)과 2)를 목표로 하는 국가는 경제 국가, 복지 국가, 시장적 국가, 3)을 목표로 하는 국가는 계약적 국가, 권리 보호적 국가, 사법적 경찰 국가, 4)를 목표로 설정할 때 그것은 군사 국가라고 말할 수 있다.

이런 국가 유형의 지지자들의 문제점은 무엇인가? 그것은 첫째, 이들은 인간 삶의 전부가 경제·사법·군사적이거나 본질적으로 이런 특성들로 환원할 수 있다고 보고 있다. 이들은 사실상 인간의 삶과 동물의 삶, 자유인의 삶과 노예의 삶이 본질적 차이가 없다고 간주한다. 이들의 국가는 당연히 동물의 왕국이거나 노예들의 국가이다. 둘째, 이들이 설사 인간 삶에 동물적 삶 이상의 측면이 있음을 인정한다고 하더라도, 이들은 국가적 삶이 인간의 이 본질적 측면과 무관하며 오직 인간 삶의 경제·사법·군사적 측면에만 기여하는 것으로 국가의 역할을 격하시키고 있다. 아리스토텔레스에 따르면 인간은 동물과 달리 윤리적 삶을 영위하며 국가는 바로 윤리적 삶의 영위를 위해 결정적 역할을 행한다.

아리스토텔레스 비판에서 흥미로운 점은 민주정이나 과두정이 국가의 일차적 목표로 본 것, 그러나 그가 오직 이차적 역할로서 언급한 바의 기능들인 권리의 보호와 교환과 거래 그리고 재화의 축적에의 기여 등은 근대·현대 국가의 일차적 기능이기도 하다는 점이다. 근대·현대의 대부분의 정치학자들은 국가의 기능이 인간 삶에서 수단적인 역할을 하는 재산·재화·권리·자유 등의 보호와 신장 그리고 공정 분배에 있다고 본다. 근대나 현대의 국가들은 윤리적이고 존재론적 기능을 상실하고 이제 경제적이고 사법적인 기능만을 수행한다. 이 경우 국가는 철학적 성격을 결여하므로 그것은 정치학·경제학·행정학·법학의 논의 대상은 될지

언정 정치철학의 주제는 될 수 없다. 그러므로 민주적 국가론과 과두적 국가론에 대한 아리스토텔레스의 비판은 근대·현대의 국가론에도 적용된다. 물론 근대·현대의 국가론자들은 인간이 기본적으로 생물적인 삶 이상의 차원을 갖고 있음을 부인하지는 않는다. 그럼에도 그들의 국가는 인간 삶의 이 윤리적이고 존재애적(存在愛的) 차원에 기여치 않고 오직 본질적으로 동물적인 삶의 영위에만 관여한다고 생각한다. 아리스토텔레스에 있어 국가는 이 동물적 삶을 위한 수단 이상의 존재이다. 국가는 인간의 윤리적이고 존재애적 삶의 완성을 위한 필수적인 절차요 방법이요 과정이다. 국가는 인간 본성이 요청하는 바요, 이성의 삶을 위한 당위적 조건이다.

아리스토텔레스 국가관의 보다 근본적인 전제를 살펴보자. 1) 인간은 생물학적·경제학적인 것 이상의 차원을 갖는 존재이다. 2) 인간은 본질적으로 윤리적·존재애적 삶을 영위한다. 3) 국가는 경제적 삶뿐 아니라 윤리적·존재애적 삶의 영위에 봉사해야 한다. 4) 인간의 본질이 국가를 요청한다. 5) 진정한 국가는 인간의 본질 실현에 기여한다. 그리고 인간은 자신의 본질 실현을 위해 국가를 절대 필요로 한다. 6) 윤리적 삶의 목표는 잘 삶, 행복하고 훌륭하게 삶, 그리하여 안전하고 자족적인 삶을 누리는 것이다. 7) 이는 단지 자연적 욕구의 완전한 충족 상태와, 경제적 풍요와 문화적 복지의 삶이 아니라 이성적 욕구, 영혼의 욕구가 완전히 충족된 상태이다. 8) 국가는 이런 윤리적·존재론적·이성적 삶의 완성을 위해 요청되는 수단·방법·절차·과정이다. 인간은 신이 아니므로 타자를 필요로 하며, 이 타자와 국가 공동체를 구성한다.

아리스토텔레스에 있어서 인간 삶의 목표는 자연적 욕구의 관점이 아니라 이성의 관점에서 '완전하고 자족적인 삶'의 영위이

다. 국가는 이런 삶을 위해 절대 필수적이라는 것이 그의 견해이
므로 인간에게 정치적 삶은 그의 본질이 명하는 바요,[29] 따라서 정
치학은 최고의 실천학이다.[30] 위에서 필자는 아리스토텔레스가 폴
리테이아를 삶의 방식이라 규정하기도 함을 언급하였다. 이제 그
규정의 이유가 분명해진다. 특정 정체 내에서의 개인의 삶, 즉 폴
리테이아는 그가 자신의 본질 실현을 위해 필연적으로 취해야 할 삶
의 방식이나 존재 방식이다.

　인간은 왜 자신의 윤리적이고 존재론적 완성을 위해 폴리스 내
의 삶을 영위해야 하는가? 왜 폴리스적 삶은 인간의 본질의 일부
라고 아리스토텔레스는 믿었는가? 인간은 현존의 양태, 현재의
상태에서 존재론적 불완전성의 상태에 있다. 인간의 반성적 이성
은 인간에게 주어진 현존의 현상적 삶을 결여태로 판단한다. 인간
은 자연의 상태에서 생물적 결여(가령, 배고픔), 심리적 결여(외로
움·권태·허무감), 그리고 사회적 결여(권력에의 욕구, 명예욕, 인
정에의 욕망) 등, 기본적으로는 자연적인 결여의 상태에 있을 뿐
아니라, 더 중요한 것은 이성적 결여(지적 호기심, 놀라움, 이성적
허무 의식, 삶의 의미 부재)의 상태에 있다. 이런 결여태는 이미 말
한 바와 같이 반성적 이성에 의해 비로소 결여태로서 인식된다.
이런 자각에 기초해 인간은 자연적 욕구의 기준에서 볼 때 완전하
고 자족적인 삶뿐 아니라, 아니 오히려 그를 넘어서 이성적 기준
에서 완전하며 자족적인 삶을 열망한다.

　이 상태를 존재론적 완성태라고 해보자. 인간은 자연 상태에서
는 특수자로, 그리고 이미 말한 바와 같이 결여태로 존재한다. 특
수자가 자신의 결여태를 극복하기 위해서는 필연적으로 타자와
관여함으로써 그와 공동체적 관계를 정립해야 한다. 이런 관계를

---

29) 1253a.

30) *Nicomachean Ethics*, 1293a.

통해서 자신의 개별성 내지는 특수성과 이에서 오는 결여태를 극복해야 한다. 이런 극복의 상황이 공동체적 삶, 폴리스적 삶, 즉 삶의 본질적 방식으로서의 폴리테이아이다. 이런 폴리스적 삶에서의 특수자의 결여태의 극복은 자신의 보편화, 보편적 삶의 영위라는 형태로 나타난다.

그런데 왜 인간의 결여태는 그의 개별성 또는 특수성에서 연유하며, 이 결여의 극복은 보편적 삶의 영위라는 양식을 갖게 되는가? 이에 답하기 위해 우리 특수자의 욕망에 대해 논리적 분석을 가할 필요가 있다. 인간의 욕망은, 1) 인간 현존의 결여성, 2) 이 결여태에 대한 반성적 인식, 3) 이 결여태가 열악한 상황이라는 가치 판단, 4) 욕구 충족 대상에 대한 지향성, 5) 욕구 충족과 욕구 충족 대상이 목적과 수단이라는 논리적 관계에 있음에 대한 인식, 6) 동시에 위의 두 항이 역으로는 결과와 원인이라는 자연적이고 인과적 관계에 있음에 대한 인식을 논리적 계기로 내포한다. 본 논의를 위해 가장 중요한 것은, 목적과 수단의 논리적 관계나 원인 결과의 인과적 관계가 가능하기 위해서는 목적과 수단 그리고 원인과 결과의 양항 사이에 어떤 연속성이 존재해야 한다는 점이다. 욕구 주체인 자아는 욕구 충족을 위해 타자를 지향하되, 이 자아와 타자가 서로에 대한 완전한 타자로 존재할 때 위의 관계 맺음은 불가능해지고, 따라서 욕구의 충족 노력은 좌절될 수밖에 없다.

타자와의 이런 연속성의 확보나 관계 맺음을 위해서 욕구 주체는 자신의 욕구의 특수성, 더 나아가 자신의 욕구의 연원인 자기 자신의 현존의 특수성까지 지양하고 극복해야 한다. 자아는 자기 욕구의 충족을 위해서나 또는 그 욕구의 해소를 위해 자신의 특수성을 극복하고 자신을 이성화하고 보편화해야 한다. 이렇게 볼 때 폴리스는 보편적 이성의 공간이다.

자기 방어, 권리 보호, 경제적 생존에의 기여와 같은 것이 국가
의 진정한 목표가 될 수 없다고 아리스토텔레스가 생각한 이유는
폴리스의 보편적 특색과 긴밀히 연관되어 있다. 폴리스는 이미 논
한 바와 같이 보편적 이성을 원리로 하는 세계이다. 그러나 과두
적 국가나 민주적 국가는, 국가 구성원인 시민들이 보편 지향적
존재가 아니라 영원히 특수자적 존재로서 존속한다는 가정하에
국가를 특수자들의 집합이나 그들간의 공간적 근접체로 간주함으
로써 국가의 본질을 오해하였다.

계약, 방어, 권리 보호, 거래의 개념 들은 상호 엄격히 구분되는
개인들을 전제하고서야 의미 있다. 위와 같은 것들을 자신의 존재
목적으로 하는 민주적 국가나 과두적 국가는 이런 개별적 개인을
궁극적이요 영원한 구성 요소로 하며 따라서 엄격한 의미의 공동
체 *koinonia*가 아니다. 이런 폴리스관(觀)에 따르면, 한 개인이 타
개인과 한 폴리스의 구성원이 되느냐의 여부는 그 두 개인의 공간
적 근접성에 따라 결정된다. 거래, 교환, 상호 방위, 권리 보호의
관계는 사실상 자연적 욕구의 교환 관계이며, 이런 관계는 인간의
본질에 우연적이다. 이런 관계를 위한 타인과의 공존은 인간의 존
재론적 · 윤리적 · 이성적 · 본질적 필요 때문이 아니라, 자연적 ·
현상적 필요 때문에 이루어진다.

본질은 한 개체의 진정한 내면이라 말할 수 있다. 반면 우연적
속성이나 타자와의 관계는 그 개체의 외면성이라고 부를 수 있다.
시장과 협동농장과 재판정과 전쟁터에서의 개인과 개인의 관계는
본질적으로 공간적으로 멀고 가까움의 관계이다. 아군은 공간적
으로 나와 가까우며 적군은 나와 멀다. 아리스토텔레스의 말대로
민주적이고 그리고 과두적인 폴리스 내에서의 시민들은 공간만을
공유한다 *koinonia topou*. 그리고 이 공간에서의 두 개체의 공존을
가능케 하는 질서는 자연적 질서이거나 인과적인 질서이다. 이 질

서에 참여치 못할 때 두 개체는 대양의 두 섬이다. 이 인과적이고 자연적 공간 안에서의 두 개인들간의 거래나 협동의 관계란 기하 학적 좌표 위의 두 점을 잇는 함수 관계와 같다. 좌표대 위의 두 점은 같은 좌표대 위에 있다는 사실을 제외하면 완전히 다르다. 그들을 이을 하나의 함수가 존재하지 않는 한, 그 두 점은 완전히 단절되어 있다. 두 점을 연결하는 함수는 무수히 많을 수 있다는 것이 과학철학의 지적이다. 이 무수한 함수들 중에 어떤 것을 선 택할 것인가는 우리 삶의 형식이나 개념장(場)의 선택에 의존한 다. 따라서 어떤 공동체를 갖는가는 사유 세계의 특성이다. 공동 체는 사유 세계에서 성립한다.

진정한 공동체는 어떤 특색을 지니고 있는가? 이 물음은 존재 론의 근본 문제, 특히 자연철학자들 이래 그리스 존재론의 가장 중요한 문제인 일(一)과 다(多)의 문제와 긴밀하게 연결되어 있 나. 코이노니아는 상호 구분되는 개별자들의 공존체, 즉 다의 세 계이다. 그것은 하나의 순수히 동질적인 일자(一者), 즉 파르메니 데스적 일자만의 고독한 성(城)이거나, 그 일자의 독재가 지배하 는 세계여서는 안 된다. 즉 코이노니아의 구성원은 완전한 일자이 거나, 완전 보편자가 아니라 다성(多性)을 지닌 개별자들이다. 다 른 한편으로 코이노니아의 구성원들은 완전히 개별적이고 특수적 인 존재여서도 안 된다. 그런 코이노니아는 공동체로서의 성격을 상실할 수밖에 없다. 그것은 한줌의 모래에 불과하다. 물에 젖어 뭉쳐진 모래는 물이 마르면 흩어진다.

진정한 코이노니아는 특수적이면서 보편적인 존재, 다이면서 일 인 존재들의 집합체이며, 이런 집합체의 가능성은, 다가 어떻게 일 일 수 있으며, 특수자가 어떻게 보편자적 성격을 소유할 수 있느 냐는 존재론적 물음을 이끌어들인다. 이 물음에 대한 해답은 쉽사 리 제시될 수 없으나, 두 상반된 성격을 지닌 존재는 그리스 철학의 문맥에서 쉽사리 발견할 수 있다. 그것은 영혼 *psyche*이다. 영혼은 경험계의 다양성과 특수성에서 형상계의 일자성과 보편성에로 이행하거나(플라톤), 질료적 세계의 무규정성과 형상적 세계의 규정성이라는 두 상반된 성격을 함께 갖고 있다(아리스토텔레스). 진정한 코이노니아는 그러므로 거래하고, 방어하고, 욕구 또는 결여를 교환하는 신체의 공동체가 아니라 다에서 일로, 특수성에서 보편성으로 이행하는 과정적 존재로서의 영혼의 공동체이다.

방금 필자는 코이노니아의 구성원이 되려면 다성과 일자성, 특수성과 보편성을 함께 구비해야 한다고 주장하였다. 이런 주장은 코이노니아가 먼저 존재하며, 이는 이에의 가입 요건으로 개인에게 어떤 자격을 갖출 것도 요청한다는 식의 시사를 한다. 사태의 논리를 좀더 명확히 밝히면, 인간의 영혼이 그 두 상반된 성격을 지니는 존재(아리스토텔레스)이거나, 또는 한쪽에서 다른 쪽으로 이행하는(플라톤) 과정적 존재이므로 코이노니아의 존재를 요청하게 되었다. 이런 발생 동기로 해서 코이노니아는 중간적이고 과정적 성격을 갖게 된다. 아리스토텔레스가 지적했듯이, 동물이나 신은 폴리스를 필요로 하지 않는다. 코이노니아는 인간의 영혼이 다의 세계에서 일자의 세계로, 특수성의 세계에서 보편성의 세계로, 우연성의 세계에서 이성의 세계로, 결여의 세계에서 자족의 세계로의 존재론적 상승을 위한 방법이요 과정이고 절차이다. 당연히 폴리스적 삶은 인간 삶의 핵심을 이룬다. 코이노니아는 자연적 생존을 위해서가 아니라 훌륭한 삶 *eu zēn*을 위한 것이며, 훌륭한 삶의 내용은 도덕적이고 지적인 삶의 영위이다.

신체의 원자성을 기반으로 하여 우연적 평등 또는 우연적 불평등을 정의로 보는 공간적 공동체 내에서의 개인들은, 신체적 또는 경제적 관계와 같은 외면적 관계만을 맺으며 이런 관계는 우연적 관계에 불과하다. 이 관계는 관계자 자신들의 본질이 요구하는 바가 아니다. 따라서 관계자가 이 관계에 참여치 않더라도 그 존재에 아무런 하자도 발생하지 않는다. 이런 공동체에서 국가의 진정한 목적은 상실되거나, 이 목적의 성취를 위한 필요 조건 또는 도구가 목적으로 전환한다(1281a).

인간의 본성이 요청하여 폴리스는 존재케 되었으므로, 폴리스 내에서의 인간의 관계는 본질적이고 내면적이며 필연적일 수밖에 없다. 이런 관계는 한 개인이 타개인의 신체적 또는 경제적 측면과 관계해서가 아니라, 타인의 영혼, 타인의 이성 *logos*과 관계해서 맺을 수 있다. 한 이성은 현존의 양태에서 다른 이성을 요청하며, 이들의 공존 관계는 필연적이다. 이성간의 이성적 관계는 본질적이요 필연적 관계이다. 폴리스는 인간의 신체적 존재 조건이 아니라 이성적 존재 조건이다. 그것은 단지 신체적 결여를 극복하기 위해서가 아니라 이성적 결여를 메우기 위해서 요청된다. 폴리스적 삶에서, 즉 한 개인의 타자와의 관계에서 중요한 것은 법에 의해 규제될 수 있는 외적 관계가 아니라, 법에 의해 통제될 수 없는 내면적이고 윤리적인 관계이다

5. 국가의 본질과 크기

일반적으로 국가의 영토나 인구의 크기는 국가의 본질과는 무관한 것으로 여겨진다. 이런 믿음은 현대 국가의 인구 수가 수만에서 십수억에 이르기까지 엄청나게 다양하고 보면 자연스러운 생각이다. 아리스토텔레스 국가론에서 흥미로운 것은 좋은 나라를 만들기 위해서는 국가가 면적이니 인구 수에서 적절한 크기를 지니고 있어야 한다고 본 점이다. 그리스적 국가가 도시 국가임에 비해, 현대의 국가들은 대개의 경우 도시 국가의 수준을 넘어서고

심지어 현대에는 10억 이상의 인구를 지니는 거대 국가까지 존재한다. 이 점에서 국가의 크기에 관한 그의 논평은 현대 국가의 문제점, 특히 대중 매체의 기능에 관해 중요한 시사를 담고 있어 음미할 만한 점이 있다고 보인다.

너무 적은 수의 구성원들로 구성된 국가는 자족성을 갖출 수 없다. (그리고 국가는 정의에 있어 자족적인 조직이다.) 너무 많은 수의 구성원들로 구성된 국가는 물질적인 필요들을 자급할 수 있는 자족적 존재일 수는 있을 것이나, 그것은 진정한 의미의 국가 헌법을 가질 수는 없다는 단순한 이유 때문에 진정한 국가가 될 수는 없을 것이다. 그 누가 그렇게 과도하게 큰 집단의 장군 노릇을 할 수 있겠는가? 그리고 스텐토의 목소리를 갖지 않고서야 그 누가 그 대중에게 명령을 내릴 수가 있겠는가?……
국가의 활동은 부분적으로는 통치자들의 활동이고 부분적으로는 피치자들의 그것이다. 통치자들의 기능은 명령을 내리고 결정을 짓는 일이다. 그리고 피치자들의 역할은 통치자들을 선발하는 일이다. 권리의 논쟁에서 결정을 내릴 수 있기 위해서는 그리고 정부의 직책들을 후보의 능력과 공적에 따라 배분할 수 있기 위해서는 국가의 시민들은 서로의 사람됨됨을 알아야만 한다…… 이러한 고려 사항들이 인구 최적의 수를 위한 기준을 제시한다. 그것은 말하자면 자족적인 삶을 성취하는 데에 필요한 총체적 조망을 할 수 있는 최대한의 수이다. (1326b)

국가의 핵심적 필요 요건은 자족성과 헌법 또는 삶의 방식의 공유이다. 그런데 국가가 너무 작으면 자족적일 수 없고 너무 크면 진정한 헌법을 가질 수 없어 삶의 방식을 공유함이 불가능하다는 것이다. 국가의 활동이란 외적으로는 통치자와 피치자들의 활동으로 구성되는데, 전자의 활동은 명령을 내리고 결정을 유도해내는 것이며, 후자들의 활동은 통치자를 뽑는 일이다. 그런데 피치자들이 통치자들을 권력을 뽑아 배분 위임하고 통치자가 시민들 간의 분쟁 사항에 대해 결정을 내리기 위해서는 시민들이 서로의 인간됨을 알아야 한다는 것이고, 그러기 위해서는 인구 수나 국토 면적이 일정 수준을 넘어서서는 안 된다는 것이다. 국가란 선택·투표·위임·명령과 결정 등에 의해 형성되는 법과 제도의 질서라고 말할 수 있는데, 너무 큰 크기나 수에 질서를 부여하는 것은 우주를 질서짓는 신이 아니고는 불가능하다는 것이 그의 논리이다(1326a). 그래서 국가의 자족성과 삶의 방식의 동질성을 위해서 적합한 국가의 크기는, 국가 전체를 총체적으로 개관할 수 있는 범위 내에서의 최대 크기라는 것이다.

그리스적 사회 정의 또는 국가 정의는 단순히 형식적이고 절차적인 정의가 아니라 윤리적이고 인격적인 덕목이다. 롤즈가 문제로 삼는 일차적 사회적 재화의 분배 문제나 노직이 논하는 정치적 또는 경제적 권리의 보호라는 과제는 정의의 실현에 있어서 이차적 과제라는 것이 그리스적 정의관의 함의이다. 인격적이고 실질적인 정의의 실현에 있어 필수적인 것은 정의의 집행자인 통치자가 시민들의 성격이나 성품을 익숙하게 알고 있어야 하며 이는 국가의 크기가 적절한 것이기를 요구한다.

그리스적 국가관이나 정의관이 현대의 그것과 차이를 갖게 하는 요인들 중 중요한 것은 의사 소통의 수단과 관계가 있다. 그리스인들은 국가의 법과 제도 등의 결정 사항을 전하는 통치자의 육성이 시민들에게 적절한 시간 내에 전달될 수 있어야 하고 그래야 시민들 사이에서 삶의 방식의 동질성이 형성될 수 있다고 보았다. 그 당시로서는 통치자의 육성이 전달될 수 있는 거리의 범위 내에서만이 국가의 존재 방식, 즉 헌법이나 국가의 기본적 골격이나 질서의 동질성이 확보될 수 있었다. 우리는 그리스인들이 말 *logos*과 수사학을 중요시한 이유를 여기에서 찾을 수 있다.

현대에 와서는 대중 매체와 교통 수단의 발달은 의사 소통의 범위를 대폭 확대하게 한다. 그러나 이 확대가 국가 크기의 문제를 해결한 것은 아니다. 그것은 이상적 국가 크기의 제약성을 극복하게 한 것이 아니라, 의사 소통의 방식을 변질시키고 나아가 국가의 본질과 정치성의 의미에 대한 왜곡까지도 초래하였다. 현대의 매스미디어는 다음의 두 가지 문제점을 가지고 있다. 첫째, 발달된 현대의 통신 수단과 교통 수단은 의사의 전달 범위를 거의 무한대로 확대하였지만, 전달되는 의사의 범위가 확산되는 만큼 그 의사의 깊이는 옅어지고 말았다. 현대에 있어 의사 소통은 내면적인 연대를 강화한다기보다는 타인과의 관계를 오히려 피상적인 차원에 머물게 하여 이전에 비해 오히려 시민과 정부를, 그리고 나아가 시민들 서로를 소외시키는 측면이 있다. 이런 소외로 하여 의사 소통의 관계는 시민들의 정치성을 공고히하는 데에 기여하기보다는 정치성의 주변화와 시민들간의 사회적 통합을 위한 점착력을 약화시키는 경향을 보인다.

둘째, 대중 매체의 또 다른 문제점은 그것이 통치자의 명령이나 헌법을 시민에게로 용이하게 전달하는 매체이기는 하나, 매체의 속성상 시민들의 의사가 통치자에게 위로 전달되는 것을 불가능하게 한다는 것이다. 대중 매체는 통신의 범위를, 그리고 그와 함께 국가의 크기를 거의 무한대로 확대할 수 있게 하지만, 방금 지적한 바와 같이 의사의 전달이 일방적이어서 대중 조작을 가능하게 할 수 있으며, 시민들 사이의 의사 소통을 피상적인 수준에 머물 수밖에 없게 한다. 대중 매체를 이용하여 시민들이 서로의 성격을 파악하는 일은 거의 불가능하다. 그 결과 정치 체제는 대의적 체제가 될 수밖에 없으며, 투표자는 선출되는 통치자의 인격을 충분히 숙지할 수 없는 상태에서 선출되므로 시민들에게 명령을 내리는 통치자는 비인격적 존재일 위험이 항시 내재한다.

대중 매체의 발달은 국가의 크기를 무한 확대시키면서 국가의 성격이나 인간 삶에 대한 정치적인 것의 의미를 상당히 변질시킨다. 정치는 익명적이고 기능적이 된다. 이제 정치는 더 이상 인간의 삶에서 일차적인 삶의 방식이 아니라, 우리의 삶에 외면적이고 절차적이며 형식적인 것이 된다. 그리고 통치의 힘인 국가 권력은 그것의 원소유주인 국민들 자신이 위임한 힘의 총체로서가 아니라 타자적 강제력의 양태로 다가온다. 이와 함께 정의관도 달라지는데, 이제 정의란 아리스토텔레스가 생각하듯이 인격적·윤리적·존재론적·내면적 정의일 수 있는 입지를 상실한다. 대중 매체에 의해 그 통합성을 확보할 수 있는 거대 국가의 정의는 필연적으로 몰인격적·절차적·형식적·외면적 정의가 된다. 정의란 인간으로 하여금 존재론적이고 윤리적 관점에서 잘 살게 할 수 있게 하는 데에 본질적인 기여를 하는 것이어야 함에도, 이제 정의는 그런 목적에 대해서 오직 간접적이고 도구적인 기여만을 하는 절차적 덕목으로 평가절하된다. 잘 삶 *eu zen* 을 위한, 각인이 자유롭게 형성한 인생관의 실현을 위한 재화와 수단을 제공하고 환경을 조성하는 부차적 목적을 수행한다는 데에 현대적 정의론의 특색이 있다. 이제 국가의 정의란 개인들이 지니는 권리를 보호하는 일이거나, 사회적 재화를 공정하게 분배하는 일을 소임으로 한다.

아리스토텔레스가 국가의 공간적 크기나 인구 수의 크기를 중히 여긴 이유는 바로 여기에 있는 것으로 보인다. 국가에 관한 양적인 문제는 국가의 본질이나 역할, 정치적인 것의 본질, 정의의 성격과 결코 무관할 수 없다고 그는 보았다. 국가가 적절한 크기를 유지할 수 있는 경우에만 정치성의 의미나 국가의 역할이 소외되거나 변질되지 않고, 국가와 개인의 삶과의 관계 그리고 인간 삶의 건전성이나 통합성이 유지될 수 있다는 것이다. 아리스토텔레스의 기준으로 보면 대중 매체에 의사 소통을 의존하는 현대의 국가에서 말의 질서는 그 매체의 속성과 논리에 따라 변질될 수밖에 없고, 이런 변질은 다시 국가적 삶과 개인적 삶이 서로를 소외케 한다. 그 결과 한 국가 내에서 개인들 사이의 관계는 내면적인 유대에 의해 연결되고 통합되는 것이 아니라, 단지 외면적인 거래나 계약의 관계로 변모될 수밖에 없게 된다. 그러므로 현대의 국가는 필연적으로 외면적인 일자성이나 통합성만을 확보할 수 있을 뿐이고 그 결과 아리스토텔레스가 국가 존재의 가장 위험한 요인이라고 항상 우려한 바 반란이나 내란 *stasis* 의 가능성에 처하게 된다는 것이다.

우리는 수사학에 대한 플라톤의 비판을 이런 맥락에서 이해할 수 있다. 대중 매체가 없었던 그리스적 폴리스에서는 수사학은 의사 소통을 위한 효율적인 수단이자 기술이었다. 그러므로 수사학이란 올바른 것이라면 그것은 폴리스의 구성에 있어 결정적인 역할을 하는 것이다. 그것은 한 국가 내의 구성원들을 상호 연결하는 기술이고 이를 통해 정의를 실현할 수 있게 하는 매체이자 연결끈이다. 올바른 수사학은 국가의 통합성·일자성·정의를 가능케 하는 결정적 요인이다.

그런데 수사학이 발전함에 따라 그리스적 의사 소통의 수단이 점차 그 본래적 기능에서 벗어나 단지 대중을 일방적으로 설득하는 기술, 웅변가·정치가·소송자 들이 일방적으로 자신들의 이해나 믿음을 주입하는 세뇌적이고 억압적인 언술의 양태로 변모하게 된다. 그런 수사의 힘은 설득의 힘이 아니라 말의 힘을 가장한 강제력이다. 원래 의사 소통의 수단으로서 수사학은 쌍방적인 것이어야 하는 것인데, 이런 상호성을 상실하고 일방적인 것이 된다. 수사가는 이제 타방의 영혼과 내면에 귀를 기울이며 그의 입장을 이해하려 노력하기보다는 어떻게 하면 타방을 효과적으로 설득하여 자신의 편으로 만들 것인가에 주력하게 된다. 소피스트들의 수사학은 그 규모에 있어서는 차이가 있을 수 있으나 현대의 대중 매체와 본질적으로 비슷한 성격을 지니고 있다.

원래의 진정한 수사학, 폴리스라는 공동체를 가능하게 하는 수사학은 대면 통신 *face to face communication*이었는데, 이제 그것은 기교적인 말의 기술을 통해 일방적으로 대중을 움직이려는 대중 통신 *mass communication*으로 변모한다. 통신이 개인이 아니라 대중을 대상으로 하게 되면 수사적이고 기교적일 수밖에 없다. 대면 통신에서는 따스한 인간의 체취가 흐른다. 그러나 대중 매체를 통한 통신은 필연적으로 차가울 수밖에 없다. 거기에는 인간의 체취나 영혼의 울림이 담길 수가 없다. 대중은 자신의 생각과 입을 가지고 있는 대화의 상대방이거나 언어적 주체라기보다는 일방적 언론에 의한 조작과 통제의 대상이다. 차가운 매체를 통해 흐르는 수사학적인 대중 통신과 이를 통해 이루어지는 정치, 그리고 단순히 도구적 재화를 공정히 분배하기 위한 기준인 정의의 덕목은 인격성을 상실하고 형식적이고 외면적이며 절차적인 것이 될 수밖에 없다. 국가의 구성원들은 이러한 차가운 매체나 이를 통해 이루어지는 의사 소통의 광장에서 자신들의 내면을 드러낼 수도 없거니와 드러내려고도 하지 않는다. 이들은 광장에서 도피하여 자신만의 밀실로 숨어든다. 몰인격적 의사 소통은 현대 대중 매체에 의한 대중 통신의 전형적 특징이다.

플라톤이 제시하는 대안은 무엇인가? 그의 대안은 대면적인 의사 소통의 관계이다. 올바른 의사 소통의 방식, 나아가 국가의 통합성을 가져올 수 있는 관계 방식은 대화라는 것이 그의 지론이다. 플라톤이 그의 저술의 형식으로 삼고 있는 이 대화의 방법은 흔히 철학적 진리의 발견 방법으로 해석된다. 물론 대화법은 그런

철학적 방법이기도 하지만 그 이전에 그것은 정치적 의의를 지니고 있다. 우리는 그의 『국가』를 읽으면서 존재론과 국가론 또는 정치철학이 거의 동연적(同延的)이라는 인상을 받는다. 대화의 방법은 폴리스 내의 시민들 사이의 인격적이고 내적인 관계를 가능케 하여, 국가의 진정한 통합성이나 일자성을 확보하고 유지케 하며, 나아가 인격적 정의(正義)를 가능하게 하는 의사 소통의 방법이고 진정한 수사학이었다. 우리는 그가 『국가』를 포함한 그의 저작들 거의 모두를 대화의 스타일로 저술한 이유를 여기에서 찾을 수 있다. 국가란 본질적으로 대면적인 의사 소통의 공동체이다.

『국가』에서 내면성에 대한 플라톤의 강조와 연관하여 우리가 주목할 것이 또 하나 있다. 그것은 그의 교육에 대한 견해이다. 플라톤의 『국가』는 방대한 스케일, 심오한 깊이, 치열한 철학적 정신, 그리고 비교를 불허하는 사회 개혁의 열정를 담고 있는 국가론이다. 그것은 그러한 규모의 이상국론으로서는 최초의 것이자 최고의 것이다. 플라톤 이후 많은 정치철학자들이 이상국론을 저술하였지만, 플라톤의 그것에 비견할 말한 것은 하나도 없다고 자신 있게 말할 수 있다. 그런데 이 위대한 저술에서 흥미있는 것은 이 저작이 이상국의 건설을 논하면서도 법과 제도, 정치 조직, 경제 제도, 군사 정책 등에 관해서 거의 논하고 있지 않다는 점이다. 이 저서가 논하고 있는 거의 유일한 제도는 단지 교육 제도이다. 그리고 이 교육 제도의 논의에 있어서 상당한 부분을 할애하고 있는 것이 교육 과정에 대한 논의이다.

교육 과정을 중요하게 생각한 그의 이유는 무엇일까? 교육 과정의 내용은 인간의 정신 세계의 내용을 결정한다. 인간은 배운 바대로 결정된다. 노예로서 배워야 할 것을 배운 자는 노예가 되는 것이며, 주인으로서 배울 것을 배운 자는 주인 노릇을 할 것이다. 군주국의 교육 과정을 배운 자는 군주의 신민이 될 것이고, 자유인의 교육을 받은 자는 자유인이 될 것이다. 어린이가 늑대와 함께 생활하며 늑대의 행동과 생존을 익히게 되면 늑대소년이 될 수밖에 없다. 인간은 배운 바대로 산다. 인간에게 있어 배운 바는 바로 그의 생명이요 목숨이다. 주어진 환경과 여건이 배운 바대로 살 수 없을 때 그는 죽을 수밖에 없다. 늑대소년은 인간의 사회 속에서 살지 못하고 밀림으로 되돌아가거나 죽을 수밖에 없다. 늑대소년에게 문명과 문화는 생명이 아니라 질식이다.

국가는 대면적 의사 소통의 공동체여야 한다는 당위는 아리스토텔레스나 플라톤으로 하여금 대의 정부를 반대하게 한다. 그리스적 폴리스를 국가의 이상형으로 보았던 루소 역시 대의 정부를 비판하고 있음에 주목할 필요가 있다. 대의 정부의 이런 부정적 측면을 피하기 위해서는 국가의 크기는 적절히 규제되어야 한다는 것이 그들의 논리이다. 현대에 들어서 국가의 크기는 엄청나게 확대되었다. 이런 현실에 나름의 합리적 이유나 정당성을 인정하면서도 그리스적 이상을 유지 실현할 수 있는 방법이 없을까? 그것은 아마도 정보민주주의에 의한 직접민주주의의 실현이나 지방 자치의 확대나 내실화를 통해 어느 정도는 가능할 수도 있을 것이다.

우리는 여기에서 루소의 견해를 잠시 살펴볼 필요가 있다. 루소가 이상적 정치 형태를 직접민주주의 체제라고 보았음은 익히 알려져 있다. 그는 이 이상을 실현하였던 그 현실적 예들로 그리스의 민주주의, 로마 공화정, 스위스 연방의 자치주 등을 예거하였다. 그에 따르면 어떤 한 개인이나 집단이 국가의 법을 결정하는 것이 아니라 국민 전체가 입법 과정에 참여하여야 한다는 것이다.

루소에 따르면 대의 정부는 특수한 형태의 노예제이다(『사회 계약』, 3권 15장). 시민들은 적극적이고 능동적으로 입법 과정에 참여하여야 하며 그러한 경우에만 그들은 자유롭다. 거대 국가에서는 이것이 현실적으로 불가능하다. 그러므로 국가의 규모는 직접 민주주의를 가능하게 할 만큼 작은 규모이어야 한다. 인구 수가 적으면 적을수록 개별 시민의 자유와 발언권은 확대된다. 이와 반대로 국가가 크면 클수록 국민의 자유는 축소된다. 대의 민주제에서와 같이 돈으로 대표자나 위임자를 살 경우 그 국가는 이제 쇠망의 길로 접어든다는 것이다.

돈을 주라, 그러면 그대는 곧 사슬에 매일 것이다. 재정이라는 어휘는 노예의 어휘이다. 진정한 도시에서 그런 어휘는 알려져 있지 않다. 〔……〕

애국심의 쇠미, 사적 이윤의 추구, 국가의 거대화, 정복, 정부 권력의 남용은 국민의 위임자나 대리자들을 국가 의회에서 고용하는 방식을 창안하게 하였다. 〔……〕

주권이 양도될 수 없는 이유와 동일한 이유로 하며 그것은 대표될 수도 없다. 〔……〕 영국인들은 자신들이 자유롭다고 생각한다. 그러나 그들은 이런 믿음에서 심각한 오류를 범하고 있다. 그들은 국회의원을 선출하는 동안에만 자유롭다: 의회의원들이 선출되자마자 그들은 노예이며 아무것도 아니다. 〔……〕

그리스에서 시민들이 해야 할 것은 모두 시민들이 수행하였다. 〔……〕 노예들은 그들의 노동을 대신 수행하였다. 그들의 가장 중요한 업무는 그들의 자유의 행사였다. (『사회 계약』, 3권 15장)

국가의 거대화는 국가 역할의 기능화, 그리고 정치 현상의 소외, 나아가 현대 정치철학의 소외 현상과도 무관하지 않다. 아리스토텔레스에 따르면 정치학은 최상의 학 *master-science* 이다. 그것이 최상의 학인 이유는 바로 인간의 삶의 본질과 목적과 가치의 정립 및 이의 실현을 가능하게 하며 인간의 삶을 총체적으로 논의

하는 학문이라고 보았기 때문이다. 그런 점에서 정치학은 모든 학문의 왕이라는 것이다. 그런데 현대에 와서 정치학뿐 아니라 정치철학까지도 자신의 본질과 지위를 상실하고 말았다. 인간의 삶은 본질적으로 정치적 삶 또는 사회적 삶이다. 인간의 삶 또는 정치적 삶에는 목적적인 것과 수단적인 것이 있다. 법과 제도·행정·경제, 그리고 재화의 생산과 분배 등이 후자에 속한다. 위에서 본 바와 같이 아리스토텔레스는 이를 연구하는 것을 노예의 학이라고까지 혹평하고 있다. 현대의 정치철학은 전자에는 전혀 무관심한 채 후자에만 몰두할 뿐만이 아니라 후자가 정치철학의 본질적 과제라고 착각함으로써 최상의 지위를 스스로 포기하고 있다.

　이런 착각의 피해는 정치학이나 정치철학이라는 특정의 학문의 위상에만 국한되는 것이 아니라 우리 삶의 가치 서열을 왜곡시키고 수단과 목적의 관계까지 전도시킴으로써 현대인들을 자신의 삶으로부터 소외시키는 데에까지 끼친다. 현대에서 정치의 진정한 의미는 상실되거나 변질되고 정치의 기술만이 중시되고 있다. 현대인들이 행복과 쾌락의 사냥꾼이며 이의 증대를 위해 권력과 금권 지향적임은, 우리의 삶에서 목적과 수단이 전도되어 있음을 알려준다. 그래서 우리의 삶에서 이차적인 재화를 장악하고 있는 개인이나 집단들 또는 도구적 지식의 전문가들이 현대 사회에서는 영향력과 지배력을 발휘하고 있다. 삶의 의미와 가치는 도외시되거나 상대화된 것이 현대적 삶의 특색이다. 이러한 상대화는 인간적 삶의 진정한 정치성이나 사회성을 부정하는 것이며 정치 구성원들이 서로의 삶으로부터 서로를 소외함을 정당화한다. 상대주의란 다름아니라 동료 시민을 타자로 치부하며 각자가 각자의 주관적 서클이나 주관적 사회 속에서 영위하는 배타적이고 분열적인 삶을 정당화하는 것이다. 그러나 이는 정당화되어서도 안 되며 정당화될 수도 없다. 현대인은 삶의 기술만을 중시함으로써 이

기술이 무엇에 쓰일지에 대해서는 맹목적이다.

그러면 그리스적 국가의 이상과 시민의 의미는 무엇인가? 그리스인의 삶에 있어서 가장 중요한 가치는 여가였다. 진정한 여가란 무엇인가? 진정한 여가는 삶의 수단이 아니라 본질이 되어야 한다. 노동에 종속되어 있는 여가는 진정한 여가가 아니다. 진정한 여가는 인간적 가능성을 실현할 수 있는 시간적 공간을 이른다. 자기 계발, 지적 능력의 개발, 지적·예술적 가치의 향유, 우주 질서의 인식, 창조, 진·선·미 등의 가치 추구를 위한 시간이 바로 여가의 진정한 모습이다.아리스토텔레스가 인간적 삶의 이상으로 제시한 정관의 삶은 여가의 삶이다.

단순한 휴식이나 노동이 주는 스트레스의 해소 행위 또는 놀이로서의 여가는 노동의 연속일 뿐이다. 그것은 노동을 위한 준비이므로 노동에 종속되어 있다. 그러한 여가는 일종의 구속이다. 노동이나 직업도 그것이 단지 삶의 수단으로서의 생업으로 인식될 때 그것은 인간의 삶의 소외라고 할 수 있을 것이지만, 그것이 개인의 능력을 계발할 기회를 제공하고 사회와 인간 역사의 발전에 기여하는 것으로 인식될 때 그것은 여가의 성격을 지니며, 삶의 본질적인 국면이라고 할 수 있다. 그리스적 의미의 여가는 현대에 있어서 그러한 것과 같이 생산과 노동과 소비를 위한 휴식과 재창조 *recreation*로서의 시간이 아니었다. 현대에 있어서 여가는 생산과 노동과 소비에 종속되어 있다. 현대인에게 여가는 삶의 본질적 모습으로 있는 것이 아니라 삶의 주변부에 놓여 있다. 노동과 생산과 소비가 현대인의 삶에서 주축을 이룬다고 볼 수 있다면 현대인은 노예적 삶을 살고 있다. 소비자는 왕이라며 상인들은 우리를 현혹시키고 있지만, 소비자는 소비의 노예일 뿐이다. 노예는 진정한 도시의 구성원이 되지 못한다. 그는 국민됨의 기본적인 요건을 상실하고 있는 것이다.

삶의 본무를 수행할 수 있는 자, 즉 자유를 구가하고 활용할 수 있는 자만이 도시의 구성원이 될 수 있다. 그만이 폴리스에 들어올 비자를 얻을 수 있다. 왜냐하면 그리스인들에게 있어서 도시는 계약적 결사체 또는 권력의 조직체임을 넘어서 공유된 삶의 방식이요 삶에의 태도이기 때문이다. 폴리스는 공간적 존재, 경제 사회적 존재가 아니라, 윤리적 존재요, 존재론적 존재였다. 폴리스의 구성 요원을 시민이라고 할 때, 폴리스는 윤리적 공동체이므로 시민이라는 규정도 인간적 삶의 윤리적 성격을 규정한다. 시민이란 투표할 수 있는 자 또는 공직의 후보가 될 수 있는 자, 일정한 자유와 권리를 향유할 수 있는 자일 뿐 아니라, 타인과 특정의 삶의 방식을 공유할 수 있는 자이다. 그리고 그가 일정한 삶의 방식을 타인과 공유함은 그가 인간적 삶의 본무를 수행할 수 있기 위한 전제 조건이다. 근대·현대는 시민의 자격을 오직 외형적으로만 규정함에 반해 그리스인들은 내면적으로 본질적으로 규정하였다.

그러면 그리스인들에게서 삶의 본무란 무엇인가? 그것은 진정한 존재와 가치의 탐구 그리고 그의 창조를 의미한다. 시민은 존재론자이고 윤리학자이다. 아리스토텔레스에게서 완전한 시민권은 생업에 종사하거나 또는 인간의 자연적 욕구의 충족에 골몰하는 자가 아니다. 그러한 자들은 자유의 삶이 아니라 단지 필연의 질서와 자연의 질서에 예속되어 있는 노예적 삶을 살고 있는 자들이다. 진정한 시민은 철학과 학문과 예술적 가치를 추구하고 존재의 질서를 탐구하며, 인간의 의미와 운명을 관조하는 자이다. 그에게 있어서 진정한 시민의 한 유형은 비유컨대, 올림픽 경기장의 구경꾼이다.

플라톤에서도 완전한 시민의 자격을 갖춘 자들은 『국가』의 세 계층 중 상위의 두 계층이다. 이들 중에서도 특히 지도자 계층이라고 할 수 있다. 생산과 소비에 주력하는 하위의 계층은 완전한 시민권을 누리기에는 자격이 충분하지 못하다. 그들은 자율의 능력이 없으므로 다른 시민, 즉 완전한 시민들, 즉 지도자 계층의 지도를 받아야 한다. 그들은 부분적으로만 시민인데 그 이유는 그들의 삶의 방식이 생산과 소비에 종속되어 있기 때문이다. 그들은 부분적으로는 노예이고 부분적으로는 자유인 또는 시민이다.

6. 현실적인 정치 체제

위에서 우리는 민주적 정의관과 과두적 정의관 그리고 이들의 국가관에 대한 아리스토텔레스의 비판을 검토했고, 또 그의 국가관을 정리해보았다. 이어서 우리는 그의 국가관을 기초짓는 좀더 근본적인 전제들을 천착하고 그 의의를 이끌어내보았다.

이제 아리스토텔레스가 현실적으로 가장 이상적이라고 제안한 정체, 그리고 현대의 민주주의적 정체에 가장 가까운 정체라 볼 수 있는 중산정(中産政) *politeia* 에 대해 간략히 언급하도록 하자. 중산정은 민주정과 과두정의 혼합 정체이나 민주정에 보다 가까운 정체이다(과두정에 가까운 형태는 귀족정이다). 이 정체를 두 정체의 혼합정이라고 보는 이유는, 첫째, 이 정체가 민주정의 원리인 자유 시민의 신분을 기초로 한 평등을 정의로 보며, 즉 정치 권력 배분의 기준으로 삼으며, 둘째, 다수의 자유 시민들에 의한 지배를 이루면서도, 시민 계급의 다수가 중산층화함으로써 실질적으로는 과두정에서와 같이 재산에 따른 권력 분배를 이루고 있기 때문이다.[31] 중산층은 경제적인 안정을 확보하고 있으므로 보다

---

31) 아리스토텔레스는 경제적 계층을 셋으로 나눈다. hoi euporoi sphodra, hoi aporoi sphodra, 그리고 hoi mesoi toutōn, 1295b 3~4.

이성적이며, 따라서 통치 집단만의 이익이 아니라 시민 전체의 이익을 도모하므로 폴리스 내부의 경제적 갈등 요인을 제거한 정체이다.

이 체제에 관한 아리스토텔레스 논의에서 가장 흥미로운 점은 경제적 중산층 *hoi mesoi* (1295b 3)에 대한 견해이다.[32] 그는 이 계층이 도덕적 중용의 덕을 가장 탁월하게 발휘할 것이며, 따라서 가장 이성적으로(1295b 6) 폴리스를 통치하므로 이들에 의한 통치가 최선의 폴리테이아, 그리고 최선의 삶의 방식 *aristē politeia kai aristos bios* (1295a 25)을 보여주리라고 논한다. 이 논의를 단계적으로 간단히 정리하면서 이 장을 끝맺는다. 여기서 아리스토텔레스의 중요한 주장인 경제적 여건과 윤리성과의 관계에 대한 논의는 다음 기회로 미룬다.[33] 1) 진정 인간적으로 잘 삶 *ton eudaimona bion* (1295a 37)[34]은 구속 없이 인간적 탁월함을 발휘하는 삶 *ton kat'retēn bion* (1295a 38)[35]이며, 2) 그런 삶은 탁월한 중용 *mesoteta, ton meson bion*에 있으며, 3) 따라서 최선의 삶은 중용, 그것도 대다수의 사람들이 성취할 수 있는 중용의 삶이다. 4) 'politeia'는 'polis'의 그리고 시민들의 삶의 방식이다. 5) 개인의 삶의 방식이 좋은지의 여부를 판정하기 위한 기준은 폴리스의 삶의 방식을 판

---

32) 중산층과 중산층 정치의 장점들은 1295b 이하에 지적되어 있다.

33) bk. IV, ch. 9.

34) 'eudaimonia'는 통상 영어로는 'happiness,' 우리말로는 '행복'으로 번역된다. 그러나 이 번역은 원어의 뜻을 오해하게 한다. 그리스적 'eudaimonia'는 주관의 심리적 상태요 결여의 충족 상태로서의 행복이 아니다. 행복 'happiness'는 'pleasure' 'utility'의 개념과 긴밀히 연관되어 있으나, 'eudaimonia'는 이들 특히 'pleasure'와 반대어로 쓰이는 경우도 있다. J. M. Cooper는 'human flourishing' 이라는 번역을 제안한다. *Reason and Human Good in Aristotle*, Harvard Univ. Press, 1975, p. 89.

35) 'arete' 역시 잘못 번역되는 그리스 윤리학의 한 중요 개념이다. 이는 통상 'virtue'와 '덕'으로 번역되나, 'aretē'는 번역어가 함의하는 도덕적인 뜻보다는 기능적 의미를 지니는 어휘로서 인간적 기능 발휘에서의 탁월함을 의미한다.

정하기 위한 기준과 같다. 6) 폴리스는 부유층·중산층·빈민층의 세 경제적 계층을 갖는다. 7) 이 세 계층 중 중산층이 중용의 'arete'를 가장 높은 정도로 갖고 있다. 8) 중용이 도덕적 최선이다. 9) 모든 면에서 중간적 상태의 사람이 가장 이성적으로 행동한다. 10) 그러므로 중산층의 지배가 현실적으로 가장 이성적이며 이상적이다.

이 논의에서 특히 주목해야 할 단계는 일곱번째이다. 이 단계에서 아리스토텔레스는 경제적 요인, 즉 중산층이라는 규정을 도덕적 덕목, 즉 중용과 관계짓고 있다. 이런 관계가 과연 타당한지, 왜 아리스토텔레스는 경제 여건과 도덕적 덕목 사이에 그런 관계가 있다고 보았는지는 흥미있는 탐구의 대상이다.

제3부

권리와 권력

제6장

개인의 존재론: 권리 개념의 새로운 해석

1. 시작하는 말

권리들은 우리의 실천적 삶, 그것도 정치적·도덕적 규범 세계의 한 중요한 소여로서 주어져 있다. 많은 사람들이 권리 주장을 하며 타인들에게 자신의 권리를 존중하라는 정치적·도덕적 요구를 한다. 현대 사회의 수많은 갈등 분쟁들은 권리 주장들간의 갈등이며, 이 권리 의식이 강하면 강할수록 갈등은 심화된다. 비록 현대에서와 같이 선명하게 의식화는 안 되었으나 고대에서도, 그리고 서양뿐 아니라 동양에서도 모든 사회적 갈등의 심층에는 권리 의식이 깔려 있다. 불의의 의식, 정의에의 요구와 투쟁·울분·분노·한·원한·복수의 염(念)·혁명·항쟁·전쟁 등의 모든 크고 작은, 그리고 개인적이고 국가적인 갈등과 대결의 축이 되고 있는 것은 권리 의식이다. 권리 개념이란 인간이 행위하며 삶을 영위하는 한 근본적인 사유 형식이고, 인간의 근본적인 실천 범주이다. 그것은 인간의 실천적 개념의 장(場)에서 가장 중요한 개념들 중의 하나이다.

이런 이유에서 권리 개념은 근대의 주요한 정치철학론의 전개에 있어 핵심적인 위치를 차지하고 있다. 근간의 사회 정의론의

기본 원리에 관한 논의의 핵심은 권리의 분배 기준을 어디에 두느
냐의 물음으로 환원할 수 있다. 나아가 근현대의 지배적인 정치
이념의 핵심적 가치가 되고 있는 것도 권리 개념이다. 현대 사회
의 지배적인 이념인 자유주의 또는 개인주의의 중심적인 가치는
개인의 자유와 권리이다. 거의 모든 국가의 헌법이 가장 먼저 명
시하는 것은 국민들이 그 국가에서 보장받을 수 있는 그리고 받아
야 하는 권리들의 세목들이다. 이 장에서 필자는 권리 개념에 대
한 새로운 해석을 제시하고자 한다. 이 과정에서 필자는 권리 개
념에 내재해 있는 이중적 성격, 즉 권리의 근원적 우연성과 합리성
을 드러내고, 나아가 이 이중성을 해소 또는 조화시킬 수 있는 길
을 모색하여보고자 한다. 여기서 합리성은 타산성을 의미하는 것
이 아니라, 윤리적이고 보편적 이성의 의미로 사용된 것이다.

2. 권리의 존재론

I. 권리 의식과 존재론적 태도

인간은 자신의 생명·건강, 그리고 자유에 대한 자연권을 갖고
태어난다고 로크는 선언한 바 있다.[1] 이 말의 의미는 무엇인가?
그것은 인간이 태어날 때부터 자신의 신체와 생명과 자유를 갖고
태어나듯이 권리라는 추상적 재화도 함께 지니고 태어난다는 것
이다. 이 권리는 마치 신이 우리에게 생명과 자유를 주어 이 세상
에 내보냈듯이, 권리라는 추상적이고 윤리적 재화를 구비하여 이
자연 속에 내보내어, 자연에서 인간에게 특수한 지위를 보장하게
하였고, 인간은 이를 근거로 하여 정치적 그리고 시민적 권리를

---

1) J. Locke, *Two Treatises of Government*, bk. II, 6절.

제정하고 보장하여줄 국가를 구성하게 되었다는 것이다. 권리가 신의 선물이라면 이를 근거로 하여 구성된 국가 역시 신의 선물이라고 말할 수 있다. 자연권은 신이 하사한 것이므로 그것은 신성 불가침적이고 이는 인간이 창출할 수 없는 성질의 것이다.

자연권보다 더 근원적이고 형이상학적인 것으로 개인이 인격체로서 누릴 수 있는 권리가 있다. 칸트에 따르면, 모든 인간들은 인격체로서 대접받을 권리를 지니는데, 이 권리에 대한 존중은 칸트에 있어 도덕 법칙의 내용적 존재 근거였다.[2] 이들 철학자들의 주장이 아니어도 현대의 거의 모든 사람들은 자신이나 타인이 모두 어떤 권리를 소유하고 있다고 굳게 확신하고 있다. 권리 소유의 의식은 일상적 소유의 의식과는 질적인 차이를 갖는다. 전자는 도덕적 주장임에 반해, 후자는 사실 기술에 불과하기 때문이다. 자신이 신체나 재산을 소유하고 있다는 x의 언명에 대해 우리가 취할 수 있는 태도는 그의 말을 이해하고 그 말의 진위를 확인하는 일뿐이다. 그가 자신의 신체와 재산에 대해 권리 주장을 할 경우, 그는 우리들에게 어떤 새로운 태도를 요구하고 있는 것이다. 그는 권리 주장을 함으로써 우리가 그의 신체나 재산에 대해 어떤 종류의 이성적이고 윤리적인 태도를 취할 것을 요청하고 있다. 이런 이성적 태도를 존중이라고 한다.[3] 이 권리의 존중은 자연적 태도와는 질적인 차이를 갖는다. 나의 신체나 재산이 권리 주장의 대상이 될 때, 그것은 나의 발에 걸어차여도 상관이 없는 돌멩이와 같은 식으로 취급되어서는 안 된다. 나의 권리 주장의 대상(이하 권리 대상)은 타인의 발길이 가는 대로, 기분 내키는 대로 취급될

---

2) 도덕 법칙의 보편성을 요구하는 정언 명령 제1형식은 그것의 형식적 조건을, 인격의 자체 목적성을 주장하는 제2형식은 도덕 법칙의 내용적 조건을 구성한다.

3) 존중 또는 존경의 개념에 관해서는 칸트, 『도덕철학 원론』, p. 40(정진역, 을유문고); 『실천 이성 비판』, 1부 3장 참조.

수 있는 것이 아니다. 그것은 함부로 무시될 수 없는 것으로 규범적 태도인 존중의 대상이다.

이런 권리의 존재론적 근거는 무엇일까? 이에 관해서는 다음의 세 가지 입장이 있을 수 있다. 1) 자연권론 또는 인격론: 이 입장은 인간이 자연 상태에서부터 권리를 가지고 있거나, 인격성이라는 형이상학적 지위로 하여 생득적으로 권리를 가지고 있다는 주장이다. 인간은 사회 구성 이전부터, 즉 자연적 존재로서도 권리를, 즉 자연권을 소유하며, 법적·정치적 권리는 이에 기반한다는 것이다. 이것은 지극히 형이상학적 이론이다. 이 이론은 상당히 논란의 여지가 많을 뿐만이 아니라, 권리의 개념과 자연 상태의 개념은 상호 일관되지 않는다는 것을 위의 제4장에서 필자는 논한 바 있다. '자연권'은 모순 개념이다. 권리의 탄생은 윤리적 의식의 발아와 함께한다. 또는 윤리의 지평이나 권리의 좌표 또는 정치 세계가 구성된 연후에야 권리는 형성되기 시작한다.

2) 규약론 또는 법실증주의: 이 견해는 인간의 권리가 사회적 규약이나 법적 체계에 의해 형성 부여된다는 것이다. 권리는 항상 구체적인 권리들이며(자연권은 추상적인 권리로서 행사될 수도 존중될 수도 없는 권리라는 것이 이들의 견해이다), 구체적인 권리는 항상 구체적인 규약이나 관습 또는 법들에 의해 규정되어야 존재하게 된다. 그러므로 인간의 권리는 구체적인 정치 조직과 법들의 존재와 함께한다는 것이 이 입장의 핵심이다. 여기에서 중요한 것은 이 입장의 지지자들이 권리가 단지 추상적인 정치 의식이나 윤리 의식에 의해서가 아니라 구체적이고 행사력을 갖춘 법과 제도를 존재 조건으로 한다고 이들은 논하고 있다는 점이다.

자연권론은 권리가 국가가 구성되기 이전부터 그리고 법과 제도가 성립되기 이전부터 존재한다고 주장함에 반해, 규약론은 이와 달리 권리는 그러한 것들이 존재한 이후에야 비로소 존재할 수 있다는 입장이다. 자연권론과 실증주의는 전통적으로 권리의 존재와 발생에 관한 두 대표적인 그러나 대립적인 견해였다. 필자는 이 두 입장이 모두 논리적으로 문제가 있다고 생각하여 제3의 견해를 제시하겠다.

3) 윤리 의식론 또는 윤리적 차원론: 권리는 자연 상태에서부터 존재하는 것도 아니며 그렇다고 해서 오직 국가 사회의 구성 이후에야 존재케 되는 것도 아니다. 필자의 핵심적이고 근본적인 논리는 다음과 같다. 첫째, 권리를 소유하고 향유할 수 있는 상태는 자연 상태가 아니다. 왜냐하면 짐승들이나 새들, 물고기들이나 구르는 돌과 같은 자연적 존재자들은 어떠한 권리도 소유하고 있지 않다. 그러므로 인간이라고 해서 자연 상태에서 권리를 소유하고 향유해야 할 특별한 이유는 없다. 자연 상태에서는 인간도 구르는 돌과 같이 걷어차일 수 있으며, 그래도 이런 사태는 아무 윤리적 문제들을 야기하지 않는다. 권리의 소유와 향유와 존중은 인간이 오직 자연 상태를 벗어날 때 가능하다. 둘째, 국가와 사회가 구성되고 법과 제도가 제정된 이후에야 권리가 생긴다면, 이들이 제정되기 이전은 물론 그 이후에도 국가와 사회는 윤리적 성격을 결여하고 있을 것이며 법과 제도의 위반이나 파괴, 그리고 권리의 침해는 아무런 윤리적 문제를 야기시키지 않는다. 권리의 침해는 윤리적으로 잘못된 것도 악인 것도 아니며 단지 법적인 위반 사항에 머물 뿐이다.

이런 귀결은 우리의 상식적 직관과 어긋난다. 법이란 도덕의 최소한이고, 위법의 행위는 사법적 악일 뿐 아니라 도덕적 악이기도 하다. 타인들의 이유 없는 권리 침해나 인격의 모독에 분노를 느끼고 한을 품으며, 그에 항거하여 생사의 투쟁을 벌이는 이유는 단지 그것이 위법 사항으로 규정되었다는 판단 때문만이 아니다. 그런 분노나 투쟁은 보다 깊은 의식, 법 이전부터 존재하며 법 제

정의 기초가 되는 의식의 발로이다. 권리 의식은 국가와 법 이전
부터 존재하며 그것들의 윤리적 기초를 제공한다.

II. 권리의 현상과 권리의 실재

흔히들 권리를 논할 때 범하는 하나의 오해는 권리들을 정치
적 · 법적 · 경제적 가치나 재화로만 간주한다는 점이다. 물론 권리
들은 경험적으로 확인할 수 있게끔 개별화되어야 하며, 그런 한에
서 정치적 · 법적 · 경제적 재화의 양태로 존재하고, 그런 것으로서
만이 존중의 대상이 될 수 있다. 하지만 이런 것들은 권리의 표현
양식이고 권리의 외적 현상 *appearance*이라고 할 수 있는 것이다.
권리 개념의 핵심이요 권리의 실재 *reality*라고 할 수 있는 것은 그
런 구체적 권리의 대상들이라기보다는 그들에 대한 태도 또는 태
도를 요청하는 의식이다. 이런 요청이나 의식이 국가 권력 및 법과
제도를 구성케 한 것이지, 역으로 국가 권력이나 법이 구체적인 권
리들을 산출 · 분배하여 권리 의식을 형성케 할 수는 없다.

이런 점에서 권리들을 경제적 · 법적 문맥에서만 해석하는 것은
지양되어야 한다. 권리 개념은 이미 지적한 바와 같이 우선적으로
그리고 기본적으로 존재론적이고 윤리적인 개념이다. 그것은 인
간이 구성한 존재계인 정치 세계에서의 개인의 위치를 나타낸다.
구체적 권리들의 대상을 권리의 전체로 여기는 오류를 범하는 점
은 법실증주의는 물론 권리에 대해 형이상학적인 입장을 취하는
자연권론도 마찬가지이다. 이 후자의 지지자들 역시 권리 의식의
중요성은 간과한 채, 구체적 권리, 가령 개인들이 자신의 신체 ·
생명 · 노동 · 재산 등에 대해 갖는 권리만을 논한다. 그들의 말대
로 자연 상태에서 권리와 유관한 것이 존재할 수 있다면, 그것은
구체적인 권리들이라기보다는 자신의 지위에 대한 인간의 특별한
의식, 즉 권리 의식일 것이다. 권리 의식이란 바로 자신의 존재와

지위와 상태가 확실하고 절대적으로 보장받아야 한다는 의식이
다. 자신의 지위가 확실성이나 절대성이나 항구성을 보장받고 상
황의 우연성으로부터 보호되어야 한다는 의식은 존재론적인 의
식, 자신의 지위에 대한 존재론적 전망을 가질 수 있어야 가능한
의식이다. 그것은 일종의 실체성에 대한 의식이다. 자연권이라도
그것은 권리 의식의 지원을 받아야 권리가 될 수 있다. 그러나 바
로 이런 의식은 자신의 삶과 존재에 대해 추상적이고 반성적인 태
도를 거쳐 형성될 수 있는 것이므로, 자연 상태에서는 있을 수 없
다. 권리의 지평은 인위적인 지평, 인간의 사고가 개입되어 있는
지평이다.

인간은 자신의 존재와 지위에 대해 총체적이고 존재론적인 반
성을 통해 권리 의식을 형성하게 되고, 이를 매개로 하여 국가를
구성하는 것이며, 구체적이고 개별적인 권리들은 이 법과 제도를
통해 창출 분배되고 보장된다.

권리는 인간이 자연 상태를 벗어나는 지점에서 그러나 국가의
구성 이전에, 국가의 윤리적 근거를 제공할 수 있는 공간에서 존
재한다. 권리는 인간이 사유를 행함으로써 자신과 세계를 어떤 가
치와 의미의 소유주로서 파악하면서부터, 그러므로 가치와 의미
와 실체성의 지평(이것은 정신 세계에서 전개되는 지평이다)에서
존재한다. 이 지평의 전개를 가능하게 하는 것은 인간의 사유와
반성의 능력, 더 구체적으로는 자신의 실체성에 대한 의식이다.
우리는 이렇게 말할 수 있다. 자연 상태와 구체적인 국가와 그의
법과 제도 사이에 이들을 연결시키는, 그러면서도 새로운 차원과
세계를 전개시키는 존재론적 의식이 존재한다고. 그리고 권리는
바로 이 의식의 발동에 의해 생성된다고.

정치 세계의 구성원인 시민들은 무시될 수 없는 위치와 지위를
지니고 있으며, 권리라는 개념은 그 존재론적 지위를 표현하고 있

다. 권리 대상이 존중되어야 한다 함은, 그것이 특정의 차원에서 침해될 수 없는 독자의 영역이나 훼손될 수 없는 고유의 지위와 가치를, 더 근원적으로는 자신이 어떤 세계에서 존재론적인 지위를 지니고 있음을 의미한다. 권리 대상의 이러한 지위는 근원적으로는 권리 소유주의 위치에서 온다. 권리 소유주는 그 특정의 차원에서 고유의 가치나 지위·실체성을 소유하고 있는 존재자이다. 이 특정의 차원이란, 인간이 태초부터 자리잡고 있는 우주적 자연일 수도, 보다 가까운 생활 공간인 지구적 자연일 수도, 또는 인간 자신이 창출한 정치 세계일 수도, 또는 이성적 차원의 윤리 세계나 존재론적 의미의 세계일 수도 있다. 심지어 그것은 초월적 신의 세계, 천당·열반의 세계일 수도 있다. 종교적 신앙은 이런 세계에서 한 자리를 예약하려는 것이다. 철학, 존재론, 윤리적 탐구는 인간이 영원한 자리를 보장받을 수 있는 세계가 있는지에 대한 탐구이다. 사람들은 자리에 연연한다. 자연계에는 그런 자리가 없으므로 그 자리를 확보할 수 있는 세계를 적극적으로 구성한다.

인간들은 왜 이런 세계에 자신의 정당한 자리가 있다고 생각할까? 이런 여러 종류의 세계들에서 자신의 자리와 권리가 있다고 주장함으로써 인간은 자신의 삶과 실천에 대해 어떤 태도를 표명하고 있는 것일까? 우리가 권리 개념에 관하여 분명하게 말할 수 있는 것은, 사람들은 권리 주장을 함으로써 자신이 자연적 존재 이상이며, 따라서 그에 부합하는 대접을 받아야 한다는 믿음을 표현하고 있다는 점이다. 이런 대접을 존중이라고 하는데, 존중이란 위에서 지적한 바와 같이 이성적이고 윤리적인 태도이며, 더 근원적으로는 존재론적인 태도이다. 그러므로 무엇이 존중의 대상이 되기 위해서는 그것은 이성적이거나 윤리적 가치 *moral worth*라는 존재론적 지위를 소유하여야 한다. 이성적 가치, 윤리적 가치, 존재론적 지위의 세 가치는 관점에 따라서는 서로 의미나 외연에 있어 편차가 있으나, 존재론적 입장을 취할 경우에는 동연적이라고 말할 수 있으며, 이런 동연성을 잘 보여주는 것으로 우리는 플라톤의 형상을 들 수 있다. 이데아론에서 정의(正義)의 이데아는 이성적 인식의 대상이자 윤리적 규범이며 동시에 존재론적인 실체이다. 필자가 취하고자 하는 입장은 존재론적인 것이므로, 이들 세 종류의 가치를 상호 교환적으로 사용하여도 무방하리라고 본다.

이들 가치는 시장의 재화들이 지니는 시장 가격과 대조된다. 이들은 타자와의 관계에서가 아니라 자체적으로 갖는 가치이며, 이 가치는 자신의 본질로 하여 갖추게 되는 가치이므로 내적이고, 자신이 진정 자신일 경우에만 그리고 그 사실을 근거로 하여 소유케 되는 점에서 존재론적 가치라고 말할 수 있다. 이 존재론적 가치나 지위를 전통적으로는 실체성이라는 개념으로 표현하였다. 이런 가치를 지님으로써 존중이나 존중의 대상이 되는 것들의 예로, 우리는 이성적 진리, 정관적 관조의 대상으로서의 미(美)를 위한 미, 의무론적 관점에서의 도덕적 법칙, 인격체, 그리고 권리들을 들 수 있다. 이들은 모두 실체성을 함축하고 있다. 가령, 윤리적 가치인 인격적 주체는 윤리적 공간의 실체이고, 권리 소유주는 정치적 공간의 실체이다. 방금 예거한 실체적 존재의 예들 중에서 앞의 셋은 보편자이고 뒤의 둘은 고유명사화할 수 있는 특수자이다. 이 사실은 곧 논의할 바인, 권리 개념이 내포하는 긴장감의 원인이 된다.

III. 권리 관계

권리 개념의 실체성으로 하여 권리 관계는 존재론적인 성격을 지닌다. 존재론적이라 함은 본질적이라 함을 의미한다. A가 B에 대해 또는 C라는 행위에 대해 권리를 행사할 수 있다 함은 A와 B

및 C가 A에 본질적이라는 말이다. 재산권의 예를 들면, 한 소유 주체 A와 그의 재산은 실체와 본질적 속성의 관계와 같은 관련을 맺고 있다. 한 개인의 재산은 그의 속성 *property*이다. 그래서 한 개인의 재산을 침해함은 그의 자아 또는 그의 본질적 속성을 침해하는 것이다. 한 개인의 재산은 그의 자아의 연장이다. 어떤 행위를 하거나 대접을 받을 권리와 그 대접 또는 그 행위와의 관계는 어떠한가? 그 역시 본질적 관계에 있다. 그 대접이나 행위는 그 개인의 인간적인 가능성을 실현하는, 또는 실현하는 데에 있어 필수적이거나 본질적인 것들이다. 언론 집회의 자유, 투표권·피선거권 등의 자유와 권리는 시민됨의 본질을 구성한다.

권리 개념에 담겨 있는 존재론적인 함의를 분명히하기 위해서 존재론적 개념의 핵심 개념들 중의 하나인 실체 개념을 분석하여 보자. 실체의 전형적인 예들은 플라톤의 형상, 데모크리투스의 원자들, 기독교의 신, 데카르트의 사유 실체, 논리적 원자론의 논리적 원자 등일 것이다. 이들은 어떤 특성을 지니고 있는가? 이들은 모두 자족적인 존재, 불멸성과 항구성을 지니고 있는 존재들이다. 그리고 존재 독립적인 것으로서 자신의 존재를 타자에 의존하지 않는다. 그러므로 이들은 그것이 무엇이건간에 내적인 존재 이유를 지니고 있다고 말할 수 있다.[4] 이들은 당연히 타자에 의해 무화되지 않으며, 생성 소멸하지 않는다. 한 개인이 자신이나 그 어떤 것에 대한 권리 주장을 할 경우, 그는 사실상 실체들이 지니는 이 모든 특성들에 대한 주장을 하는 것이다. 그런 주장을 통해 그는 불멸하고 항구적이며, 자족적이고 독립적인 존재임을, 나아가 그러므로 타자에 의해 이유 없이 침해되거나 무화될 수 없음을 선언하고 있다. 권리들의 불가침성 *inviolability of rights*은 바로 권리

---

4) 스피노자의 실체 개념에 대한 정의 참조.

의 실체성에서 나오는 것이다.

　권리 주장은 정당한 것이라도 그 정당성만으로 자신의 불가침성을 보장받을 수 있는 것은 아니다. 권리는 형이상학적 실체라기보다는 정치적 실체이기 때문이다. 권리들은 개념상 신성 불가침의 것이긴 하지만 그렇다고 해서 항상 존중되는 것은 아니다. 권리들은 유감스럽게도 존중되기보다는 침해되는 경우가 더 많다. 이런 사실은 존재론적 실체와는 달리 권리라는 것이 어떤 특정의 세계에 의존적임을 시사한다. 권리는 어떤 세계 내에서만 존중될 수 있다는 점에서 세계 의존적이지만, 바로 그 동일한 이유에서 세계 구성적인 성격이 있다. 어떤 권리를 주장하고 존중한다 함은 바로 그 권리가 실체로서 역할을 할 수 있는 세계의 구성에 참여한다는 것이다.

　필자가 자연권이란 존재하지 않는다고 생각하는 또 다른 이유는 권리의 이런 특정 세계와의 본질적 연관성 때문이다. 자연권의 개념은 두 측면에서 오류를 범하고 있다. 첫째는 자연 상태에서도 인간이 윤리적 지위인 권리를 지니고 있다고 주장하는 점에서이고, 둘째는 권리 개념이 특정의 영역이나 세계와 무관하게 의미있을 수 있다고 시사하는 점에서이다. 권리는 권리 소유주가 자신이 나무와 돌과 같은 자연적 존재 이상이라는 의식에서 나오므로 자연 상태에서는 존재할 수 없는 가치이다. 그리고 존중될 가능성도 없거니와 무시되어도 상관이 없는 곳에서의 권리의 주장이란 공허한 것이므로, 절대적인 또는 무제약적인 권리란 존재하지 않는다.

　이들 존재론적 또는 도덕적 가치들과 대조하여 전혀 가치를 지니지 않거나, 갖는다고 해도 경제적 가치, 도구적 가치, 외적 가치, 현상적 가치만을 지니고 있는 것들은 존중이나 존경의 대상이 되지 않는다. 내 발길에 차이는 돌멩이는 무가치하거나 도구적 가치만을 지닌다. 그런 것들은 상황에 따라 있어도 좋고 없어도 좋

은 것들이다. 윤리적 가치들은 사실적 상황을 초월하며 보편적인
반면, 경제적 가치는 사실적 상황에 의존하며 특수적 존재들이다.
이 후자의 존재들은 상대적 가치만을 소유하므로 윤리적 관점에
서 보면 우연적이며 당위적인 존재 이유, 즉 꼭 있어야 할 이성적
이유를 결여하므로 존재론적 관점에서도 우연적이다. 그것들은 어
떤 원인들에 의하여 필연적으로 존재케 되었을 것이며 그 점에서
그것들은 필연적 존재(自然 必然的)이긴 하나, 이성의 관점에서
보면 존재 이유가 없으므로 우연적 존재(存在 偶然的), 비당위적
존재이다. 이들의 존재 원인은 분명 존재하지만 존재 이유는 부재
하거나 알려지지 않는다.[5] 이성적 존재 이유가 없는 존재는 진정
한 존재계에서는 시민권이 없다. 진정한 존재란 있을 수밖에 없는
이유가 있는 존재이어야 한다. 바람에 휘날릴 수 있는 그런 존재,
뿌리가 없는 존재는 진정한 존재가 아니다. 존재론은 이성의 작업
이므로 존재론의 관점에서 이성과 존재의 관계는 본질적이다.[6]

　존재론적 기준으로는 이성적 존재 이유가 있는 것만이 진정으
로 존재하는 것이다. 이성적 존재 이유가 없는 우연적 존재는 존
재론적인 관점에서는 허무이다. 바람에 날리는 먼지는 있어도 없
어도 좋은 존재요, 그런 것들은 바람 따라 사라져버려도 이 존재
계의 존재에 위협을 가하지 않는다. 그러나 그 어떤 존재가 실체
이고 그 실체가 이유 없이 소멸한다면, 그것은 더 이상 실체가 아
님에 대한 증거이거나 또는 그것을 실체로 하는 존재계가 더 이상
존재계가 아님을 보여준다. 즉 실체의 이유 없는 소멸은 그 실체
를 구성원으로 하는 존재계 자체의 안정성에 위협을 가한다. 실체

---

5) 자연적 필연의 우연성에 관해서는 다음 참조: 필자,「지성과 우연적 필연」, 조요한
　외 저,『희랍 철학 연구』, 종로서적, 1988; 필자,「우연과 당위」,『계간 경향』제16
　집, 1987년 가을.
6) 우리는 이성과 존재의 관계에 주목할 필요가 있다. 양자는 본질적 관계가 있다. 이
　책의 제2장 참조.

의 운명과 존재계의 운명은 같은 배를 타고 있다. 권리들이 동시에 자신이 의존하고 있는 세계 구성적인 이유는 여기에 있다.

우리는 권리 개념이 담고 있는 실체성의 의미와 이와 연관된 불가침성의 함의를 재산권의 경우에서 살펴볼 수 있다. 재산의 소유가 실질적이기 위해서는 단지 그 재산을 물리적으로 소유하고 그 소유 상태를 지킬 수 있는 힘을 소유하는 것이 아니라, 그에 대한 권리를 소유함이, 즉 재산권을 소유함이 결정적으로 중요하다. 단지 강한 힘을 소유함만으로는 소유 재산에 대한 영원한 그리고 절대적인 보장을 확보할 수 없다. 더 힘센 사람이 나타나 소유된 재산을 강탈할 가능성은 항상 상존하기 때문이다. 언제고 침해될 가능성이 있는, 상황의 우연성에 따라 그 소유의 상태가 침해될 수 있는 그러한 소유의 상태를 우리는 절대적으로 보장되어 있는 불가침의 상태라고 하지 않는다. 힘에 의해 보장되는 상태는 자연 상태와 다를 바 없으며, 엄밀히 말해서 그런 상태를 우리는 보장되어 있는 상태라고 말하지 않는다. 우리는 사자가 자신의 힘으로 하여 자신의 먹이의 소유를 보장받고 있다고 말하지 않는다. 즉 보장이라는 언술은 사자의 자연 상태에는 적용되지 않는다.

자신의 지위에 대한 절대적이고 실질적인 의식을 권리 의식이라고 하는데, 이런 권리 의식에서 사람들은 그런 보장을 해줄 수 있는 권력의 소유주로서의 국가를 구성하게 된다. 국가 구성의 원리는 계약이나 거래나 또는 경제적 효율성이 아니라, 자신의 존재와 지위에 대한 절대성을 보장받고자 하는 의식이라는 점은 매우 중요하다. 우리는 이 의식을 권리 의식이라고 한다. 권리 의식은 국가 구성에 선행한다. 그리고 구체적이고 실질적인 권리들은 국가 구성 이후의 사태이다. 법실증주의는 권리 의식과 구체적 권리들을 구별하고 있지 않거나, 권리 의식이 법들이 부여한 권리들의 소산으로 보고 있다.

'재화의 소유'라는 이름에 의해 그 정체성이 규정되고 보장되는 경제적 상태가 실질성을 얻기 위해서는 우선 그 재화에 대한 소유 권리가 인정되어야 한다. 이름의 실질성과 권리의 관계는 필연적이다. 실질성이란 바로 이름에 걸맞는 것이라는 말이다. 인간의 질서는 이름의 질서이다. 명분과 정당성과 정의(定義)의 질서 그리고 정의(正義)의 질서. 명분은 단지 명분에 그치는 것이 아니라 실질을 구성한다. 그리고 그 명분은 진정한 명분이기 위해서는 실질적인 것이 되어야 한다. 이름을 바로 세우는 것은 존재의 질서를 확고히하는 것이고, 존재의 질서가 안정성을 가질 때, 삶의 질서가 확립될 수 있다. 즉 우리의 삶의 행위와 가치 등등이 실체성을 확보할 수 있다.

유교의 정명론(正命論)에 따르면, 이름이 바르게 된 사회가 바로 정의가 확립되어 있는 사회이다. 그러므로 정의(正義)와 정의(定義)는 우연적으로가 아니라 본질적으로 일치한다. 이러한 입장은 플라톤의 『국가』에서의 정의관이기도 하다. 플라톤에서 정의란 존재계의 확립에 다름아니었다. 이런 정의관은 우리 삶의 필연적인 언어 의존성에서 비롯한다. 모든 사람들이 이름에 걸맞게 직분과 역할이 배분되어 있는 사회가 정의로운 사회이다. 이름이 존재의 질서를 결정하고, 정의(正義)란 바로 올바른 존재의 질서가 정립되어 있는 사회라고 한다면, 이름을 바로함은 바로 정의(正義)를 세우는 일이다. 통치의 능력이 있는 자에게는 통치의 역할을 맡겨서 통치자라는 이름을 바로 세우고, 전사의 능력이 있는 자들은 국가 방어의 임무를 수행케 하여 전사의 이름을 바로 세우게 함으로써 국가의 정의(正義)를 이룰 수 있다는 것이 플라톤의 믿음이었다.

IV. 권리 주장의 조건과 함의

존중이나 존경[7]의 전형적 대상은 이성적인 행위 법칙인 의무이
다. 의무 사항이 되는 행위 규칙들은 그 자체로(의무주의) 또는 궁
극적 선과의 관계 아래서(목적주의) 도덕적 가치를 지니는바, 이
가치는 절대적이고 보편적이며 객관적이다. 의무는 도덕의 세계
에서 절대적인 존재 의의를 지니므로, 도덕적 행위 주체 위에 군
림한다.[8] 의무의 전형은 칸트의 통찰대로 정언 명령이다. 그러므
로 의무는 우리에게, 우리 자신과 대등한 존재에 대한 이성적 태
도인 존중 이상의 태도, 즉 이성적 복종을 요구한다. 행위 주체가
그 의무에 이성적으로 복종하여야 함을 의식하는 것을 당위 의식
이라고 하며, 이런 복종의 태도를 준수라고 한다. 존중이란 도덕
주체 자신과 대등한 위치를 차지하는 그러면서도 독립적 존재 의
의를 갖는 한 세계내의 다른 존재에 대한 이성적 태도이고, 준수
란 도덕 주체 자신보다 상위의 존재에 대한 이성적 태도라는 점에
서 차이가 있으나, 존중에의 요청은 의무를 발생시키므로, 여기서
는 양자를 교환적으로 사용하겠다.

---

7) 한국적 사유 체계에서는 의무에 대한 태도와 권리에 대한 태도를 각각 '존경'이나
'준수'와 '존중'이라는 서로 다른 두 개념에 의해 표현한다. 전자는 상향적 태도이
며, 후자는 등위적 태도이다. 한국적 사유법은 두 태도를 하나의 개념인 'respect'
로 표현하는 영어적 사유 체계보다 발전된 측면이 있다. 그러나 i) 존경이나 존중
의 태도 모두 도덕적 가치 소유자에 대한 이성적 태도이며, ii) 권리는 대개의 경
우 의무를 수반하므로, 권리 존중은 의무 준수나 의무 존중을 통해 이루어진다. 의
무를 수반하지 않는 권리로는 다음의 것들이 있다. 유아의 절대적 생존권, 동물의
권리, 장애자의 인권. 권리와 의무의 논리적 관계에 관해서는 H. L. A. Hart, "Are
There Any Natural Rights?" p. 17; D. Lyons, ed., *Rights*, Wardsworth Pub. Co.,
1979(이하 Lyons로 약함) 참조.
8) 의무의 성격과 위치에 관해서는 논란의 여지가 많을 것이다. 필자는 칸트의 율법적
또는 정언 명령적 의무관이 도덕적 행위의 형이상학은 아니더라도 그 논리적 특성
을 통찰하고 있다고 믿는다.

의무 또는 도덕적 법칙이 준수나 존중의 전형적 대상이라는 사실에서 우리는 무엇이 존중의 대상이 되기 위한 필수 조건들을 다음과 같이 이끌어낼 수 있다. 첫째, 그것은 한 세계 내에서 타자에 의해 이유 없이 무시되거나 침해되어서는 안 되는 고유의 독립적이고 신성 불가침한 존재 의의를 지녀야 하며, 둘째, 이 의의는 이성적 태도인 존중의 대상이므로 이성적으로 승인될 수 있는 것이어야 한다. 셋째, 이성적 승인의 대상이 되는 것들은 인식의 세계에서 수학적 진리와 같은, 그리고 실천의 세계에서 도덕 법칙과 같은 보편자이다. 의무나 도덕적 인격성(칸트나 신약의 경우)은 도덕의 왕국에서 영원한 자리를 차지하고 있으며, 그것의 지위는 모든 이성적 존재에 의해 승인될 수 있는 보편자이다.

권리의 대상은 위의 세 조건을 모두 만족시키는가? 권리를 주장하는 자가 존중해달라고 요청하는 직접적인 대상은 물론 권리들 자체이다. 권리는 의무와 마찬가지로, 개념상 도덕적이고 이성적인 가치이다. 따라서 권리는 만약 존재한다면, 당연히 존중의 대상이다. 권리 존중은 본질적으로 정직함이나 약속의 이행 등과 같은 종류의 의무이다.

그런데 권리의 존중은 다른 의무들과는 달리 대자적(對自的) 성격만이 아니라 대타적 성격을 지닌다. 권리가 주장되는 이유는 그것이 타자에 의해 침해될 가능성을 안고 있기 때문이다. 사람들이 의무를 준수하지 않는다고 해서 그 의무로 간주되는 행위, 가령, 정직함이나 자선 행위의 도덕적 가치가 소멸하는 것은 아니며, 그것의 존재론적인 지위가 위협받는 것도 아니다. 도덕적 의무가 보편적 행위 규칙이라는 사실은 그것이 특수적 상황의 변화에 영향을 받지 않게 한다. 그러나 권리의 경우는 전혀 다르다. 권리는 타자에 의해 무시되거나 침해될 경우, 타인들이 나의 권리 존중이라는 의무를 준수하지 않을 경우, 나의 그 권리는 더 이상 존재론적 지위를 확보 · 보전할 수 없다. 이런 점에서 권리라는 도덕적 가치의 존재, 권리의 존중이라는 의무의 지위는 타인들의 태도에 의존한다. 권리라는 도덕적 가치의 항구성은 구체적이고 개별적인 상황의 영향을 받는다. 이 점은 곧 논의하기로 하자.

정확하게 말할 때, 존중의 대상은 권리의 소유주인 개인인가, 그가 소유하고 있는 권리인가? 권리 주장을 통해 존중되어야 한다고 요구되는 직접적인 대상은 권리라는 도덕적 가치 그 자체이나, 궁극적 존중의 대상으로 여겨지는 것은 그 권리의 소유주인 개인이다. 여기에 권리 개념의 독특성이 있다. 존중이라는 윤리적 태도가 대상으로 하는 바는 위에서 언급한 바와 같이, 일반적으로 보편자임에도, 우리는 권리의 개념을 매개로 하여 권리의 소유주인 개인, 특수자로서의 개인이 존중의 대상이 되어야 한다고 요청한다. 권리란 권리 소유주가 타인에게 자신을 존중해달라고 요청하기 위한 매개 개념이다. 소유주 없는 권리란 없다. 권리는 항상 누구의 권리이다. 권리 소유주는 권리 주장을 함으로써, 첫째, 자신이 우연적이고 개별적인 존재임에도 불구하고 당위적이고 보편적인 도덕 법칙과 같이, 일종의 도덕적 가치인 권리의 담지자임을 주장하고 있으며, 둘째, 그런 권리를 소유하므로 도덕적이고 존재론적인 지위를 점유하고 있는 실체인 자신을 존중해달라고 타인에게 요청하고 있고, 셋째, 그러므로 자신이 소유한 권리를 침해함은 도덕적 잘못임을 시사하고 있다.[9]

---

9) 권리 *rights*와 도덕적 옳음 *moral right*의 관계는 다음과 같다. 의무의 준수와 권리의 존중 모두 도덕적 옳음이며, 의무의 불이행이나 권리의 침해 모두 도덕적 잘못이다. 그러나 권리의 존중은 소극적 의미의 도덕적 옳음이라고 말할 수 있다. 의무 준수나 존경의 실체는 의무로 간주되는 행위의 적극적 수행임에 반해, 권리 존중의 실체는 어떤 행위를 수행함이 아니라 어떤 행위, 즉 권리 침해의 행위를 수행치 않음이다. 다음 참조: W. D. Ross, *The Right and the Good*, 3장, Oxford Univ. Press, 1930; C. Fried, *Right and Wrong*, 5~6장, Harvard Univ. Press, 1978.

V. 권리(權利)인가, 권리(權理)인가?

정의와 권리는 통한다. 권리란 오로지 도덕적 지평이나 정의의
차원에서 논의될 수 있는 개념으로서 권리의 의미는 정확히는 옳
음의 개인적 몫, 정의의 개인적 몫, 또는 옳거나 정의롭다고 여겨
질 수 있는 정의의 몫이라고 생각된다. 권리의 원어는 'rights'이
다. 그런데 이 개념은 이제까지 권리(權利)로 번역·해석되어왔으
며, 그 결과 권리를 이기주의적이고 개인주의적인 함의를 지닌 것
으로 잘못 이해하고 사용하게 하였다. 원래 권리(權利)란 중국적
사유에서는 권세(權勢)와 이익(利益)을 뜻하는 것으로 도덕적이
거나 규범적인 함의는 없었다. 오히려 이는 인의(仁義) 등의 도덕
적 덕목과 대조적이며, 그것을 파괴할 수 있는 요인으로 여겨지기
까지 한다.[10] 우리는 영어의 권리 *rights*를 권리(權利)가 아니라 권
리(權理) 또는 권정(權正)이라고 번역할 것을 제안한다. 권리라는
개념은 서구적 개념이고, 이 개념의 원래적 의미는 바로잡음, 즉
옳음이다. 권리 주장이란 불의와 잘못을 바로잡기 위한 주장, 옳
음에 대한 주장이다.

내용적으로 권리 *rights*란, 권리(權利)의 이(利)가 함의하듯이,
이기적이고 경제적인 의미(이해 타산)가 아니라, 영어의 'rights'란
어휘 자신이 시사하듯이 정치적이고 윤리적인 함의를 담고 있다.
물론 권리 주장의 주체는 개인들이고 그 권리 주장의 가장 흔한

더 근원적으로 필자는 권리와 도덕적 옳음, 또는 정의와는 본질적 관계에 있다고
생각한다. 권리란 오로지 도덕적 지평이나 정의의 차원에서 논의될 수 있는 개념
으로서 권리의 의미는, 정확히는 옳음의 개인적 몫, 정의의 개인적 몫, 또는 옳거
나 정의롭다고 여겨질 수 있는 정의의 몫이다.

10) 다음의 구절을 참조하라. "是故權利不能傾也"(『荀子』, 「勸學」). 이 구절에서 權利
가 기울어뜨리지 못한다고 순자가 논하는 대상은 仁義와 學問이다. 諸橋轍次 편,
『大漢和辭典』, 권 6의 「權利」 항목에 인용된 구절들 참조.

대상이 이해 관계나 경제적 이익이기는 하다. 그리고 권리 개념이 형성된 것은 개인들이 지배 권력층에 대해서 자신들의 이익을 주장하면서부터이기도 하다. 하지만 이 시초의 권리 주장에서도 중요한 것은 자신들의 이해 관계에 대한 관심이 아니라 그들 지배층이 강제하는 이익의 분배 기준이나 질서가 잘못되어 있다는 판단, 그러므로 옳음을 바로잡아야 한다는 정의의 의식이 우선적이고 기초적이었다. 권리 주장의 근저에 윤리적 의식, 옳음에 대한 의식이 전제되어 있어야 그 주장이 타인이나 사회로부터 보편적인 호응을 받아 정당성을 확보할 수 있는 것이다. 권리 주장이 힘을 발휘하는 이유는 그것이 정당성이 있다는 믿음의 지원을 받기 때문이므로, 이 옳음에 대한 믿음(정의 의식)이 이해 관계에 우선하며 더 기초적이다. 권리의 주장자는 이익을 얻으려 하는 것이기보다는 자신의 입장의 옳음과 정당성을 그리고 정의의 몫을 얻고자 하는 것이다.

권리는 원래 정의의 요구나 옳음의 요구에서 나왔음에도, 권리 주장이 개인주의적 성향을 지니게 되는 이유는 그 권리 주체가 개인들이기 때문일 것이다. 그럼에도 권리 주장의 핵심은 자신의 특수성이나 이해 관계라기보다는 그 개인의 정의에 대한, 자신의 올바른 몫에 대한 정당한 주장, 정의로운 분배에 대한 주장의 성격을 지니고 있다. 아마도 권리를 권리(權利), 즉 이해 관계의 요구로 해석하게 한 한 요인은 권리 개념에서 경제적 이해 관계의 측면을 일차적인 것으로 오해한 데에 있다. 권리 *rights*를 권리(權利)가 아니라 권리(權理) 또는 권정(權正)으로 번역해야 하는 이유는 권리 주장이 정의와 이성과 옳음에 대한 요구이기 때문이다.

'rights'를 권리(權利)로 번역하는 통상의 번역은 권리가 이해 관계의 문제라는 오해를 하게 할 뿐 아니라, 그런 오해를 정당화하기까지 한다. 현대 한국 사회에 만연한 이기주의와 님비 현상은 이런 오해에서 비롯되었다. 권리 주장은 옳음의 주장이며, 옳음이 란 우선 타인을 존중하고서야 주장할 수 있는 것이다. 권리 개념 에 대한 이제까지의 개인주의적이고 원자론적인 해석은 권리 개 념의 부차적이거나 현상적인 측면만을 보고 있는 데서 연유하기 도 한다. 권리는 위에서 논한 바와 같이 윤리적 차원이나 세계에 서의 개인의 지위를 가리키는 개념이다. 권리란 항상 공존적이며 그런 경우에만 의미를 갖는다. 권리의 소유주인 개인들은 하나의 세계에 동등한 구성원으로 참여한다. 권리의 차원에는 한 개인만 이 존재하는 것이 아니라 다수가, 아니 모두가 평등한 관계에서 존재한다. 실로 평등이라는 가치가 실질적이고 구체적으로 논의 될 수 있는 차원은 오직 권리의 차원에서이다.

모든 개인은 평등하다고 한다. 그러나 과연 어떤 차원에서 그러 한가. 신체적 또는 정신적 능력인가? 사회적 지위나 경제적 위치 인가? 개인들은 오직 권리의 소유주로서 또는 권리의 주체로서만 이 평등하다.[11] 권리란 개인의 존재론적이고 이성적인 지위를 나 타내기 위한 개념으로서 인격성과 본질적으로 연결되어 있는데, 인격성은 추상적이며 윤리적이고 보편적임에 비해, 권리는 구체 적이며 정치적 차원에서의 개인의 지위이고 특수적이다. 인격체 로서 인간들은 동등함에 반해, 권리들의 소유주로서의 개인들은 차별적이나, 이런 차별성은 개인들이 모두 권리의 좌표대 위에서 동등한 대접을 받는다는 더 근원적인 동등성을 전제한다. 물론 이 들의 권리들은 그의 대상이 크기나 종류에서는 다를지라도 그 지 위는 절대 불가침적이라는 점에서 동일하고, 그 이유는 이런 동일 성은 권리라는 것이 인격의 동일성에서 연유하기 때문이다.

---

11) .... *Taking Rights Seriousily*, Harvard Univ. Press, 1978 참조.

과연 우연적이고 특수적인 개인들, 기본적으로 자연적인 존재인 개인들이 도덕적 가치로서의 권리를 소유하고 있다고 말할 수 있을까? 있다면 그 근거는 무엇일까? 어떤 권리 주장이 정당할까? 대체 권리 주장이 정당하다는 말은 무슨 의미인가? 정당한 권리 주장이 침해되는 경우, 그 경우에도 그 권리는 정당하다고 말할 수 있는가? 많은 사람들의 수많은 권리 주장들은 정당한 것으로 여겨진다. 그럼에도 자연 세계 속에서뿐 아니라 역사 세계 속에서 그다지도 빈번하게 그 많은 사람들의 권리가 짓밟혀온 것은 어떻게 된 일이며, 이런 부정적 사태는 권리의 지위에 관해 무엇을 알려주고 있는 것은 아닐까? 그렇게도 무참히 무시되고 침해되는 권리들을 소유한 개인들의 이 세계 내에서의 위치는 무엇일까? 일반적으로 대체 비이성적이고 비윤리석인 이 경험 세계 속에서 권리의 소유주들은 어떤 도덕적 지위를 그리고 어떤 존재론적인 지위를 소유하고 있는 것일까?

정언적 도덕 법칙인 의무라는 도덕적 존재의 가치는 그 어느 누구에 의해서도 준수되지 않아도 그 가치가 훼손되지 않는다고 칸트는 주장한다. 오히려 그런 상황적 우연성에 영향받지 않는 의연함이 바로 도덕 법칙의 존재론적 지위의 표징이라는 것이 그의 논리이기도 하다.[12] 그러나 권리의 경우는 그것이 전혀 존중될 가능성이 없거나 수시로 무시되고 침해된다면, 권리에 대한 주장은 정당할 수 없을 뿐만 아니라 공허할 수도 있다. 이 점에서 일반적 의

---

12) 이런 초연성이나 초월성은 그것의 객관성이나 보편성을 보장할 수 있을지는 모르겠으나, 누구도 준수하지 않을 가능성을 담고 있는 그런 의무가 과연 우리 인간에게 의미 있는 행위 법칙인가는 이론의 여지가 있다. 이 문제가 비트겐슈타인이 전칭 판단과 관련하여 문제삼고 있는 바이다.

무와 권리 존중이라는 의무는 중요한 차이를 지니고 있는 것으로
보인다.

권리의 소유주로서의 개인들은, 명백히 도덕적 가치의 소유주
라고 말할 수 있는 도덕적 법칙들과 중요한 면에서 다르다. 개인
들은 말 그대로 보편자가 아니라 특수자이며, 이성의 관점에서 필
연적 또는 당위적 존재가 아니라 우연적 존재자들이다. 개인들은
그 구성에서뿐 아니라 존재에 있어서도 특수적이고 우연적이다.
개인들은 임(모습)에서도 그리고 있음(현존)에 있어서도 우연적
이다. 특수성과 우연성은 외연에 있어 동일하다. 개인들의 정치 ·
사회 · 경제적 지위나 위치는 물론, 그의 성격 · 자질 · 능력 · 열망
까지도 도덕적 관점에서 보면 자의적이며,[13] 그의 탄생 역시 이성
적 관점에서 보면 우연적이다. 개인의 신체적 조건은 물론 그의
정신적 품성이나 기호 등은 그의 유전인자, 가정, 환경적 요인 등
에 의해 대부분 결정적으로 형성되므로 진정 그 자신의 것이라고
말할 수 없는 경우가 많다. 그것들은 그 자신만의 노력으로 얻어
지는 것도 아니고, 그 노력이 주요 구성 요소로 기여하는 것도 아
니다. 한 개인을 구성하는 것들 중에서 진정한 그의 자아라고 하
는 것은 면적도 없고 길이도 없는 기하학적 점과 같다. 데카르트
의 논의가 아니어도 사유 실체로서의 자아는 비연장적이다. 개인
의 자아는 이 우주의 좌표대 위에서 위치만을 차지하고 있다.

그런데 그 위치는 어떻게 하여 얻어지는가? 한 개인은 이 우주
에 어떻게 존재하게 되었는가? 개인의 존재는 전혀 그 자신의 의
사나 노력과 무관하다. 개인의 존재 이전에 그의 의사나 노력이
존재함은 논리적으로 불가능하다. 개인은 이 우주에 태어난 연후

---

13) 개인의 구성 요소의 우연성 또는 도덕적 자의성에 관해서는 Rawls, *A Theory of
Justice*, Oxford, 1971 참조. 롤즈는 이 견해에 의거해 개인의 자질 · 능력, 심지어
도덕감까지도 사회 공유의 자산 *common assets* 이라고 주장한다.

에야 비로소 의사를 표현하고 그 표현된 의사의 실천을 위해 노력할 수 있다. 개인에게 태어날지의 여부를 선택할 수 있는 권리라는 것은 없다. 그런데 이 우주에 우연히 등장하게 된 개인은 인식하고 실천하면서 역설적이게도 자신이 아니라 오히려 이 세계를 우연적인 것으로 간주하고 자아의 질서의 실현을 위하여 그 '우연적' 자연 세계를 극복하려고 하나, 실상 우연적인 것은 그 개인의 자아이다. 이렇게 우연적인 개인이 어떤 근거에서 자신의 존재에 대한 권리 주장을 하며, 자신은 자신의 것들에 대한 불가침의 권리 영역을 점유한다며 타인들에게 그것을 존중하라고 요구할 수 있을까? 우연적인 개체가 어떤 근거에서 당위적이고 실체적인 지위를 소유할 수 있는가? 우연적 존재에 권리나 당위적 지위를 부여하는 것은 인간의 개념적 틀일 가능성이 있다. 그 경우, 그 개념적 틀은 어떤 존재론적인 근거를 갖는다고 말할 수 있는가?

VII. 권리 개념의 역설

개인의 권리 주장과 그 주장에 표명된 권리 의식 또는 권리 개념은 역설적 성격을 지닌다. 우선 이와 관련한 위의 논의를 요약하면 다음과 같다. 개인은 자신의 존재나 모습에 있어 또는 있음이나 임에 있어 특수적이고 우연적이다. 특수적이고 우연적인 것은 적어도 그 자체로는 이 세계 내에서 이성적 존재 이유의 지원을 받지 못하고 있으며 따라서 도덕적 가치나 이성적 가치를 지니지 않는다. 권리란 도덕적 가치이다. 만약 권리가 존재론적 근거를 갖는다면, 권리의 존중이 의무인 이유는 여기에 있다. 그런데 권리 주장은 제멋대로 이루어지는 것이 아니라, 그것이 정당성을 부여받으려면, 이성적인 것이어야 한다. 권리의 소유주는 우연적인 개인이나, 권리의 주장자는 그 개인의 이성이라고 말할 수 있다. 권리의 역설적 성격은 여기에 있다. 개인은 이성의 관점에서 볼 때 우연적인 존재이다. 그러한 개인이 어떤 논거에서 이성적 가치인 권리를 소유할 수 있으며, 이성적 태도인 존중의 대상이 되어야 한다고 주장할 수 있는 것인가? 권리 주장은 이런 점에서 이성의 자가 당착이 아닐까?

논리적으로 따져볼 때 개인을 포함한 어떠한 특수자들도 이성적 가치를 소유하지 않을 것으로 보인다. 그러나 반대로 개인들이 어떠한 권리도 소유치 않으며, 따라서 권리라는 개념은 존재론적인 근거가 없다는 견해 역시 수락하기가 쉽지 않다. 개인주의는 현대의 지배적인 이념이며, 모든 정치 체제들 중 가장 보편적인 체제인 민주주의는 개인의 존엄성을 제1의 가치로 여기고 있지 않은가? 권리의 실재적인 근거가 있건 없건간에 인간은 자신이 어떤 종류의 권리를 소유한다는 믿음 아래에서 행위를 수행하고 삶을 영위한다. 우리가 존재론적인 근거를 마련하지 못하는 경우라도, 왜 이 믿음이 편재적인지, 거의 모든 개인들의 삶에서 범주적인 역할을 하는지는 설명되어야 한다. 이 믿음은 인간의 실천적 사유 체계의 기초를 이루고 있으며, 이는 인간의 사유 방식과 실천 방식에 뿌리깊이 박혀 있는 특성이다. 자신이 어떤 권리를 소유한다는 믿음 위에 인간이 자신의 삶을 기초짓고 있는 이유는 무엇인가?

권리에 대한 논의의 궁극적인 목표는 권리의 존재론적인 기초를 확립하는 일일 것이나, 설혹 이 목표가 실현되지 않는 경우라도 이 논구의 과정에서 자신의 삶에 대한 인간의 근원적 태도가 노출될 수 있을 것이며, 이것은 적지 않은 수확일 것이다.

VIII. 권리 주장의 정형

우리의 논의를 위해 권리 주장의 형식적 구조를 우선 제시하고 이를 통해 권리 개념에 대한 분석의 출발점을 삼아보자. 권리 주장의 표준적인 정형은 다음과 같다. 한 특정의 영역(Γ) 내에서 한 개인(A)은 y를 논거로 하여 다른 개인(B)에 대하여 어떤 것(x)에 대한 권리를 소유한다 *In the domain of Γ, A has a right to x against B by virtue of y.* 이 정형에서 Γ를 권리 영역 또는 권리 세계, A를 권리 소유주, x를 권리 대상, B를 권리 주장 타방, 즉 권리를 존중해야 할 타방, 그리고 y를 권리의 정당화 논거라고 하자. 이 정형은 상식적인 것으로서 별 논란이 없을 것이나, 단 권리 영역이 있어야 하는지에 관해서는 이론이 있을 수 있다. 자연권의 개념은 이런 영역 제약성을 부정하며, 필자는 이런 이유로 해서 자연권이란 존재할 수 없다고 보는 것이다. 이 문제는 이하의 논의에서 다루도록 하겠다.

3. 권리의 소유주인 개인

I. 권리 소유주는 삶의 주체

권리는 누구에 의해 소유된다. 이 누구는 구체적이고 개별적인 존재 또는 특수화될 수 있는 존재로서 그 전형은 개인이다. 권리 소유주는 보통명사가 아니라 고유명사에 의해 지칭되는 존재이다. 구체적이고 특수적인 존재는 여러 종류이다. 이들 중의 많은 것들, 가령, 여기저기 굴러다니는 돌이나 말없이 서 있는 나무는 권리의 소유주가 될 수 없다. 이들은 자신의 존재 가치나 의의를 주장하지 않는다. 권리 소유주는 권리 대상 x와 어떤 적극적인 관계를 맺을 수 있는 존재이어야 한다. 권리 대상이 될 수 있는 것들에는 재산과 같은 사물은 물론 행위(가령, 생각의 표현, 사유물의 처분이나 사용)·상태(복지) 등이며, 따라서 x와 관계를 맺을 수 있는 권리의 소유주는 행위의 주체, 반응 상태의 주체, 보다 일반적으로 삶의 주체이다.

이런 개별자로서 대표적인 것이 개인이다. 개별적 인간뿐 아니라, 여타의 동물, 나아가 식물까지도 행위 주체는 아니어도 반응 주체일 수는 있다. 행위란 어느 정도는 반성적 주체 의식의 개입을 필요 조건으로 하므로, 식물은 물론이거니와 동물까지도 행위 주체라고 말하기는 힘들지 모른다. 하지만 동물들은 외부의 자극에 대해 쾌·고의 반응을 하는 한에서 주체적인 존재로서의 특성을 보이고 있다. 식물의 경우는 쾌·고라는 의식의 상태를 갖는지는 불확실하나, 이 역시 생명체이자 유기적 통합체로서 외부 환경에 반사적으로 반응한다는 점에서는 삶의 또는 생명의 주체라고 볼 수 있는 측면이 있다. 이렇게 보면 생명을 지닌 모든 유기체들을 주체로 보아야 할 것으로 여겨진다. 그 어떤 것이 생명체인 한에서 그것은 단지 자연의 현상에 그치는 것이 아니라 주체이고, 이런 점에서 어느 정도는 존재론적 실체성을 인정해야 할지 모른다. 그리고 이런 실체성을 근거로 하여 권리의 지위를 부여해야 한다고 논할 수도 있다. 다른 한편으로 인간을 포함한 생명체의 등장은 자연적 진화의 결과인 점에서 바람이나 구름과 같은 자연 현상의 일부라는 엄연한 사실을 우리는 간과할 수 없다. 인간도 역시 상당 부분은 자연 현상의 일부이다. 이런 주체성과 현상성의 상반되는 측면을 고려하여 일단은 권리 소유의 기준은 생명체이되, 고통에의 능력을 지닌 존재까지로 국한하자.[14] 삶의 가장 중요한 징표는 고통에의 능력이다. 그러므로 고통에의 능력은 권리 소유의 가장 본질적인 조건이라고 말할 수 있다. 고통은 살아 있다는 증거이다. 타자의 고통은 우리의 행위를 윤리적으로 그리고 도덕적으로 제약한다. 이 기준을 적용할 때, 우리는 인간 밖의 존재

---

14) 드워킨, 위의 책 참조.

로서는 동물까지를 권리의 소유주로 포함시킬 수 있을 것이다.[15]

Ⅱ. 규범론에서 고통의 근원성

어린아기는 절대적 권리를 지니고 있다. 어린아기가 배고파하거나, 뜨거운 물에 데어 울면서 고통스러워할 때, 그의 부모가 아닌 누구라도 즉각적으로 그 아기에게 달려갈 것이다. 이런 반응은 부모간의 애정 관계에서 오는 것만도 아니다. 그렇다고 해서 이런 반응이 단지 동물적 본능이거나 즉각적인 반사 작용인 것만도 아니다. 이런 '즉각적인' 반응의 심저에서는 무방비한 자에게 가해지는 고통은 제거되어야 한다는 윤리적 판단이 가동하고 있다. 갓난아기와 같이 고통을 겪을 수는 있으나 전적으로 무방비한 존재에게는 어떠한 의무도 없고 단지 권리만이 있을 뿐이다. 그것도 절대적 권리를 소유한다. 누구도 그의 권리를 무시하지 않으며 그 권리에 대응하여 의무를 수행할 것을 요구하지 않는다. 갓난아이는 의무를 수행할 능력이 없으므로, 그러한 요구를 충족함은 논리적으로 불가능하기 때문이다.

아기의 권리를 무시하지 않고 그 아기의 울음 소리에 즉각 반응하는 것은 그 아기의 부모만이 아니다. 타인이라도 길 위에 버려진 아기가 울어대면 어떤 조처를 취하거나 적어도 그 아기에 대해 어떤 연민을 느낄 것이다. 심지어 동물의 세계에서도 이러한 반응은 발견된다고 한다. 상처로 신음하는 어린 동물이 있으면 사자와

---

15) 인간 이외의 동물이 권리의 소유주일 수 있다는 생각은 감상적인 생각으로 여길 수도 있을 것인데, 그 한 이유는 권리 개념이 인간의 삶의 과정에서 형성된 개념이기 때문이다. 이런 형성 과정으로 하여 권리 개념은 인간의 본질적 측면을 반영한 것이기는 하다. 그러나 이 본질적 측면은 인간만의 생득적 측면이라기보다는 인간의 삶의 주체로서의 측면이라고 볼 수 있다. 그리고 인간의 중요한 특성의 하나는 자신을 중심으로 하여 형성된 개념이라도 자신 이외의 존재들에게까지 확장하여 적용할 수 있으며, 이 능력으로 하여 하나의 세계를 구성할 수 있는 능력을 지니고 있다는 점이다.

같은 맹수라도 그 기회를 이용하여 그 동물을 포식하려 하기보다는 그의 상처를 혀로 핥아 고통을 덜어주려고 하는 사례가 있다는 것이다. 타자의 고통에 대해 모든 인간이 연민의 정을 느낌은 특정의 문화나 사고 방식에 의존하는 것이 아닌 것으로 보인다. 어린아기의 고통에 더 여리게 사람들이 반응하는 이유는 단지 아기라는 사실 때문이 아니라, 아기이므로 더 고통이 심할 것이며 그 고통을 피하거나 경감시킬 대책을 마련할 수 없다는 판단에서이다. 우리는 우리에게 적대적인 자에게는 무한히 적대적이 되나 고통을 느끼고 있는 자에게는 한없는 동정과 연민을 느낀다.

인간뿐 아니라 동물들이 자신의 고통은 물론이거니와 타존재의 고통에 대해서도 유사한 반응을 보이는 것은 생명체의 근원적인 특성으로 보인다. 동정과 공감에의 능력은 아마도 생명체가 생존하기 위해서 키워온 특성일 수도 있으며, 진화의 과정에서 생명체가 획득하게 된 우연적 특성일 수도 있다. 즉 그런 특성을 지닌 생명체만이 생존하게 되었으며, 그 결과 그 특성이 생명체 일반의 특성으로 남게 되었을 수도 있다.

세계 2대 종교인 기독교와 불교에서 가장 중히 여기는 덕목은 사랑과 자비이다. 사랑과 자비는 항상 고통을 대상으로 한다. 이런 점에서 양대 종교의 이 덕목 또는 행위 규범은 고통을 회피하고 제거하려는 생명체 일반의 현상과 본질적인 관계를 맺고 있다. 고통을 치유해주고자 하는 마음, 그것이 다름아닌 사랑과 자비의 마음이라 할진대는, 사랑과 자비는 예수와 관세음보살만이 행할 수 있는 것이 아닐 것이다. 사랑과 자비까지는 아니어도, 최소한 공감과 동정에의 능력은 성자나 도덕 군자만의 특성이 아니라, 정도의 차이는 있을 것이겠으나, 생명체 일반의 경향성이라고 볼 수는 있지 않을까? 사랑과 자비는 당위적 규범이 아니라 인간의 본성에 관한 일반적인 사실일지도 모른다. 사랑과 자비의 종교인 기독교와 불교가 보편적 호소력을 지니는 이유는 인간에 보편적인 이런 사실에서 찾을 수 있을 것이다. 인간의 사실적 본성과 무관한 당위적 명령은 그것이 아무리 고귀한 것일지라도 인류에게 그러한 보편적 설득력을 발휘하지 못하며, 그런 이유에서 적어도 인간에게는 당위적 가치를 발휘하지 못할 수 있다. 여기서 우리는 소위 사실과 당위의 괴리란 논리적으로 허구일 가능성을 엿볼 수 있다. 당위 *ought*는 가능성 *can*만이 아니라 현실성 *is*을 함의한다.

동정과 공감의 능력이 인간 본성의 사실이라는, 희망적이기는 하나 조심스러운 우리의 추정은 인간의 현실과는 전혀 상치되는 것으로 여겨질 수도 있다. 현대의 인간은 서로에 대해 그다지도 냉정하며 무관심하며 이기적이고 나아가 가혹하고 서로를 적으로 여기면서 서로를 소외시키고 있다. 그래서 사람들은 군중 속에 무수한 타인들과 함께 있으면서 바로 그 군중들 때문에 고독감을 느끼고, 전쟁과 갈등은 인간 본성의 일부인 것으로 보인다. 그래서 낙망한 철학자들은 이제 아예 이기심을 인간의 본성으로 간주하고서 이를 기초로 하여 정치 윤리 규범을 정립하려는 시도를 하고 있다.

우리가 내린 인간의 본성에 관한 전망이 적어도 논리적으로는 타당하다고 일단 양보해 인정하여보자. 사랑과 자비는 아니어도 공감과 동정에의 능력이 인간 본성의 사실이라고 해보자. 그러면 우리의 윤리적·정치철학적 과제는 전통의 것과는 반대의 것이 되어야 한다. 전통의 과제는 과연 사랑과 자비가 당위인가, 그렇다면 왜 그런가 하는 것이었으나, 이제 우리의 물음은 왜 인간은 서로에 대해 냉정하며, 적대적이고 이기적인가 하는 물음을 제기해야 한다. 왜 선인가가 올바른 물음이 아니라, 왜 악이 존재하는가의 물음이 우선적이다.

공감과 동정에의 능력은 인간의 본성적 경향성의 일부이고, 나아가 생명체 일반의 경향성으로 존재한다. 고통을 회피하고 줄이려 하는 것은 생명의 본질적 특성이다. 자신의 고통에 무감한 생명체는 생존할 수 없다. 고통과 생명성은 모순적 관계에 있기 때문이다. 자신의 고통에 무감한 존재는 자신의 생명을 위협하는 존재를 인지할 수도 그에 대처할 수 있는 방어 능력을 갖출 수 없다. 그런 존재는 위협에 대처할 원천적 능력을 결여하고 있는 것이다.

모든 생명체가 자신의 고통을 회피하고 제거하려 함은 양자간의 이런 논리적 관계에 비추어 자명하다. 그러나 타자의 고통에 대해서는 어떠할까? 고통에 대해 적대적인 생명체의 경향성은 그것이 자신의 고통이므로 발휘되는 것일까, 아니면 그것이 고통이기 때문에 발휘되는 것일까? 고통은 두 가지 특성을 지니는데, 우선 일반적으로는 신체를 기반으로 한다. 그 다음으로 고통이란 본질적으로는 내재적인 느낌의 형태로 존재한다. 이런 두 가지 이유에서 타인의 고통은 내가 직접 느낄 수 없고 그러므로 타인이 느끼는 바가 고통인지의 여부는 오직 간접적으로만 확인될 수 있다. 고통은 내적인 것이므로 직접적으로만 인지되며, 그러므로 고통은 항상 사적인 것으로서만 존재한다고 볼 수도 있다. 타자의 고통은 오직 상상력이나 공감의 능력 또는 기타의 능력을 통해 나의 것으로 느낄 수 있을 경우에만 고통으로 인지될 수 있다. 여기서 우리는 고통이라는 것의 존재가 사적이고 내적인 것이라면, 어떻게 객관적 의미를 지니는 고통이라는 개념이 형성될 수 있는지의 물음을 던질 수 있으며, 이런 의문으로 하여 우리는 고통도 역시 객관적인 것, 타자에 의해 인식될 수 있는 형태로 존재하는 것이 아닌가 하는 가능성을 타진해볼 수 있다.

고통의 본모습이 주관적이고 사적인 것이건, 또는 외화될 수 있으며 타자에 의해 인식될 수 있는 형태로 존재하는 것이건간에, 또는 그 양자의 모습 중 어느 것이 일차적이고 본래의 모습이건간에, 그것이 몸짓이나 얼굴 표정의 형태로 외화될 수 있다면, 고통의 존재는 타자에 의해 인지될 수 있을 것이다. 타자의 고통을 인지한 다른 타자는 바로 그 인지의 행위에 의해 자신의 경계를 벗어난 것이며, 적어도 부분적으로는 타자의 고통을 체험하게 된 것이다. 기쁨의 인지는 기쁨의 체험이고, 미의 인지는 미의 향유이듯이, 고통의 인지는 고통의 체험이다. 인지 활동에 의한 이런 체험이 이전이 없이는 기쁨이나 고통의 의미를 알 수 없다. 고통의 인식이 유발하는 고통의 체험은, 인식자로 하여금 고통받는 그 타인의 고통을 제거하려는 태도를 취하게 할 수 있다. 동물의 경우는 그 모든 것이 거의 주관적이어서 이런 사회적 행동 방식이 드문 편이다. 언어의 사용은 인간으로 하여금 자신이나 타인의 신체적 고통에 객관적 규정성을 부여케 하는 한편, 내적인 심적 고통을 외화시켜 객관적 모습을 갖게 한다. 언어의 이런 객관화 기능은 인간으로 하여금 타인의 고통을 간접적으로나마 체험케 한다. 역설적이지만 심적 고통의 등장과 고통의 외화는 긴밀한 관계를 맺고 있는 것으로 보인다. 왜냐하면 심적 고통이란 내적이므로 사적이고, 그러므로 객관화되기 위해서는 언어로 외화되어야 하기 때문이다.

인간에게 상상력과 감정의 이입을 가능하게 한 것도 언어의 사용으로 여겨지며, 이런 과정은 인간의 감정과 행동을 필연적으로 객관화·사회화한다. 인간은 행위에서만이 아니라 정서 감정에 있어서까지, 이타적이라고까지는 말할 수 없어도, 본질적으로 사회적이다. 인간이 언어를 사용하기 시작한 이후 그의 사고나 행동은 전적으로 이기적이지도, 그렇다고 전적으로 이타적인 것도 아니다. 인간의 사고와 행동은 언어의 논리에 의해 지배되며, 언어의 장(場)에서는 배타적으로 구분되는 자아와 타자란 없다. 그 구분은 오직 표층의 차원에서만 있을 수 있다. 사랑·자비·이타심은 개인 실체론의 입장에서는 병리적이거나 전혀 이해 불가한 현상이다. 사랑·자비·이타심의 가능성을 설명하기란 쉽지 않지만, 우리는 적어도 개인 실체론을 포기할 때에만 이들의 현상에 대해 설명과 이해를 시도할 수 있다. 신체적 고통을 제외하고는, 인간에 있어 고통은 나의 것, 개인의 것으로서라기보다는 정치·사회적 현상으로서 존재할 가능성이 있으며, 이런 존재 방식에 있어 결정적인 것은 언어의 사용이다.

Ⅲ. 권리 의식의 역사

권리 소유주의 전형이 개인이라는 사실은 권리 개념의 근대성을 드러낸다. 권리 개념이 정치나 도덕 규범의 장에서, 나아가 일상 생활의 사유권과 언어권에서 핵심적 위치를 차지하게 된 것은 비교적 최근의 일이다. 인간의 역사를 개관하여보자. 인간은 애초에는 자연의 일부로 존재하였다. 인간의 의식이 자연으로부터 솟아오름과 동시에 인간 사회는 자연 세계에서 분리되고 나아가 자연계에 군림하려 하게 된다. 이런 계기를 통해 인간사는 자연사의 일부가 아니라 역사의 일부가 된다. 이런 의식으로 무장한 개인들은 자연으로부터, 인류라는 종으로부터, 사회 집단·가족으로부터 자신을 분리하여 독립된 개체로 서게 된다. 자아 의식과 개인 의식의 이러한 발전이 정치·사회적으로 이념화함으로써 현대의 자유주의·개인주의로 표현되는 과정에서 개인의 자유와 권리라는 개념이 확립된다. 권리 의식의 확립은 인간의 발전사에 있어서 자아 의식 또는 개인 의식의 개화와 때를 같이한다.

권리 의식은 서구에서 그리고 근·현대에 이르러 비로소 분명한 목소리로 등장하였으나, 이 의식은 모든 시대와 문화의 사람들에게 뿌리깊은 실천적 범주이다. 근대인들뿐 아니라 고대인들도, 서양인들만이 아니라 동양인들도 권리 의식을 소유하고 있었다.

부당한 처우에 대한 분노, 한, 복수의 염(念), 해원에의 갈망, 더 포괄적으로는 외부의 공격에 대한 모든 형태의 방어적 태도에 이르기까지 권리 의식은 그 기저에 자리잡고 있다고 볼 수 있다.[16] 위에서 논한 바와 같이 권리를 주장하고 소유할 수 있는 자격은 고통에의 능력과 같은 외부의 자극에 대한 반응의 주체 또는 삶의 주체임이다. 근·현대로 오면서 인간의 의식이 발전하고 그와 함께 인간들은 자신이 거주하고 있는 세계들인 우주, 자연, 역사, 정치 경제적 세계, 가족 세계 등에서의 자신의 위치, 존재 의의나 가치, 그리고 타인에 대한 자신의 위치를 비교적 정확하게 자각하게 되었으며, 그들은 권리 개념을 통해 이 자각을 표현하고 있다. 권리 의식은 한 세계, 삶의 주체가 거주하고 있는 삶의 공간, 존재계 안에서의 자신의 위치에 대한 자기 주장이다.

권리 의식을 분명하게 지니고 있는 자만이 권리의 소유주가 되는 것이 아니다. 위에서 말한 바와 같이 잠재적으로(또는 인간의 입을 통해서) 동물들도 그리고 심지어 아직 태어나지 않은 태아까지도 자신의 미래에 대해서 권리 주장을 할 수 있다. 그러나 그 권리 주장의 정당성을 논하고 그 주장의 실질성을 보장할 수 있는 공간, 즉 권리가 실지로 보장되고 존중되는 공간을 구성하는 것은 권리 의식을 지니고 있는 주체들의 역할이다. 이 점에서 권리 의식이 없으면 권리 공간이나 영역도 구성되지 않을 것이고 따라서 실질적으로 보장받을 수 있는 권리도 존재하지 않는다. 일단 그

---

16) 대상 세계가 저항한다는 의식에서, 권리 의식의 맹아가 유아들에게서 자라난다고 칸트는 보고 있다. 다음 참조: I. Kant, *Anthropology from a Pragmatic Point of View* (tr. by M. Gregor). 이 글에서는 S. M. Shell, *The Rights of Reason*, Univ. of Toronto Press, 1980, p. 29에서 재인용. 권리 의식의 시공적 편재성에 관해서는, A. Gewirth, *Reason and Morality*, The Univ. of Chicago Press, 1978, pp. 100 이하. 이에 대한 반대의 입장은, A. MacIntyre, *After Virtue*, Univ. of Notre Dame Press, 1981, pp. 65 이하.

영역이나 공간이 구성된 연후에는 권리 의식이 없는 존재라도 생명이나 고통을 근거로 하여 권리를 소유하고 존중받을 수 있다. 권리 공간의 구성은 권리 의식을 통해서 비로소 가능하여지며, 구체적이고 개별적인 권리들의 창출은 직접적으로는 이렇게 구성된 권리의 공간에 의해 그리고 간접적으로 권리 의식에 의해 이루어진다.

삶의 주체의 대표적인 존재는 물론 특수적인 인간이다. 동물들도 행위 주체는 아니더라도 생명의 주체로서 외적 자극에 대한 반응의 주체일 수 있다. 행위는 어느 정도의 반성적 주체 의식의 개입을 필요 조건으로 하므로, 동물을 행위의 주체로 보기는 어려울 것이다. 동물들은 외부의 자극에 쾌·고의 반응, 특히 고통에의 능력을 지니고 있는 존재이며, 이 사실은 이들이 유기체적 단계의 것이나마 자아를 지니고 있음을, 그리고 생명의 주체임을 알린다. 그러므로 동물들도 권리의 가능적 소유주들이다. 파리 목숨도 목숨은 목숨이고 지렁이도 꿈틀하면서 자신의 존재 주장을 하는 법이다. 이런 존재 독립의 가능성이 현실화될 수 있는지의 여부는 별개의 문제이다. 어쨌든 행위 주체, 반응 주체, 포괄적으로 삶의 주체임은 한 개체가 권리의 소유주가 되기 위한 필수 조건임은 분명하다.

권리 개념은 자아 의식의 발전과 긴밀한 관계에 있다. 철학사적으로 자아의 개념을 확립한 것은 데카르트이다. 그런데 데카르트가 확립한 것은 권리 소유주로서의 특수적 자아가 아니라, 사유 주체로서의 보편적 자아이다. 이 자아에 도덕적 의미를 부여하여 도덕적 태도의 대상으로 발전시킨 철학자는 칸트이다. 유념할 것은 데카르트나 칸트에 의해 확립된 사유하는 실체로서의 자아나 칸트의 도덕적 주체로서의 자아는 모두 특수적 자아라기보다는 보편적 자아라는 점이다. 칸트는 모든 개인이 이성적 존재인 한에서 도덕적 존재로서의 인격체이고, 목적 자체로서 목적의 왕국의 일원이라고 논하였다. 이런 인격체로서 또는 목적 자체로서 개인들은 존중의 대상이다. 우리들은 서로 다른 개인들을 존중하여야 할 당위 또는 의무를 지니고 있는 한편으로, 그 개인들은 그렇게 존중받을 권리를 지닌다.[17] 상당히 많은 의무가 이 인격 존중에 대한 의무에 기초하므로, 자신이나 타인의 인격을 존중하라는 의무는 다른 의무들에 대해 기본적이고 근원적이다.

도덕적 존재로서의 인격체의 개념이 이성 세계를 떠나 경험 세계의 좌표대로 이동함으로써, 그 인격적 개인이 정치적·경제적·사회적 존재로 변모하고, 이 개인들은 정치적이고 경제적이며 사회적인 권리들의 소유주로서 존중의 대상이 된다. 다시 말하면, 개인들은 이제 추상적이고 비경험적인 실체인 인격성을 통해서가 아니라, 그들이 정치·경제·사회권에서 소유하게 되는 구체적이고 경험적으로 확인 가능한 권리늘을 통해서 존중의 대상이 된다는 것이다.[18] 이러한 변모는 개인들이 생활하는 구체적 공간으로 이동한 귀결이라고도 볼 수 있지만, 이런 이동이 우연적이고 자의적으로 이루어지는 것은 아니다. 도덕적 인격성은 비경험적이어서 그의 존중 여부가 검증될 수 없으며, 경험적으로 검증이 불가한 것은 개별화될 수 없다. 개별화될 수 없는 것은 사유화(私有化)될 수 없느니만큼 법적·제도적 보호의 대상이 되지도 않으며, 될 수도 없기 때문이다. 법적·제도적 보호의 대상이 되기 위해서 개인의 인격성은 정치·사회적 차원에서 구체적이고 경험적

---

17) 권리와 의무는 대칭적인 것은 아니다. 타인의 권리는 그 권리를 존중해야 할 나의 의무를 함축하나, 역으로 나의 타자에 대한 의무가 나에게 어떤 권리를 부여해주는 것은 아니다. 가령, 동물에 불필요한 고통을 유발하지 말아야 할 의무는 나에게 그에 상응하는 권리를 부여해주지는 않는다.

18) 헤겔의 견해 참조: 인격성이란 본질적으로 권리들에의 능력이다(『법철학』, 26절); 인격성은 자신의 자유를 소유물의 형태로 표현한다(같은 곳, 41절 이하).

이며 개별화된 형태로 표현되어야 한다. 이런 표현 양태가 권리들이다. 인격체로서의 개인은 특수자가 아니다. 인격체가 수육화된 구체적인 형태가 개인의 정치·경제·사회적 권리들이다. 이제 개인들은 한 유한 집합의 권리들을 소유한 개체로 규정된다.

IV. 인격체와 권리 소유주

기묘한 것은 현대의 권리 의식의 발전이나 권리 존중론이 칸트의 인격론에 그 존재론적이고 윤리적인 기초를 두고 있음에도 불구하고, 개인들을 인격체로서보다는 권리들의 다발[19]을 소유한 자로 파악할 때, 권리 존중론은 중요한 측면에서 칸트의 원래의 인간관과는 전혀 상반된 견해에 도달한다. 권리라는 가치는 근원적으로 인격성에 근거함에도, 권리의 소유주로서 개인들은 서로 상이하나, 인격체로서는 동등하다. 이 점에서 칸트의 인격론은 평등주의의 존재론적 기초를 제공한다. 인격체는 이성적 사유와 행위의 주체이고, 모든 개인들은 이성적 존재인 한에서 동등하다. 경험적 관점에서 볼 때, 개인들은 그들의 정치·경제·사회적 지위나 성격·자질·능력·열망 등 거의 모든 측면에서 상이하며, 이런 상이점들의 집합체로서 한 개인은 다른 모든 개인들과 차별적이므로 고유명사의 전형적인 담지자이다. 하나의 주민등록번호[20]와 하나의 개인을 대응시킬 수 있는 이유는 바로 이런 만인과의

---

19) 권리 대상에 대한 개인의 권리란 한 유한 집합의 권리 다발이다. 그는 이 권리 대상에 대한 전적인 권리 또는 무한 집합의 권리들을 소유할 수는 없다. 개인의 권리는 타인에 대해서도 유한성을 지니며, 권리 대상에 대해서도 제한성을 지닌다. 이런 유한성과 제한성은 권리의 중요한 특징을 시사한다. 그것은 권리라는 지위 또는 가치란 한 유한한 존재를 규정하기 위한 것이고, 오직 한 유한한 영역 내에서만 의미가 있을 수 있다는 것이다. 이런 점에서도 자연권이란 권리의 논리적 조건을 구비하고 있지 않다.

20) 숫자는 몰개성의 상징으로 여겨지지만 역설적이게도 개인의 고유성·유일성을 가장 분명하게 확인시켜줄 수 있는 장치이다.

차별성 때문이다. 이렇게 서로 다른 개인들을 경험적 자아 또는 현상적 자아라고 한다. 칸트 윤리학의 체계에 의하면 현상적 자아는 도덕적 존재가 아니므로 도덕적 가치나 지위를 소유하지 않는다.[21]

권리 개념은 인격의 개념에 뿌리를 두고 있다. 인격성이란 순수한 주체성이다. 정치·경제적 문맥에서 이런 주체성은 신체성, 정치적 활동, 경제적 지위 등으로 표현되는데, 권리란 이런 특성들에 도덕적 지위를 부여한 결과이다. 경험적 자아와 대조되는 자아가 도덕적 세계의 개인, 도덕적 행위 주체, 도덕적 자아, 이성적 자아, 또는 예지적 자아 *the noumenal self* 이다. 개인들은 예지적 자아로서는 완전히 서로 동일하므로 전혀 상호 구분되지 않는 존재들이다. 그러므로 라이프니츠의 상호 불가분자 동일성의 원리[22]에 의해 이들은 동일한 존재이다. 엄밀한 의미의 도덕적 자아는 여럿이 존재하는 것이 아니라, 보편 자아로서 하나만이 존새한나. 이성적 인식을 하는, 가령 기하학적 증명을 하는 주체도 역시 보편자로서 하나만이 존재한다.[23] 나의 도덕적 자아와 타인의 도덕적 자아는 엄격히 동일하다. 그러므로 나의 도덕적 자아는 특수자가 아니고, 그러므로 권리의 소유주가 아니다. 위에서 지적한 바와 같이 특수적 존재만이 권리를 소유한다.

---

21) 이 현상적 자아를 경험적이긴 하되 정치성을 지닌 정치적 자아로 본다면 도덕적 지위를 지닌다고 보아야 할 것이나, 신체적인 측면에 주목하여 자연적 자아로(이것이 칸트의 견해로 여겨지는데) 본다면 그런 지위를 누릴 수 없다. 이런 애매성을 고려할 때, 우리는 자아를 예지적 자아, 정치적 자아, 자연적 또는 신체적 자아로 3분해야 할지 모른다.

22) 이 원리의 정당성에 관해서는 이론이 분분하나, 필자는 이 원리가 정당한 것이라고 생각한다.

23) 이 결론은 책임의 가능 근거에 관한 중요한 아포리아를 제기한다. 책임은 성향적 자아가 아니라 도덕적 자아로서 행위한 자에게만, 그리고 타인의 자아와 구분되는 개별적 자아에게만 지울 수 있다. 그런데 도덕적 자아는 비개별적 자아이며, 개별적 자아는 비도덕적 자아이다.

보편자나 신은 권리를 소유하지 않는다. 삶의 주체, 어디로 가야 하는 존재, 행위 실천해야 하는 존재, 과정이나 절차[24]를 밟는 존재만이 권리들을 소유한다. 권리들이나 권리 소유주들이 거주하는 공간인 정치 세계는 잠정적 실재계, 어디로 가는 정거장이며, 이는 행위와 삶의 주체의 자율성을 보호하기 위해 이성이 구성한 존재계이다. 신의 세계에는 물론 자연 세계에도 권리들은 존재하지 않는다. 자연권이란 논리적으로 불가능한 개념이다.

V. 노예 계약의 성립 가능성과 권리의 문제

권리 개념은 개인의 존재론적 지위, 정치 세계 안에서의 그의 실체성을 표시하는 개념이라고 우리는 논하였다. 개인들은 다양하고 수많은 유한 수의 권리들을 소유하며, 이들을 타인들과 주고받을 수 있다. 그런데 개인은 이 권리를 총체적으로 타인에게 넘길 수 있을까? 이런 양도의 행위가 이른바 노예 계약이다. 노예 계약의 가능성 여부는 권리 개념의 논리적 구조에 관해 중요한 시사를 한다. 이제 노예 계약의 가능성 여부와 그 여부가 시사하는 바를 음미해보도록 하자.

루소는 노예 제도를 부당하다고 보고 그 논거로서 두 가지를 들고 있다.[25] 첫째는 윤리적 논변으로 노예 제도는 인간의 본성이라고 할 수 있는 도덕성의 근거를 파괴한다는 것이다. 두번째 논변은 논리적 논거로서, 스스로를 노예로 팔 수 있는 권리라는 것은 자가 당착적인 것으로서 그 권리의 행사는 바로 계약 자체를 무효화한다는 것이다. 여기서는 우선 두번째의 논리적 논변을 검토해

---

24) 절차적 권리의 중요성은 절차적 정의관·진리관과 밀접한 관련이 있다. 절차론은 정의·진리·선을 발견할 선험적이거나 초월적인 방법이 없다는 판단 아래, 그럼에도 정의·진리·선은 있어야 한다는 자각 아래, 이들의 가치를 절차의 합리성에 의해 확보할 수밖에 없다는 입장이다.

25) 루소, 『사회계약론』, 제1권 제4장.

보자.

노예 계약이 이루어지는 현실적인 사례로 여겨지는 바를 검토해보자. 혹자는 자신의 생명의 보존을 위해서 자유를 팔 수도 있으며, 이런 사례는 노예 제도는 정당화될 수 있음을 보여준다고 논할 수 있다. 가령, 전쟁의 상황에서 패전국의 국민들은 승리한 적국 군대의 총칼 앞에서 자신의 목숨을 보존하고자 자신의 모든 자유와 권리를 적국의 군대에게 넘겨줄 수 있고, 그런 상황에서 노예 제도는 정당화될 수 있다고 논한다. 이런 가능성에 대해서 루소는 두 가지 반론을 전개한다. 하나는 논리적인 논증이고 또 다른 하나는 전쟁의 성격에 기초한 반론이다.

전자부터 살펴보자. 노예 상태란 무한 복종의 상태이다. 노예가 되는 자는 자신의 모든 자유와 권리를 주인이 될 자에게 완전히 양도하여 노예의 모든 권리들은 이제 주인의 권리가 된다. 사람이 자신을 노예로 팔 권리, 주인될 자와 노예 계약을 맺을 권리란, 자신의 모든 권리를 양도할 권리요, 그것은 자신의 권리를 무효화할 권리, 즉 권리 부정을 위한 권리이다. 이런 권리는 당연히 논리적 구조상 자가 당착적 권리이다. 이 노예 계약의 행위 자체가 그 계약을 무효화한다. 이 계약이 정당하다면 주인은 이제 나에게 어떠한 의무도 지지 않는다. 노예는 자신의 모든 권리를 주인에게 양도하였으므로, 그는 적어도 권리의 소유주로서는 전혀 존재하지 않는 것이며, 따라서 주인에 대해 권리 주장을 하는 것 자체가 불가능하다.

인간에게 있어서 권리의 주장과 행사는 자기 주장이다. 인간은 물론 모든 생명체들이 자기 주장을 한다. 그것들은 타자의 침해를 받으면 반항·항거하거나 적어도 어떤 반응을 보이는데, 이러한 반응들의 실체는 자기 주장이다. 지렁이도 밟으면 꿈틀한다는 속담은 바로 가장 하등의 생명체까지도 자기 주장을 하고 있음을 표현하고 있다.

새와 짐승과 지렁이의 자기 주장은 생물학적이다. 엄밀히 말해서 그것들은 주체적 존재라고 또는 자아를 지니고 있다고 하기 힘들기에 그것들의 그러한 행위는 자기 주장이라기보다는 자연적 반응이거나 인과적 또는 생리학적 반응의 차원에 머물러 있다. 그 '자기 주장'은 순전히 인과적인 힘, 물리적 또는 생물학적인 힘에 의존한다. 인간의 자기 주장은 이러한 생물학적 또는 신체적 반응에 더하여 또는 그것에 앞서서, 아니 더 정확하게는 그것의 근거요 원인으로서의 권리 주장의 형태로 나타난다. 그러므로 그것은 단순한 생물학적 또는 신체적 반응보다 훨씬 더 막강한 힘을 발휘하며, 신체적 힘의 강약 관계를 역전시킬 수 있다. 약한 자의 정당한 권리 주장이나 권리 의식은 부당한 강자를 무찌를 수 있다.

중요한 점은 바로 이 점이다. 인간의 자기 주장은 권리 주장의 형태로 나타나며, 이는 정당성이나 정의의 요구요, 따라서 인간의 자기 주장은 그가 사유하는 인간인 한에서, 그가 대단히 윤리적인 품성을 지닌 자가 아니어도, 자존심이나 명예심 또는 부당한 모욕에 대한 분노와 같은 윤리적인 의식의 모습을 지니고 있다는 점이다. 그러므로 권리 소유주로서의 인간이 자기 주장을 하는 배경에서 그는 자신을 생물학적인 차원 이상의 좌표대 위에서 자신의 정체성을 정립하여, 말하자면 존재론적인, 즉 절대적이고 불가침투적인 실체성을 지닌 존재로 파악하고 있는 것이다. 권리 주장은 자신의 절대성을 주장하면서 동시에 그런 절대적 지위를 가능케 하는 배경이 되는 좌표대나 세계가 존재한다는 주장을 함축하는 것이다. 그러므로 스스로를 노예로 팔려는 자는 단지 자신의 모든 권리를 파는 것만이 아니라, 그 권리를 창출한 좌표대 전체를 부정하고 있는 것이다. 그러나 개인이 그런 권리를 소유하고 행사할 수는 없다. 그가 노예 계약을 체결하더라도, 그 좌표대의 존재를 인정하고, 그 좌표대 위에 거주함으로써만이 계약의 체결이 가능할 것이다. 그러므로 그가 그 좌표대 위에 머물러 있는 한, 그는 자신을 노예로 팔 수 없으며, 그 좌표대를 떠나 자연인이 되는 경우에는, 자신이 팔 수 있는 권리들은 물론 그런 매매를 행할 권리조차도 지니지 못하고 있는 것이다.

노예 계약의 논리적 모순성에도 불구하고 현실적으로 자신을 노예나 종으로 파는 사례가 있지 않은가? 이런 사례는 이 계약의 논리적 모순성을 논한 우리의 논변에 문제가 있거나, 또는 논리란 현실과는 무관한 것임을 보여주는 것이 아닐까? 노예 계약이 정당하게 성립할 수 있다고 해보자. 그렇다고 하더라도 노예가 될 사람은 자신의 정신까지도 팔 수 있을까? 괴테의 『파우스트』는 주인공인 파우스트 박사가 청춘을 대가로 하여 자신의 정신을 악마인 메피스토펠레스에게 파는 것을 계기로 하여 이야기를 전개한다. 이러한 매매 행위가 실제로도 일어날 수 있을까? 악마야 인간의 정신을 완전히 장악할 수 있는 괴력을 발휘할 수 있겠지만 인간인 노예의 주인이 그런 전능한 악마의 괴력을 소유할 수 있을지는 매우 회의적이다. 사람이 자신의 정신을 자신 마음대로 할 수 있는지조차 불확실하며,[26] 따라서 노예될 자가 자신의 정신까지도 팔 의사가 있다손 치더라도, 그런 의사가 현실화될 수 있는지는 별개의 문제이다. 파우스트의 정신은 그 정신이 설혹 그의 것일지라도 파우스트 자신의 완전한 장악 아래에 있지 않으므로 그는 정신을 팔 수 없을지 모른다. 나아가 설사 주인에게 정신까지 팔 수 있다고 하더라도, 그 주인이 그것을 완전히 살 수 있을지도 회의적이다. 왜냐하면 자신의 정신이 무슨 짓을 하는지 완전히 알 수 없는 마당에, 노예의 정신이 무엇을 생각하고 무엇을 느끼며, 어

---

26) 따라서 파우스트 박사가 자신의 정신을 팔 수 있을 만큼 자신의 정신에 대한 장악력이 있다 함도 문학적 허구이다.

떤 음모를 획책하는지 어떻게 알 수 있겠는가?

노예 계약이 이루어질 수 있다고 하더라도, 그것은 신체에 대해서만이다. 그것도 신체의 노동력에 대해서만이다. 이 사실은 그러므로 한 개인이 자신을, 자신의 신체와 생명은 물론 정신까지 완전히 타인에게 양도할 수 있는 정당한 계약이란 있을 수 없음을 의미한다. 생명을 넘기는 계약은 물론 있을 수 없다. 그리고 신체의 노동력을 파는 계약은 노예 계약이 아니라 고용 계약이다.

노예 계약권이라는 것이 논리적으로 존재할 수 없다는 사실은 권리의 개념에 관해 중요한 시사를 한다. 인간은 권리의 소유주로서 인간에게는 신체와는 전혀 다른 논리에 의해 움직이는 차원이 있음을 말해준다. 이를 흔히들 정신의 차원이나 윤리의 차원이라고 하는데, 정신이 신체와는 달리 계약과 교환의 대상이 될 수 없는 이유는 그것이 권리의 대상이거나 소유의 대상이 아니라 오히려 권리를 발생시키는 연원이거나 권리의 지평을 구축하는 주체이기 때문이다. 이 차원이 흥미로운 점은 이 차원의 거주민인 정신들을 나의 정신, 너의 정신으로 구분할 수 있으므로 특수화가 가능하다고는 말할 수 있으나, 여타의 특수화가 가능한 소유권의 대상들과는 달리 상호 교환이 될 수 없다는 점이다. 이것은 정신이 특수자로서 존재할 수도 있으나 그 근저에 있어서는 권리의 좌표를 창출하는 보편적인 의식으로 존재함을 말해준다. 권리란 권리 소유주가 자신을 자연적 존재자나 경제적 재화 이상의 존재로 여길 수 있을 경우에만 소유할 수 있으며, 행사할 수 있는 것이다. 따라서 권리란 윤리적 세계는 아니어도 정치적 세계에서 실체적 시민으로 존재할 경우에만 소유되고 행사될 수 있다.

4. 권리 개념의 여러 국면들

I. 자아 동일성

권리 소유주는 본질적으로 특수적 개인들이므로, 권리 주장이 정당화되기 위해서는 우선적으로 그 소유주인 특수적 개인, 더 구체적으로는 그 존재 여부를 확인할 수 있는 개인이 존재해야 한다. 이러한 조건의 충족은 자아의 존재와 이의 시공적 동일성 *the personal identity*을 요청한다. 시간적으로 지속하는, 그리고 타자와 확연히 구별되는 특수적 자아들이 존재하는가? 존재한다면 그 근거와 기준은 무엇인가? 존재하지 않는다면, 개별적 자아의 개념은 우리 일상의 언어 체계와 사유 체계의 핵심적 일부이기는 하지만 그럼에도 불구하고 그것은 단지 언어적이거나 경험적인 현상의 일부일 뿐인가? 그리고 그런 개인의 위치를 표시하는 권리 개념은 정치 · 경제 · 사회 세계와 같은 생활 세계, 또는 경험 세계를 기반으로 하는 사유 게임의 장기알에 불과한가?

자아 동일성에 관한 현대 학자들의 논의에 따르면, 시간적으로 지속하며 공간적으로 동일성을 유지하는, 그리고 타자와 확연한 차이와 경계를 지니는 개별적 자아란 존재하지 않는다. 현대의 학자들은 이에 대한 논리적 또는 의학적 논거들을 제시한다.[27] 개별적 자아의 개념은 현상계 또는 경험 세계를 기반으로 하여 형성된 우리의 일상적 사유틀의 개념적 요청에 불과하며(경험 세계는 특

---

27) 다음 참조: D. Parfit, 위의 책; T. Nagel, "Brain Bisection and the Unity of Consciousness," *Mortal Question*, Cambridge Univ. Press. 불교적 견해에 관해서는, S. Collins, *Selfless Persons*, Cambridge Univ. Press, 1982. 의식의 사실로서 통각은 존재하나 자아의 존재는 확증할 수 없다는 칸트의 견해와 비교할 것. 고대에서는 피타고라스 학파가 개인의 영혼은 세계 영혼의 파편이라고 하여, 개인 영혼의 실재성을 부인하였고, 불교 역시 자아란 오온(五蘊)의 집적인 현상에 불과하다고 본다.

수자들의 세계이다), '개별적 자아'란 그러므로 경험적 현상이거나 언어의 구성물에 불과하다는 것이다. 이 주장의 타당성은 많은 논의를 필요로 한다. 분명한 것은 우리의 개별적 자아가 실재하지 않는 현상적 사태이거나 언어의 그림자에 불과하다면, 권리를 부여받을 존재자가 없으므로 권리 개념은 존재론적 근거의 지지를 받을 수 없으며, 권리 주장 역시 정당화될 수 없는 억지가 될 것이다. 과연 권리 주장은 정당화될 수 없는가? 권리란 존재하지 않는가?

Ⅱ. 권리의 공간

권리 소유주인 특수적 자아가 실재 세계의 한 구성원이 되지 못한다 하더라도 그의 현상적·경험적 주거지는 존재하며, 이 영역을 기초로 하여 권리의 경험적 의의, 즉 자연 세계, 정치·경제·사회 세계 내에서의 의의를 찾아볼 수는 있을 것이다. 인간은 어쨌든간에 경험 세계 내에서 살고 있으며, 존재론적인 기준을 충족시키는 자아는 아니더라도 경험적인 세계의 범위 내에서 자아는 논할 수 있으며, 인간의 삶에서 이런 자아의 존재를 인정함은 필수적일 것이다. 위에서 잠시 언급한 바와 같이 고통받는[28] 존재로서 그리고 삶의 계획을 구상하고 실현하는 자아는 경험적 자아이고, 이런 존재는 고유명사적이고 특수적인 자아이다. 경험 세계 내에서 특수적 자아의 존재와 동일성, 그리고 정체성을 위한 기준은 간주관적 또는 사회적 합의에 의해 마련될 수 있으리라고 본다. 실제로도 그러한 경험적 기준은 통용되고 있다. 그 기준의 한 기

---

28) 고통의 체험이 개인의 존재를 확인시켜주고, 그 경계를 그어준다는 점에서 고통이라는 현상은 존재론적 의미를 지닌다. 행복이나 즐거움보다는 불행과 고통이 더 존재론적이다. 행복해하는 개인에 우리는 무관심할 수 있을지는 모르겠으나, 고통받는 인간에게 무정(無情)한 태도를 취할 수는 없다. 모든 주요 종교적 사상이 고통이나 죄의 개념에서 출발하는 것은 의미가 깊다.

초는 신체와 노동력이 될 수도 있을 것이다. 우리는 이 기준이 정하는 범위 내에서 개인의 동일성의 울타리를 획정하고 개인의 권리들을 논할 수 있을 것이다.

개별적 자아가 실재하건 않건간에, 우리는 개별적 자아가 존재한다는 믿음 아래서 그리고 의식의 사실로서 확인되는 경험적 자아의 통일성 안에서 생활 세계와 정신 세계를 형성하여왔다. 적어도 경험적 현상으로서의 개별적 자아는 존재한다고 말할 수 있으며, 이에 기초한 권리들도 생활 세계나 경험적 세계의 범위 내에서는 정당한 근거를 가질 수 있다고 볼 수 있다. 개별적 자아가 존재론적 실체성이 없는 물거품과 같은 존재요, 언어적 연기(緣起)의 결과이고 오온(五蘊)의 결과일 뿐으로 실제로는 공(空)한 존재라고 한다면, 실재계의 지평에서 볼 때 그 물거품의 존재와 삶은 과연 무의미하다고 결론지어야 할 것이다. 그러나 그렇다고 해서 그 물거품이 다른 물거품에 의해서 함부로 무시될 수 있는 것은 아닐 것이다. 물거품들의 밖에서 보면 물거품은 과연 물거품이지만, 그것들의 세계 안에서는 물거품은 물거품이 아니고 엄연히 물거품들의 세계를 구성하는 실체들이다. 물거품들은 적어도 다른 물거품에 의해 무시되지 않을 만큼의 존재 가치나 권리는 소유한다.

우리 삶의 세계는 물거품들의 세계도, 단순한 자연적 세계도 아니다. 우리 삶의 세계요 공간인 정치·사회적 세계는, 보다 구체적으로 국가란, 물거품과 같은 인간 삶의 허망함과 우연성을 극복하기 위한 장(場)이다. 국가는 자연 세계를 기반으로 하기는 하되, 그 위에 구축된 그리고 그 자연성을 넘어서기 위한 이성적 의지의 장이라고 말할 수 있다. 권리라는 개념은 이런 두 측면을 융합하여 우리의 존재론적 지위를 규정하는 개념이다.

권리의 가능적 소유주로서 대표적인 존재인 개인들은 그 탄생이나 내적 구성에 있어 우연적인 존재이므로 당위적 존재 이유를 결여하고 있다. 이런 이유에서 그 개인이나 이들의 권리들은, 어쨌든 이성의 관점에서 그리고 존재론적 관점에서 보면 정당한 근거를 결여하고 있다고 고집할 수도 있을 것이다. 그러나 우리는 보다 인간적인 관점을 취해볼 수도 있으며, 이 관점이 우리에게는 보다 중요하다. 권리란 개인들이 소유하는 도덕적 지위이고 가치이며, 개인들은 경험적 세계를 구성하는 존재들, 더 좁게 말하면 정치적 세계를 구성하는 실체이므로, 개인들의 권리들이란 적어도 경험 세계나 정치적 세계에서는 충분히 의미 있는 개념일 가능성이 있다. 권리의 소유주는 윤리적이고 존재론적인 실체로서라기보다는 경험적이고 정치적인 존재로서만이 권리의 소유주일 수 있으며, 우리는 우리 자신의 생존을 위해 그 이상의 지위를 필요로 하지 않는다.

그러므로 권리란 그 실재성이 경험적으로 확인되지 않아 그 실재 여부가 논란의 대상이 되는 예지적 자아, 또는 보편적이고 윤리적인 자아와 관계해서가 아니라 오히려 경험적 현상으로 분명히 그 존재를 확인할 수 있는 경험적 자아와 관계해서 의미를 지닌다.

우리의 현실적 삶과 행위와 사유는 이 경험적으로 확인되는 자아를 축으로 하여 영위되고 수행되고 있으며, 권리 개념은 이 과정에서, 아니 이 과정을 근거로 하여 형성되고 주장되는 것으로 보인다. 인간은 무작정 권리를 주장하는 것이 아니다. 인간의 삶이란 애를 쓰고 힘을 들여야 살아진다. 생명이란 노동의 연속이다. 인간은 이 생존에의 노력을 근거로 하여 권리 주장을 하는 한에서 그 권리 주장은 합리성을 지니고 있다. 인간을 포함한, 권리의 모든 가능한 소유주들은 자신의 존재 방식의 특질과 논리를 근거로 하여 어떤 절대적 당위성을 주장한다.

경험 세계의 수많은 특수자들은 태어나야 할 어떤 당위적 이유 없이 우연적으로 이 우주에 한 자리를 차지하고 있다. 개인들도 그러한 특수자들의 한 부류이다. 특수자들은 살기 힘겨운 이 우주에 들어서길 선택한 것이 아니라 우연히 던져졌지만, 그렇다고 해서 자신의 의사와는 상관없이 들어선 이 우주에서 어떤 권리 주장을 할 수 있는 근거가 있는 것도 아니다. 생성의 우연성에 비추어 보면 그럴 권리가 없다. 생명체는 무슨 나쁜 일을 해서 이 괴로운 현생의 우주에 들어선 것도 아니지만, 무슨 선한 공덕을 쌓아서 이 우주에서 권리 주장을 하면서 행복과 번영을 누릴 수 있는 것도 아니다. 윤회니 업보니 하는 불교적 관념들은 이 문제를 해결하기 위한 이론적 장치들이긴 하지만, 철학적으로는 그런 관념들을 받아늘이기가 쉽지가 않을 뿐 아니라, 일상인들은 그린 업보의 사상과는 상관없이도 권리 주장을 할 수 있다고 믿는다.

개인의 존재가 우연적이라고 해서 그 개인의 삶과 죽음이 깜박이는 촛불과 같이 우연의 바람에 이리저리 휘몰리다가 꺼져가도 좋은 것은 아니다. 개인들이 아무 이성적 이유 없이 이 세계에 내던져졌다고 해서, 아무 이성적 이유 없이 불행을 당하고 괴로워하다가 무의미하게 죽어도 괜찮다는 주장은 너무 냉담한 논리이다. 무에서 존재에로의 이행은 존재론적으로 비약이며, 논리적으로는 모순 배제율과 배치되는 우연의 논리이다. 이 우연의 논리가 나를 무에서 존재에로 이행시켰으나, 이제 일단 존재케 된 이상 나는 더 이상 이 우연의 논리를 당연한 것으로 수락할 수는 없다. 오히려 이제부터 인간의 삶과 사유에 있어 지배적인 논리는 이성의 법칙인 모순 배제율이다. 존재자들은 이유 없이 이 세계에 들어서게 되었지만 이제 그 존재자들은 정당한 이유 없이 무화될 수는 없다. 개인들은 일단 태어나면 그 연원은 모르겠으나, 이성을 구사하며 이 이성의 논리에 의해 자신의 존재와 삶이 지배되길 요구한다. 역설적이게도 무에서 존재에로의 초월은 우연의 논리에서 이성의 논리에로의, 즉 존재가 허무화하거나 허무에서 유(有)가 돌연히 출현할 수는 없다는 우연 배제의 논리로의 비약을 동반한다. 인간은 이제 우연적으로 원인지어졌던, 즉 존재 원인은 있었으나 존재 이유는 없었던 자신에게 존재 이유와 윤리적 지위를 부여하게 된다. 인간은 부조리한 원인에 의해 이 우주에 등장하게 되었으나, 일단 이 우주에 들어선 연후에는 자신의 삶이 이성적으로 영위되고 이성적 이유에서만 이 우주에서의 자리를 내어줄 수 있다고 고집한다.

과연 로캉텡의 말[29]대로 인간은 태어날 권리가 없었던 사생아로 이 세계에 입적(入籍)하게 되었다. 그러나 그 '사생아'는 일단 이 세계의 호적에 자신의 이름을 등재케 된 연후에는 이 자연적 세계의 운행 방식을 우연으로 규정하고, 자신의 삶과 죽음이 이제는 더 이상 이런 우연이라는 불법에 의해 좌지우지되는 것을 거부한다. 자연의 우연은 인간을 이 우주에 사생아로 내던졌으나, 동시에 이성이라는 반항아를 동반시키는 실수를 저질렀다. 자연의 관점에서 보면 이성은 사고(事故)요 우연이나, 이성은 거꾸로 자연을 우연으로 규정하면서 역습한다. 이런 사태는 인간으로서는 어쩔 수 없는 일이다. 이성이라는 문제아요 말썽꾼을 동반하게 된 것도 자신의 선택이 아니었으니, 이성은 인간에게 신의 선물이기도 하지만 동시에 인간적 비극과 불행의 근원이 되는 조건이요 제약이기도 하다. 이성이 없었다면 인생에는, 나아가 세계에는 아무 문제도 없었을 것이다. 그것이 선물이건 제약이건간에 이성은 인

---

29) J. P. Sartre, *La Nausee*, 영역판: L. Alexander tr., New Directions, 1959, pp. 176~77.

간의 조건이므로, 인간은 자신의 존재와 삶에 이성적 지위를 주장할 수밖에 없다. 이제 우리가 부조리요 우연이라고 판정하여야 하는 것은 우리의 출생의 연원이나 구성의 계기가 아니라, 우리의 생과 사가 비이성적 원인들에 의해 결정되어 부당한 불행과 고통을 체험해야 하며 무의미한 죽음을 당하는 경우가 비일비재하다는 사실이다. 우리의 삶이 우연적으로 주어졌으므로 우연적으로 영위됨이 합리적이고 당위적인 것이(우연은 우연으로 끝나는 것이 당위인가?) 아니라, 오히려 그런 사태는 부조리요 비이성이라는 우리의 믿음, 우리의 삶이 설사 우연적이더라도 그것은 이성적으로 영위될 수 있어야 한다는 이 믿음은 우리의 존재 조건인 이성의 요청이다. 이 요청은 우리 삶의 부조리성에 대한 자각을 낳았으며, 그리고 이 부조리를 그대로 감수할 수 없다는 저항 의식이 권리 의식의 근간을 형성한다. 우연히 생겨난 것이 사고만을 당하며 살다가 우연히 사라짐은 자연스러우며 당연지사일지는 모르겠으나 당위적인 것은 아니다. 권리 개념에는 이런 자연스러움 또는 당연지사와 당위 사이의 긴장된 갈등이 숨어 있다.[30]

권리 의식은 자연에 반항하는 인간의 투정에 불과하거나, 존재에 대한 기득권에만 의존하는 이유 없는 반항인가? 그렇지는 않다. 인간의 권리 주장은 이성적인 논거를 갖추고 있다. 그 주장은 단지 인간이 존재하므로 존재 이유가, 가치가 있어야 한다는 것이 아니다. 인간의 권리 요청의 근거가 되는 생명의 보존과 유지는 그저 존재한다고 이루어지는 것이 아니라, 피와 땀을 흘리는 노동과 노력을 통해서만 가능하다. 인간의 생존에 대한 권리, 그리고 이에서 우러나오는 제반의 권리들은 모두 자신의 의지와는 상관없이 개인들에게 부과된 그리고 수행하여야 하는 생존에의 의무

---

30) 자연·필연·당연·당위에 관한 논의는 필자의 「우연과 당위」, 『계간 경향』 제16집, 1987년 가을 참조.

와 노력에 상응하여 요청되는 것이다.[31] 권리 주장은 이익이나 재화에 대한 주장이라기보다는 정의에 대한 주장이다.[32] 그러므로 권리 의식은 정의 의식 발생에 우선한다, 그 역이 아니라.[33]

IV. 인간의 결여태와 실체성과 권리

이성은 인간 자신만이 아니라 그의 소유물들의 가치를 질적으로 변모시키고 존재론적 지위를 격상시킨다. 인간은 자족적인 존재가 되지 못하고 결여적 존재로 태어났다. 자신의 의사와는 상관없이 태어난 바에야 왜 자족적 존재로 태어나지 못하였을까? 부족한 존재로 태어난 바에야 자신의 존재에 대한 의식마저도 결여했어야 할 것으로 생각되기도 하나, 다른 한편으로는 결여태와 자기 존재의 자각, 그리고 실재성 사이에는 논리적 관계가 있는 것으로 보인다. 우선 자신의 존재를 의식하지 못하는 존재는 더 이상 실재적인 존재가 아니다. 이 사실은 매우 중요하다. 자신의 존재를 의식할 수 있기 위한 한 논리적 조건은, 그 존재가 결여태에 있다는 것, 나아가 이 결여태를 결여태로 인식하는 반성적 사유와 언어 능력을 소유하는 것이다. 모든 것들을 가진 자는 자신을 남에게 뽐낸다. 남에게 자랑을 하는 점에서 그는 자의식으로 충만하여 있다. 그러나 그가 자의식으로 충만하여 남에게 자신을 뽐낸다

---

31) 이런 생각이 생존권과 재산권의 정당화 논의의 바탕을 이루고 있다.

32) 위에서 논한 바와 같이 필자는 이런 이유에서 권리를 이성의 몫, 옳음의 몫, 정의의 몫이라는 의미에서 권리(權利)가 아니라 권리(權理)나 권정(權正)으로 이해 또는 해석하길 제안한다.

33) 롤즈는 그의 정의의 원리가 권리들을 창출하고 공정하게 분배하기 위한 원리라고 논하고 있다. 이에 비해 노직은 권리의 개념이 정의로운 분배에 우선적이라고 본다. 필자는 노직에 동조하여 개인의 권리 의식이 정의의 원리나 분배에 선행한다고 생각한다. 공정한 분배에의 요구를 하는 것이 개인들의 권리 의식, 자신들이 정당한 일정 양의 몫을 갖고 있다는 의식이다. 정의와 권리의 관계는 곧 논의할 것이다. 같은 견해는 위에서 언급한 드워킨의 저작을 참고하라.

면 그는 모든 것을 가진 자, 충족의 상태에 있는 자가 아니다. 그는 적어도 타인의 인정을 필요로 한다는 점에서 그가 가진 모든 것보다도 더 중요한 것을 결여하고 있는 것이다. 진정 충족의 상태에 있는 자라면 그는 구태여 자의식을, 자신의 존재를 의식하며 자신을 뽐내야 할 이유가 없을 것이다. 인간에게 있어 자아 의식과 결여의 의식은 본질적 관계에 있다.

과연 자신의 존재를 의식하여야만 실재적인 존재라 말할 수 있는가? 나무와 돌은 실재하는 존재가 아닌가? 그들은 존재한다. 그러나 그것들은 인간의 의식에 의존하여, 인간의 의식과 언어가 구성한 존재계에의 일원으로서만 존재할 뿐이다. 인간의 존재계 밖에서 그것은 나무일지, 원자들의 이합집산일지, 잠재적 인과력의 집적일지, 무규정적 기(氣)일지, 또는 신비한 정령의 거주지일지 또는 가이어 *Gaia* 라는 거대한 생명체의 피부를 덮고 있는 미세한 모발일지 아무도 알 수 없다. 나무와 돌은 무의식의 존재인 한에서, 그리고 그들을 일정한 모습을 지닌 무엇으로 의식하고 존재케 하여줄 그 어느 특정의 의식적이고 인식적인 존재마저도 없다면, 그것들은 무엇으로도 존재할 수 있으므로 사실상 아무것으로도 존재하지 않는다.

이 우주 어디에도 의식하는 존재, 언어적으로 인식하는 존재가 없다고 하여보자. 인식 주체가 없다고 하여보자. 그러한 세계에 무엇이 과연 존재한다고 말할 수 있을까? 인식하고 말할 수 있는 주체는 사라지더라도, 세계는 계속하여 존속할 것이므로 무엇이 존재한다고 혹자는 주장할 수 있을지 모른다. 그러나 인식하는 존재가 없다면 그것은 무엇으로 규정될 수도 없을 것이다. 무엇으로도 규정되지 않는 존재, 그것은 사실상 비존재이다. 순수한 존재, 무어라고 규정되지 않는 무규정성의 존재는 절대 무와 동일하다.

인식 주체나 언어 주체에 의해 무어라 규정되지 않는다고 하여도, 세계 내의 존재는 자신의 모습으로 존재할 수 있지 않을까? 인식 주체는 아니어도 언어 주체의 관여가 없을 때, 오히려 존재 자들은 자신의 모습으로 있을 것이고 그러므로 진정한 의미에서 존재한다고 말할 수 있지 않을까? 그러나 과연 그러한 순수한 존재, 언어 주체의 규정적 관여가 없거나 또는 인식 대상이 되지 않고도 존재할 수 있는 존재, 그 자체로서는 인식의 행위와 무관한 존재, 인식됨은 자신의 관점에서는 우연성에 불과한 그러한 존재가 과연 언어적으로 인식하는 인간에게 나아가 인식자 일반에게 의미 있는 존재라고 말할 수 있을까? 우리는 플라톤의 존재론이나 인식론에는 동조하지 않더라도 존재란 인식의 대상이라는 그의 통찰을 수락하여야 하지 않을까?

자신의 존재를 의식하여야만 실재적인 존재라 말할 수 있고, 자신의 존재를 의식하기 위해서 그 존재는 결여태에 처하여 있어야 하며, 나아가 자신의 그 처지를 결여태로 자각하여야 한다. 현재 인간 지식의 범위 내에서, 인간 이외의 의식적 존재나 인식 주체는 존재치 않으므로, 인간을 존재케 하는 자는 인간 자신이다. 인간은 인식함으로써 자신의 창조주가 된다. 그것도 결여적 존재로서. 결여의 의식은 이렇게 하여 존재 개념과 밀접한 관계에 있다. 스스로 존재라 할 수 있는 존재는 모두 자신의 처지를 결여태로 평가한다. 이러한 평가는 결여의 극복, 부족분을 메우려는 의지를 함축한다. 그러므로 진정한 존재성은 결여태를 인지하고 이 결여를 메우어가는 과정에서 생긴다고 말할 수 있다.

플라톤은 인간의 정신을 에로스라고 하였다. 에로스는 빈자인 페니아 여신과 부자인 포로스 남신의 소생이었다. 이런 출생 신분으로 하여 에로스는 현재는 빈곤하지만 미래는 풍요할 수 있는 과정적 존재 또는 이행적 존재자이다. 플라톤은 이 에로스가 궁극적으로 지향하는 바는 미의 이데아와 같은 실재자라고 하였으나, 우

274

리는 이 주장을 약간 수정하도록 하자. 에로스는 그러한 존재에로
의 과정이 아니라, 바로 부와 빈의 양극적 긴장을 안으며 이행하
는 과정이기 때문에 이미 실재하는 존재자라고. 진정한 실재자로
여겨져야 할 것은 에로스와 이를 근본적인 추동력으로 하는 인간
이 지향하는 미래의 것이 아니라, 바로 그런 지향성을 본질로 하
는 에로스와 인간이다. 권리 개념은 인간이 바로 이러한 이행적이
고 과정적인 존재자라는 사실에서 비롯하는 개념이다. 권리의 범
주는 인간의 인간됨과 실체성을 구성하는 핵심적인 요소이다.

V. 이성적 절차와 권리

　　결여적인 인간은 자신의 자연적 자산인 생명·건강·자유·노
동을 밑천으로 하여 타자와의 관계, 그것도 그 타자에 대해 소유
와 사용이라는 지배적 관계를 맺는다. 인간은 자연에서 다양하고
수많은 재화를 취득하여 소비하며 삶을 영위한다. 인간은 자연계
의 먹이사슬의 최상부에 군림하고 있다. 이렇게 생존을 위해 취
득·소유·사용될 재화들은 우연적으로 주어지는 것이 아니라,
수고로운 노동을 통해 획득되며 이 재화들이 도덕적·정치적 지
위로서의 권리 대상이 되기 위해서는 그 노동이 일정한 자격을 갖
추거나 적법한 절차의 일부가 되어, 그 재화가 응분의 것[34]으로 여
겨져야 한다.

　　권리의 정당성에 기여하는 이 절차나 과정은 어떠한 성격의 것
인가? 올림픽 복권 제도와 같이 우연성을 본질로 하는 제도에 의
한 재산의 취득, 그리고 그 재산에 대한 권리는 정당화될 수 있는
가? 이런 우연적 재화의 분배 제도 자체도 그것이 사회적 합의에
의하여 시행되고 있는 것이라면 그것은 부분적으로는 이성적이고

---

34) 권리 개념과 응분 *desert*의 개념은 본질적으로 연결되어 있다.

윤리적인 성격을 지닌다. 어떤 건달이 복권 가격이라는 일정한 반대 급부를 주고 최고 당첨액 일억 원짜리 복권을 구입하였다고 해보자. 그 전날 밤 돼지꿈을 꾸더니 1등에 당첨되어 일억 원의 횡재를 하였다. 그는 당연히 자신의 권리를 주장할 것이고 모두가 그의 재산권을 인정할 것이다. 건실하고 부지런한 그의 이웃은 피땀을 흘려 일하고 절약을 하여 10년 만에 겨우 그 일억 원을 만들어 내었다. 당연히 그도 그의 재산에 대한 재산권을 지니고 있다. 그의 재산권은 피와 땀이 배어 있는 것이니만큼 고귀한 것일 것이다.

윤리적 관점에서 각자의 재산이 지니는 의미는 질적으로 다를 것이다. 부지런한 사람의 재산은 문자 그대로 그가 피와 땀을 흘려 얻은 것이니 그의 생애의 일부일 것이나, 건달의 그 일억 원의 의미는 그에게 바람과 같이 날아온 횡재의 성격을 가질 것이다. 이런 양자의 차이는 권리의 관점에서도, 즉 재산권의 위치에 있어서도 차이를 만들어내는가? 그렇지 않다. 각각의 재산이 각자에게 어떤 의미가 있건간에 그것들이 권리의 대상으로 인정되면, 그것의 생성 과정이나 기원에 상관없이 그것은 대등한 위치, 그리고 절대적 위치를 지닌다. 복권 당첨이라는 재산 획득의 절차는 윤리적 관점에서는 단지 1%의 윤리적 합리성만을 지니고 있을 것이다. 그렇다 하여도 일단 재산의 형성과 재산권의 취득 과정이, 권리 형성을 위한 그 사회의 원리에 의해, 재산의 형성 과정에 대해 관용적인 그 사회의 구성원들의 합의에 의해 합리적이고 정당한 절차로 인정되었다면, 그 제도를 통해 취득된 재산에 대해 당첨자는 절대 불가침의 권리를 주장할 수 있다. 그리고 이 주장은 부분적으로가 아니라 100% 이성적이다. 적어도 권리의 관점에서는 그러하다.

우리는 여기에서 윤리성과 정치성의 괴리를 발견할 수 있다. 기

276

본적으로 정치적 세계와 그 속에서의 실체성인 권리라는 지위는 위에서 논한 바와 같이 인간적 삶의 특수성과 우연성을 수용하는 데에서 성립한다. 사회의 발전이란 이 괴리의 축소 과정이고, 발전된 사회란 이 괴리를 좁힌 사회이다. 사회의 이성화, 권리들의 실질적인 이성화를 위해서는 복권 제도는 물론, 더 나아가 삶의 근원적인 우연성을 극소화함으로써 우연성과 자의성에 의한 재화의 분배를 교정하여야 한다. 법과 제도의 정신은 바로 여기에 있다.

어떤 절차와 과정과 법과 제도들이 사회적 합리성으로 인정되는 한, 그들을 거쳐 그리고 그것들이 정하는 범위 내에서 이루어진 재화의 분배나 개인들의 처지는 합리적인 것, 적어도 권리의 관점에서는 불의하지 않은 것이라고 말할 수 있다. 그러나 그 과정이나 절차, 또는 법과 제도 자체가 부조리하고 비합리적이라면, 이 과정과 절차의 비합리성은 이들이 산출한 결과에로 이전될 것이다.

절차가 어떤 성질의 것이건간에, 이 절차를 준수함으로써 확보되는 정의를 형식적 정의라고 하자. 이런 형식적 정의의 기준이 되는 절차 자체는 비합리적일 수도 있다. 이제 그 절차 자체까지도 합리성을 갖추고 있을 때 얻어지는 정의를 실질적 정의라고 이름하여보자. 사회 구성원이 모두 서로 합의한 절차나 법을 준수할 때 한 사회의 형식적 정의가 실현된다. 나아가 그 절차나 법이 진정으로 정의로우며 윤리적이라고 할 때, 그 사회는 실질적 정의까지도 확보하였다고 말할 수 있다. 다수의 사람들이 절차를 준수할 때, 그리고 그 절차 자체가 이성적이면 이성적일수록 그 결과도 이성적이다.[35]

---

35) 결과가 도덕적 가치를 소유하는지의 여부를 전적으로 그를 귀결하는 절차에 의해 결정하려는 견해의 대표적인 것이 절차적 정의관이다. 인식론에서는 인식의

법과 제도, 절차 등은 한 사회의 형식적 이성이다.[36] 무엇을 법제화 또는 제도화한다는 것은 그것을 적어도 형식적으로는 이성화함을 의미한다. 합의의 근거나 방식이 무엇이건간에 어떤 제도나 법이 만인에 의해 합의되었다면 그것은 형식적 합리성을, 그리고 그것만을 갖춘 것이다. 그것들이 실질적인 합리성과 정의를 갖추기 위해서는 그 법과 제도들이 내적인 설득력을 지니고 있어야 한다. 형식적 이성은 어느 면에서 불완전 이성이라고 말할 수 있다. 그것은 인간의 근원적인 우연성을, 가령 신체성에서 오는 우연성을 수용하는 단계의 이성이다.

제도와 법의 시행은 인간 삶의 어느 시점에서 시작되므로, 그 시점 이전의 우연성과 도덕적 자의성을 제도와 법에 의해서 완전히 제거할 수 있는 것은 아니다. 우리는 인간의 이런 조건에서 소급 입법을 금지하는 철학적 논거를 찾을 수 있다. 물론 이 시점을 가능한 범위 내에서 소급하여 이성을 실질화하려는 시도는 수없이 있어왔으며, 이런 시도의 의의를 우리는 인정할 수 있을 것이다. 역사 안에서의 인간의 노동과 실천이라는 것도 결국은 이 시점을 소급함으로써 인간의 삶 안에서 우연성과 비합리성을 최소화하려는 노력으로 이해할 수도 있다. 권리의 연원을 자연 상태에서부터 찾고자 하는 근대 서양의 자연 상태론이나 자연권의 개념들은 모두 이 시점을 최대한으로 소급하여보자는 의도를 담고 있다. 롤즈의 원초적 입장의 개념은 그야말로 모든 법과 제도와 절차가 시작되는 원점을 찾아보자는 발상이다. 이런 진지한 시도에도 불구하고 고유명사적 주체성과 신체의 한계는 제거할 수는 없

정당화 조건이 그 예일 것이다. 절차적 정의관에 관해서는, 롤즈, pp. 85 이하; 노직, 후자는 절차적 정의관을 정의의 역사적 원리라 부르면서 정형적 원리와 대조하고 있다.

36) 실질적 이성의 실현은 그 제도 자체의 이성화에 의해서 이루어진다.

을 것이며, 이것이 소급의 한계가 될 것이다.

윤리학에서는 인간의 신체적 조건이 극복의 대상일 수 있으나 정치철학에서 그것은 토대가 된다. 이 신체성을 윤리적 지평에서 수용한 것이 권리 개념이다. 인간의 신체성과 우연적 조건에 존재론적 지위를 부여하고자 하는 태도에서 나온 개념이 권리 개념이다. 인간은 정치 세계를 구성함으로써 집단의 일부가 된다. 이 집단에는 인간의 기본적 조건인 신체성이 어떠한 방식으로로건 반영되어야 한다. 그것이 행정 조직이고 그것이 힘으로서의 권력이다.

인간은 신체적인 존재이고 타인과 공존적 관계에서 삶의 이상을 실현하여야 하는 존재이다. 이러한 인간의 근원적인 제약은 가치와 이상의 차원으로 급진적이고 비약적인 방식으로 이행함을 불가능하게 한다.[37] 자연적 우연성과 사회적 우연성에서 이성의 당위성으로, 그리고 자연의 질서에서 이성의 질서로의 이행은 점진적이고 단계적일 수밖에 없다. 법과 제도와 절차, 이들이 갖추고 있는 권력, 그리고 이들을 근간으로 하는 정치 세계는 이러한 이행을 가능하게 하는, 그리고 인간의 삶에 본질적인 장치이고 국면이다. 이런 이행적이고 과정적인 성격 때문에 법과 제도는 한편으로는 개인들을 현재에 안주케 하고 사회를 현존에 안정시켜야 한다. 이들은 이 점에서 보수적이다. 그러나 다른 한편으로 이들은 사회의 이성으로서 현존의 우연성을 벗어나 이성과 가치의 세계로 전진케 해야 한다는 점에서 진보적이고 개방적이다. 누진세와 상속세법은 법의 이런 측면을 반영한다. 그래서 모든 법과 제도와 절차는 부분적 우연성과 부분적 합리성을 내포하고 있다. 법

---

37) 의미 있으며 성공할 수 있는 혁명이란, 흔히들 이해하듯이, 이상적 상태로의 비약이 아니라, 그 이상적 상태로 가기 위한 방법, 절차, 사회적 구조로의 이행이다. 혁명이 목표하는 바는 역사의 종국 상태의 실현이 아니라, 종국으로 가기 위한 이성적 사회 구조의 도입이다.

과 제도를 표현하는 명제들은 부분적으로는 사실 기술적이며, 부분적으로는 당위 명령적 또는 가치 규범적이다.

VI. 권리 대상이 되는 것들과 권리의 영역

위에서 우리는 권리의 의미 있는 소유주는 경험적 자아라고 논한 바 있다. 이 경험적 자아의 울타리는 그의 경험의 폭에 따라, 그리고 이 경험을 토대로 하여 전개하는 세계의 모습에 따라 확대 축소될 수 있다. 자연 상태 속에서의 인간은 자연계를 자신의 존재계로 하는 생물학적인 존재로서 어떠한 권리도 자신의 일부로 하지 않는다. 이 자아가 정치 세계 속에 진입하면 그 자아는 이 세계를 배경으로 하여 정치적 자유와 권리를 향유하는 권리의 소유주가 될 수 있다. 그리고 경제적 시장 속에서 자아는 경제적 재화를 취득하여 그것을 자신의 일부로 할 수 있다. 한 개인의 자아의 한계와 그가 소유하는 권리의 범위와 종류는 그 개인이 삶을 영위하고 행위하는 세계의 성격과 그 세계의 운영 규칙에 의존한다.

일반적으로 'x가 진정 A의 것이라면, A는 x에 대한 권리를 소유한다' 는 명제는 명백한 진리이다. 어떤 것의 진정한 소유물은 그것에 본질적인 것이라고 말할 수 있다. 역으로 무엇이 어떤 것의 본질이란 그것의 진정한 소유물이라 말할 수 있다. 본질 개념과 권리 개념은 논리적으로 연결되어 있다. 진정 x의 것이라고 말할 수 있는 것은, x에 대해 우연적 속성이 아니라 그것에 대해 본질적 속성에 해당하는 것들, 진정 x 자신의 일부를 구성하는 것들이다. 자본주의 사회에서 재산권은 그 권리의 소유주의 본질적 일부를 구성한다. 그 소유주가 그 재산을 어떻게 사용 · 처분하건, 자신의 삶에 대해 어떤 의미를 부여하건간에, 적어도 사회 체제는 그리고 다른 사회 구성원들은 그 재산을 그의 본질적 일부로 간주하여야 한다. 이것이 재산권에서 권리 개념이 요구하는 바이다.

정치 세계 속에서 한 개인의 본질을 구성하는 것은 그가 권리 주장을 할 수 있는 것들의 총체이다. 그런데 그 개인이 자신의 정치적 본질, 정치적 존재로서의 본질인 자신의 권리를 어떻게 취득하는가는 그 사회의 규칙들에 의해 결정된다. 정치 세계에서는, 존재계와는 달리, 개인의 본질이, 즉 정치적 자아의 본질이 그의 존재에 후행한다. 존재론적 실체의 본질은 그 실체의 존재와 함께 선험적으로 주어지는 것이나, 정치 세계에서의 실체인 정치적 실체의 본질은 후천적으로 형성된다.

구체적 권리들에 선행적으로 존재하는 권리의 소유주인 개인은 자신의 속성을 지니고 있지 않으므로 단지 순수 주체로서만 존재한다. 출생 신고와 더불어 주어지는 주민증의 번호는 그러한 순수 주체, 그러나 타주체와 구분되는 특수적 주체를 표시한다. 이 주체의 구체적이고 실질적인 모습은 그의 정치적·사회적 활동에 의해 형성된다. 개인의 권리는 개인의 것이기는 하나, 그가 정치 세계에 속하기 때문에 갖게 되는 것이므로 공적(公的)인 성격이 있으며, 이런 이유에서 그의 정치적 본질을 구성하기도 하지만, 다른 한편으로는 그 개인들이 속하는 정치 세계, 즉 국가의 실질적 모습을 구성하기도 한다. 한국이라는 정치 세계의 구체적이고 실질적인 내용은 한국민들의 권리들의 총체이다.

권리 개념을 이렇게 해석하여보면, 권리란 그 권리 소유주가 하나의 세계에서 자신을 구성하여 실체성을 부여하기 위한 개념으로 이해할 수 있다. 자연적 관점에서 볼 때, 한 개인의 생명과 신체와 노동은 그 개인의 본질을 구성할 수도 있을 것이다. 로크는 인간은 자연 상태에서 자신의 신체와 생명과 노동에 대한 권리, 자연권을 소유한다고 주장한 바 있다. 이 주장에 설득력을 제공할 수 있는 한 논거는 위와 같은 관계일 수 있다고 생각된다. 그러나 문제는 자연 상태에서는 소유 관계라는 것이 있을 수 있는지, 있다고 하더라도 그 소유권의 범위가 어디일지가 분명하지 않다는 점이다. 자연 세계의 유(類)와 종(種)들간의 위계적 질서도 자연 자체의 것이라기보다는 인간의 분류 방식일 뿐이다. 바퀴벌레가 인간보다 섬세한 개념적 사고를 할 수 있다면, 분명 그들의 분류 체계에서 갑각질의 곤충들, 그리고 그 중에서도 바퀴벌레는 최상 위를 차지할 것이다.

이와 같이 경험적 자아가 어떤 세계 또는 영역에 존재하는가는 그 경험적 자아의 구성 요소와 이 자아가 향유할 수 있는 권리들의 범위, 그리고 그 권리의 논거를 결정한다. 그러므로 온전한 권리 주장의 명제에는 권리 영역이 구체적으로 명시되어야 한다. 이 영 역이 무엇이냐에 따라, 우리는 도덕적 권리, 인간의 권리, 자연권, 정치적 권리, 경제적 권리, 문화적 권리 등을 논할 수 있다. 흔히 들 정치적 권리와 경제적 권리를 동일한 차원에서 논하는 경우가 많은데, 전자는 후자를 포함한 다른 모든 종류의 권리들의 기반이 된다는 점에서 질적으로 다르다. 모든 권리는 인간이 정치적 존재 가 되면서부터 누릴 수 있는 것이고, 그의 정치적 신원의 표징이 므로, 모든 의미 있는 권리는 근원적으로 정치적 권리들의 일종이 다. 인간의 기본적 권리 *human rights*는 물론 자연권이라도, 이것 들을 의미 있게 논할 수 있다면, 그것은 정치적 권리의 일종이다. 자연 상태론자들이 논하는 자연권의 개념이 수용될 수 있다면, 추 상화된 자연 상태나 또는 특수적이고 구체적인 정치 세계들의 공 통 분모로서의 자연 상태, 일종의 모델의 역할을 하는 자연 상태 에서의 권리일 것이다.

권리의 정치성보다 권리에 관해 더 중요한 사실은 이 권리 공간 또는 영역을 어떤 기준에 의거하여 설정하느냐에 따라 권리의 실 질적 이성화가 이루어진다는 점이다. 복권 제도와 같은 우연성을 본질로 하는 제도와 법이 지배하는 권리 세계(가령, 도박판이나 경마장)에서는 형식적 이성화는 이루어져 있을지 모르겠으나, 그 속의 자아들이나 이들의 권리는 실질적으로는 우연성의 제약 아래에 있다. 하지만 우연성은 인간 현존의 본질적 특성이고, 인간의 행위는 항상 미래에 대한 불확실성 아래에서의 선택이라는 도박적 성격을 지니고 있다. 이런 점들을 감안한다면, 권리 개념은 우연성을 자신의 일부로 하고 있으면서 다른 한편으로는 우연성을 극복하고 외부의 우연성을 막아내고자 하는 의지를 담고 있다. 권리 주장은 자신을 무화하려는 우연성의 바다에서 자기 실체성을 확보하려는 주장이다.

VII. 자연 상태와 권리의 영역

법적·제도적 절차를 거쳐서 취득되는 것들에 대해서는 우리가 권리를 주장할 수 있다고 하자. 이런 법과 제도가 존재하지 않는 자연 상태에서도 개인들은 권리를 소유하고 있는가? 자연 상태에서라도 인간은 놀고 먹는 것이 아니다. 그 상태에서도 사람들은 살기 위해서 애쓰고 힘들이면서 노동을 해야 하며, 짐승들과 적대적 타인들과 투쟁을 하여야 한다. 노동은 자연 세계 속에서 생존을 도모하기 위한 가장 기본적인 활동이며, 학적 인식, 윤리적 실천, 예술적 창작에 이르기까지 모든 인간 활동에 기초가 된다. 이 노동은 생존을 위해 필수적으로 거쳐야 하는 절차의 성격을 지니고 있으며, 의도나 목적을 동기(動機)로 하는 점에서 사념적이고 이성적인 측면이 있다.

그런데 노동은 인간이 선택할 수 있는 활동이 아니라, 인간의 생존 조건이 강요하는 필연이라 한다면, 노동의 활동과 그 산물 사이의 관계가 논리적이고 이성적이어야 할 것이고, 그러므로 우리가 이 노동을 근거로 하여 이에 대한 대가를 권리 대상으로 요청함은 정당한 것으로 여겨진다. 이를 우리는 노동 권리론이라고 부를 수 있다.

그렇다면 노동을 할 수 없는 노약자나 장애자들은 그리고 더 근원적으로 동물들은 어떠한 권리도 소유할 수 없다고 말해야 하는가? 노동의 전제요 원인은 생존의 필요들이다. 이 필요는 생존하는 한 충족되어야 하는 것이므로, 이 필요를 근거로 하여 권리 주장을 할 수 있을 것으로 보인다. 이것이 필요론이다.[38] 더 근원적으로 그 필요가 충족되지 않을 때, 삶의 표현으로서 인간은 고통을 느낀다. 필요가 어느 정도 충족된 경우에도 타자에 의해 해악이 가해질 때 생명체는 살아 있다는 그 사실만으로 고통을 느낀다. 생명은 본질적으로 고통에의 수용성이다. 이 고통이 해소되어야 함은 이성적인 당위 이전에 생명의 원리로 여겨진다. 그래서 우리는 고통에의 수용성을 근거로 하여 권리를 주장할 수도 있다.

인간은 자연의 일부이다. 인간은 자연 속에서 어쩔 수 없이 수행해야 하는 노동의 수고, 생존의 필요, 그리고 고통으로부터의 보호 등을 권리 근거로 하여 대가, 재화들, 보호에 대한 권리를 주장할 수 있을 것으로 보인다. 이성의 관점에서 볼 때, 인간이 자연적 필요를 느끼는 자연적 존재로 귀속되어 있는 자연은 우리의 그 권리 주장을 정당한 것으로 인정하고 보장하여주어야 할 것으로 보인다. 우리가 자연 속에서 자연에 대해 권리 주장을 한다 함은 그 자연에게 이성적이길 요구하는 것이고, 자연 세계로 하여금 우리의 권리를 존중하여줄 권리 타방이 되기를 기대함을 함의한다. 그러나 과연 자연은 우리의 요구대로 이성적일 수 있는가, 우리의 권리를 존중하여줄 권리 타방이 될 수 있는가?

---

38) 권리의 정당화 논거로 필요를 드는 학자들로는 다음 참조: J. Feinberg, "The Nature and Value of Rights," p. 89, in Lyons ed., 위의 책; A. Gewirth, 위의 책의 여러 곳; B. Williams, "The Idea of Equality." 윌리엄스는 의료 시술의 이성적 논거는 의술의 필요, 즉 나쁜 건강임이 필연적 진리라고 주장한다. 이 비슷한 생각은 플라톤의 『국가』 2권에서도 발견된다.

자연의 질서는 우연적인 인과의 질서이지 이성적 질서가 아니고, 자연은 행위 주체가 아니므로 권리를 존중하고 보장해줄 수 있는 권리의 타방이 될 수 없음은 언급을 요하지 않는다. 자연 상태에서는 권리가 존재할 수 없다. 자연권론은 정치적·사회적 권리들에 존재론적인 기초를 마련하려는 의도에서 주장되는 것이긴 하나 자연 상태에서 그 의도는 실현될 수 없다. 우리는 이 의도를 다른 방식으로 성취시킬 수 있다. 권리는 오직 인간이 인위적으로 그러나 이성적 윤리 의식을 바탕으로 하여 구성한 정치적 세계에서만 주장될 수 있으며, 개인이나 법인과 같은 주체에 의해서만이 존중될 수 있다. 이 권리들이 보장될 수 있는 권리 공간의 범위와 한계는 그를 구성하는 주체들의 의식 수준과 합의의 수준에 의해 결정된다. 권리의 공간은 다양한 방식으로 구성될 수 있을 것이며 기본적으로는 어느 정도는 우연성을 수용하여 개별자를 그 세계의 실체로서 인정하여야 하긴 하나, 본질적으로는 존재론적이고 윤리적인 공간이므로 합리성을 지니고 있어야 한다. 권리 의식이나 개념은 인간의 근본적인 삶의 양식을 표현하고 있으므로 인류에게 보편적인 현상이나, 구체적인 권리들은 시대와 문화의 영향 아래에 구성되는 다양한 권리 공간들에 의존적이다.

자연 세계에서도 노동은 결실을 맺을 수 있다. 이 사실은 비록 자연이 주체는 아니어도 어느 정도는 이성적이고, 인간의 노동에 반응을 하며, 인간의 필요에 배려함을 알려주는 것은 아닐까? 인간이 노동을 통해서 자연의 일부를 사유화할 수 있다는 사실은 바로 인간이 자연 세계를 부분적으로라도 이성적 질서와 권리의 세계로 편입시킬 수 있음을 의미하는 것은 아닐까? 인간에게 자연권이 주어져 있건 않건간에 분명한 것은, 자연권의 개념이 의미 있기 위해서는 바로 자연 세계가 권리의 공간이거나 또는 권리의 세계로 편입될 수 있어야 한다는 점이다. 위에서 이미 지적한 바와 같이 자연은 행위 주체가 아니므로, 인간의 권리 의식이 투사되기 이전의 자연 그 자체는 권리의 공간이 아니다. 자연은 인간에 의해 권리 공간에 편입된 연후에야, 인간의 생존권이 자연에서도 존중된다고 말할 수 있다. 자연이 생존을 위한 노동의 공간이 된다 함은 자연이 인간의 생존을 위한 수단-목적의 체계의 일부가 됨을 의미한다. 이렇게 자연이 수단과 목적의 관계에, 나아가 자연 세계가 권리의 공간에 편입이 되면 그 자연은 더 이상 있는 그대로의 자연 상태가 아니다.

최근 일부 학자들은 동물들의 권리를 운위한다. 혹자들은 인간의 생태학적 환경을 위해서 그리고 종의 다양성을 위해서 동식물들이 보호되어야 한다고 주장한다. 상식적인 직관으로도 동물들에게 불필요한 고통을 가하거나 인간의 쾌락을 위해서 동물을 죽이는 행위는 비도덕적으로 여겨진다. 자연의 먹이사슬이라는 질서가 존재하는 한, 타자연종에 어느 정도의 고통을 초래함은 불가피할 것이나, 생태학적 균형의 보전이라는 다소는 실용주의적인 고려가 아니어도, 동식물의 불필요한 남획으로 씨를 말리는 일은 윤리적 패덕으로 여겨진다.

동식물의 생명이 인간의 행동을 제약한다는 사실들은 동물들에게도 도덕적 지위가 있으며, 이는 우리의 행위를 도덕적으로 제약하고 나아가 우리에게 적절한 행위를 요구하는 것으로 생각된다. 짐승들과 같은 자연적인 존재들이 권리를 주장은 할 수 없어도 권리를 소유하고 있음을 인정한다면, 자연권의 개념은 아직도 유효한 것이라고 볼 수 있는 것은 아닐까?

인간의 권리 의식이 확립되기 전에는 짐승들은 물론 인간들마저도 권리를 소유하지 못하였다. 저 아프리카나 아마존의 밀림에서는 동물들의 권리라는 것이 존재하지 않는다. 그것들은 인간의 권리 의식의 조명을 받을 경우에만 비로소 권리를 누릴 수 있다.

자연권론자들은 인간이 사회에서 누리는 정치적·사회 경제적 권리들이 모두 자연권에 근거하고 있다고 논하나, 올바른 논리는 그 반대인 것으로 보인다. 인간의 권리 의식이 권리의 공간으로서의 정치 세계를 구성하며, 이 속에서 권력을 지닌 법인이나 시민을 창출하여 구체적인 권리들과 권리 소유주들을 등장시킨다. 이 정치적 권리가 오히려 자연에서도 존중되어야 하는 인간의 생존권이라는 개념, 자연권론자들이 논하는 자연권의 개념을 산출하고, 나아가 이 개념의 적용 범위를 확대하여 짐승들에게도 도덕적 지위인 권리를 부여한다. 위에서 잠시 언급한 대로, 자기 중심적으로 형성한 개념들을 타자에게로 확대·적용하는 것이 인간의 특성으로서, 이는 인간이 세계의 개념을 구성할 수 있다는 사실과 밀접하게 연관되어 있다. 인간의 권리 의식의 확대는 자연적 존재라도 존중되어야 할 권리 소유주로 만든다. 동물 등이 법의 보호를 받을 수 있다는 것은 이제 동물들이 더 이상 자연적 존재가 아니라 법적·정치적 존재임을 알린다.

VIII. 정의와 권리

우리는 여기서 국가 구성에 있어 정의와 권리의 선후 관계에 관해서 살펴볼 필요가 있다. 이런 물음에 답하기 전에 우선 두 가지를 정리할 필요가 있다. 혹자는 정의와 권리는 논리적으로 밀접한 관계에 있어 구태여 선후 관계랄 것이 없이 동시에 등장하는 것이 아니냐는 이견을 제시할 수 있다. 정의의 원리란 권리들을 공정히 분배하기 위한 원리라고 한다면, 구태여 이들 사이의 선후 관계를 논할 필요가 없을지도 모른다. 그러나 일반적으로 정의의 원리란 사회적 덕목, 한 사회의 도덕적 수준을 평가하는 덕목임에 비해, 권리들은 그 사회 내의 개인들의 지위를 표시하고 그 개인의 실체성과 정체성을 규정하기 위한 개념이다. 바로 이런 차이로 하여,

정의가 먼저냐 권리가 먼저냐는 물음은 중요한 의미가 있다. 그것은 국가 구성에 있어 개인들의 권리 의식이 국가를 구성케 하고 나아가 국가로 하여금 구체적 권리들을 공정히 분배하기 위한 정의의 원리를 요청하게 했는가, 아니면 개인들의 권리라는 것이 정의의 원리에 의해 정치적 재화나 경제적 재산권과 같은 사회적 재화들을 분배한 연후에 생겨난 것이냐는 물음이다.

롤즈에 따르면 권리는 정의 이후의 문제이다.[39] 정의의 원리에 따라 재화의 공정한 배분이 주어진 연후에야 권리를 행사할 대상

---

39) Rawls, "A Well-Ordered Society," p. 16, in P. Laslett & J. Fishkin eds., *Philosophy, Politics & Society*, 5th Series, Yale Univ. Press, 1979. "We have a right to our natural abilities and a right to whatever we become entitled to by taking part in a fair social process. The problem is to characterize this process." 롤즈의 이 논평은 노직의 비판에 대한 응답이다. 필자는 노직의 입장도 롤즈의 입장도 지지하지 않는다. 롤즈의 문제점은 그 사회적 과정의 구성 원리, 국가 구성의 단초가 되는 것은 무엇이냐는 물음이 남는다는 것이다. 필자는 그 단초가 권리 의식, 즉 개인 자신의 존재론적 지위에 대한 반성이라고 생각한다. 노직의 견해는 권리의 개념이 국가 구성의 기원이라고 보는 점에서 필자와 유사하나, 필자는 그와는 달리 구체적 자연권의 개념에 대해서는 반대한다. 자연권이라기보다는 권리 의식이 국가 구성의 원리이고, 이 의식은 다시 인간이 언어를 사용하면서 형성할 수 있게 된, 자신의 지위의 추상화, 그리고 그에 대한 반성적 의식, 존재론적 전망 등이 핵심을 이루고 있다는 것이 필자의 견해이다. 최근의 학자로 필자가 가장 동조적으로 여기는 학자는 드워킨이다. 그는 권리들이 법과 제도, 원초적 입장과 같은 가설적 계약의 소산이 아니라, 오히려 그런 계약을 위한 전제 또는 조건이라고 본다. R. Dworkin, "The Original Position," p. 46, in N. Daniels ed., *Reading Rawls*, Basic Books. 드워킨은 이런 권리가 롤즈의 기본적 전제, 표현되지 않은 기본 전제라고 해석하고 있으나, 필자가 보기에는 이는 롤즈의 견해라기보다는 자신의 입장의 천명으로 보인다(위에 언급한 그의 책 참조).

그러나 그가 제시하는 권리 개념은 상당히 기본적이고 일반적인 것이기는 하나, 그 역시 일종의 자연권의 존재를 주장하는 점에서, 그리고 권리 개념의 실체성을 간과하고 있는 점에서는 필자와 다른 입장을 취한다. 그리고 그의 권리, 존중과 배려에 대한 권리는 필자가 국가 구성의 원리로 생각하는 권리 의식이 지향하는 바보다 추상적이고 윤리적이다. 권리 의식의 근원은 인격성이며, 이 가치가 경험적으로 확인될 수 있는 것으로 나타난 것이 권리들이라는 것이 필자의 입장이니만큼, 보다 경험적인 관점을 필자는 취한다. 배려에의 권리는 필자가 논하는 고통에의 능력과 긴밀히 연관되어 있기는 하지만.

이 생긴다는 것이 그의 논리이다. 그의 원초적 입장이라는 공간은 국가 구성을 위한 최초의 논리적 공간이다. 그런데 이 공간 속에서 정의의 원리를 숙고·선택하는 개인들은 타인의 이해 관계에 무관심한 이기적 존재이다. 이런 무관심성, 롤즈가 원초적 입장에 등장하기 위해 요구한 선험적 조건인 이 무관심성으로 인해서 원초적 입장은 철저히 비정치적 공간이다. 그렇다고 해서 이 공간이 자연 상태인 것도 아니다. 이 공간에서 개인들이 사회의 일차적 재화를 산출하기 위한 협동에 합의하고 정의의 원리를 선택하면서부터 비로소 국가가 구성되는 것이다. 그리고 정의의 원리에 따라 개인들에게 사회적 재화와 분배된 재화에 대한 권리를 분배하면서 개인들의 구체적 권리가 존재하게 되는 것이다.

정의와 권리의 선후 관계는 이와는 반대이다. 구체적이고 개별적인 권리는 아니어도, 그에 대한 의식은 이미 정의의 원리나 정의의 실현 이전에 존재한다. 실로 정의의 실현을 요청하는 것, 더 근원적으로 정의의 원리를 필요로 하는 국가라는 존재계, 자연 상태와는 전혀 다른 존재계를 구성하고자 하는 요구, 그리하여 자연의 우연성에서 벗어나 그 지평에서 자신의 절대적 지위를 보장받고자 하는 열망이 권리 의식이라고 한다면, 권리의 의식은 정의의 관념에 선행할 수밖에 없다. 권리 의식은 정의 개념의 근거가 된다. 거듭 논한 바이지만 권리 의식은 존재론적 실체성의 의식과 연관되어 있으며, 사회적 정의와 같은 사회적 덕목 이전에, 그것에 대한 논의를 의미 있게 하는 좌표대를 형성케 하는 의식이다. 정의의 의식은 윤리적이고 타인이나 사회의 제도 등을 향하는 사회적이랄 수 있는 의식이며 그런 차원에 국한되는 개념임에 비해, 권리의 의식은 존재론적이고 대(對)자연적인 의식이다.

우리는 롤즈의 원초적 입장을 재규정하여야 한다. 그것은 우선적으로 권리의 좌표대이어야 한다. 원초적 입장을 단지 자유와 평

등의 공간으로만 해석 또는 규정할 경우에 이곳에서 어떠한 종류
의 합의가 당사자들간에 체결되어도 이로부터는 정의나 권리가
연역 또는 도출되지 않는다. 인간이 단지 사실에 있어 자유롭고
평등하다고 한다면, 권리가 창출되기는커녕, 홉스가 통찰한 대로
편재적인 전쟁 상태가 초래될 수도 있다. 개인들이 원초적 입장에
서 자유롭고 평등하다 한다면 그것은 사실적인 관점에서가 아니
라 윤리적 관점에서 그러해야 한다. 합의 자체가 정의와 권리를
산출할 수 있기 위해서는 그 합의가 이루어지는 공간의 성격이 윤
리적이어야 한다. 그것은 권리 의식의 공간이어야 한다.

IX. 롤즈에 있어서 권리의 산출

롤즈의 정의론에 대해 가해지는 한 비판은 그의 차등(差等)의
원리에서 핵심적인 개념인 '가장 못사는 자들 *the least well off*'의
외연과 관련이 있다. 그에 따르면 이 개념이 지시하는 집단은 미
숙련 노동자 집단이라는 것이다. 비판의 내용은 한 사회 내에서
가장 못사는 집단이 어째서 미숙련 노동자냐는 것이며 이와 연관
된 또 하나의 비판은 장애자나 노약자의 문제를 롤즈는 도외시하
고 있다는 것이다. 이 후자의 비판을 더욱 확장하여 노약자나 동
물의 권리는 어떻게 해결할 것인가의 문제들이 제기되곤 한다.

가장 못사는 집단을 미숙련 노동자로 규정한 것은 정의론의 기
본 과제에 대한 롤즈 자신의 견해와 일관된 것이다. 정의론의 과
제에 대한 그의 견해는 그런 규정을 논리적으로 요청한다. 따라서
미숙련 노동자와 관련한 비판은 그가 설정한 정의론의 기본 과제
와 그 범위를 올바로 이해할 때 해소될 수 있다. 그에 있어서 정의
의 원리란 협동 생산을 통해 산출된 사회의 일차적 재화를 공정하
게 분배하는 작업이며, 정의의 문제는 협동 생산에 참여한 자들이
그 생산의 결과에 대한 분배 몫을 나누는 과정에서 발생한다는 것

이다. 따라서 그의 정의의 개념은 협동 생산과 그 결과에 대한 분배 몫에 대한 권리 요청의 과정을 전제한다. 그의 원초적 입장이란 이러한 협동 생산과 이를 통해 산출된 재화의 존재 그리고 그 재화에 대한 분배 몫을 주장하는 이기적인 개인들, 나아가 그 분배가 어느 누구에게도 불만이 없는 합리적인 것이기를 요구하는 개인들의 존재를 전제한다. 그래서 원초적 입장의 개인들은 타인의 이해 관계에 무관심하고 오직 자신의 이해에만 관심을 갖는 계산적 합리성을 지닌 개인들이어야 한다. 원초적 계약의 당사자들은 이기적이기는 하나 타인의 이해 관계에 무관심한 개인들이므로 동기 유발 요인 *incentives*으로서의 차등성을 고려해야 한다.

이런 전제를 이해하면 그가 왜 가장 못사는 집단으로 미숙련 노동자를 들었는지를 납득할 수 있다. 정의의 원리를 선택하기 위한 원초적 입장이라는 대회의장에 들어설 자격이 있는 사람은 최소한 사회적 협동에 참여할 수 있는 최소한의 능력이 있는 자이어야 한다. 그렇지 않으면 롤즈의 정의론의 기본적 논리 구조가 깨어져 버린다. 물론 그가 장애자나 노약자의 문제를 도외시하고자 하는 것이 아니다. 그는 냉담한 윤리학자가 아니다. 그의 입장은 장애자나 노약자, 동물 학대, 여성의 차별과 같은 문제들은 정의론의 외연을 벗어나 보다 넓은 윤리적 문맥에서 논의되어야 한다는 것이다. 즉 그에게 있어 정의의 과제는 전통적인 입장이나 사회적 의식이 요구하는 것보다 협소하며 그러할 때 정의론은 보다 폭넓은 설득력을 지니리라는 것이다.

장애자나 노약자를 원초적 입장에 입장시킬 경우 그 정의는 더 이상 협동 생산을 통해 얻어진 재화를 공정하게 분배하기 위한 기준으로 기능할 수 없고 전혀 성질이 다른 종류의 윤리적 원리로 변질하고 만다. 이와 함께 롤즈는 자신의 정의의 원리를 위한 논거를 전혀 새로운 방식으로 제공하여야 한다. 아마도 그는 맥시민

maximin 전략[40]이나 절차적 논거는 물론 원초적 입장이라는 개념 틀마저도 버려야 할지 모른다. 이와 같이 볼 때 롤즈가 차등의 원리에서의 '가장 못사는 집단'으로 미숙련 노동자를 든 것은 그의 체계 내에서는 논리적 정합성을 갖는다.

그런데 장애자의 문제는 전혀 새로운 그러나 보다 근원적인 문제를 제기한다. 그것은 권리의 개념과 관련이 있다. 롤즈에 따르면 권리는 정의의 원리를 적용한 결과 발생한다. 그것은 일종의 재화, 정의의 원리를 통해서 분배되는 일차적 재화이다. 그는 사회의 일차적 재화로서 자유와 권리, 기회, 수입과 부, 그리고 자존심 등을 들고 있다. 이미 지적한 바와 같이 롤즈에게 있어서 권리는 협동 생산을 전제로 한다. 권리는 롤즈에게 있어 협동 생산의 산물과 같다. 이런 특성으로 해서 협동 생산의 의무와 책임을 제대로 수행한 자에게만 권리가 주어진다는 것이다. 그에게서 의무의 수행은 권리를 낳고 권리는 의무의 수행을 전제로 한다. 이러한 그의 권리론은 권리와 의무가 동전의 두 측면이라는 일반적인 믿음과 일치한다.

그렇다면 의무의 수행이 불가능한 장애자나 노약자 또는 동물은 전혀 권리를 부여받을 수 없는가? 그들이 누릴 수 있는 도덕적 재화는 권리가 아니라 어떤 다른 지위인가? 우리는 장애자나 동물의 권리를 의미 있게 논할 수 없을까? 분명 장애자는 어떤 권리, 적극적이고 능동적인 도덕적 지위로서의 권리를 소유한다. 그들은 단지 자비로운 자나 선행을 하는 자의 시혜적 자선에만 의존하는 도덕적으로 수동적인 존재가 아니다. 그들은 자신들의 생존

---

40) 불확실성 아래에서의 결정을 위한 원리 중 하나이다. 미래가 불확실할 경우, 보수적이지만 안전한 선택의 전략은 제시된 여러 선택지들의 각각이 가져다주리라는 이익들을 가장 비관적으로 계산해서, 이들 중 가장 최대의 예상 이익을 산출하리라 평가되는 것을 선택하는 것이다.

이나 삶의 방식에 관해 타인이나 사회에 대해 어떤 요청을 할 수 있으며 이 요청이 충족되지 않을 경우 그것은 도덕적 문제 나아가 법적 문제까지도 발생시킨다. 장애자 문제의 본질은 인간의 기본권의 문제이다.

이제 장애자의 그 적극적인 도덕적 지위를 권리(權理)라 하자. 그러면 어 권리와 분배적 정의의 원리를 통해서 주어지는 롤즈적 권리(權利)는 어떤 차이 그리고 어떤 관계를 갖는가? 양자는 그 발생의 근거나 기준에서 전혀 질적으로 다르리라 생각되는데 이 양자를 모두 권리라고 부를 수 있을까? 롤즈적 권리는 사실상 이기적인 자아를 전제로 하므로, 아니 더 정확히는 이기적인 개인의 자신의 분배 몫에 대한 요청을 인정하는 데에서 비롯하고 바로 그것 이외의 다른 것이 아니다. 반면, 전자의 권리(權理)는 이와는 전혀 달리 인간의 어떤 보편적인 특성을, 가령 고통과 애정의 능력과 같은 특성을 논거로 하여야 하며 이 경우 그 권리의 논거는 개인들이 이기적인 성격을 지양하고 오히려 인류 보편의 차원에 서야 마련될 수 있다. 장애자의 권리를 발생시킬 수 있는 원초적 입장의 개인들은 합리적 이기심을 지닌 존재가 아니다. 그렇다고 해서 그들이 윤리적 이타심이나 개인을 초월하는 종교적 박애심과 자비심으로 가득한 성자적 인간일 필요도 없다. 그는 단지 자아의 특수적 상황에만 집착하지 않고 인간의 보편적인 상황을 고려하는 개인이기만 하면 된다. 권리의 발생을 위해서는 합리적 또는 계산적 이기심이 아니라 인간의 보편적이고 공통적인 조건을 통찰할 수 있는 존재론적 의식이 필요하다.

권리 개념의 본질은 어떤 지평, 자연 상태에서가 아니라 존재론적 지평에서 자신의 위치를 인정받고자 하는 욕구이다. 이 인정은 당연히 타인에 의한 인정일 것이고, 이 인정의 행위는 신체적으로가 아니라, 언어적으로 이루어질 것이므로, 언어를 필수 조건으로 한다. 이 타인에 의한 인정에의 욕구는 정치적 공간의 구성에 있어 결정적인 계기이다.

5. 결 론

이상의 논의를 간략히 요약함으로써 본 장을 끝맺기로 하자. 이성의 관점에서 볼 때, 권리의 소유주인 개인은 여러 측면에서 우연적인 존재이다. 그 개인의 존재나 구성 요소 모두 우연적이며, 이 우연적 요인들을 기초로 해서 취득된 그의 재산 역시 그와 우연적 관계에 있을 수밖에 없다. 따라서 권리 개념을 의미 있게 논의하기 위해서는 우리의 현실적 사유와 행위가 수행되고 삶이 영위되는 경험적 차원으로 이행해가야 한다.

이 차원에서 논의의 축이 되는 것은 경험적 자아이며, 이 경험적 자아는 자신의 신체와 사유의 통합성을 기반으로 하여 자신의 활동 영역을 확장·축소함으로써 여러 세계에 거주할 수 있다. 경험적 자아는 이성의 공간 내에서의 자신의 본질적 우연성에도 불구하고 또는 그 때문에 자신의 활동 공간이나 삶의 공간으로서의 이 제약된 세계 속에서 자신의 존재 의의를 주장하고, 자신의 존재와 자신의 권리 대상들이 제한적이나마 이성의 밑받침을 받고 있다고 생각한다. 자신이 거주하는 이 세계의 모습이 어떠하냐에 따라 자신의 자아와 자신이 누릴 수 있는 권리의 합리성 정도가 달라진다. 인간은 근원적으로 우연적 존재이나, 자신의 노력에 의해 여러 단계의 새로운 세계, 보다 이성적인 세계를 구성함으로써 우연성의 굴레를 벗어난다. 이런 세계의 대표적인 것이 정치 세계, 즉 국가이다.

우연성의 굴레를 벗어나는 이러한 과정은 자신의 우연성의 일부를, 즉 우연적으로 귀속된 것의 일부를 오히려 자신의 본질로 간주하고 권리 주장을 함으로써 가능하다. 이런 권리 주장의 궁극적 의의는 개별성의 담을 높이고 우연성의 굴레를 항구화하자는 것이 아니라, 우연성과 개별성을 극복하는 행위 주체, 그리고 사유 주체의 주체성과 자율성의 폭을 확대하자는 데에 있을 것이다. 이 행위와 사유 주체의 자율성은 궁극적으로 보편 의식의 성취에 있다 생각되며, 따라서 개인의 권리 주장은 사적 권리의 포기, 즉 특수성의 포기를 목표한다.

제7장

사유하는 인간의 등장과 권력의 탄생

1. 우리 삶 속의 권력

많은 사람들이 크고 작은 권력을 사냥하기 위해 여기저기 뛰어다닌다. 한국의 현대인들의 정신을 지배하고 있는 것은 돈과 권력에 대한 집착이며 그래서 평자들은 한국의 현대를 금권 만능의 물신 숭배 시대라 규정한다. 금력과 권력, 이것들은 한국인들에게 제1의 가치가 되어 있다. 이들은 과연 모든 것을 할 수 있는 마술의 지팡이가 아닌가? 그 힘들은 허위를 진리로 만들 수 있으며, 불의를 정의로, 악을 선으로, 진정으로 추한 것을 아름다운 것으로까지 질적 변환을 시킬 수 있으니, 그리하여 돈과 권력의 비호 없이 감히 선행을 행하는 자, 무모하게 진리를 수호하려는 자, 그리고 벌거숭이의 몸과 마음으로 아름다움을 실현하려는 자들을 깊은 회의에 잠기게 한다. 과연 내가 행하려는 선행, 내가 추구하는 진리와 미가 과연 진정한 진선미인가에 대해.[1]

---

1) 어떤 논자들은 진리 · 가치 · 존재를 결정하는 것은 권력이라고 논하나, 우리는 이 관계를 뒤집어야 한다고 본다. 곧 논할 바와 같이, 권력은 사념의 소산이므로 오히려 다수에 의해 진리 · 가치 · 존재로 간주된 바가 힘을 발휘한다. 이 다수로 하여금 합의케 하는 것이 저편의 존재일지 우연일지는 또 다른 논란의 대상이다.

　　현대의 많은 한국인들은 돈과 권력의 사냥꾼들이다. 신문의 제1면 정치면은 수시로 대권 후보들의 동향을 보고하고 있으며 독자들은 그 대권이라는 이름의 권력이 과연 누구에게 돌아갈지, 과연 대권이라는 전리품이 누구의 몫이 될지 지극한 관심을 기울이고 있다. 그런데 과연 대통령의 직위가 대권인가, 그리고 그것은 과연 그 경쟁에 참여한 자들에게만 그 혜택이 돌아가는 전리품일 수 있을까? 대통령이라는 직책은 물론 큰 권력을 동반하지만, 그 권력은 큰 책임과 의무의 수행을 위해 주어지는 것이므로 그리고 오로지 그 의무에 종속적이고 수단적인 것이므로 대통령직은 대권이라 불려져서는 안 된다. 그것은 오히려 큰 의무요 큰 봉사이다. 대권이라는 표현은 권력의 존재 이유에 대한 심각한 오해의 산물이니, 유권자들을 안중에도 두지 않는 실로 방자한 어법이다. 그 어법은 단지 수사적인 문제가 아니다. 말은 의식의 상태를 반영한다.[2]

　　이 세상에서 벌어지는 여러 형태의 수많은 경쟁과 투쟁의 현장, 가령 각종의 시험과 고시들, 승진의 길목, 각종의 자치 단체의 장과 의원들을 선출하는 선거의 현장에서 모든 사람들은 너나할것없이 한 자리를 차지하려 하며, 그 자리는 일의 보람과 보수와 명예, 그리고 권력의 한 조각을 약속한다. 권력이라는 욕망의 대상은 우리의 삶에서 매우 중요한 의미를 지니는 듯이 보이며, 어느 경우 그것은 인간의 생존 의지나 본능과도 본질적인 관계를 맺고 있는 것으로 생각된다. 권력은 힘이며 무력한 삶은 살 가치가 없다. 과연 그런가? 성적인 지배 본능의 발전된 또는 퇴화된 형태가 권력 의지요 권력욕이라는 것이 프로이트적인 분석이다. 권력이란 남성이라면 한번 장악해야 하는 것이며, 현대에 있어 권력은

---

2) 이 글은 1993년 대통령 선거에 즈음하여 씌어졌다. 이런 계기는 권력에 대한 대중들의 이해 또는 오해가 가장 잘 드러나는 계기이기도 하다.

남성다움의 상징으로 간주되곤 한다. 이렇게 권력 의지는 인간의 동물적인 힘과 긴밀한 관계를 갖고 있으므로 인간에 있어 매우 자연스러운 현상으로 이해되지만 실은 권력의 현상, 권력에의 의지나 그것의 장악과 행사는 앞으로의 논의에서도 드러나듯이 매우 비자연적인 현상이다. 즉 그것은 자연적 존재로서의 인간의 모습과는 거리가 멀다.

권력이 일종의 힘임은 분명하다. 그러나 그것은 경제력·생산력·기술력·설득력과 달리 정치 조직에서 오는 힘이며 그것은 다른 종류의 힘들과 달리, 사람을 힘의 행사 대상으로 한다. 정치 권력은 사람을 움직인다. 사람의 사람에 대한 지배 관계를 결정하는 것은 바로 이 권력이라는 힘이다. 그런데 정치 권력의 휘하에는 여성뿐 아니라 뭇 남성들도 벌떼처럼 모여들어 권력을 장악하고 있는 자의 안색과 눈치를 살피고 눈도장을 찍으려 하며 그의 비위를 맞추어 그의 비호를 받거나 호가호위(狐假虎威)의 가짜 위세를 떨치려 하거나 또는 권력자가 쪼개주는 권력의 한 조각이나마 얻어 가지려 한다. 숫물개의 주위에는 암물개들만이 모여 있으나 권세가의 문전에는 뭇 남성들이 모여들어 그의 비위를 맞추려고 한다.

권력은 야망과 야욕을 연상시키며, 그러한 욕심을 품은 자는 사회의 개선과 역사의 완성을 위한 도덕적 열망과 의지를 품은 고결한 인격의 의인보다는 불의하고 부정한 자, 남에게 봉사하기보다는 남을 지배하고 그들 위에 군림하고자 하는 자이기 십상이다. 실제로 권력자가 아무리 정치적인 업적을 남기고 역사적인 위업을 실현하더라도 우리는 그의 욕망의 크기와 추진력에 대해서는 감탄을 금하지 않지만 그를 도덕적인 의인이요 선인이라고 평가하기에는 주저한다. 그래서 혹자는 정치적 평가의 기준과 도덕적 평가의 기준을 구분하려 하지만 이러한 구분에 선뜻 응하기가 쉽지 않다. 정치 권력은 항상 부정한 냄새를 피우며 반윤리적일 경우가 많다는 것이 일반적인 믿음이고 이런 믿음은 정치의 역사를 대충 훑어보면 쉽사리 정당화된다. 더욱이 한국의 현대 정치사는 이런 주저와 믿음의 정당성을 강화해준다.

한국의 현대사에서 정치 권력은 해방 후 정국의 혼란과 남북 분단의 고착화, 드디어는 민족 상잔의 전쟁, 그리고 그로부터 연유하는 수많은 불행과 고통과 비극의 직접적인 원인이 되었다. 그것은 부정부패와 민중의 피를 요구하는 의거와 군사 쿠데타와 권력형 부조리와 비자금과 민중의 학살과 그리고 현재의 한국민의 권력 지향적 의식을 산출하였다. 권력자와 그 주변을 어른거리는 자에 대해 진심에서 우러나오는 존경심을 표하는 사람은 거의 없다. 최근의 여론 조사에 따르면 한국 사회의 여러 집단 중 정치인들은 한국 사회에서 가장 신뢰를 받지 못하는 집단으로 평가되고 있다. 한국어에서뿐만 아니라 어디에서도 '정치적'이란 형용사는 단순한 사실이나 속성을 기술하는 어휘가 아니라 도덕적 평가어, 그것도 부정적 함의를 갖는 평가어가 되어 있다. 정치적 행위나 언사는 배신과 배리와 권모술수와 의미의 왜곡 가능성을 시사한다.

2. 물리적 힘과 권력

이렇게 부정적 이미지로 점철되어 있는 권력, 그러면서도 많은 사람들의 욕망, 심지어 생애를 건 야욕과 야망의 대상이 되어 있는 권력이란 무엇인가? 그것은 과연 우리의 삶에서 필요한 존재인가? 권력은 선인가 악인가, 악이되 필요악인가? 그것의 존재는 이성과 윤리의 입장에서 정당화될 수 있는가, 정당화될 수 있는 권력이 있다면 그 모습은 어떠할까? 권력의 존재와 인간의 이성적 삶, 윤리적 삶과는 어떤 긍정적인 관계를 맺고 있을까?

권력이란 이미 지적한 바와 같이 일종의 힘이다. 권력은 영어로는 'power,' 불어로는 'pourvoir,' 독일어로는 'Macht'이며, 이들 어휘들은 모두 어떤 힘이나 능력을 의미한다. 힘이란 변화를 일으키며, 새로운 것을 존재케 할 수 있는 요소이다. 물질은 그 자신의 질량으로 하여 에너지를 소유하고, 동식물은 자신의 유기체적 신체나 조직체에서 나오는 생명력을 발휘하며, 그것의 원리는 본능적 욕구라고 말할 수 있다. 그러나 물질의 에너지나 동식물의 생명력은 적어도 그 자체로서는 맹목적이라고 말할 수 있다. 인간역시 물질로서 물리적 에너지를 소유할 것이며 동물적인 존재로서 신체로부터 나오는 생명력을 분출시킬 수 있다.

올림픽 경기에서 매번 경신되는 기록들은 인간의 신체적 능력과 힘의 한계가 확정적이 아님을 알려준다. 그러나 신기록에 의해 돌파된 한계의 실상은 불과 몇 센티미터를 밀어내고 몇 분 몇 초를 단축한 것에 불과하니 그것이 과연 모든 매스컴이 떠들썩해하고 지구상의 모든 사람들이 환호작약할 만한 것인지, 과연 그럴 만한 가치가 있는 것인지는 전혀 이해되지 않는다. 그리고 인간 역사의 현단계에서 세계 인류가 함께하는 전인류적인 축제가 겨우 인간이 지닌 생물학적 힘의 한계를 시험하는 마당이라는 사실은 우리를 즐겁게 하기보다는 우울하고 서글프게 한다. 스포츠는 재미있으나, 그에 흥미를 느끼는 것은 원숭이가 자신의 재주넘기를 즐기는 것과 별로 차원이 다를 바가 없다. 스포츠의 이런 가벼움에도 불구하고 그에 대한 사람들의 열광은 가히 병적이다. 올림픽 경기에의 몰두, 더 일반적으로 현대에 있어서의 스포츠에 대한 광적인 열광은 현대가 우리의 삶에 있어서의 육체의 위치와 역할에 대한 자리매김을 잘못하고 있음에 대한 증거라는 혐의를 짙게 하며, 실은 그것은 오히려 인간이 원시적인 건강성을 상실하고 있음을 알리는 증거일 수 있다. 올림픽 경기장의 육체들, 평상인들의 그것과는 비교가 안 되는 힘과 능력을 발휘할 수 있는 거의 기계와 같은 신체들은 단지 기록의 경신, 금메달의 획득, 광고에 팔리기 위한 상품, 앞으로의 장사 밑천에 불과하다고, 그래서 그것은 더 이상 우리의 건강하고 자연스러운 삶을 위한 신체가 아니라 소외된 육체라고 평가한다면 그것은 과도한 냉소주의일까?

인간은 하중을 지니고 있으므로 당연히 질량 에너지를 소유하며, 동물적인 존재로서 생명력에 넘쳐 있다. 뿐만 아니라 인간은 권력을 소유하거나 그에 대한 가능성을 갖고 있다. 힘의 관점에서 볼 때, 권력의 소유와 행사는 인간의 다른 존재와의 결정적 차이이다. 권력의 탄생은 인간적인 인간의 탄생과 동시적이다. 권력은 어떤 점에서는 인간에게만 고유하다. 그것은 어떤 점에서 인간적인 삶의 한 징표가 될 수 있는가? 권력은 본질적으로 **사회적 힘이**며 추상적인 힘이다.

순수히 자연적 상태에서는 이런 사회적 힘과 추상적 힘이 존재치 않으므로 권력은 자연 상태에서의 인간의 모습이 아니다. 그 이유는 두 가지이다. 첫째, 권력이란 정당성을 전제하는 힘이다. 둘째, 권력 관계는 지배와 피지배의 관계이되, 동시에 지배자와 피지배자가 공존하는 관계이다. 그것은 인간이 자연 상태를 벗어나 사회와 국가를 구성하고 역사 세계에 들어오면서부터 갖게 되는 힘이다. 동물적 세계에는 그러므로 엄밀한 의미의 권력이나 지배 관계는 존재치 않는다. 정력 좋은 물개의 힘이나 밀림의 왕자 사자의 억세고 날랜 힘은 그저 자연적 힘일 뿐이며, 숫물개와 암물개 또는 힘 약한 숫물개 사이에는, 그리고 사자와 그의 먹이가 되는 사슴 사이에는 단지 직감적이고 본능적인 관계가 존재할 뿐으로 권력과 지배의 관계는 존재하지 않는다.

사자는 자신의 힘을 정당화할 필요나 요청은 물론이거니와 그러한 가능성조차 없다. 마치 작은 조약돌을 부수는 큰 바위가 자신의 에너지의 정당성을 입증할 필요도 가능성도 없듯이 그리고 평원의 나무들을 뿌리째 뽑아내는 태풍이 자신의 위력으로 그 나무들을 지배하려 하는 것이 아니듯이, 자연 세계 내의 힘의 관계는 지배 관계가 아니며 그러므로 그것은 권력의 행사라고 하지 않는다. 마찬가지로 힘센 역도 선수가 연약한 남정네를 번쩍 들어 내던진다고 해도 우리는 그것을 권력의 행사라고 하지 않는다.

큰 바위는 작은 조약돌을 부수고 힘센 사자는 사슴을 잡아먹는다. 자연의 세계에서 힘센 자의 힘의 행사는 약자를 소멸시킨다. 강자 생존, 약자 도태. 자연 세계의 힘은 한쪽의 존속을, 그러나 다른 쪽의 소멸을 강요한다. 이 강요는 필연성이므로 절대적 복종을 불가피하게 한다. 자연 세계에서 힘센 자와 힘 약한 자는 힘으로 겨루고자 하는 한 공존할 수가 없다. 그러나 권력 관계는 오히려 쌍방의 공존을 필수 조건으로 한다. 지배 관계는 종속과 예속의 관계, 그것이 자의적이건 타의적이건 또는 진정한 것이건 가식적인 것이건, 설득과 순종의 관계를 전제한다. 권력에 의한 지배·피지배 관계는 승자와 패자의 관계가 아니라, 이성에 의하건 공포에 의하건 어떤 설득을 통한 위계적 공존의 관계이다. 그리고 바로 이런 이유에서 권력은 정당화되어야 하는 힘이다. 자연 세계에는 이런 위계 질서나 지배 관계가 없다. 필자는 사자를 주인이나 제왕으로 모시는 사슴을 본 적이 없다. 종 없는 주인이 없으며 신민이 없는 제왕은 없다. 종이나 신민이 지배 속의 공존을 원치 않을 때 그들은 혁명에 성공하거나 아니면 조약돌처럼 으스러져 소멸하는 수밖에 없다. 오로지 어리석은 주인과 제왕만이 그러므로 자신의 종이나 신민을 조약돌처럼 부수거나 사자가 사슴을 잡아먹듯 통째로 삼킨다. 혼자서는 도저히 주인이나 독재자의 노릇을 할 도리가 없다.

3. 권력의 사회성

권력이 사회적 힘이라 함은 무슨 의미인가, 그리고 그러한 사회적 힘은 어떻게 하여 그리고 왜 산출되었는가? 권력은 사회 조직의 힘이다. 사회 조직으로서 가장 크고 포괄적인 조직은 국가이며 따라서 그 영향력이 가장 강력하고 넓은 것은 국가 권력이다. 하지만 동호인들 사이의 자그마한 모임에도, 그곳에 행위의 질서가 있는 한, 거기에는 권력 관계가 존재한다. 권력은 사회적 삶의 영위를 전제한다.

개미나 벌도 사회적 삶을 영위하지 않는가? 그렇다면 사회적 삶은 꼭 비자연적 삶인 것은 아니며, 자연 상태에서도 권력 관계는 존재한다고 보아야 하지 않을까? 이러한 물음은 사회와 국가의 성격에 관한 전통적 견해의 중요한 두 가지 오해를 노정하고 있다. 첫째는 국가를 개체들 사이의 기능적이고 경제적인 관계, 그래서 외부적인 관계로 보는 오류이다. 둘째는 이와 연관된 것으로 인간의 사회적 관계로의 진입을 존재론적인 전환 없이 인간이 자연 상태에서 갖는 욕구와 합리성의 소산이라고 보는 잘못이다. 사회란 본질적으로 내면적인 관계이고 국가란 의식의 상태이다. 국가 상태, 또는 정치 세계로의 진입은 전혀 새로운 질서, 새로운 차원으로의 존재론적인 이행을 할 때에만 가능해진다. 이러한 차원의 차이로 하여 사회의 조직에서 오는 권력은 자연 세계에 존재하는 힘과는 전혀 다른 힘이다. 그것은 비자연적이며, 초자연적일 수 있으며 나아가 반자연적일 수도 있다.

사회란, 국가란, 또는 정치 세계란 도대체 무엇인가? 정치 세계란 어떤 점에서 인간에게만 고유한가? 주지하다시피 아리스토텔레스는 인간을 사회적 또는 정치적 동물이라고 통찰한 바 있다.

이 지적의 진정한 의미는 무엇인가? 그에게 있어 정치적이란 폴리스 *polis*적이라는 말이고 그것은 다시 공동체 *koinonia*적인 존재란 말이었다. 코이노니아란 무엇인가? 그것은 그리스 존재론의 가장 중요한 문제인 일(一)과 다(多)의 문제와 긴밀하게 연결되어 있으며, 그 두 개념에 의해 규정될 수 있다.

공동체란 동시에 일자적이면서 동시에 다자적인 존재이다. 우선 다자적이란 무엇인가? 그것은 하나의 순수히 동질적인 일자나 절대적 일자의 독재가 지배하는 세계가 아니다. 그 세계에서는 상호 구분되는 개별자들이 평등하게 서로를 인정하면서 공존하는 세계, 시민적 세계여야 한다. 다른 한편으로 그것은 또한 일자적이어야 한다. 그 세계 내의 개별자들이 상호에 대해 완전한 타자로서 존재해서는 공동체가 구성될 수 없다. 공동체란 개별자들이 서로의 존재론적인 결여태를 극복하고 보완하기 위해 서로에게 문을 개방하고 연속적인 관계를 맺고 있는 세계이다. 이 결여태 극복의 방식은 자신의 타자화, 그리하여 자신을 보편화하여 보편적 삶을 영위하는 방식으로 나타난다. 그래서 공동체는 전체로서 하나의 모습을 지니고 있는 정치체 *body politic*이다.[3]

나와 남이 만나 어떻게 하나가 될 수 있는가? 인간은 신체적 존재로서는 데카르트의 물질과 같이 불가침투적이다. 나의 신체와 남의 신체는 서로 점차 가까이 다가가더라도 부딪칠 뿐이지 만나서 하나가 될 수는 없다. 일심(一心)은 모르겠으나 동체는 불가능하다. 마음이 없는 동물의 세계에서는 진정한 만남이란 불가능하며, 따라서 진정한 사회적 관계란 존재하지 않는다. 개미와 벌은 곤충학자들의 주장과는 달리 사회적 동물이 아니다. 그것들은 엄

---

3) 공동체의 일자성과 다자성에 관한 보다 상세한 논의는 이 책의 5장 참조. 그리스 존재론에서 일(一)과 다(多)의 문제에 관해서는 Platon, *Parmenides, Sophistes* 참조.

밀한 의미에서는 공동체적 존재가 아니다. 한 마리의 개미는 다른 개미를 타자로서 의식하고 그와 공동체를 구성하기 위해, 즉 그와 공통의 관심사와 목적을 공유하므로 협동을 하는 것이 아니다. 그 개미는 마치 음극이 양극에 끌려가고 음극을 만나서는 튕겨나가 듯이 그렇게 인과적으로 그리고 맹목적으로 반응할 뿐이다. 개미 나 벌들은 본능적으로 반응할 뿐이지 행위하지는 않는다.[4] 사실상 동물의 세계에는 진정한 주체도 개체도 존재하지 않고 다만 자연 적 현상만이 있을 뿐이니 개미들의 일사불란한 '협동'은 실은 구 름이나 바람과 같은 자연 현상에 불과하다. 자연의 세계는 곤충의 세계까지 포함해서 맹목적인 인과필연의 세계이며, 그래서 개미 나 벌들의 집단에는 그것의 공동체로서의 정체성을 부여하거나 확인할 수 있는 정신이나 목적이 존재할 수 없다.

인간이 사회적 관계를 맺는다 함은 내면적 관계, 정신적 관계 또는 이성적 관계를 갖는다는 것을 의미한다. 인간들 사이에 이러 한 관계가 부재할 때 그것은 진정한 사회나 공동체가 아니라 사막 이요 황야일 것이며 그러한 지경을 일컬어 인간의 소외 상태라 이 른다.

경제적 관계인 거래나 물자의 교환 또는 분업이나 협동의 관계 에서 나와 타인의 관계는 본질적으로 우연적이다. 그 관계는 나의 욕구와 타인의 재화, 또는 나와 타인의 욕구의 정합성이 깨어지면 해체되고 만다. 경제적 관계에서 나와 타인은 당위적으로, 즉 만 나지 않으면 안 되기 때문이 아니라 우연히 만났을 뿐이다. 그 관 계에서 서로는 서로에 대해 도구이다. 타인은 나의 욕구 충족을

---

4) 진정한 행위는 행위 주체 *agent*의 존재를 전제하며, 그리고 행위 주체의 요건은 목 적 의식과 숙고와 선택과 결단의 능력, 일반적으로 사유와 실천 의지의 구비이다. 이런 성격으로 인해 행위란 본질적으로 정신적인 것이며 사유의 지평에서 수행된 다. 행위의 이런 측면에 관해서는 칸트, 『실천 이성 비판』, 『도덕철학 원론』; Wittgenstein, *Notebooks 1914~1916*, Blackwell, 1961 참조.

위한 수단이요, 나는 타인의 욕구를 충족시키기 위한 도구로 이용
되고 있을 뿐이다. 만인의 만인에 대한 도구의 상태, 만인이 만인
에 대해 여우인 상태, 영리하고 타산적인 이성이 지배하는 상태,
모든 것이 나의 욕구에 종속되어 있는 상태, 따라서 나의 욕구가
일자적인 독재를 암암리에 음모하고 있는 상태, 이것이 경제적 공
동체이다.

시장에서 나의 욕구를 적절히 충족시킬 수 있는 재화를 얻을지
의 여부는 본질적으로 우연적이며, 더 근원적으로 나를 이 시장에
들어서게 한 나의 욕구도 나의 존재에 대해 우연적이다. 그 욕구
를 내가 느끼지 못했더라도 그리고 그 욕구가 제대로 충족되지 않
더라도 나의 존재가 결딴나는 일은 없다. 하기야 존재하는 것들이
모두 다 우연적인 것이라면, 우리 삶을 지배하는 그 수많은 우연
들 중의 어떤 것은 본질임을 주장함으로써 본질의 지위를 차지할
수도 있을 것이겠지만.

4. 권력의 추상성

권력이 추상적이라 함은 무슨 의미인가? 자연계 내의 힘은 구
체적이고 개별적이다. 특정의 한 원자는 특정의 다른 원자를 움직
이고 이러한 원자들 사이의 충돌은 경험적으로 관찰 가능하다. 역
시 사자의 위력은 특정한 한 마리 사슴이나 무리들로 하여금 잽싸
게 도망가게 하며 이러한 동물 세계의 역학 관계는 눈으로 관찰이
가능하다. 자연 세계에서의 강자와 약자는 구체적인 특수자들이
며 이들 사이의 힘의 행사와 그에 대한 반응은 특정의 구체적인
시간과 공간 속에서 일어난다.

권력의 관계는 이와 상이하다. 이 관계는 사회 속에서 이루어지

고 사회란 이미 논한 바와 같이 내면적 관계이며, 사회란 어떤 이성적 가치나 이념의 실현을 위해 존재하는 것이다. 정치 세계란, 그리고 국가란, 그것이 도덕적 국가건 야경국가건 또는 복지국가건 최소국가건 또는 경쟁 시장적 국가건간에, 본질적으로 의식의 상태이다. 권력을 장악하고 그를 행사하는 자는 특정의 개인일 수 있으나, 그는 오로지 어떤 특정한 지위와 직책을 담당한 자로서, 즉 어떤 이성적 질서의 한 역할을 담당하는 자로서만 그러므로 개인이 아니라 보편인으로서 그 권력을 행사하는 것이다. 그러므로 그 권력의 행사를 통해 실현되는 것은 개인적이고 사적인 욕구의 충족이 아니라 어떤 보편적인 이념이나 가치 또는 질서이다. 이러한 권력의 추상성과 보편성은 그 권력이 부도덕한 개인에 의해 사용되고 남용되는 경우에도 유지된다. 적어도 그 개인이 권력의 조직 내에 머무르는 한에서는. 이방원, 히틀러, 세조, 로베스피에르, 스탈린 등은 부도덕한 인물이었을지는 모르나 사적인 개인은 아니었다.

권력의 행사와 그에 의한 가치나 이념의 실현은 내적이고 정신적인 상태이므로 이는 당연히 관찰 불가능하다. 이 상태는 오직 간접적으로 인간의 사회적 행태를 통해서만 관찰 가능하다. 더 정확히 말해서는 그 행태가 특정한 개념 체계나 언어 게임의 장에서 특정한 방식으로 기술되고 그 기술 방식에 대한 일반적인 합의가 이루어지는 한에서만 관찰 가능하다.[5]

권력은 이러한 사회성 · 추상성 · 이념성으로 인하여 사유의 능력과 본질적으로 연결되어 있다. 곧 논의하겠지만 권력의 등장은 사유하는 인간의 출현과 동시적이다. 또는 그를 전제로 한다. 권력은 간단히 말해서, 인간이 자연적 질서 속에서 살기를 거부하고

---

5) 이에 관해서는 D. Davidson, *Essays or Actions and Events*, Oxford, 1980 ; Wittgenstein, *Philosophical Investigations*, Blackwell, 1958 참조.

사유의 세계를 구축하고 그 세계를 자신의 거주 공간으로 하기 때문에 생겨난다. 이 세계의 가장 대표적이고 포괄적인 것이 정치 세계, 즉 국가이다. 권력은 인간이 사유 세계를, 언어적인 세계를 구축하기 위하여 그리고 그 속에서 새로운 가치와 이념을 실현하기 위해 필요로 하는 힘이다. 그러므로 인간이 그러한 세계를 벗어나기 원치 않는 한, 또는 인간의 사유 질서와 자연 질서 사이의 조화와 연속성을 일구어내지 않는 한, 또는 환경 윤리가 목표로 하듯이 자연 세계와 정치 세계가 상호 공존적인 관계를 정립하지 않는 한, 권력은 소멸하지 않을 것이다. 아니 어쩌면 그러한 목표마저도 권력, 즉 조직의 힘에 의해서만 가능할지 모른다.

5. 만인의 만인에 대한 투쟁

이상에서 우리는 권력의 사회성과 추상성, 그리고 사유의 능력과의 본질적인 관계에 관해서 살펴보았다. 이런 관계 때문에 인간의 권력은 무한해지고 무절제해질 수도 있다. 분명 권력이 인간에게 본질적인 삶의 방식의 한 국면이되 그것은 그 추상성 때문에 자연과 인간을 소외시키며, 무한화하고 절대화할 수도 있다. 그러므로 그것은 이성에 의해 적절히 통제되어야 하며 궁극적으로 소멸되어야 한다. 이와 관련하여 우리는 홉스의 자연 상태론과 국가 구성론을 잠시 살펴볼 필요가 있다.[6] 그의 핵심적인 주장의 하나는 다음이다. 인간은 자연 상태에서 무한 욕구를 갖는다. 이것이 다른 동물과 구분되는 인간의 특성이다. 이 무한 욕구는 인간을 만인에 대한 만인의 늑대 *homo homini lupus*로 변모케 하며 그리

---

6) 홉스, 『리바이어던』 참조.

하여 자연 상태란 인간에게는 만인에 대한 만인의 투쟁 상태라는 것이다. 이런 투쟁 상태에서 벗어나기 위해 인간들은 계약을 맺어 국가를 구성하게 되었다는 것이 그의 논리이다.

홉스의 이런 견해는 자연 상태와 국가 권력의 기원에 관한 중요한 오류를 범하고 있는 것으로 보인다. 과연 무한 욕구는 인간들을 만인에 대한 만인의 투쟁 상태로 몰고 가는 것은 분명하나 자연 상태에서는 무한 욕구란 존재할 수가 없다. 자연 속에서 늑대들 사이의 관계는 만인에 대한 만인의 투쟁 상태가 아니다. 그러므로 인간이 인간에 대해 늑대로 존재하는 한, 만인에 대한 투쟁은, 즉 모두에 대한 전면적이고 보편적인 투쟁은 전개되지 않는다. 무한 욕구란 인간이 사유하기 시작한 연후에야 그리고 자연 상태를 벗어나 역사 세계에 들어선 연후에야 품게 되는 것이며, 전면적이고 보편적인 전쟁도 자연 세계에서는 결코 일어날 수가 없다. 왜냐하면 그러한 전쟁이나 투쟁은 이념이나 사상 또는 가치의 매개를 필요로 하므로, 전쟁은 오로지 역사상에서만 벌어진다. 그리고 전쟁은 그것이 전면적이면 전면적일수록 이념적인 성격이 강하다.

왜 자연 상태에는 무한 욕구가 존재하지 않는가? 자연 상태에서 본질적으로 무한한 것은 어떠한 것도 존재할 수 없다. 자연에 있는 모든 것들은 구체적이며 유한하고 개별자적이다. 왜냐하면 자연의 세계는 시공적 세계이며 따라서 시공의 특성에 의해 조건 지어져 있기 때문이다. 시공의 본질적 특성이란 무엇인가? 그것은 방금 언급한 그러한 특성, 즉 유한성과 개별성과 연장성에서 오는 구체성이다. 늑대를 보라. 늑대의 욕구는 유한하며 구체적이다. 자신의 기본적인 욕구가 충족되면 더 이상 욕심을 부리지 않으며 따라서 쓸데없이 다른 동물이나 다른 늑대에게 싸움을 거는 법이 없다. 늑대는 싸움꾼이 아니며 더구나 만인에 대해 전면적이고 영원한 전쟁을 선전 포고하는 전쟁광은 더더구나 아니다.

무한 욕구는 정의상 무한에 대한 관념을 전제로 하는데 늑대는 그러한 관념을 형성할 능력이 없으며 인간이라도 자연 상태에 머무르는 한 그러한 능력을 발휘할 수가 없다.[7] 늑대는 불사도, 절대도, 영원도, 제국주의적 지배도, 보편적 전쟁의 관념도 품을 수 없다. 그것의 욕구는 항상 유한하며 그 유한한 욕구가 충족되면 당연히 그 욕구는 소멸하고 만다. 따라서 싸울 이유가 없어진다. 늑대가 원하는 바는 항상 구체적이다. 그것은 토끼 한 마리, 물 한 모금 등과 같은 유의 것이지 가장 맛있는 고기 또는 가장 편안한 상태, 자유의 상태와 같은 추상적인 것이 아니다. 그렇다. 자유는 본질적으로 추상적 상태이다. 야성의 늑대는 전혀 자유롭지 않다. 자연의 상태에는 자유란 존재하지 않는다.[8] 그러므로 자연의 상태와 국가의 상태를 대비시키면서, 국가의 상태를 권력 지배의 상태, 자연의 상태를 자유의 상태로 규정하여 자연의 상태를 동경하는 우를 범해서는 안 된다. 자연의 상태에는 권력도 존재하지 않지만 자유의 상태도 존재하지 않는다. 권력이 있는 곳에서만 자유가 구가될 수 있으며, 그 역도 역시 성립한다.[9]

왜 자연 상태에서는 만인에 대한 만인의 투쟁이 벌어질 수 없는가? 자연은 그러한 전쟁을 벌이기에는 너무 좁은가? 어떤 의미에서는 그렇다. 전쟁을 벌이기 위해서는 상상력의 공간을 필요로 하

---

7) 인간이나 늑대나 모두 자연적 존재, 신체적 존재로서는 유한한 존재이며, 이들의 활동 무대인 자연 세계 역시 유한하므로, 인간이나 늑대는 결코 무한 욕구를 품을 수도, 그를 충족시킴은 물론 그를 위한 노력의 시작도 할 수 없다. 무한 욕구의 개념은 오직 사유의 지평에서만 의미가 있다.

8) 여기서 우리는 자유와 인과적 결정성의 공존 가능성을 마련할 수 있다. 자연계에서의 결정론, 사유 세계에서의 자유. D. Davidson의 앞의 책 참조.

9) 권력은 강제력·구속력이기도 하므로 이는 자유와 반대 관계에 있는 것으로 여겨져왔다. 그러나 적어도 정당한 권력은 바로 자유의 실현을 존재 이유로 하며, 자유의 완전한 실현과 함께 권력은 소멸한다.

는데, 이 공간에서만이 자연 공간과는 차원이 다른 넓이가 펼쳐질 수 있다. 그러면 자연의 상태는 평화의 에덴 동산인가? 아니다. 자연 상태는 전쟁의 상황도 아니지만 그렇다고 해서 평화스런 요순 시대의 격양가를 부를 수 있는 곳도 아니다. 그 한 가지 이유는 위에서 논한 바와 같이, 자연 상태에는 무한 욕구가 존재하지 않기 때문이다. 그러나 다른 이유나 원인으로 해서 전면적인 투쟁이 벌어질 수도 있지 않을까? 엄격히 말해서 자연 상태에서는 어떠한 원인으로도 전쟁은 물론이거니와 싸움이나 투쟁도 전개될 수 없다. 그 이유는 싸움의 성격에서 기인한다.

홉스의 이론에 따르면 국가의 발생은 다음의 순서를 밟는다: 자연 상태에서의 인간의 무한 욕구, 만인의 만인에 대한 늑대의 상태, 만인의 만인에 대한 선전 포고 그리고 전쟁 상태, 그러한 상태의 견딜 수 없음, 만인과의 협의 그리고 계약의 체결, 국가의 탄생, 절대 권력에 의한 무한 욕구의 절제, 욕구의 제약, 즉 유한화와 합리화, 합리적인 욕구 충족 방식의 마련과 평화의 도래. 이상의 순서는 사실상 역순이어야 한다. 즉 다음과 같이: 자연 상태에서 인간의 욕구는 유한하고 구체적이고 합리적임, 자연 상태에서는 영원한 평화도 누릴 수 없으나 그렇다고 해서 항구적인 전쟁에 시달리는 것도 아님, 어떤 사건의 발생으로 국가의 구성, 계약의 체결, 국가 권력의 생성, 즉 추상적이고 조직적인 힘의 형성, 인간 욕구의 추상화와 무한화, 추상적이고 보편적이며 지속적인 갈등의 시작, 만인의 만인에 대한 투쟁 상태. 이렇게 볼 때 인간은 만인에 대한 만인의 투쟁 상태를 견딜 수 없어서 국가의 절대 권력을 창출한 것이 아니다. 오히려 거꾸로 국가의 탄생 이후에 그리고 국가의 절대 권력이 매개하여 또는 그것을 도구로 하여 만인에 대한 만인의 투쟁 상태로 진입하게 되었다. 인간은 오직 어떤 추상적이고 보편적인 이념을 열망하면서 또는 그것에 미치거나 완전히 빠져서만이 전쟁을 일으킨다. 역사상의 그 어떤 전쟁도 사소한 개인적이고 사적인 이익이나 동기를 원인으로 해서 벌어지지는 않았다. 전쟁은 집단의 투쟁이며 집단을 움직이는 것은 조직의 체계이거나 이념이다. 그런데 조직의 정신이자 존재 이유는 자신을 도구로 하여 실현하고자 하는 이념과 사상이다.

6. 사유와 새로운 세계

자연 상태에서 국가로 이행케 하여 국가 권력을 탄생시키고, 더불어 인간의 욕구를 유한에서 무한으로 변질시키며 그리하여 만인에 대한 만인의 투쟁 상태, 즉 전면적이고 보편적인 전쟁의 비극을 낳는 사건은 도대체 무엇인가? 그것은 사유하는 인간의 등장이다. 인간이 자연적 존재이길 그치고 역사 세계에 진입하여 국가 세계를 구성하게 된 결정적 계기는 사유의 탄생이다. 이 자연 세계 속에 어떻게 하여 사유 능력이 등장케 되었는지는 정확히 알 수 없다. 그것은 어떤 원숭이 유전자의 돌연변이라는 우연에 의한 것일 수도 있을 것이며, 신의 은총 또는 저주일 수도 있고, 또는 악마나 외계인의 짓궂은 장난일 수도 있을 것이고, 도구의 우연한 발견의 결과일 수도 있다. 어쩌면 도구의 발견 또는 발명, 소리와 상징을 도구로 사용, 말과 글의 발명, 사유 활동의 시작, 사유 세계와 정신 세계의 형성의 순서를 밟았을 수도 있다.

어떠한 계기 또는 원인에 의해 그것이 이 자연 세계에 등장했건 간에, 사유 능력의 발생은 인간으로 하여금 개념화를 통해 자기 반성을 가능케 하고 자아 의식을 형성케 하며, 그리하여 자아의 존재와 자신의 삶의 존재론적 지위와 의미 및 가치를 반성케 한다. 자신의 존재론적 지위에 대한 반성을 통해 인간은 권리 의식

을 형성하게 된다. 정치 세계란 권리의 영역이며, 이 영역의 거주
민인 시민들은 본질적으로 권리의 소유주로 존중의 대상이 된다.
국가의 권력은 기본적으로 시민들이 자신의 권리의 일부를 양여
하여 조직에 넘기게 될 때 생성된다. 그래서 권력은 가까이는 권
리로부터 그러나 더 근원적으로는 사유의 능력에 뿌리를 박고 있
다.

  권력이란 자연적인 힘이 아니라 인위적인 힘이다. 인간이 더 이
상 자연적 존재로서 자연적 인과 관계에 지배되길 거부하고 자신
의 존재 의의, 가치나 중요성을 주장하게 될 때, 즉 자신이 더 이
상 무시될 수 없는 존재론적인 지위를 소유해야 한다고 생각할
때, 인간은 권리 존중의 공간을 창출하게 된다. 그러나 이러한 새
로운 지위, 새로운 존재론적 지위——우리는 이를 권리라 한다——
는 자연 세계 속에서 주어지지도 않으며, 아무리 그러한 권리 주
장을 한다 해도 그 주장은 존중되지 않는다. 자연 세계 속에서 인
간은 또 하나의 자연적 존재에 불과할 뿐이다. 자연 상태에는 자
연권론자들의 주장과는 달리 자연권이란 논리적으로 존재할 수
없다. 권리는 그것이 어떠한 것이건간에 자연 상태에서는 존재할
수 없다.[10]

  인간은 자신에게 새로운 존재론적 지위를 부여하고 그를 존중
해줄 수 있는 존재계를 구성하게 되는데 이것이 정치 세계, 즉 국
가이다.[11] 나아가 이 새로운 세계를 창출하고 유지하며, 그리하여
개인들, 이제는 시민의 지위를 부여받은 시민들의 권리를 보호 ·
존중하고 그의 침해를 막아줄 수 있는, 그리고 인간적인 질서와
가치와 이념을 실현할 수 있는 새로운 인위적인 힘을 산출하게 된
다. 이것이 바로 정치 권력이다. 권력은 인간 자신의 존재론적 위

---

10) 권리 개념과 자연권에 대해서는 이 책의 4장, 6장 참조.
11) 정치 세계, 국가의 존재론적 성격에 대해서는 이 책의 2장 참조.

상이 한 단계 상승한 연후에야 비로소 존재케 된다. 그것은 새로운 존재계를 떠받치는 힘이다. 한 국가와 사회의 법적 질서는 그 조직체의 존재론적 질서이며, 이 질서는 법에 수반되는 법적 강제력과 집행력에 의해 유지된다.

인간의 존재론적 상승은 근원적으로 사유의 능력에 기초한다. 인간이 생각하는 갈대라는 파스칼의 말은 재론을 요하지 않는다. 그러나 대체 생각의 능력은 인간에게 왜 중요하며, 그 능력은 인간의 삶에 어떠한 변모를 가져왔는가. 대체 생각함이란 무엇인가.

사유 이전의 자연 상태에서는——그렇다, 자연 상태와 비자연 상태의 구분은 사유 활동의 개입이 있느냐 없느냐에 달려 있다——구체적이고 특수자적인 사물들이나 사건들만이 존재하였다. 그러나 이들은 정태적으로 정지하여 존재하는 것이 아니라 상호 작용을 하며 운동·변화하고 생성·소멸한다. 이러한 상호 작용의 관계를 인과적 관계라 하는데 이 관계가 법칙적이요 이성적이라고 여겨질 때 우리는 이를 인과 법칙이라고 한다.[12] 자연 세계란 존재가 무로 소멸하고 다시 무에서 존재가 돌출해 나오는 우연 또는 창조의 세계가 아니라, 있는 것에서 있는 것이 나오는 모순 배제율의 세계이다. 인과율은 모순 배제율이 생성 세계에서 표현된 것이다. 그러므로 사실상 인과적 자연 세계란 자연 그대로의 세계의 모습이 아닐 수도 있다. 모순 배제율은 사유의 원리이므로 '인과적' 자연 세계란 사유의 눈에 비친 자연의 모습일 가능성이 크다.

인식될 수 있는 한에서, 따라서 언어적 논의의 대상이 되는 한

---

12) 인과율 또는 인과 원리와 인과 법칙의 구분은 매우 중요하다. 이에 관해서는 Wittgenstein, *Tractatus Logico-Philosophicus*; D. Davidson, 앞의 책; Platon, *Timaios*; 필자, 「지성과 우연적 필연」, 조요한 외, 『희랍 철학 연구』, 종로서적, 1988 참조.

에서의 자연의 세계에는 새로운 것이란 아무것도 없다. 있는 것으로부터 있는 것이 나오며, 그것은 다시 있는 것으로 변모해가는 것이지 영원히 사라지는 법은 없다. 있어야 할 것, 있을 것은 이미 모두 드러나 있다. 태양 아래 새로운 것이란 없다. 이를 달리 표현하면 존재하는 모든 것은 존재 원인을 가지며, 원인은 항상 어떤 결과를 낳는다. 이 원칙을 인과율이라 한다. 이 인과 관계를 가능하게 하는 것, 자연 세계의 운동과 변화를 야기하는 힘, 그것을 인과적 힘 *causal power*이라고 한다. 자연 세계는 인과율의 지배를 받아 인과적일 수 있으나 이 인과적 관계가 비이성적일 수 있으므로,[13] 인과율의 지배는 받되 인과 법칙의 규제는 받지 않을 수 있다. 자연 세계는 비합리적일 가능성이 크다. 플라톤에 따르면 자연 그대로의 세계는 방황하는 원인 또는 맹목적인 필연이 지배하는 이성적 우연의 세계, 이성의 관점에서는 우연의 무법 지대라 한다.[14] 그리고 양자 역학에 따르면 미시의 세계는 무법칙적이며 불확정적인, 그리하여 그 인과 관계가 단지 확률적으로만 결정될 수 있는 세계라는 것이다.

7. 사유의 등장과 힘의 변화

사유 능력의 등장은 권력의 탄생에 어떤 역할을 하는가? 사유 능력의 소유와 함께 인간은 오감을 통해서만 세계를 감지하는 것이 아니라 사유의 눈을 통해 자신과 주위 세계를 의식하며, 더 나아가 그리 인식되고 인위적으로 기술된 세계를 자신의 거주 공간

---

13) 이성적 원인과 비이성적 또는 우연적 원인의 구분에 관해서는 Aristoteles, *Physika*, *Metaphysika* 참조.
14) 이에 관해서는 Platon, *Timaios* 참조.

으로 간주하게 된다. 사유와 함께 인간은 이제 더 이상 자연 그대로의 세계에 거주할 수 없게 되었으며, 사유의 세계, 언어적 세계, 언어 게임의 장(場)에서 거주하고 그 속에서 활동하게 된다. 인간은 사유의 능력을 포기하지 않는 한, 아니 포기하려 해도 포기할 수 없으므로 그가 식물인간이 되거나 백치로 태어나지 않는 한, 그리고 죽기 전에는 자연 그 자체의 세계에는 거주할 수 없다.

사유의 등장과 함께 인간 행위의 대상, 욕망의 대상, 권력 의지의 대상이란 모두가 인간의 관심과 가치에 따라 이리저리 기술되고 평가된 것, 언어적으로 표현된 것들로 대체된다. 인간 의지의 대상도 자연계의 사물과 사건 자체가 아니라 언어적 기술문, 언어 게임의 장기알이다.[15] 사유의 능력은 인간의 욕망과 인간의 행위를 추상화시키며, 이념적 성격을 입게 하고 나아가 홉스가 지적한 바와 같이 무한의 지평을 향하게 한다. 영원·불사·절대·전능함의 개념들이나 절대 권력·제국주의·재벌…… 등의 존재에서 볼 수 있는 욕망·권력·의지의 이러한 절대화·추상화·무한화는 자칫 자신의 주인인 인간을 노예화하며 인간과 자연과 사회 공동체를 파괴할 위험을 내포한다.

사유 세계의 전개는 인간으로 하여금 자연의 질서가 아니라 사유의 질서, 이성의 질서에 거주코자 욕망하게 하거나 또는 이 욕망을 그 원인으로 한다. 이성 질서의 보편적인 유형이 이미 지적한 바와 같이 정치 세계인데, 이 질서나 세계의 구축을 위해서는 조직이 갖추어져야 하며, 이는 다시 자연적 힘 이상의 힘을 필요로 하게 한다. 사유의 등장은 인간의 힘을 변질시킨다. 사유 능력은 인간의 힘을 변질시키면서 자연적 생존을 위한 노동을 목적 지향적인 실천으로 변모케 하며, 인간을 자연 세계에서 벗어나 역사

---

15) 이에 대해서는 D. Davidson의 앞의 책 참조.

세계로 진입케 한다. 한마디로, 생각함은 인간 삶을 전면적으로
변화시킨다.

사유 능력에 의한 힘의 변질은 세 측면에서 이루어진다.[16] 첫째,
힘의 근원이 되는 것이나 인간에게 힘을 발휘하는 것이 단지 신체
적 힘이나 기타 물리적 힘이 아니라, 제도·조직·믿음·가치·
이념·사랑과 자비·자유·정의 등과 같은 사회적·정신적·도덕
적 요소들이다. 그리고 이런 후자의 힘은 전자보다 훨씬 강력하며
폭넓은 영향력을 발휘한다. 물리력이나 신체력은 본질적으로 자
연계의 인과적 힘으로 특수자만을 움직일 수 있으나(인과 관계의
영향은 개별자·특수자이다), 정신적·도덕적 요인은 집단과 역사
의 동인(動因)이다. 사유의 등장과 함께 인간의 힘이 조직화·집
단화·이성화·보편화한다. 권력은 본질적으로 보편적 힘이다.
전쟁을 일으키는 것은 군사력이 아니라 믿음이나 사상·이념이
다.

둘째, 인간이 자신의 힘을 사용해 실현하려는 것은 이제 단지
자연적 생존, 개체의 보존 또는 종족의 번식이 아니라, 이념과 가
치, 이성 질서의 실현이다. 역사를 개관하건대 우리는 인간이 자
유·정의·평등·민주·자주·해방·혁명 등의 가치나 이념을 실
현하기 위해 엄청난 권력을 창출하고 그를 동원하였음을 본다. 어
떤 때는 고귀한 이념, 어떤 때는 광기 어린 망상이 권력자를 사로
잡으며, 다수의 민중들을 열광케 하거나 절망케 한다. 역사의 어
느 때는 신의 이념이 지배하지만, 어느 불운한 시기에는 악마의
음모가 막강한 권력을 동원하여 지구를 황폐화한다. 그리고 유감
스럽게도 역사에는 불운한 때가 더 길었다. 이념과 가치와 믿음이
보편적이고 전면적일수록, 그것이 요청하는 권력과 그것이 발휘

---

16) 이에 대한 보다 자세한 논의는 다음의 8장 참조.

하는 영향력도 비례적으로 크다. 자연계 내의 인과적 힘은 물질을 움직이나, 권력은 사유를 매개로 하므로 집단의 정신을 움직일 수 있으며, 그리하여 집단적 행위와 역사적 사건을 유발하여 이념의 실현을 도모한다.

셋째, 자연계에서의 힘의 관계, 즉 인과적 관계는 시간성의 지배를 받는다. 그러므로 원인은 항상 결과에 시간적으로 선행한다. 현재 결과의 원인은 과거이며, 미래 결과의 원인은 현재에 있다. 이에 반해 권력의 존재 공간은 심적인 세계이므로, 권력 관계에서는 자연계의 이러한 시간적 순차성이 역전될 수 있다. 즉 미래의 것이 현재의 것이 될 수 있다. 권력은 미래에 실현될 이념과 가치, 의도의 실현 수단이다. 인간 행위와 권력이나 의지의 행사에 있어 그 원인의 역할을 하는 것은 의도나 목적 속에 내포되어 있는 미래적 사건이다. 이를 우리는 행위와 권력의 이유 *reason*라 칭하는데, 이유란 행위와 권력 행사의 원인에 대한 다른 명칭일 뿐이다. 실로 역사나 인간사에 있어 크고 작은, 강하고 약한 의지력이나 권력 행사의 원인이 되는 것은 미래에 대한 열망이다. 자연계에서는 과거가 현재를 결정하나 역사에서는 미래가 현재를 움직이며, 미래를 통해 현재를 변모시키려는 힘 그것이 권력이다.

8. 권력과 자연

이상에서 우리는 권력과 사유의 관계를 살펴보았다. 권력은 선을 실현할 수도 있으나 악마의 도구가 될 수도 있으며, 그것은 이성의 지배를 실현함으로써만 그의 존재 이유와 정당성을 보장받을 수 있음에도 자연계의 그것보다 더 심각한 우연과 비이성과 부조리의 하수인이 될 수도 있다. 권력의 비이성적 측면, 실로 악마적 측면에 관해서는 이미 많은 논의들이 있으므로 여기에서는 생략하고 권력과 자연과의 관계에 대해 잠시 논하기로 하자.

이미 언급한 바와 같이 권력은 본질적으로, 인간이 자연 세계를 거부하고 인간적인 세계, 이성 질서에 거주코자 하기 때문에 창출된다. 권력은 인간의 인간적인 욕망을 실현하는 힘이다. 그런데 이 질서의 실현은 허공 속에서 이루어질 수는 없다. 정치 세계, 이성 질서는 공중 누각이 아니다. 그것은 자연계 내에 그리고 자연 세계의 변모를 통해 이루어진다. 권력은 인간이 자연을 변모시키려는 노력의 극한이며, 인간적 힘의 극한, 인위성의 극한이다. 사유의 능력이란 인위성이며, 이 인위성은 학문, 서구적 의미의 예술, 윤리 규범, 노동과 실천, 정치 권력, 기술 등을 통해 표현되며, 이의 총체적 표현이 문화와 문명이다.

권력은 인간의 욕망을 충족시키고 이념과 가치의 실현을 위해 봉사한다. 욕망과 이념 그리고 가치의 도덕적, 나아가 존재론적 정당성은 권력의 정당성의 기초이다. 그러나 과연 권력을 사용해 충족시키려 하는 인간의 욕망은 모두 정당한가, 그것들은 모두 이성적인가, 그리고 거대 권력을 동원해온 인간의 그 수많은 이념들은 과연 정당했던 것인가? 인간은 권력을 통해 인간과 인간 사이에 그리고 인간과 자연 사이에 지배 관계를 정립해왔다. 그러나 인간은 결코 다른 인간의 지배자일 수 없으며, 더욱이 자연의 지배자일 수는 없다. 존재 이유가 있는 이성적인 권력은 이성의 지배를 목표로 하며, 이성의 지배는 인간과 인간, 인간과 자연의 조화와 공존을 도모한다.

인간의 욕망과 이념 및 가치는 사유에 의해 발견되거나 또는 구성되었다. 따라서 그 중 일부는 인간의 본성을 계발하고 가능성을 현실성으로 바꾸기 위한 과정일 수 있으며, 따라서 그것은 인간의 자연이나 본성 *nature*의 일부일지도 모른다. 그러나 일부의 욕망

과 이념이 허구적임이 드러났거나 이제는 자신의 소임을 다하고
용도 폐기된 것을 우리는 근자에 목격하고 있다. 일부의 평자들이
주장하듯이 현대는 거대 이념과 이데올로기의 종언을 고하고 있
는지도 모른다. 이제 역사적인 사건이나 실천은 더 이상 불필요하
며, 따라서 거대 권력은 할 일이 없다.

　생태학적 고려나 환경학이 제기하는 문제들은 우리로 하여금
삶의 방식을 전면적으로 바꾸라 요청한다. 욕망의 선별과 합리적
절제, 조직의 축소, 권력과 의지력의 약화, 행위와 실천의 최소화,
강력한 국가보다는 최소국가, 인위성의 최소화, 권력의 절제는 무
력(無力)을 의미하지 않으므로 무력하지는 않으나 무위(無爲)의
삶, 이것이 현대가 지향해야 할 삶의 방식일지도 모른다.

제8장
권리와 권력

1. 서 론

우리는 도처에서 권력의 존재를 실감할 수 있다. 우리는 태어날 때부터 국가의 일원으로 태어난다. 국가는 권력의 조직체로서 대통령에서부터 동회 서기에 이르기까지 무수히 많은 지위와 직책들로 구성되고, 이들에게는 크고 작은 권력들이 부여되어 있다. 권력은 무엇을 하게 할 수 있는 또는 하지 못하게 할 수 있는 강제력이므로 본성상 국민들의 자유와 권리를 제약한다.

다른 한편으로 우리는 자주 권리 주장을 하며 실제 수많은 권리들을 소유하기도 한다. 권리 개념은 자유와 본질적으로 상통하며, 권리 주장은 특정 영역에서의 자유의 선언이고 강제의 거부이다. 자유란 개념상 무제약성이다. 그러나 자유가 실질성을 갖고 행사되며 존중되기 위해서는 그것은 어떤 특정 영역 또는 세계 내에서만 의미가 있다. 그 특정의 세계를 정치 세계라 하는데, 여기에서 자유는 제약성을 갖게 되며 이 제약된 한계 내에서의 자유를 권리라고 한다. 우리의 권리 의식은 인간의 실천 범주라고 할 만큼 뿌리깊은 것이어서 일군의 정치철학자들은 권리에 존재론적 기초를 마련하려는 시도에서, 인간이 국가 이전의 상태에서부터 이미 일정한 자연권을 소유한다는 주장까지 한다. 이 주장에 근거해, 국가 권력은 완전히 소멸되어야 하거나(무정부론),[1] 존재한다 해도 그것은 개인 권리들의 제약 아래에 있으므로 최소화되어야 한다고 어떤 학자들은 논한다(최소국가론).[2]

이렇게 상충되는 듯이 보이는 국가 권력과 개인 권리의 진정한 관계는 무엇인가? 국가 권력의 존재는 정당화되는가? 그렇다고 할 때 그 정당화 논거는 무엇인가? 그리고 권력의 존재 의의는 무엇이며 그 한계는 어디까지인가? 국가 권력의 존재 의의는 과연 개인의 자유와 권리를 제약하는 데에 있는가, 아니면 오히려 신장하는 데 기여하는가? 필자는 이 글에서 위의 문제들에 대한 해답을 시도하고자 할 것이며, 그 해답의 방향은 대략 다음과 같다. 1) 권력의 존재는 지배 관계의 존재를 함축하며 이 관계는 인간 삶의 근원적 사실이다. 2) 인간은 몸과 마음, 이성과 비이성의 두 요소로 구성되어 있으며, 개인은 이성에 의해 자신의 삶을 통제하려고 한다. 3) 다른 한편, 개인은 타인과의 관계를 필연적으로 갖는 바, 이 타인과의 관계 역시 이성적으로 규제하고자 한다. 삶과 행위의 주체는 자아와 타자를 또는 자신에 본질적인 것과 우연적인 것을 구분한다. 자기 내부의 신체성·비합리성과 타인을 타자적인 것이라고 말할 수 있다. 권력이란 이 타자적인 것을 이성적으로 통제하려는 욕구에 그 정당화 논거가 있다. 4) 이성적 규제에 대한 이러한 욕구가 외화(外化)될 때, 이 욕구는 정치 권력의 형태로 나타난다. 바로 이성적 규제에 대한 이 욕구가 정치 권력 정당화의 근거이다. 5) 타인과의 관계를 이성적으로, 그러나 그 타인과 객관적으로 합의할 수 있는 범위 내에서의 합리성으로 규제하려 할 때, 그 욕구는 법 강제력으로 구현된다. 법은 본질적으로

---

1) 바쿠닌, 프루동 등의 무정부론이나 마르크스의 국가 소멸론 참조.
2) R. Nozick, *Anarchy, State, and Utopia*, Basic Books, 1974 참조.

절차법이며, 그러한 것으로서 부분적으로 합리적 · 개방적 · 객관적 · 문화 인도적이며, 부분적으로는 우연적 · 폐쇄적 · 주관적 · 문화 의존적이다.

그러나 동시에 6) 인간은 자유롭고자 하되, 진정한 의미의 자유는 이성적 성격을 지니며, 그 근원은 유기체의 활동성이라기보다는 정신 또는 이성의 자율성 · 자발성에 있다.[3] 권력의 한계는 바로 이성의 자율성과 자발성을 침해하지 않는 범위 내이다. 7) 개인이 정치적 존재로서 갖게 되는 존재론적 지위는 권리라는 개념에 의해 표현된다. 개인을 정치적 존재로 이해할 경우와 윤리적 존재로 이해할 경우, 개인의 모습은 다르다. 전자의 경우 개인은 특수자로 머무르나, 후자의 경우 개인은 보편자일 가능성을 내포한다. 윤리적 존재로서의 개인은 스스로를 넘어설 수 있다.

현존 정치 세계에서의 권리는 합리성과 우연성, 그리고 보편성과 개별성의 양 측면이 있는바, 권리의 궁극적 존재 의의는 개인의 우연성과 개별성을 극복하는 데에 있다.[4] 8) 권력은 국가 구성원인 시민의 권리 행사력을 의미하므로 국가 권력의 정당화 논거는 바로 개인들의 권리에 있다. 그러므로 정치 권력 역시 당연히 그 사회의 우연성과 개별성의 극복에 기여해야 한다. 9) 권력은 그러나 본질적으로 타자 강제력이므로 이성의 자율성과 대치되며,

---

3) 동물들은 자유에의 욕구는 물론 자유의 의식도 결여하고 있다. 그들을 강제할 때의 몸부림도 자유에의 욕구의 표현이 아니라 유기체의 반사적 반응일 뿐이다. 그러므로 창공을 나는 독수리는 자유를 표상할 수 없으며, 동물원의 우리 속에서 포효하는 사자는 자연 상태에서의 야성의 자유를 열망하는 것이 아니다. 자연 상태에서 자유란 존재치 않는다. 자유는 오로지 사유의 지평이 열림과 함께, 그리고 이성의 발아와 함께 움트기 시작한다. 자유와 권리는 사유의 차원에서만 의미가 있다. 반면 인과 결정적 관계는 물리 자연적 세계의 질서이다. 이와 같이 볼 때 자유 의지론과 결정론은 공존 가능하다. D. Davidson, *Essays on Actions and Events*, Oxford, 1980; B. Vermazen & M. B. Hintikka, *Essays on Davidson*, Oxford, 1985 참조.

4) 이 책의 7장 참조.

개인의 자율적 규제력이 성취될 때 그것은 소멸해야 한다. 실상 권력의 존재 의의는 그 자율성의 성장 여건을 마련하는 데에 있으며 소극적 역할만을 소유한다.

2. 인간의 본질과 국가 공동체

권력의 전형은 바로 국가 권력이므로 권력의 본질을 논하기 위해서는 국가의 본질에 대한 논의를 우선시켜야겠다. 국가란 도대체 무엇인가? 근대 · 현대의 정치철학자들은 국가의 철학적 기원을 대략 다음과 같이 제시하고 있다. 자연 상태에서 인간은 자신의 자연적 욕구를 충족시키기 위한 재화를 결여하고 있거나(플라톤, 흄, 롤즈), 만인의 만인에 대한 투쟁 상태(홉즈), 또는 서로의 자유와 권리 주장의 갈등 충돌 상태에 있다(로크, 노직).[5] 이런 상태의 극복을 위해, 사람들은 재화를 보다 효율적으로 생산할 수 있는 협동 체제를 만들거나 투쟁과 갈등을 조정 · 해소시킬 수 있는, 또는 주관적 권리를 객관화할 수 있는[6] 제삼자를 필요로 한다. 국가는 이런 필요들을 충족시키는 제삼자로서 탄생한다는 것이 그들의 견해이다. 이러한 근대의 국가관은 계약적 국가, 권리 보호적 국가, 사법적 경찰국가, 복지국가, 시장적 국가관의 모습을 띠게 된다.

---

5) 자연 상태에서 권리란 있는가? 자연론자들은 자연 상태에 권리가 있다고 주장한다. 필자의 견해는, 자연 상태에 진정한 자유가 없듯이 권리도 부재한다. 이 점에 관한 논의는 이 책의 4장 참조.

6) 권리 주장은 아직 권리라고 말할 수 없다. 그것이 객관화되어 타인의 존중 대상이 되며 법과 권력의 보호에 의해 확고한 지위를 부여받게 될 때, 그것은 비로소 권리가 된다. 그러나 주관적 권리에도 권리 의식은 내재해 있으며, 뒤에 논할 것이지만, 이 권리 의식이 정치 세계, 즉 국가 구성의 단초이자 원리가 된다.

　이런 이론들을 한마디로 요약하면, 국가란 결국 인간이 자연적 요구를 합리적으로 충족시키고, 이 과정에서 생기는 문제점들을 합리적으로 해소시키기 위한 장치이다. 여기서 합리성이란 계산적 또는 도구적 이성을 말한다. 이런 입장은 다음 둘 중의 한 가지 문제점을 안고 있다. 즉 그것은 인간 삶의 전부가 경제적·사법적이거나, 본질적으로 이런 특성들로 환원할 수 있다는 피상적 인간관에 기초하거나, 그 이상의 차원을 인간 삶이 갖추고 있음을 인정한다 하더라도, 국가는 오직 인간의 자연적 삶의 합리적 영위에만 관여한다는 도구적 국가관을 피력하고 있다. 특히 후자의 도구적 국가관은 국가의 한 핵심 요소인 권력을 강제성으로서만 파악한다. 이런 국가관은 개인 생활에서 국가 권력의 영향력을 최소화하려는 의도의 산물이기는 하나, 그 결과 국가의 한 핵심 요소인 권력 관계가 인간의 존재론적 구조에 뿌리박고 있음을 간과한다.

　이 두 견해 모두 중요한 문제점을 안고 있다. 첫째의 견해는 인간 삶의 본질을 간과하고 있다. 인간의 삶은 자연적 차원 이외에 윤리적 차원을 갖고 있으며, 이 후자가 인간 삶의 본질을 구성한다. 인간은 이성적 존재요, 이성은 사자의 억센 발이나 사슴의 날랜 발과 같은 자연적 생존을 위한 도구가 아니라, 그 자체 인간 삶의 목적이다. 그런데 인간의 윤리적·존재애적인 측면은 무엇인가? 인간은 과연 자연적 존재 이상인가? 인간에게 분명한 사실은 자신에게 주어진 바의 소여(所與)를 그대로 실재로서 수락하지는 않는다는 사실이다. 인간은 존재한다고 보이고 말해지고 믿어지는 바의 것들을 넘어서서 진정한 존재를 탐구한다. 자연적 존재들에게는 존재 지평 또는 존재 영역은 있으나 존재론은 전개되지 않는다. 인간은 자연의 존재계를, 즉 자연계를 넘어서려 하며 이런 시도가 존재론적 작업이다. 존재에의 탐구는 인간이 사유하는 존재인 한 필연적인 사실이다. 인간은 자신의 감각에 주어진 자연 세계, 현상계, 한마디로 '자연학 *physika*'의 세계를 그대로 존재계로 수락할 수는 없다. 그래서 '형이상학 *meta-physika*'가 시작된다. 형이상학 존재에 대한 로고스적 태도이다.[7] 이 점은 대부분의 학자들에 의해 동의되는 바이므로 두번째 입장, 즉 도구적 국가관의 검토에 주력하기로 하자.[8]

이 입장은 국가의 본성을 오해하고 있는데, 이 오해는 인간 본성에 대한 또 다른 측면에 대한 무지에서 비롯한다. 위에서 지적한 바와 같이 인간은 윤리적 · 존재애적 존재로서 자율적이며 자유를 지향하는 존재이고, 동시에 그리고 바로 그러한 이유에서 자기 규제적 존재 *auto-kratia*이다. 인간은 자신의 내부에 타자적 요인, 비이성적 요인을 내포하고 있다. 권력 관계, 지배–피지배 관계의 원형은 이 자아 내부의 타자적 요인에 대한 규제에서 비롯한다. 플라톤의 영혼 삼분론, 국가 계층론은 바로 이 문제를 해결하고자 한다. 필자는 플라톤과 같이 인간 삶의 외형적 틀로서의 국가가 아니라 인간 존재의 내적 구조로서의 국가를 논하고자 한다.

---

7) 우리의 상식적이고 일상적인 존재 세계를 구성하는 것은 감각적 경험 세계(좁은 의미의 'phainomena'), 자연적 세계(좁은 의미의 'physika')뿐 아니라, 말해지고 믿어지는 세계, 여러 욕구의 대상이 되는 세계('nomima' 또는 'doxa'의 세계)까지 포함한다. 형이상학적 비판을 통해 넘어서야(meta-) 할 'physika'의 세계는 위와 같이 폭넓게 해석되어야 'meta-physika'의 근원성 · 철저성이 드러난다.

자신에게 주어진 세계를 존재 *onta*로서 수락지 않고 존재론적 탐구를, 즉 주어진 존재계 *onta*에 대한 이성적 비판의 태도 *logos*를 취할 때, 우리는 모두 형이상학 *meta-physika*, 또는 존재론 *onto-logy*을 행하고 있다. 형이상학적 · 존재론적 비판을 통해 넘어서야 할 소여의 범위에 관한 아리스토텔레스의 견해와 그의 존재론의 이념에 관해서는 G. E. L. Owen, "Tithenai ta Phainomena," in J. M. E. Moravcsik, *Aristotle: A Collection of Critical Essays*, MacMillan, 1968 참조.

8) 그러나 가령, 홉스의 기계론적 정치철학에 따르면, 인간의 윤리적 · 존재애적 욕구란 의미가 있을까? 다음 참조: D. D. Raphael, *Hobbes, Morals and Politics*, Allen & Urwin, 1977; L. Strauss, *The Political Philosophy of Hobbes*, The Univ. of Chicago Press, 1952. 존재론의 가능성에 대한 또 다른 종류의 회의는 L. Wittgenstein, *Philosophical Investigations*, Blackwell, 1958, 특히 §50 참조.

필자의 기본적인 입장은 국가론은 인간론이고, 국가 존재론은 인간 존재론이라는 명제이다. 국가는 단지 인간이 자연적 생존을 합리적으로 영위키 위한 노력의 과정에서 발명된 도구가 아니라, 인간의 본질적 삶에, 즉 자연적·경제적 삶뿐 아니라, 보다 중요하게는 윤리적 삶과 존재론적 삶의 영위에 기여한다. 도구적 국가관은 국가를 도구로만 파악하므로 국가 권력이 최소화되어야 한다고 주장한다. 이 최소화론의 결론은 타당하다. 그러나 그 논거는 재고를 요한다. 이 논의는 국가 권력의 이성적 성격을 간과하고 그것의 강제적 성격에만 주목하고 있다.[9] 그 결과 국가 권력이 어느 분야에서 최소화되어야 하는지에 대한 논의를 지나치고 있다. 국가 권력의 강제적 측면은 당연히 최소화되어야 할 것이나 그것의 이성적 측면은 최대화되어야 한다. 이성의 지배도 지배이니만큼 권력의 관계이나, 이성은 주체에 본질적인 것, 자기적인 것이라는 점에서 이성의 지배는 자율의 상태이다. 국가의 목표는 이성의 지배, 자율성의 극대화이다. 그러나 이 이성의 지배에서 강제성이 완전히 제거될 수 있을지는 의문이다. 그러기 위해서는 인간 내적 구조에서 동질성과 통합성이 실현되어 이성·비이성의 대립 구조가 해소되어야 할 것이다.

국가가 인간의 자연적 생존과 경제적 번영을 위한 장치요 도구에 불과하다면, 국가 기구의 부재로 하여 초래되는 불편함이야 기꺼이 감수하겠다는, 아니 국가 권력의 존재가 안기는 고통과 불편을 고려할 때 흔쾌히 그것의 부재를 선택하겠다는 사람에게, 국가란 마치 자동차와 같이 실로 사용하고 싶지 않은 거추장스러운 도구일 수 있다. 이런 도구로서의 국가는 인간 삶의 이상으로 가는 과정이나 절차가 아니라 임의적인 도구에 불과하다. 과정과 절차

---

9) 이들은 또한 사실적 권력과 당위적 권력을 혼동하고 있다. 당위성을 결여한 '권력'은 진정한 의미의 권력이 아니라 폭력이다. 권력과 폭력의 차이는 이성의 유무이다.

는 그를 거쳐 이를 이상의 성취에 필수적이나 도구는 우연적이다. 우리가 강북에서 강남을 갈 때 한강다리를 건너야 함은 필수적이지만 지하철 · 택시 · 버스 중 어느 것을 이용해 도강할지는 도강 행위에 우연적이다. 길은 반드시 거쳐가야 하나 무엇을 타고 그 길을 갈지는 임의적이다. 탐구의 방법은 탐구 대상에 의해, 그리고 수단의 선택은 목적의 성격에 의해 결정되지는 않을까? 만약 그렇다면 양자의 관계는 우연적이지만은 않을 것이다. 그러나 문제는 우리가 탐구 대상이나 목적의 성격을 미리 알 수는 없다는 것이다. 그러므로 수단이나 방법의 선택은 임의적이며, 목적이나 탐구 대상에 대해 우연적일 수밖에 없다.[10]

아리스토텔레스는, 경제 · 사법 · 군사적인 국가는 결국 인간의 삶과 동물의 삶, 자유인의 삶과 노예의 삶의 본질적 차이를 구분하지 않고 있으므로, 그런 국가는 동물의 왕국이나 노예들의 국가와 다를 바가 없다고 혹평하였다.[11] 인간은 본질적으로 정치적인 동물이라는 아리스토텔레스의 규정은 통상 정치 · 사회 · 경제적 문맥에서, 즉 현상적이고 피상적인 관점에서만 해석되곤 한다. 그의 이 규정은 인간의 본질에 대한 이해와 밀접하게 연관되어 있으며, 따라서 이 규정은 윤리적 · 존재론적 함축을 담고 있다. 그 함축들은 대략 다음의 것들이다. 1) 인간은 생물학적 · 경제학적인

---

10) 이와 관련하여 방법과 도구도 구분되어야 하리라. 방법은 도구라기보다 절차 · 과정에 가깝다. 방법은 목적에 대해 본질적인가 우연적인가? 방법은 탐구 대상에 의해 결정되는가, 그렇지 않은가? 전자라면 방법의 선택은 탐구 대상에 대한 인식을 전제하나, 이는 논리적으로 불가능하다. 그러면 방법의 선택은 우연적이고 자의적으로 결정되는가? 그렇다면, 방법을 운위함 자체가 무의미하다. 이런 아포리아가 플라톤이 그의 저서 *Menon*에서 제기하고 있는 'Menon의 역설'이다.

11) Aristoteles, *Politics*, 1280a 32. 아리스토텔레스의 국가관에 대한 논의는 이 책의 5장 참조. 이하 인간은 정치적 동물이라는 아리스토텔레스의 규정이 담고 있는 함축들은 이 책의 제5장에도 실려 있으나 문맥의 흐름과 참조의 편의를 고려하여 반복한다.

328

것 이상의 차원을 갖는 존재이다. 2) 인간은 본질적으로 윤리적 ·
존재애적 삶을 영위한다. 3) 국가는 경제적 삶이 아니라, 윤리적
이고 존재애적 삶의 영위에 봉사해야 한다. 4) 인간의 본질이 국가
를 요청한다. 인간은 단지 정치 경제적 필요에서가 아니라 윤리적
이고 존재애적인 자신의 본질 실현을 위해서 타자와 관계를 맺으
며, 정신적 삶을 영위한다. 5) 진정한 국가는 인간의 본질 실현에
기여하며, 인간은 종으로서의 인간 본질의 실현을 위해 국가를 절
대 필요로 한다. 6) 윤리적 · 존재애적 삶의 목표는 완전하고 자족
적인 삶을 누리는 것이다. 7) 이 목표는 단지 자연적 욕구의 완전
한 충족 상태나 경제적 풍요 또는 문화적 복지의 삶이 아니라 이
성적 욕구, 영혼의 욕구가 완전히 충족된 상태이다. 8) 국가는 이
런 윤리적 · 이성적 삶의 완성을 이루기 위해 거쳐야 할 절차이며
과정이다. 그리고 절차나 과정은 도구나 수단과 다르다. 동물과
신은 국가를 필요로 하지 않는다. 인간은 동물도 신도 아니므로
타자를 필요로 하며, 이 타자와 국가 공동체를 구성한다. 9) 국가
는 단지 권력 조직체가 아니라 삶의 방식이다.[12]

인간의 본질이 요청하는 국가의 본성은 무엇인가?[13] 자연 상태
에서 인간은 특수자로 존재하며, 결여태에 있다. 이 결여태를 극
복하기 위해 개인은 타자와 관계를 맺게 되는데, 이 타자에는 사
물 · 타인 그리고 인간보다 높은 존재인 신이나 가치가 있다.[14] 사

---

12) Aristoteles, *Politics*, 1295a 25, 1265b 1. 다음 참조: H. D. F. Kitto, *The Greeks*,
Penguin Books, 1951, ch. 5; F. de Coulanges, *The Ancient City*, Doubleday & Co.,
1864, pp. 219 이하; E. Barker, *The Politics of Aristotle*, tr. with introd., Oxford, 1952.
13) 인간의 본질은 국가 구성 이후에, 적어도 사회적 관계 속에 들어선 이후에 비로소
형성되었을 수도 있다. 이 경우 우리의 물음은 인간의 본질과 국가간의 관계는 무
엇인가 하는 식으로 수정되어야 한다.
14) 타자의 개념에 관해서는 M. Theunissen, *The Other*, tr. by C. Macann, MIT Press,
1984 참조. 타자 존재의 인식 또는 예측은 인간 정신의 지향성과 인간 현존의
개별성과 관계 있다. 자타의 구분은 자와 타의 양자가 동일자나 보편자가 아니라

물과의 관계에서 노동과 기술이 이루어지고, 신이나 가치와의 관계에서 종교나 윤리적 세계가 전개된다. 그리고 타인과의 관계에 들어섬은 국가의 시초이다. 그 관계가 협동의 관계이건, 거래나 흥정 또는 계약이건, 타인과의 관계는 국가 성립의 원초적인 사실이다.

타인과의 관계가 가능하기 위해서는, 그 타인과 어떤 차이점과 동시에 유사성을 가져야 한다. 국가라는 공동체는 본질적으로 개인들 사이에 집합체일 것이요, 이 개인들 사이에 상호 차이점과 공통점이 동시에 있어야만 공동체가 구성된다. 개인들이 개별자로서 서로 차이점만을 갖는다면, 이들이 모인 국가는 물이 마르면 흩어지는 모래들의 집합체요, 결코 진정한 공동체라고 말할 수 없다. 이런 집합체의 유대성은 외부적이요, 우연적이다. 이들은 아리스토텔레스의 표현대로 공간적 근접성만을 공유하고 있다. 반면, 개인들이 모든 점에서 동일하여 질적 차이는 없고 수적 차이만을 갖는다면, 이들은 좌표상의 점들과 같아 이들의 모임은 사실상 일자의 세계이지 공동체라고는 말할 수 없을 것이다. 다른 예를 들면, 공장에서 대량 생산된 제품들 사이의 공동체성을 운위함은 무의미하다. 이들은 필연적으로 동일한 행위 방식을 갖는 자동 인형과 같다. 이들의 집합은 일자의 반복적인 예시를 공간적으로 표상화한 것에 불과하다. 아마도 공동체와 그의 구성원 사이의 관계는 다면체와 그것을 이루고 있는 면들과의 관계와 같을 것이다. 다면체의 면들은 밖으로는 다른 곳을 보고 있으나 안으로는 한 동일 지점에 시선을 모으고 있다. 공동체 *koinonia* 구성의 가능성과 당위성의 문제는 바로 존재론의 근본 문제 중 하나인 일(一)과 다(多)의 결합 문제와 맥을 같이한다. 정치철학은 존재론적 논의를

개별자이므로 가능하다.

기반으로 한다. 아니 정치철학과 존재론은 외연이 같을 가능성이 있다.

공동체 성립을 위해서는 개인들이 상호 차이점과 공통점을 가져야 한다면, 그것들은 과연 어떤 것들일까? 개인들이 열 손가락을 가짐은 이들 사이의 공통점이며 손가락의 길이가 서로 다름은 이들 사이의 한 차이점이다. 이것이 공동체 성립의 필요 요건이 될까? 그렇지 않다. 그 차이와 유사성은, 특히 유사성은 본질적인 것이어야 한다. 왜냐하면 공동체적인 삶은 개인의 삶의 본질 실현의 일환이므로 그 유사성 역시 본질적이어야 한다. 손가락의 숫자, 그것은 신체적·경험적 조건이요, 이는 인간의 본질에 우연적이며 따라서 공동체 구성에 우연적이다. 공동체 내의 개인들이 공동체를 구성할 수 있기 위한 본질적 공통점은 무엇일까?

3. 국가 구성 원리로서의 권리 의식

국가란 본질적으로 타인들간의 관계이다. 개인들간의 윤리적 관계를 기초로 하여 국가가 구성되며, 국가 내의 모든 관계는 이 윤리적 관계를 기초로 한다고 하는데 과연 그러한가? 국가란 상호 타자적 존재들간의 관계망이다. 이 관계가 어떠해야 국가가 구성되는가? 사람들은 인간성이니 합리성이니 하는 유적(類的) 성질을 공유하긴 하나 자연 상태에서 신체적·정신적 차이를 갖고 태어난다.

이제 정치철학자들이 제시하는 국가 구성의 원리를 간략히 검토해보자. 플라톤은 자연 상태에서 개인들은 비자족의 상태에 있으며, 이를 극복하기 위해 협동에 들어가는데, 이것이 국가의 시초라 한다. 로크에 따르면, 개인들이 자연 상태에서 가지고 있는 자연권의 보호를 위해 그리고 상호 마찰하는 권리 주장의 갈등을 해소하기 위해, 개인들은 제삼자를 요청하게 되었고 여기에서 국가 권력이 출현한다고 본다. 홉스는 만인에 대한 만인의 투쟁 상태를 극복하기 위해 강력한 권력의 존재가 필요하게 되었으며, 이것이 국가라는 것이다. 노직 역시 로크와 유사한 견해를 취하고 있으며, 롤즈는 플라톤과 비슷하게 국가를 협동의 체계로 보는 한편 분배의 기능을 국가 기능에 추가하고 있다.

이들의 공통점은 국가가 개인의 온전한 생존을 위한 기구라는 입장이다. 그런데 이 온전한 생존에 대한 욕구의 기저에는 어떤 의식이 깔려 있는가? 타인과의 권력의 갈등 상황이건, 협동의 상황이건, 계약의 상황이건, 또는 천재지변을 당하여 신을 원망하게 되는 상황이건, 이 상황에 처한 인간의 의식의 기저에 깔려 있는 것은 이런 자연적 상황이 그대로 감수될 수는 없고 극복되어야 한다는 저항 의식이다.[15] 이 저항의 의식은 자신의 존재 주장을 담고 있는데, 이 존재 주장은 자신의 존재에 어떤 절대적 가치를 부여함을 전제로 한다. 이 의식은 자연의 행로야 어떻든간에 자신의 존재가 부당하게 무화될 수는 없다는 자신의 존재의 실체성에 대한 주장이며, 이 주장은 반성적 이성의 소산이다. 이런 의식은 타자와의 접촉에서 생기는 갈등에 대한 반성적 의식을 갖지 못하는 동물에게는 존재치 않는다.

인간은 다른 존재와 달리, 이 지상에서 타자에 의해, 설사 그것이 폭력적 타인이건, 자연의 재난이건, 심지어 신이건간에, 이 타자에 의해 정당한 이유 없이 자신의 존재가 침해되거나 자신의 생존 노력이 헛되이 좌절되어서는 안 된다고 생각한다.[16] 이런 생각

---

15) 저항 의식과 권리 개념에 관해서는 I. Kant, *Anthropology from a Pragmatic Point of View* 참조. 이 글에서는 S. M. Shell, *The Rights of Reason*, Univ. of Toronto Press, 1980, p. 29에 인용된 글 참조.

은 자신의 존재가 이 지상에서 어떤 가치나 지위, 존재론적 지위를 소유하고 있다는 의식에서 연유한다. 이 의식을 권리 의식이라고 한다. 이 의식은 오로지 반성적 이성에 의해 가능한 것이고, 이 의식의 소유는 인간적 삶의 근본적 특징이다. 데카르트의 연장 실체나 데모크리투스의 원자들이 불가침투성을 갖듯이 개인들은 자신들의 어떤 측면은 신성 불가침적이라고 생각하며, 타자에게 이의 존중을 요청한다. 그런데 우리가 자연 세계에서 만나는 타자들은 이 요청을 충족시켜주지 못한다. 그러므로 인간은 자연계 내에 이성의 공간, 이성적 질서의 공간을 구성하여 이를 자신들의 삶의 세계로 설정한다. 이 이성의 공간이 국가이다.

이 신성 불가침의 영역의 범위가 어디까지 될지는 논란의 대상이다. 이런 영역이 있다는 자기 주장은 인간 존재의 고유한 특색이며 이것이 인간의 존재 방식, 행위 방식, 그리고 사유와 느낌의 방식까지도 결정한다. 아마도 이 특색은 인간 문화의 본질일 가능성도 있다. 그런데 인간은 왜 이런 의식을 갖게 되었을까? 그것은 아마도 인간이 주체적 존재 *agent*라는 사실과 깊은 연관이 있을 것이다.

최근 서구의 윤리학자들은 동물들도 인간과 마찬가지로 존중되어야 할 권리들을 소유하고 있다고 논한다. 이런 사상은 이미 불교의 중생 자비 사상이나 불살생의 계율에 의해 보다 적극적이고 심도 있게 개진된 바 있다. 이런 주장의 논거 역시 동물의 삶이 주체적 성격을 지니고 있다는 믿음에 기초한다고 보여진다. 동물은 사유의 주체가 분명 아니고, 행위의 주체도 아닐 것으로 추측되지만, 육신과 느낌의 소유자로서 애정과 고통의 주체요 이 점에서 삶의 주체라고 말할 수 있다. 이런 이유에서 그들을 학대하거나

---

16) 다음 참조: P. Singer, "All Animals are Equal," in J. Rachels ed., *Understanding Moral Philosophy*, Dickenson Pub. Co., 1976.

그들에게 불필요한 고통을 가해서는 안 된다. 동물들에게 권리를 인정할 때, 그들은 이제 정치 세계의 시민권을 부여받게 된다. 물론 그렇다고 해서 그들이 피선거권이나 투표권을 행사할 수 있다는 것이 아니라, 그들에 대한 학대나 잔혹 행위는 사법적 처벌의 대상으로 그들이 정치적 보호를 받는다는 말이다.

흔히 국가의 외형적 조건으로 법의 존재를 지적한다. 이 지적은 타당하다. 그런데 법의 정신은 무엇일까. 그것은 본질적으로 삶의 주체가 점유하는 존재론적 지위, 윤리적 가치, 그의 절대적 실체성의 주장, 즉 권리 주장의 존중에 있다. 개인과 개인의 권리가 없다면 법도 존재할 필요가 없다. 물론 개별자의 소멸이 이루어질 때, 가치와 실체성의 개별적 분화 역시 극복되고 파르메니데스적 보편적 일자의 지평이 전개된다. 그것이 윤리적 공간이다. 법이란 국가라는 존재 세계의 질서이다. 법의 위반은 그 존재계에서 모순 배제율의 위반이요, 허무의 침입이다. 그리고 그 허무는 악이다. 존재는 선이며, 허무는 악이다. 사법적 처벌이란 악에 의해 야기된 그 허무의 균열을 메우는 일이다.[17]

국가 구성의 근본 원리는 그러므로 개별자들이 삶의 주체로서 당연히 갖는 어떤 존재론적 의식이나 윤리적 의식이다. 이 의식은 권리라는 개념으로 표현되며, 국가라는 **존재계의 실체**로 인정받기 위한, 그 세계의 시민이 되기 위한 자격은 이 권리의 소유이다. 이 권리 의식의 소유는 협동의 사실이나 계약의 사실, 또는 만인 투쟁의 사실에 앞서는, 실로 그에 기초가 되는 인간 존재의 가장 원초적인 사실이다.[18] 그러나 이 인간은 자연적 인간이 아니라 이성적 인간이다.

---

17) 처벌의 근본적 이념은 처벌에 관한 여러 이론 중 응보론이 가장 잘 표현하고 있다고 생각한다. 응보론과 인과론, 모순 배제율은 일맥 상통하는 원리이다.
18) 드워킨 참조. 그 역시 계약 이전에 권리 의식의 근원성을 논한다.

　다음의 원초적 상황을 상상해보자. 힘센 자 A가 약한 자 B를 폭행하였다 해보자. 이때 B가 A에 대해 갖는 일차적이며 근원적인 반응은 A가 B 자신보다 강하다는 사실 판단이나, 또는 이에 기초해서 그와 어떤 계약이나 거래를 성립시켜야겠다는 계산적 사고가 아니다. B가 우선 품게 되는 생각은 그 폭행이 부당하다는 가치 판단과 이에 근거한 분노 또는 억울함의 의식이다. 통상 국가 성립의 기초로서 운위되는 계약의 상황에서도 마찬가지로 윤리적 의식이 전제되어 있다. 계약을 맺기 위해 상대방의 조건을 헤아리고 구체적인 계약 사항을 숙고하기 이전에 계약 쌍방이 서로에 대해 갖추어야 할 태도가 있다. 계약이 가능하기 위해서는, 우선 상대방이 계약자로서 자신과 대등한 위치를 갖고 있음을 인정하고 그의 의견을 존중할 수 있어야 한다. 철저히 계산적 입장에서 상대방을 이용하겠다는 태도를 취할 때, 아예 계약의 상황 자체가 성립될 수 없다. 필자의 주장은 그러므로 국가 성립에 관한 합리적 선택론이나 계약론 자체가 틀렸다는 것이라기보다는 국가 구성의 더 근원적인 원리가 합리적 선택이나 계약의 행위의 기저에 깔려 있음을 그 입장들이 간과했다는 것이다.

　이 두 상황의 분석에서 드러나는 타인과의 관계의 원초적 사실은 권리 의식의 존재이다. 폭행의 피해자가 갖는 의식은 자신의 존재가 정당한 이유 없이 침해되어서는 안 된다는 자신의 실체성에 대한 권리 의식이며, 계약 쌍방은 계약 체결을 하기 위해서 우선 서로의 권리를 존중하겠다는 의지를 갖추고 있어야 한다. 권리 소유주로서 존중되어야 한다 함은, 정당한 이유 없이는 침해될 수 없는 고유의 지위와 존재 의의를 특정의 영역에서 차지하고 있음을 의미한다. 약한 자는 자신의 미약한 완력에도 불구하고 존중되어야 할 어떤 측면이 있다고 생각하며 이것이 침해될 때 분노라는 도덕적 감정을 느낀다. 이것이 인간의 독특한 존재 방식이다. 사

슴은 사자가 자신들을 먹이로 삼는다 해도 분노를 느낄 가능성이
없다. 그들은 자연적 존재이며, 따라서 자연적 삶의 태도와 반응
을 취할 수밖에 없다. 사슴은 자연적 힘의 논리에 따라 날쌘 발로
도망가거나, 반사적인 반항을 하다가 잡아먹힐 도리밖에 없다.

인간의 삶과 행동은 힘의 논리에 좌우되지 않는다. 인간은 그런
상황에서 자연적 반응을 하지 않고 윤리적 반응을 한다. 이 점에
서 인간은 자연 이상의 존재이며, 따라서 그에 부합하는 대접을
받아야 한다고 생각한다. 이 대접을 존중이라고 하며 존중이란 이
성적·윤리적 태도로서 그 자체의 가치, 존재론적 실체성을 갖는 존
재만이 요청할 수 있는 대접이다.[19]

인간은 로고스에 의해 자신에게 주어진 존재 지평에 대한 반성
을 한다. 이미 언급한 바와 같이, 이 반성의 작업을 존재론적 작업
이라고 한다. 이 작업을 통해 인간은 자연계와는 다른 새로운 존
재계인 이성적 존재계의 구성을 시도한다. 정치 세계도 이런 존재
론적 작업의 과정에서 구성된 것이며, 이 존재계 구성의 노력에서
가장 최초의 성과라고 말할 수 있을 것이다. 노동과 실천은 존재
구성의 작업으로 존재론적 의의를 지닌다. 이 세계에서 인간은 최
초로 자연의 자의와 우연성에서 벗어나 자신의 존재에 존엄성을
부여할 수 있게 되었으며 자신의 생존을 어느 정도는 보장받을 수
있게 된 것이다.

타인과의 관계의 원초적이고 기본적인 요소는, 우선 관계 쌍방
이 서로를 존중해야 한다는 점이다. 존중의 대상이라 함은 권리
소유주라는 말이고, 이는 쌍방이 정치 세계의 실체로서 존재함을
의미한다. 여기서 실체라는 개념은 비유가 아니다. 우연성과 허무

---

19) 존중 *Achtung, respect*의 개념을 윤리적으로 정립한 것은 칸트라고 생각된다. I.
Kant, *Fundamental Principles of the Metaphysics of Morals* 참조. 필자는 더 나아가
이 태도가 존재론적 의의를 지닌다고 생각한다.

가 미만해 있는 자연 세계와 달리 정치 세계는 인간에게 의미 있는 존재 세계이며, 권리 소유주인 시민은 이 세계의 궁극적 존재이다. 민주주의는 신에게나 가능한 제도라는 루소의 설파는 시민됨의 궁극성 그리고 그 위치 취득의 어려움을 통찰하고 있다. 자연 세계에서는 어느 것도 그 자체로서는 권리를 갖고 있지 않다. 하지만 이미 지적한 바와 같이 어떤 측면에서는 동물들도, 그리고 심지어 식물들, 심지어 강이나 산과 같은 무표정한 자연 세계 일반(우리 인간 중심적인 어휘로는 환경)의 권리까지도 인정할 수 있다. 그러나 그때 그것들은 더 이상 자연적인 존재들로 머물 수 없다. 우리가 그것들의 권리를 인정하자마자, 그것들은 정치 세계나 윤리 세계에 편입되어 이 존재계의 시민 대접을 받게 되는 것이다.

오로지 존재론적 의식에 의해 권리 세계의 지평이 열리며, 이 지평 위에 정치 세세, 즉 국가 공농체가 존재한다. 국가 공동체 내의 모든 관계, 적어도 국가적 관계는 이 지평을 전제로 한다. 모든 시민들은 크고 작은 권리의 소유주이며, 이런 점에서 절대 불가침의 영역을 소유한다. 우리의 주제인 권력은 사실상 이 권리 개념에 기초하며, 양자는 상충하는 것이 아니라 오히려 상보적 관계에 있다. 이 견해를 검토하기 전에 권리 개념에 관해 있을 수 있는 몇 가지 오해를 제거하자.

첫째, 권리는 개념적으로는 비교적 근대에 서양에서 확립된 것이나, 그것의 존재는 인간이 자신을 자연사에서 분리하여 정치 세계에 진입함과 동시적이다. 고대인이나 동양인에게 있어서도 막연하게나마 분노, 한, 복수의 염(念), 더 포괄적으로는 외부의 공격에 대한 방어적 태도에 이미 권리의 의식은 자리잡고 있다.[20] 근대

---

20) 권리 의식의 역사적 편재성에 관해서는 A Gewirth, *Reason and Morality*, The Univ. of Chicago Press, 1978, pp. 100 이하 참조. 이에 대한 반대 입장은 A.

에 이르러 인간 의식이 발전하며, 이와 함께 자신이 거주하는 세계 내에서 자신의 위치, 존재 의의, 그리고 타인에 대한 자신의 위치 또는 자신에 대한 타인의 위치가 명확히 자각되었으며, 이 자각을 담아 형상화하고 있는 것이 근대적 권리 개념이다. 어떤 존재가 타자의 침입을 받을 수 없다는 생각의 뿌리가 되는 개념은 아마도 데카르트의 불가침투성의 개념이리라 생각된다.

둘째, 권리는 통상 정치·경제·사회적 문맥에서 이해·해석되고 있으나, 그것은 일차적으로 윤리적이고 존재론적인 개념이다. 한 개인이 권리 소유주라 함은, 정치 세계라는 실재의 세계에서 그가 실체성을 지님을 의미한다. 따라서 권리의 침해 행위는 이 세계의 파괴 행위요, 존재론적 허무의 야기이다. 권리 개념은 세계 구성적이다. 모든 개인이 이성적 존재인 한 이들은 인격체요, 인격체로서 존중의 대상이라고 칸트는 주장했다. 인격체의 개념이 이성 세계를 떠나 경험계의 좌표대로 이동할 때, 개인들은 구체적이고 경험적으로 확인 가능한 정치·경제·사회적 권리들의 소유주가 된다. 도덕적 인격성은 비경험적이므로 그 소유 여부가 검증될 수 없다. 인격성이 수육화하여 정치·경제적 권리들로 구체화할 때에만 그것은 법적·제도적 보호의 대상이 될 수 있으며, 자신에 대한 존중의 요청이 충족될 수 있다. 이 말은 정치적 존중은 윤리적 존중에 기초하며, 권리 개념은 논리적으로, 존재론적으로 인격성의 개념에 의존함을 알려준다.[21]

셋째, 권리 개념은 근대 개인주의와 긴밀히 연관되어 있으며, 개인이 갖는 권리 중에도 특히 신체적·경제적 권리가 중시되는

MacIntyre, *After Virtue*, Univ. of Notre Dame Press, 1981, pp. 65 참조.

21) 현대 영미의 대표적인 정치철학적 이론이 모두 칸트의 인격 개념을 그 윤리적· 존재론적 기초로 하고 있다. 그러나 그 나타난 결과는 강조점 차이로 인해 상이하다. 다음 참조: J. Rawls, A *Theory of Justice*, Oxford, 1972; R. Nozick, 위의 책; R. Dworkin, *Taking Rights Seriously*, Harvard Univ. Press, 1978.

경향 때문에, 권리란 개인의 개별성과 우연성의 폐쇄된 공간을 보호하기 위한 장치로 오해되어왔다. 따라서 권리 개념을 강조함은 공동체를 결속시키기보다는 그것의 와해에 기여하리라는 우려를 낳아왔다. 그러나 분명한 것은 개인이 권리를 소유케 되는 논거는 그의 특수성에 있는 것이 아니라는 점이다. 그것은 오히려 그가 이성적 존재자로서 보편 지향적이며, 그로 인해 그가 공동체 내의 타자와 관계를 맺을 수 있고, 그리하여 개인간의 특수성·타자성을 넘어설 수 있는 행위 주체라는 사실에 있다. 개인이 권리를 소유케 되는 논거는 바로, 그가 이성에의 가능성을 자신의 본질로 하고 있으며, 이성의 좌표라는 타자와의 공유 공간을 점유한다는 사실, 그리고 이 공간 안에서 이성적 존재자로서 자신의 특수성을 넘어서 보편적 지평으로 나아갈 수 있다는 사실에 있다. 권리 영역이란 폐쇄적인 특수자들의 공간이 아니라, 자유롭고 타자 지향적인 이성의 공간이다. 권리 영역인 국가는 단지 공간적으로 근접해 있는 신체들의 공동체가 아니라 이성의 **공동체이다**. 역으로 이성의 공동체가 아닌 것은 국가가 아니다. 그것은 형체만 국가의 모습을 갖추었을 뿐 아직 자연 상태이다. 시민들 사이의 공통의 요소는 그들의 고향이나 혈통이 아니라 보편 지향적인 이성이다. 국적은 그러므로 출생 지역이나 부모들의 혈통을 연고로 해서가 아니라 이성을 근거로 하여 취득된다. 그럼에도 현실적 국가에서는 피 또는 땅을 원리로 하는 이유는 아마도 그런 요인이 경험적 기준으로서는 가장 포괄적인 논거라는 생각에서일 것이며, 그런 점에서 제한적이긴 하지만 이성적 성격을 지니고 있다.[22]

권리가 특수자적이며 차별적인 이유는 단지 도덕적인 인격체들의 국가인 칸트적 목적의 왕국, 즉 이상적 윤리 세계와 달리 정치

---

22) 권리의 이런 측면에 관해서는 이 책의 6장 참조.

세계는 경험적 세계이며, 이 경험 세계의 행위 주체는 어쩔 수 없이 특수적 개인일 수밖에 없기 때문이다. 그러나 개인이 정치 주체로서 권리 주장을 할 때, 그 목표는 개별성의 강화가 아니라 그것의 축소와 약화이다.

4. 사유의 등장과 권력의 형성

그러면 권력은 어떻게 발생하며 그것의 정당화 논거는 무엇인가? 그리고 이 물음에 대해 해답함에 권리 개념은 어떤 기여를 하는가? 자연 세계에는 여러 종류의 힘이 존재한다. 낙하하는 물체의 위치 에너지, 사자의 억센 앞발의 힘, 공기와 태양과 물을 아름다운 꽃과 먹음직한 과일로 바꾸는 신비한 식물의 힘, 한없이 작으면서도 엄청난 파괴력을 발휘하는 원자의 힘, 허공에 거꾸로 서 있음에도 불구하고 우리를 이 지상에 발붙이고 생존케 하는 중력의 힘(아니, 의미의 힘), 그리고 우리의 마음속에 신비의 정서를 지펴오르게 하는 희미하지만 강력한 별빛의 힘, 등등. 이러한 것들은 대략 물리적·화학적 힘, 그리고 이들의 순열 조합이라고 할 수 있는 생명체의 힘이라고 통괄할 수 있을 것이고 이것들이 자연 상태에 존재하는 변화력의 전부이다.

인간이 등장하면서 새로운 요소가 추가되는데, 이 요소는 자연 세계에 또 다른 종류의 변화를 가져온다. 그것은 인간의 노동·실천·행동이랄 수 있는데, 이를 가능케 하는 인간의 행위 주체로서의 힘은 독특한 성격을 지닌다.[23] 인간이 자연적 존재로서 자연사

---

23) 노동은 힘의 근원, 권력의 근원이다. 노동을 통해 정신적인 것과 물질적인 것, 자아와 세계, 자아 질서와 세계 질서, 이성과 자연의 만남이 가능해진다. 또는 가능하다 생각된다. 원초적인 노동은 신의 창조이다. 이보다 더 인간의 노동에 가까운

의 일부였을 때, 인간이 발휘할 수 있었던 유일한 힘은 신체의 동물적 힘이었다. 따라서 인간이 생명체의 진화 계열에서 새로운 종으로 이 자연 세계에 등장했다고 해도 그 자체로는 자연 세계에 질적으로 새로운 변화력을 도입하지는 않는다.[24]

그러나 인간은 오감을 통해서만 세계를 보는 것이 아니라, 사유의 눈을 통해서 언어를 매개로 하여 자신과 자연을 파악하고 기술한다. 그리고 그런 방식으로 역사 세계를 전개시키게 된 이래, 인간은 믿음과 기술문(記述文)의 세계, '독사 *doxa*'의 세계, 언어 게임의 세계, 일반적으로 말해서 사유와 언어의 세계에 거주케 된다.[25] 이 사실은 인간이 이 세계에 변화를 가할 때, 단순히 동물적 유기체의 질서가 아니라 이성과 사유의 질서를 이 자연 세계에 개입시키게 되었음을 의미한다. 이렇게 이성과 사유의 질서에 따라 행동할 때, 인간은 진정한 행위 주체가 된다.[26]

사유를 행함과 동시에 인간은 더 이상 자연 그 자체의 세계에 거주하기 원치 않으며, 죽기 전에는 원한다 해도 그럴 수가 없다. 인간이라면 누구라도 식물인간이나 백치로서 생명을 부지코자 원치 않으며, 원한다고 해서 그리 될 수 있는 것도 아니다. 이제 인

원초적 노동의 예는 플라톤의 『티마이오스』편에서의 원장인(原匠人)의 세계 제작 행위일 것이다. 노동의 가능성, 나아가 행위와 도덕적 실천의 가능성은 심신의 인과적 관계 가능성이다.

24) 힘의 종류는 그 연원을 기준으로 하여 대별하면, 영혼의 자기 운동과 생성계의 타자 운동으로 분류된다. 인간의 행위 주체성은 전자에 속하며, 주체의 운동 원인인 자기 내적 요인들에는 욕구·믿음·가치에 의해 형성된 믿음과 이념 등이 포함된다. 파르메니데스나 헤겔의 논리를 수락할 때, 힘은 변화의 인과적 원인이요, 허무나 모순은 그 논리적 원인이랄 수 있다.

25) 기술문은 D. Davidson의 행위론에서 핵심적 개념이고, 언어 게임은 주지하다시피 후기 비트겐슈타인이 도입한 개념이다. 'doxa'는 그리스어로 믿음, 억견(臆見)인데 플라톤은 이 독사들이 우리의 일상적 삶 전반에 편재적이긴 하나 지극히 오도적이라고 비판하였다. 필자는 플라톤과는 달리 긍정적 시각을 취하고자 한다.

26) 필자, 「우연과 당위」, 『계간 경향』 제16집, 1987년 가을.

간이 거주케 되는 세계는 사유의 눈을 통해 여과된, 또는 인간의
관점과 가치관에 따라 이리저리 기술되는 세계이다. 동시에 인간
의 힘도 사유적이고, 이성적인 성격을 지니게 된다.[27] 인간의 노동
과 실천의 직접적이고 근원적인 원인이 되는 것은 물리 · 화학 ·
생리 · 심리적 메커니즘이 아니라, 믿음 · 욕구 · 가치 · 이념 등 비
자연적 요소라고 말할 수 있다. 이를 달리 표현하면, 자연 세계에
변화를 가져오는 인간의 행동은 단지 자연적 원인에 의해 결정되
지 않고, 이유와 목적과 가치 등 심적이고 가치 지향적인 요인들
에 의해 인도된다. 플라톤은 이런 새로운 요인에 주목하여 인간의
행동을 가능케 하는 물리적이고 신체적인 원인은 단지 필요 조건
이나 보조적 원인 *synaitia*에 불과함에 비해 그 진정한 원인은 이
성적인 것이라고 구분하였다.[28] 사유의 등장과 함께 인간의 자연
적 노동이 심적인 존재로 바뀌며, 노동이 실천의 형태로 변모한
다.[29]

　사유의 활동과 함께 인간 힘이 변질된다. 인간의 삶에서 사유함
이 필연적이듯이, 이 힘의 변질 역시 필연적이고, 자연적 노동이
의도적이고 목적 지향적인 실천으로 변화하고 인간이 정치 세계
나 역사 세계로 진입함 역시 필연적이다. 힘의 변질은 두 가지 측
면에서 전개된다. 첫째, 인간 세계 힘의 근원이나 힘을 발휘하는
것이 단지 인간의 신체적 에너지(운동 에너지)가 아니라, 법적 ·

---

27) 인간 현존의 사유 구속성은 인간이 누릴 수 있는 존재론의 사유 의존성을 함의한
　　다. 인간의 사유는 대상 인식에 있어 범주적 틀에 의한 인식을 불가피하게 할 뿐
　　아니라, 행위와 관련하여 더 중요한 것은 사유는 어떤 가치 지향성을 띠고 있다는
　　점이다. 이런 성향은 대상 인식에 있어 인간적 관점의 정립을 불가피하게 한다.

28) Platon, *Timaios, Phaedon* ; D. Davidson, 위의 책 참조.

29) 행위 또는 행동 *action*의 본질은 행위 주체성이며, 주체성의 본질은 의지 또는 의
　　도 또는 지향성이다. 의도는 심적 존재이다. 그러므로 행위는 심적 존재이다. 행
　　위에 있어 신체 동작의 우연성에 관해서는 L. Wittgenstein, *Notebooks*,
　　1914~1916 ; 필자, 「도덕적 행위 주체」, 『철학과 현실』, 1989년 봄 참조.

342

제도적·조직적 권력, 경제적 재력이나 개인의 카리스마, 사랑, 부처의 자비와 예수의 사랑과 이타적 이념이나 진리와 정의와 같은 사회적이고 정신적이며 도덕적인 요소들도 힘, 그것도 신체적·물리적 힘보다 강력한 힘으로서 등장한다. 후자는 특수적 개체만을 움직일 수 있으나 전자는 집단적 실천과 역사 전개의 동인이 된다.[30]

힘이 이렇게 다양한 근원에서 다양한 양태로 우러나오는 이유는 인간이 사유하는 존재이며, 사유에 의해 구성된 믿음과 '독사'와 가치 및 이념의 세계가 인과적 힘을 발휘하여 인간의 생활 세계를 구성하기 때문이다. 인간의 정치 세계, 사회 세계, 역사 세계를 변화시키는 주요 원인은 인간의 사유 내용이다. 그 원인이 자연적인 요인을 기반으로 하는 경우, 그것은 자연 그대로의 존재로서가 아니라, 인간에 의해 어떤 식으로 기술되고 보여지며 사유된 것으로서의 자연적 요소이다. 자연 그대로의 천재지변이나 자연적 조건이란 인간 삶의 세계에 존재치 않는다. 모든 것은 인간 사유의 좌표 속에서 위치를 부여받고, 그 부여된 위치 속에서 인과적 힘을 발휘한다.

둘째, 힘이 성취코자 하는 바도 역시 자연적 차원의 것에서 사유적 차원의 존재로 변모한다. 힘의 발휘는 이제 단지 자연적 욕구의 충족이 아니라, 이념과 가치 또는 믿음의 성취를 그 목표요 대상으로 삼는다. 동시에 단지 과거적인 것은 물론 미래적이고 내재적 목적까지도 원인의 역할을 한다. 인간의 존재 세계에서는 미래적 목표가 현재에 관여하게 한다. 자연 세계에서는 과거가 현재를 결정하나 인간의 세계에서는 미래가 현재를 지배할 수 있다. 인간은 자신의 세계를 자신의 이성과 사유의 질서와의 관여하에

---

30) A. Brecht, *Political Theory*, Princeton Univ. Press, 1959, p. 347; 필자, 『주체, 외세, 이념』, 제1장, 이화여대 출판부, 1995년 참조.

규정하며, 자연에 변화를 가할 경우에도 그것을(가령, 치수·관개·댐 건설) 자신들의 삶의 가치와 이념의 관점에서 기술하여 의미를 부여함으로써 인간이 가진 변화력의 대상으로 삼는다. 일반적으로 인간 권력의 지배 대상은 단순히 신체나 물질적인 것이 아니라, 정신적인 것이 된다. 극히 기본적인 생물적 욕망을 제외하면, 인간의 모든 종류의 욕망·열망·노동·실천의 대상은 물리적 물상들이 아니라 가치·이념·관념 등과 같이 관념적이고 심적인 것이다. 흥미롭게도 이런 성향은 물신 숭배적이라 일컬어지는 후기 자본주의로 가면서 더욱 심화되고 있다. 그리고 인간은 이 심적인 것의 지배를 통해 신체와 자연을 움직이며 이를 통해 다시 이념과 가치를 실현하려 한다. 권력자는 사람을 지배하려 하지 물질을 지배하려 하지 않는다. 그리고 사람의 지배와 그의 마음의 지배를 결과하지 않는 물질의 지배는 그에게 무의미하다.

권력의 발생과 행사의 공간이 심적 차원으로 이행함은 또 하나 특이한 효과를 가져온다. 물리적 세계의 변화라는 것은 시간적 순차성을 갖고 일어난다. 한 변화 E의 원인이 되는 힘인 인과적 힘 C는 E에 외부적이고 타자적이며 우연적이다. 그것은 항상 E에 시간적으로 선행한다. 그런데 권력의 지평이 사유의 공간에서 전개됨과 동시에 이 시간적 계기성이 역진된다. 즉 시간의 엄격한 순차성이 깨어진다. 권력(윤리 세계에서는 의지력, 신체를 움직일 수 있는 정신의 힘)은 의도의 실현 수단이다. 이 의도는 지향성을 지니고 미래적 이념의 사념을 그 내용으로 한다. 그리고 이에 대한 믿음이 정치적 권력이나 개인의 의지력을 발휘케 하며, 이에 의해 그 사념된 이념의 실현이 가능해진다. 그러므로 미래의 중요한 한 부분이 현재의 권력 발휘를 원인짓는다.[31] 이제 과거의 사건뿐 아

---

31) 정치 세계에서 인과 관계에 관해서는 A. Brecht, 위의 책, pp. 74 이하 참조. 인간의 의지력, 그리고 권력은 가치 지향적이다. 권력은 이 가치의 실현 능력이다. 바

니라 미래의 일부가 현재를 결과할 수 있다.

흔히 인과적 설명과 합리적 설명(또는 정당화 작업)을 구분하지만, 행위에 관한 한, 합리적 설명은 인과적 설명의 한 형태로 환원할 수 있다. 행위에 대한 합리적 설명에서 행위 목적이나 이유는 행위의 실질적 원인이다. 이유도 원인이 될 수 있다. 이제 인간 행위의 목표가 되는 것은 모두 사유 세계의 구성물이다. 정직, 봉사, 도덕적 사태나 댐의 건설, 간통, 용기 있음은 물론, 씩씩함, 저돌적임, 흐린 날씨, 그 어느 사태도 자연 세계나 자연 세계를 구성하고 있다고 현재까지 밝혀진 원자들의 세계에는 존재하지 않는다. 소위 서술적이거나 기술적 문장은 서술이나 기술이라는 표현이 함의하는 바와는 달리 어느 것도 있는 그대로의 자연 세계를 서술하거나 기술하지 않는다. 그것들은 우리의 사유 세계의 풍경을 그리고 있다. 소위 사실 그 자체란 없다.

자연계에 인간의 이성적 힘이 가해지기 전까지, 이 자연 세계는 '방황'하는 원인들에 의한 우연적 운동만이 존재하였다. 자연 세계의 운동은 타자 원인성에 의한 타자 운동이며, 그 운동 원인이 피운동자에 대해 완전한 타자요 우연적 존재라는 점에서, 그리고 운동의 경로가 비이성적이라는 점에서 이 자연 세계의 운동은 우연적이다. 그러나 이성적 힘의 개입과 함께 자연계에서의 운동 변화 역시 합리성을 갖출 수 있게 된다.[32]

힘의 변질과 동시에 자연 세계에 두 가지 변화가 일어난다. 첫째, 인간이 자연에 가하게 되는 변화는 역시 사유적이고 이성적 성격을 갖추게 된다. 자연 세계는 어느 정도 이성적 질서나 보편

로 이런 이유에서 어떤 학자들은 권력을 최고의 가치로 찬탄하기도 한다. A. Brecht, 위의 책, p. 345 참조.

32) Platon, *Timaios* 참조; 필자, 「지성과 우연적 필연」, 조요한 외, 『희랍 철학 연구』, 종로서적, 1988 참조.

성을 지닌 것으로 이해되고 설명됨에 따라 자연 세계는 사유 세계에 편입된다. 둘째의 보다 중요한 변화는 다음이다. 인간은 자신의 생활 공간으로서, 자연 세계에 사유 공간·이성 공간을 구축하게 되는데, 이것이 정치 세계와 윤리 세계이다. 더 넓게는 역사 세계 전체가 이런 이성적 노력의 소산이다. 아니 인간의 동작과 노동이 사유의 성격을 입게 되어 행위화하면서 그리고 인간이 주체적 존재가 되면서부터(이 점에서 자연적 노동과 도덕적 실천은 연속적이다) 역사 세계가 전개되었다는 것이 보다 정확할 것이다. 심적 세계(사유 질서 또는 이성 질서)와 물적 세계(노동의 힘, 신체의 힘)가 결합하면서 역사 세계가 전개된다. 이후 인간은 자연 세계를 사유 세계에 편입시켜, 자연을 사유화하고 자연력을 도구로 사용할 수 있게 된다. 사유가 물질을 움직일 수 있는 이유는 의지력 때문이다. 의지란 심신 관계의 매개체이다.

정치 세계의 주체를 정치적 행위 주체 또는 권리의 소유주라 하며, 윤리적 세계의 주체를 도덕적 행위 주체라 한다. 정치 주체는 부분적으로 특수자이고 부분적으로는 보편자임에 반해 윤리적 주체는 전적으로 보편적 가치를 지향한다. 정치 주체가 갖는 힘, 행위력을 권력이라 하고, 도덕 주체의 행위력을 선의지(善意志)의 힘이라고 한다. 정치 세계의 힘인 권력은 이성적이긴 하나 타자 강제적이고 외부적인 힘인 반면, 윤리 세계의 힘인 선의지력은 순수히 이성적이며 자기 강제적, 즉 자율적인 힘이고 내적인 힘이다. 의지력은 신체를 움직이나, 정치 권력은 이제 새로운 신체, 즉 정치 조직을 움직인다. 그리고 이 조직체의 구체적 운동 방식을 결정하는 것이 법과 제도이다. 그래서 권력은 조직력, 법 강제력, 제도적 강제력의 형태를 띠게 된다.

개인은 정치 세계의 일원이 되면, 상식적 의미의 권력을 부여하는 정치 조직의 직위나 직책을 맡지 않아도 권력을 소유한다. 정치 세계의 일원이 된다 함은 시민이 됨을 의미하며, 시민은 이미 정치 조직의 한 직위요 직책이다. 따라서 당연히 모든 시민은 권력을 소유한다. 일상적 의미의 권력은 바로 이 본원적 의미의 권력, 개인이 정치 세계의 일원인 시민으로서 소유하게 되는 이 이성적 힘에 근거한다. 있는 것은 있는 것으로부터 나온다. 정치 권력은 작위적이고 자의적인 구성물이 아니다.

권력은 정치 세계 속에 실질성을 갖는 정치 주체의 힘이며, 개인이 정치 세계의 일원이 됨은 인간의 본질이다. 따라서 정치 세계는 허구적이거나 인위적인 세계가 아니라 인간적 삶의 실재적 존재 세계라고 말할 수 있다. 인간이 인간으로 있는 한 정치 세계를 떠날 수는 없다. 즉 인간이 타인과의 관계, 그것도 자연적 관계가 아니라 가치 지향적이고 규범적인 관계를 벗어나 살 수 없음은 인간의 필연이요 조건이다. 타인과의 정치적 관계망, 이것이 정치 세계이다. 그리고 가치와의 윤리적 관계망, 그것은 윤리 세계이다.

5. 권력과 권리

권리와 권력의 관계는 무엇일까? 통상적 의미의 권력은 어떻게 형성되며, 그 정당화 논거는 무엇인가? 우리는 이미 인간이 자연 상태에서 벗어나 진정한 정치 세계에 진입하기 위해서는 서로를 권리 소유주로 존중해야 함을 지적하였다. 한 개인이 타개인을 사물이나 도구로 간주할 때, 그때는 비록 합리성이 개입하더라도, 그것은 도구적이고 계산적인 합리성이며, 이런 상태는 자연 상태와 본질적으로 다를 바 없다. 왜 그런가? 도구적 합리성의 상태에서 개인들은 자연 상태에서와 같이 욕망의 체계일 뿐이다. 도구적 합리성의 상태는 자연 상태보다 열악하다. 왜 그런가? 자연 상태에서 자신과 관계하는 타인들은 적대적이긴 하였으나 자신과 대등한 존재였다. 그런데 타산적 합리성의 등장은 이제 그들을 오히려 우리의 자연적 욕구에 봉사해야 할 수단의 상태로 전락시키고 만다. 자연 상태에서 만인은 만인에 대한 늑대였으나 도구적 이성의 상태에서 만인은 만인에 대한 도구, 즉 노예이다.

진정한 정치 세계가 가능하기 위해서는 타인과의 관계가 존재론적이고 윤리적인 관계여야 한다(그리고 사실에 있어 정치 세계의 기초는 윤리적이다). 즉 상대방이 어떤 측면에서는 절대적 가치를 소유한다고 간주해야 하며, 그러므로 그가 자신과 동등한 위치에 있음을 인정해야 한다. 절대적 가치성과 이 점에서의 평등성이 확보되지 않을 때, 국가 성립의 형식적 조건인 법은 존재 근거가 없으며, 사법적 정의는 실현될 길이 없다. 시민들의 각각이 어떤 절대적 가치를 소유하며, 그 점에서 평등함, 이것이 국가 구성의 내적이고 본질적인 요건이다. 국가 구성의 조건으로 흔히 제시하는 법체계의 존재는 단지 외적이고 현상적인 조건일 뿐이다. 개인들이 시민으로서 거주케 되는 국가라는 정치 공간은 자연적 공간에서 존재론적으로 한 단계 상승해 있는 공간이라고 말할 수 있다. 자연계는 특수자들만이 모여 있는 다(多)의 세계임에 반해, 정치 공동체는 개인들의 모임이긴 하나 그 기저에는 보편성과 일자성의 좌표가 놓여 있다. 이 점에서 공동체의 보편성과 일자성이 확보된다.

다른 한편으로 인간이 이성적 행위 주체가 될 때, 세계를 변화시키고 있는 그의 힘은 질적 변모를 하여 이성적 힘이 됨을 지적하였다. 보다 구체적으로 그는 시민으로서 권력을 소유한다. 정치 세계는 자연계 내의 이성 질서이며, 시민은 따라서 이성적 지위이고, 정치 주체로서의 시민이 갖는 힘인 권력 역시 이성적이라고 말할 수 있다. 권력이 이성적이라 함은 무슨 말인가? 그것은 그 권력이 이성적 질서를 실현할 수 있는 능력임을 의미한다.[33] 정치 주체는 타자와 관계 맺기 위해서는 철저히 특수적인 존재로 머물러 있어서는 안 된다. 그는 자신의 자아와 욕구의 체계와 생활 양식·행동 양식을 보편화시켜야 하며, 객관화시켜야 한다. 개인이 시민으로서 갖는 권력은 이런 의도를 실현시킬 수 있는 힘이다.

근원적 의미의 권력은 권리 소유주에서 나오고, 권리 개념에 그 뿌리를 두고 있다. 정치 세계의 모든 직위와 직책이 갖는 권력은 헌법상에 명시된 국가 권력에서 나오는데, 이 국가 권력은 개인들의 권리와 노동력에 기초한다. 시민의 정치적 위치를 권리 소유주라고 하며, 권리 소유주라는 위치에서 나오는 힘이 권력이다. 권리란 정치 세계에서 정당성을 부여받은 존재론적 위치와 존재 의의, 그리고 타인으로부터 요청할 수 있는 특정 태도, 존중의 태도를 함의한다. 한 개인이 정당한 권리 주장을 하면 타인은 그 권리의 절대성과 불가침성을 인정해야 한다. 그리고 개인들은 자신의 권리 주장을 근거로 하고 정치 조직을 도구로 사용하여 그 주장을 실현시킬 수 있다. 권리 내용의 실현력, 이것을 권력이라고 표현할 수 있다. 권력이란 한 개인이 정치 세계에서 이성적으로 정당성을 부여받은 힘, 행위 주체로서의 또는 시민으로서의 행사력을 이른다. 따라서 권력의 행사는 객관화된 이성인 법에 의해서 보장된다. 국가 권력에 의해 보장되지 않는 개인의 권리는 공허하며, 개인의 동의와 권리에 기반하지 않는 국가 권력은 맹목적인 폭력이다.

결국 권리와 권력은 한 동전의 두 측면이다. 권리란 정치 주체가 존중받을 수 있는 지위와 수행 가능한 행위의 영역, 타인으로

---

33) 권력은 위에서 언급한 바처럼 가치 실현 능력이다. 권력과 공적 영역의 관계에 관해서는 H. Arendt, *The Human Condition*, Univ. of Chicago Press, 1958, pp. 199 이하 참조.

부터 받을 수 있는 대우의 성격을 규정하는 데 비해, 권력은 현실적인 행동력, 그리고 타인에 대한 영향력을 이른다. 전자는 다소 수동적이며 정태적인 개념임에 반해, 후자는 능동적이며 동태적인 개념이다.

그러면 일상적 의미의 정치 권력은 본원적 의미의 권력이나 권리와 어떤 관계에 있는가? 권리란 두 측면이 있다.[34] 권리란 이성적이면서도 우연적이고 비이성적이며, 보편적이면서도 다른 한편으로는 특수적이다. 권리 소유주들은 윤리적 존재로서 일자적(一者的)임에 반해, 그 소유 권리들의 차이로 해서 다자적(多者的)이며, 국가라는 공동체의 일자성과 다성은 근원적으로 이 권리의 이중성에 기인한다.

개인들이 소유하는 권리들의 우연성·비합리성·특수성의 원인은 근본적으로 권리 소유주의 신체성에 있다. 국가 내에서 개인의 윤리적 지위가 법적이고 제도적인 보호를 받기 위해서는 경험 가능한 형태로 표현되어야 하는데 그러기 위해서 권리는 수육화되어야 한다. 개인의 권리는 그의 인신에 대한 권리, 재산권, 그리고 기타의 사회경제적 권리들의 형태로 표현되며, 그런 것으로서 존중된다. 그러나 이들은 그 자체 가치가 있기 때문에 그러한 것은 아니다. 인신은 그 자체로서는 육체요, 재산은 단지 물질의 집적일 뿐이다. 그리고 사회 지위를 확인해주는 사회적 공인 그리고 경제적 권리를 표시한 등기부나 통장이란 무엇인가? 그것은 단지 믿음이요 종이 조각일 뿐이지 않을까? 그러나 그것들이 정치 세계의 좌표 위에서 개인의 인격성의 우산 아래에 놓일 때 그것은 개인의 분신이거나 심지어 개인 그 자체가 된다. 개인의 재산에 대한 침해는 개인에 대한 침해에 준한다.

---

34) 이 책의 제6장 참조.

권리의 특수성, 다성(多性), 우연성은 정치 세계를 다(多)적이며, 무질서하고 비이성인 세계로 이끌 가능성이 있다. 권리 주장은 상호 충돌하며, 시민 각자가 서로의 권리를 존중하려 해도, 권리의 울타리가 불분명할 수 있다. 더 나아가 정치 세계는 조직체요, 조직체에는 위계적 지배와 피지배의 관계가 존재한다. 여기에서 시민들은 이런 문제들을 해결할 새로운 정치 주체와 제2의 정치 권력을 창출하는데, 이것이 통상적 의미의 권력이다. 그러나 이 권력은 근원적 권력에 비해 이차적이며 인위적이고 도구적인 성격을 지닌다. 이 권력은 소기의 목적이 달성되면 소멸할 가능성이 있다. 개인들은 이성적 사유와 함께 소유케 되는 일차적 권력의 일부를 양도하여 이차적 권력을 창출한다. 이 권력이 양도되어 제3의 정치 주체의 손에 넘어감에 따라 이 권력은 이제 타자의 그리고 강제력으로 작동한다. 즉 타자 강제력의 모습을 갖는다. 반면 일차적 권력은 시민이 이성적 행위 주체로서 갖는 행위력이므로 자신의 힘으로서 자율적 힘, 즉 자기 강제력이며 이런 성격으로 하여 이성적 자유와 통한다. 새로이 창출된 권력은 그 근원이 이성과 자유의 힘임에도 불구하고 그것이 타인에게 위임됨으로써 오히려 개인의 자유와 권리를 제약하는 힘이 된다.[35]

이차적 권력은 그래서 수육화된 권리, 일차적 권력이 소외되거나 타자화된 또는 외화된 형태이며 적어도 현상적으로는 자유와 권리를 제약한다. 여기에서 소외되었다는 표현은 말 그대로 타자화되었음을 이르는 것이지, 부정적 의미로 본질의 상실을 의미하는 것은 아니다. 권력의 궁극 목표는 권력의 근원인 권리나 자유의 소외나 외화가 불가피한 상황 자체를 제거함으로써 소외나 외화를 불필요하게 하고, 그리하여 권력 또는 이성의 힘이 본모습을

---

35) 주권을 양도할 수 없으며, 대의민주주의는 일종의 노예제라는 루소의 지적을 생각해보자. 『사회계약론』, 제2권 1장, 제3권 15장.

찾게 하는 데 있다. 이성의 힘의 본모습은 자율성이다. 이차적 권력이 소멸한다 해도 일차적 권력, 인간 삶에서의 이성의 지배력은 존속할 것이니,[36] 일상적 의미의 국가가 사라진다 해도, 인간의 타인과의 공동체적 관계는 지속될 것이다. 이성은 항상 타자를, 즉 대화의 타방을 원한다. 이성은 과연 항상 타방을 원하는가? 그렇다면 왜 그런가? 이성은 외로움을 타는가. 그렇다. 현상에 있어 이성이 타이성과 함께 공존함은 사실이다. 개인들은 이성의 공동체에 참여하고 있다. 예를 들면 인간들은 수학이나 기하학의 공간에 참여하고 있다. 기하학적 증명을 행하는 한, 유클리드와 나는 2,400년이라는 시간적 간격과 아테네와 서울 사이의 공간적 거리를 넘어서 공통의 공간에 거주하고 있다. 보다 구체적인 예로 나와 나의 시민들은 현주소에서는 차이가 있을 수 있겠으나 정치적 세계나 윤리적 세계에 본적을 두고 있다.

이 공동체에서의 관계 양항은 한 이성과 타이성이 아니라 이성과 수학 또는 기하학적 진리이거나 이성과 윤리적 가치가 아닐까? 그렇다면 이성은 혼자서도 그 진리나 가치와 관계를 맺을 수 있을 것이다. 따라서 이성과 타이성과의 관계는 이런 진리나 가치의 인식에 있어 우연적이요, 나아가 다른 이성의 존재는 한 이성의 존재에 우연적일 것이다. 유클리드는 혼자서도 기하학적인 진리를 발견할 수 있다고 보아야 할 것이며, 그것은 역사적 사실이 아닐까?

---

36) 아리스토텔레스가 노예 제도를 옹호하고 있음은 널리 알려져 있으며(『정치학』, 제1권 참조), 이는 그의 정치철학의 중요한 약점으로 지적되곤 한다. 그러나 이 옹호론의 실체는 노예제 자체의 지지라기보다, 국가에서 지배와 피지배 또는 인도와 순종의 위계적 구조가 필연적임을 지적하기 위한 것, 그리고 인도의 책무는 이성에 위임되어야 함, 그리하여 이상적 국가란 이성의 지배가 실현되는 곳임을 논하기 위한 것이다. 그는, 플라톤과 같이, 국가란 시민들 사이의 계약적 · 수평적 관계망이라기보다는 이성의 지배와 비이성의 통제가 이루어진 수직적 · 위계적 구조체로 본다. 그리고 이러한 이성의 지배는 인간적 삶의 당위이다

과연 그럴까? 인식된 바의 가치나 진리는 객관성을 지녀야 한다. 이 객관성의 확보를 위해서 인식 주관은, 이 주관이 설사 이성적 존재라 하더라도(아니 이성적이라 함은 이미 어떤 종류의 객관성의 확보를 전제하는 것은 아닐지?), 바로 자기 자신을 넘어서야 한다. 인식 주관이 사막이나 광야에서 홀로 인식 대상과 관여할 때 객관성은 확보될 수 없다.[37] 신비하며 영적이고 종교적인 체험은 고독한 기도실 속에서 이루어질 수 있으며, 종교적인 가르침은 그렇게 고유명사에 계시되겠지만, 객관적임을 주장해야 할 학적 진리는 그런 식으로 확보되어서는 안 되며 그런 식으로 정립되지도 않는다.

일차적 권력이 스스로를 소외시켜 타자적 힘으로 변화할 수밖에 없는 이유는 어디에 있는가? 그것은 인간의 유한성이나 무지 또는 불확실성에 있을 것이다. 개인적 이성은 이 불완전성을 보완하기 위해 타인의 이성과 관계 맺을 수밖에 없다. 여기에서 타인과의 계약이나 협의 또는 합의의 필요성이 생기게 된다. 타인과의 합의, 이것은 개인적 이성의 불완전성을 메우기 위한 필연적 장치이다. 이런 불완전성 때문에 개인적이고 주관적인 개인의 이성은 이성의 광장 *agora*에 나아가 자신을 객관화하고 공적인 이성으로 만든다. 플라톤이 말한 바 국가 구성의 계기가 되는 개인의 비자족성은 흔히 개인의 자연적 유한성으로 해석되어왔다.[38] 그러나 그에 대한 보다 심도 깊은 해석은 개인적 이성의 불완전성이나 비자족성으로 이해하는 것이다.

타자화된 권력의 존재 이유는 바로 개인적 이성의 불완전성이나 비자족성에 있다. 그러므로 이 타자화된 권력인 정치 조직의

---

37) 사유 언어는 논리적으로 불가능하다는 비트겐슈타인의 논변 참조: L. Wittgenstein, *Philosophical Investigations*.

38) Platon, *Politheia*, 369b.

힘은 개인적 이성을 보다 완전하게 하는 데에 기여해야지, 개인적 이성을 항구적으로, 즉 완전하게 불완전한 존재로 박제화하거나 완전히 타자 의존적이며 타율적인 존재로 격하시킴은 계약 사항의 파기이다. 그것은 권력의 타락이요, 국가 권력의 본질 상실, 즉 부정적 의미의 소외이다. 여기에 정치 권력, 즉 소외된 권력의 행사 범위와 한계가 있다.

6. 타자적 권력의 범위와 한계

이차적 권력의 타자성이나 강제성 또는 소외된 성격으로 해서 이는 제한될 수밖에 없다. 모든 문제를 정치 권력에 의해 해결하려 할 때, 그것이 확립하고자 하는 바가 설혹 이성 질서라고 하더라도 자연 상태보다 더 비합리적인 혼란이 야기될 수 있다. 조직체의 권력이란, 위에 지적한 바와 같이 본질적으로 타자 강제력이다. 이 측면은 이성의 또 하나의 본질인 자율성과 배치된다. 그래서 권력은 소외된 이성이라고 칭하는 것이다. 이성의 이러한 소외는 극복되어야 하며, 조직체의 권력은 자기 소멸을 목표로 해야 한다.

현실 세계에서의 조직체의 권력 행사는 다음 두 원리에 의해 제약된다. 정치 권력의 제약 조건은 그것의 존재 이유에 의해 규정되어야 하므로 그 첫째 원리는 무엇보다도 권력의 형성 · 조직 · 행사는 이성적이어야 한다는 것이다. 이성적이라 함은, 1) 주어진 목적을 최대한의 효율적 방법에 의해 실현할 수 있는 도구적 합리성을, 2) 동일한 것에 대해서는 동일하게 대처할 수 있는 형평성을, 그리고 3) 궁극적으로는 보편 이성에 봉사하며 공동체 내의 보편성 확대에 기여하는 보편 지향성을 의미한다. 권력 행사를 제약하는 두번째 원리는, 이차적 권력인 조직체의 권력은 타자 강제력으로서, 일차적 권력인 이성의 자율성이 불완전하므로 형성되는 필요악이라는 점이다. 이성의 완벽한 실현은 이성 주체가 자율적이 될 때 가능하다. 따라서 권력의 올바른 행사는 이성의 자율성을 침해하지 않는 범위 내에서, 그리고 이성의 자율성을 신장케 하는 방향에서 이루어질 수밖에 없다. 강제성은 본질적으로 신체성과 연관되며, 물리적 힘의 모습을 갖춘다. 그러므로 강제성은 반이성적이다. 이성의 강제적 실현, 역사에서 항용 등장하는 이성의 독재적 지배란 자가당착적 개념이다. 조직체에 부여된 권력의 과제는 이성 질서 그 자체의 실현이 아니라 이성의 자발성이 계발되고 발휘될 수 있게 하는 여건이나 공간을 형성하는 일이다.

현대의 국가들이 국가 권력의 행사를 인간 삶의 이차적 영역, 즉 정치·경제·사법적 영역에 제한하며, 문화·교육·학술·종교의 영역에서 국가 권력의 개입을 자제하는 이유는 여기에 있다. 개인의 자유와 민간 부문의 확대는 자칫 혼란과 비합리성을 가중시킬 가능성이 없지 않으나, 그래도 궁극적으로는 이런 상황에서의 자기 교육을 통해 그 혼란스러운 자유는 이성적 자율성으로 변모할 수 있으리라는 판단에서이다. 자유주의 또는 개인주의 국가에서도 중요한 것은 개인의 방만한 자유와 이기주의가 아니라 보편적 이성의 지배라고 생각된다. 개인의 자유와 권리가 중요한 이유는 특수적인 개인들의 가치 때문이 아니라, 정치 세계의 행위주체는 개인들이며 이성 질서의 실현은 타자적 강제에 의해서가 아니라 이 주체들에 의해 자율적으로 실현되어야 한다는 원칙 때문이다.

제4부

자유와 정의

제9장

사회 정의론에서 평등과 자유
—롤즈와 노직의 정의론을 중심으로

1. 에덴의 동쪽

I. 선·악의 구분

인류는 자신의 삶과 이의 환경을 끊임없이 개선하려 해왔다. 이 개선에의 노력은 요순 시대의 이상향 이후 우리 실향민들이 귀향하고자 하는 염원의 표현이며, 아담과 이브가 에덴 동산에서 추방된 이래의 인류의 제1차적인 노동이었다. 이 개선에의 의지는 능동적인 악행이건 수동적인 불행이건 악의 존재를 전제한다. 또는 데카르트 이후의 인식론적 관점에서 표현하면, 이는 악의 개념의 존재를 함의한다. 그리고 악의 개념은 선의 개념이 존재함을 논리적으로 수반하며, 인간이 자신의 환경을 개선하려는 의지는 인간의 낙원 추방과 동시적이므로, 선·악 개념의 존재는 인간적인 인간의 존재와 함께 시작한다. 이것이 창세기의 설화가 말하여주는 것이긴 하나, 이 설화는 아담과 이브가 에덴 동산에서 추방되고 그리하여 더 나쁜 곳에 처하게 됨으로써 비로소 선·악에 대한 구별을 하게 되었다 전하는 대신에, 오히려 선·악을 인지하게 됨으로써 인간은 낙원에서 추방되었다는 역설적인 논리를 펴고 있다. 그리하여 인간은 선·악에 대한 분별지를 가진 한에서, 따라서 인간이 현실에 대한, 또는 보다 넓게는 자신의 현존재에 대한 부정적이고 비판적인 시각을 견지하고 이를 개선·개혁하려 하는 한에서는, 낙원으로 복귀할 수 없다는, 적어도 세속의 입장에서는 논리 전도적인 함축을 내포하고 있다. 아니 보다 정확히 표현하면, 이 설화는 그 함축에 있어 인간을 영원한 순환논법의 쳇바퀴 속에 가두어놓고 만다.

즉 창세기 에피소드의 함의는, 인간의 선·악에 대한 구분은 바로 인간의 실락원을 의미하므로, 인간이 낙원을 잃은 원인은 인간이 신이 엄명한 최초의 계율을 어겼기 때문이라기보다는 선·악의 지(知)를 소유하게 되었기 때문이라는 것이 유대 선지자들의 메시지라 생각되므로, 우리가 이 메시지를 수락한다면 선·악의 지식을 지닌 한 우리의 복락원(復樂園)은 그야말로 논리적으로 불가능하다는 것이다.[1]

II. 인간적인 낙원

그러나 이 논리적 필연성의 굴레를 벗어나기 위해 세속의 관점을 취하여 원초적 인간들이 갖게 된 최초의 윤리적인 인식에 보다 적극적인 의미를 부여해보자. 그러면 현실 개선의 의지는 선·악에 대한 인식과 함께 비롯하며 완전한 사회도 선한 것으로 판별될 수 있는 한에서 그것은 우리의 유토피아가 될 수 있을 것이므로, 신이 우리의 조상에게 선사한, 즉 그들에게 공짜로 주어진 낙원인 에덴 동산은 우리의 이상향이 될 수 없다는 도전적인 결론을 이끌어낼 수도 있다. 그 동산은 결국 아담과 이브의 동산이 아니라 하

---

1) 이와 관련된 이 설화의 또 다른 함축은 에덴으로부터의 추방은 인간의 자기 의식 때문이라는 점이다. 최초의 인간들은 선악과를 먹음으로 해서 자기 현존의 상태를 파악케 되었다고 성서는 말하고 있다: "이에 그들의 눈이 밝아 자기들의 몸이 벗은 줄을 알고 무화과나무 잎을 엮어 치마로 하였더라."

나님의 정원이며, 이 동산은 우리 인류로 하여금 향유케 하기 위해서 주어진 것이 아니라, 하나님 자신이 즐기기 위해 창조된 것이므로 아담과 이브는 그 동산의 부속으로서 존재하며, 그들은 그 속에서 자신들 스스로 노력하여 일군 바 없으므로 이 노력의 성취에 따른 만족감과 행복감도 느낄 수 없었다는 해석도 가능하지 않겠느냐는 것이다. 따라서 아담과 이브는 에덴으로부터 추방된 것이 아니라 스스로 걸어나온 것이며, 그들이 뱀에게 유혹됨은 고의적인 것으로, 그들이 신의 계율을 위반함은 신의 신을 위한 낙원으로부터 벗어나 역사 세계 속에서 자신들을 위한 자신들의 이상향을 세우기 위한 전략의 시초일 수도 있다는 것이다.

Ⅲ. 카인의 성

아담과 이브는 신에 대한 범죄를 저지름으로써 신이 그들에게 안겨준 완전한 안녕을 포기하였고, 그들의 자손 카인은 인간에 대한 범죄를 저지름으로써 이 포기를 항구화한 후 에덴의 동쪽 놋 Nod 땅에 자신과 자신의 후손들이 안주할 성을 쌓았다고 성서는 전한다. 그런데 'Nod' 이란 말은 히브리어로 '방랑의 땅' 을 의미한다. 최초의 인간 사회 건설자 카인이 성을 쌓은 놋 땅은 이 지상의 조건, 인간의 조건을 상징한다. 그렇다면 인간의 근원적인 조건은 방랑이며, 모색이고, 현실에 대한 불만이며, 새로운 것에 대한 끝없는 동경이라 할 수 있을 것이고, 카인의 성 즉 인간의 도시는 본질적으로 에덴 동산에서와 같은 항구적이고 절대적인 안녕을 보장해줄 수 없는 곳, 인간이 영원한 안식을 얻을 수 없는 곳, 항상 새로운 곳을 향해 떠나야 할 출발점이라 할 수 있다.

이미 언급한 바와 같이 이 세속에서의 낙원의 조건은 에덴에서와 달리 그것이 선한 것이라 판별될 수 있어야, 즉 우리가 그 속에서 거처하면서 좋은 것이라 평가할 수 있어야 한다. 그러나 선이란 악과 대비하여 비로소 그 의미 내용을 지니는 관계 개념이므로 그 낙원이 모든 점에서 항시 선하다 한다면 우리는 그것을 선하다 규정할 수 없으며 선한 것으로 향유할 수 없을 것이므로, 이 세속에서의 유토피아는 어떤 점에서는 악한 것이어야, 좀더 온건하게 표현하면, 불완전한 것이어야 한다고 말할 수 있다. 달리 말하면, 에덴의 동쪽에 있는 인간의 에덴은 일면 우리의 욕구를 충족시켜야 하나 다른 면에서 욕망과 희망과 동경의 여지를 남겨두어야 한다. 인간인 한에서 불완전할 수밖에 없는 인간들의 유토피아는 결국 카인의 성과 같이 머물면서 떠나는 곳 또는 유랑의 근거지와 같은 곳이 아닐까?

IV. 메타-유토피아

최근 사회 개선의 이론을 제시하는 많은 철학자들의 시점도 이런 맥락에서 이해할 수 있다. 현대의 학자들도 종래의 유토피아론자들과 같이 인간 삶의 모든 측면에 관한 당위 명제를 제시하려 하지 않는다. 그들은 인간의 모든 욕구를 충족시킬 총체적인 청사진을 제시하지 않으며 오로지 인간의 타인간과의, 그리고 사회 조직과의 이상적인 관계만을, 사회 구성원들이 만족해할 만한 정치·경제·사회적 제도, 법체계만을 정립하려 한다. 이런 것들은 인간의 사회적 주거 환경이며 이 환경 속에서 각 개인들이 어떤 인생관이나 가치관을 지니고 이를 실현해 나갈지는 현대 유토피아론자들의 관심 밖이다. 이들이 문제삼는 이 이상적인 사회적 환경은 개인들이 자신의 삶을 책임지고 자율적으로 실험하며, 구현하며, 시행착오를 저지르면서 만족스럽게 또는 끝없이 불만스러워하며, 자족하며 또는 고통과 고뇌를 낙으로 삼아 살아갈 그러한 자유로운 환경이다.

이러한 관심의 변화와 함께 '이상적인 사회' '완전한 사회' '정의로운 사회'란 표현들은 의미의 변화를 겪는다. 이런 어휘들은 존 롤즈가 말하는 사회의 기본 구조 *basic structure*나 로버트 노직이 논하는 이상 사회를 위한 골격 *a framework for utopia*에 있어서 이상적이며 완전하고 정의로운 사회를 의미한다. 이들이 제시하는 완전 사회는 종래에 있어서와 같이 그 사회의 구성원들이 삶의 목적·가치·의미를 발견하고 행복을 향유하고 있는 완벽한 사회가 아니라 오히려 이들이 자신의 삶에 대해서 불만을 느낄 수 있는 그리고 느껴야 하는 사회이다. 현대의 이상 사회론자들이 논하는 사회는 모든 추구와 모색과 방황과 방랑이 종결된 역사의 종점이 아니라, 삶의 다양한 가치와 목적이 실현될 수 있는 시공적 처소, 각자가 자신의 계획대로 살 수 있는 환경, 각 개인이 자신이 설정한 유토피아를 실험할 수 있는 국가, 각 개인의 유토피아가 실현되기 위해서는 우선 실현되어야 할 필수적인 여건, 각자의 다양한 유토피아를 위한 유토피아, 즉 메타-유토피아 *meta-utopia*[2]를 의미한다.

모든 사람들이 진정 만족한 삶을 영위하기 위해서는 이미 말한 이상적인 사회적 환경과, 이의 유지를 위한 현실적 전략, 그리고 올바른 인생관이 설정되어야 할 것이다. 이 장에서는 첫번째의 이상적인 사회 환경에 관한 문제만을, 현대 영미 철학계에서 가장 주목할 만한 두 정치철학자, 존 롤즈와 로버트 노직의 정의의 개념을 중심으로 논의해보고자 한다.[3]

---

2) 이 개념에 관해선 R. Nozick, *Anarchy, State and Utopia*, Basic Books, 1974 참조.

3) 이 장에서 필자는 롤즈의 견해에 다소 비판적인 시각을 취할 것이다. 그 이유는 그의 입장이 우리의 도덕적인 감성에 호소력이 큰 만큼 이론적인 문제점도 있음을 지적함으로써 그의 이론 수용에 있어 형평을 유지코자 함이다.

V. 롤즈와 노직

이 두 철학자는 20세기 이래로 영미 철학계를 지배하던 분석철학의 방법론을 원용하고 함께 경제 이론·게임 이론 등의 논리적 도구를 사용하여 정치철학적인 문제에 폭넓고 깊이 있는 접근을 시도하고 있다. 이들은 그 입장에 있어 서구의 자유민주적인 정치 체제, 자유 경쟁 시장의 경제 체제를 기본적으로 수용하면서 대조적인 정의의 이론에 이르고 있다. 롤즈는 그의 명저 『정의의 이론 A Theory of Justice』[4]에서 체계적이고 심도 깊은 이론의 전개를 통해 평등을 정의의 기본적인 이념으로 제시하면서[5] 사회·경제적 부의 재분배를 목표로 하는 복지국가론을 개진하였다. 노직은 그의 탁월한 저서 『아나키, 국가 그리고 유토피아 Anarchy, State and Utopia』[6]에서 날카로운 직관과 눈부신 논변으로 개인의 권리와 자유의 존중을 정의의 기준이라 논하면서 이를 달성할 수 있는 이상적인 국가 형태는 개인의 권리의 보호와 자발적으로 상호 합의된 계약의 대리 집행이라는 좁은 기능에 제한된 최소국가 minimal state 관을 제시하고 있다. 이 두 학자 모두 다소의 차이는 있으나 사회 제도·법률 체제·국가 등이 도덕적 가치 판단의 대상이 되며 이 가치 판단에 있어 제1차적인 덕목은 정의 justice 라는 데에 합의한다. 따라서 이들의 이상 사회론은 곧 정의론이며 이론의 핵심적인 문제는 정의로운 사회·제도·법체계 등의 이념이 무엇이

---

4) J. Rawls, *A Theory of Justice*, Oxford, 1971. 이하 *TJ*로 약함. 이 책으로부터의 인용은 인용 부호 없이 자유로이 할 것임.

5) 어떤 평자들은 롤즈가 자유와 평등을 정의의 기본 이념으로 조화시키려 했다고 보나, 필자의 소견으로는 그에게 있어 기본적인 것은 평등의 개념이라 생각된다. 그는 제1원리에 의해 기본적 자유에서의 평등을 그리고 제2원리에 의해 경제·사회적 평등을 실현하려 한다.

6) Robert Nozick, *Anarchy, State and Utopia*, New York: Basic Books, 1974. 이하 *ASU*로 약함. 이 책에서의 인용 역시 인용 부호 없이 자유로이 할 것임.

며 그 구체적인 판정 기준 또는 원리들은 무엇이냐는 질문이다. 따라서 이 장에서의 주제도 그들의 정의론이라고 보다 구체적으로 규정할 수 있겠다. 이들의 공통점의 또 하나는 이들이 사회 전반에 관한 정의를 문제삼고 있지만, 논쟁의 심각성으로 해서 가장 중요한 정의론의 한 부분을 경제적 정의의 문제로 보고 있다는 점이다. 롤즈와 노직의 정의관·국가관도 실은 이 문제에 대한 해답에서 차이를 갖는다.

2. 롤즈의 평등주의적 정의관

I. 정의의 제1주체로서의 기본 구조

롤즈의 정의론에서 핵심이 되며 그의 평등주의적 입장을 가장 선명하게 부각시켜주는 그래서 가장 많은 논쟁 대상이 되는 것은 그의 차등의 원리 *the difference principle*이다. 이 원리를 논의함에 앞서 이의 배경적 이론에 관해 잠시 언급하도록 하자. 이미 지적한 바와 같이 롤즈에 있어서 정의의 주체, 즉 '정의롭다' '불의하다'[7] 같은 가치 평가적 형용사를 주어로 할 수 있는 것은 인간 사회의 근본적인 권리들과 의무들과, 그리고 사회 구성원들 사이의 사회적 활동을 통해 산출된 이익과 부담을 분배하는 구조와 방식으로, 롤즈는 이를 사회의 '기본 구조'라 칭한다. 이의 구체적인 예를 들면, 국가 체제, 헌법, 주요 경제 사회 체제, 법체계의 여러 형태들이다. 롤즈의 문제는 이런 사회의 기본적인 제도들을 정의

---

7) 영어의 'just'와 'unjust'의 번역어로는 '정당하다' '부당하다'라는 표현이 보다 자연스럽다. 그러나 이들 형용사들의 명사형의 번역어 '정의' '불의'와의 일관성을 유지키 위해 다소 부자연스럽기는 하나 위 형용사들을 '정의롭다' '불의하다'로 번역한다.

롭게 할 수 있는 정의의 근본 원리들을 제안하고 이의 논거를 제시하는 것이다. 그의 과제는 정의의 문제요, 정의는 윤리적 덕목의 하나이니만큼, 우리가 막연히 '좋은 사회와 제도'를 운위할 때 염두에 두는 소정의 목적 성취를 위해 보다 효율적인 사회나 제도의 구축이 아니라 도덕적으로 가치 있는 것들의 구성이 그의 과제이다.[8]

정의의 주체를 특수적이고 구체적인 개인들이나 그들의 품성과 행위로 보지 않고 사회의 기본적 구조로 본 롤즈의 이유는 전자가 정의의 주체가 될 수 없기 때문은 아니다. 인간의 윤리적 가치란 구체적인 개인의 개별적 행위에 의해 실현되므로 정의를 포함한 윤리적 덕목의 일차적인 주체는 특수적 인간들과 이들의 행위임을 롤즈는 부인하지 않는다. 그가 소위 사회적 정의에 관심을 갖는 이유는 다음과 같다. 첫째, 그는 개인적인 삶의 계획에 관해서는 다원적이고 개방적인 입장을 취하여 특수적인 인간들과 이들이 수행하는 행위의 도덕적 가치 유무를 결정하려는[9] 전통의 개인 윤리적 시도에 소극적인 입장을 취하고 있다. 각자의 삶은 각자의 뜻에 따라, 타인의 동등한 권리를 침해하지 않는 한에서 계획·영위될 것이며, 어떤 이상적 인생관을 정립하여 모두가 이를 채택토록 하려는 시도는 오히려 정의로운 사회 건설에 장애가 될 수도 있다는 것이 롤즈의 평가이다.[10] 두번째의 보다 적극적인 이유는,

---

8) 사회 제도의 제1차적 덕목이 정의냐는 데는 이론이 있을 수 있다. 사회 제도의 1차적 덕목은 효율성 *efficiency*이라 볼 수도 있으며 이 견해에 따르면 롤즈가 말하는 '정의로운 사회 제도'는 단지 '정의의 실현을 위해 효율적인 제도'를 의미한다. 그리고 롤즈의 이 견해는 도덕이 제도화될 수 있느냐, 거시 세계의 정의는 미지 세계의 정의로부터 독립할 수 있느냐는 어려운 문제를 제기한다. R. Nozick, *ASU*, pp. 204~13 참조.

9) 이런 점에서 그의 입장은 자유주의적이라고 볼 수 있다. 그는 가치관의 형성과 실현에서는 자유주의적이고 재화 분배에 있어서는 평등주의적이다.

10) 원초적 입장에서 계약 당사자는 타인의 삶에 대해 무관심해야 한다는 조건이나

사회의 기본 구조는 개인과 집단의 행위가 수행되는 배경적 조건을 규제하기 때문이다.[11] 즉 기본 구조는 인간 사회 구성에 있어 가장 기본적인 요소, 즉 법체계·사회 제도·정치 체제·경제 질서 등의 근간이 되며, 따라서 이는 개인의 삶에 대한 영향력에 있어 심대하다 할 수 있다. 이런 이유로 해서 이 사회의 기본 구조는 정의의 제1차적인 대상이 되어야 한다는 것이 롤즈의 논리이다.

세번째 이유는 어느 정도 그의 개인 윤리적 관심을 표현하고 있는 것으로 볼 수 있는데, 롤즈의 견해로는 사회의 체계라는 것은 사회 구성원들의 미래적 욕구와 열망을 형성한다는 것이다.[12] 사회 체제는 사회 구성원의 현재 모습을 형성하는 데에도 영향을 주어왔지만 그들이 미래에 어떤 유의 사람이 될 것인가도 결정한다는 것이다. 가령 특정의 경제 체계는 현존하는 욕구와 바람을 충족시키기 위한 제도적 장치일 뿐 아니라 미래의 욕구와 열망을 형성하는, 말하자면 교육적인 기능까지 행사한다. 사회의 기본 구조를 정의의 제1차적 주체로 보는 네번째 이유는 그의 정의관의 한 특색인 절차적 정의관과 관련되어 있다.[13] 롤즈에 따르면 정의로운 사회란 이 사회 내의 개인들이 일정한 삶의 질을 성취하거나 사회 전체의 사회·경제적 상태(가령 경제적 재화의 분배 상태)가 일정한 수준에 이른 사회가 아니라, 개인이나 집단의 행위가 그에 의해 규제되며 그 사회·경제적 사태가 그를 거쳐 결과하는 바,

---

정의의 제1원리를 보라.

11) J. Rawls, "A Well-Ordered Society," p. 9, in P. Laslett & J. Fishkin ed., *Philosophy, Politics and Society*, 5th Series, Blackwell, 1979. 이하 WOS로 약함.

12) Rawls, WOS, pp. 9~10.

13) 롤즈의 정의관이 자신이 주장하는 대로 과연 순수 절차적 정의관인지는 논란의 여지가 있다. 그의 차등의 원리는 원리 내부에 정의의 절차를 거쳐 우리가 성취해야 할 일정한 기준——노직이 말하는 정형——을 명시하고 있다. 그러나 롤즈 자신의 규정에 따르면 순수 절차적 정의관은 기준은 명시하지 말고 절차만을 설정해야 한다. Rawls, *TJ*, pp. 85~88 참조.

사회의 제반 절차가 정의로운 사회를 의미한다. 이런 절차는 사회의 기본 구조에 의해 결정되며 따라서 정의론의 제1차적인 주제는 이 기본 구조가 되어야 한다는 것이다.

II. 공정한 분배

이제 정의 사회의 실현을 위해 무엇을 정의롭게 해야 할지 그리고 그에 대한 이유는 명백해졌다. 그러면 기본 구조가 정의롭기 위한 조건 또는 정의의 역할은 무엇인가? 이 문제에 대한 해답에 있어 롤즈는 다음에 논의할 노직과 중요한 차이를 갖는다. 이 문제에 답하기 위해 롤즈는 우선 사회 내의 개인들이 모두 그가 말하는 사회의 제1차적 재화 *the primary social goods*를 보다 적게 갖기보다는 보다 많이 갖기를 원한다 가정한다.[14] 이 일차적 재화들의 예를 들면, 인간의 기본적 권리와 자유들, 기회·수입·부 그리고 자존심의 사회적 기반 등이다. 자연 세계에서는 그러나 개인들의 이러한 욕구가 제대로 충족되지 못하고 개인의 자력에 의해 이를 생산함은 협동적 생산보다 비효율적이므로, 개인들은 보다 효과적이며 서로에게 이익이 되는 협동 생산에 참여케 된다. 그러나 이런 협동 생산도 모든 개인의 욕구를 충족시키지 못하며 따라서 필연적으로 협동의 산물을 분배하는 데에 있어 이해의 충돌이 생기게 되는데 바로 여기에서 정의의 문제가 발생한다고 롤즈는 보고 있다.[15] 이 이해의 충돌을 해소하고 협동을 통해 산출된 사회의 제1차적 재화를 공정하게 분배하는 일이 정의의 과제이며, 그러므로 정의의 원리는 롤즈에 있어 공정한 분배의 원리이다.

이렇게 볼 때 롤즈의 정의론은 사회라는 조직체란 재화를 효율

---

14) Rawls, *TJ*, p. 142.

15) 사회적 협동이 없더라도 권리의 충돌이 생길 수 있다는 논변에 관해선, Nozick, *ASU*, p. 183 참조.

적으로 생산코자 하는 개인들 사이의 협동의 체계라 전제하고 있
다. 이러한 사회관은 바로 정의의 문제를 분배의 문제로 보게 하
며 이 분배 중심의 정의론은 정의의 제1차적 주체를 사회의 기본
구조로 보는 제도 중심의 정의관과 본질적으로 연결되어 있다. 왜
냐하면 이 기본 구조는 바로 사회적 협동을 가능케 하고 이의 결
과를 분배하는 가장 기본적인 사회적 장치이기 때문이다. 이런 롤
즈의 사회관은 노직의 그것과 대조된다. 노직은 사회를 일정한 권
리들을 지닌 개인들의 자발적인 교환의 체계로 보고 있으며 사회
적 협동이란 이의 자연스러운 부산물이라 생각한다. 따라서 그에
있어 정의의 제1차적 주체는 이 교환의 체계에서 일어나는 개인들
의 재산의 취득·이전 등 구체적이고 개별적인 행위이고, 오직 부
차적으로만, 이를 가능케 하는 사회·경제적 제도들이라 본다.[16]

III. 차등의 원리

롤즈의 차등의 원리에 대한 논의로 들어가자. 이 원리는 정의의
두 원리의 일부로서 제시되었다. 그 두 원리는 다음과 같다.

1) 각인은, 다른 모든 사람들의 동일한 자유들의 체계와 공존할 수 있

---

16) 정의의 주체를 사회의 기본 구조라 할 때 '정의로운 사회'란 우리가 통상 이해하는
'이상적인 사회'나 '도덕적인 사회'가 아니라는 점에 유의해야 한다. 롤즈에 따르
면 정의로운 사회란 그의 기본 구조가 롤즈가 제시한 정의의 원리에 기반해 있는
사회이다. 사회 구성원 모두가 이 원리를 받아들이고 이를 준수하며 후세인들도 그
러리라는 것은 전혀 별개의 문제이다. 이 후자의 문제가 해결된 사회가 '질서 잡힌
사회 a well-ordered society'라 한다. 한 사회가 질서잡히고 동시에 정의로울 때 그
사회는 우리가 이해하는 이상 사회, 윤리적 사회가 된다. 롤즈의 어법에 준하면
한 사회는 정의로우나 질서잡히지 않았을 수 있으며, 반대로 질서 있으나 정의롭
지 않을 수도 있다. 롤즈가 그의 저서에서 개진한 정의론은 한 사회가 질서잡혔다
가정하고서 그 사회가 다시 정의롭기 위한 조건에 대한 논의이다. 그의 용어를 빌
리면 그의 정의론은 그래서 'strict compliance theory'이다. 사회가 무질서
*illordered*한 경우의 문제들에 관한 논의는 'partial compliance theory'이다.

는 한에서, 최대한도로 폭넓은 기본적 자유의 체계에 대한 동등한 권리를 소유한다.

 2) 사회·경제적 불평등성은 다음의 두 조건이 충족될 때 허용된다: a) 사회 내의 가장 불리한 집단 *the least advantaged group*의 예상 이익을 최대화하고, b) 그런 불평등성의 근원이 되는 지위와 직책은 모든 사람들에게 균등하게 공개되어야 한다.

　1)은 기본적 자유에 있어서 평등의 원칙이고, 2b)는 기회 균등의 원칙, 그리고 2a)는 차등의 원칙이라 불리는 것으로 이 원리들은 근본적으로는 경제·사회적 평등을 실현코자 하는 것이다. 1)과 2)가 상충하는 경우 1)은 절대적인 우위를 차지한다. 이를 자유 우선성의 원칙이라 하며 이의 함의는 인간의 기본적 자유와 권리는 경제·사회적 재화와 교환될 수 없다는 것이다. 1)은 몇몇 예외적인 경우[17]를 제외하고는 절대 지켜져야 한다고 롤즈는 주장한다. 그는 이 두 원리들의 타당성을 보이기 위해 원초적 입장 *the original position*이라는 개념적 틀을 사용하여 계약론적 논증을 하고 있으며 다른 한편으로는 우리의 도덕적 직관에 호소하는 소위 정합론적(整合論的) 논증을 행하고 있다.[18] 이 두 논증은 그의 정의론을 떠받들고 있는 두 개의 기둥이나 이들에 대한 논의는 이 장에서는 약하기로 한다.

　위의 원리들은 모두 롤즈의 평등주의적 입장을 정형화하고 있다. 1)과 2b)는 인간의 정치·사회적 측면에서의 평등을 당위로서 요청하고 있으나, 자유민주적인 정치 체제를 수락하는 한 별 문제

---

17) 첫째, 보다 큰 자유를 위해 희생될 수 있다. 둘째, 사회·경제적 수준이 어떤 선을 넘어서지 않을 때 우선성의 원칙은 양보될 수 있다.

18) 이 두 형식의 논증의 구조에 관해선, D. Lyons, "Nature and Soundness of the Contract & Coherence Arguments," in N. Daniels ed., *Reading Rawls*, New York, 1974, pp. 141~68 참조.

를 야기하지 않는다. 그러나 2a), 즉 차등의 원칙은 경제적 평등주의를 목표로 하는 것으로 롤즈의 평등주의를 강력하게 그리고 적극적으로 표현하고 있는 것으로 많은 논란의 대상이 되고 있다.

이 원리에서 우리가 주목해야 할 것은 두 가지이다. 첫째, 롤즈는 이 원리를 통해 사회·경제적 불평등성을 허용하고 있으므로 절대적 평등주의자와는 구분된다. 그는 현시점에서 뛰어난 자와 열등한 자, 능력 있는 자와 능력 없는 자, 또는 자본가와 노동자가 동일한 수입과 부를 그리고 동일한 책임과 권한을 지녀야 한다고 요구하지는 않는다. 그렇다고 해서 사회·경제적 측면에서의 평등이 궁극적인 목표임을 부인하지도 않는다. 그의 아이디어는 정의의 궁극적 목표로서의 절대적 평등을 현시점에서 보다 효율적으로 성취할 수 있는 전략은 보다 뛰어난 자, 능력과 자질이 있는 자, 그리고 자본가에게, 한마디로 사회 내에 유리한 처지에 있는 자들에게 보다 나은 사회·경제적 지위를 일종의 유인 *incentive*으로서 제공하여 그들의 두뇌와 능력과 자본을 사회 전체의 재화 생산에 투여토록 장려하자는 것이다. 따라서 차등의 원리가 불평등성을 허용하는 이유는 오로지 전략적인 것으로 궁극적으로는 사회 내의 평등을 보다 효율적으로 그리고 합리적으로 성취하기 위한 것이다. 이런 이유로 해서 차등의 원리는 평등을 정의의 근본이념으로 하는 롤즈의 입장과 부합한다 볼 수 있다.

사회 내의 가장 유리한 처지의 집단에 유인을 주어 그들의 자질·능력 등을 발휘케 해서만은 사회 내 평등을 성취할 수 없다. 그들은 그 유리한 처지를 자신의 이익의 극대화에 사용하여 사회 구성원간의 격차를 더욱 크게 할 수도 있다. 이런 가능성 때문에 차등의 원리는 사회 내에서 가장 불리한 처지에 있는 집단의 이익을 최대화한다는 조건에서만 불평등성이 허용될 수 있다는 단서를 롤즈는 붙이고 있다. 롤즈가 말하는 사회 내의 가장 불리한 집단은 미숙련 노동자들일 수도, 소작인 집단일 수도, 또는 봉급 생활자일 수도 있다. 위의 단서에 따르면, 장관이나 기업체의 사장이 일선 관료나 평사원에 비해 높은 수입과 권한을 정당하게 가질 수 있기 위해서는, 그 전자의 집단이 후자 집단의 이익을 최대화(자신들의 이익을 증대함에 앞서)하여 두 집단 사이의 격차를 축소시키고 궁극적으로 사회 구성원들이 사회·경제적 지위에 있어 평등할 수 있게 하는 데 기여해야 한다. 그러나 이 원리는 단지 가장 불리한 집단의 이익만을 증대시키고자 하는 것이 아니라 사회 내 모든 집단의 이익을 증대시키도록 하되 단 가장 불리한 집단의 그것을 최대화하는 방향으로 불평등성을 조정하게 요구한다. 만약 가장 불리한 집단의 이익만을 최대화하라 요구한다면 자신들의 자질과 능력을 발휘할 리 없을 것이기 때문이다.

위와 같은 점에서 차등의 원리는, 최대 다수에게 최대의 행복의 양을 생산하는 것이 정의라는 공리주의의 원리와 본질적인 차이를 드러낸다. 후자에 따르면 사회 내의 불평등성으로 인하여 한 집단의 이익을 희생함은, 이런 희생이 사회 내의 행복 또는 유용성의 총량을 증가시키는 한 정당화될 수 있었다. 그러나 차등의 원리에 의하면 정당화될 수 있는 불평등성은 오로지 사회 내 모든 집단의 이익을 증대시키고 더 나아가 가장 불리한 처지에 있는 집단의 이익을 최대화할 수 있는 그러한 불평등성이다. 역으로 말하면, 위와 같이 최대화할 수 없는 한 사회·경제적 불평등성은 정의로운 사회에선 허용될 수 없다는 것이다.

Ⅳ. 차등 원리의 논거

롤즈는 이 차등의 원리를 위해 어떤 논거를 제시하는가? 이 원리는 과연 사회 내의 가장 유리한 처지에 있는 집단에게도 정의로운 원리로서 설득력 있게 수락될 수 있을까? 롤즈는 이에 대해 두 유형의 논거, 즉 합리주의적 논거와 도덕적인 논거를 제시한다. 합리주의적인 논거의 첫째는 사회적 협동과 관계 있다. 롤즈에 따르면 사회적 협동의 상황은 비협동적 상황보다 누구에게나 유리하다는 것이다. 그러므로 가장 유리한 처지에 있는 집단도 협동을 통해, 자력 생산을 통해 도달하게 될 경제적 지위보다 더 높은 지위에 이를 수 있게 될 것이며, 그러므로 그들은 사회적 협동에 자발적으로 참여하려 할 것이다. 사회적 협동을 가능케 하기 위해선 모든 집단 특히 가장 불리한 처지에 있는 집단을 이에 자발적으로 참여시켜야 하며, 그러기 위해선 이들이 수락할 조건을 정의의 원리가 만족시켜야 한다는 것이다. 이 조건이 차등의 원리이다. 이는 유리한 집단의 입장에서 보면 불만스러울 수도 있으나 사회적 협동을 가능케 하므로 이 협동의 이점이 그 불만스러움을 해소할 것이며 따라서 이 원리는 수락될 것이라는 것이 롤즈의 주장이다.[19] 두번째 합리주의적 논거는 정의의 원리를 선택하는 상황과 관련이 있다. 롤즈에 따르면 정의의 원리를 선택하려는 계약 당사자들은 자신의 사회·경제·자연적 여건에 대해 무지한 상태에서, 즉 그가 말하는 무지(無知)의 베일을 쓰고 원리를 선택하여야 한다고 주장한다. 이들 요소는 도덕적 입장에서, 따라서 정의의 관점에서는 자의적이기 때문이라는 것이다. 이런 선택의 상황을 그는 원초적 입장이라 부른다. 이 입장에서 원리를 선택할 때 계약 당사자들——사회적 협동에 참여키로 합의하고 이 협동의 결과를 공정하게 분배할 원리 또는 기준을 선택하고자 하는 사회 구성원들——은 맥시민 *maximin*이라는 보수적인 전략을 채용케 되리라는 것이다. 이 전략은 선택의 대안으로 제시된 여러 선택지들이 가져다주리라 예상되는 효용을 가장 비관적으로 계상해서 이들

---

19) 이 논변의 문제점에 관해선, Nozick, *ASU*, pp. 189~98 참조.

중 가장 최대의 예상 효용을 산출하는 선택지를 택하는 전략이다. 이런 전략에 의존할 때 계약 당사자들은 자신들이, 어떠한 선택지를 취하건, 사회 내의 가장 불리한 집단의 일원이 될 수 있으리라 가정하고 이런 가정 아래서 자신이 속한 집단의 이익을 최대화할 수 있는 원리, 즉 차등의 원리를 분배의 원리로 선택할 것이라 롤즈는 논한다.

차등의 원리를 밑받침하는 롤즈의 도덕적 논거는 칸트적 인간관이다.[20] 모든 인간은 도덕적 존재인 한에서 타존재를 위한 수단이 되지 않는 그 자체 최종적 목적이며 내재적 가치의 소유자인 바, 목적의 왕국의 일원으로서 다른 모든 인간들과 동등한 인격체로 취급되어야 한다는 것이 칸트의 입장이다. 이 입장을 다소 확대하여 롤즈는 모든 인간들이 도덕적 인격체로서의 가능성을 지녔으므로 정치 · 경제 · 사회적 여러 측면에서 평등한 존재로 간주되어야 한다고 본다. 인간이 도덕적 존재[21]라 함은, 첫째, 자기 나름의 가치관과 인생관을 소유할 수 있으며, 둘째, 어느 정도의 정의감 *sense of justice*, 즉 정의의 원리들을 적용하고 이에 따라 행위할 수 있는 능력을 지닌 존재임을 말한다. 첫번째 특성은 인간이 개인적인 삶에 있어서 가치와 의미를 추구하고 목적을 정립할 수 있는 능력을 지적하며, 두번째 특성은 타인과의 적절하고 합리적인 인간 관계나 사회 관계를 유지할 수 있는 능력을 기술한다.

이런 평등주의적 입장에 의거할 때, 한 개인이나 한 집단이 자연적이거나 사회적 또는 경제적 우연성의 덕으로 취득케 되는 천부적 자질과 능력, 후천적 기술, 그리고 성격, 부유하고 교육적인

---

20) 뒤에서 보겠지만 롤즈와 대조적인 정의관을 주장하는 로직도 칸트적 인간관에 기초해 있다. 롤즈는 인간들이 인격체로서 평등하다는 칸트의 입장을, 노직은 인간은 자율적이며 그의 인격은 불가침적인 것이라는 입장을 각각 강조 · 발전시켰다.

21) Rawls, *TJ*, p. 505.

환경 등이나 그 반대의 것들, 즉 열등한 능력과 자질 등등, 사회·
경제적 불평등의 원인이 되는 것들은 도덕적 관점에서 보면 자의
적이다. 다시 말하면 사회·경제·자연적으로 유리한 여건에 처
한 사람은 단지 우연적으로 그런 여건에 놓이게 된 것뿐이요, 그
에 대한 응분의 도덕적 권리 *desert*가 있어서 그런 것은 아니라는
것이 롤즈의 논변이다. 이 주장을 보다 적극적으로 표현하면, 한
특정 개인이나 집단이 누리는 남보다 유리한 사회·경제·자연적
여건은 그 개인이나 집단의 것이 아니라 사회 전체의 공유물이라
는 자산공유주의(資産共有主義)라 할 수 있다.[22] 따라서 이 공유물
로서의 자질·능력·부 등등은 이를 직접 소유하고 있는 특정인
이 이를 발휘하고 사용하여 자신의 처지를 높이는 데에만 이용되
어서는 안 되고 모두의 이익도 증대시키고, 궁극적으로는 사회적
평등을 성취하는 데 기여해야 한다는 것이다.

　이 사회적 자산을 활용하여 산출되는 재화를 사회 구성원간에
똑같이 분배한다면 평등의 이념은 실현할 수 있을 것이고 상대적
인 빈곤감을 느끼는 계층은 없어질 것이다. 그러나 이런 분배는
결국 그 자산의 소유자로 하여금 그 자산을 자발적으로 활용하게
끔 유도할 수는 없을 것이며, 따라서 사회 전체의 부는 효율적으
로 증대될 수 없을 것이고 그러므로 사회 전체는 절대적인 빈곤감
을 벗어나지 못할 것이다. 다른 한편으로 생산된 재화를 모든 계
층에게 똑같은 비례로 분배하여 모두의 처지를 똑같은 정도로 상
승시킨다고 한다면 그 자산의 소유자들은 자산 활용의 충분한 유
인을 가질 것이며 따라서 사회 전체의 부도 증대되고 사회 최하층

---

22) 애로우는 롤즈의 이런 입장을 '자산평등주의 *assets equalitarinism*' 라 부르는 것이
　　보다 정확하다고 논하며, 롤즈는 이 입장을 입증하기보다는 당연한 것으로 간주
　　하고 있음을 지적한다. K. Arrow, "Some Ordinalist-Utilitarian Notes on Rawls'
　　Theory of Justice," in *Journal of Philosophy*, May 1973, p. 248. 애로우는 또 이 입장
　　이 롤즈의 원초적 입장의 개념에 이미 포함되어 있음을 지적한다.

의 지위도 절대적 기준에서 보면 상승할 것이다. 그러나 문제는 사회 계층간의 격차는 계속 존속하여 평등의 실현은 불가능하게 된다. 이와 같은 두 정책의 문제점을 극복하고 효율성과 평등성의 이념을 조화시키려고 하는 것이 차등의 원리이다. 롤즈는 부의 분배 원칙을 모두의 지위를 상승시키도록 하되 그 중 최하층의 지위를 최대한도로 상승시키도록 조정하자는 것이다.

V. 자산공유주의의 문제점

이상에서 우리는 롤즈의 정의관을 살펴보았다. 그의 정의관은 사회를 협동의 체제로 보는 사회관에 기초해 있으며 따라서 그는 정의의 과제를 이 협동의 산물을 공정하게 분배하는 것이라 전제하고 있다. 이런 이유로 해서 그의 정의관은 미시적 세계보다는 거시적 세계, 즉 개인들의 개별적 행위보다는 사회의 기본 구조에 초점을 맞추고 있다. 그리고 그의 정의관의 근본적 입장인 평등주의는 차등의 원리에 적극적으로 그리고 강력하게 표현되어 있음을 보았다. 정의의 문제가 공정한 분배의 문제라는 생각은 우리의 상식적인 견해에 강한 호소력을 지니며 정의의 주체는 마크로 세계가 되어야 한다는 것은 현대의 일반적 추세와 일관된 듯하고 롤즈의 차등의 원리는 박애주의, 인류애의 사상, 동정과 연민의 감정을 현실적으로 실현하려는 도덕적 원리로 생각된다. 이런 이유로 해서 롤즈의 기본적 입장들은 당연한 것으로 생각된다. 그러나 과연 그러한가? 롤즈의 기본적 입장과 대조되는 입장이 있을 수 있음은 다음의 노직의 견해를 검토하면서 보기로 하고 여기서는 차등의 원리가 전제하고 있는 자산공유주의의 문제점 둘만 지적하고 넘어가기로 하자.[23]

---

23) 롤즈 정의론의 다른 문제점들에 관해선, N. Daniels ed., *Reading Rawls*에 실린 논문들을 보라.

첫째, 한 개인이 태어날 때부터 얻은 사회·경제적 여건은 롤즈가 지적한 대로 많은 경우 사회의 소산이며, 한 개인의 성품도 어느 정도는 그의 사회적 환경의 산물이라 할 수 있다. 따라서 이들이 어느 정도는 사회의 공유물이라는 롤즈의 견해에 우리가 다소의 양보를 한다면 수락할 수 있으리라 생각된다. 그러나 과연 한 개인의 천부적 재능이나 후천적 성품 형성의 기초가 되는 개인의 기본적 성격 역시 사회의 소산이라 할 수 있을까? 이에 대해서는 경험과학적인 결론이 쉽사리 나지 않으리라 생각된다. 설사 롤즈가 주장하는 재능의 사회 공유설과 성격의 환경 결정설이 맞다고 하더라도, 이 입장은 그의 이론 전체에 논리적 일관성의 문제를 제기한다. 롤즈는 자신의 정의론이 칸트의 인격론에 기초하고 있음을 누차 지적하면서 자신의 체계 안에서 인간은 자율적이고 자유로운 존재임을 거듭 강조하였다. 더 나아가 사회적 협동 생산을 통해 생산·분배되는 사회의 일차적 재화 중 가장 중요한 재화가 자긍심 *self respect*이라고 그는 거듭 논하고 있다. 이 자긍심이란 개인이 자신의 의도와 계획에 따라 무엇을 성취할 때 얻어지는 것이며, 이는 그 개인에게 진실로 고유한 그 자신의 것이 있음을, 즉 비사회적 측면이 있음을 함의한다. 뿐만 아니라, 롤즈의 개방적 개인 윤리관 역시 한 개인의 재능·성품·능력이 개인의 소유일 수 있음을 논리적으로 수반한다. 개인이 구성하고 실현할 수 있다고 롤즈가 인정하는 각 개인의 인생의 계획이란 허공에서 구성·실현되는 것이 아니라 그 개인의 자질·능력·성격을 기반으로 해서 이루어진다. 즉 한 개인이 가진 자질·능력 그리고 그의 취향과 기호는 그의 삶의 계획에 중대한 영향을 미친다. 그러나 이 모두가 사회의 소유라고 한다면 그 개인은 자신의 인생관이나 가치관을 실현할 소재를 가질 수 없을 것이다. 이와 같이 롤즈의 재능공유주의 내지 성격 환경 결정설은 그의 이론이 그토록 강조하

는 개인의 자율성이나 자긍심이 설 기반을 불안정하게 하며 개방
적 개인 윤리관이 설 자리를 위태롭게 한다.[24]

  자산공유주의의 두번째 문제점은 사회 윤리가 개인 윤리의 영
역을 또는 정치철학이 도덕철학의 영역을 침범하고 있다는 혐의
를 품게 한다는 점이다.[25] 자산공유주의와 이를 원리화한 차등의
원리는 사회의 기본 구조 및 이의 하부 법체계, 정치·경제·사회
제도의 근본적인 기초가 된다. 따라서 차등 원리의 목표는 개인들
의 천부적 자질을 한데 모아 이를 적절히 활용할 수 있는 관리 체
계를 고안해내고 그리하여 사회 내의 불평등 해소와 박애주의의
실현을 제도적으로 가능케 해보자는 것이다. 그런데 박애주의란
윤리적 입장이다. 이 입장은 법이나 제도로써 강제해서는 안 되
는, 개인이 이의 실현을 선택할 수도 선택하지 않을 수도 있는 입
장이다. 이런 입장을 원리화하여(차등의 원리) 사회 조직의 기초
로 삼으려는 롤즈의 의도는 그러므로 도덕적인 가치를 제도적으
로 그리고 법적으로 강제 시행코자 하려는 월권적 시도라 비판받
을 수 있다. 사회 내의 불평등의 많은 경우가 천부적 자질에서의
불평등에서 연유하며, 이는 어떻든 해소되어야 한다는 것이, 이
불평등에 아픔을 느끼는 모든 사람들의 바람이긴 하다. 그러나 불
평등은 곧 불의라는 롤즈의 묵시적 도식은 과도한 것이 아닐까?
인간의 천부적인 자질에서 연유하는 원천적인 불평등성은 인간의
근본적인 —인간의 존재와 함께하는 존재론적인— 제약 사항이

---

24) 인간 각 개인의 자질이 인간 종족의 보편적 자산이라면, 중생 각자의 자질은 중생
모두의 것이라는 견해도 가능하지 않을까? 그렇지 않고 인간 각자의 것은 인류
공유의 것이되 동물의 것은 인류의 것일 수 있으나 그 역은 성립하지 않는다면 이
는 일종의 종족주의가 아닐까? 만약 인간보다 더 높은 존재가 있다면 어떨까?
(cf. Nozick, *ASU*, p. 45)

25) 이 혐의는 실은 롤즈가 사회의 기본 구조를 정의의 제1주제로 삼으면서부터 생기
는 혐의이다.

며, 이의 극복을 법이나 제도의 강제력에 의해 이루려 한다면 개
인의 윤리적인 자율성만을 위축시키는 결과를 가져오지 않을까?
인류애·형제애·자선 등은 강요될 수 없는 것이요, 개인의 도덕
적 심성에서 우러나오는 당위로서 자발적으로 행사되어야 하지
않을까? 인간의 근본적 제약 조건에 대한 통찰에서 자발적으로
우러나오는 도덕적 당위에 의해서만 그 근본적 제약 조건은 극복
될 수 있다는 것이 보다 합당한 견해가 아닐까? 사회 윤리의 가치
나 정치철학의 당위는 인간의 자연적이고 근본적인 제약의 한계
안에서 요청되어야 하며 이 한계를 넘어서는 문제에 대해서는 인
간의 도덕적 심성에 맡겨야 하리라 생각된다. 그리고 국가의 기능
은 도덕을 법과 제도로써 강제 시행하는 데 있는 것이 아니라 도
덕적 가치가 개인들에 의해 자발적으로 실현되게 할 수 있는 법
적·제도적 공간을 최대한 마련해주는 데 있는 것으로 보인다. 이
제 이와 같은 관점을 염두에 두고서 노직의 정의론을 살펴보자.

VI. 정의의 과제와 소극적 선이론

롤즈 정의론의 핵심적인 이론적 장치의 하나는 그의 원초적 입
장의 개념이다. 이 개념은 어떤 가치관을 전제하는데 그것은 소극
적 선이론 *a thin theory of good*이다. 이러한 전제 때문에 계약 당사
자들은 원초적 입장에서 롤즈가 제시하는 정의의 두 원리만을 선
택할 수밖에 없다는 비판이 제기될 수 있다.[26] 즉 소극적 선이론은
다른 정의의 원리, 가령 완전성의 원리는 선택 불가능하게 한다는
것이다. 이러한 비판은 일면 타당한 면이 있기는 하지만, 롤즈 자
신은 소극적 선이론을 자신의 정의론의 중요한 한 특징이자 장점
으로 주장하고 있음에 우리는 유념할 필요가 있다.

---

26) T. K. Seung, *Intuition & Construction: The Foundation of Normative Theory*, Yale
Univ. Press, 1993, 2, 3장 참조.

어떤 점에서 장점이라 할 수 있는가? 이는 롤즈가 생각하는 정의론의 과제와 밀접하게 연결되어 있다. 그의 정의 개념은 전통적 정의 개념과 비교할 때 매우 소극적이다. 그는 사회 정의론을 포함한 전통의 규범 윤리학이 설득력을 상실하고 20세기 이후 철학적 논의의 장에서 퇴장했던 이유를 바로 그 규범적 논의 대상의 범위를 너무 넓게 잡은 데서 기인한다고 판단하며, 이러한 판단은 대부분의 철학자들에 의해 공유되는 바이다. 그는 규범적 논의를 부활시키고자 하며, 그런 부활의 조건은 규범적 과제의 범위를 좁히는 것이라고 생각했다. 그리함으로써 규범적 논의 일반, 특히 자신의 정의론의 보편적 설득력을 확보할 수 있으리라고 보았다. 선과 정의에 대한 소극적 해석은 오히려 자신의 정의론에 보편적 설득력을 확보해줄 수 있다고 그는 판단하였다.

그러면 롤즈에 있어 정의의 과제는 무엇인가? 그것은 플라톤의 정의론과 비교된다. 후자에 있어서 정의는 철학적 관점, 윤리적 관점, 심지어 존재론적 관점에서 인간의 삶을 잘 영위하는 것이었다. 그것은 단지 각자의 몫을 공정하게 분배하는 배분적 정의의 문제가 아니라 영혼의 문제, 혹은 존재론적 삶의 문제였다. 그러나 롤즈에 있어 정의는 사회의 기본 구조의 일차적 덕목이며, 사회의 기본 구조는 그에 따르면 일차적 재화의 생산과 분배를 그 존재 이유로 한다. 정의의 원리란 그러므로 일차적 재화의 공정한 분배를 위한 기준들이다. 그런데 일차적 재화란 무엇인가?

내가 이미 언급한 바와 같이, 일차적 재화들은 합리적 인간이라면 그의 가치관이 무엇이건간에 원하리라 여겨지는 그러한 것들이다. 개인들의 삶을 위한 합리적 계획이 세부에 있어 무엇이건간에 상관없이 그가 보다 많이 갖기를 선호하리라 여겨지는 다양한 재화들이 있을 것이다. 이들을 보다 많이 소유함으로써 사람들은 일반적으로 그들의 의도들을 수행함에 있어 그리고 자신들의 목표가 무엇이건간에, 그 목표를 성취함에 있어 보다 성공적일 수 있으리라 상정된다. 그에 속하는 범주들을 폭넓게 예거한다면, 일차적인 사회적 재화란 권리들과 자유들, 기회들과 권력들, 수입과 부이다(매우 중요한 일차적 재화 중의 하나는 자신의 가치에 대한 의식이다). (존 롤즈, 『정의의 이론』, p. 92)

이상의 인용구에서 분명한 것은 일차적 재화는 말하자면 개인이 각자 고유의 개성적이고 고유한 인생관과 가치관을 형성하고 이를 실현하기 위해서 누구나 보다 많이 갖기를 원하는 수단적 재화라고 말할 수 있다. 그래서 사실상 이 재화를 '일차적'이라고 롤즈가 규정하였을 때, 그 의미는 그것이 개인의 삶이나 인생관 또는 가치관의 중요도나 가치 서열의 순위에서 일차적이라기보다는 가치관을 실현함에 있어 필수적이라는 점에서 일차적이다. 이들은 수단적 재화이므로 이들과 이들의 분배 기준으로서의 정의 원리는 개인의 가치관 서열에서는 오히려 이차적인 중요성을 지닌다.

플라톤의 정의는 개인이나 사회의 삶에서 가치관의 서열에서 단연 선두에 선다. 그의 정의론은 개인의 인생관과 가치관의 형성 및 실현에 적극적으로 관여한다. 그렇지 않은 정의론은 주변적 의미밖에 없다는 것이 그의 입장이다. 그에게 있어 자유주의는 타락한 정치 체제 이외의 아무것도 아니었다. 따라서 자유주의적 정의론이란 불가능한 개념이다. 왜냐하면 자유주의는 전체 속에서 그를 구성하는 구성원들간의 직능에 따른 위계 질서를 부정하고, 그들간의 우열 없는 대등한 관계에서의 조화를 목표로 하며, 이는 플라톤의 정의관에 따르면 정의의 타락을 의미하기 때문이다.

롤즈는 이와 달리 정의의 과제를 개인의 삶에서 이차적인 것으로 본다. 각 개인들의 삶의 계획, 인생관이나 가치관의 형성과 실현은 각 개인들의 판단과 의지에 맡기고, 사회나 국가나 타인들은 관여하지 말자는 것이 그의 입장이다. 이것은 자유주의의 기본 원리이기도 하다. 국가의 역할은 그리고 국가의 기본적 덕목으로서의 정의의 소임은 각 개인들이 설정한 삶의 궁극적 가치와 삶의 이상을 실현하는 데에 있어 보조적인 역할을 하는 데에 그쳐야 한다. 사회나 국가는 개인의 삶의 계획을 실현하는 데에 있어 수단적인 재화들, 즉 롤즈가 말하는 일차적 사회 재화를 협동적으로 생산하고 이를 공정하게 분배하는 데에 있다.

정의와 국가의 역할을 개인의 삶의 영위와 가치 실현에서 보조적이고 소극적인 것으로 볼 때, 정의 원리의 선택을 위한 절차적 상황으로서의 원초적 입장은 당연히 소극적 정의관을 전제할 수밖에 없다. 롤즈의 원초적 입장은 이것이 전제하고 있는 소극적 선이론 때문에 애초부터 가령 완전주의적 정의의 원리를 미리 배제한다는 비판을 받을 수 있으나, 이 배제는 원초적 입장과 소극적 선이론에 내포되어 있는 의도의 일부이다.

선과 정의의 역할에 대한 소극적 해석과 연관된 것이 정의론에서 개인의 고려 문제이다. 롤즈는 자신의 정의론의 한 장점은 개인에 대한 고려를 하는 것이라고 논한다. 그가 자신의 이론을 전개함에 있어 주된 비판의 대상으로 삼고 있는 이론은 공리주의이다. 공리주의는 그에 따르면 재화의 산출과 그의 누적적 총합에만 관심이 있었지 이를 개인들에게 분배하는 문제는 고려하지 않고서 정립된 이론이라는 것이다. 최대 다수의 최대 행복이라는 공리주의적 원리는 바로 개인이 나눠 가질 사회 전체의 부의 총량만을 고려하고 있는 원리라는 것이며 그의 이 비판은 이 부분을 겨냥한다.

롤즈의 정의 이론에서 핵심적인 개념은 원초적 입장이다. 이 입장은 정의의 원리를 선택하기 위한 절차적 장치로서 그가 제시하는 두 정의의 원리, 특히 차등의 원리에 대한 지지 근거가 되는 장치이다. 그런데 이 개념적 상황은 여러 조건들에 의해 제약되고 있는데 그 중 가장 중요한 것은 이 입장에 있는 계약 당사자는 무지의 베일을 쓰고 있어야 한다는 것이다. 이 베일 뒤에서 개인은 자신의 개인적 상황이나 여건에 관해 완전히 무지하다. 정의의 원리를 선택하는 개인은 분명 개인이되 그는 전혀 자신의 개인적인 요소들에 관하여 알 수 없으므로 그는 사실상 보편인이다. 그래서 롤즈 자신도 인정하고 있듯이 원초적 입장의 상황이란 다수의 개인들, 한 공동체의 모든 구성원들이 참여하는 상황이라기보다도 어떤 선험적 개인이 정의의 원리를 선택해주는 상황으로 상상해도 상관없다는 것이다.

그렇다면 롤즈는 사실상 그의 약속과는 달리 개인에 대해 고려하기보다는 개인간의 차이를 구조적으로 무시하고 있다는 비판을 감수할 수밖에 없을 것이다. 더구나 현대 자유주의 · 개인주의 사회에서는 사회의 일차적 재화가 개인들의 가치관 실현에 긴밀한 관계를 맺고 있다. 이런 사회에서 재화 분배를 위한 기준인 정의 원리를 선택함에 있어, 개인들에게 자신이 바라는 인간상이나 인생관에 대해 눈감으라는 요구는 자유주의의 기본적 인간관과 일관되지 않는다. 자유주의 사회의 정의 원리는 소극적 선이론을 전제해야 할 것이다. 그러나 그 사회의 개인들은 각자의 가치관을 적극적으로 전제하고서 사회적 재화의 생산과 분배에 참여할 수밖에 없을 것이다.

3. 노직의 자유주의적 정의관

I. 자연 상태에서의 개인

롤즈의 정의론은 그 동안 많은 찬반 양론의 대상이 되어왔다. 그러나 이에 근본적인 비판을 가한 것은 로버트 노직의 『아나키, 국가 그리고 유토피아』이다. 노직은 이 저서에서 국가의 정당화 가능성, 국가의 합법적 기능, 이상국의 이념 등 정치철학의 모든 영역에 걸친 폭넓은 주제들을 다루면서 이의 일부로서 자신의 정의론——그가 소유 권리론 *the entitlement theory of justice*이라 부르는——을 제안한다. 노직은 이미 시사한 바와 같이 롤즈와 달리 사회를 협동의 체계가 아니라 자발적 교환의 체계로 보고 있으며, 따라서 정의의 과제를 공정한 분배의 문제가 아니라 이 교환 행위의 기초가 되는 개인들의 권리와 자유의 보호라는 관점에서 파악하고 있다. 그는 정의의 일차적 주체를 사회의 기본 구조가 아니라 이 교환 행위의 전제가 되거나 이에서 발생하는 구체적 개인들의 소유물의 취득·이전 등 구체적 경제 행위라 보며, 사회 제도 및 사회 전체의 분배 상태는 오직 이차적으로만 정의의 주체가 된다고 논한다. 나아가서 이런 기본적 입장에 근거하여, 사회 정의의 이념은 평등의 실현이라기보다는 개인들의 권리와 자유의 보호라고 주장하고 있다.

우선 그의 사회 정의론을 논하기 전에 이의 기초가 되는 그의 사회관과 인간관을 살펴보자. 사회 정의란 사회 내에서의 정의를 말한다. 그러므로 사회의 본질과 사회 내에서의 개인들의 위치에 대한 파악 여하에 따라서 사회 정의론의 성격이 크게 달라질 수 있다. 우리는 위에서 롤즈가 이상적 상태에서의 사회란 재화를 보다 효율적으로 생산키 원하는 사회 구성원들간의 합의에 의한 사회적 협동 생산체라고 보았고, 사회 구성원들도 이 협동의 산물을 공정히 분배키 위한 원리를 선택 · 계약하는 계약 당사자로 간주하고 있음을 지적하였다. 롤즈가 기본 구조 및 공정한 분배를 각각 정의의 주체 및 과제로 본 이유는 바로 이 때문이다.

노직에 의하면 정치철학, 사회 윤리론, 사회 정의의 문제는 도덕철학에 기초해야 한다. 그에게 있어 정치 · 사회적 존재는 그 속에 거주하는 개인들과 별개로 존재하지 않으며 사회 구성원들의 집합 내지는 이들 사이의 관계 이상이 아니다. 도덕철학은 정치철학의 배경을 마련하고 이의 경계를 정한다. 한 개인이 타개인에게 정당하게 할 수 있는 것과 없는 것은 개인이나 집단이 국가라는 장치를 사용해 할 수 있는 것의 범위를 정한다. 따라서 강제할 수 있는 도덕적 금지 사항들은 국가의 강제력이 가질 수 있는 합법성의 근원이라는 것이 노직의 입장이다. 이런 이유로 해서 국가론 · 사회 정의론의 범위는 사회 구성원에 관한 근본적인, 즉 국가 성립 이전에 이들이 처해 있는 도덕적 상황에 의해 제약된다.

이 근본적인 도덕적 상황은 어떤 것인가? 노직은 로크의 전통을 따라 자연권론에서 출발한다. 인간은 국가와 사회 성립 이전의 자연 상태에서부터 일정한 자연권 *natural rights*을 소유한다. 자연권이라 함은 인간이 국가나 제도 · 법률 · 계약 등에 의해 부여받은 것이 아니라 단지 인간이기 때문에 소유케 되는 권리를 말한다. 구체적으로 자연 상태에서의 각 개인은 강제, 사기, 신체적 가해로부터 자유로울 권리를 누리며, 자신의 권리를 침해한 가해자로부터 충분한 보상을 징수할 권리를 주장할 수 있고, 소정의 단서 아래에서 사유 재산을 소유할 권리를 보유하며, 이를 자신의 의사에 따라 처분할 권리를 지닌다. 한마디로, 자연 상태에서의 개인은 자신의 생명 · 건강 · 자유와 재산에 대한 침해로부터 자유로울 수 있는 권리를 소유하며 이 범위 안에서 인간은 자유롭게

행위할 수 있다는 것이 노직의 견해이다.[26]

이 권리와 자유들은 개인들이 자연적 존재로서의 특징 때문에 갖게 되는 것이므로 인간의 인격성이나 이 특성들이 신성 불가침의 것이듯이 이로부터 연유하는 권리들도 불가침의 것이라 노직은 생각한다. 어떤 다른 개인이나 집단도 이들을 침해할 수 없으며 사회 정의론은 이 자연권의 제약 아래 정립되어야 한다. 국가의 행위는 개인들의 도덕적 권리에 의해 제한되며 정치·경제·사회 체제는 도덕적 이론이 허용하는 범위 내에서 구성되어야 한다. 그러므로 롤즈가 제시하는 바 평등의 실현을 위한 재분배 정책은, 이것이 사회 구성원의 자발적 의사에 의해 동의되지 않는 한 정당화될 수 없다고 노직은 논한다.

II. 도덕적 측면 제약론

한 개인이 누리는 자유와 권리의 불가침성은 타인의 자유와 권리에 대한 불가침성을 요청한다. 한 개인의 권리 행사에 있어서의 자유는 무제한한 것이 아니라 타인의 권리에 의해서 제약된다. 쟈신의 권리를 행사코자 하는 자, 자유를 향유코자 하는 자는 타인의 자유와 권리를 침해하거나 그의 삶에 대한 간섭을 삼가할 의무를 진다. 이 의무, 타인에 대한 의무의 위반은 자신의 사적인 목적이나 사회적 선을 명분으로 하여 위반될 수 없다. 이런 기본적 권리와 자유의 불가침론의 다른 한 면은 철저한 의무주의, 노직 자신의 표현을 빌리면, 도덕적 측면 제약론 *moral side constraint view* 이다. 이 입장은 한 행위의 옳고 그름, 도덕적 정당성 여부를 결정함에 있어서 그 행위자가 도덕적 측면 제약 사항을 준수했느냐의 여부를 최우선적인 기준으로 간주한다. 이 사항은 단적으로 '타인

---

26) Nozick, *ASU*, pp. 6, 10.

의 권리를 침해하지 말라'는 금지의 명령으로 표현된다. 이 명령은 제1차적인 중요성을 갖는 도덕률이므로, 어떤 목적, 가령 최대 다수의 최대 행복, 보다 큰 사회적 선, 사회 내 가장 불리한 집단의 이익의 최대화, 자신의 행복 증진과 같은 목적들에 의해서도 이의 침해를 정당화할 수 없다. 노직이 견지하는 이 도덕적 측면 제약론의 철저한 형태는 권리의 공리주의──개인의 권리가 침해된 사례들의 한 사회 내에서의 총 사례 수를 최소화하라는──도덕적 정당성 결정의 일차적 기준으로서 수락하지 않는다. 그 이유는 노직의 입장에서 도덕적 기초가 되는 것은 권리 일반 또는 한 사회 내에서의 권리의 총량이 아니라 구체적인 개인들의 구체적인 권리들이기 때문이다.[27]

노직의 이와 같은 도덕적 측면 제약론은 의무주의 *deontological view*의 철저한 형태라 할 수 있다. 윤리학의 이론들은 대략 두 가지로 나뉜다. 개인이나 집단의 행위가 옳으냐 여부를 가리는 기준을 그 행위가 어떤 목적에 기여했느냐 여부에서 찾는 입장을 목적론적 윤리설이라 하며 이의 대표적 철학자들은 아리스토텔레스, 공리주의자들이다. 다른 한편, 행위가 도덕적 법칙, 즉 의무에 부합하느냐에 따라 시·비를 결정하려는 입장을 의무론적 윤리설이라 하고 이의 대표적 학자로는 칸트와 로스 W. D. Ross가 있으며 롤즈도 자신의 입장을 의무주의적이라 기술하고 있다. 우리의 논의와 관련해서 후자의 전자와의 중요한 차이점은 후자가 개인의 인격을 존중하고 이를 어떤 개인 외적인 목적에 종속시키지 않으려는 데 있다. 가령 칸트는 인간의 인격성을 다른 어떤 존재를 위한 수단이 될 수 없는 그 자체 목적적인 것으로 보고 이 견해를 그의 도덕철학의 정점을 차지하는 정언 명령(正言命令)의 제2양식으

---

27) Nozick, *ASU*, pp. 28~30.

로 다음과 같이 표현하고 있다: "너 자신의 인격 및 다른 인격에 예외 없이 있는 인격성을 언제나 동시에 목적으로서 사용하고 결코 단지 수단으로서만 사용하지 않도록 행위하라."[28] 이 명령의 핵심 개념인 인격의 존엄성을 구체적으로 표현한 것이 그의 네 가지 의무[29]이며 이 의무의 위반, 즉 모든 사람들의 행위를 규제하는 도덕적 측면 제약 사항의 위반은 곧 인격의 훼손이므로 이는 어떠한 목적에 의해서도 정당화될 수 없다고 칸트는 본다.

노직은 칸트의 입장을 구체화시키고 확대하여[30] 그의 인격의 개념을 개인의 권리와 자유라는 개념으로 대체하고 구체적 개인의 구체적인 권리와 자유를 침해하거나 간섭하는 행위는 어떠한 정치·사회·경제적 목적에 의해서도 정당화될 수 없다는 의무주의, 즉 자유주의적 측면 제약론을 주장한다. 즉 사회 정의나 사회 복지의 명목 아래에 개인의 자유와 권리를 그 개인의 자발적 동의 없이 희생시킬 수 없으며, 개인의 삶은 선각자·선지자·지도자·영웅·철인왕 등에 의해 부권주의적 또는 권위주의적 지도·인도·간섭의 대상이 될 수 없다. 이 견해를 존재론적으로 표현하면, 있는 것은 오직 개별적인 인간들, 자신의 삶을 주체적이고 자율적으로 영위할 서로 다른 특수자적이고 독립적인 개인들뿐이며 이 이외에 사회적 존재나 사회적 선이나 사회적 악과 같은 추상적 실체는 존재하지 않는다.[31]

---

28) 칸트, 『도덕철학 원론』, 정진 역, 을유문화사, p. 94.

29) 자신의 인격에 대한 두 가지 의무, 즉 자살의 금지와 자기 능력의 계발 및 타인의 인격에 대한 두 가지 의무, 즉 약속의 이행과 자선의 의무.

30) 노직은 칸트의 인격 개념을, 첫째 개인의 자유와 권리라는 구체적인 개념에 의해 대체시키고, 둘째 인격의 타자와의 동질성이나 동등성보다는 독립적인 측면을 강조한다. 그 이유는 인간을 형이상학적·종교적으로 파악하기보다는 사회·경제적 관점에서 파악하려는 현대적 추세와, 그리고 평등과 박애를 중시하는 정의론의 일반적 추세와 관련 있다.

31) Nozick, *ASU*, pp. 33~34. 개인의 권리가 침해될 수 없는 더 궁극적 이유는 삶의

이상에서 우리는 노직의 사회 정의론의 기초가 되는 자연 상태에서의 개인의 지위에 관한 그의 견해를 살펴보았다. 이 견해의 요점은 사람들은 침해될 수 없는 권리들을 가졌다는 주장이다. 노직에 있어 이 주장은 사회 정의론의 알파요 오메가이므로 우리는 그의 정의론의 기본 원리를 쉽사리 추측할 수 있다. 그것은 사회 정의란 타인의 자유와 권리를 침해하지 않으며 이를 최대한 보장케 하는 것이다. 평등보다는 자유와 권리의 존중이라는 이념이 자신의 사회 정의론의 핵심을 형성하는 점에서 노직은 롤즈와 본질적으로 다르며, 또 한 가지 중요한 차이점은 노직은 사회 정의의 문제를 주로 소유물 *holdings* 또는 재산과 관계하여, 즉 한 개인의 소유 상태가 어떻게 하여 이루어졌느냐에 초점을 맞추어 자신의 정의론을 전개한다는 점이다.

이런 차이점을 갖는 이유는 노직에 있어 정의론이 기초하는 원초적 사실은 재화를 효율적으로 생산코자 하는 개인들 사이의 계약에 의한 협동적 생산이 아니기 때문이다. 그에게 있어 원초적 사실은 개인들이 자연 상태에서 갖고 있는 자연권과 자연에 노동을 가해서 얻게 되는 소유물에 대한 권리를 지닌 개인들이 이 권리들을 자발적으로 이전하거나 타인의 권리들과 합의에 의해 교환한다는 사실이다. 따라서 그에게 있어서 근본적인 문제는 이 소유물 또는 이에 대한 권리가 어떻게 취득·이전·교환되느냐의 문제이다. 정의의 과제는 공정한 분배가 아니라 어떻게 누구의 권리도 침해함이 없이 소유물 또는 이에 대한 권리의 취득·이전이 일어날 수 있는가 하는 문제이다. '분배'란 어휘는 사회 내 재화

의미와 연관되어 있다고 노직은 보고 있다. cf. Nozick, *ASU*, pp. 50~51.

를 통제하며 사회 구성원들 사이에 할당하는 중앙 집중적 장치의
존재를 함축하나 노직에 있어서 존재하는 것은 개별적 인간들의
개별적 취득·이전·교환의 행위들이다. 노직의 정의론에서는 개
인의 자신의 재산에 대한 사용·처분권, 즉 그가 말하는 소유 권
리 *entitlement*가 도구 개념이므로 그의 정의론은 소유 권리론 *the
entitlement theory of justice*이라 불린다.

정의의 소유 권리론은 다음의 세 주제에 의해 구성된다: 소유물
의 원초적 취득, 소유물의 이전, 불의의 교정. 첫째는 소유되지 않
은 재화의 취득에 관한 문제이며, 둘째는 한 사람이 다른 사람으
로부터 후자가 소유한 재화를 얻을 수 있는 정당한 과정에 관한
문제이며, 셋째는 과거의 불의에 의해 결과한 재화의 분배 상태를
시정하여 어떻게 정당한 분배 상태로 환원시킬 수 있는가에 관한
문제이다. 노직은 이 세 주제와 관련하여 다음의 세 가지 정의로
운 또는 정당한 소유 상태에 관한 정의를 내린다.

1) 한 개인 S가 원초적 취득에 있어서의 정의의 원리에 준거하여 재화
를 얻은 경우 그는 그 재화에 대한 소유 권리를 지니며 그때 그의
소유 상태는 정의롭다.

2) S가 이전(移轉)에 있어서의 정의의 원리에 준거하여 어떤 재화에
대한 소유 권리를 지닌 다른 사람으로부터 그 재화를 취한 경우 그
는 그 재화에 대한 소유 권리를 지니며 그때 그의 소유 상태는 정의
롭다.

3) 1)과 2)의 반복적 적용에 의해 S가 어떤 재화를 소유케 되지 않은
경우 S는 그 재화에 대한 소유 권리를 지니지 않으며 따라서 그의
소유 상태는 정의롭지 않다.

한 개인의 소유 상태가 정의로울 수 있는 위의 세 조건으로부터

사회 전체의 소유 상태 또는 재화의 분배 상태가 정의로울 수 있
는 조건을 제시하면,

4) 한 사회 내의 분배 상태(재화 또는 소유물의 분포 상태)는, 그 사회
의 구성원 모두가 그 상태에서 소유하고 있는 자신의 재화에 대한
소유 권리를 지닐 경우, 정의롭다.

이 모두를 정리하여 한마디로 요약하면, 한 분배 상태는 이것이
다른 정의로운 분배 상태로부터 합법적인 (즉 정의로운) 절차를
밟아 발생했을 때 정의롭다. 이 절차의 최초의 단계는 원초적 취
득에서의 정의의 원리에 의해 제약되며 이후의 단계는 이전(移轉)
에서의 정의의 원리에 의해 조건지어진다. 이 두 원리에 의해 모
든 정의로운 분배 상태가 설명되진 않는다. 가령 B가 A의 재산을
부당한 방법에 의해 탈취한 후, A가 이 재산을 어떻게 하여 되찾
았다 해보자. A의 소유 상태는 원초적 취득에서의 정의나 이전에
서의 정의의 원리에 준거해 발생한 것은 아니나 정당한 것 또는
정의로운 것이라 말할 수 있다. 현실 세계에서의 사회 전체의 경
제적 분배 상태나 개인들의 소유 상태는 많은 경우 비합법적인 과
정을 거쳐 결과된 것이다. 따라서 이런 불의한 상태를 교정할 정
의의 원리가 필요하며 이것이 제3의 원리이다. 현실 세계 속에 불
의의 사례가 많은 만큼 아마도 가장 현실적으로 유용하며 그 구체
적 내용이 명시되어야 할 것은 이 제3의 원리일 것이다.

이상에서 노직이 제시한 정의(正義)의 정의(定義) 또는 조건은
구체적으로 실제 문제에 적용할 수 있는 원리라기보다는 앞으로
내용적으로 명시되어야 할 정의의 원리들을 위한 골격이라 할 수
있다. 즉 원초적 취득·이전·불의의 교정을 제약하는 정의의 원
리들이 그 구체적 내용에 있어서 무엇인지 노직은 명시하고 있지

않다. 이 점은 노직 자신이 인지하고 있으며 이들의 명시는 차후의 과제로 남겨두고 있다. 단 원초적 취득에 관해서만 로크의 입장을 원용하여 그것이 정의로울 조건을 간략히 제시하고 있다. 이 조건을 로크적 단서 *the Lockean proviso*라 하며,[32] 이에 의하면 원초적 취득이 정당화될 수 있는 조건은 "충분한 양의 그리고 동질의 것들이 다른 사람들을 위해 남아 있어야 한다"는 것이다. 그리고 다른 정의의 원리의 내용을 그의 기초론인 자연권론에 의거해 추론해보면, 소유물의 취득·이전에 관해 노직이 정의의 원리로써 가하리라 생각되는 제약도 최소한의 것으로 타인의 권리와 자유를 침해하지 말아야 하며 특히 소유물의 이전은 자발적 의사에 따라[33] 이루어져야 할 것이라는 것이 그 주요 골자라 생각된다.

IV. 미시 이론·권리론

이상의 개략적인 요약에서 그의 정의론의 주요 특색들을 살펴보자. 우리가 주목할 만한 첫번째 특색은 노직에 있어서 사회 정의, 특히 경제적 측면에서의 사회 정의의 문제는 재화의 중앙 집중적 분배가 아니라 일차적으로 구체적 개인들의 개별적 경제 행위, 가령 생산·취득·양도·이전·선사·교환·보상의 청구·징수 등등과 관련하여 발생하는 문제이다. 그리고 이 구체적 개인들로 구성된 사회 집단 내에서의 그 개별적 경제 행위들의 총체적 결과로서 발생하는 재화의 분배 상태가 정의로우냐의 여부는 이차적인 문제라는 것이 노직의 입장이다. 이 특색은 롤즈의 입장과 비교할 때 뚜렷이 부각된다. 롤즈에 의하면 사회 내의 사회·경제적 재화 모두는 사회적 협동의 소산이므로 그리고 이를 직접 생산

---

32) Nozick, *ASU*, pp. 178~83.

33) Cf. C. C. Ryan, "Yours, Mine, and Ours: Property Rights and Individual Liberty," in Jeffrey Paul ed., *Reading Nozick*, New Jersey, 1981, p. 325.

한 자원이 된 사회 구성원들의 천부적 자질·능력·성품까지도
사회의 공유물이므로, 일차적으로는 사회 공동체의 재산이며, 이
는 중앙 통제적인 기본 구조에 의해, 가령 누진세와 같은 세제, 임
금 규제, 시장 가격 통제와 같은 구체적 정책에 의해 공정하게 분
배된 연후에야 개인들은 자신의 몫을 소유하게 된다(그리고 이에
대한 권리도 이 분배 후에 발생한다는 점에 주목하라). 따라서 노직
의 경우와는 반대로, 분배 상태에 관한 한, 정의로우냐 여부의 문
제의 제1차적인 논의의 대상이 되는 것은 사회 전체의 분배 상태
이지 개인들의 소유 상태가 아니다. 주지하다시피 그에게 있어 정
의의 제1차적인 주체인 것은 이 전체적인 분배 상태를 결정하는
사회의 기본 구조이지 구체적 개인들의 개별적 경제 행위가 아니
다. 다시 말하면, 롤즈의 정의론은 거시 이론이나 노직의 이론은
미시 이론이며, 롤즈는 거시 세계의 정의는 미시 세계의 정의와
다르다고 암암리에 전제하고 있으나 노직은 거시 세계의 정의는
미시 세계의 정의에 의해 결정된다고 보고 있다.[34] 노직은 바로 이
런 이유에서 '분배적 정의 *distributive justice*'란 어휘를 피한다.[35]
이 표현은 중앙 집중적 분배 기관 또는 분배 장치가 존재함을 함
축하며 개인들의 소유 상태보다는 이에 의해 구성된 사회 전체의
분배 상태가 정의의 일차적인 주체임을 시사하기 때문이다.[36]

노직의 정의론에서 중요한 두번째 특징은 그의 정의관에서 결
정적인 역할을 하는 개념이 소유 권리라는 점이다. 한 분배 상태,
소유 상태, 경제 행위가 정의로우냐의 여부는 소유 권리가 확보되
었느냐에 전적으로 의존한다. 여기서 소유 권리란 무엇을 사용할
권리, 처분할 권리, 소유할 권리 등 적극적인 권리를 의미하며 어

---

34) 이 점에 관해선, Nozick, *ASU*, pp. 204~13.

35) Nozick, *ASU*, pp. 149~50.

36) Cf. C. Fried, *Right and Wrong*, Harvard Univ. Press, 1978, p. 116.

떤 행동을 할 권리라기보다는 어떤 물건에 대한 권리를 의미한다. 물론 롤즈도 이런 권리의 존재를 부인하진 않는다. 한 사회 내에서 차등의 원리에 의해 분배받은 분배물에 대해 이의 소유주는 소유 권리를 지니며, 이 권리는 침해·간섭받을 수 없다.[37] 그러나 롤즈에 있어 한 개인의 소유물에 대한 권리는 사회 전체의 분배 상태에 따라 결정되며 따라서 이차적이라 할 수 있고 재분배의 대상이 될 수 있다. 롤즈에 있어 정의의 근본적인 이념인 평등이 요구한다면 한 개인의 권리는 그 개인의 의사에 반하여 타인에게로 이전될 수 있다. 반면 노직에 있어서 개인의 소유 권리는 일차적이며 재분배의 대상이 될 수 없는 것으로 불가침적이다. 그러므로 사회 전체 내의 재화의 분포 상태의 필요에 따라(가령 평등의 실현) 개인들의 소유 권리가 이전·재분배될 수 없으며, 오히려 개인들의 소유 권리의 보전을 위해서라면(가령 불의 교정의 원리에 의해) 사회 전체의 분포 상태는 변경될 수 있다.

이 권리의 우선성과 관련되어 있는 노직 이론의 세번째 특색은 적극적인 정의론을 제공한다는 것이다. 종래의 정의론들은 목적이나 의무 개념 중심적이었다.[38] 이들은 '~에 기여해야 한다'거나 '~을 준수해야 한다'고 요청한다. 반면 노직의 정의론은 권리 중심적이며 그래서 '~을 할 수 있다'는 적극적인 논리를 편다. 인간은 어떤 목적 실현에 기여해야 하거나 의무를 지므로 이에 종속해서 그리고 이 범위 내에서 일정한 권리를 지닌다고 말하는 대신, 개인들은 일정한 권리를 지녔으므로 이 때문에 자신들과 타 개인들에게 의무가 발생한다는, 전통적인 이론과는 정반대의 시각을 취한다. 바로 이러한 시각 때문에 노직은 그 기능이 최소로

---

37) Rawls, WOS, p. 16.

38) 목적·의무·권리 중심의 3윤리설에 관해선 R. Dworkin, "The Original Position," in *Reading Rawls*, pp. 38~42.

축소된 최소국가를 이상적 국가 형태로 본다.[39] 그리고 노직의 권리 위주의 정의론은 롤즈의 정의의 제1원리가 부분적으로 의도하는 자유주의나 개인주의를 보다 폭넓게 그리고 적극적으로 실현시킬 수 있는 여지를 제공한다. 개인들은 자신들이 소유한 권리의 범위 내에서 자유롭게 살고, 행위하며, 생각할 수 있으며, 타인과의 관계에 있어 필수적인 요건은 관계 당사자들의 자발적 합의라는 것이 소유 권리론의 정치 · 사회적 함축이다.[40]

V. 정의의 원리의 네 유형

네번째 특징은 다소 상세한 논의를 필요로 하므로 별도의 항을 나누어 검토하자. 노작의 정의론에서 기준이 되는 것이 경제 행위의 결과나 성취된 정형보다는 여기에 이르기까지의 절차적이고 역사적인 과정이라는 사실이다. 이 특징을 보다 명료히하기 위해 노직은 정의 원리의 여러 유형들을 정형적 원리와 비정형적 원리로 나누고 있으며, 이 둘의 각각을 다시 역사적 원리와 비역사적 원리로 분류한다.

정형적 원리는 분배 상태를 개인들이 지닌 어떤 자연적 특색, 이들의 계측된 총합, 또는 이들의 서열에 따라 결정되어야 한다는 원리이다. 이에 따르면, 한 분배 상태가 정형적이며 따라서 정의롭다 기술될 수 있기 위해선 그 상태 안에서의 개인들의 분배 몫은 그가 지닌 자연적 특징에 따라 결정된다. 정형적이며 역사적인 원리는 그 기준되는 특징이 개인의 과거의 행적(도덕적 공적, 응

---

39) 최소국가에 관해선, Nozick, *ASU*, 제1부 참조. 노직의 주된 관심사는 국가론이며, 그의 정의론은 그의 국가관을 밑받침하기 위한 것이다.

40) 노직에 있어서 모든 사회적 관계의 기초는 구체적 권리와 자유에서 우러나오는 개인들의 자발적인 합의이지, 롤즈의 원초적 입장과 같은 선험적 상황에서 구체적이고 개별적인 사실들에 대해 무지의 베일을 쓰고서 일반적이며 보편적인 원리를 선택하기 위한 추상적 합의가 아니다.

분, 일한 시간)의 총합일 것을 요구하고, 정형적이며 비역사적 원리는 개인의 과거 행적과 관계없는 것(IQ, 출신 성분, 종족)을 그 기준으로 취한다. 정형적이며 역사적인 원리의 대표적인 것들은 '각자의 공적에 따라 분배하라'는 공적주의, '각자의 기여에 따라 분배하라'는 응분주의, '각자의 기여와 필요에 따라 분배하라'는 마르크스주의적 원리들이 있다.

다음 비정형적 원리는 분배의 기준을 개인이 한 자연적 차원에서 차지하는 위치로 잡지 않는 원리로서 역시 역사적 원리와 비역사적 원리가 있다. 비정형적이고 비역사적인 원리는 단지 정의로운 분배 상태의 구조나 단면만을 고려하고, 이 분배 상태가 그 세부에 있어 어떤 정형을 이루어야 하는지, 이 상태에서 한 개인이 어떤 몫을 차지해야 하는지는 문제삼지 않는다. 이 원리는 개인들의 소유 상태나 사회 전체의 분배 상태가 구체적으로 어떤 역사적 과정을 거쳐 발생하였는가를 고려하지 않는 점에서 비역사적이요, 사회 전체의 분배 상태에서 각 개인의 분배 몫을 결정할 기준 또는 정형을 제시하지 않고 단지 사회 전체의 분배 상태가 전반적으로 어떤 구조를 지녀야 한다고 요구하는 점에서 비정형적이다. 이 원리를 노직은 '종국 결과적 원리' '종국 상태적 원리' '현재 시점 단면 원리'라고도 부르며, 넓은 의미의 '정형적(전반적인 구조를 정형으로 보아) 원리'라고도 한다. 이런 유형의 원리로는 공리주의 · 절대평등주의[41] · 복지 경제학의 원리 등이며 그리고 노직은 롤즈의 차등의 원리도 이런 유형에 속한다고 보고 있다.[42]

---

41) 절대평등주의는 사회 내 개인들의 분배 몫을 결정할 직접적인 기준을 제시하진 않으나 간접적으로 그 몫을 규정한다. 따라서 내용에 있어 정형적 원리이다.

42) Thomas Nagel, "Liberalism without Foundation," in *RN*, p. 205; Thomas Scanlon, "Rights, Liberty and Property," in *RN*, p. 114; 그리고 Fried, *Right and Wrong*, p. 218. 이들은 롤즈의 차등의 원리가 종국 결과적 원리가 아니라 역사적 원리라 해석한다. 그러나 필자의 생각으로는 노직의 해석이 타당하다고 본다. 차등의 원리

정의 원리의 네번째 유형은 비정형적이나 역사적인 원리이다. 이 원리의 대표적인 것으로 노직은 자신의 소유 권리론을 들고 있다. 이 원리는 정형적 원리의 두 유형과 같이 한 개인에게 어떤 양의 몫이 돌아가야 할 것인가에 관한 정형을 설정해 결정하지도 않으며 사회 내의 분배 상태의 전체적인 구조나 넓은 의미의 정형, 또는 궁극적으로 사회 전체가 이르러야 할 어떤 상태를 설정함으로써 개인들의 몫을 간접적으로 규정하지도 않는다. 이 원리는 단지 구체적인 개인이 정당한 절차나 과정을 거쳐 자신의 소유물에 대한 소유 권리를 갖게 되었는가만을 묻는다. 이렇게 소유물 획득의 절차·과정·방법을 정의 문제에 결정적이라 보기 때문에 이 원리는 역사적이나, 전반적인 분배 상태의 구조나 종국 상태를 정의의 기준으로 설정하지 않고 구체적이고 개별적인 인간들이 일정한 과정을 거쳐 취득하게 된 소유물에 대한 권리, 즉 소유 권리의 유무 여부를 결정적 기준으로 본다. 앞에서 소개한 취득·이전·불의의 교정에서의 정의의 세 원리는 이 소유 권리를 발생시키는 역사적 과정을 규제하는 원리들이다.

이 소유 권리론에 따르면 각 개인이 과거에 처했던 구체적인 상황과 그 속에서 수행한 행위에 따라 그의 소유 상태가 결정되며, 각 개인의 역사는 서로 상이하므로 각자의 분배 몫은 평등하지 않을 수 있다. 따라서 한 시점에서의 사회 내의 분배 상태는 사회 구성원 각자의 소유 상태가 정당한 것이면, 즉 그 상태에 정당한 과정을 거쳐 도달했으면 전체적 정형에 상관없이 정의로울 수 있다. 그래서 경우에 따라선 평등한 분배 상태가 정의로운 것일 수도 있고 불평등한 분배 상태가 정의로운 것일 수도 있으며, 그 반대의

는 한 사회 내 분배 상태에 '사회 내에서 가장 불리한 집단의 이익 최대화'라는 정형을 원리의 일부로 하고 있다. Cf. R. P. Wolff, *Understanding Rawls*, New Jersey, 1978, p. 200.

경우도 가능하다. 단적으로 사회 전체의 분배 상태의 정형이나 종
국 상태는 노직의 입장에서 보면 정의에 관한 한 무관하다. 사회
정의란 노직에 의하면 구체적인 개인들이 소유하고 있는 구체적
소유 권리들의 함수이며 이 권리를 발생시키는 기본적 경제 행위
들과 상관 관계에 있다. 노직에 있어 사회 정의는 최대 다수의 최
대 행복이라든가 불우 집단의 이익의 최대화와 같은 사회 전체의
분배 상태를 위한 일정한 정형이나 종국 상태를 목표로 취하여 이
를 달성함으로써 성취되는 것이 아니다. 그에 따르면 사회 정의는
개인들의 자발적이고 자율적인 행위를 제약하는 제도나 법률 등
을 최소화함으로써 개인들이 타개인들의 권리를 침해하지 않는
한 자유롭게 재화를 취득하고 자유롭게 이전하며, 자유롭게 협동
적인 상태에 들어갈 수 있는 환경을 마련하고, 불의한 상태가 초
래되면 이를 교정의 원리에 따라 정의로운 상태로 복구시키는 데
서 실현된다. 전체적인 정형이나 궁극적 상태가 아니라 구체적 개
인의 소유물을 취득케 되는 과정·절차에만 노직의 정의론은 관
여하므로 그의 정의론은 엄격한 의미에서 순수 절차적 정의관이
라 할 수 있다. 그리고 사회의 기본 구조에는 무관심하므로 그의
이상적 국가는 국민의 권리 보호, 위임된 권리의 대리 집행이라는
최소한의 기능에 국한된 최소국가이며, 재분배 정책이나 복지 정
책은 오직 과거의 불의를 교정하기 위한 정책으로서만 채용될 수
있다.[43]

VI. 자유와 정형

노직은 왜 한 사회 내의 분배 상태에 정형을 부과하고 종국 상
태를 설정하는 데 반대하는가? 그 이유는 단적으로 이것이 개인

---

43) Nozick, *ASU*, p. 231.

의 자유 및 권리의 체계와 상충한다고 보기 때문이다. 한 사회 내의 분배 상태를 위한 어떠한 정형도 이것이 일단 실현되면 자유는 이를 파괴시키는 경향이 있으며, 역으로 그런 분배의 정형(가령 평등주의적 원리, 공리주의적 원리, 또는 차등의 원리)을 유지하려는 시도는 필연적으로 개인의 자유와 권리를 제한한다. 따라서 정의의 정형적 원리는 항상 개인의 삶에 간섭한다. 이 주장에 대한 노직의 논변은 다음과 같다. D_1을 정형적 정의의 원리 P에 의해 정의로운 것으로 판정되는 분배 상태라 가정하자. 이 상태 아래서의 개인들은 각자의 분배 몫을 소유하며 이에 대해 각자는 권리를 갖는다. 따라서 각 개인들은 자신들의 자유 의사에 따라 이 몫을 이전·교환·선사·포기할 수 있으며, 그리하여 D_1의 정의로운 정형은 교란되고 P에 의하면 더 이상 정의롭지 않은 분배 상태 D_2로 변질되어간다. 즉 자유는 정형을 교란시킨다. 만약 그 정형을 유지하려 한다면 개인들의 자유로운 이전·교환·선사·포기의 행위를 금지하여야 하며 이는 개인들의 자유와 권리의 침해를 의미한다.

4. 복지 정책, 기타

I. 불의의 교정과 복지 정책

이제 노직의 정의론에 대한 검토는 이상으로 그치고 이 정의론에 대해 있을 수 있는 비판과 이의 현실 사회에 대한 의의를 간략히 살펴보기로 하자. 롤즈의 평등주의적 정의관과 복지국가관에 비타협적인 비판을 가하며, 개인들이 자발적 의지에 따라 서로를 도울 수는 있으나, 국가가 강제력으로 그런 일에 개입해서는 안된다는 노직의 주장은 일견 매우 강한 거부감을 불러일으킨다. 노직의 정의론의 결정적인 약점의 하나는 사회 복지 문제에 등한하다는 지적이고 한국과 같이 부의 재분배, 사회 복지 정책의 실현이 급박한 상황에서 그 지적은 더한층 타당한 듯하다. 반대로 롤즈의 정의론은 그의 기본적 원리 중 하나, 즉 차등의 원리에 의해 사회 복지 정책과 부의 재분배에 공고한 이론적 기반을 제공해주며 이런 점에서 롤즈의 정의론은 우리의 도덕적 심성에 강한 호소력을 갖는다. 그러나 실은 노직의 정의론은 롤즈의 그것보다 더 강력한 논거를 복지 정책에 제공해줄 수도 있다는 것이 필자의 견해이다. 노직의 이론 안에서 가장 중요한 개념은 권리이다. 개인은 불가침적인 권리를 지니며 이 권리가 침해되었을 때 이를 침해한 타개인이나 집단은 그에 대해 보상해줄 의무가 있으며 피해자는 이 보상을 받아낼 권리를 소유한다. 권리의 침해에서 발생하는 이런 의무는 그 발생 여건의 구체성·직접성·개별성 때문에 일반적인 도덕적 의무보다 더 강력하며 구체적인 강제력을 지닌 일종의 채무의 성격을 띠며, 피해자의 권리 역시 일종의 채권과 같이 강하고 구체적인 효력을 갖는다. 그런데 사회 복지 정책의 대상이 되는 현실 사회의 많은 부분은 불의로 점철된 역사의 결과로 볼 수 있다. 현실 사회 내의 불평등성이 자연적 불평등성에서도 연유하지만 많은 경우 권리의 침해의 누적적 결과임을 노직도 부인하지 않는다. 그렇다면 부의 재분배나 사회 복지 정책은 과거의 불의를 교정하기 위한 처방으로서 채택될 수 있다. 롤즈의 차등의 원리가 이 불의의 교정을 위한 원리가 될 수 있음을 노직도 인정하고 있다.

복지 정책을 이와 같이 파악할 때 이런 정책의 수혜자는 자신들 또는 자신들의 조상이 당한 권리의 침해에 대한 정당한 보상을 받는 것이며, 그들은 그 보상에 대한 당연한 권리를 지닌다 할 수 있다. 국민들이 지니는 권리의 보호자이며 권리의 대리 행사자로서

의 국가는 침해된 권리에 대한 보상을 징수해 그 피해자에게 돌려
줘야 할 의무를 지고 있다. 달리 말하면, 복지 정책을 채택·실행
해야 할 구속적인 의무를 지고 있는 셈이다. 경제 성장이라는 대
전제 아래에 국내 자본의 육성, 생산성의 향상, 국제 경쟁력의 강
화 등을 이유로 들어 중소기업, 소비자, 임금 노동자, 농민들의 권
리를 희생시키거나 양보시켜온 국가나 대기업은 현재의 부의 분
배 상태를 재편성하여 이들의 권리를 복구하고 희생·양보되었던
권리에 대한 보상을 할 의무가 있으며, 후자는 자신들이 자의로
양보하거나 또는 전략적 이유에서나 어떤 다른 이유에서 희생되
었던 자신들의 권리에 대한 보상을 받아낼 권리가 있다. 그리고
현실 사회에서의 부의 재분배는 이런 맥락에서 이해되어야 한다.

Ⅱ. 정치철학과 도덕철학

　인위적인 요인에 의해 초래된 불평등의 문제는 위와 같이 해소
시킨다 하더라도 자연적인 요인에 의한 원초적인 불평등성은 어
떻게 해결할 수 있을까? 이에 대한 노직의 직접적인 해답은 없다.
그의 기본적인 입장은, 이 문제는 정치철학적·사회 윤리론적 범
위 내에서는 해결할 대책이 없다는 것인 듯싶다. 그러나 이 문제
를 종교나 형이상학적 윤리설의 도움을 빌려 인류애, 형제애, 이
웃에 대한 사랑, 동정 등, 인간이 정치 세계와 사회적 환경을 넘어
서는 존재로서, 즉 종교적이고 형이상학적 존재로서 갖는 도덕적
심정에 의존해서 해결하려 한다는 것은 지나치게 소극적이며, 더
근원적으로 정치철학의 직무를 유기하는 처사로 생각된다. 필자
는 권리 개념을 노직과는 달리 보편 이성의 관점에서 해석하며 이
문제들에 대한 정치적 차원의 해법을 제안하고자 한다.[44]

---

44) 이에 관해서는 이 책의 제6장 참조.

III. 노직 정의론의 현실 연관성

로크의 전통을 이은 노직의 자유방임주의는 17, 18세기 계몽주의 시대, 인간의 이성에 대한 낙관론이 지배하던 시대의 유물로서 이제는 더 이상 현실 연관성이 없는 시대착오적 견해라는 것이 많은 사람들의 일차적인 직감이다. 설사 그렇지는 않다 하더라도 개인적 자유와 권리를 절대 옹호하는 노직의 입장은 오랜 자유주의적 전통을 뒤로하고 있으며, 정치·경제·산업의 발전 단계에서 앞서 있는 서구 여러 나라들에서나 수락될 수 있으나 한국적인 상황에서는 현실감이 없는 견해라는 것이 상식적 반응일 것이다. 한국적 상황에서는 사회 정의의 실현을 위해선 보다 폭넓은 부의 재분배가 필요하며 오웰 Orwell식의 최대국가는 아니라 하더라도 노직의 최소국가는 이런 기능을 수행하기에 너무 제한된 기능을 갖고 있다 생각할 수 있다.

롤즈의 정의론이 50, 60년대 서구 여러 나라의 정신적 분위기를 반영하며 그의 정의론은 이런 시대 정신에 철학적 기초를 마련한 반면, 노직의 정의론은 과거의 입장을 옹호하는, 시대의 조류에 역류하는 시도임에 틀림없다. 사회의 추세가 한 이론의 이론적 정당성에 대한 증거는 될 수 없을 것이나 적어도 그 이론이 현실 문제에 관한 것인 한 사회적 추세가 그 이론의 전략적 효율성이나 현실적 유용성에 대한 지표는 될 수 있으리라 본다. 그렇다면 영국에서의 보수당 정권의 등장, 미국 레이건의 소정부주의 *small government*, 미국 내 신보수주의적 지식인들의 영향력 증대, 중공의 자유 경제 체제로의 선회, 프리드먼 M. Friedmann의 신고전주의 경제학의 부활[45] 등은 노직 이론의 현실적 효용성의 지표가 되

---

45) 이 글은 원래 1984년에 씌어지고 발표된 글을 약간 수정한 것이다.

지 않을까?

한국적 상황과 관련된 우려에 대해서는 그것이 우리의 실상에 대한 파악에 기초하지 않았다는 생각이 든다. 한국의 정치사를 일별해볼 때 전통적으로 한국 사회엔 전제 군주제, 권위주의, 독재주의, 부권주의적 정치 체제가 지배해온 듯싶다. 한국 사회에서는 현재까지도 중앙 집권주의, 관료주의가 뿌리깊으며, 지방 자치제의 실현은 요원한 듯하고, 국민들은 자신의 권리와 자유의 침해에 대해 관대할 수밖에 없으며, 이 자유와 권리를 지키려는 시민들의 소리를 위한 귀는 크게 열려 있지 않은 것이 한국의 실상이다. 한국 사회에선 유감스럽게도 시민들 사이의 신뢰도 낮지만 더 안타까운 것은 국민들이 정부에 대해 믿음을 갖지 못하고 정부가 국민들의 자율적 능력에 대해 미덥지 않아한다는 점이다. 한때 어떤 지도자는 노상에서 청소년의 머리를 잘라주었고 여인의 치마 길이를 재주는 등 제 자식 못 미더워하는 아버지와 같은 친절을 베풀었던 기억이 멀지 않다. 실상 자유니 권리니 개인이니 하는 개념들은 한국 전래의 어휘들이 아니며 그래서인지 우리는 아직도 이들을 목청 높여 사용하길 쑥스러워하는 듯하다. 이런 전통 때문에 국민들은 자신의 권리와 자유의 포기에 익숙해왔고 정부와 지배자는 이에 대한 권위주의적 간섭과 침해를 당연시해왔다. 양자 모두 사회 정의, 사회적 선, 대의(大義), 박애 등등의 도덕적 가치 또는 도덕 외적 가치를 위해 개인의 자유와 권리를 희생시키는 데 큰 거부감을 느끼지 않는다. 이런 상황에서 사회 정의란 일차적으로 평등의 실현보다는 개인적 권리와 자유의 존중에 있지 않을까? 개인적 자유와 권리의 존중을 최우선적인 가치로 보는 노직의 정의관이 이상적이요 비현실적이라면, 그것은 자유가 지나쳐 방종으로 흐르고 권리 주장이 과도해 이기주의가 팽배하며 재산권에 대한 집착이 지나쳐 금권 만능적인 서구 여러 나라에서가 아닐까?[46]

---

46) 필자는 롤즈나 노직의 자유주의 입장에 기본적으로 동조하면서도, 그들의 정의 개념이나 권리 개념 그리고 더 근본적으로 그들의 국가관에 문제점이 있다고 보고, 이들을 비판하는 한편으로 국가 · 권리 · 권력 · 정의 · 평등 등의 새로운 기초를 이 책의 1장~8장, 13장에서 모색하였다.

제10장
사회 정의의 이념

1. 복락원에의 열망과 정의

역사의 시초부터, 아니 실은 역사 이전으로 거슬러 올라가 창조의 직후부터 인간들은 자신이 거주하는 사회 환경을 개선하려 하였다. 에덴 동산으로부터의 아담과 이브의 추방은 인간 사회의 영락을 의미하며 인간들은 이런 사실을 인지하자 곧 다시 낙원으로 복귀하고자 노력하기 시작했다. 이 복락원에의 열망은 곧 현재의 인간 사회가 불완전하며 이 사회는 개선되어야 한다는 가치 판단에 기초한다.

복락원(復樂園)에의 열망은 평범한 우리의 일상적 어휘로 표현하면 '잘살고자 하는 열망'이라고 표현할 수 있다. 잘살고자 하는 바람의 역사가 오랜 만큼 제안된 방법도 여러 가지라 할 수 있다. 혹자는 교육을 통하여 사회 구성원들의 도덕적 심성을 향상시킴으로써 사회를 개선할 수 있다고 주장했으며, 종교 사상가들은 조상의 원죄에 대한 종교적 참회와 기원에 의해서만 구원의 기회가 주어진다고 했으며, 급진적인 혁명가들은 사회의 현존 질서를 전면 부정하고 새로운 체제를 도입하여 시민들의 사회 의식을 교정함으로써만이 이상적인 사회의 성취가 가능할 것이라 선언하였다. 일부의 점진적 개혁론자들은 장기간에 걸친 사회 전반과 인간 의식의 점진적 개선에 의해 우리는 완전한 사회에 다가갈 수 있다고 충고했다.

일반적으로 인간 사회의 개선은 대략 두 방향에서 시도된다. 하나의 시도는 개인들의 심성과 행위에 관심을 두어 개별적 행위의 옳고 그름을 판별할 가치관을 제시하자는 것이며, 전통적 윤리학은 이를 자신의 과제로 삼았다. 그러나 이런 시도는 종종 폐쇄된 사회를 결과하며 제안된 가치관은 보편적 설득력을 발휘하지 못하였다. 그리하여 현대의 윤리학자들은 사회 구성원들의 행동을 인도·규제하는 사회의 제반 조직들, 즉 법률·관습·제도 등으로 눈을 돌려 이들이 그 나름의 윤리적 원리에 의해 정초되며 선악의 평가의 대상이 될 수 있다는 사실에 주목하였다. 이러한 인식에서 출발하여 현대 윤리학자들은 사회의 개선을 사회 조직과 제도에 올바른 윤리적 기초를 정초함으로써 성취하려 한다. 이런 시도는 현대에서의 사회 조직의 중요성 점증, 개인적 가치관의 다원화, 종교적·형이상학적 전체상의 설득력 상실 등의 외적 여건들에 의해 강화된다.

이상적인 사회를 한두 단어로 표현하자면 평등한 사회, 자유로운 사회, 물질적 궁핍이 없는 사회, 사회 구성원 모두가 각자의 가치관을 추구할 수 있는 사회, 신의 의사가 실현된 사회 등등 여러 가지로 표현할 수 있다. 그러나 일반적으로 이상적 사회의 필수 조건은 정의의 실현이라는 데에 대략 합의하리라 생각된다. 많은 사람들이 정의의 구체적 내용은 달리하더라도 이 덕목이 사회의 제반 조직이 갖추어야 할 제1의 덕목이라는 데에는 합의할 것이라는 것이다. 그렇다면 문제는 사회가 정의롭기 위해서는 어떠해야 하는가, 사회의 제반 조직들이 어떤 원리에 의거할 때 그 사회는 정의롭다 할 수 있을까 하는 것이다. 플라톤 이래로 많은 사상가들이 이 문제에 대해 해답을 시도해왔다. 여기서는 최근에 가장 체계적이고 철저한 해답을 제시하고자 한 존 롤즈의 이론을 살펴보고자 한다.

롤즈의 이론이 우리의 관심을 끄는 것은 첫째, 그는 가장 최근의 학자로서 정의에 관한 가장 집중적이며 포괄적인 이론을 전개하였으며, 그의 입장은 칸트, 로크, 루소 등 유럽의 자유주의적 전통의 대표적인 정치 사상가들의 입장을 수용·변형하여 서구 사회에서 이상적으로 여겨지고 있는 정의관을 요약적으로 제시하고 있기 때문이다. 나아가 그의 이론은 정치·경제·법학·게임 이론 등, 정의의 이론 전개에 관련 있는 사회과학들의 다양한 성과를 원용함으로써 이상적 사회에 관한 이론이 빠지기 쉬운 관념적 편견, 공허한 이상주의, 형이상학적 독단을 지양하고, 합리적이면서도 실현 가능한 이론을 제시하고 있다. 우리는 그의 저서의 도처에서 20세기 영미 분석철학의 영향을 간취할 수 있으며, 정치철학서나 윤리학 저서로서는 드물게 논리적이며 분석적임을 역연히 느낄 수 있다.

우리가 롤즈의 정의 이론에 주목하는 가장 중요한 이유는 이것이 정의로운 사회의 가장 중요한 두 구성 요소로 모두가 인정하는 자유와 평등의 이념을 조화시켜 구현하고자 하기 때문이다. 한 사회가 이상적이기 위해서는 그 사회는 구성원들에게 인간으로서의 기본적 자유와 권리들, 가령 언론과 사상의 자유, 인신 구속으로부터의 자유, 피선거권 등을 보장해야 하며 또한 사회 구성원 모두에게 어느 정도는 비슷한 수준의 경제적 부와 수입, 사회적 지위 등을 제공해줄 수 있어야 한다. 아무리 자유로운 사회라 할지라도 사회 구성원들 사이의 부의 격차가 너무 크다 하면 누구라도 그 사회를 정의로운 사회라 평가하길 주저할 것이다. 바로 이러한 이유에서 사회주의자, 복지 경제주의자, 심지어 공산주의자들은 평등의 가치에서 자신들의 입장을 지지하는 논거를 찾으려 하고 있다. 다른 한편으로 아무리 경제적 평준화가 성취된 사회라 할지라도 인간의 기본적 자유와 권리가 침해된다면 이는 정의로운 사회라 말하기 힘들 것이다. 정의란 구체적 개인들을 위한 이념이기 때문이다. 자유주의 국가에 존재하는 경제적 불균형에도 불구하고, 많은 사람들이 자유주의 체제를 선호하는 것은 바로 이런 이유에서이다. 현실 세계에서는 자유와 평등이라는 두 고귀한 이념이 상충하는 듯하다. 그렇다면 과연 이 표면적인 상충은 실재하는 것일까? 이 두 이념을 적절히 조화시킬 수 있는 사회 체제, 인간 모두에게 기본적 자유와 권리를 인정하며, 타고난 재능과 능력의 차이들을 인정하고 수용하면서도 궁극적으로는 경제적·사회적으로 사회 전체의 균등화에 기여케 할 수 있는 체제는 없을까? 만약 있다면 그것의 철학적 근거는 무엇일까? 이런 문제들에 대한 한 대답을 제시하려 하는 것이 롤즈의 정의론이다.

2. 분배 원리로서의 정의 원리

우선 왜 우리가 정의의 원리들을 필요로 하는가에 대한 롤즈의 견해를 살펴보자. 우리가 살고 있는 사회에는 끝없는 갈등과 충돌이 빚어지고 있다. 이렇게 사회가 불안정한 이유는 무엇일까? 그 근본적인 이유는 이 사회 내의 구성원들이 자신의 삶을 위해 필요로 하는 것, 가치 있다고 간주하는 것들, 즉 재화(財貨)가 희소하기 때문이라는 점에, 롤즈는 흄David Hume과 견해를 같이한다. 이 재화들 중 특히 모든 사람들이 공통적으로 관심을 갖는 것들을 '일차적 재화'라 롤즈는 칭한다. 구체적인 예를 들면, 경제적인 부와 수입, 사회 조직 내에서의 일정한 직책에 따르는 권리·특권

등을 말한다. 사람들은 각자의 생활 방식에 따라 어떤 유의 재화
는 보다 많이 갖길 원하고 어떤 유의 재화는 별로 관심을 두지 않
는다. 그러나 위의 일차적 재화는 자신이 가진 삶의 장기적 계획,
삶의 궁극적 가치가 어떠하든간에 보다 적게 갖기보다는 보다 많
이 갖기를 원하는 재화라는 것이 롤즈의 견해이다. 이런 견해의
논거는 사람들이 적어도 합리적인 범위 내에서라면 어떠한 인생
의 계획을 설계하고 있다 하더라도, 그 모든 개인들에게 일차적
재화가 각자의 계획 실현을 위한 필수적인 수단이라는 것이다. 이
런 재화를 보다 많이 가질 때 각 개인은 자신의 삶의 계획을 실현
하기 위한 보다 강력한 수단을 소유한 것이며, 이런 이유에서 그
들은 일차적 재화를 보다 많이 갖고자 하는 것이다.

　일차적 재화를 모든 사람들의 삶의 계획 실현을 위한 필수의 수
단이라 한다면, 사람들은 자신의 계획 실현을 위한 일차적인 작업
으로서 그 재화들을 생산코자 노력할 것이다. 이 생산 방식에는
두 가지가 있다. 하나는 독립적인 생산이요, 또 다른 방식은 협동
적인 생산이다. 이 둘 중에 협동적인 방식이 보다 효율적임은 명
백하다.. 따라서 사람들은 자신의 삶의 계획 실현을 위한 효율적인
방법의 하나로 협동의 체계에 참여키로 결정할 것이다. 이런 협동
을 가능하게 하고 이 협동 과정에서 발생하는 여러 문제들을 조
정·해결하기 위한 것이 사회의 제반 조직들이라 말할 수 있다.

　이렇게 볼 때 사회의 구성원들은 오직 자신의 삶의 계획을 보다
효율적으로 실현하기 위한 전략의 일환으로 사회의 일원으로 사
회적 협동에 참여하게 된 것이고, 그들은 사회적 협동이 자신들의
목적 실현을 위한 수단을 생산키 위한 보다 효율적인 방법이라는
데에 합의한다는 점에서 사회의 구성원들 사이에는 이해의 일치
가 있다 하겠다.

　그러나 문제는 사회적 협동의 참여자들이 재화를 보다 많이 갖

기를 원하나, 사회적 협동이 아무리 효율적이라 하더라도 그들의
요구를 모두 충족시킬 수 없는 것이 현실이다. 세 사람이 사회적
협동을 통해 100 단위의 재화를 생산했다 가정할 때 이 중 한 사
람은 50 단위의 재화를 가져야 자신의 삶의 계획을 실현할 수 있
다고 생각한다. 반면 다른 두 사람들은 나머지 50 단위를 자신들
사이에서 분배하면, 이는 자신들의 삶의 계획 실현을 위해 미흡하
므로 그 첫번째 사람에게 가령 30 단위만을 떼어주려 할 것이다.
이런 경우 세 사람 사이에 이해가 상충하는 것은 필연적이며, 이
런 이해의 상충이 일어나는 이유는 모든 사람들이 불합리하게 탐
욕적이어서가 아니다. 사회 구성원들이 건전한 가치관을 지니고
있으며 이의 실현을 위해 필요한 재화의 양을 계산하는 데 있어
합리적이라 하더라도 이해 관계의 갈등은 현실 세계에서 다반사
로 목도되는 바이다.

　이해의 갈등을 가장 공정한 방식으로 해결하기 위해 우리는 정
의의 원리들을 필요로 하며, 롤즈가 하고자 하는 바는 이 필요를
충족시킬 원리를 철학적 근거에서 마련하고자 하는 것이다. 롤즈
가 제시하는 정의의 원리들은 사회적 협동을 통해서 생산된 이익
들과 이익들을 생산하는 데 드는 비용을 공정하게 분배하기 위한
원리들이다. 그리고 생산된 이익들은 개인들이 자신의 삶의 계획
을 실현하기 위해 필수적인 것이며, 개인들은 그 실현도에 따라
행복해질 것이므로, 정의의 원리들은 결국 개인들이 행복해지기
위한 필수적인 장치이다.

3. 원초적 입장

　정의의 원리들이 왜 필요한지 그들의 과제가 무엇인지는 명확

해졌다. 이 과제를 해결하기 위해 롤즈가 제시하는 원리들은 어떤 것들인가? 롤즈는 다음의 두 원리들을 제안한다. 1) 모든 사람들은 다른 사람들의 유사한 자유들과 상충하지 않는 범위 내에서 가장 광범위한 기본적 자유에 대하여 동등한 권리를 지닌다. 2) 사회적·경제적 불평등성들은, 첫째 이들이 사회 내의 가장 불우한 집단들의 이익을 최대화할 것으로 합리적으로 기대되고, 둘째 이 불평등성의 근원이 되는 모든 직위와 직책이 모든 사람들에게 공개된다는 조건 아래에서만 허용된다. 이 원리들의 구체적 내용과 이 두 원리들 상호간의 관계를 논하기 전에, 우리는 왜 롤즈가 이와 같은 원리들을 공정한 분배의 원리들이라고 보는지 물어야겠다. 사회적 협동에 참여한 자들은 다른 대안으로 '최대 다수의 최대 행복'이라는 공리주의적 원리나, '보다 강한 자에게 보다 많은 것을'이라는 식의 마키아벨리적 원칙, 또는 '각자의 기여한 바에 따라서 각자에게 재화를 분배한다'는 식의 공적주의적 원리에 의기해 사회적 협동의 손익을 분배할 수도 있을 것이기 때문이다.

롤즈는 이 문제에 대해 원초적 입장이란 개념을 도입하여 대답한다. 사회적 협동에 참가키로 결정한 개인들은 이 협동이 산출하는 재화와 비용을 공정하고 정의롭게 분배하기 위한 원리들을 계약에 의해 선택하게 되는데, 이 선택의 과정은 일종의 계약 형태로 진행되며 이 계약의 상황을 롤즈는 '원초적 입장'이라고 표현하고 있다. 그리고 그는 자신이 제시한 두 원리는 바로 이 원초적 입장에서 선택된 원리들이기 때문에 정당화된다는 것이다.

그렇다면 원초적 입장이란 어떤 상황인가? 보다 정확히 표현하면 원초적 입장에 들어선 개인들은 어떠한 제약하에 있는가? 롤즈에 있어 계약 당사자 또는 정의의 원리를 선택하는 자들은 사회 구성원 전체가 아니라 사회의 제반 집단을 대표하는 대표자들이다. 이 점에 대한 논의는 이 글에서는 생략하겠다. 우선 생각할 수

있는 제약은 계약 당사자들이 탐욕스러운 자라거나, 힘으로 타인
들을 누르고 자기 이익을 도모하려 하는 자 또는 본능적 충동의
소유자는 아니어야 한다는 점일 것이다.

만약 그들이 그렇게 비합리적이라면 그가 효율적 방법으로서
사회적 협동에 참여키로 했으며, 계약에 의해 분배의 원리를 선택
키로 동의했다는 사실을 무의미하게 할 것이다. 나아가 계약 당사
자들은 자신의 삶의 계획을 실현키 위한 전략의 일환으로 협동에
참여했으므로, 그런 동기를 가지고 원리의 선택에 임해야 한다.
뿐만 아니라 이들은 자기들 세대 그리고 특정의 지역 내에서만 통
용되는 정의의 원리를 선택하는 것이 아니라 언제 어디서나 누구
에게서나 받아들여질 수 있는 분배의 원리를 선택하려 한다는 점
에 유의해야 하며, 자신들의 자연적·사회적 여건을 고려하여 원
리를 선택해서는 안 될 것이라는 점이다. 이런 점들을 요약하여
롤즈는 원초적 상황에서 계약 당사자들이 받아들여야 할 제약으
로서 다음의 세 조건을 지적한다. 1) 계약 당사자들은 합리적이어
야 한다. 2) 이들은 오직 자신의 이익 추구에만 관심이 있으며, 따
라서 타인의 이익에 대해서는 무관심하다. 3) 이들은 자신의 자연
적 재능과 능력에 관해서 그리고 사회적 지위에 관해서뿐 아니라
자신의 삶의 계획에 대해서, 그리고 자신이 속한 사회의 고유한
상황들에 관해서 무지의 베일을 쓰고 있어야 한다. 이제 이 세 조
건이 시사하는 바를 후자부터 차례로 검토해보자.

I. 무지의 베일

그리스 신화에 나오는 정의의 여신 디케는 눈을 가리고 있는 여
신이었다. 이러한 여신의 이미지를 통해 그리스인들이 표현하려
했던 생각은 정의와 법 앞에서 모든 사람들은 평등하다는 것이었
다. 정의가 고려해야 할 것은 개인들의 고유한 상황들과 조건들이

아니라 단지 그가 사람이라는 사실뿐이다. 롤즈도 비슷한 이념을 무지(無知)의 베일이라는 개념을 통해 구현하고자 한다.

구체적 개인들은 여러 가지 특성들을 가지고 있으며, 이 특성들에 있어 개인들은 차이를 갖는다. 구체적이고 현실적인 개인들은 세계관·인생관·가치관·삶의 목표 등 정신적이고 문화적인 측면에서 뿐 아니라 특정의 취향·성격·기질·기호·편견 등 심리적인 측면에서도 다르고, 그리고 일정한 사회적 지위를 차지하고 있으며, 어떤 부모의 자식이고 따라서 서로 다른 가정 환경, 경제적 여건, 문화적 배경 등, 한마디로 경제적·사회적 우연성들에 의해 제약되고 있다. 뿐만 아니라 타고난 재능과 능력에 있어 서로 다르다. 이런 특수적이고 우연적인 특성들을 고려하면서 계약 당사자들이 분배의 원리들을 선택하고자 할 때, 이들이 동일한 분배의 원리에 합의하기란 현실적으로 불가능하다. 계약 당사자들이 위의 개인적 특성들, 자신이나 자신이 속한 집단, 그리고 자신이 처한 사회나 시대를 숙지하고 있을 때, 이들은 자신이 속한 집단이나 사회 또는 시대에 유리한 정의의 원리들을 선택하려 할 것이며, 따라서 모두가 만장일치로 동일한 원리들에 합의할 수는 없을 것이다. 설사 하나의 원리에 합의한다 하더라도 그 원리는 다수결에 의한 것이거나 또는 특정의 시대나 사회에만 타당한 원리일 수 있다. 그러나 우리가 원하는 정의의 원리들은 누구에게나 수락할 만한 보편적 분배의 원칙들이다.

이런 실제적인 난점보다 더 중요한 문제는 개인적 차이를 낳는 위의 우연적 요소들이 도덕적 관점에서 보면 자의적이라는 것이 롤즈의 견해이다. 우리가 원하는 정의로운 사회, 이상적인 사회는 단지 우리의 목적 성취를 위해 효율적이거나 능률적인 사회를 목표로 하는 것이 아니다. 우리가 정립하려는 원리는 효율성이나 유용성의 원리와 같은 경제적인 원리가 아니다. 정의로운 사회는 도덕적으로 악한 사회가 아닐 뿐 아니라 선한 사회여야 하며, 정의의 원리란 사회 구성원 사이의 도덕적인 관계를 질서지을 수 있어야 한다. 한마디로 정의란 도덕적인 덕목의 하나이다. 그러므로 정의의 원리들을 선택함에 있어 계약 당사자들은 도덕적인 관점에서 볼 때 자의적인 요소들을 고려하지 말아야 한다는 것이 롤즈의 논변이다.

그러면 계약 당사자들이 자신의 사회적 · 경제적 여건 그리고 심지어 자신의 삶의 계획에 대해서까지 무지의 베일을 써야 한다면, 어떻게 그들은 재화의 분배에 있어 기준이 되는 정의의 원리들을 선택할 수 있겠는가 하는 질문이 제기될 수 있다. 그들이 분배하여 나눠 가질 재화는 자신들의 삶의 계획을 실현할 수단이므로, 재화의 분배 원리나 기준을 정립함에 있어 그 계획은 필수적으로 참작해야 하리라 여겨지기 때문이다. 이에 대한 롤즈의 대답은 다음과 같다. 원초적 입장에 서서 계약 당사자들이 무지해야 하는 것은 자신과 자신의 시대나 사회에 고유한 특수 상황들뿐이다. 계약 당사자들은 그러나 정의의 상황, 즉 왜 정의의 원리들이 필요한지 알아야 하며, 인간 사회에 관한 일반적 사실들 가령, 정치적인 사태, 경제 이론의 원리들, 사회 조직의 기초, 인간 심리의 기본적 규칙 등 일반적으로 원리 선택을 위해 필요한 사실들을 알아야 한다. 구체적으로 원초적 입장의 당사자들은 그들이 왜 원초적 입장에 서서 계약을 해야 하는지의 이유를, 즉 우리는 삶의 계획을 실현하기 위해 일정한 재화를 필요로 하며 이런 재화들은 사회적 협동을 통해 보다 효율적으로 생산될 수 있으나, 그러나 생산된 재화는 모두의 욕구를 충족시키기에는 충분치 못하므로 어떠한 방식으로 분배해야 한다는 사실들을 염두에 두어야 한다. 나아가 어떤 정치 · 경제 · 사회 체제가 협동을 가능하게 그리고 효율적으로 유도할 수 있는 체제인가를 헤아릴 수 있어야 한다. 그

리고 무엇보다도 중요한 것은 계약 당사자들은 자신들이 그 일차
적 재화를 적게보다는 보다 많이 갖길 원한다는 사실을 인정하고
있어야 하며, 실은 바로 이러한 욕구 때문에 그들은 분배의 원리
에 관해 계약을 맺으려 하는 것이다.

Ⅱ. 상호 무관심성

　다음 원초적 입장의 계약 당사자들을 특징짓는 것은 그들의 동
기에 관한 것이다. 원초적 입장은 정의의 원리들을 선택하기 위한
선험적(先驗的) 회의장이다. 여기서 선택되는 정의의 원리들은 사
회적 협동을 통해 생산된 이득과 이에 든 비용을 공정하게 분배하
기 위한 기준이며, 이 이익들 또는 재화들은 각 개인들 모두가 자
신의 삶의 계획 실현을 위해 필수적으로 요구하는 수단이다. 따라
서 정의의 원리를 선택하는 계약 당사자들은 자기 이익을 추구하
는 데에 전념해야 한다는 것이 롤즈의 견해이다. 자기 이익 추구
적이라 함은, 좀더 정확히 말하면, 자신의 이익에만 관심을 가지
며 타인의 이익이나 손해에는 무관심해야 한다는 것이다. 계약 당
사자들은 타인의 이익에 손실을 끼쳐가면서까지 자신의 이익을
도모치는 말아야 하며, 역으로 자신의 이익을 돌보지 않고 타인의
이익을 증대하려 하지 말아야 한다고 롤즈는 요구한다. 계약 당사
자들에 가해지는 이 두번째 계약을 롤즈는 '상호 무관심성'이라는
말로 표현한다. 계약 당사자들이 타인의 이익에 손실을 입히지 말
아야 하는 이유는, 그런 경우 자발적인 상호 협동이 불가능해질
것이기 때문이며, 자신의 이익을 희생하지 말아야 함은 계약의 상
황을 불필요하게 하거나 의도된 것과는 정반대의 결과를 야기할
것이기 때문이라는 것이 롤즈의 논변이다. 영웅들이나 성자들의
이타적인 행위는, 이들 사이의 이상이 동일하며 그 실현 방법이
합의된 경우, 정의의 원리를 더 이상 필요치 않게 한다. 성자들의

사회에선 정의의 원리가 필요없다. 정의란 사회 구성원들이 서로의 이익을 추구하는 과정에서 발생하는 이해의 충돌을 합리적으로 해결하려 할 때 필요한 덕목인데, 이들이 자신들의 이상과 이의 실현 전략에 합의하는 경우 모든 옳고 그름의 문제들은 이 이상에 의거해 해결할 수 있을 것이기 때문이다. 그리고 사회 구성원들이 서로 이타적이거나 그 이상과 방법에 있어 이견이 있는 경우 이는 화해할 수 없는 갈등을 결과한다. 역사상에서 우리는 영웅들과 성자들의 고귀한 이상은 종종 어떤 것이 진정 인류를 위하는 것이냐에 관해 화해 불가능한 대립·충돌을 야기하여 가장 비극적인 결과를 유발함을 우리는 종종 목도한다는 것이 롤즈의 지적이다.

Ⅲ. 합리성

원초적 입장은 이상과 같이 무지의 베일과 상호 무관심성에 의해 특징지어진다. 그러면 이제 계약 당사자들은 정의의 원리들을 선택할 준비가 된 것일까? 롤즈는 위의 두 조건들에 추가해, 원초적 입장의 계약자들은 합리적이어야 한다고 요구한다. '합리적'이라는 말은 단지 '이성적'이라는 말이 아니라 한 개인이 '자신의 목적을 실현하는 데 있어 주어진 여건 아래서 최선의 수단을 취하려 한다'는 뜻이다. 합리성을 이와 같이 규정할 때 당장 제기되는 문제는 원초적 입장의 계약 당사자들은 자신의 삶의 계획, 삶의 목적에 관해 무지의 베일을 쓰고 있다고 했는데, 이런 상황의 개인들이 어떻게 합리적일 수 있느냐는 것이다. 어떤 수단이 합리적이냐 아니냐, 한 사람의 행동이 그의 목적 성취를 위해 최선의 것이냐의 여부는 그 목적에 비추어서만이 결정될 수 있는 문제이며, 따라서 계약 당사자들이 자신의 인생 계획에 관해 무지한 상황에서도 합리적이어야 한다고 요구함은 자가당착적인 요구가 아니냐는 반론이 가능하다.

　이에 대한 롤즈의 답변은 다음과 같다. 계약 당사자들은 자신이 일정한 삶의 계획을 갖고 있음을 알고 있으며, 이 일정한 계획이 무엇인지는 모른다 하더라도, 이를 실현키 위해서 기본적으로 자신들의 자유를 보호하고 자신들에게 주어지는 기회를 확대하며, 목적 실현을 위한 여타의 공통적 수단, 가령 경제적 부를 증대시켜야 함이 필수적임은 알고 있을 것이라는 것이다. 이러한 자유, 기회, 경제적 부 등이 바로 롤즈가 말하는 바 사회의 제1차적 재화이다. 이렇게 볼 때 원초적 입장에서 계약 당사자가 합리적이어야 한다 함은, 그가 주어진 여건 아래서 사회의 제1차적 재화를 보다 많이 가질 수 있는 방책을 마련할 수 있는 능력을 구비하고 있어야 한다는 것을 의미한다. 물론 금욕적인 삶의 방식을 취하는 자는 쾌락적인 삶의 방식을 취하는 자보다 물질적 재화의 양을 적게 필요로 할 것이다. 그러나 그들이라도 보다 많은 재화를 소유하게 되었다 해서 손해볼 일은 없을 것이며, 일단 소유된 재화를 포기하려 한다면 누구도 막지는 않을 것이나, 일단 적은 재화를 소유한 상태에서 보다 많은 것을 원하게 될 경우에 타인의 이익을 침해하거나 그의 양보를 받아야 할 것이다. 따라서 원초적 입장의 당사자로서는 보다 많은 재화를 원한다고 상정하는 것이 합리적이라는 것이 롤즈의 논변이다.

　이상과 같이 해서 원초적 입장의 특징들 또는 정의의 원리들을 선택하는 자들이 갖춰야 할 제약 요건들을 살펴보았다. 이 요건들의 검토에서 우리가 알 수 있는 것은 원초적 입장이란 인류 역사의 시점에 있었던 어떤 역사적 상황이 아니라 인간의 본성에 관한 어떤 가정을 전제로 한 가설적 상황이라는 사실이다. 그리고 롤즈는 계약 당사자란 어휘를 사용함으로써 실제 여러 사람들이 합의하여 계약을 하여 정의의 원리들이 선택되는 듯이 말하고 있으나,

실은 계약의 상황이란 어느 한 개인이라도 상상할 수 있는 선험적 상황이다. 롤즈가 말하는 정의의 원리들이란 어느 개인이라도 자신에게만 고유한 우연적 상황들을 모두 배제하고서, 합리적이며 상호 무관심적이고 무지의 베일을 쓴 상태에서라면, 그리하여 사회적 협동에 참여하는 인간 모두에게 공통적인 요소들만을 고려한다면, 당연히 선택하게 되는 원리들이라는 것이다.

4. 정의의 두 원리들

원초적 입장에서 선택이 되는 정의의 두 원리의 구체적 내용은 무엇인가? 이 두 원리는 위의 3절에 인용되었다. 첫번째 원리는 사회 구성원들의 기본적 자유에 있어서의 평등성을 보장하기 위한 것이고, 두번째 원리는 사회 내에 불평등성을 허용할 수 있는 기준에 관한 것이다. 이제 이들의 구체적 내용·적용·대상 등 둘 사이의 관계를 살펴보자.

이미 지적한 바와 같이 두 원리 모두 사회의 기본 구조에 적용된다. 그러나 첫번째 원리는 기본 구조의 측면 중 사회 구성원들의 평등한 자유를 정의하고 확보하는 측면에 적용된다. 이 자유란 정치적 자유, 언론과 집회의 자유, 양심과 사상의 자유, 사유 재산권 등을 말한다. 이 원리는 모든 사회 구성원들에게 무제한의 기본적 자유를 보장하나, 단 이 자유는 다른 사람들의 동일한 자유와 공존할 수 있어야 한다. 이 원리가 표현하고자 하는 바는 모든 사람들은 자유와 권리에 있어 기본적으로 평등하다는 민주주의의 기본적 이념이다.

두번째 원리는 차별성과 불평등성에 관한 원리이다. 사회 조직은 명령의 체계를 필수적으로 구비해야 하며, 이에 따라 구성원간에 권위와 책임에서의 차이가 필연적이며 이에 따라 경제적 수입과 부에 있어서 차등적 배분이 불가피할 뿐 아니라 바람직하다고 롤즈는 논한다. 두번째 원리는 이런 차등 분배를 위한 기준이다. 이 원리는 불평등성의 기준을 마련하고 있으므로 '차등의 원리 *the difference principle*'라고도 불린다. 첫번째 원리와 달리 이 원리는 일견 평등주의적 이념에 거스르고 있는 듯싶으나 실은 이 이념을 현실적으로 실현하기 위한 원리이다. 이런 취지는 불평등성이 허용되는 두 단서들에서 엿볼 수 있다.

이 원리는 우선 사회 조직 내의 사람들 사이에 불평등한 권위와 수입·특권 그리고 이에 따르는 책임 부담 등은 모든 사람들에게 공개되어야 한다고 규정하고 있다. 이는 물론 모든 사람이 그 자격에 상관없이 일정한 직책을 취할 수 있다는 말은 아니다. 사회 구성원들은 일정한 자격, 구체적으로 그 직책에 필요한 능력, 기술 그리고 그 직책을 수행하고자 하는 열의가 있으면 경쟁을 통해 그 직책을 맡을 수 있는 기회가 제도적으로 보장되어야 하며, 이런 단서 아래에서 불평등성이 허용된다는 것이 두번째 원리의 첫번째 단서이다.

기회 균등이라는 단서만으로는 평등주의의 이념이 실현될 수 없음은 명백하다. 보다 우수한 재능과 능력을 타고난 자, 그리고 보다 좋은 가정적 환경 속에서 태어나 성장한 자, 보다 탁월한 품성을 도야할 수 있었던 자들은 당연히 특정의 직책을 위한 보다 우월한 자격을 갖출 수 있게 될 것이고, 따라서 그들은 보다 나은 사회적 직위를 얻을 수 있을 것이기 때문이다. 이런 난점을 극복하고자 하는 것이 제2원리의 두번째 단서이다. 사회의 조직이란 것은 명령의 체계를 필요로 하며 따라서 사회 내의 직책들은 서로 다른 재능과 기술 그리고 열의를 필요로 한다. 장관직은 고도의 행정 능력을 갖춘 자를 필요로 하며, 동회 서기는 그와 같은 능력보다는 사무적인 능력과 친절함과 같은 품성을 필요로 한다. 회사 경영 책임자는 전문적인 경영 기술을 요구하며 영업 사원직은 노련한 인간 관계를 필요로 한다. 고도의 능력을 요청하는 직책은 그 직책의 중요성에 따라 보다 무거운 책임을 수반한다. 따라서 이런 직책은 보다 높은 수입을 보장해주어야만 적합한 능력과 열의의 소유자를 끌어들일 수 있다. 그러므로 사회 조직이 존재하는 한 이 조직 내에서의 여러 직책들 사이에서 수입과 권능, 그리고 책임의 불평등성은 필연적이다. 롤즈가 정의 원리의 두번째 단서에서 말하고자 하는 바는 이런 불평등성을 허용하되, 이 불평등성을 조절하여 사회 내의 평등을 증대하게끔 만들자는 것이다. 이 증대의 효과를 가장 잘 성취할 수 있는 것은 자연적·사회적으로 혜택을 받은 집단, 따라서 보다 높은 사회적·경제적 직위에 있는 자들이 그 직위를 활용하여 사회 내의 가장 불리한 집단 *the least advantaged*의 이익을 최대화하게끔 하는 것이다.

여기서 롤즈가 불평등성의 조정에 있어 가장 불우한 집단을 지표로 삼는 것은 그렇게 함으로써 가장 유리한 위치에 있는 자들이 연쇄 반응에 의해 자신들을 포함해 모두의 지위를 향상시킬 수 있으며, 동시에 사회의 모든 계층간의 간격을 좁혀 사회적 협동의 혜택을 향유함에 있어 평준화를 이룰 수 있다고 생각하기 때문이다. 사회 내의 가장 유리한 입지에 있는 자들이 자신들만의 이익을 극대화하는 방향으로 자신들의 지위를 이용한다면, 물론 사회 계층간의 간격은 더욱더 벌어져 평준화가 이루어지지 않을 것이며, 사회 내 중간 집단의 이익을 최대화하는 방향으로 활동한다 해도 역시 사회 내의 가장 불리한 지위에 있는 집단은 소외되어 평등의 이념은 실현될 수 없을 것이기 때문이다. 그렇다고 해서 가장 유리한 지위에 있는 자들이 사회적 활동에 참여할 때 자신들의 이익을 전혀 고려치 않아야 한다는 것은 아니다. 그런 자기 희생을 요구한다면, 사실상 그들의 활동을 유인할 수 없을 것이다. 우선 재능 있는 자들의 활동을 유인하기 위해 롤즈는 이들에게 높은 지위와 이에 따르는 높은 수입, 강력한 권력 등의 특혜를 부여하고 또 그들로 하여금 자신들의 이익을 추구케 허용하나, 단 이들의 이익 추구 행위는 사회 전체의 이익을 증대시키는 방향에서 수행되어야 하며, 특히 가장 불우한 집단의 이익이 최대화되는 방향에서 이루어져야 한다는 단서를 붙인다.

이렇게 볼 때 차등의 원리가 허용되는 사회적 불평등성, 즉 사회 내에서 유리한 자들이 향유하도록 허용되는 보다 나은 수입이나 보다 높은 지위 등은 이들의 재능과 기술, 그리고 열의를 유도하여 사회 전반의 지위 향상과 사회적 평준화를 도모키 위한 일종의 장려금과 같은 것이라 할 수 있다. 자본주의 경제 체제 아래서의 기업가의 기업 활동을 통한 이윤의 추구도 이런 맥락에서 이해되어야 한다는 것이 롤즈의 생각이다. 차등의 원리를 제시하는 롤즈의 근본적 입장은 인간이 자연적으로나 사회적으로 불평등한 것은 사실인 바에야, 이에 인위적인 조작을 가하여 모든 사람들 사이에 산술적인 평등을 이룬다는 것은 불합리한 조치이며, 차라리 그 불평등성을 최대한 이용하여 사회 전체의 지위 향상을 도모하는 한편 점차 사회 내의 평등성을 증대시키는 것이 효율적이며 현명한 처사라는 것이다.

롤즈가 차등의 원리를 옹호하는 두번째 이유는 도덕적인 것이다. 롤즈에 의하면 이 사회의 어느 누구도 자신의 타고난 재능과 능력 그리고 사회적으로 주어진 여건들을 응분 *desert*의 것으로 갖고 있지는 않다. 즉 천재는 그가 과거에 무엇을 했기 때문에 그 천재적 능력을 갖게 된 것이 아니며, 백치는 그가 과거에 무슨 몹쓸 짓을 했기 때문에 그런 열등한 능력의 소유자가 된 것이 아니다. 마찬가지로 훌륭한 가정적 분위기나 성장 환경, 그리고 그 반대의 것들도 이들을 부여받은 자가 무슨 좋은 일 또는 나쁜 짓을 해서 그런 분위기나 환경 속에서 태어나 그렇게 성장하게 된 것이 아니라는 것이 롤즈의 견해이다. 한마디로 사회의 어느 누구도 인생을 살아가려 하는 데 있어 보다 나은 출발점에 서 있어야 할 도덕적 이유가 없다. 모든 사람들은 그들의 자연적 재능, 사회적 여건에 상관없이, 도덕적 관점에서 볼 때 평등하다는 점에서 롤즈는 칸트와 견해를 같이한다. 그렇다고 한다면 보다 나은 재능이나 보다 훌륭한 사회적 여건을 타고난 자들, 즉 사회 내에서 유리한 지위에 있는 집단은 그 유리한 지위를 자신만을 위해서 사용할 것이 아니라 사회 전체를 위해서 그리고 사회 내의 불평등성을 감소시켜 모든 사람들이 동등하게 대접받게 하는 데 기여하도록, 그렇게 활용해야 할 것이라는 것이 롤즈의 논변이다.

차등의 원리가 사회 내에 현실적으로 존재하는 불평등성을 묵인하는 대신 이를 적절히 활용하여 사회 전체의 지위 향상과 평준화에 기여케 한다는 점에서 합리적이며 효율적인 원리이고, 인간 평등주의 이념에 기반해 있느니만큼 도덕적인 원리라는 점은 동의될 수 있겠으나, 원초적 입장의 계약 당사자들이 이 원리에 만장일치의 합의를 할 것인가? 즉 모든 사람들이 사회 내의 가장 불리한 집단의 이익을 최대화하는 방향으로 불평등성을 조정하려 할까? 일부의 사람들은 가장 유리한 집단의 이익을 최대화한다거나 각 집단의 이익의 평균치를 최대화하는 방향으로 불평등성을 조정하려 하지 않을까? 이에 대한 해답을 롤즈는 '최소 극대화 원리 *the maximin principle*' 라는 게임 이론의 한 원리에 의해 제시하고 있다. 이 원리에 따르면, 불확실한 상황에서 선택하는 자가 여러 선택지들 중에서 결정을 하는 기준은 대략 이들 각각의 선택지가 최악의 상황에서 낳을 결과들을 예상하고서, 그 중 최선의 결과를 낳으리라 기대되는 선택지를 택하는 것이다. 롤즈에 따르면,

원초적 상황에서의 계약 당사자들은 무지의 베일을 쓰고 있으므
로 불확실한 상황에서 선택하는 것이고 따라서 최소 극대화의 원
리에 따라 자신이 가장 불우한 집단에 속한 것으로 가정하고서 그
집단의 이익 최대화라는 그런 원리를 선택하리라는 것이다. 롤즈
에 따르면 차등의 원리는 무지의 베일을 쓰고서 선택할 수 있는
가장 합리적인 원리이다.

정의의 두 원리들 사이의 관계는 어떠한가? 롤즈에 따르면, 제1
원리는 제2원리에 대해 절대적인 우선성을 갖는다. 두 원리가 상
충될 때 우선 제1원리가 지켜져야 하며, 제2원리를 위해 제1원리
가 희생될 수 없다는 것이 롤즈의 입장이다. 그러므로 제1원리가
확보하려는 기본적 자유들과 제2원리가 확보하려는 경제 · 사회적
이익은 어떠한 경우에도 교환될 수 없으며, 따라서 보다 큰 경
제 · 사회적 이익을 위해 기본적 자유의 일부를 희생하는 또는 희
생시키려는 행위는 정당화될 수 없다는 것이 롤즈의 견해이다. 성
의의 제1원리가 제약되는 유일한 경우로, 롤즈가 허용하는 것은
오직 한 사회 내의 사회 · 경제적 수준이 형편없이 낮아 기본적 자
유의 보장을 위한 사회적 장치의 정립이 불가능하거나 보다 작은
기본적 자유를 희생하여 보다 큰 것을 얻을 수 있는 경우뿐이다.

5. 합리성, 개방 사회, 평등 사상

이제 롤즈 정의론의 의의를 살펴보자. 이 의의는 대략 세 가지
로 요약할 수 있다.

첫째, 롤즈의 정의론은 합리주의를 근거로 한다. 우리는 그의
저서 도처에서 '합리적 rational'이란 형용사를 발견한다. 보다 구
체적으로 그의 이론의 합리주의적 성격은 그의 이론이 계약론이

라는 점에서 엿볼 수 있으며, 그리고 정의의 원리를 선택하는 원
초적 입장에서의 계약 당사자들이 합리적이어야 한다고 요구한다
는 점에서도 확인할 수 있다. 나아가 롤즈는 차등의 원리가 일종
의 최소 극대화의 원리라고 하는 전략적 원리에 의해 선택된다고
주장함으로써 자신이 제시한 정의의 원리가 합리적인 것임을 입
증하려 하고 있다.

사회 개선의 원리로서 정의의 원리는 이전에도 무수히 제시된
바 있다. 그러나 많은 경우 이들 원리들은 직관에 의존한 것이거
나, 특정의 종교, 철학적 세계관·인생관으로부터 연역적으로 도
출된 것들이었다. 따라서 우리의 직관이 그 원리의 제창자의 직관
과 부합하지 않을 때, 그리고 그 특정의 세계관·인생관을 수락하
지 않을 때 우리는 제안된 정의의 원리에 동의해야 할 당위를 느
끼지 않는다. 한마디로 전통적으로 제안되어온 정의의 원리는 보
편적인 공감을 사지 못했다는 것이다. 이에 대해 롤즈는 자신의
원리를 특정의 세계관·인생관에 기초하지 않고 인간이면 누구나
갖고 있는 합리적인 능력에 호소함으로써 그 원리의 보편성을 확
보하고자 하는 것이다. 바로 이런 이유 때문에 그는 원초적 입장
이라는 정의의 원리를 선택하는 상황의 기술에 많은 지면을 할애
한 것이다. 그에 따르면 누구라도 그 원초적 입장의 제약을 준수
하면 당연히 자신이 제시한 정의의 두 원리에 합의할 것이라는 것
이다. 원초적 입장의 개인이란 타인의 이익에는 무관심하며, 자신
에게 특유한 상황이 아니라 인간 모두의 일반적 상황만을 고려하
여 사회의 제일차적 재화를 보다 많이 갖기 위한 최선의 방책을
합리적으로 추구하려는 개인이다.

롤즈 정의론의 두번째 의의는 그의 자유주의 및 개방주의이다.
우리는 롤즈의 이런 입장을 다음의 여러 측면에서 찾아볼 수 있
다. 우선 롤즈에 의하면 정의의 역할은 사회의 협동을 통해 생산

된 일차적 재화의 공정한 분배이며, 그 적용 대상은 효율적 협동
과 분배를 가능케 하는 사회의 기본 구조이다. 이와 같이 정의의
역할과 대상을 제한한 이유의 하나는 사회 구성원들이 각자 고유
의 인생관·가치관을 갖고 있으며, 그리고 가질 수 있도록 사회가
허용해야 한다는 롤즈의 자유주의적이며 개방주의적인 입장에 있
다. 사회를 개선하고자 하는 자가 해야 할 일은 일정한 인생관·
가치관을 제시하고 모든 사회 구성원들로 하여금 이를 실현하도
록 설득·유도하는 것이 아니라, 오히려 구성원들이 어떠한 고유
의 가치관·인생관을 갖든간에 이것이 타인들의 그것과 공존할
수 있는 한에서 최대한으로 실현될 수 있게끔 사회적 여건을 조성
해주어야 한다는 것이 롤즈의 신념이다. 이런 여건은 일차적으로
각자의 목적 실현을 위한 재화를 사회적 협동을 통해 산출하고,
이 재화를 공정한 기준에 의해 분배 공급함으로써 조성된다. 그리
고 바로 이런 기준의 역할을 하는 것이 롤즈의 정의의 두 원리들
이며, 이들의 과제는 이 이상을 넘지 않는다.

개인이 각자의 인생관을 추구할 수 있는 자유와 가치관이 개방
된 사회를 보장하려는 롤즈의 노력은 정의의 제1원리에서, 그리고
원초적 입장에서의 계약 당사자들이 각자의 인생관에 대해 무지
의 베일을 써야 한다는 그의 단서에서도 엿볼 수 있다. 계약 당사
자들이 자신들의 가치관을 고려하지 못하게 롤즈가 제한한 이유
는, 그런 것들을 고려하게 허용할 경우 정의의 원리가 만장일치로
선택될 수 없기 때문만이 아니라 그렇게 해서 선택된 정의의 원리
는 더 이상 개방 사회를 규제할 원리가 될 수 없을 것이기 때문이
었다. 마찬가지로 계약 당사자들이 상호 무관심해야 한다는 조건
을 제시한 롤즈의 동기의 일부는 독단적 가치관이 초래하는 폐쇄
적 사회의 비극을 피하기 위해서이다. 사회 구성원들이 서로의 이
해에 관심을 갖게 될 때 조만간 서로는 서로의 가치관에 간섭하게

될 것이며, 더 나아가 일부는 사회 구성원들 전체의 가치관을 지배코자 할 것이다. 결과적으로 상호 이해에 대한 관심은 가치관이 폐쇄된 세계, 하나의 목적, 가치 체계, 이념에 모두가 종속된 사회를 낳을 것이라는 것이 롤즈의 생각이다.

세번째로 우리가 주목해야 할 것은 그의 평등주의이다. 롤즈의 평등 사상은 정의의 제1원리와 제2원리에서 명백하게 나타나 있다. 모든 인간은 기본적 자유에 있어 평등하며, 자연적·사회적 여건에 있어 불평등한 것은 사실이나 이는 사회 구성원간의 평준화를 도모하는 방향으로 조정되어야 한다는 견해는 칸트가 말한 바 모든 인간은 도덕적 인격체로서 동등하다는 입장의 현대적 표현이다. 정의의 제2원리, 즉 차등의 원리를 보다 단적으로 표현하면, 자연적·사회적으로 유리한 한 개인의 여건은 실상 그만의 것이 아니라 사회 전체의 공동 재산이며, 따라서 그 여건은 사회 전체를 위해 활용되어야 한다는 것이다. 롤즈에 따르면 재능과 능력을 자신의 이익을 위해서만 활용함은 사회 공동 재산의 부당한 독점이다. 재능·능력 등을 사회의 공동 재산으로 볼 때 결국 개인들 사이의 차이는 없어지고 모두는 도덕적으로 평등한 존재로 간주된다는 것이 롤즈의 주장이다.

롤즈가 제안한 정의의 두 원리들이 지향하는 평등주의적 성격은 실상 이 원리가 선택되는 원초적 상황에, 롤즈가 가하는 제약 속에 이미 깃들여 있다. 원초적 입장의 계약 당사자들은 자신의 자연적·사회적 지위에 관해서 무지의 베일을 쓰고 정의의 원리를 선택해야 한다. 이 말은 곧 정의의 원리를 선택하는 자는 자연적·사회적 우연성에 의해 규정된 자연적·사회적 존재로서가 아니라 도덕적 인격으로서 선택해야 한다는 말이다. 결국 정의의 원리의 평등성은 절차적으로 확보된다.

자유와 평등의 이념은 정의로운 사회의 본질적 요건으로서 누

차 주창되어왔으니 롤즈의 이론이 그 점에서는 별로 새로울 바 없
겠다. 그러나 롤즈는 자유와 평등의 이념을 직관적인 지상 명제로
서 주장하거나 형이상학적·신학적 기반 위에 정초하지 않고 합
리적인 기반 위에 정초하려 했다는 점에 의의가 있으며, 경제적
자유와 경제적 평등 사이의 통상적 갈등 관계를 차등의 원리에 의
해 해소하려 했다는 점에서 롤즈 정의론의 중요성이 있다 할 수
있다.

　롤즈의 이론이 아무리 체계적이고 논리적이라 하더라도 이것이
정의에 관한 이론적인 문제들 ― 정의의 실현이라는 현실적인 문
제는 젖혀두고라도 ― 을 모두 또는 그 문제들의 일부라도 완전히
해결했다고 생각하는 것은 분명히 환상일 것이다. 그의 이론은 여
러 이론적인 문제들을 제기한다. 가령 원초적 입장의 계약 당사자
에 가해지는 제약들은 정당화될 수 있는가? 이 제약들이 정당한
것이라 해도 원초적 입장에서의 계약 당사자들은 롤즈가 제시한
두 원리들을 정의의 원리로 선택할 것인가? 그 두 원리가 선택된
다 해도 이들은 정의의 도덕적 원리라 할 수 있을까? 오히려 경제
적 합리성의 원리라 할 수 있지 않을까? 그리고 이들은 평등의 원
리가 아니라 합리적 이기주의의 원리라 할 수 있지 않을까? 차등
의 원리는 정당화되는가? 어떤 근거에서 자연적 재능은 공동 재
산이라 할 수 있을까? 기본적 자유와 경제·사회적 부는 과연 교
환 불가능한가? 도덕적 평등주의와 타산적 합리주의를 조화시키
려는 롤즈의 시도는 성공적인가? 사회는 롤즈가 본 바대로 사회
적 협동의 체제인가? 정의의 과제는 협동적 생산물의 공정한 분
배인가? 사회란 개인들이 각자의 소유물을 타자의 그것과 자발적
으로 교환하는 체제이며, 협동이란 이런 교환 행위의 한 양태가
아닐까? 그렇다면 정의의 과제란 이런 교환을 가능하게 하고 각
자의 권리를 보호·존중하는 데서 우러나오지 않을까 등등의 문

제들을 제기한다.

이런 이론적인 문제들 이외에도 그의 이론을 현실 세계에 적용시킬 때에도 다양한 어려움에 봉착할 수 있다. 특히 제2원리에 대해 제1원리에 절대적 우선성을 부여하여 기본적 자유와 경제·사회적 이익간의 교환을 금지하고 그리하여 사회 구성원의 기본적 자유를 절대 보호하려는 롤즈의 의도는 고귀한 것이라 할 수 있으나, 경제·사회적 이익의 증대가 시급한 사회에서는 얼마나 현실적인 것이 될 수 있을지는 문제로 남는다. 이런 문제는 롤즈의 이론이 서구 유럽 및 미국의 정치 사회의 이념을 반영하고 있다는 비판의 근거가 된다.

이와 같은 이론적·현실적 문제점에도 불구하고 롤즈 이론의 중요성은 우리 모두가 염원하는 자유민주주의 사회의 기초적·근본적 원리들을 철학적인 관점에서 정초하려 했다는 데 있다. 자유주의니 민주주의니 또는 개방 사회니 하는 개념들은 이제 더 이상 단지 정치적인 모토나 이념적 슬로건 또는 공허한 이상으로서 논의의 대상이 되지 않는다. 롤즈의 노력에 의해서 이러한 이념들은 견고한 이론적 기초를 가질 수 있으며 철학적 논의의 대상이 될 수 있게 된 것이며, 이들의 사회적 목표로서의 적합성은 단지 이들이 모두에게 수락할 만한 것이냐 또는 자연스럽게 받아들여지느냐에 의해서 또는 직관적으로 수긍할 수 있느냐에 의해서가 아니라 논리적 근거가 있느냐 없느냐에 의해서 결정되게 되었다.

제11장

최소국가의 이념과 자유주의적 정의론

1. 자유주의 사회에서의 도덕적 개선

인간은 자신의 삶의 주거 환경인 사회의 개선을 여러 국면에서 행할 수 있으나 그 중 가장 중요한 것은 도덕적 영역일 것이다. 가장 중요한 사회적 개선은 사회의 도덕적 개선이다. 한 사회의 정치·경제·문화·예술·학문 등의 여러 분야에서 그 사회의 발전이 있다 하더라도 도덕적 개선이 병행되지 않는다면 사회 구성원들이 영위하는 삶의 질은 오히려 그 발전의 속도 및 범위에 비례하여 저하될 것이므로 사회의 도덕적 개선은 다른 모든 종류의 발전 또는 개선에 선행되어야 한다.

도덕적 개선은 두 방향에서 시도되어질 수 있다. 사회 구성원 내지는 사회 지도자의 인생관·가치관에 변화를 일으키는 것이 그 첫째요, 이와는 달리 이들의 삶에 직접적이고 구체적이며 강력한 규제력을 발휘하는 정치·경제·사회의 제반 조직들을 보다 바르게 또는 정의롭게[1] 만드는 것이 그 두번째 방향이다. 현대의 사회 윤리학자와 정치철학자들이 취하는 방향은 후자의 것이다.

---

1) '정의 *justice*'란 옳음 *righteousness*을 의미한다. 정의로운 제도란 도덕적으로 올바른 제도, 도덕적으로 정당화될 수 있는 제도를 말한다.

그 이유로서는 첫번째 전략이 현실적 불가능성, 국가에 대한 인식의 변화, 시민 계급의 등장, 부권주의의 쇠퇴 등의 역사적·정치사적 변화와 이에 따른 자연스런 관심의 이동과 함께, 정치의 종교로부터의 분리에 맞먹는 정치의 도덕으로부터의 분리 현상, 형이상학적 세계관의 붕괴와 종교의 상실 그리고 이에 따른 형이상학적 또는 윤리적 정치철학의 설득력 상실 등의 철학 내적인 요인들을 들 수 있다.

그 이유야 어떠하든간에 현대의 규범론자들은 사회의 도덕적 개선을 개인의 가치관에 관여하지 않는 방향에서 실현하려 하며, 오히려 개인들로 하여금 각자 고유의 가치관을 실현시킬 수 있게 하는 사회적 제도의 개선을 목표로 하고 있다. 한마디로 현대 규범론의 초점은 제도론이라 할 수 있다.

이렇게 사회의 도덕적 개선의 초점을 사회 조직이나 제도에 맞추게 될 때 우리가 제기해야 할 규범적 질문의 성격이 완전히 달라진다. 이제 질문은 단순히 무엇이 옳으냐 무엇이 좋으냐는 개인적 행위와 이를 통해 실현해야 할 행위의 목표의 문제가 아니라, 이러한 것들 중 한 개인이 다른 개인에게 또는 조직이 개인에게 강제할 수 있는 것이 무엇이냐는 문제이다. 왜냐하면 사회 조직, 특히 국가 조직이란 권위 또는 권력의 체계이기 때문이다. 국가 조직이 채택된 가치를 국민들에게 강제할 힘을 결여하게 될 때 더이상 국가 조직으로서의 기능을 행사할 수 없다. 도덕과 정치의 구분은 이와 같이 일정한 가치 또는 가치들의 집합을 단지 설득할 수밖에 없느냐 또는 조직의 힘까지 동원해서 강제할 수 있느냐 여부에 있다. 따라서 사회 제도의 도덕적 개선을 논하면서 제기해야 할 가장 중요한 그리고 일차적인 질문은 국가의 강제력의 범위와 이의 정당한 논거, 그리고 이 강제력이 근거해야 할 원리들, 소위 말하는 정의의 원리들의 구체적 내용이다.

이런 질문들은 다른 어떤 사회에서보다도 자유주의 사회에서 핵심적인 중요성을 지닌다. 이들은 자유주의 사회의 철학적 기초를 논함에 있어 제일 먼저 제기되어야 할 질문이다. 자유주의 사회란 그 수식어가 시사하듯이 그 구성원들의 정치·경제·문화적 자유가 최대한 보장되는 사회이다. 정치적 자유란 정치·사회적 존재로서의 개인의 기본권이 타인의 동등한 자유와 권리가 침해되지 않는 한에서 최대한 보장됨을 의미한다. 경제적 자유란 일정한 제약 아래서[2] 자유 경쟁 시장을 통해 재화를 생산·매매·교환·증여할 수 있으며 이를 통해 재화를 축적하여 사유 재산을 소유할 수 있는 권리이다. 문화적 자유란 자신의 가치관을 형성·표현·전파하며 집회를 통해 토의하고 단체를 통해서 또는 개인적으로 실현할 수 있는 자유이다. 자유주의 사회에서 보장되는 자유의 이러한 내용들을 고려하여 자유주의 사회를 달리 표현하면, 국가보다는 개인 우위의 사회 즉 국가 조직은 개인을 위해 봉사한다는 점에서 개인주의 사회이며, 다양한 가치관 또는 삶의 계획들에 개방적이라는 점에서 개방 사회 또는 다원화 사회이다. 그리고 정치·문화적 가치를 위한 시장인 대화·토론의 광장과 경제적 가치의 경쟁을 위한 시장이 마련되어 있는 자유 경쟁 사회이다. 한마디로 그리스적인 아고라[3]를 제도화하려는 것이 자유주의 사회의 이념이다.

이와 같이 볼 때 자유주의 사회, 구체적으로 자유주의 국가는 양면성을 띠게 되며 '자유주의 국가'란 표현은 일견 자가 당착적이라는 인상을 주게 된다. 자유주의 국가는 자유로운 사회 조직체로서 자유를 최대한 보장해야 하며 다른 한편으로는 국가인 한 일

---

2) 가령 롤즈의 차등의 원리, 또는 노직의 로크적 단서와 같은 제약들.
3) 그리스 세계의 아고라 *agora* 는 시장과 광장의 기능을 겸한 곳으로 소크라테스가 즐겨 대화를 하던 곳이었다.

정한 강제력을 소유해야 한다. 이런 양면성을 고려할 때 국가의 강제력 *coercion*과 이에 상응하는 국민들의 정치적 의무*political obligation*의 정당화 논거에 대한 우리의 질문은 더욱 급박하게 된다. 이제 문제는 왜 무정부 상태 또는 자연 상태가 아니라 국가인가? 그리고 국가의 선택이 도덕적으로 요청되거나, 또는 보다 약하게, 국가의 선택이 도덕적으로 정당화될 수 있는 과정을 통해서 (즉 개인의 자유와 권리를 침해함이 없이) 이루어질 수 있다면 그 선택된 국가가 구사할 수 있는 강제력의 범위는 어디까지인가? 그리고 그 도덕적으로 정당화될 수 있는 국가 형태는 더 나아가서 도덕적으로 요청될 수 있는(즉 이상적인) 국가인가? 하는 것들이다.

로버트 노직은 그의 저서 『아나키, 국가 그리고 유토피아』[4]에서 바로 이러한 질문들을 제기하고 있다. 필자는 이 장에서 이들에 대한 그의 견해를 살펴보려 한다. 이 검토에서 필자는 특히 국가 강제력은 어디에서 오는가, 도덕적으로 정당화될 수 있는 국가의 기능은 무엇인가, 노직이 말하는 최소국가의 기본 원리라 할 정의 원리들의 내용, 그리고 그 최소국가가 왜 이상적인가의 문제들을 중심으로 검토해보겠다.

본 검토에 들어가기 전에 노직의 저서에 대한 간단한 소개가 필요하리라 생각된다. 1960년대까지만 하더라도 영미 철학계의 주류는 분석철학이었고, 이 분석철학의 맹렬한 위세 아래서 규범적 탐구는 포기되거나 별 세력을 발휘하지 못하였다. 분석철학은 그 날카롭고 철저한 분석을 도구로 하여 개념들의 의미를 명료히하고 언어의 논리적 구조를 설명하는 데 위력을 발휘하였으나 지나치게 전문적이며, 현실적인 문제들에는 별 연관성이 없다는 것이 근

---

4) R. Nozick, *Anarchy, State, and Utopia*, New York, 1974. 이하에서는 *ASU*로 약함.

432

자의 비판이었다. 분석철학은 파괴적·비판적인 작업은 성공적으로 수행했으며 철학자들의 엄밀성에 대한 욕구는 충족시켰으나 그런 과정에서 현실 세계, 특히 가치의 문제들로부터 유리되어 별로 건설적인 기여를 하지 못했다는 것이다. 분석철학은 규범적 문제들의 제기를 거부하였고 철학의 과제는 그런 문제들의 제기가 아니라 오히려 그것들이 왜 문제가 되는지를 검토하는 것이라는 것이 분석철학자의 주장이었다.

하나 이러한 흐름에 대한 비판과 함께 1970년대에 들어 철학자들은 규범적인 문제들에 다시 관심을 기울이고 이들에 대한 해답을 시도하였다. 이런 시도에 있어 주목할 만한 사실은 이들이 그 해답을 추구함에 있어 전혀 새로운 방법적 도구를 원용하고 있다는 점이다. 이런 새로운 접근법을 취하는 철학자들 중에서 가장 주목을 받은 철학자는 롤즈[5]와 노직이라 하겠다. 이 두 학자들은 전통적인 규범학과는 달리 거대 이론의 전제 없이 합리주의적 관점에서, 즉 세계관·역사관·인생관의 차이에 상관없이 합리적인[6] 인간이라면 누구나 수락할 수 있는 최소한의 관점에서 규범적 문제들에 접근하고, 그럼으로써 보다 설득력 있는 논변을 전개하려 하고 있다. 그리고 그 방법에 있어 종래의 학자들과는 달리 인간에 관한 경험과학 즉 사회학·역사학·심리학 등이 제공하는 정보를 원용하지 않는다. 전반적으로 이들은 경제 이론, 게임 이론, 결단논리 등의 도구를 사용하고 있다. 특히 이 점은 노직의 경우 현저하다. 그가 자신의 정교한 논변에서 즐겨 사용하는 개념들 중 하나는 손익 계산 *cost-benefit*의 개념이며 그의 또 다른 하나의 중요

---

5) J. Rawls, *A Theory of Justice*, Oxford, 1971. 이하에서는 *TJ*로 약함.

6) 이들에게 합리적인 능력이란 경제적인 의미로 이해되며, "자신의 목적 실현을 위해 주어진 여건에서 가장 효율적인 수단을 선택할 수 있는 능력"을 의미한다. J. Rawls, *TJ*, p. 14 참조.

한 도구는 근래의 인식론에서 전형적으로 사용되는 방법의 하나
인 반례(反例)의 구성이다. 그는 현실적으로는 존재하지 않으나
논리적으로 타당한 반례들을 구성하여 규범적 문제들에 관한 우
리의 기본적 직관을 효과적으로 노출시키고 있다.[7] 그리고 그는
자신의 윤리적 저작의 내용을 주로 논리적 논변들로 구성하고 있
다.[8] 이렇게 노직은 롤즈와 함께, 한편으로는 분석적 방법을 원용
하고 다른 한편으로는 새로운 도구를 차용하여 규범적인 문제들
에 관해 보다 설득력 있는 논변을 전개할 수 있음을 보이고, 분석
철학의 방법이 단순히 파괴적이고 현실 유리적인 것만은 아니라
는 것도 역연히 입증하여 규범적 논의의 새로운 장을 열었다 하겠
다.[9]

2. 최소국가의 성립과 국가 강제력의 근거

자유주의 국가에 관한 우리의 첫번째 질문은 정당화될 수 있는
국가의 강제력은 어디에서 오는가라는 것이었다. 국가란 개인들
의 삶을 위해 인위적으로 구성된 조직체라는 것이 자유주의 사회
의 근본 전제이므로, 이 질문에 답하기 위해서 노직은 자연 상태
론에서부터 논의를 시작한다. 형이상학적인 세계관이나 역사관을
전제하지 않고서 국가의 정당성을 논하고자 한다면 이런 접근이

---

7) *ASU*, p. x.

8) *ASU*, p. xi.

9) 1960년 이후의 규범철학, 특히 정치철학적 논의가 활기를 띠게 된 상황에 관해서는
P. Laslett & others ed., *Philosophy, Politics, and Society*, 1st~5th Series, Blackwell,
1956~1979의 서문들 참조. 특히 제3권, 제5권의 서문들. 1962년에 발간된 이 시리
즈 제2권에서 I. Berlin은 "정치 이론이 아직 존재하는가?"라고 묻고 이에 대해 20
세기에 들어서 추천할 만한 저서가 나타난 바 없다고 대답했으나, 이제 이 진단은
더 이상 타당하지 않다고 편집자들은 지적하고 있다(제5권 서문).

가장 합리적이라 할 수 있다. 자연 상태 또는 무정부 상태, 즉 국가 성립 이전의 상태를 가정하고서 이 상태에서 개인들은 어떤 필요에 의해 국가를 요청하고, 국가 성립에 필수 여건인 강제력이 어떻게 확보되는가를 설명할 수 있으면 우리의 해답은 얻어지는 것이다.

노직은 로크의 전통을 좇아 자연 상태의 개인들은 일정한 종류의 자연권 *natural rights*을 소유한다고 전제한다. 구체적으로 자연 상태의 개인들은 자신의 생명 · 건강 · 신체 그리고 이로부터 우러나오는 노동력과 이 노동력을 자연에 가해서 취득하는 재산에 대한 권리들을 소유하며 이 권리들에 대한 타인의 침해로부터 자유롭다.[10] 더 나아가 자연 상태의 개인들은 전반적으로 자연법이 지시하는 바(가령 타인의 권리를 침해해서는 안 된다는 등의)에 따라 행위한다 해도[11] 자연 상태는 우리의 삶의 환경으로서는 중요한 단점들을 지니고 있다. 이런 상태에서는 가령 각 개인들의 자유와 권리의 한계에 대해 모호할 수 있으며 이로부터 이해의 충돌이 생길 수 있고, 이 충돌의 해소를 위한 기준 · 방책 등에 대해 의견의 상치가 있을 수 있다. 그리고 개인들은 자연권을 소유하고 있으되 이 권리를 행사할 힘을 결여할 수 있다.[12]

---

10) *ASU*, p. 10.

11) 노직은 어느 정도 도덕적인 자연 상태를 가정하고 있다. 그 이유는 최악의 자연 상태나 최선의 자연 상태를 가정한 자연 상태론은 설득력이 없기 때문이다. 최악의 가설적 자연 상태는 최악의 국가 상태와 비교되어야 하며 이 경우 당연히 무정부론에 불리할 것이며, 최선의 가설적 자연 상태는 인간의 자연적 특성과 자연적 환경을 고려할 때 우리의 사실에 대한 직관에서 상당히 멀다. 따라서 국가 성립의 정당화론이 설득력을 지니기 위해서는 합리적인 한에서 낙관적인 자연 상태를 가정하고서 시작해야 한다(*ASU*, p. 5). 필자는 노직적인 자연 상태관에 부정적이며, 자연권 개념에 대해서도 비판적이다. 이 책의 4, 5, 6장 참조.

12) *ASU*, pp. 11~12. 자연 상태에 대한 노직의 이러한 가정은 로크의 것을 따른 것이다. 로크의 기술이 수미일관치 못하다는 비판도 있다(J. D. Mabbott, *The State and Citizen*, London, 1948, pp. 21~26).

이런 문제들에 봉착하여 개인들은 서로의 권리를 보호하기 위해 조직체, 즉 상호보호협회 mutual protection associations를 구성한다. 그 다음 권리 보호 업무의 전문화가 이루어져 전문적인 보호협회들이 등장하고 개인들은 이로부터 보호라는 상품을 구입한다. 조만간 한 지역 내에서 가장 효과적인 보호를 제공하는 지배적 보호협회 a dominant protective association가 부상하게 된다. 이 지배적 보호협회는 한 지역 내에 있는 여러 개의 보호협회들이 자신들의 고객을 위한 권리 행사와 권리 보호에 있어 상호 충돌할 경우 이를 중재할 필요에 의해, 그리고 그 밖의 시장의 압력, 노동의 분화, 합리적 이기주의 등의 여러 요인들에 의해 형성된다. 이러한 발전 과정에서 주목할 것은 이런 보호협회들이 개인들의 필요에 의해 자연스레 발생하고, 이들이 행사하는 권한은 개인들에 의해서 위임된 것이라는 점이다. 개인들은 자신의 권리를 침해한 자들을 처벌하고 이들로부터 보상을 받아낼 권리를 자연 상태에서 소유하나 개인들은 이 권리를 행사할 실질적인 힘을 결여할 수 있다. 따라서 이들은 일정한 수수료를 지불하고 이 권리를 자신의 대리인 즉 보호협회에 자발적 의사에 따라 이양하여 대리 수행케 하리라는 것이다.

이 지배적 보호협회는 한 지역 내에 사는 모든 개인들의 삶의 한 측면에 관해 권력을 거의 독점하므로 사실상의 국가라 할 수 있다. 이 지배적 보호협회는 조만간 극소국가 *an ultraminimal state*로 발전된다. 이 발전의 매개체는 개인들의 절차적 권리이다. 이 권리란 다음과 같은 것이다. A가 B에게 불의를 행했다고 B가 믿고 있다고 가정해보자. 이 경우 B는 어떤 절차(정의의 절차)를 밟아 A의 유죄 여부를 확인하려 할 것이다. 그러나 이 절차는 A가 보기엔 신빙도가 낮고 공정치 못한 것일 수 있다. 이 경우 A는 정당 방위로서 이 절차에 대해 저항할 권리를 가지며 이 권리를 절차적 권리라 한다. 개인들은 이 절차적 권리를 지배적 보호협회에 위임할 것이며, 이 협회가 이 권리를 적극적으로 대리 행사할 때 이 협회는 개인들의 권리 보호와 대리 행사권을 합법적으로 독점하게 된다. 더 나아가 이 협회는 강력한 힘을 소유하므로 이 협회의 고객 아닌 자가 이 협회의 고객에 대해 권리 행사를 하려 할 때, 믿을 만한 절차 마련에 합의할 것을 요구할 수 있으므로 사실상 한 지역 내의 모든 개인들 — 고객이거나 비고객이거나간에 — 의 사적인 처벌이나 권리 침해에 대한 보상액의 평가 · 징수를 금지할 수 있다. 즉 한 지역 내에서 권리의 보호와 대리 집행에 관한 한 누구의 권리도 침해하지 않고서 합법적으로 권력을 독점할 수 있다. 이런 독점이 이루어질 때 지배적 보호업소는 극소국가가 된다.[13]

이 극소국가는 한 지역 내의 모든 개인들에게 보호라는 서비스를 제공하는 것이 아니라 수수료를 지불하는 고객에게만 그 서비스를 제공하므로 아직 국가의 필요 조건을 갖추지 못했다.[14] 그러나 이 극소국가는 보상의 원리 *the principle of compensation* 라는 도덕적 원리에 의해[15] 한 지역 내의 모든 개인들에게 보호의 우산을 제공하는 극소국가로 변형될 것이 요청된다.[16] 위에서 말한 바와 같이 극소국가가 지배하는 지역 내의 개인들 중 이 국가와 관계를

---

13) 위험한 행위 일반의 금지, 신빙도가 낮은 정의 판결 절차의 사용 금지와 이에 대한 보상 문제에 관해선, *ASU*, 제4장 참조. 극소국가의 발생 과정에 관해선 *ASU*, 제5장 참조.

14) 국가의 한 필요 조건은 영역 내의 모든 개인들에게 법적 보호를 제공함이다.

15) *ASU*, pp. 78~84.

16) 국가의 성립에 있어 합리적 이기주의가 주요 동인이나, 극소국가에서 최소국가로의 변형 단계에서만 도덕적 동기가 개입된다. *ASU*, p. 119. 다른 유형의 최소국가 성립에 관해선 R. A. Posner, *The Economics of Justice,* Harvard, 1981, ch. 5: "on the Homeric version of the minimal state"; M. Levin, "A Hobbesian Minimal State," *Philosophy & Public Affairs*, Vol. II # 4 참조.

맺지 않은 개인들인 자립인들은 사실상 사적인 정의의 절차를 사용하여 자신들의 권리를 방어하거나 행사할 수 없다. 즉 극소국가의 고객들이 자신들에게 불의를 행한다 하더라도 이들을 처벌하고 보상을 청구할 수 없다. 왜냐하면 극소국가는 자신의 고객들로부터 위임받은 절차적 권리를 행사하여 자립인들의 절차에 이의를 제기하고 이들의 정의 행사를 자신의 강력한 힘을 사용해 금지할 수 있기 때문이다.[17]

극소국가의 이러한 금지 행위는 자신에게 위임된 정당한 권리를 행사하는 것이므로 그 자체로서는 자립인들의 권리를 침해하는 것이 아니다. 그러나 이 금지 행위는 결과적으로 자립인들에게 불리점을 초래하고, 따라서 극소국가는 이 불리점에 대해 자립인들에게 보상해줄 것이 도덕적으로 요청된다. 이 보상의 한 방법으로 극소국가는 자신이 지배하는 지역 내의 모든 자립인들에게까지도 보호의 서비스를 제공함으로써 극소국가는 최소국가로 변모한다. 그런데 이 보호의 보편적인 제공은 고객들이 지불한 수수료에 의해 이루어지므로 노직이 도덕적으로 정당하다고 보는 최소국가는 적어도 보호라는 재화에 관해서는 재분배적이며 따라서 자신의 고객들의 재산권을 부분적으로 제약하지 않는가라는 이의가 있을 수 있다. 그러나 이 재분배는 결과적인 것일 뿐, 최소국가는 이를 의도하지는 않았으므로 최소국가는 재분배적이 아니라는 것이다.

이와 같이 해서 자연 상태로부터 상호보호협회, 직업적 보호협회, 지배적 보호협회, 극소국가, 그리고 마지막 단계에 국민들의 권리 보호와 권리의 대리 행사라는 소극적 기능에 국한하는 최소국가가, 자연 상태의 개인들이 갖는 권리를 조금도 침해하지 않고 구성

---

17) *ASU*, pp. 108~10.

될 수 있다. 이런 발전적 구성 과정은 시간화된 시장이며 이 시장에서의 핵심적 추진력은 개인들의 합리적 이기심과 이를 인도하는 보이지 않는 손이라는 것이 노직의 논지이다.

국가 성립 과정에 관한 이런 가설적 기술은 헴펠이 말하는 일종의 잠재적 설명 *a potential explanation* [18]이며, 이런 설명은 국가가 가진 독점적 권력을 정당화할 수 있다고 노직은 생각한다. 이 설명에서 우리가 주목해야 할 것은, 첫째, 국가가 소유한 독점적 권력은 자연 상태에서 개인들이 소유하고 있었던 기존의 권리들로부터 우러나오며[19] 따라서 이것들의 총체 이상이 될 수 없다. 둘째, 이 독점적 권력을 발생시키는 계기인, 개인들에 의한 자신의 권리의 부분적 위임은 이들의 필요에 의해 자발적으로 이루어지며, 이 자발적 위임의 동기는 합리적 이기심이다. 권력 발생에 관한 이런 견해는 후에 논의될 하트H. L. A. Hart와 롤즈의 이익 수취설과 대조된다. 셋째, 개인들이 위임하는 권리는 자신의 자유와 권리들의 보호 그리고 이의 대리 행사에 관한 것이므로 국가 권력의 범위는 이에 국한된다. 따라서, 노직의 견해로는, 도덕적으로 정당화될 수 있는 유일의 국가 형태는 19세기의 야경국가와 유사한 기능을 지닌 최소국가이다. 그러므로 롤즈가 주장하는 재분배적 국가나 그 이상의 기능을 갖는 국가 형태는 정당하지 못하다. 넷째, 최소국가 안에서 개인들은 타개인의 동등한 자유와 권리를 침해하지 않는 한에서 정치·문화의 영역뿐만 아니라 경제적 영역에서도 최대한의 자유를 향유한다. 따라서 절대 평등, 최대 다수의 최대 행복, 최소 수혜자의 이익의 최대화와 같은 정형 *pattern* [20]의 실현을 위

---

18) C. G. Hempel, *Aspects of Scientific Explanation*, New York, 1965, pp. 247~49, 273~78.

19) 모든 권리와 권력들은 이미 존재하는 권리로부터 나온다는 명제는 노직의 국가론 및 정의론의 핵심적 전제이다.

20) 이 개념은 노직의 정의론을 논하면서 설명될 것이다.

해 개인들의 자유로운 경제 활동이 제약되어서는 안 된다.

국가의 기능과 권력에 관한 이상의 결론의 근본적인 전제는, 근원적으로 존재하는 것은 서로 독립적인 삶을 영위하는 서로 다른 개인들이며[21] 이 개인의 자유와 권리는 타개인을 위해 희생되어서는 안 된다는, 칸트 이후 근대 자유주의의 기본 입장이다. 또 다른 하나의 근본 전제는 정치철학의 기초에 관한 것으로, 노직에 따르면 "도덕철학은 정치철학의 배경을 마련하고 그의 경계를 정한다. 한 개인이 타개인에게 할 수 있는 것과 없는 것은 그들이 국가라는 장치를 이용해, 또는 이 장치를 만들기 위해 할 수 있는 것과 없는 것의 경계를 정한다. 강제할 수 있는 도덕적 공지 사항들은 국가의 근본적인 강제력이 가질 수 있는 합법성의 근원이다."[22] 즉 국가 권력의 근원은 국민들이 이미 소유하고 있는 권리들이며 따라서 국가는 개인들의 의사에 반하여 권력을 행사할 수 없다.

3. 자유주의적 정의관: 소유 권리론

I. 정의의 주체와 과제

도덕적으로 정당화될 수 있는 유일의 국가 형태는 최소국가이

---

21) *ASU*, p. 33. 이 주장은 실상 노직의 정치철학의 기초를 구성하는 견해이나 그는 유감스럽게도 이 주장을 상설하지 않고 있다. 이런 불친절 또는 기초론의 경시에 대한 비판은 다음을 참조: T. Nagel, "Libertarianism Without Foundation," in J. Paul ed., *Reading Nozick ; Essays on 'Anarchy, State, and Utopia,'* New Jersey, 1981, pp. 191~205. 필자 역시 개인의 근원성에 비판적이다. 이 책의 4, 6장 참조. 그러나 하트는 이 점에 관해서 호의적이다: H. L. A. Hart, "Between Liberty and Rights," in A. Ryan ed., *The Idea of Freedom*, Oxford, 1979, pp. 77~98. 하트의 논문은 권리 중심적 사회철학자로 노직과 드워킨을 들고 이들의 견해를 공리주의와 비교·비판하고 있다.

22) *ASU*, p. 6.

며, 이 국가는 어떠한 재화의 재분배도 자신의 과제로 삼지 않는다면, 도대체 이런 국가에서 정의를 논할 수 있을까? 롤즈 이래로 정의의 개념은 재화의 분배, 특히 경제적 재화의 분배와 관련하여 논의되어왔다. 그러나 이러한 연관성은 실은 국가 조직을 분배의 체계로 볼 때에만 가능하다.

롤즈는 국가를, 각자의 삶의 계획을 실현하기 위한 재화들을 보다 효율적으로 생산하기 원하는 개인들이 모여 협동 생산하고 이를 일정한 기준에 의거해 분배하기로 협의하여 성립된 **협동의 체계**로 본다. 따라서 그에게 있어 정의의 제1차적 주체는 이 체계의 기초를 제공하는 사회의 기본 구조 *the basic structure*이며, 정의의 과제는 협동을 통해 생산된 재화와 이의 생산에 소요되는 비용을 공정하게 분배하는 일이다. 그에게 있어 정의의 원리는 바로 이런 분배의 기준이다. 이 기준의 구체적 내용은 개인의 기본적 자유에 있어서의 평등[23] 그리고 경제·사회적 재화의 분배에 있어 효율적이고 점진적인 평등의 실현이다.[24] 이러한 이유에서 그의 정의관은 평등주의적 정의관이라 할 수 있으며 그 자신 평등주의자임을 자처하고 있다. 이런 입장은 필연적으로 개인들이 후천적으로 얻게 되는 사회·경제적 위치뿐 아니라 자연적 자질과 성격까지도 사회 구성원 모두의 공동 자산으로 보는 자질공유주의(資質共有主義)[25]를 요청한다. 이런 견해에 따르면, 개인들이 사회 성립 이전에 소유하는 권리란 존재하지 않으며, 모든 개인들의 권리는 국가

---

23) 정의의 제1원리.

24) 정의의 제2원리 중 차등의 원리.

25) 애로우는 이 입장을 자산평등주의 *asset egalitarianism*라 부르고 있다. 그러나 롤즈의 입장은 개인의 자연적·사회적·경제적 자산은 공유의 것이고 이를 기초로 해 나오는 소득은 사회 구성원간에 평등하게 분배되어야 한다는 것이므로 필자는 '자산공유주의' 라는 표현을 사용하겠다. K. Arrow, "Some Ordinalist-Utilitarian Notes on Rawl's Theory of Justice," in *Journal of Philosophy*, May 1973, p. 248.

에 의해 분배된다. 정의의 원리란 이 권리들을 분배하기 위한 가장 근본적인 기초이다.

노직은 우리가 이미 본 바와 같이 국가와 개인에 대해 롤즈와는 전혀 다른 견해를 갖고 있다. 그에 따르면 개인들은 사회 구성 이전에 이미 자연권을 소유하며 이를 활용하여 새로운 권리들을 창출한다. 사회의 기본 구조는 이러한 권리들을 소유한 개인들이 합리적인 이기심에 인도되어 경제적 행위를 하는 과정에서 발생하는 자발적 교환의 체계이며, 협동 생산도 이런 과정의 일부로서 있을 수 있다. 정의의 일차적 주체는 따라서 이런 교환의 기초가 되거나 이에서 발생하는, 구체적 개인들의 권리의 취득·이전 등 구체적이고 개별적인 경제 행위로서 사회의 전반적 제도 및 사회 전체의 분배 상태는 오직 이차적으로만 정의의 주체가 된다.[26] 노직은 재화의 분배를 자유 경쟁 시장에 맡기는 자유방임적 태도를 취하고 있으며, 정의의 과제란 개인들의 권리가 취득·이전되는 과정을 규제하는 일이라 보고 있다. 이런 기본적 입장에 설 때 정의의 구체적 내용은 개인들의 자유와 권리의 보호, 즉 최소국가가 갖는 고유 기능의 수행이다. 그러므로 노직이 보는 정의로운 국가란 평등이 실현된 국가라기보다는 개인의 자유와 권리가 철저히 보장되고 이런 보호 아래서 개인들이 자신의 가치관을 마음껏 실현할 수 있는 사회이다.

그러면 정의의 보다 구체적인 과제는 무엇이며 그 원리의 내용은 어떠한 것인가 살펴보자. 노직의 정의론에서 가장 핵심적인 역할을 하는 개념은 개인이 자신의 재산을 자신의 의사에 따라 사용하고 처분할 권리, 즉 소유권적 권리, 또는 줄여서 소유 권리 *entitlement*이다. 따라서 그의 이론은 소유 권리론 *the entitlement*

---

26) 따라서 노직은 '분배적 정의' 란 표현을 피한다. *ASU*, p. 150.

*theory of justice*이라 불린다. 노직의 소유 권리론에 따르면 정의의 원리가 제시되어야 할 주제는 소유물과 관계되는 세 영역이다. 재산 또는 소유물 *holdings*의 원초적 취득, 소유물의 이전, 그리고 불의의 교정이 그것이다. 첫째는 아무도 소유하지 않는 물건을 누군가 소유하여 재화화하는 행위, 둘째는 한 사람이 다른 사람으로부터 그자가 소유한 재화를 획득하는 과정, 그리고 셋째는 과거의 불의에 의해 결과한 재화의 불의한 분배 상태나 소유 상태를 시정하기 위하여 재화의 이전을 꾀하고 그리하여 정의로운 또는 정당화 분배 상태로 환원시키는 절차를 말한다.[27] 노직이 제시하는 세 원리는 다음과 같다.

1) 한 개인 S가 원초적 취득에 있어서의 정의의 원리에 준거하여 재화를 얻는 경우 그는 그 재화에 대한 소유 권리를 지니며 그때 그의 소유 상태는 정의롭다.

2) S가 이전에 있어서의 정의의 원리에 근거하여, 어떤 재화에 대한 소유 권리를 지닌 다른 사람으로부터 그 재화를 취한 경우 그는 그 재화에 대한 소유 권리를 지니며 그때 그의 소유 상태는 정의롭다.

3) 1)과 2)의 반복적 적용에 의해 S가 어떤 재화를 소유케 된 것이 아닌 경우 S는 그 재화에 대한 소유 권리를 지니지 않으며 따라서 그의 소유 상태는 정의롭지 않다.[28]

이상을 한마디로 요약하면 한 개인의 소유 상태 또는 재산 상태가 정의롭다 할 수 있기 위한 필요 충분 조건은 그가 자신의 소유물에 대한 소유 권리를 소유하고 있음이며, 그가 이 소유 권리를 지니기 위한 필요 충분 조건은 그가 원초적 취득·이전·불의의

---

27) *ASU*, p. 150.
28) *ASU*, p. 151.

교정의 원리에 의해, 또는 이 원리들의 반복적 적용에 의해 정당하다고 판단되는 절차 또는 과정을 밟아 그 재화를 획득함이다. 이 절차의 최초의 단계는 원초적 취득에서의 정의의 원리에 의해, 그리고 그 이후의 단계들은 이전(移轉)에서의 정의의 원리에 의해 제약된다. 이 두 원리에 의해 모든 정의로운 분배 상태가 정당화되는 것은 아니다. 가령 B가 A의 재산을 강탈·사기·절도 등 부당한 방법에 의해, 즉 위 두 원리를 위반하여 취득한 후 A가 이 재산을 어떻게 하여 되찾았다고 해보자. 이때의 A의 소유 상태는 위 두 원리에 준거해 발생한 것은 아니라 하더라도 정당한 것이라 할 수 있다. 현실은 롤즈가 말하는 질서 잡힌 사회 *a well-ordered society*[29]가 아니다. 현실 세계에서의 사회 전체의 경제적 분배 상태나 개인들의 소유 상태는 많은 경우 비합리적인 절차를 거쳐 결과된 것이다. 따라서 이런 불의한 상태를 교정할 원리가 필요하며 이것이 제3의 원리이다.[30] 현실 세계 속에 불의의 사례가 많은 만큼 아마도 가장 현실적으로 유용하며 그 구체적 내용이 명시되어야 할 것은 이 제3의 원리이다.

정의로운 소유 상태에 관한 위의 세 기준은 정의의 원리 자체라기보다는 정의의 원리들을 위한 골격이다. 이 원리들의 구체적 내용이 무엇인지는 노직은 차후의 과제로 남겨두고 있다. 단 우리가 그의 다른 논의를 통해 추측건대 정의의 원리에 의한 경제 행위의 제약은 최소한의 것으로, 타인의 권리를 침해하지 말라는 정도의

---

29) 이 개념에 관해선 다음 참조: *TJ*, pp. 4f., 453 이하; J. Rawls, "A Well-Ordered Society," in P. Laslett & J. Fishkin ed., *Philosophy, Politics, & Society*, 5th Series, New Haven, 1979.

30) 롤즈에 따르면 차등의 원리는 'strict compliance theory'의 일부이다(*TJ*, pp. 9, 241, 391). 그러나 노직은 차등의 원리는, 수락될 수 있다면, 개략적인 교정의 원리로 받아들일 수 있을 것이라고 논한다(*ASU*, p. 231). 이렇게 보면 차등의 원리는 'partial compliance theory'의 일부일 것이다.

것이라고 생각된다.[31] 그리고 노직도 원초적 취득과 관련해 추가의 제약으로 로크적 단서 ─ 충분한 양의 그리고 동질의 것이 다른 사람들을 위해 주어져 있어야 한다는 ─ 를 추가하고[32] 이전 행위에 있어서도 이와 유사한 단서가 있어야 한다고 시사한다.[33] 이런 추가의 단서들은 자유 경쟁 시장에서 있을 수 있는 타인의 생존 위협, 독점 등에 의한 자유 경쟁 시장 체제의 결과적 붕괴를 막기 위한 최소한의 단서들이다.

Ⅱ. 소유 권리론의 절차성과 비정형성

노직의 정의론의 주요 특색에 주목하여 그 내용을 보다 상세히 살펴보자. 첫째 특색은 한 개인이 재화를 취득하게 되는 절차나 과정에 대한 강조이며, 둘째 중요한 특색은 정의의 주체가 개인이나 개인의 소유 상태이며 정의의 관건은 그의 소유 권리라는 점이다. 노직은 이 특색들을 보다 명료히 부각시키기 위해 두 가지 기준을 제시하고 이에 의해 정의의 원리들을 넷으로 분류한다. 하나의 기준은 개인의 현재의 소유 상태를 결과한 과거의 과정·역사·절차를 고려할 때, 현재의 소유주가 자신의 소유물에 대해 응분의 권리를 지니는가 하는 것이고 이에 따라 정의의 원리들은 역사적 원리와 비역사적 원리로 나뉜다. 또 다른 기준은 부의 분배 상태가 개인들의 자연적 차원들이나 이들의 서열에 따라 결정되

---

31) C. C. Ryan, "Yours, Mine, and Ours: Property Rights and Individual Liberty," in *Reading Nozick*, p. 325 참조.

32) *ASU*, pp. 175~82.

33) *ASU*, p. 179. 이 단서와 관련하여 많은 학자들이 비판을 가한다. 그런데 이런 비판에 있어 주의할 점은 이 단서는 롤즈의 차등의 원리와는 달리, 소정의 도덕적 가치, 즉 평등을 실현키 위한 적극적 목적을 위한 것이 아니라 타인의 기본적 생존을 위협하지 않아야 한다는 최소한의 제약이라는 점이다. 이 단서와 관련된 비판의 하나로 D. Miller, "Constraints on Freedom," pp. 66~86, *Ethics*, Vol. 74 # 1 참조.

느냐, 아니면 각 개인들이 얼마를 소유하느냐에는 상관없이 오로지 사회 전체의 분배 상태가 지니는 정형이나 구조가 어떠하냐는 것이고 이에 따라 정형적 원리와 비정형적 원리가 있다.[34]

이 두 종류의 구분을 조합할 때 정의의 원리들은 1) 역사적 · 정형적 원리, 2) 역사적 · 비정형적 원리, 3) 비역사적 · 정형적 원리, 그리고 4) 비역사적 · 비정형적 원리로 분류된다. 1)의 원리는 구체적으로 사회 내의 각 개인의 과거의 행적을 분배의 기준으로 삼으며 도덕적 응분 · 기여도 · 필요 등에 따른 분배가 그 예이다. 3)의 원리는 개인의 분배 몫을 개인의 특성에 따라 분배하려 하되 이 기준이 IQ · 출신 성분 · 종족 등과 같이 개인의 과거 행적과는 상관없는 것들이다. 이조의 신분 사회, 미국의 노예제 사회에서의 분배 원리가 그 예들이다. 4)는 개인에 대한 고려가 없이 사회 전체의 분배 상태의 구조가 어떠한지만을 고려한다. 이 원리는 개인의 재산 상태나 사회 전체의 분배 상태가 구체적으로 어떤 역사적 과정을 거쳐 발생했는가를 고려하지 않는 점에서 비역사적이요, 사회 내에서 각 개인의 분배 몫을 결정할 기준 내지는 정형을 제시하지 않는 점에서 비정형적이다. 이 원리는 일정 기간의 경제 활동(가령, 5개년 경제 계획)이 경과한 후의 결과에 주목하므로 '종국 결과적 원리' '종국 상태적 원리' 또는 '현재 시점 단면 원리'라고도[35] 불리며, 한 사회 내의 분배 상태의 전반적 구조를 넓은 의미의 정형으로 보아 '정형적 원리'라고도 한다. 그 예로는 공리주의 · 절대평등주의, 그리고 노직은 롤즈의 차등의 원리를 들고 있다.

2)의 유형의 대표적인 것은 노직 자신의 소유 권리론이다. 이 원리는 정형적 원리의 두 유형과 같이 한 개인에게 돌아갈 분배

---

34) 이 구분은 *ASU*, pp. 153~60 참조.

35) 현재 시점 단면 원리는 종국 상태 원리보다 근시안적이다.

446

몫을, 개인에 관한 어떤 정형을 설정하거나 사회 내의 분배 상태 전반의 구조를 미리 설정해 결정하려 하지 않는다. 이 원리에서 중요한 것은 한 개인이 자신의 소유 몫에 대한 소유 권리를 소유 했는가의 여부, 그리고 이 소유 권리가 정당한 역사적 과정이나 절차를 거쳐 획득되었는가만을 고려한다.

이 원리의 핵심적인 개념은 소유 권리의 개념과 역사적 절차 또는 과정의 개념이다. 우리는 이 주요 특색을, 롤즈 정의론의 문제점을 노직의 관점에서 지적함으로써 보다 명료히할 수 있다. 롤즈 정의론의 문제점은 다음과 같다. 첫째, 롤즈는 정의의 과제를 공정한 분배의 문제로 봄으로써 자유 사회의 경제 체제의 전형이라 볼 수 있는 공개 경쟁 시장의 기초가 되는 자발적 교환의 행위를 제약할 구실을 제공한다. 노직에 따르면 정의가 논의되어야 할 구체적 현장은 협동 생산물의 배급소가 아니라 일정한 권리를 지닌 개인들의 자발적 교환의 장소인 시장이다.[36] 그러나 롤즈적 정의관을 채택할 때 우리는 적어도 부분적으로는 공개 경쟁 시장을 제약하여 배급소의 기능을 수행케 해야만 한다(가령 누진세, 상속세, 민간 부문과 공공 부문의 구분, 배급, 가격 통제, 임금 통제 등의 수단을 사용하여). 이러한 제약은 궁극적으로 개인들의 권리, 이들의 재산에 대한 소유 권리를 제한하게 하며 따라서 개인들의 자유를 부분적으로 침해하게 된다. 이에 관한 노직의 논변은 곧 살펴보기로 하겠다.

둘째, 이미 지적한 대로 롤즈는 정형적 정의관을 택하고 있는데, 이런 정의관에서는 개인의 소유 상태보다는 사회 전체의 분배 상태의 옳고 그름이 보다 일차적인 문제로서, 전자의 정의는 후자

---

36) 사회 내의 재화들은 모두 누구의 것으로 존재한다. 따라서 배급할 재화란 존재하지 않는다는 것이 노직의 견해이다. 롤즈는 사회내 재화를 마치 하늘로부터 떨어진 만나처럼 간주한다고 비판한다(*ASU*, pp. 198, 219).

의 정의에 종속된다. 이러한 정의관은 전체보다는 부분을 중시하여 부분을 통해 전체를 구성하고 사회 전체의 부의 분포의 구조보다는 개인들의 권리를 중시하는 자유주의의 기본 입장에 상치된다. 이런 견해는 개인의 권리가 정당하게 취득되었고 그것이 침해되지 않았는지 여부에 의해 사회 전체의 정의를 결정하려 하기보다는 그 반대의 순서를 택한다.

셋째, 자유주의 사회를 구성하는 절대적 요건의 하나는 절차적 정의관이다. 이 견해의 요점은 한 사회 내의 정치·경제·사회적 정의는 사회 구성원들이 합의하는 절차에 의해 결정되어야 한다는 것이며 정의 결정에 있어 절차가 산출할 결과를 고려하지 말아야 한다는 것이다.[37] 롤즈도 이런 점을 염두에 두고서 자신의 정의관이 지녀야 할 절차적 성격을 두 단계에 걸쳐 실현하려 하고 있으나 과연 이것이 제대로 실현되었는지는 의문의 여지가 있다. 그는 원초적 입장이라는 제1차적 절차가 산출해야 할 정의의 원리들을 그 입장에 가해지는 제약들에만 맡겨두지 않고 특정한 분배의 원리를 제안하고 있다. 그 원리란 사회의 기본 구조라는 제2차적 절차가 일정한 분배 상태, 즉 사회 내의 불우한 집단의 이익의 최대화를 통한 경제적 평등을 실현시켜야 한다는 차등의 원리로서, 이를 통해 그는 순수 절차적 정의관에서 일탈하고 있다. 즉 그는 사회 내의 분배 상태를 완전히 절차에 위임하는 것이 아니라, 그 절차는 특정 구조의 분배 상태를 산출해야 한다고 요구함으로써 절차를 규제하고 있다. 그의 정의론이 순수히 절차적이고자 한다면, 원초적 입장과 사회의 기본 구조라는 두 단계의 롤즈적 *Rawlsian* 게임의 결과를 게임의 규칙과 게임 참여자들에게 맡겨 놓았어야 일관성을 유지할 수 있었을 것이다.

---

37) 이를 롤즈는 순수 절차적 정의라 한다. *TJ*, pp. 85 이하.

넷째, 롤즈는 자유주의적 입장을 기본적으로 수용하고 있으므로 정치·문화적 자유를 중히 여기고 이들이 개인들에게 있어 경제적 재화보다 더 귀한 것이라 보고 있다.[38] 다른 한편으로 그는 경제적 활동은 정치·문화적 자유와 양립할 수 있으며 따라서 경제적 활동을 위한 자유와 권리의 제약도 정치·문화적 자유와 양립할 수 있다고 생각한다. 이에 대해 노직은 경제적 평등이 과연 정치·문화적 자유와 양립할 수 있을지 확실치 않으며, 설사 그렇다 하더라도 경제적 평등이라는 도덕적 이상이 경제적 자유와 권리의 제약을 정당화할 수는 없다고 비판한다. 실상 현대 사회의 개인들에게 있어 경제적 능력은 정치적·문화적 자유의 향유와 직결되어 있다. 이러한 사태가 도덕적으로는 바람직한 것이 못 될지 모르나 그렇다고 해서 그 개인들을 강제하여 불만스러운 소크라테스의 생활을 강요할 수는 없다. 만족한 돼지의 삶을 영위하려는 자라도 타인에 의해 침해될 수 없는 고유의 권리와 자유를 지니고 있으며 따라서 이들에게 부권주의적 간섭은 할 수 없다는 것이 자유 사회·개방 사회의 기본 입장이다.

이미 인정한 바와 같이 롤즈의 정의관은 자유주의 사회의 기본 전제 아래서 제기된 것이며, 적어도 그 의도에 있어서는 자유주의 사회의 기본 이상을 보다 잘 실현하기 위한 정의관이라 할 수 있다. 문제는 위에서 지적한 바와 같이 그의 이론의 여러 가지 특성들인 분배주의, 전체 중심주의, 절차의 결과에 대한 관여, 경제적 자유의 중요성 경시 등과 같은 여러 특성들 때문에 그 의도를 제대로 실현시키고 있지 못하다는 것이 노직의 논변이다.[39]

이러한 단점들을 극복하고 철저히 자유주의적이며 개방주의적

---

38) 그는 이를 자유 우선성의 원칙으로 표현하고 있다. *TJ*, pp. 243~51.

39) 노직은 *ASU*, 제7장 sect Ⅱ에서 롤즈의 정의론에 대해 상당히 폭넓은 비판을 가하고 있다.

이고 절차주의적 관점에서 제시된 것이 노직의 역사적·비정형적 정의관으로서의 소유 권리론이다. 이 정의론의 근본 취지는 현대 자유주의의 기초가 되는 칸트의 인격론[40]과 개인은 국가나 사회에 앞선다는 근대적 국가 이념을 최대한 살려 인간의 자연권 및 이로부터 우러나오는 개인들의 구체적 자유와 권리를 최대한 보장하고, 국가는 다만 개인들이 독자적으로 또는 다른 개인들과 협동하여 자신들의 삶의 계획을 실현할 수 있게 하자는 것이다. 이러기 위해서는 경제적 재화의 분배는 자유 경쟁 시장에 맡겨야 하며 국가는 다만 이 시장에 참여하는 자들의 자유와 권리가 침해되지 않도록 감시하거나 이 시장 체제를 파괴시키는 행위만을 금지하는 소극적인 역할에 제한하자는 것이다. 국가는 그 이상의 역할을 할 도덕적 근거도 없거니와, 이와 같은 소극적인 역할에 국가가 국한될 때 사회는 오히려 효율적으로 발전되고 개인의 자율성·창의성은 꽃필 수 있다는 것이다. 한 사회 내의 정치·경제·사회적 활동의 주체는 강력한 중앙 집권적 권력을 소유한 국가가 아니라 개인들이어야 한다. 국가는 단지 이들이 정당한 절차를 밟고 있는가만을 살펴야 하며, 절대 평등 또는 점진적 평등, 또는 사회 전체의 부의 증대와 같은 도덕적 가치를 국민들에게 강요함으로써 도덕을 정치화하고 이를 독점해서는 안 된다. 오히려 국가는 개인들로 하여금 도덕적 가치를 자율적으로 실현할 수 있는 환경을 조성해야 한다. 노직은 롤즈의 차등의 원리에 구현된 평등주의를 반대하긴 하나 이를 도덕적 이념으로서 반대하는 것이 아니라 정치적 이념으로서 반대한다. 평등이란 도덕적 가치는 강제적으로 실현될 근거도 없으며 그래서도 안 되고, 오로지 개인의 자발적 의사에 의해 실현되어야 한다는 것이 그의 논리이다.

---

40) 노직의 칸트적 입장에 관해서는 *ASU*, pp. 30~42 참조.

4. 소유 권리론을 위한 노직의 논거

이상에서 우리는 노직의 소유 권리론의 주요 내용과 그 특색을 롤즈의 정의들과 비교하면서 살펴보았다. 이제 보다 적극적으로 노직의 정의론의 논거를 검토해보자.

I. 권리의 평등에 대한 우선성

사회 정의란 롤즈가 지적하듯이 사회의 제1차적 덕목이다.[41] 이렇게 파악할 때 정의는, 롤즈의 주장과는 달리, 평등의 개념보다는 자유 및 권리의 개념과 더 긴밀히 연결되어 있다. 이런 연결 관계를 우리는 노직이 구성한 다음의 상상적 예에서 볼 수 있다.[42]

태평양상에 세 무인도 A, B, C가 있는데, 이 세 섬에 3인의 로빈슨 크루소 a, b, c가 혼자 살아가고 있다 해보자. a는 비옥한 땅과 수산 자원이 풍부한 바다를 갖고 있고 게다가 개인적인 자질까지 뛰어나 풍요하고도 남는 생활을 하고 있으며, b는 보통의 자연적 환경에 보통의 능력으로 별 부족함 없이 살아가고 있으며, c가 갈아먹는 땅은 척박한 데다 주위의 바다는 깊고 푸르기만 해 근근이 목숨이나 부지하고 있다 하자.

이렇게 살던 도중 어느 날 어떻게 하여 서로의 존재와 경제적 상태에 관하여 알고 서로 교통을 할 수 있게 되었다 해보자. 이 경우 c는 자신의 필요와 그 밖의 다른 도덕적 가치, 가령 평등과 박애를 근거로 하여 a에게 그의 재산의 일부를 자신에게 이양토록

---

41) 정의가 아니라 효율성이 사회 조직의 제1덕목이라는 주장도 있을 수 있다. S. S. Alexander, "Social Evaluation through Notional Choice," *Quarterly Journal of Economics*, Vol. 88 # 4 (No. 1974), p. 605 참조.

42) *ASU*, pp. 185~86.

요구하고, 응하지 않을 경우 b와 힘을 합해 이양을 강제하려 한다 가정하자. 이때 우리는 c의 강제적 요구가 정당한가 *just*라고 물을 수 있다. 이 물음에 대한 우리의 직관적 견해는, c의 그러한 요구가 도덕적 요청으로 제기되었다면 정당하다 하겠으나 강제적 징수의 형태로 행사된다면 부당하다는 것이겠다. a는 어쨌든간에 자신의 재산에 대한 권리가 있으며 따라서 a의 자발적 동의 없이는 그의 재산을 강제 징수할 수 없다는 것이 우리의 직관이다. 물론 c가 a에게 노동 봉사나 자신의 섬 앞바다에서 스쿠버다이빙을 할 허가를 대가로 제공하고 a의 재산의 일부를 이양받을 수는 있다.[43]

이런 가설적 상황이 보여주는 것은 정당·부당, 정의·불의의 문제는 롤즈가 시사하는 바와는 달리 사회적 협동 이전의 문제이

---

43) 1984년 여름 '정의론 세미나'에서 김태길 교수께서는 노직의 예보다 정교하고 흥미있는 다음의 예를 제시하였다: 가, 나, 다 세 사람의 배가 난파하여 비옥한 무인도에 표류하게 되었다. 이 섬에 식물은 없었으나 마침 가가 볍씨 한 되를 소유하고 있어 이를 파종하고 수확을 하였다. 이 수확을 가가 혼자 향유하고 나와 다는 해물로 생명을 연명하며 산다 해보자. 이 상황은 도덕적으로는 바람직한 상황이 아니라 할 수 있겠다. 그러나 이것은 정치적으로도 부당한 상황이라 할 수 있을까? 이에 대한 노직의 대답은 그렇지 않다는 것일 것으로 생각된다. 가의 수확은 정당한 재산을 활용하여 누구의 권리도 침해함이 없이 그리고 로크의 단서도 위배함이 없이(이 수확은 원초적 취득이나 재화의 이전에 의한 것이 아니므로) 얻는 것이다. 따라서 가는 그 수확에 대한 정당한 권리를 소유하고 있으며 나 및 다는 그에 대한 권리가 없으므로 수확의 일부 이전을 강제할 수 없다.

상황을 조금 더 복잡히하여 또 한 척의 배가 난파하여 라와 마가 그 섬에 표류해왔다 해보자. 가, 나, 다 세 사람은 섬에 대한 자신들의 소유권을 근거로 라와 마의 상륙을 거부할 수 있을까? 거부할 수 없다는 것이 노직의 대답이리라 생각된다. 거부시 라와 마의 생존이 위협되므로 거부 행위는 로크적 단서에 저촉되는 것이다(cf. *ASU*, p. 179).

위의 머리말과 9장 각주 47)에서 밝힌 대로 필자는 노직의 권리 개념은 수정되어야 한다고 생각한다. 필자는 노직과 같이 권리 개념의 근원성은 인정하나, 그것은 윤리적 합리성과 정의 개념을 수용할 수 있게끔 재해석되어야 한다고 보고, 이런 입장을 이 책의 6장에서 개진하였다.

며, 정의의 기준은 따라서 분배의 공정성이 아니라 권리의 유무와 관계해서 결정된다는 두 근원적 사실들이다. 롤즈에게 있어 정의의 원리란 사회적 협동의 결과인 사회적 재화의 분배 기준이요 따라서 구체적인 경제 행위가 정의로운지의 여부의 문제는 사회적 협동 이후에 제기된다. 따라서 롤즈적 견해에 따르면 위의 c의 행위가 정당하냐는 질문도 던질 수 없을 것이다. 그러나 이는 우리의 직관과 상치된다.

위의 상황과 관련하여 주의하여야 할 것은 롤즈나 노직의 관심사는 모두 도덕적 덕목으로서의 정의가 아니라, 사회의 기본 구조나 국가 조직의 한 속성으로서의 사회 정의이며, 이것은 법을 통해 구현될 수 있음을 전제하므로 강제할 수 있는 정의이다. 따라서 롤즈나 노직의 문제는 좀더 구체적으로 국가 조직의 강제력 또는 권력의 범위 및 그 정당화 논거가 무엇이냐는 질문으로 표현할 수 있다.[44] 따라서 위의 상황에서 물어야 할 것은 c가 a에게 도덕적인 호소를 할 수 있느냐가 아니라, 재산의 이양을 합법적으로 강제할 수 있느냐의 문제이다.

물론 a가 박애와 평등이라는 도덕적 가치에 의해 설득되어 자신의 소득의 일부를 c에게 이양하는 경우 그는 칭찬의 대상이 되며, 반대로 잉여 소득을 바닷속에 처넣는다면 그는 도덕적 비난의 대상이 될 것이다. 그러나 문제는 b가 개인적으로 또는 조직의 힘을 빌려 a의 의사에 반하여 강제하고, 응하지 않을 경우 처벌할 수 있느냐는 것이다. 이 물음에 대한 노직의 대답은 정의의 입장에서는 그럴 수 없으며, 그 이유는 b나 국가 조직이 그럴 권리를 갖고 있

---

44) 노직의 권리 우선주의는 강제력의 문제를 제1차적 문제로 보게 하나 사회적 재화가 모두의 것으로 존재한다면 강제력의 정당성 문제는 제2차적 문제라는 비판이 있을 수 있다. J. Finnis, *Natural Law and Natural Rights*, Oxford, 1982, pp. 186~87 참조.

지 않다는 것이다. 왜냐하면 국가의 권력은 개인들로부터 나오기 때문이다.

이런 노직의 입장에 대해 우리는 거부감을 느낄 것이며, 결국 노직의 최소국가는 기득권자에게 편파적인 국가가 아니냐고 반문하고 싶으리라. 그러나 노직의 최소국가는 결코 그 의도에 있어 편파적인 것은 아니며,[45] 설사 결과적으로 편파적이 되었다 하더라도 이런 결과는 우리의 도덕적 가치가 모두 정치화할 수 없다는 불가피한 사실, 도덕과 정치의 괴리, 강제할 수 없으며 따라서 자율적 의사에 맡겨야 할 영역과 강제적 행위의 영역, 사이의 근본적인 괴리를 인정하는 한 수락하여야 한다.

이러한 괴리는 그러나 최소국가의 약점이라기보다는 장점으로 간주되어야 하며, 자유주의 국가의 이상을 실현한 것이라 보아야 한다는 것이 노직의 주장이다. 자유주의 국가는 국민들의 자유와 권리를 최대한 보장하려 하며, 국민들은 자신의 권리의 최소한만을 국가에 위임하고 자신의 행위의 최소한만을 국가의 강제력에 예속될 것을 허용한다. 도덕과 정치의 의도적인 분리는 국가로 하여금 개인의 가치관에 부권주의적 간섭을 할 수 없게 제도적으로 봉쇄하고자 함이며, 개인들로 하여금 자발적으로 자신이 원하는 가치관을 선택·실현케 하여 도덕의 자율성을 최대한 확대하기 위함이다. 그리고 이런 분리의 사실은 바로 체제의 개방성을 가능케 함으로써 서로 다른 가치관과 인생관이 토의의 광장에서 대화에 의해 수용·비판·개정될 수 있음을 의미한다.

II. 자유와 정형의 상충

사회 전체의 분배 상태의 정형을 설정하여 이를 실현하려는 정

---

45) *ASU*, pp. 271~74.

형적 정의관을 배척하는 노직의 이유는, 그런 입장은 국가의 부당한 간섭 행위를 허용한다고 보기 때문이다. 자유주의 국가에서 자신의 소유물을 마음대로 사용·처분할 수 있는 권리는 가장 기본적인 조건으로, 이는 그 개인이 정치·문화적 가치 실현을 위한 활동에서 핵심적인 수단이 된다. 바로 이러한 이유에서 사유 재산제의 인정 여부는 한 사회가 자유주의 사회인가 여부의 결정적인 기준이 된다.

노직은 그러면 정형의 유지가 왜 필연적으로 개인의 자유와 권리를 제약하며, 역으로 후자의 보호는 정형을 파괴한다고 보는가? 한 사회 S가 세 사람 a, b, c로 구성되어 있다 해보자.[46] 더 나아가 이 사회가 P라는 정형적 원리를 선택하였고 그 분배의 정형은 $Dp = 2 : 3 : 5$라 해보자. 그리고 a, b, c가 주어진 재화를 활용해 협동 생산을 하여 모두 100 단위의 재화를 생산하였다고 가정해보자. 이 경우 S가 정의롭다고 말해질 수 있기 위해선 $D_1 =$ $a : b : c = 2 : 3 : 5 = 20 : 30 : 50$의 분배 상태를 유지해야 하겠다. 즉 a는 20, b는 30, c는 50의 재화를 분배받을 때 S는 정의로운 사회라 할 수 있다. 이런 분배 이후에 세 사람들은 자신의 분배 몫에 대해, 이를 타인의 자유와 권리를 침해하기 위해서 사용하지 않는 한, 각자의 의사대로 사용할 권리를 가질 것이다.

이제 이러한 상황에서 c를 가령 묘기 백출의 농구 선수라 하고 a, b는 열렬한 농구팬이어서 이들은 최저 생계비(10 단위라 해보자)만을 남기고 a의 경기를 관람하는 데 기꺼이 자신의 재산을 사용할 의사가 있다고 가정해보자. 이런 경우 재화의 이전이 자발적 의사에 의해, 어느 누구의 권리도 침해함이 없이 이루어져 새로운 분배 상태가 형성되며, 그것은 $D_2 = a : b : c = 10 : 10 : 80$일 것이

---

46) 아래의 예는 노직의 'Chamberlain' 예(*ASU*, pp. 160~64)를 그 구조만 옮긴 것이다.

다. 그러나 이 정형은 p에 의해 명시된 정형과 어긋난다. 즉 자신의 재산을 자신의 의사에 따라 사용할 수 있는 a, b의 자유와 권리는 정의로운 정형 D_1을 교란시켜, p에 의하면 더 이상 정의롭지 않은 분배 상태 D_2로 옮겨간다. 자유와 권리는 정형을 교란시킨다. D_1을 유지코자 하거나 D_2를 교정하여 D_1로 복구시키고자 한다면, a 및 b의 자유를 제약 또는 침해해야 한다. 따라서 자유와 정형은 공존할 수 없다.

III. 정치적 의무의 근거

자유주의 국가의 이상적인 형태에 관한 여러 다른 견해들에 공통적인 점은 국가를 포함한 사회의 제반 조직들은 개인의 삶을 위해서, 개인이 국가를 위해서 봉사해야 한다기보다는 국가가 개인을 위해 봉사해야 한다는 입장이다. '공복(公僕) *public servant*' 이란 어휘는 바로 이런 입장을 표현하고 있다. 이 입장은 포퍼, 롤즈, 노직 모두가 공유하고 있으며 개인주의적 국가관의 기본 원리라 할 수 있다.[47] 이 입장을 취할 때 국가의 권력은 당연히 국민들로부터 온다고 봐야 한다. 개인들이 지닌 권리와 의무는 국가의 권리와 의무의 기초이다. 좀더 정확히 말하면, 국가는 개인들에 의해서 자발적으로 위임된, 또는 그러하리라 생각되는 권리만을 행사할 수 있다. 노직은 합리적인 이기심에 의거할 때 개인들이 위임하리라 생각되는 권리는, 자신의 권리를 보호하고, 이의 침해 시 가해자를 처벌하고 피해에 대한 보상을 징수할 권리와 같은 최소한의 권리에 국한되리라 본다(물론 그 이상의 가능성도 배제하진 않지만).[48]

---

47) 다음의 저서는 자유주의가 갖는 개인주의적 국가관의 부정적 측면을 지적한다: M. J. Sandel, *Liberalism and the Limits of Justice*, Cambridge, 1984. 특히 결론 부분.

48) *ASU*, 제9장 참조.

정치적 강제력 *coercive power*과 이에 상응하는 정치적 의무 *political obligation*의 근거[49]에 대해 롤즈는 다른 견해를 갖고 있다. 그는 원래 하트에 의해 제시된[50] 원리를 다듬어, 이 원리를 정치적 강제력과 의무의 근거로 제시한다. 이 원리는 '공정의 원리 *the principle of fairness*'라 불린다.[51] 이 원리의 내용은 다음과 같다. 일단의 사람들이 일정한 행위 규칙을 정해 상호간에 이익이 되는 협동 작업에 참여하고, 자신들의 자유를 제약하여 자신들뿐 아니라 타인들에게도 이익을 산출했다고 해보자. 이 상황에서 우리는 두 집단의 사람들을 구별할 수 있다. 한 집단은 자신들의 자유를 스스로 제약하여 이익을 산출하고, 이 이익을 자신들뿐 아니라 타인들에게도 배출했다. 다른 집단(B)은 협동 작업에 참여하지 않았으며 따라서 자신의 자유를 제약·희생한 바 없음에도 이익을 취했다. 이 경우, 롤즈의 원리에 따르면 A는 B로부터 동일한 양보, 즉 B 자신들의 자유를 제약해줄 것을 요구할 수 있으며, B는 A에 대한 정치적 의무를 진다. 단 다음의 두 조건이 만족될 때 그러하다: 1) 협동과 분배의 체제가 정의의 원리를 만족시켜야 하며, 2) B는 A가 제공한 이익을 자발적으로 수취했어야 한다. 이런 견해는 플라톤의 『크리톤 *Criton*』편에서도 이미 엿보이며[52] 정치적 의무에 관한 이익 수취설 *the benefit-received view*이라고도 불린다.[53]

하트와 롤즈의 공정의 원리는 노직의 견해에 심각한 도전을 제

---

49) 이 근거에 관한 여러 이론들에 대한 개략적 소개는 A. Quinton ed., *Political Philosophy*, Oxford, 1978, pp. 9~13 참조.

50) H. L. A. Hart, "Are There Natural Rights?" in Quinton, 같은 책.

51) *TJ*, pp. 111~14.

52) *Criton*, 50d~51c. 소크라테스는 또한 순수 절차적 정의관과 유사한 견해도 취하고 있다(cf. 51c 이하).

53) R. E. Flathman, *Political Obligation*, New York, 1972, pp. 286~90 참조.

기한다. 이 원리가 타당하다면, 자연 상태로부터 정당화될 수 있
는 강제력을 소유한 국가가 출현하기 위해서, 이런 국가 성립에
대한 개인들의 자발적 동의가 꼭 필요한 것은 아니게 된다. 가령
국가 A가 국민 a에게 박애의 행위를 강요할 수 있기 위해선, A가
정의로운 국가이며 a가 자신이 필요한 때에 A로부터 일정한 이익
을 자발적으로 수취한 경력이 있기만 하면 된다. 따라서 A는 a가
위임하지 않은 권리를 a에 대해 행사하므로 국가는 국민들의 권리
의 총합 이상을 소유할 수도 있게 된다.

이 원리에 대한 노직의 반대 논변은 역시 그의 특기의 하나인
반대 사례의 구성에 의해 전개된다.[54] 가령 나의 이웃의 364인이
자기들끼리 상호 합의하여 마을에 확성기를 설치하고 일정 시간
에 연예·뉴스·교양 프로를 방송키로 했다고 해보자. 이들은 하
루에 한 사람씩 이 방송 체제를 운영하도록 작업 분담을 했다 해
보자. 더 나아가 나는 이들의 이런 체제 운영에 별 이의가 없고 오
히려 가끔 이 방송의 프로를 즐거이 청취하고 있다 가정하자. 그
러던 어느 날 이들이 나에게 와서 하루를 할애하여 방송 운영에
참여해달라 요구한다 해보자.

이 방송 체제의 이익 분배 및 작업 분담은 공정하다 할 수 있으
며, 나는 이 체제로부터 자발적으로 이익을 수취했다(비록 그 체제
성립을 위한 계약에는 참여하지 않았지만). 이 경우 내가 내 이웃들
의 요구를 들어 나의 하루를 할당하지 않는다면, 나는 공짜로 이
익을 보는 것이다. 그렇다고 하더라도 나의 이웃들은 나에게 강제
할 권리가 있으며 나는 그들에게 의무가 있다 해야 할 것인가?[55]

---

54) *ASU*, pp. 90~96.
55) 모든 정치적 의무 *obligations as distinct from duty*는 강제 집행의 대상이 되느냐는
　　의문의 여지가 있음을 노직은 인지하고 있다. 이 의문에 대한 긍정적인 답을 위한
　　논변은 *ASU*, pp. 90~91 참조.

이 경우 우리의 직관은 그렇지 않다는 것이다. 그 방송 체제가 그
들에게는 꼭 필요한 것일지 모르나 나에게는 그렇지 않을 수 있으
며 365일 방송을 향유하는 데서 얻는 이익이 나의 하루를 희생하
는 데서 오는 손해를 상쇄하지 못할 수 있다. 그 이익이 손해보다
훨씬 크다고 많은 사람들이 생각하더라도 나는 달리 생각할 수 있
으며, 비록 그들과 같이 생각하더라도 구태여 그 큰 이익을 취하
고자 원치 않을 수 있다. 즉 나는 비합리적으로 행위할 수 있다.
노직의 견해로는, 정치적 강제력과 이에 상응하는 의무가 발생하
기 위해서는 관여 당사자들간의 실제 합의가 있어야 한다. 이런
견해가 위에서 살펴본 국가 성립에 관한 가설적 기술의 메시지이
며, 그의 소유 권리론의 핵심이다.[56]

5. 최소국가와 이상국가

이상에서 우리는 노직의 국가관·정의관 그리고 이에 대한 주
요 논거들을 살펴보았다. 그의 견해는 한마디로 최소국가만이 개
인들의 권리를 침해하지 않는 점에서 도덕적으로 부당하지 않으
며, 이런 국가 체제 아래서 채택되어야 할 정의관은 역사적이며
비정형적인 소유 권리론이라는 것이다. 그의 견해에서 제1기준은
이 국가의 정의 원리가 개인들의 자유와 권리를 침해하지 않았느
냐의 여부이고 따라서 그의 국가관과 정의관은 매우 소극적이며
보수적이라고까지 할 수 있다. 노직에 있어 정의는 권리 침해의

---

56) 노직의 비판에 대해 T. Scanlon은 롤즈를 옹호하고 있다. T. Scanlon, "Rights,
Liberty, and Property," in *Reading Nozick*, pp. 118 이하. Scanlon은 또 노직과 롤즈
의 근본적인 차이의 하나는 정치적 의무에 대한 차이(실제의 동의와 제도의 적절
한 조건 충족)임도 지적하고 있다(위의 논문, p. 120).

부재, 강제로부터의 자유이므로, 적극적 덕목이 아니라 소극적 덕목이라 생각될 수 있다.[57] 그의 정치철학에서의 핵심적인 질문은 국가는 무엇을 국민을 위해 해줘야 하는가라는 적극적인 질문이 아니라 국가는 무엇을 하지 말아야 하는가라는 방어적인 질문이다.

이런 관점에서 제기된 노직의 최소국가론이나 소유 권리론은 국가를 통해 무엇을 역사 속에 성취하려는 우리의 이상주의적 염원을 외면하는 듯하다. 최소국가론이나 소유 권리론은 도덕적으로는 정당하지만, 보다 정확하게는 도덕적으로 부당하진 않지만, 과연 이들은 도덕적으로 바람직한 국가이며 이상적인 정의론인가?[58]

노직은 이에 답하기 위하여 우선 예비적인 사항들을 몇 가지 지적한다. 우선 유토피아는 어느 한 사람이나 특정의 집단에게만 좋은 사회가 아니라 우리 모두에게 좋은 사회여야 한다. 그런데 우리 인간들은 기질, 성격, 지적 능력, 바람, 열망, 사고 방식과 생활 방식에 있어 서로 다르며, 그 내면에 있어 무한히 복잡하다. 이런 인간에 관한 사실들을 고려할 때 각자의 유토피아는 서로 달라 인간의 수만큼 많은 수의 고독한 유토피아가 존재해야 할 듯하나, 그렇진 않을 것이라 하더라도, 단 하나의 사회 체제가 모두의 바람

---

57) 노직이 그토록 보장하려는 자유는 결국 힘없는 소극적 자유 *negative liberty*에 불과하다는 비판이 있을 수 있다. 1984년 여름 '정의론 세미나'에서 황경식 교수도 유사한 비판을 제기하였다. 노직의 노선과 유사한 하이예크의 견해를 비판하고 평등과 적극적 자유의 상호 의존 관계를 논한 다음의 논문을 보라: R. Norman, "Does Equality Destroy Liberty?" in K. Graham, *Contemporary Political Philosophy*, Cambridge, 1982. 반면 소극적 자유의 긍정적 성격에 관해선 다음을 보라: E. Mack, "Liberty and Justice," in J. Arthur & W. H. Shaw ed., *Justice & Economic Distribution*, New Jersey, 1978. 특히 p. 192. 소극적 자유의 적극적 효과를 정치적·경제적 측면에서 논한 저서로는 다음을 참조: F. A. Hayek, *The Road to Serfdom*, Chicago, 1944; M. Friedman, *Capitalism and Freedom*, Chicago, 1982. 이 책 제1장에서 프리드먼은 경제적 자유와 정치적 자유의 상관 관계를 논하고 있다.

58) 이에 대한 집중적인 논의는 *ASU*, 제10장 참조.

에 부합하리라는 가정은 할 수 없다.

이런 점들을 염두에 두고 우리가 살기 원하는 어떤 가능적 세계
(A)를 상상하고, 상상하는 즉시 그런 가능 세계를 현실화시킬 수
있는 신통력이 우리에게 있다 가정해보자. 더 나아가 이 세계의
거주민 역시 합리적이며 모두 자기 나름의 가능적 세계(B)를 상상
할 수 있고 이 세계가 현재 거주하는 세계보다 더 나은 경우 그곳
으로 이주할 권리도 있으며 또 쉽사리 그러할 수 있다고 가정해보
자. 이런 가정 아래서 사람들은 A에서 B로, B에서 또 다른 세계 C
로 그리고 다시 D로 들락날락할 수 있겠다.

그런데 우리가 추구하는 이상국이란, 모두에게 최선의 세계이
며 따라서 위와 같은 권리와 방편을 소유한다 해도 자신의 합리적
인 결정에 따라 계속 거주하길 원하고, 이 세계의 누구도 다른 대
안적 세계를 상상하여 그곳으로 이주하길 원치 않으며, 그러므로
이민(移民)들이 들락날락하지 않는 안정된 사회일 것이다.[59] 이런
사회를 G라 하면, 이런 "안정된 집단 G는 서로가 서로의 가치를
최대로 인정하는 집단으로서 이 집단 내에서는 각각의 회원 x에
대해 G-[x]는 다른 어떤 가능하며 안정된 집단이 그러할 것보다
x가 자기 집단 내의 있음을 귀히 여기는"[60] 집단이다. 이러한 세
계는 다양한 사고 방식과 생활 방식 그리고 상이한 정치 · 사회 ·
경제 · 문화 체제가 공존할 수 있는 사회이다.

이러한 유토피아는 내용적으로 유토피아를 위한 골격, 유토피아
들의 유토피아, "사람들이 서로 다른 제도 아래서 서로 다른 삶을

---

59) 사람들은 날 때부터 소정의 체제를 지닌 국가의 일원으로 태어난다. 따라서 체제
　　선택의 여지가 없다. 이와 관련된 문제가 이민의 자유와 국가 내에서의 공동체 구
　　성의 문제. 다음 참조: *ASU*, pp. 173~74, 299~399; Platon, *Criton*, 51d~e,
　　52e~53a.
60) *ASU*, p. 305.

영위하면서 사는 많은 수의 서로 다르며 다양한 공동체들로 구성되어 있는"[61] 상위 공동체일 것이다. 이러한 상위 공동체에서 "모든 사람들은 그들 자신의 비전에 따라 이상적인 삶을 추구하고 이상적인 사회에서 이를 실현하며 시도하기 위해 자발적으로 가입할 그런 자유가 보장되며, 그리고 누구도 자신의 유토피아적 비전을 타인에게 강요하지 않는 그러한 장소이다."[62] 한마디로 진정한 유토피아는 "특수한 유토피아적 비전이 현실화되어 안정적이 되기 위해선 먼저 상당한 정도로 실현되어야만 하는"[63] 메타 유토피아이다.

이상을 우리의 자유주의의 전제 아래에서 꿈꿀 수 있는 유토피아의 이념이라 할 때, 이는 최소국가의 이념과 일치한다는 것이 노직의 논지이다. 최소국가는 모든 주민들을 불가침의 존재로 간주하며, 타인의 자유와 권리를 침해하지 말고, 정치·문화·경제적 재화의 교환 장소인 광장과 시장의 질서를 파괴하지 말라는 최소의 제약 아래에, 국민들로 하여금 자신의 의사에 따라 독자적으로 또는 타인과 협동하여 자신의 삶의 계획을 실현토록 허용하므로, 유토피아를 위한 골격을 갖추고 있다. 따라서 최소국가는 도덕적으로 정당화될 뿐 아니라 이상적이다.

6. 불의의 실체 그리고 평등의 문제

이제 마지막으로 노직에 대해 제기되는 두 가지 비판을 간단히 검토하고 이 글을 끝맺기로 하자. 첫째 비판은 노직의 이론이 고

---

61) *ASU*, p. 307.

62) *ASU*, p. 312.

63) *ASU*, p. 312.

도로 이상적이며,[64] 이론적인 정교함을 추구한 나머지 그 현실적인 의의를 별로 찾을 수 없다는 것이다.[65] 둘째는, 롤즈의 정의관과 비교할 때 평등이라는 중요한 도덕적 가치를 실현시키려는 데 무관심하며, 그가 옹호하는 사회 체제는 오히려 불평등을 조장할 가능성까지 있다는 것이다.

우선 첫번째 비판부터 검토하자. 모든 규범적 이론에 대한 관심은 그 관심의 본성상 현실 세계에 존재하는 불의에 대한 인식에서 유발된다. 롤즈뿐 아니라 노직 역시 이런 현존하는 불의에 대한 깊은 의식이 있으며 이를 개선하려는 열정이 남 못지않으리라 생각된다. 현존의 불의를 제거하려 할 경우 일차적인 과제는 바로 그 속에 뛰어들기보다는, 도대체 현존하는 불의의 실체가 무엇이며, 정의의 정체가 무엇인가를 밝혀야 하며 그 다음 이의 실현을 위한 구체적인 전략의 입안 및 이의 실행이다. 전자는 원리의 문제이며 후자는 전략의 문제이다.[66] 그리고 이런 이론적인 작업에

---

64) B. Williams, "The Minimal State," in *Reading Nozick*, p. 35. 윌리엄스는 또 노직의 이론이 현존의 자본주의 체제를 옹호하는 것은 아니라는 점을 지적한다. 왜냐하면 현존의 자본주의는 국가 주도의 사업이며, 현재의 분배 상태가 꼭 정의로운 것은 아니며 오히려 과거의 불의가 축적된 결과일 가능성이 있기 때문이다.

65) R. P. Wolff, "Robert Nozick's Derivation of the Minimal State," in *Reading Nozick*, pp. 97~100. 황경식 교수도 유사한 문제점을 지적한다.

66) 노직의 이론은 철저한 원리론이다. 이제까지 많은 학자들이(가령, 위에 인용한 프리드먼, 하이예크 등) 자본주의 시장 경제 체제를 옹호하는 논변을 제기해왔다. 그러나 이들의 논변은 주로 자본주의가 보다 효율적이라는 전략론적 논변이다. 반면 노직의 논변은 자본주의 시장 경제가 도덕적으로 정당하다는, 따라서 다른 경제 체제, 가령 사회주의 경제 체제는 개인들의 권리가 침해하므로 부당하다는 도덕적인 또는 원리적인 논변이다. 실상 그의 저서에서는 시장 경제의 유효성이나, 이것이 정치·문화적 자유 신장에 주는 효과에 관한 언급은 극히 적다. 그러나 유의할 점은 노직이 시장 경제 체제를 현재 당장 모든 곳에서 실시해야 한다고 주장하는 것은 아니다. 노직의 이론은 롤즈의 이론과 같이 'an ideal theory' 또는 'a strict compliance theory'이므로 이념으로서 지향해야 할 목표이다. 따라서 현실에 대한 파악에 따라서는 전략적으로, 전면적으로 또는 부분적으로, 계획 경제를 실시할 수도 있다. 이런 원리와 전략의 구분이 롤즈의 차등의 원리에서는 안

종사하는 사람들의 본연의 과제는 전자라는 것이 필자의 생각이
며, 이것이 롤즈나 노직이 수행하고 있는 작업이다.

  그러면 노직은 과연 현존 불의의 실체를 제대로 파악했으며 정
의의 정체를 올바로 밝혔다 볼 수 있는가? 현존하는 불의의 구체
적인 예들을 들어보자. 살인, 강도, 사기, 뇌물 수수, 법의 무시·
경시·편의적 해석·불공정한 적용, 매점매석, 독점, 빈부의 격
차, 공해, 부정 축재, 그리고 가장 큰 불의의 원인으로서 조직체가
부여하는 크고 작은 권력의 악용·사용·남용·오용 등등. 이렇
게 열거해볼 때, 현존하는 불의의 실체는 명백해진다. 그것은 롤즈
가 시사하듯이 불평등이 아니라 자유와 권리의 침해이다. 현존 사
회의 불의는 평등이 결여되어서가 아니라 개인의 자유와 권리가
침해된 결과이며, 불평등을 불의로 보더라도[67] 이것은 많은 경
우―자연적 차이에서 오는 불평등을 제외하고는――개인들의 자
유와 권리가 침해된 결과이다.[68] 더 나아가서 원리적으로도 자유
와 권리는 평등에 비해 원초적임은, 자유와 권리가 침해될 때 불
평등이 결과할 수 있으나 평등이 결여된다 해도 그 자체로서는 자
유와 권리의 침해가 결과되지는 않는다는 사실에서 엿볼 수 있다
(개인들의 자연적·사회적 자질 자체와 이에서 우러나오는 권리가
만인의 것이라는 롤즈의 자질공유주의를 지지하지 않는 한).[69] 이렇
게 볼 때 현실적인 불의의 시정에 있어 일차적인 목표가 되어야
할 것은 평등의 실현이 아니라 자유와 권리의 보호이다.

되어 있다(이 구분의 결여는 의도적인 것일지는 모르나)는 것이 필자의 생각이
다: 차등의 원리는 평등이라는 도덕적 가치를 효율적으로(경제적 가치) 실현하기
위한 원리이다.

67) 롤즈는 불평등의 해소를 정의의 과제로 봄으로써 결국 불평등은 곧 불의라 생각
하고 있다.

68) 이와 관련하여 노직 이론의 사회 복지 정책적 함의에 관해선 위 9장의 4절 참조.

69) 롤즈의 자질공유주의에 대한 비판은 다음 참조: *ASU*, p. 228; 이 책의 pp. 376 이하.

　두번째 비판은 어떠한가? 롤즈는 자질공유주의를 전제로 하여 차등의 원리를 제시하고 사회 내의 경제적·사회적 불평등을 제도적으로 시정하려 한다. 이렇게 함으로써 그는 경제·사회적 평등을 정치적 강제의 한 항목으로 삼고 있다. 반면 노직은 각 개인의 자질은 각 개인의 것이며, 이의 차이에서 연유하는 경제·사회적 불평등은 그 자체로는 불의가 될 수 없고 따라서 국가는 이런 자연적 차이에서 연유하는 불평등을 재화의 재분배를 통해 시정할 하등의 도덕적 근거가 없다고 본다. 그의 이런 방관적 태도는 그러나 그가 평등한 사회를 바람직한 것으로 보지 않아서가 아니라 생각된다. 그의 입장은 평등이란 정치 권력을 통해 강제 시행될 도덕적 가치가 아니라 시민들이 자율적으로 실현시켜야 할 덕목이라는 것이다. 도덕적 가치 실현의 주도권은 개인들에게 맡겨져야 한다는 것이다.[70]

　전통적으로 평등의 실현은 박애라는 도덕적 행위에 의해 이루어지며, 이 박애의 행위는 강제될 때 그 도덕적 의미는 상실한다고 생각되어왔다. 강제에 의한 도덕적 행위는 진정한 의미나 가치를 갖지 않는다. 마지못해 박애를 베푸는 자는 유덕한 자일 수 없

---

70) 이 점에서 노직의 입장은 포퍼의 입장과 유사하다고 생각된다. 양자 모두 사회 개선에 있어 중앙 정부의 기능을 축소시키고 그 주도권을 개인들에게 맡기자는 데에 합의한다. 노직의 최소국가의 이념, 강제로부터의 자유 또는 소극적 자유, 정형적 정의의 원리의 배척은 각각 포퍼의 열린 사회의 이념, 소극적 공리주의 *negative utilitarianism*, 점진주의 *piccemeal engineering* 와 유사하다. 노직이 말하는 정형에 대한 포퍼의 반대 견해는 다음 참조: *The Open Society and Its Enemies*, Princeton, 1971, pp. 159, 285. 특히 p. 285에서는 하이에크의 견해를 매우 긍정적으로 논의하고 있다(포퍼는 자신의 다른 책 *Conjectures and Refutations* 을 하이에크에게 헌정하고 있음). 국가는 국민들을 행복하게 하려 시도하기보다는 불행하지 않게 만들려 노력해야 한다는 포퍼의 소극적 공리주의의 입장은 노직의 최소국가관과 정확히 일치한다. 소극적 공리주의에 관해선 다음 참조: *The Open Society and Its Enemies*, p. 158; *Conjectures and Refutations*, London, 1972, pp. 345 이하.

으며, 박애를 강요하는 자는 유덕한 자일 수 없다. 이렇게 해서 평등을 실현한 사회는 정의롭기보다는 오히려 불의한 사회일 가능성이 많다. 왜냐하면 그 사회는 개인의 자율성을 침해하기 때문이다.[71]

이런 자율성과 관계된 문제점 이외에도 논리 일관성의 난점을 롤즈의 평등주의적 정의관은 안고 있다. 현대 사회 정의론의 공통된 입장은 이미 지적한 바와 같이 개인 윤리에 대한 무관심이며 롤즈도 이 점은 공유한다. 롤즈의 기본 전제의 하나는 사회 구성원 각자가 행복을 추구하건 불행을 추구하건, 자기 계발을 하건, 한없이 게으르건, 타인에 봉사하건, 타인에 무관심하건 이의 정당성 여부를 설득력 있게 논변하기 힘들므로 이런 문제들에 대해선 개방적 입장을 취하고 한 개인과 다른 개인 또는 집단간의 최소한의 관계만을 규정하자는 것이다.

이런 개방적 입장을, 롤즈는 정의의 과제 및 주체를 규정하면서, 원초적 입장의 조건을 제시하면서, 절차적 정의관을 지지하면서, 그리고 정의의 제1원리를 통해서 구체화하고 있다. 이런 개방적 입장에 의거할 때 그의 정의의 원리들은 개인의 도덕적 입장에 관해 무관심해야 할 것이다. 구체적으로 그 원리들은 한 사회 구성원이 타인에게 해를 주어서는 안 된다고 규정할 수는 있으나 타인에게 도움을 주어야 한다는 도덕적 당위를 자신의 내용의 일부로 해서는 안 된다. 그러나 차등의 원리는 평등을 제도적으로(그리고 효율적으로) 실현코자 하므로 롤즈 자신의 기본적 의도와 상치된다 하겠다.

---

71) 20세기에서의 개인 윤리적 작업의 포기는 다음 딜레마에서의 선택으로 볼 수도 있다: 윤리학자들은 자신의 가치관을 타윤리학자들이나 대중들에게 설득하여 자율적으로 행위케 할 수 없었다. 따라서 그들은 강제로라도 그 가치관을 실현하든가, 아니면 그 가치관의 실현을 포기하고 도덕적 행위의 자율성을 선택하든가 해야 했다.

위와 같은 자율성과 개방성에 근거한 비판들에 대해 롤즈는 다음과 같이 응수할 수 있다. 차등의 원리의 선택은 평등을 실현하려는 박애심의 결과가 아니라 합리적 이기주의의 결과라고, 즉 평등을 당위로서 실현해야 하고 따라서 박애의 행위를 베풀어야 하기 때문에 차등의 원리를 선택해야 하는 것이 아니라, 사회 구성원들이 원초적 입장에 서서 합리적 이기주의에 근거한 선택을 할 때 차등의 원리는 사실상 자율적으로 선택된다는 것이 자신의 논변이라 롤즈는 응수할 수 있다.[72] 그렇게 선택된 차등의 원리는 결과적으로 또는 우연적으로 박애의 이념과 부합할 뿐이라고.

롤즈는 사회 구성원들이 분배의 기준으로서의 정의의 원리를 선택하기 위해서는 일정한 제약 사항들은 준수해야 한다고 주장한다. 이 제약 사항들의 내용은 무지의 베일, 상호 무관심성, 합리성으로서, 이 모두를 그는 원초적 입장이란 개념에 담고 있다. 이 입장의 여러 조건들을 준수하기 위해 무지의 베일을 쓰고 자신의 이익에만 관심을 가지며 합리적으로 숙고할 때, 모든 개인들은 맥시민 규칙에 의거하여 만장일치로[73] 차등의 원리를 선택할 것이라는 것이 롤즈의 논리이다.

롤즈의 이런 구성주의적 정의관에 대해서는 많은 난점들이 제기되어왔다. 과연 사회 구성원들이 계약 당사자가 될 때 롤즈가 제시한 원초적 입장의 계약 조건들을 수락할 것인가? 설사 이를 수락한다 하더라도 차등의 원리가 만장일치로 선택될 것인가? 롤

---

72) 롤즈는 이 점에 관해 모호한 입장을 취하고 있다. 원초적 입장의 개인들은 도덕적 존재로서 평등하게 취급되어야 한다고 요청하는 점에서(*TJ*, pp. 19, 329, cf. pp. 504~12) 평등주의를 전제하고 있으나, 다른 한편으로는 차등의 원리는 합리적 개인이(*TJ*, pp. 142~50) 맥시민 규칙을 따를 때(pp. 152 이하) 당연히 선택되는 원리라 말하고 있다. 후자가 다행스럽게도 현실화할 때 사실과 당위의 간격은 해소될 수 있을까?

73) *TJ*, pp. 139, 147.

즈의 형식주의적 또는 구성주의적 정의관에 대해서는 이미 많은 논자들이 그 난점을 지적한 바 있으므로 여기서는 더 논하지 않기로 하자.[74] 다만 우리의 논의와 관련 있는 것만을 지적하자. 롤즈는 사회 구성원들이 합리적일 때 당연히 만장일치로 차등의 원리를 선택한다는 사실에 관한 주장을 했다. 그러나 이 사실에 관한 주장은 당위적 요청의 감추어진 표현일 가능성이 있다. 이 주장의 이면은 사회 구성원들의 일부가 차등의 원리를 선택하지 않을 때 개인들은 비합리적인 결정을 내린 것이며, 따라서 그들이 합리적이라면 차등의 원리를 선택해야 한다는 당위의 요청이다. 더 나아가서 사회 구성원들이 비합리적일 때 우리는 이들의 결정에 간섭할 수 있는 여지를 남겨둠으로써 롤즈의 부권주의를 완전히 배제하진 않고 있다.[75]

이렇게 볼 때 롤즈는 사실상 합리성을 선으로 제시하고,[76] 모든 사람들이 합리적으로 행위해야 한다는 당위적인 요청을 하고 있으며 일부가 비합리적일 때 이들의 행위에 합법적으로 간섭할 수 있다는 주장을 하는 셈이다. 자유주의 사회의 기본적 이상은 한 개인, 소수의 엘리트 집단, 또는 다수를 구성하는 집단이 선택한 가치를 여타 개인들에게까지 강제해서는 안 된다는 것이다. 자유주의 사회에서의 사회의 도덕적 개선은 각 개인이 생각하는 대로 자발적으로 합의해서 혼자서 또는 무리를 지어 개선해 나가도록 개방해두자는 것이다. 한 개인 또는 일부인들이 비합리적으로, 기분 내키는 대로 살고자 원한다면 그대로 두어야 한다는 것이 자유주의 사회의 기본 입장이다.

전통적으로 규범론자들은 이성·선의지·자유·행복·자기 계

---

74) N. Daniels ed., *Reading Rawls*, New York, 1975 참조.

75) *TJ*, pp. 249~50.

76) *TJ*, Ch.VII.

발 등등 일정한 가치를 행위의 옳고 그름의 기준으로 제시하고 이를 타인들에게 설득하고 이를 통해 타인들 위에 군림하려 하였다. 그러나 이런 가치들을 만인에게 설득력 있게 입증할 수 없었으므로 20세기에 이르러 윤리학은 메타 윤리학의 도전을 받고 규범적인 작업을 포기하게 된 것이다.

물론 롤즈가 들고 나온 합리적 이기주의는 전통적 윤리학의 기준들보다 더 설득력이 있고 만인들의 공감을 얻을 수 있는 것으로 보인다. 아니 사실상 롤즈의 생각은 설득할 필요가 없다는 것인 듯하다. 인간들은 심리의 사실에 있어 일반적으로 자신의 이익을 최대한 증진하는 방향으로, 즉 합리적 이기주의자로 행동하는 심리적 성향이 있으므로, 우리의 과제는 이 성향에 호소하기만 하면 될 것이라는 것이 롤즈의 논리인 듯하다. 만약 그렇다면 롤즈의 합리적 이기주의는 전통적 규범 윤리의 가치와 전적으로 다른 것이며 롤즈는 그의 정의론에서 당위적인 요청을 하고 있다기보다는 사실적인 기술을 하고 있다 해야겠다.

그러나 개인들은 사실상 그렇게 행위하고 있는가? 자유주의 사회의 구조적 전형이라 할 시장에서의 인간의 행위를 일견하면 인간은 꼭 합리적으로 행동하는 것만은 아님을 간취할 수 있다. 물론 대다수의 사람들이 합리적 이기주의의 방향으로 행위하나 그렇다 하더라도 나머지 소수까지도 그렇게 행위해야 한다는 당위적 요청은 할 수 없다. 당위적인 요청을 할 때 이미 시사한 바와 같이 롤즈는 합리성을 척도로 한 부권주의적 간섭의 가능성을 열어놓은 것이 된다.[77]

부권주의의 근본적인 문제점은 부권을 행사하는 군주, 지도자, 엘리트 집단, 지식인, 여론 형성자들 등등의 제약 · 간섭 · 관여 ·

---

77) Perelman도 같은 비판을 하고 있음. 다음 참조: C. Perelman, *Justice*, New York, 1967, p. 44.

영향력 발휘는 분명 선의이되, 간섭받는 자는 이 간섭을 선의로 받아들이지 않고 악의로 간주할 수 있다는 점이다. 이러한 인식의 차이는 사회적인 갈등을 낳고, 이 갈등은 정신적인 것임에도 정신적인 요인에 의해 해소될 수 없으므로 물리적인 힘으로 해소를 기도하는 가치 전도의 상황으로 치닫게 한다. 결국 가치의 추구는 가치의 포기·상실을 결과하며 설득과 교화의 작업은 강제와 세뇌의 작업이 될 수 있다. 개인들의 자율적 능력에 대한 노직의 신뢰와 시장을 움직이는 보이지 않는 손에 대한 그의 믿음은 피상적인 낙관론이 아니라 생존을 위한 낙관론일 수 있다.

제5부

이성과 평등

제12장

현대의 여러 평등 이론들

1. 예비적 고찰

I. 평등의 명제

평등이란 윤리적 가치이며 정치 사회적 가치이기도 하다. 인간이 추구해야 할 가치로서는 신에 대한 경건함이나 자기 능력의 계발과 같은 대자적(對自的) 가치도 있으나, 평등이란 두 사람 이상이 모여 사회를 구성할 경우에 비로소 운위될 수 있으므로 이는 대타적(對他的) 가치라고 말할 수 있다.[1] 가치나 규범·의무 등은 우리의 행위를 제약한다. 이러한 행위 제약 사항들은 우리의 자연적이고 본능적인 행위를 제약하여 새로운 방향으로 인도하거나 어떤 행위를 수행치 못하게 금지하므로 그 인도나 금지의 논거를 제시해야 한다. 상황이 자신에게 불리한 경우에는 약속을 파기하고 싶은 것이 인간 일반의 자연적 심리 상태이며 이런 상태를 제

---

1) 칸트에게 자살 금지나 자신의 능력 계발은 대자적 의무요, 약속의 이행과 자선은 대타적 의무이다. 대자적 의무의 존재에서 우리가 추론할 수 있는 바는 윤리적 행위의 가치는 초월적일 가능성이 있다는 점이다. 평등을 포함한 대타적 행위의 가치도 실용성이나 사회 전체의 복지 증진과 같은 현존적 사태가 아닌 초월적인 것을 그 정당화 논거로 가질 가능성이 있다. 칸트의 구분에 관해선 I. Kant, *Grundlegung zur Metaphysik der Sitten* 참조.

약하여 약속의 이행이라는 의무를 수행케 하기 위해서는 논거를
제시하여 우리의 이런 일반적인 심리 상태를 통제하고 또 통제할
수 있는 이성을 설득해야 한다. 다시 말하면 우리 인간은 나무나
돌과 같은 자연적 존재가 아니라 이성적 존재이므로 우리 스스로
자신의 행위를 제약한다. 이성이 고려하는 제약의 논거는 타인의
존재일 수도 가치의 존재일 수도 있다. 그러므로 가치의 추구·규
범 및 의무의 수행은 인간이 이성적으로 행위하며 삶을 영위하려
는 한에서 이루어진다. 인간의 이성적 삶에의 요구는 뒤에 가서
평등의 정당화 논거를 살펴볼 때 중요한 사항으로 등장한다.

평등의 이념은 통상 질적으로 다른 두 명제로 표현되곤 한다.

(A) "인간은 평등하다"

라는 인간에 관한 사실 진술적인 명제와

(B) "인간은 평등해야 한다"

라는 당위적 요청의 명제로 평등의 가치는 주장되며, 후자는 다시

(B_1) "인간은 평등하게 대접받아야 한다"

라는 대접에 있어서의 평등의 요청에 관한 명제 또는

(B_2) "인간은 평등한 분배를 받아야 한다"

라는 분배에 있어서의 평등에 관한 명제로, 보다 구체적인 표현
내용을 갖는다. (A)는 인간에 관한 사실의 기술이요 (B)는 인간에
대한 우리 행위의 당위적 규제의 요청이다. 이 둘 중 어느 것이 평
등의 이념을 보다 적절히 표현하고 있을까? 평등의 이념을 당위
적 이념이라 할 때, 즉 (B)의 명제가 그 이념을 보다 적절하게 표
현한다 할 때, 그 이념의 실체는 평등 대접일까 아니면 평등 분배
일까? 후자일 경우 분배의 대상이 되는 것은 재화일까, 행복도나
복지도일까 또는 기회일까? 그리고 평등에 관하여 사실과 당위의
관계, 즉 (A)와 (B) 사이의 관계는 어떤 것일까?

인간은 사회의 구성이 있기 이전의 자연 상태에서부터 다른 측면은 물론 상호 동등한 측면도 지니고 있다. 자연 속의 모든 개체들은 중요한 면에서 상호 유사하기도 하며 다른 중요한 면에서 다르기도 하다. 이 점에서 인간은 다른 자연적 존재들과 다를 바 없다. 그런데 인간에게 있어 다른 개인과의 어떤 종류의 차이점은 상황에 따라서는 불편과 불행과 고통의 원인이 된다. 강한 자는 먹고 약한 자는 먹힐 수밖에 없다. 빨리 달리는 자는 경기에서 승리하며 늦게 달리는 자는 패배의 쓴맛을 보아야 한다. 이 점에 있어 인간은 자연 세계의 개체들 중 무생물이나 식물과 다르고 고통에의 능력이 있는 동물과 같다고 말할 수 있다.

인간이 동물과 결정적으로 다른 점은 이런 자연적인 차이를 그대로 삶의 일부로 간주하고 체념·감수하지 않는다는 데에 있다. 인간은 그런 자연적 차이를 '우연적'인 것이라 보고 이 우연적인 차이에 불만을 표하며 이를 극복하려 한다. 자신의 남과의 차이에서 오는 불리한 점뿐만 아니라 나 또는 다른 남과의 차이에서 타인이 안게 되는 불리점도 우리는 불만의 대상으로 삼으며, 그 차이를 갖는 자로 하여금 그 불리한 점을 극복토록 도와주려 한다. 신체적인 힘이 약한 자는 무기를 사용하며 자신의 자연적인 약점을 보완·극복하려 한다. 그리고 우리는 맹인이 자신의 신체적 장애를 감수해야 한다고 생각지 않으며, 오히려 그의 약점을 보완케 하기 위해서 그에게 사회적 특혜를 베풀어야 한다고 생각한다.

이런 자연적 차이에서 오는 약점이나 불리한 점 등은 이를 안고 있는 자가 무엇을 잘못한 대가가 아니라 우연의 결과이며, 그러한 것으로 사람들은 인식한다. 이런 우연 *accident; contingency* 에서 기인하는 약점이나 불리한 점 또는 장애 요인은 일종의 사고

*accident*이다. 영어에서 '우연'과 '사고'를 같은 어휘 *accident*로 표현함은 우연이 아니다. 이런 우연적 장애 요인들은 나의 잘못의 결과가 아니라 자연적이거나 사회적인 우연 또는 불의의 결과로 이해되기 때문에 이는 극복 또는 보상되어야 한다고 사람들은 믿는다.[2]

평등의 이념은 이런 생각을 적극적으로 표현한 것이다. 우연적 장애의 담지자가 나인 경우 나는 나에게 타인과 동등한 대우가 베풀어질 것을 기대하며, 그 담지자가 타인인 경우, 그 타인에게 보상이나 일정한 혜택을 통해 평등한 대접을 해야 한다고 생각한다. 이런 생각은 과연 정당한가? 정당하다면 그 논거는 무엇인가? 위에서 그 인간됨의 구체적인 정체는 더 구명되어야 할 것이나 인간은 인간으로서 동등한 측면이 있다고 지적했다. 평등의 당위는 이 평등의 사실과 어떤 관계에 있는가? 인간들이 어떤 관점에서 동등하다는 사실은 인간들의 평등한 대접 또는 평등 분배의 요청과 어떤 관계에 있는가?

Ⅲ. 사회적 불평등

인간은 자연의 우연성을 극복하기 위해서 사회를 구성하였다. 우연성의 극복이 사회의 유일하거나 일차적인 목표는 아니라고 하더라도 우연적 차이의 해소를 위해 사회가 기여하는 바가 큼은 사실이다. 그러나 다른 한편으로 사회는 인간들 사이의 불평등의 원인이 되기도 한다. 사회를 구성하고 운영하기 위해서는 사회의 조직화가 필요하고, 사회가 조직체화할 때 이는 직능과 직위에 따

---

2) '우연'이라는 표현 자체에 이미 우연이라 불리는 것이 극복 대상이라는 의지가 담겨 있다. 우연적인 것으로 인식되는 것은 더 이상 기꺼이 감수할 수 있는 것이 아니다. 그리고 우연이란 개념은 필연에 대조되는 개념이라기보다는 이성이나 합리성에 대조되는 개념이다. 따라서 무엇을 우연으로 인식하는가는 이성적 판단에 따른다.

른 위계 질서를 구비하게 된다. 이 직능과 직위에 따라 권력과 의
무의 분담이 이루어지며, 이에 따라 정치·경제·사회적 불평등
이 야기된다. 지도력이 있으며 결정내리기 좋아하거나 그럴 능력
이 있는 자는 지도자가 될 것이며, 나서길 좋아하지 않거나 그럴
능력이 없는 자는 평범한 시민으로 머물 것이다. 정치적 지위, 경
제적 부, 사회적 위치 등의 불평등성의 일부는 조직체 자체의 본
성에 비추어 불가피하나, 다른 일부는 조직체의 잘못된 운영에서
기인하기도 한다. 어떤 종류의 차별성은 사회 조직체의 존재를 위
해 당연한 것으로 간주되나 어떤 종류의 불평등성은 부당한 것으
로 간주된다. 사회의 구성은 자연적인 불평등을 극복하고 해소시
키는 것을 목표로 하나, 그런 의도에도 불구하고 기존의 불평등을
확대·심화시키는 경우도 있다. 사회 조직과 자연적 불평등의 해
소와는 어떤 함수 관계가 있는가? 사회의 조직화로 인한 불평등
이 정당화될 수 있을까? 즉 사회 조직은 자연적 불평등에 더하여
새로운 불평등, 즉 사회적 불평등을 정당하게 요구할 수 있을까?
정당화될 수 있는 사회적 불평등의 논거는 무엇일까?

IV. 정치적 가치와 도덕적 가치

우리는 위에서 평등의 명제는 사실 명제일 수도 당위 명제일 수
도 있음을 지적하였다. 그리고 인간은 자연적으로만이 아니라 사
회적으로도 불평등할 수 있으며 이에 따라 두 종류의 평등에의 요
구가 있을 수 있음을 논하였다. 평등에 관해 또 하나 중요한 구분
은 이것이 정치적 가치로 요청되는 경우와 도덕적 가치로 요청되
는 경우의 차이이다. 평등이 도덕적 가치로서 요청되어질 때 그것
은 강제력을 동반하지 않는다. 그러나 그것이 정치적 가치로 요청
될 때 이는 정치적 강제력을 동원해 수행되어야 할 가치이다. 후
자의 경우 우리는 전자의 경우보다 더 강력하고 구체적인 논거에

의해서만 평등의 가치를 요청할 수 있다. 평등의 가치는 개인의 자유와 권리와 상충할 수도 있기 때문이다. 평등의 가치가 도덕적으로 정당화된다고 하더라도 그것은 정치적 가치로 요청되기 위한 필요 조건은 될 수 있으나 결코 충분 조건은 될 수 없음을 염두에 두어야 한다.

이러한 구분이 더욱 중요한 것은 평등의 명제가 당위의 명제(위의 B)이고, 이는 다시 평등 대접의 명제가 아니라 평등 분배(위의 B₂)이며, 이 평등 분배의 대상이 구체적이고 개별적인 소유권이 결정되어 있는 재화일 경우이다. 재화의 평등 분배론이 지지될 경우, 재화의 생산·관리·분배에 정부가 강제력을 가지고 적극 개입할 수 있게 되며, 개인의 재산권이 합법적으로 제약될 수도 있다.

이상의 문제들과 예비적 구분들을 염두에 두고서 평등의 이념에 대한 논의에 들어가기로 하자. 필자는 우선 평등의 이념에 대한 현대 학자들의 견해를 검토하겠고, 그런 연후에 그들의 견해를 비판적으로 수용하여 필자 나름의 입장을 제시해보도록 하겠다. 이번 장에서는 현대 서구 학자들의 입장들에 대해 검토하고, 다음 장에서 필자는 필자의 관점에서 비판적 모색을 수행하겠다. 필자가 현대 철학자들에 논의를 국한하고 집중한 이유는 과거의 전통적인 이론들이 그들에 의해 대략 수용되었다고 판단해서이다. 또한 그들의 이론은 현대의 주된 정치적 이념인 자유주의와 개인주의 그리고 경제적 이념인 자본주의 경제 체제를 염두에 두고서 전개되었다. 이런 배경으로 하여 그들의 이론에서 평등의 이념은 현실 세계에 직접 적용 가능한 형태로 논의되었다고 보기 때문이다.

평등의 이념은 철학자들뿐 아니라 정치학자·경제학자·사회학자들에 의해서도 논의되고 있다. 철학자들의 견해만을 이 글에서 살핀 이유는 평등이 규범적 가치이며 규범적 가치의 당위성에 대한 논거는 철학적인 관점에서만 정립될 수 있기 때문이다. 이 글의 목표는 평등의 이념을 경제적 효율성 또는 비효율성을 논거로 지지 또는 반대하려는 것이거나, 그의 사회학적인 연원을 조사하려는 것이 아니라 평등의 철학적이고 윤리적인 지지 논거를 살피려는 것이다. 필자가 선정한 철학자들은 윌리엄스, 블라스토스, 롤즈 그리고 드워킨이다.

2. 평등 대우와 합리적 이유: 윌리엄스

I. 논변의 개요

윌리엄스는 그의 논문 「평등의 이념 The Idea of Equality」[3]에서 평등에 관해 두 가지 작업을 하고 있다. 우선 그는 인간들이 중요한 측면에서 사실상 동등하므로 그런 측면에서 인간은 평등하게 대접받아야 함을 논하고 있으며, 둘째 인간들이 설사 상호 다른 측면을 갖고 있는 경우에도 평등하게 대접받아야 할 중요한 이유가 있음을 논하고 있다. 그는 사실상의 동등성을 논거로 한 당위적 평등을 논함과 동시에, 사실상의 불평등성에도 불구하고 평등이 당위가 되어야 할 논거를 제시하고 있다.

첫번째 논의에서[4] 가장 중요한 명제는: 1) 인간은 인간성 *the common humanity*을 지닌다는 점에서 평등하다는 것이며(이는 당연한 주장이나 많이 간과되고 있다는 것이 윌리엄스의 견해이다), 2) 인간들은 동일한 측면에서는 동등하게 대우되어야 함이 논리적

---

3) B. Williams, "The Idea of Equality," in P. Laslett & W. G. Runciman eds., *Philosophy, Politics & Society*, 2nd Series, Oxford: Basil Blackwell, 1972, pp. 110~31. 이하 Williams, IE로 약함.

4) Williams, IE, pp. 112~20.

이고, 3) 따라서 차별 대우를 할 경우에는 반드시 그 합리적 이유를 제시해야 한다는 논제들이다.

두번째 부분에서[5] 핵심적인 명제는: 1) 재화 분배의 원칙으로 필요주의를 채택할 경우, 외적 차이는 무시하고 순수히 필요만을 고려해야 합리성이 확보되며(필요 충족의 균등성 원리), 2) 재화 분배의 원칙으로 공적주의 *meritocracy*를 채택할 경우, 이는 필히 기회 균등을 전제해야 하는데, 진정한 의미의 기회 균등을 성취하려 하면 개인적 차이는 사상되어 기회 균등주의와 같은 소극적 평등주의보다는 인격의 평등성을 주장하는 적극적 평등주의에 이르게 될 가능성이 있다.

이 두 논의에서 도구적인 개념은 합리적 이유들의 연관성이다. 이 개념의 개략적인 내용은 인간 대우나 재화 분배에 있어 합리성이 확보되어야 한다는 것이다. 이 점을 염두에 둘 때 우리는 평등의 이념에 이르게 된다는 것이 윌리엄스의 논변의 기본 노선이다.

II. 인간의 사실적 동등성과 평등 당위

우선 사실적 동등성에 의거한 평등 당위론을 살펴보기로 하자. 인간은 사실상 동등하다. 그러나 서로 다른 두 인간이 완전히 동등할 수는 없고,[6] 어떤 관점에서만 동등하다. '동등하다'라는 술어는 비교의 관점을 필요로 한다. 그 관점 또는 기준은 무엇인가? 인간은 공통적 인간성을 소유하고 있는 점에서 동등하다.[7] 이 명제는 인간들은 인간으로서 또는 인간인 점에서 동등하다는 명제와 같은 것으로 동어 반복적이므로 인간성의 구체적 내용이 명시

---

5) Williams, IE, pp. 120~31.

6) 어떤 두 개체들도 완전히 동일할 수는 없다. 한 개체와 완전히, 즉 모든 관점에서 동일한 것은 그 자신밖에 없다. 따라서 엄격한 의미의 동일성은 자기 동일성밖에 없다.

7) Williams, IE, p. 112.

되지 않는 한 공허한 주장이 된다. 인간성의 특징으로 윌리엄스는 다음의 네 가지 능력을 지적하고 있다. 첫째, 신체적 그리고 정신적 고통을 느낄 수 있는 능력. 둘째, 타인에 대해 정 *affection*을 느끼고 이의 결과를 체험할 수 있는 능력. 셋째, 자존심에의 욕구. 자존심이란 스스로를 각자가 하고 있는 바와 동일시하며, 자신의 목적을 실현할 수 있고 타인의 의지의 수단이 되지 않기를 원하는 욕구라고 윌리엄스는 부연 규정하고 있다.[8] 그리고 마지막 네번째로 도덕적 가치를 실현할 수 있는 능력을 그는 지적한다.[9]

이 네 가지 능력 또는 욕구는 모든 인간들이 사실에 있어 지니고 있으며, 이를 근거로 하여 모든 인간들은 평등하게 대우해야 한다는 것이 윌리엄스의 논변이다. 그리고 불평등한 대우를 할 경우에는 반드시 그런 대우와 유관한 합리적 이유들 *relevant reasons*을 제시해야 한다는 것이다.[10] 윌리엄스의 이 논변의 정당성 여부는 곧 검토해볼 것이다. 우선 그가 인간성의 특성으로 제시하고 있는 네 가지 사항들을 살펴보기로 하자.[11]

인간적 특성의 네 요소 중에서 첫번째인 고통에의 능력과 두번

---

8) 일상 생활에서의 자존심은 자신의 목표나 사회적 기능에 대한 타인의 평가에 의해 좌우되며, 이런 점에서 윌리엄스의 자존심에 대한 규정은 타당한 듯하다. 그러나 진정한 자존심이란 자신의 삶의 유의미성과 관련되어 있는 것이므로 타인 의존적이어서는 안 된다. 자존심 또는 자긍심에 대한 욕구란 한마디로 자신의 존재, 삶, 사회적 역할의 유의미성에 대한 욕구이다.

9) 이 넷 각각이 평등 당위의 논거가 될 수 있는지 또는 함께 그 논거를 구성하는지에 관해서 윌리엄스는 명백한 언명을 하지 않고 있다.

10) Williams, IE, pp. 111, 113.

11) 윌리엄스를 비롯한 많은 학자들(G. Vlastos, J. Rawls, P. Singer, S. I. Bernn)이 평등 행위가 당위적이라 보는 이유를 행위 대상인 사람이나 동물의 특성에서 찾고 있다. 그러나 필자의 생각으로는 평등 대우나 분배를 포함한 모든 평등론의 논거는 도덕적 행위 주체에서 찾아야 한다고 생각한다. 이 점은 매우 중요하다. 도덕적 행위의 당위 논거를 행위 대상에서 찾을 때, 대자적 행위의 당위 논거가 없어진다. 평등의 경우 그 당위 논거는 행위 주체의 이성적 행위의 요청에 있다고 생각된다.

째인 정에의 능력을 인간이 소유하고 있음은 쉽사리 확인할 수 있
으며, 이 능력들은 과연 인간의 특성으로서는 매우 중요한 것임에
틀림이 없다. 하지만 이 두 능력은 인간 아닌 동물도 소유하고 있
는 능력임을 간과해서는 안 될 것이고, 이런 점에서 이 능력들은
그 자체로서만은 인간 평등 대우론의 충분 조건이 될 수 없다. 그
런 조건이 된다고 볼 경우 동물과 인간을 평등하게 대우해야 한다
는 불교적 평등주의, 즉 중생론에 이를 가능성이 있다. 고통과 애
정에의 능력은 세번째의 능력과 네번째의 욕구와 연결될 때 인간
적 특성으로서 중요한 의의를 가질 수 있으리라 생각된다. 고통이
나 정에의 능력은 대타적인 또는 대사회적인 관계 속에서 자아를
확보하고 상실할 때, 그리고 각 개인이 자신이 설정한 도덕적 가
치를 실현하거나 그 노력에서 좌절할 때 나타나는 것으로 이해할
때 이들 능력들은 윤리적 이념으로서의 평등의 논거가 될 수 있으
리라고 본다.

자존심에의 욕구는 우리가 윤리적 행위를 수행함에 있어 핵심
적인 역할을 한다. 이 점에서 자존에의 욕구가 평등 대우의 한 논
거라는 윌리엄스의 논변은 설득력이 있다. 모든 윤리적 행위는 행
위 쌍방의 자아를 인정하고 고양시키려는 것으로 볼 수 있으며,[12]
평등의 이념 역시 모든 개인들의 자존심의 욕구를 충족시키고 이
들의 도덕적 자아를 존중하려는 이념으로 볼 수 있다. 그러나 문
제는 평등의 한 논거가 되고 그 목표가 되는 이 도덕적 자아란 무
엇인지 윌리엄스는 명확히 말하고 있지 않은 데에 있다.

---

12) 칸트 인격론의 핵심이 되는 정언 명령 제2형식의 요지가 바로 이것이다. "너 자신
의 인격 및 다른 인격에 예외 없이 있는 인격성을 언제나 동시에 목적으로서 사용
하고 결코 단지 수단으로서만 사용하지 않도록 행위하라."

도덕적 자아의 모습은 도덕적 능력의 정체가 무엇이냐는 문제와 본질적으로 연결되어 있다. 인간들이 다른 존재와 달리 도덕적인 선·악과 시·비를 논하고 유덕함과 부덕함을 구분하고 있음은 부인할 수 없는 사실이다. 정의·평등·박애·정직 등의 도덕적 가치들을 설정하고 이들을 실천하려 함 역시 인간 고유의 모습이다. 바로 이런 사실들에 대한 관찰에서 다음에 논의할 블라스토스도 가치 선택과 향유의 능력을 인간의 본질적 특성들로 보았고, 이에 근거해 평등론을 개진하였다.[13] 그러나 대체 위와 같은 논의와 구분, 그리고 가치의 선택·향유를 가능케 하는 도덕적 능력은 무엇이며 이 능력의 주체는 누구인가?

ㆍ 이 문제에 대한 해답을 위해 윌리엄스는 아리스토텔레스와 칸트의 견해를 검토한다.[14] 아리스토텔레스는 도덕적 능력을 지적 지능, 공감적 *sympathetic* 이해의 능력, 실천적 의지 등의 자연적 능력들의 총체로 규정한다. 윌리엄스에 따르면 이런 규정은 다음과 같은 문제점을 지닌다: 1) 이들은 순수히 도덕적 능력이 아닌 것으로 도덕 외적 활동에서도 발휘되며, 2) 이 능력에 있어 사람들 사이에는 차이가 존재하므로 이 능력의 소유는 평등의 논거가 되지 못하고, 3) 최고의 도덕적 가치를 실현함이 우연적으로 주어진 자연적 능력에 의존할 수 있으며,[15] 4) 자연적 능력은 덕을 배양할

---

13) 블라스토스는 모든 인간이 공유하는 동일한 두 측면을 가치 향유 능력과 가치 선택의 능력으로 보았다. 전자는 윌리엄스가 든 고통과 정애의 능력과 유사하며, 후자는 도덕적 능력과 흡사하다고 말할 수 있다.

14) Williams, IE, p. 115.

15) 도덕적 가치는 보편적 가치이며 모두가 실현할 수 있어야 한다. 그래서 도덕적 가치는 모든 인간에게 당위로서 요청된다. 이 보편적 당위의 실현 여부가 자연적 능력의 소유와 같은 우연에 의존하고 있음은 논리적으로 불가능하다. 도덕적 가

수도 있으나 악덕을 결과할 수도 있다.

아리스토텔레스와 달리 인간의 도덕적 능력을 형이상학적 배경에서 규정하는 칸트의 견해는 어떠한가?[16] 칸트에 따르면 인간은 자연적 존재이기도 하지만, 도덕적 행위의 주체로서 목적의 왕국의 일원일 수도 있다. 이런 형이상학적 존재로서 모든 인간들은 자체 목적적이고, 그러므로 모든 인간들은 도덕적 존재로서 평등하며, 절대적 가치인 존엄성을 갖고서 존중의 대상이 된다. 칸트는 인간의 도덕적 능력을 자유롭고 이성적인 행위 주체가 될 수 있는 능력으로 규정한다.

이런 칸트적 규정의 문제점을 윌리엄스는 다음과 같이 지적한다: 1) 이 규정은 너무 형이상학적이므로 경험적 기반이 될 수 없다. 2) 인간을 도덕적 능력의 소유자로 파악하는 전형적인 경우는 우리가 그의 행위에 대한 책임을 물을 때이다. 우리가 한 개인에게 그의 행위에 대한 책임을 묻는 이유는 그가 그 행위의 주체로서 자신의 행위를 통제할 수 있다고 보기 때문이다. 그런데 이 책임 추궁에 있어 우리는 경험적 요인들을 고려하며, 책임에 있어 사람마다 그리고 그의 매번의 행위마다 정도의 차이가 있음을 인정한다. 이런 차별성은 개인들이 도덕적 행위 주체로서는 서로 차이가 있음을 함의한다. 인간의 도덕적 능력의 실체가 도덕적 행위 주체가 될 수 있는 능력인데, 이 점에서 모든 사람들이 동등하다면, 우리는 책임의 유무와 책임의 정도를 논할 수 없을 것이다. 인간은 도덕적 행위 주체로서 서로 다르다. 서로 다르므로 책임의

____

치의 실현 여부는 자연적 능력의 소유 여부와 무관하다. 아리스토텔레스의 견해는, 정의감의 능력을 자연적 자산으로 보는 롤즈의 견해와 비교된다. 롤즈는 이 견해를 근거로 도덕적 능력에 차등의 원칙을 적용하고 있다. 롤즈의 견해는 다음 참조: J. Rawls, *A Theory of Justice*, Oxford: Clarendon Univ. Press, pp. 506 이하. 이하 *TJ*로 약함.

16) Williams, IE, pp. 115 이하.

유·무와 정도를 따질 수 있다. 그러므로 인간들은 적어도 도덕적 행위 주체로서는 동등한 존중의 대상이 아니다.[17]

이상과 같이 해서 윌리엄스는 인간의 도덕적 능력에 대한 아리스토텔레스나 칸트의 견해가 모두 결정적인 문제점을 지니고 있음을 지적했다. 그러면 그 자신의 견해는 무엇인가?[18] 그는 우선 도덕적 능력의 실체라고 할 수 있는 것이 갖춰야 할 형식적인 요건으로 첫째, 그 능력은 동등한 존중의 근거가 되어야 하며, 둘째, 경험적으로 확인될 수 있어야 한다는 두 조건을 제시하고 있다. 이런 조건을 만족시키는 도덕적 능력의 규정은 순수히 경험적 관점이나 또는 그와는 반대로 순수히 형이상학적 관점을 취해서는 얻어질 수 없고, 인간적인 관점 *the human point of view* 을 취할 때에만 얻어질 수 있다고 그는 논하고 있다. 이런 관점에서 그는 도덕적 능력의 주체로서의 인간들은 "필연적으로 의도와 목적들을 지니며 그들의 행위를 특징의 조망 아래서 파악하는 자기 의식적인 존재"[19]라고 규정한다.[20]

IV. 필요에 따른 분배의 필연성

이상에서 우리는 인간들의 사실적 동등성에 의거한 윌리엄스의

---

17) 이 문제점은 비단 칸트 윤리학만의 문제점이 아니라 본래적 자아와 비본래적 자아, 순수 영혼과 퇴락한 영혼, 진정한 자아와 타자적 자아를 구분하는 모든 이론의 문제점이다. 에덴 동산의 인간과 원죄 이후의 인간을 구분하는 기독교나 실존과 세인을 구분하는 실존주의까지도 이 문제점을 갖고 있을 가능성이 있다. 문제는 개인의 특수성의 존재론적 연원이 어디이며, 이는 윤리적으로 극복의 대상이냐 보전의 대상이냐에 있다.

18) Williams, IE, pp. 117~19.

19) Williams, IE, p. 117.

20) 윌리엄스는 다른 논문에서 도덕적 행위 주체를 성품 *character* 의 소유자로, 그리고 성격을 미래의 계획들 *projects* 에 의해 구성된다고 본다. B. Williams, "Persons, Character, and Morality," in B. Williams, *Moral Luck*, Cambridge: Cambridge Univ. Press, 1981 참조.

평등 당위론을 살펴보았다. 동등치 않은 상황에서도 평등은 실현
되어야 한다는 그의 두번째 논의를 살펴보자. 이 문제는 특히 경
제력, 의료 혜택, 교육의 기회 등과 같은 사회적 재화 분배의 기준
을 정립하는 문제와 연결되어 있다. 이런 분배의 기준으로 제시되
곤 하는 것은 필요성이나 공적이다. 윌리엄스의 견해로는 이 두
기준의 어느 것을 취하건 결과적으로는 평등주의의 입장에 가까
이 갈 수밖에 없다는 것이다. 이러한 그의 논의에서 역시 중요한
역할을 하는 것은 합리적 이유의 연관성이라는 개념이다.

  구체적으로 의료 분배의 문제를 검토해보자. 의료의 분배를 필
요에 따라 할 수도 있으며 의료 혜택을 구입할 수 있는 능력에 따
라(말하자면 공적에 따라) 분배할 수도 있다. 그러나 후자의 기준
은 비합리적이며 따라서 연관 있는 이유를 근거로 한 분배 기준일
수 없다는 것이 윌리엄스의 논리이다. 그 논거는 다음과 같다:
"의료 혜택의 분배를 위한 올바른 기준이나 논거는 나쁜 건강임은
필연적 진리"[21]이다. 윌리엄스는 나쁜 건강이 요청하는 의술에 대
한 필요가 의료 혜택의 분배임은 당연한 진리, 실로 논리적 진리
라고 매우 강력한 주장을 하고 있다. 이 강력한 주장의 논거는 역
시 연관 있는 이유들이라는 개념을 통해 제시된다. 대부분의 사회
에서 나쁜 건강은 의료 혜택을 받기 위한 필요 조건은 구성하나
충분 조건에는 이르지 못한다. 아프다고 해서 바로 치료받을 수
있는 것이 아님은 대부분의 사회에서 현실이다. 충분 조건이 갖추
어지기 위해서는 그 혜택을 살 수 있는 경제적 능력이라는 추가의
필요 조건이 충족되어야 한다. 심지어 어떤 경우에는 건강의 악화
없이도 경제력만 있으면 의료 혜택을 살 수도 있다. 단지 피곤하
다는 이유로 종합병원의 특등실에 입원할 수도 있다.

---

21) Williams, IE, p. 212.

나쁜 건강은 분명 의료 혜택의 취득을 위해 논리적으로 연관 있는 이유라 말할 수 있으나, 경제력 그 자체는 의료 혜택과는 무관한 요소이다. 의술이나 나쁜 건강과 경제력은 우연적이거나 또는 비논리적인 관계에 있다. 인간의 삶이 우연에 의해 지배됨은 불합리하다. 따라서 의료 혜택의 수혜를 위해서 단지 나쁜 건강만 아니라 경제적 능력까지도 추가의 구비 요건으로 요구하는 사회는 불합리한 사회일 것이며, 우리의 사회가 합리적인 사회가 되길 원한다면 유관한 이유를 근거로 해서만 의료 혜택을 베풀어야 한다는 것이 윌리엄스의 논변이다. 필요에 따른 분배 원리, 다시 말하면 필요도를 평등하게 충족시키려는 분배 원리는 의료 혜택이라는 재화를 나쁜 건강이라는 조건 아래서만 분배해야 하며, 그런 경우에만 합리적인 사회가 건설될 수 있다. 필요도의 평등한 충족을 위한 분배는 이성의 요청이라는 것이 윌리엄스의 요지이다.

그런데 문제는 의료 기술이란 그냥 얻어지는 것이 아니라, 상당한 노력과 경제력을 투자해서 얻어진 것이며, 따라서 그 기술을 그렇게 얻은 의사들에게 대가 없이 환자의 필요에 따라 제공케 요구함이 합리적인지는 논란의 여지가 있을 것이며, 따라서 적절한 사회적 보상 장치가 마련되어야 할 것이다.[22]

V. 공적에 따른 분배와 평등주의

공적에 따른 분배와 평등의 이념은 어떻게 연결되는가? 공적에 따른 분배는, 그 공적이 구체적으로 무엇이건간에(가령 능력, 실질적 성과, 또는 도덕적 행위 등), 공적을 쌓으려는 개인들간의 상호 경쟁의 가능성을 전제한다. 이런 이유로 해서 공적주의적 분배 원리는 재화 자체의 분배뿐 아니라 사회 구성원들이 재화를 얻을 수

---

22) 윌리엄스의 논변에 대한 이런 관점에서의 비판은 R. Nozick, *Anarchy, State, and Utopia*, New York: Basic Books, 1974 참조. 이하 *ASU*로 약함.

있는 기회의 분배 기준까지 염두에 두어야 한다. 그런데 경쟁의
공정성을 최소한으로라도 마련해주고자 한다면, 더 근원적으로
사회 구성원간에 경쟁의 수단이 되는 기초적 재화의 획득을 위한
기회를 균등히 보장해주어야 한다.

기회 균등의 개념을 보다 명확히 규정하면 어떻게 표현될까?
기회 균등이란 "제한된 양의 재화의 분배를 위한 사실상의 근거는
그 재화를 원하는 자들의 누구도 선험적으로 제외하지 않는 그러
한 것이어야 한다"[23]는 주장이다. 한마디로 기회 균등론은 선험적
배제의 부정 원리라고 말할 수 있는데, 대체 선험적 배제 *a priori
exclusion*란 무엇인가? 이 개념은 첫째, 분배될 재화와 관련하여
적절하거나 합리적 *appropriate or rational*이 아닌 이유를 근거로
하여 그 재화의 분배를 거부치 아니함을 의미하며, 둘째, 그 재화
의 분배를 위해 적절하고 합리적이라고 간주되는 근거 또는 기준
이 사회의 모든 계층의 사람들이 동등한 기회를 가지고 충족시킬
수 있는 그러한 기준이어야 함을 의미한다.[24]

가령, 고등 교육이라는 재화의 분배를 생각해보자. 일정한 정도
의 경제력은 일단 그 재화의 획득을 위해 적절하거나 또는 합리적
이라고 간주될 수 있다. 그러나 이 '일정한 경제력'이라는 기준은
사회 내의 모든 계층의 사람들에 의해 충족될 수 있는 기준이 아
니다. 이렇게 기준의 민주성이 확보되지 않은 경우 진정한 기회
균등은 이루어지지 않았다는 것이 윌리엄스의 견해이다.

완전한 기회 균등을 이루기 위해서는, 그 기회 취득을 위한 상
위의 기준 자체가 모든 계층의 사람들이 동등한 기회를 가지고 충
족시킬 수 있어야 한다. 이 추가 단서의 실체는 무엇일까? 다시
대학 교육의 기회를 생각해보자. 이 기회를 분배키 위해 가령 학

---

23) Williams, IE, p. 125.

24) Williams, IE, pp. 125~26.

력고사 성적을 기준으로 제시할 수 있다. 그런데 학력고사 성적이란 수험생의 지적 능력, 성취 동기, 현실 적응 능력 등을 반영하는 것이며, 이 세 주요 요소는 모두 그 수험생 자신의 것이라기보다는 그 수험생이 성장한 가정적·사회적·교육적 환경에 의해 결정되는 경우가 많다. 그런데 이 환경은 많은 경우 개인, 특히 성장 과정에 있는 개인에 의해 통제될 수 있는 성질의 것이 아니다. 호의적인 환경 속에서 성장한 학생들은 열악한 환경 속에서 성장한 학생에 비해 보다 나은 기회의 혜택을 입었다 할 수 있을 것이며, 학력고사 결과는 그들이 자신의 것으로 지니고 있는 학업 능력뿐 아니라 이 선험적으로 불평등하게 분배되어 있는 기회의 영향을 받았다고 보아야 할 것이다. 학력고사 성적이라는 기준은 이미 선재하는 기회의 불균등이 끼치는 영향력 아래 있으므로 진정한 의미의 기회 균등을 위한 원리가 되지 못한다. 학력고사 성적은 과거에 존재해서 현재에도 영향을 미치고 있는 환경의 불평등성, 즉 자신들의 의사와는 상관없이 각 개인에게 주어진 기회들의 불평등성의 영향을 배제하기보다는 묵과하고 있으며 나아가 그 원천적 불균등을 오히려 심화시킬 가능성이 있다.[25]

기회 균등론의 기본적인 생각은 사회를 경쟁의 마당, 일종의 경기장으로 보고 경쟁자인 사회 구성원들에게 동일한 출발점을 제공함으로써 경기의 공정성을 실현하자는 것이다. 따라서 기회 균등론에서 가장 중요한 것은 동일한 출발점의 실체를 무엇으로 보느냐는 것인데, 일반적으로 그 해답으로 제시되는 것은, 진정으로 사회 구성원 각자의 고유한 것이라 할 수 있는 능력이나 기질·성

---

25) 바로 이런 이유에서 롤즈는 자연적 자유의 체계 *the system of natural liberty*를 비판한다. 반면 노직은 우리 현존의 특수성을 논거로 해 자연적 자유의 체계를 지지한다. J. Rawls, *TJ*; R. Nozick, *ASU* 참조. 롤즈의 견해에 대한 논의는 M. J. Sandal, *Liberalism and the Limits of Justice*, Cambridge Univ. Press, 1982, pp. 66 이하 참조.

격 등이다. 기회 균등론은 각자가 각자의 것을 가지고 힘껏 경쟁을 해서 얻은 바의 것을 가질 때, 사회 내의 공정성은 확립된다는 입장이다.

그러나 문제는 과연 개인에게 진정 자신 고유의 것이라고 할 수 있는 것이 있느냐는 것이다. 개인에게서 환경의 영향이라고 할 수 있는 것을 모두 제거해버릴 때 그에게 남는 것은 순수 주체라 말할 수 있는 것이겠고, 순수 주체의 상태에서 모든 개인들은 사실상 동등할 가능성이 있다. 그렇다면 기회 균등론을 철저하게 밀고 나아갈 때, 선험적 배제 부정 원리에 따라 경쟁을 위한 출발점에서의 차이에 대한 환경의 영향을 철저히 제거하면, 그것은 어떠한 경쟁도 불가능하게 하는 철저한 평등론으로 변질할 가능성이 있다. 요약건대, 공적에 따른 분배 원리는 기회 균등론을 요청하며, 기회 균등론은 다시 경쟁의 동일한 출발점을 도구적 개념으로 하므로 경쟁자들은 진정 자신의 것만을 가지고 경기에 임해야 한다. 이러한 당위는 개인으로부터 환경적 영향들을 완전히 제거하고 순수 주체만을 경쟁 주체로 인정하여, 결과적으로 기회 균등론은 절대적 평등론과 동일하게 된다.

이상에서 우리는 사실상의 평등을 논거로 한 윌리엄스의 평등 당위론과 불평등한 상황 아래서의 그의 또 다른 평등 당위론을 살펴보았다. 그의 논변에 있어 중요한 개념은 합리성 *rationality*의 개념이다. 우리는 이 논문의 후반부에 가서 이 개념을 보다 정련하여 윌리엄스의 논변을 보완해보도록 하겠다. 윌리엄스의 논변은 그 핵심에 있어 전반적으로 설득력이 있는 것으로 보인다. 그러나 평등의 가치는 그 이념의 논리적 설득력에도 불구하고 이 가치를 사회적으로 실현하려 할 때, 상당한 원리적이고 실천적인 어려움에 봉착함도 간과할 수 없다. 사회 조직이란 효율성을 중요한 덕목으로 지니고 있으며, 이 효율성이라는 사회적 가치는 특히 평등과 심한 갈등을 야기하는 수가 많다. 그리고 사회는 개인들을 실체적 구성원으로 하므로 이들의 자유와 권리는 최대한 보장되어야 함에도, 평등의 가치는 이 둘을 제약할 수 있다. 우리는 다음 절에서 이 평등의 이념을 사회 조직의 근본 이념으로 수용하면서도 효율성을 구체화하려는 롤즈의 평등론, 자유와 평등의 조화를 모색하려는 드워킨의 평등론을 살펴볼 것이다. 그전에 우선 평등의 이념을 분배론에 적용한 블라스토스의 복지 평등 분배론을 살펴보자.

3. 복지 평등 분배론: 블라스토스

I. 평등한 분배와 정의로운 분배

블라스토스는 원래 그리스 고대 철학을 주전공으로 하는 철학자이나 사회 정의의 문제에도 깊은 관심을 기울여왔으며 그의 「정의와 평등Justice and Equality」[26]이라는 논문은 정의 및 평등에 관한 주요 논문집들에 게재되어 논의의 대상이 되어왔다. 필자는 위의 논문을 통해 그의 견해를 살펴보겠다.

그는 사회 조직의 운영을 위한 가장 중요한 규범적 원리로 평등의 이념과 정의의 원리를 지지하고 있다. 그가 지적하는 평등의 이념은 평등 분배의 원리이며, 분배의 대상은 재화가 아니라 재화를 통해 각 개인이 얻어내는 복지이다. 그의 평등주의 이념에 따르면 좋은 사회에서는 사회 구성원들이 향유하는 복지의 정도가 평등해야 한다는 것이다.

---

26) G. Vlastos, "Justice and Equality," pp. 305~314, in eds., by J. C. King & J. A. Mcgilvray, *Political and Social Philosophy: Traditional and Contemporary Readings*, N. Y.: McGraw Hill, 1973. 이하 Vlastos, JE로 약함.

이 평등의 이념과 함께 블라스토스가 제안하는 사회 정의의 원리는 '필요에 따라 각자에게'라는 표어에 의해 표현되는, 필요도를 기준으로 하는 재화 분배의 원리이다. 그런데 이 필요에 따라 정의롭게 분배하는 원리는 평등의 원칙과 갈등할 경우가 많다. 사람들은 자연적 조건에 있어 서로 다르며, 처하게 된 상황 여건에서도 각자 다르다. 따라서 필요로 하는 재화의 양이 다를 수밖에 없다. 병자와 건강한 자가 필요로 하는 재화의 양이 같을 수 없으며, 여자와 남자가 필요로 하는 재화나 그 재화의 양이 같을 수도 없다. 그런데 평등주의를 택하여 평등 분배의 대상을 재화로 삼을 때, 평등의 원리는 필연적으로 정의의 원리와 충돌하게 된다. 재화의 평등 분배 원리를 고수하고자 하면, 각자의 서로 다른 필요를 고려해서는 안 될 것이므로 필요에 따른 분배의 원리는 무시되어야 한다. 반대로 필요에 따른 분배적 정의의 원리를 실현하고자 하면 평등주의를 포기해야 한다.

가령, 정상인과 맹인이 기본적으로 필요로 하는 복지도를 10이라 하고, 이 복지의 상태에 이르기 위해 정상인이 필요로 하는 재화의 양을 5단위, 맹인이 필요로 하는 재화의 양을 20단위라 해보자. 그리고 사회 내에서 이 두 사람이 함께 쓸 수 있는 재화의 총량이 25단위라 해보자. 재화 평등 분배론에 따르면 재화의 분배몫은 맹인이나 정상인에게나 동일하여야 한다. 따라서 각각의 분배 몫은 12.5단위가 될 것이다. 반면 필요에 따른 분배 원칙을 취하게 되면 정상인에게는 5단위, 맹인에게는 20단위의 재화를 분배해야 한다. 이 후자의 경우 재화는 차등적으로 분배되었으나 이 재화를 통해 각자가 얻게 될 복지도는 동등할 것이다.

II. 복지의 평등 분배

평등주의의 원리와 분배적 정의의 원리(특히 필요에 따른 분배 원리)는 사회 조직의 가장 중요한 두 규범적 원리이다. 이 두 원리 사이의 갈등을 해소하기 위한 블라스토스의 제안은 평등 분배의 대상을 복지 취득을 위한 수단이 되는 재화가 아니라 이를 통해 얻어지는 복지로 보자는 것이다.[27] 평등 분배의 대상을 복지로 볼 때, 위의 예에서 정상인에게 5단위, 맹인에게 20단위의 재화를 분배하여 모두 10의 복지도를 향유케 함은 평등주의 원리와 분배적 정의의 원리를 모두 충족시킨다. 정상인과 장애인 모두 10단위의 복지를 향유케 되었으므로 평등하며, 10단위의 복지 취득을 위해 정상인은 5단위의 재화를, 그리고 맹인은 20단위의 재화를 필요로 하였으므로 각자의 필요도 충족되었다. 그리하여 이 제안은 복지의 평등을 실현하였으므로 평등 분배의 원리를 준수하였고, 각자의 필요를 충족시켰으므로 필요에 따른 분배적 정의를 실현하였다는 것이다.

블라스토스의 평등론의 또 다른 이론적 장점은 평등 분배의 대상을 수단이 아니라 목적에 둔다는 것이다. 한 사회 내의 평균인들이 자신의 삶에 대해 갖는 최소한의 기대는 아마도 남보다 못하지 않은 행복이나 복지의 향유일 것이다. 그리고 재화란 그 자체 값어치가 있는 것이 아니라 수단으로서, 즉 복지 또는 행복의 성취를 위한 수단으로서 가치를 갖는다. 그렇다면 사회 규범으로서 블라스토스가 제안한, 복지의 평등 분배를 통해 분배적 정의를 실현함은 평균인들의 기대를 충족시킴과 동시에 재화의 본질적 이념에도 부합하는, 말하자면 두 마리의 토끼를 잡을 수 있는 원칙이라 말할 수 있다.

블라스토스의 복지 평등 분배론은 몇 가지 문제점을 지닌다. 첫째, 사회 구성원 각자의 능력이나 자질 그리고 노력은 무시하

---

27) Vlastos, JE, pp. 366~67. 우리는 복지 평등 분배론은 필요에 따른 분배론으로 이해할 수도 있다.

고 단지 필요도나 복지만을 분배 기준으로 설정할 때 비효율적일
뿐 아니라 심지어 비도덕적인 결과를 야기할 수도 있다. 분배에
있어 필요도만 고려하고 개인들의 노력이나 공적 또는 기여도를
고려치 않을 때 부지런함보다는 게으름을 조장할 가능성이 있다.
필요에 따른 분배는 사회 구성원으로 하여금 사회뿐 아니라 자신
의 삶에 대한 책임을 소홀히하게 할 수도 있다.[28] 둘째, 복지 또
는 행복이라는 것은 주관적인 심리 상태이다. 그런데 사회 구성
원간의 복지 평등을 이루려면 각인들이 느끼는 복지의 정도를 측
정할 수 있어야 하며, 이와 함께 그 평균 복지를 향유키 위해 각
자가 필요로 하는 재화의 양을 정확히 측정할 수 있어야 한다. 그
런데 이런 유의 측정이 과연 현실적으로 가능할까? 셋째, 이와
관련된 것으로 순수 학문이나 예술 또는 첨단 학문에 관심을 갖
고 있으며, 이를 통해서만 삶의 행복을 향유할 수 있는 사람을 생
각해보자. 이런 정신적 활동이 소기의 성과를 낳기 위해서는 고
도의 장비와 높은 기술이 소요되며 이를 취득키 위해서는 엄청난
돈이 필요하다. 이에 반해 그 실용적 효과는 의심스러운 경우가
많다. 가령 우주 탐사 계획이나 심장 이식 수술이 그 구체적인 예
이다. 이런 취미 또는 관심을 충족시켜야만 평균인 정도의 복지
에 이를 수 있는 사람은 신체 장애자와 유사한 상황에 있다. 양자
모두 평균인보다 훨씬 많은 재화를 가져야만 평균인 정도의 복지
상태나 행복도에 이를 수 있기 때문이다. 그러나 적어도 현실적
이고 직접적인 면에서의 그들의 사회 기여도는 의심스럽다. 신체
장애자를 위한 보다 많은 재화의 분배는 정당화될 수 있을 것으
로 보이나, 고급의 취미나 관심을 가진 자에게 보다 많은 양의 재
화를 분배함은 정당화되기 힘들 듯하다.[29] 그렇다면 그의 필요와

---

28) 우리는 그 예를 사회 보장 제도가 거의 완벽히 시행되고 있는 나라들이 안고 있는
    문제점들에서 확인할 수 있다.

복지는 무시되어야 하는가?

III. 평등의 논거로서 가치 의식의 소유

이상 블라스토스의 복지 평등 분배론의 문제점을 지적만 하고 상세한 논의는 뒤로 미루겠다. 여기서는 평등 분배론에 대한 그의 논거, 즉 왜 사회 구성원 모두가 평등한 정도의 복지를 향유해야 하느냐에 대한 그의 논거를 살펴보기로 하자. 복지 평등 분배론에 대한 블라스토스의 논변은 다음의 네 가지 명제로 요약된다.[30]

1) 모든 사람들은 개인으로서 인간적인 가치 *individual human worth*를 갖는다.
2) 그 인간적인 가치는 그들이 가치 선택 능력과 가치 체험의 능력을 갖기 때문에 존재한다.
3) 모든 사람들의 자유 *freedom*와 복지 *well-being*는 동등한 가치를 갖는다.
4) 모든 사람들은 복지와 평등의 관점에서 평등하게 대우받아야 한다.

블라스토스의 견해에 따르면, 모든 개인들은 개별적 인간으로서의 내재적 가치 *intrinsic value as individual human being*를 갖는다. 그들의 개인성 *individuality*은 신성 불가침의 것이다.[31] 이런

---

29) 이것은 우리의 도덕적 직관인데 이 직관의 정당화 논거는 무엇일까? 전자의 경우는 인간의 기본적 가능성의 발휘 기회가 박탈되었다는 것이고, 후자의 경우는 기본적인 것 이상의 인간적 잠재력 발휘를 위한 필요를 가지고 있기 때문일 것이다.

30) Vlastos, JE, pp. 309, 311, 313.

31) 인간의 공통적 특성으로서, 윌리엄스와 달리 블라스토스는 공통의 인간성이 아니라 개인성을 든 점에 유의하라. 블라스토스는 철저히 개인주의적 전제 위에서 평등주의를 옹호하려 하고 있다.

가치의 소유로 하여 모든 개인들은 평등한 대접의 대상이라는 것
이 그의 논지이다. 개인들이 신성 불가침의 내재적 가치를 갖는
이유는 무엇인가? 그 이유는 그들이 모두 가치를 선택할 수 있는
존재들이며, 선택된 가치를 체험하고 향유할 수 있는 존재이기 때
문이다. 가치란 '좋음'의 의식 아래서 선택 · 추구 · 향유되는 것이
며, 모든 개인들은 합목적인 존재인 한에서 이 좋음의 의식을 가
지고 있다. 이 점에서 인간은 여타의 존재와 구분된다. 가치 선택
과 가치 체험의 능력은 이런 구분점의 근원이므로 인간 고유의 능
력이며, 인간적 가치의 바탕이 될 수 있다는 것이 블라스토스의
생각이다.

　가치 개념의 소유가 인간적 특성의 핵심이라는 블라스토스의
통찰은 옳다. 이미 지적한 바와 같이 가치 개념은 좋음에 대한 의
식이다. 인간의 행위는 여타 동물의 행동과 달리, 많은 경우 좋음
의 의식 또는 가치 의식에 의해 규제된다. 아리스토텔레스가 통찰
한 바와 같이 인간은 의도적인 행위를 하는 한 항상 좋은 것을 추
구한다.[32] 이 점에서 모든 인간은 동일하다. 바로 가치 의식에서의
이런 동일성에 근거해서 평등의 당위성을 정립하려는 것이 블라
스토스 논변의 요지이다. 그런데 개인들간의 차이는 어디에 있는
가? 그것은 추구하는 바가 자신에게만 좋은 것으로 생각되는 바
를 추구 대상으로 설정하느냐 또는 모두에게 좋은 바로 판단되는
것을 그 대상으로 설정하느냐에 달려 있다. 전자의 경우, 자신에
게 좋은 것의 구체적 예를 무엇으로 보느냐, 후자의 경우 역시 무
엇을 모두에게 좋은 것의 구체적 예로 보며 그 견해에 대해 어떤
논거를 제시하느냐에 따라 개인간의 차이가 생겨난다.

　윤리적 악인이나 선인이나 모두 의도적인 행위를 하는 한, 좋음

---

32) Aristotles, *Metaphysics*, 제1권.

에 대한 의식을 가지고 있다. 이 점은 위에 지적한 바와 같이 아리스토텔레스의 탁월한 통찰이고, 필자는 이 가치 의식의 현재성에 관한 사실이 윤리적 탐구의 단초가 되어야 한다고 생각한다. 선인과 악인의 차이점은 그 의식이 주관적이냐 객관적이냐, 그리고 그 좋음의 의식을 내용적으로 채우는 구체적인 행위나 상태를 무엇으로 보느냐에 있다.[33] 이렇게 볼 때 블라스토스의 논변의 한 중요한 문제점은, 윤리적 악인이나 선인이나 모두 좋음에 대한 의식을 가지고 있다는 점이다. 그렇다면 이 사실에 근거해서 양자를 차별하지 말고 평등한 복지 분배를 해야 한다는 결론에 이르게 한다는 점이다. 블라스토스가 인간이 인간적인 가치를 갖기 위해 중요하다고 본 것은 가치 의식의 소유 자체이지 가치 의식의 구체적이고 현실적인 내용은 아니었다.[34] 후자를 그 논거로 할 때 사람들은 서로 다를 수밖에 없을 것이기 때문이다. 이 가치 의식 또는 좋음의 관념을 소유함은, 블라스토스의 견해로는, 모든 인간에게 설대적 · 자체 목적적 · 내재적 가치를 부여하며 이런 가치를 소유하므로 인간은 평등하게 대우받아야 한다는 것이다.

　가치 선택의 능력을 발휘함에 있어 전제가 되는 것이 자유이고, 가치 향유의 결과로서 이르게 되는 상태가 복지 *well-being, welfare* 이다. 자유를 이용해 선택한 것이 가치가 아닐 수도 있으며, 복지의 상태가 가치의 향유가 아니라 물질적인 풍요 또는 심신의 쾌락과 편안함에서 오는 것일 수도 있다. 그러나 블라스토스는 자유와 복지를 가치와 결부시켜 논함으로써 자유와 복지, 그리고 이를 근거로 해서 지지되는 평등의 이념에 윤리적인 성격을 부여하고자

---

33) 선인이건 악인이건 모두 가치 의식, 좋음에 대한 의식 또는 개념을 소유하고 있다. 선인과 악인의 차이는 무엇을 가치 있는 것 또는 좋은 것으로 생각하느냐에 달려 있다. 여기서 지식의 윤리적 중요성이 부각되고, 여기에 소크라테스와 플라톤의 지행합일론(知行合一論)의 논거가 있다.

34) Vlastos, JE, p. 313.

한다. 이런 단서 아래 한 개인의 인간적 가치는 그 개인의 가치 선
택 능력과 향유 능력이 지니는 가치와 동일하며, 이는 다시 그 개
인이 누리는 자유와 복지의 가치와 동일하다.

그런데 모든 개인들은 인간으로서 동등한 인간적 가치 *human
worth*를 가지며, 그러므로 모든 인간들은 동등하게 대우해주어야
한다는 것이 블라스토스의 논리였다. 한 개인의 인간적 가치는 그
개인이 누리는 자유와 복지의 가치와 동일하며, 모든 개인들의 자
유와 복지의 가치는 동일하므로, 모든 개인들의 자유는 동일한 정
도로 존중되어야 할 것이며, 따라서 모든 개인에게 동일한 정도의
복지가 분배되어야 한다는 것이 블라스토스 논변의 보다 구체적
인 내용이다.

IV. 블라스토스 이론의 장단점

이상에서 우리는 블라스토스의 복지 평등 분배론을 살펴보았
다. 그의 이론의 장점은 우선 평등 분배의 대상을 복지로 봄으로
써 평등주의와 분배적 정의의 원리(필요에 따른)라는, 사회적 가
치로서는 가장 선호되는 두 이념을 무리 없이 조화시켰다는 점이
다. 두번째 장점은 평등의 논거 제시에 있어 인간적 가치의 본질
로 가치 의식의 소유를 들고, 이 점에서 평등 분배의 근거를 마련
한 점이다. 이렇게 함으로써 그는 평등의 윤리적인 근거를 확실히
하였다. 셋째, 가치 의식의 소유 또는 이를 기초로 한 가치 선택
및 향유의 능력 발휘 자체가, 발휘한 결과의 내용과 상관없이 중
요하다고 봄으로써, 선택·향유된 가치들이 개인마다 다를 수 있
음을 인정할 뿐 아니라, 이들 개인간의 차이가 가치 능력의 발휘
결과인 한 동등하게 존중해야 한다고 보았다. 이 점에서 그는 개
인주의를 철저히 옹호한다. 넷째, 사회의 기본적 가치들의 하나인
자유와 복지를 이 가치의 선택·향유 능력과 본질적 관계에 있는

것으로 보고, 다시 후자를 평등의 논거로 삼음으로써 자유, 평등, 복지, 가치 의식 등의 중요한 사회 윤리적 이념들 사이의 유기적 관계를 강화하였다.

이상의 장점에도 불구하고 블라스토스의 입장은 다음의 한계점을 갖는다. 위에서 이미 몇 가지 문제점을 제기했으나, 그외에도 다음의 문제점들이 있다. 첫째, 블라스토스의 복지 평등 분배론은 특정의 가치 소유가 아니라 가치 의식의 소유 자체에서 인간들 사이의 평등을 위한 근거를 마련하였다. 그런데 문제는 각 개인들이 가치 있다고 생각하는 바가 서로 다를 수 있으며 많은 경우 이들은 갈등한다는 점이다. 상호 갈등하는 가치들이 모두 존중될 수는 없으며, 이들을 선택하는 자유와 이의 향유를 통해 얻어진 복지도 모두 완전히 존중될 수는 없다. 즉 갈등하는 가치를 선택 · 향유하는 둘 이상의 개인들의 자유와 평등은 제한되어야 한다. 블라스토스의 평등론이 현실적으로 적용 가능한 것이 되기 위해서는 이 제한적 장치를 마련해야 한다.

그 제한적 단서는 어떤 것일 수 있을까? 그것은 한 개인의 자유와 복지는 타인의 동등한 정도의 자유와 복지와 병행 · 공존할 수 있는 한에서만 존중될 수 있다는 것이다.[35] 한 개인이 가치 있다고 생각하는 것이 타인이 가치 있다고 생각하는 것을 훼손해서는 안 된다. 갈등하는 가치들의 공존을 위해 필요한 사회적 장치는 무엇이 있을 수 있을까? 그것은 아마도 대화를 통한 끝없는 타협과 협상일 것이다.[36]

---

35) 다음에 논의할 롤즈는 이 단서를 차등의 원리에 우선하는 정의의 제1원리에 의해 마련한다.

36) 경제재의 효율적이고 공정한 분배를 위해서는 분배의 원리와 제도의 마련만으로는 사실상 불충분하다. 이런 것들과 병행하여 이성의 자율성을 증대시킬 수 있는 문화적 장치가 마련되어야만 한다. 도덕적 · 정치적 가치들은 자율적 이성에 의해 실현되어야 한다. 국가 권력에 의해 강제적으로 실현될 가치들은 최소한으로 국

4. 재화 평등 분배론 I: 롤즈

I. 정의의 원리들

존 롤즈의 평등주의적 입장은 그의 저서 『정의의 이론 *A Theory of Justice*』에 전개되어 있다. 이 책의 주제는 그 제목이 보여주듯이 정의, 특히 사회 정의의 문제이다.[37] 그는 사회 정의의 실현이란 사회 내의 재화들을 공정하게 분배하는 데에 있다고 보고 있으며, 따라서 사회 정의의 원리란 공정한 분배를 위한 원리라 규정한다.[38] 그가 제시한 정의의 두 원리나 이 원리들을 지지하기 위한 그의 논변에서 그는 전반적으로 평등주의적 입장을 견지하고 있다. 그의 평등론은 이와 같이 사회 정의론과 긴밀히 연결되어 있으므로 우선 그의 사회 정의론을 개략적으로 살펴봄이 순서일 것이다.

그는 사회 조직을 사회 구성원들이 향유할 재화들의 생산을 위한 협동 조직체로 파악한다. 사회란 그에게 있어 일차적으로는 협동농장이라고 말할 수 있다. 사회 정의란 사회 조직의 제1덕목이며 협동 생산된 재화의 공정한 분배를 위한 기준의 역할을 한다.

한해야 한다. 그 경우도 그 가치들의 실현 주체 또는 국가 권력이나 제도는 이성화되어야 한다. 이런 생각이 노직의 최소국가 *the minimal state* 론이다.

37) 이 책에서 롤즈는 정의를 사회의 기본 구조, 가령 국가 체제, 경제 제도, 혼인 제도 등의 제1덕목으로 취급함으로써 그의 주제가 사회 정의임을 명백히하고 있다. 이런 사회 정의론의 효시는 플라톤의 『공화국』이다. 여기서 플라톤은 정의를 국가의 제1덕목으로 간주한다. 정의는 물론 개인의 제1덕목일 수도 있다.

38) 이 견해의 전제는 국가란 재화의 협동 생산체이며 협동 생산물의 분배 기관이라는 국가·사회관이다. 이에 반해 노직은 국가를 개인들의 합리적이고 자발적인 교환 행위를 가능케 하는 권리 보호 기관으로 보고 있다. 따라서 국가는 분배 기관이 아니다. 분배의 역할을 담당하는 기관이 있다면 그것은 시장이다. 노직에 있어서 분배적 정의의 개념은 존재치 않는다. 그는 소유권에 기초한 정의론을 갖고 있다. 그의 국가관과 정의관에 관해서는 Nozick, *ASU* 참조.

롤즈가 그의 저서에서 제시하려는 것이 바로 분배 기준으로서의
사회 정의의 원리와 이를 위한 논거이다. 그 원리들은 다음의 두
가지이다.[39] 첫째 원리는 기본적 자유와 권리에 있어서의 평등의
원리이고, 둘째 원리의 첫째 부분은 차등의 원칙 *the difference
principle*, 둘째 부분은 기회 균등의 원칙이다. 이 세 원리 또는 원
칙들을 살펴볼 때, 표현만으로 봐서는 첫째와 셋째 원칙만이 평등
주의적 입장의 표명이고 둘째 원칙은 평등주의와 무관한 듯 보인
다. 그러나 실은 이 둘째의 차등 원칙이 롤즈의 평등주의적 입장
을 가장 현저하게 표현하고 있는 원칙이며, 따라서 이 장에서도
이 원칙에 주목하겠다.

Ⅱ. 원초적 입장과 도덕적 자의성

위의 두 원리들을 위한 롤즈의 논거는 무엇인가? 이 논거는 원
초적 입장 *the original position*이란 개념을 사용해 제시된다. 이 개
념에서 핵심적인 요소는 도덕적 자의성이란 개념이다. 롤즈의 논
거를 한마디로 요약하면, 도덕적으로 자의적인 요소를 최대한 제
거한 입장이 원초적 입장이고, 사회 정의의 두 원리들은 바로 이
입장에서 선택되었으므로 정당한 원리라는 것이다.

원초적 입장의 개념을 자세히 살펴보자. 이 개념을 통해 롤즈는
일종의 준선험적 상황을 도입하려 하고 있는데, 그것은 칸트의 목
적의 왕국을 정치의 세계에 옮겨놓아 구성한 것이다.[40] 사회적 협
동을 통해 재화를 생산해낸 사회 구성원들은 재화의 분배를 위한
원리를 정립하기 위해 일종의 계약[41]을 체결해야 한다. 그런데 이
계약 체결을 위한 협의에 들어가기 위해 사회 구성원들은 모두 어

---

39) 이 두 원리는 위의 9장 2절의 Ⅲ과 10장 3절에 인용되어 반복하지 않는다.

40) 이 점에 관해서는 Sandel, 위의 책, p. 24 참조.

41) 원초적 입장에서의 '계약'이 실제적인 계약이 될 수 없음은 13장의 각주 19) 참조.

떤 제약 조건을 지켜야 하는데, 이 제약 조건들의 총제를 롤즈는 원초적 입장이라는 개념으로 요약하고 있다. 그 제약 조건들은 무엇인가?[42]

1) 정의의 원리를 선택하기 위해 협의에 참가하는 계약 당사자들은 합리적이어야 한다. 여기서 합리성의 개념은 경제적 의미로 사용된 바, 주어진 목표를 성취키 위해 가장 효율적인 수단을 발견할 수 있는 능력을 의미한다. 2) 계약 당사자들은 오직 자신의 이익 추구에만 관심을 갖고 타인의 이해에 대해서는 무관심해야 한다. 3) 그들은 자신들의 자연적 재능이나 능력·성격 등에 관해서, 자신들의 사회적 지위에 관해서, 자신들이 속한 사회의 고유한 상황들에 관해서, 그리고 심지어 자신들의 삶의 계획이나 가치관에 관해서도 무지의 베일 *veil of ignorance*[43]을 쓰고 있어야 한다.

요컨대 정의의 원리들을 선택코자 하는 계약 당사자들은 합리적인 이기주의자로서 그리고 무지의 베일을 쓰고서 정의의 원리를 선택하기 위한 회의장에 참석해야 한다는 것이다. 여기서 가장 중요한 것은 무지의 베일이다. 왜 롤즈는 계약 당사자들이 자신들의 사회·경제적 위치와 자연적 재능 및 성격, 그리고 가치관에 대해서마저도 무지해야 한다고 요구했는가? 그 이유는 그들이 도덕적 관점에서 자의적인 것이라는 것이다. 사회 내의 개인들은 실제에 있어 사회·경제적 지위와 자연적으로 타고난 재능이나 능력·성격에 있어 서로 다르다. 그런데 이 자연적 또는 사회적 여건의 차이는 개인들이 과거에 어떤 도덕적 행위를 한 결과로 빚어진 것이 아니라 도덕적 행위와는 무관하게 주어진 것, 즉 도덕적 관점에서 보면 자의적인 것들이다. 이들에 관해 무지의 베일을 쓰

---

42) Rawls, *TJ*, pp. 17~22.
43) Rawls, *TJ*, pp. 136~42.

502

지 않을 때, 개인들은 도덕적이어야 할 정의의 원리를 선택하는 상황에서 이런 자의적 요소들을 자신들에게 유리하게 고려할 것이고, 그럴 경우 선택될 정의의 원리는 사실상 도덕적 정당성을 결여하게 될 것이라는 것이 롤즈의 논거이다.

III. 경제적 합리성

위와 같은 계약 조건들을 갖춘 원초적 입장에 들어서면 계약 당사자들은 그가 제시한 정의의 두 원리, 특히 차등의 원칙을 경제·사회적 재화의 분배 기준으로 선택하리라고 롤즈는 논한다. 왜 그럴까? 이에 대해서는 두 가지 해답이 있다. 하나는 합리주의적 논거로서, 이는 롤즈 자신이 명시적으로 제시한 것이며, 다른 하나는 도덕주의적이며 다소 형이상학적이라고 말할 수 있는 논거이다. 이 후자는 차등 원칙의 선택을 위한 직접적인 논거라고 롤즈가 명백하게 말하고 있지는 않았으나, 사실상 그 논거로서는 보다 근본적이며 강력한 것으로 생각된다.

합리주의 논거란 다음과 같다.[44] 계약 당사자들이 합리적 이기주의자로 처신하고 자신의 사회·경제적 지위와 자신의 능력·기호·가치관 등에 관해 무지한 상황에서 정의의 원리를 선택함은 미래가 불확실한 상황에서의 선택과 같고, 이런 상황에서 합리주의적 이기주의자들은 보수적인 태도를 취하리라고 롤즈는 본다. 따라서 계약 당사자들은 자신들이 처하게 될 최악의 경우를 상정하고 그 경우에 최대의 이익을 발생시킬 수 있는 방향으로 행동을 결정할 것이다.[45] 이와 같이 불확실한 상황에서 취하게 되는 보수적인 전략이 맥시민 전략 *the maximin strategy*이다. 분배 문제와 관련하여 이 전략을 택할 때, 계약 당사자들은 자신들이 사회 내

---

44) Rawls, *TJ*, p. 447. cf. p. 587.

45) Rawls, *TJ*, pp. 152 이하.

에서 가장 불우한 여건에 있는 집단*the least advantaged group*의
일원이라고 가정하고 그 가정 아래서 자신들에게 최대의 이익이
배정되게 할 수 있는 분배 원리를 채택하리라는 것이 롤즈의 논변
이다. 이렇게 해서 채택된 원리가 차등의 원칙이다.

IV. 차등의 원리

도덕주의적 논거는 어떤 것인가? 이 논거에 대한 검토는 롤즈
의 평등주의적 측면을 드러내줄 것이다. 그 이전에 우선 그가 제
시한 정의의 두 원리의 내용을 좀더 자세히 살펴보자. 첫번째 원
리는 사회 구성원들에게 기본적 자유와 권리를 최대한 보장한다.
그 자유와 권리란 정치·사회·문화적인 것으로, 구체적으로 지
적하면, 사회 조직의 운영자가 될 수 있는 권리 또는 그 운영자를
선택할 권리, 자신의 견해를 표현하고 이의 효과적 실현을 위해
집회를 열 수 있는 자유, 양심과 사상의 자유, 자신의 재산을 소유
할 수 있는 권리 등이다. 이런 자유와 권리는 자신과 공존하는 타
인의 동등한 자유와 권리를 침해하지 않는 한 최대한 보장되어야
한다. 이런 단서에 의해 사회의 모든 구성원들은 기본적 자유와
권리의 향유에 있어 평등하다. 이러한 평등을 존중의 평등이라 하
며,[46] 이는 제2원리에 의해 보장하려는 재화 분배의 평등에 우선
한다. 그러나 물론 내용적으로 더 중요하고 실질적인 것은 재화
분배에서의 평등이라 말할 수 있다.

제2원리 중 기회 균등의 원칙은 사회적 경쟁의 공정성을 보장하
기 위한 것으로 이 원칙을 관철하려 할 때 원칙적으로 가족 제도
는 철폐되어야 한다. 가족 제도는 기회 균등을 원천적으로 불가능
하게 하기 때문이다. 롤즈는 이 폐지론에 원리적으로는 동의하나,

---

46) Rawls, *TJ*, p. 511, pp. 100 이하 (보상의 원리).

504

현실적으로 가족 제도의 존재에서 야기되는 기회의 불균등은 차등의 원리에 의해, 그리고 형제애의 원리나 보상의 원리 등에 의해 시정될 수 있으리라 본다.[47] 차등의 원리는 경제·사회적 재화의 분배에 있어 평등이라는 도덕적 이념과 효율성이라는 경제적 가치를 조화시키려는 시도이다. 사회 조직은 명령의 체계, 직능의 분화를 필요로 한다. 따라서 직위와 직책의 차이는 사회 구성에 필수적이다.[48] 서로 다른 직위와 직책은 다양한 재능과 기술 및 성격 그리고 열의를 필요로 하며, 이들은 서로 다른 정도의 책임을 수반한다. 그리고 현실적으로 사회 구성원들은 능력·기술·기질·기호 등에 있어 서로 다르다.

이러한 현실적 상황에서 재화의 일괄적인 평등 분배론을 주장하여 사회 구성원 각자에게 동일한 양을 평등하게 분배하자고 고집한다면, 각 직위와 직책에 접합한 능력과 열의의 소유자를 끌어들일 수 없을 것이다. 유능한 자들이 적절한 보상 없이 무거운 책임만을 부담하려 하지는 않을 것이기 때문이다. 사회 조직의 운영 능력, 재화 생산에의 기여도, 담지하는 책임 등에 걸맞게 높은 수입과 보다 큰 몫의 분배를 보장해야만 사회 조직이 효율적으로 운영될 수 있을 것이다. 다른 한편으로 현존의 상태나 조건을 그대로 인정한 채 효율성만을 강조한다면, 현존 사회에 존재하는 불평등은 심화되어 사회적 계층간의 괴리 현상이 야기되고 사회적 관계는 적대적 관계로 변할 것이다. 차등의 원리는 사회 조직의 존재 그리고 이 효율적인 운영을 위해 불가피한 불평등을 허용하되, 이 불평등이 오히려 불평등의 해소에 기여하도록 하는 방향으로

---

47) Rawls, *TJ*, pp. 105 이하 (형제애의 원리).

48) 이에 따라 사회적 불평등성이 결과한다. 차등의 원리는 말 그대로 사회적 차등 또는 불평등을 정당화하기 위한 원리, 또는 정당화될 수 있는 사회적 불평등을 위한 단서적 원리라 규정할 수 있다.

유도하자는 것이다. 그 방안은 사회적 협동의 이익이 사회 내 집단 모두에게 돌아가도록 하되, 사회 내의 가장 불우한 집단에게 협동의 최대 이익이 돌아갈 수 있도록 사회적 재화를 분배하는 것이다. 이렇게 함으로써 차등의 원칙에 의해 허용되는 제한적 불평등은 사회 계층간의 불평등을 점차 축소시키는 데 기여할 수 있으리라는 것이 롤즈의 논리이다.

V. 인간의 사실적 평등성

이제 두 원리 중 특히 차등의 원리의 도덕적 논거를 살펴보자. 이 논거는 둘로 나뉜다. 하나는 인간의 사실적 평등성에 관한 것이요, 다른 하나는 개인들의 서로 다른 능력·재능·성격·열망 등이 사회의 공유 재산 *common assets*이라는 주장이다.

롤즈는 블라스토스나 윌리엄스와 같이 인간이 중요한 점에서 사실상 평등하다고 본다. 그 측면은 인간의 도덕적 능력의 소유이다.[49] 이 도덕적 능력은 대자적(對自的) 능력과 대사회적 능력의 둘로 나뉘는바, 전자는 개인이 자신의 선관(善觀) 또는 가치관을 구성하여 자신의 삶의 계획을 짤 수 있는 능력이요, 후자는 정의감, 즉 정의의 원리들을 자신이나 타인의 행위와 삶에 적용하고 이들에 기초하여 행위하고 삶을 영위하려는 욕구이다. 이 두 요소로 구성된 인간의 도덕적 능력은 평등한 대접을 받기 위한 충분조건이다. 그런데 평등한 대접을 받기 위해 모든 사람들이 성자나 군자와 같이 높은 정도의 도덕적 능력을 소유할 필요는 없으며, 단지 최소한의 능력만 소유하면 된다고 롤즈는 본다.[50] 이런 도덕적 능력의 결여는 일종의 장애임에 비해,[51] 높은 정도의 도덕적 능

---

49) 윌리엄스와 블라스토스의 견해를 비교하라.

50) Rawls, *TJ*, pp. 505~06.

51) 인간의 가능성을 실현하지 못하고 있다는 점에서 정신적 장애. 그러나 이런 도덕

력은 재능과 같은 자연적 자산으로[52] 간주되어 차등 원리의 지배
를 받아야 한다고 롤즈는 생각한다. 덕성이 높은 자는 보다 높은
수입이나 대가를 받을 수 있으나(이 대가는 존경이나 명예의 형태
로 주어질 수도 있다), 그는 이에 상응한 자신의 사회적 활동을 통
해 사회 내의 가장 불우한 집단의 의욕을 증대시켜 사회적 불평등
의 해소에 기여해야 한다.

VI. 공유 재산론

　차등의 원리를 위한 도덕적 논거의 두번째는 그의 공유 재산론
이다.[53] 개인들은 서로 다른 천부적인 지적 능력과 신체적 조건,
가정적 환경과 사회적 여건, 이에 따라 서로 다른 경제 사회적 지
위에 처해 있다. 이런 차이점들은 태어날 때부터 주어지기도 하고
성장 과정에서 취득되기도 한다. 많은 사람들은 천부적으로 주어
진 것들이나 사회적 상황의 혜택으로 취득된 것들을 진정 자신의
것으로 또는 자신의 힘만으로 획득한 것이라고 믿고 있다. 우리는
우리의 천부의 능력이나 성격을 진정 우리의 것이라 생각하고 있
으며, 나의 미래에 대한 열망과 내가 현재 점유하고 있는 사회적
지위, 학력, 상속받은 재산을 진정 나의 것으로 간주하고, 이에 대
한 소유권을 주장한다.

　그러나 그러한 것들은 실상 엄격한 의미에서는 나의 것이 아니
라 사회 구성원 공유의 자산이라는 것이 롤즈의 견해이다. 나의
성격이나 가치관까지도 우리 자신의 것이 아니다. 이들마저도 가

　　적 장애자를 자연적 능력의 결여자들과 같이 취급할 수 있을지는 의문이다. 롤즈
　　의 견해가 맞다면, 도덕적 장애자의 한 부류라 할 수 있는 범죄자에 대한 처벌은
　　일종의 장애에 대한 보상이라고 말해야 하는 아이러니를 감수해야 한다.
52) 실상 도덕적 능력은 자연적 자산과 달리 그 본성상 사회를 위해 사용될 가능성이
　　높으므로 구태여 차등 원리에 의해 제약할 필요가 없을 것이다.
53) Rawls, *TJ.* pp. 101 이하, 511 이하.

정적 분위기 또는 성장 환경의 영향을 강력하게 받기 때문이다. 통상적으로 개인의 것이라고 여겨지는 거의 대부분의 것들은 그 개인이 다른 환경에 처할 때에는 얻어질 수 없는 것이며, 그의 과거의 도덕적 행적과 전혀 무관하게 주어진다. 소위 개인의 것은 유리한 환경의 덕으로 얻어진 것이거나 도덕적 또는 이성적인 관심에서 보면 우연히 주어진 것이다. 이에 반해 도덕적 행위는 진정한 자아나 주체에 의해 수행된 행위이며,[54] 이 행위의 결과로 얻어진 것은 비록 그것이 그 주체의 일부로서 본래부터 주어져 있지 않았다 하더라도 그의 것으로 간주될 수 있다. 도덕적 선행에 대한 포상이나 칭찬은 당연히 그 선행 주체에게 돌려야 하며, 악행에 대한 처벌 및 비난의 대상은 마땅히 그 행위 주체인 것이다. 도덕적 행위에 대해 책임을 묻는 이유는 바로 그런 행위는 진정한 자아 자신의 것이라는 믿음 때문이다. 책임의 개념은 진정한 자아나 주체의 존재를 설정하므로 존재론적 개념이다.

　개인들의 능력 · 성격 · 지위 등은 도덕적 관점에서 보면 거의 모두가 진정 그 개인의 것이랄 수는 없고 사회로부터 주어진 것이라 말할 수 있다. 진정으로 정당할 수 있는 유일한 사적 소유권은 도덕적 관점에서 우러나오는 도덕적 소유권이지 물리적 또는 경제적 소유권이 아니다.[55] 그러므로 외견상 '개인의' 것들은 거의 모두가 사회의 공유 자산으로, 사회의 공익을 위해서 보다 구체적으로는 사회 구성원 모두의 이익을 위해서, 보다 특정하게는 가장

---

54) 윤리학의 근본적인 문제 중의 하나는 이 도덕적 행위 주체인 진정한 자아를 정립하고 그 정체를 밝히는 것이다. 형이상학적 문제인 자아 동일성 *personal identity* 의 문제는 윤리학의 근본적인 문제이다. D. Partifit, *Reasons and Persons*, Oxford: Clarendon Univ. Press, 1984 참조.

55) 정치철학에서 개인의 경제적 · 신체적 소유권의 기준을 정립함은 매우 중요한 과제이다. 이 기준의 존재론적인 정립이 이루어지기는 중요한 만큼이나 어렵다. 대개의 기준은 편의적이며 실용적인 기준이다. 도덕철학에서 개인의 행위에 대한 소유권의 정립은 책임의 유무, 양을 결정함에서 결정적 중요성을 갖는다.

508

불우한 집단의 이익을 최대화하여 사회 내의 불평등을 해소하는 데 활용되어야 한다.

롤즈가 원초적 입장의 중요한 제약 조건으로 무지의 베일을 요구해, 개인들이 자신이 자연적, 또는 사회적 혜택에 무지한 상태에서 정의의 원리를 선택케 한 이유도 소위 개인의 것의 이런 도덕적 자의성 때문이었다. 결국 롤즈의 자질 공유주의의 핵심은 인간은 도덕적 관점에서 볼 때 평등하다는 것이다. 도덕적 관점을 취할 때 도덕적으로 자의적인 것들은 마치 양파를 벗겨내듯이 모두 개인으로부터 벗겨내어야 할 것이고, 그러면 자연이나 사회적 상황의 힘을 입어 획득된 것들은 전혀 그 개인의 것이랄 수 없을 것이다. 이렇게 해서 차이점들을 제거하고 나면 특수적인 개인들 간의 차이들은 해소되어버릴 것이다.

차등의 원리는 현실적으로 존재하는 불평등성을 적절히 활용하여 사회 전체의 재화의 총량을 증대시키려 한다는 점에서 효율적이고 합리적인 원리이다. 다른 한편으로 이 원리는 자연적이고 사회적인 여건의 차이에서 오는 개인들 사이의 차이점을 도덕적 관점에서는 자의적인 것으로 간주하여 사상시킬 때 인간은 근원적으로는 평등하다는 전제에 기초해 있으며, 분배의 기준을 사회 내에서 가장 불우한 집단의 이익을 최대화하여 불평등을 적극 해소하는 방향에서 찾는다는 점에서 평등주의적 원리이다.[56]

사회 내의 불우 집단의 이익을 최대화하기 위한 구체적인 방안으로 누진세·증여세·상속세 등의 세제 정책, 최소 임금의 설정, 가격 통제와 같은 시장 개입, 그리고 재분배, 사회 복지 정책 등을 정부가 적극 추진할 것을 롤즈는 제안하고 있다. 그의 정의의 원리에 입각해볼 때 정당한 국가는 자유 방임적 국가라기보다는 강

---

56) 롤즈의 평등주의적 정의관에 대한 보다 자세한 논의는 Sandel, 위의 책, pp. 70 이하 참조.

력한 통제 기능을 발휘할 수 있는 재분배적 국가이다.

5. 재화 평등 분배론 Ⅱ: 드워킨

Ⅰ. 복지 성공론

위에서 검토한 학자들 중에서 윌리엄스는 평등의 이념이 합리적 이유의 개념과 관련 있음을 지적하고 이런 관련성을 매개로 하여, 사실상의 평등을 기초로 한 당위적 평등론을 주장하였다. 더불어 평등치 않은 상황에서도 경쟁 기회의 균등성은 보장되어야 한다는 것이다. 그럴 경우 경쟁자들은 진정 자신의 것만을 갖고 경쟁에 임해야 하는바, 사실상 개인의 많은 것이 자연이나 상황의 혜택으로 주어진 것이므로, 따라서 이들을 사상할 때, 경쟁 기회의 균등성은 인격 평등론과 만날 수 있다고 논하였다. 윌리엄스의 논의는 평등의 이념에 관해 심도 깊은 통찰력을 제시해준다. 아마도 진정으로 도덕적인 입장을 취할 때, 우리는 윌리엄스의 견해에 공감을 표할 수 있으리라고 본다.

블라스토스 역시 윌리엄스와 비슷한 노선을 취해 인간이 중요한 점에서 동등한 존재이며 그런 점에서 평등하게 대우받아야 한다고 논하며, 필요에 따른 분배 원리는 평등의 이념과 부합할 수 있음을 논하였다. 그의 견해로는 평등의 대상이 되어야 할 것은 재화 자체라기보다는 이를 통해 얻어지는 복지의 정도이다. 윌리엄스와 비교할 때 드러나는 그의 이론적 단점의 하나는 인간의 사실상의 평등으로부터 당위적 평등이 당연히 도출될 수 있다고 간주해버린 점이다.

롤즈는 평등의 이념에 대한 철학적인 논거보다는 그 이념이 어떻게 구체적으로 표현·실현될 수 있을지에 관심을 가졌다. 그리고 그는 블라스토스와 달리 복지와 같이 주관적이며 측량 불가능한 것이 아니라 구체적인 재화를 분배의 대상으로 제시하였다. 이 재화의 분배 기준은 평등주의적인 것이어야 하되, 이 기준이 사회적 생산의 효율성을 저해해서는 안 되리라 보았다. 그는 평등의 이념과 효율의 가치를 조화시킨 차등의 원칙을 제안하였다. 이 차등의 원칙의 철학적 논거라고 할 수 있는 자질 공유주의는 사실상 정치 세계에서 경험적으로 확인할 수 있는 개인의 존재 기반을 위협하며, 롤즈 자신이 옹호하려 했던 개인적 자유의 의미를 공허하게 한다.[57]

우리가 마지막으로 고찰할 드워킨은 기본적으로 재화의 평등 분배론을 지지하면서도, 동시에 구체적이고 타자와 구분되는 개인들의 자유와 선택을 훼손하지 않는 방안을 제시하려한다.

드워킨은 평등의 이념을 정치적으로 중요한 이념으로 파악하고, 이런 파악 아래서 복지 평등 분배론과 재화 평등 분배론이 모두 정치적으로 의미 있는 형태의 평등론이라고 보고 있으나 몇 가지 이론적 장점을 들어 후자의 평등론을 주장한다. 평등론을 개진하면서도 그는 사회 구성원 각자의 고유한 선택과 자유 행사의 방식을 최대한 수용하려 하며, 이런 입장에서 재화의 평등한 분배란 특정의 상황 아래서 각 개인이 선택을 한 후 결과한 분배 상태로 본다. 이 견해에 대한 그의 논거와 이 견해의 실현을 현실적으로 어떻게 수행할지에 관한 그의 논의를 살피기 전에, 복지 평등 분배론에 대한 그의 비판을 우선 살펴보자.[58]

---

57) 이 점 칸트 역시 마찬가지이다. 이 문제점에 관해서는 B. Williams, 위의 논문, p. 4; I. Berlin, "Two Concepts of Liberty," pp. 136 이하, 147~48, in I. Berlin, *Four Essays on Liberty*, Oxford: Oxford Univ. Press, 1969 참조.

58) 이 비판은 다음 논문에 개진되어 있음. R. Dworkin, "What is Equality? Part 1: Equality of Welfare," in *Philosophy and Public Affairs* 10, No. 3, pp. 185~246. 이하

복지 평등 분배론은 블라스토스가 주장한 필요에 따른 분배주의 또는 필요도의 평등한 충족 원리나 복지 경제학의 기본 전제와 내용적으로 같다. 그리고 윌리엄스가 주장한 바, 의료 혜택의 분배 근거는 나쁜 건강이라는 필요성임은 필연적 진리라는 주장과 일맥상통하는 입장이다. 삶에 있어서 근본적인 것은 삶의 필요의 충족 또는 복지라는 것이 일반적인 믿음이므로, 그리고 재화란 이 복지를 얻기 위한 수단에 불과하므로, 복지를 직접적인 분배 대상으로 보는 복지 평등 분배론은 일차적인 매력을 지닌다.

복지 평등 분배론은 다시 무엇을 복지의 기준으로 보느냐에 따라 셋으로 대별된다:[59] 복지 성공론 *success theories*, 향유 평등론 *equality of enjoyment*, 그리고 객관적 복지 이론 *objective theories of welfare*이다. 드워킨은 복지 성공론의 검토에 가장 많은 지면을 할애한다. 이 이론은 복지를 한 개인이 자신의 목표·야심·열망·선호하는 바 등을 얼마만큼 성취했느냐에 의해 결정하려 하며, 따라서 사회 구성원 모두의 성취도를 동일하게 하자고 주장한다. 이 복지 성공론에서 성취의 대상으로 고려할 수 있는 것은 대략 세 가지로 나누어볼 수 있다. 개인들은 정치적인 가치나 이념(민주주의의 옹호, 공적주의 또는 평등주의의 지지)을 선호하여 이의 실현을 삶의 한 목표로 설정할 수도 있으며, 정치적은 아니나 비개인적인 열망(학문의 발전, 예술과 창작의 장려, 사회의 종교화)을 품을 수도 있고, 순수히 개인적인 욕망들(취미 생활의 영위, 단란한 가정 생활의 영위, 보람을 찾을 수 있는 직업의 선택 등)의 충족을 원할 수도 있다.

드워킨이 지적하는 복지 성공론의 문제점은 다음과 같다. 우선

Dworkin, EW로 약함.
59) Dworkin, EW, pp. 191~96.

정치적 이념을 동등한 정도로 성취함은 사실상 불가능하다.[60] 정
치적 이념이란 본질적으로 전면적이며 타이념을 배척한다. 따라
서 공존할 수 없다. 둘째, 개인이 성취의 대상으로 삼는 바가 무엇
이건 성공도의 측정, 따라서 복지 정도의 측정 주체는 성취 주체
이므로 객관적 기준의 설정이 사실상 불가능하다.[61] 셋째는 둘째
와 관련된 문제로 측정 주체가 성취 주체와 동일할 때, 그 측정 행
위는 성취 주체 자신의 가치관에 상당한 영향을 받는다.[62] 예를 들
어 철수와 영희가 비슷한 재능을 갖고 비슷한 여건에 처해 있다고
해보자. 그러나 철수는 일상적 삶에서 충분한 삶의 가치를 발견하
나 영희는 일상적 삶이 무의미하다고 생각한다고 해보자. 이 경우
둘에게 자신의 삶을 평가하라고 할 때, 철수는 자신의 삶이 매우
높은 성취도를 지닌 것으로, 영희는 자신의 삶이 매우 낮은 성공
도를 지닌 것으로 여길 것이다. 이런 평가 결과에 의거하여 우리
는 철수의 재산의 일부를 영희에게 이전함으로써 양자의 삶의 성
공도 또는 복지도를 균등하게 해야 할까? 그 답은 부정적이다. 시
정해야 할 것이 있다면 철수와 영희의 재산의 분배 상태가 아니라
영희의 사치할지도 모르는 가치관이다. 만약 복지 성공론을 고집
하여 철수로부터 영희에로의 재산 이전을 관철한다면, 사회 구성
원들은 자신의 사회적 여건이나 경제력을 고려함이 없이 불합리
하며, 턱없이 사치한 가치관을 소유하려 할 수도 있다.

　넷째의 문제점은 바로 이 점과 관련된다.[63] 이제 개인의 가치관
이 과도하게 사치해지는 것, 즉 그의 실현이 과도한 양의 재화를
필요로 하는 것이 되는 것을 막기 위해 그 가치관은 합리적이어야

---

60) Dworkin, EW, pp. 197 이하.
61) Dworkin, EW, pp. 207 이하.
62) Dworkin, EW, pp. 213 이하.
63) Dworkin, EW, pp. 217 이하.

한다고 제한하면 어떨까? 이 제한은 그러나 선결 문제 요구의 오류를 범하고 있다. 복지 성공론을 한 유형으로 하는 복지 평등 분배론은 재화의 공정 분배를 위한 이론의 하나이다. 복지 평등 분배론은 궁극적으로 복지의 평등화를 목표로 하나, 복지의 획득을 위해서 개인들은 재화를 필요로 하며, 따라서 결국은 재화를 직접적인 분배의 대상으로 할 수밖에 없다. 그러나 복지 평등론이 목표로 하는 것은 재화의 평등 분배가 아니라 이를 통해 얻어질 복지도의 평준화이다. 한마디로 복지 평등 분배론은 복지 평등을 재화의 공정 분배를 위한 기준으로 삼는 이론이다. 그런데 사회 구성원들의 성취도를 평등하게 하기 위해서는 각인의 합리적 후회의 정도(각자가 합리적으로 판단한 실패의 정도)를 알아야 하며, 이 후회의 정도가 합리적이기 위해서는 자신에게 주어진 재화와 여건을 고려해야 한다. 그리고 이 주어진 재화나 여건은 공정한 분배의 원리에 의해 분배된 것이어야 한다. 그렇다면 복지를 성공도로 해석하는 복지 평등 분배론이 실현 가능한 이론이 되기 위해서는 그 이론은 이미 또 다른 재화 공정 분배론을 전제해야 한다.

II. 복지 향유론

향유 평등 분배론의 문제점은 무엇인가?[64] 첫째 문제는 향유나 이와 비슷한 의식의 상태는 우리들이 목표로 하는 좋은 삶*good life*의 일부일 뿐이다. 향유의 상태는 우리가 궁극적으로 추구하는 선이나 가치의 부산물이지, 그 자체가 가치 자체나 가치의 연원이 될 수는 없다. 또 다른 문제점은 복지를 성공도로 해석할 경우와 같이 선결 문제 요구의 오류를 범할 가능성이 있다는 점이다.

복지를 객관적으로 해석하려는 이론도 주관적 복지 이론과 마

---

64) Dworkin, EW, pp. 220~24.

514

찬가지 문제점을 갖는다.[65] 복지를 측정할 수 있는 객관적 기준 (이런 것이 있을지 모르겠으나)을 발견하여 사회 구성원의 복지 상태를 측정하기 위해서는 그의 합리적 실패도를 측정해야 하는데, 이 실패도의 측정이 합리적이기 위해서는 그 개인이 얼마 정도의 재화를 정당하게 소유할 수 있느냐를 고려해야 한다. 그리고 각 개인들에게 돌아갈 재화의 공정한 양을 결정하기 위해서는 재화 공정 분배에 관한 이론이 선재해야 한다.

III. 시장과 평등

이제 그가 제안하는 재화 평등 분배론을 살펴보자.[66] 그의 논의는 분배의 대상을 정치적 권리나 권력 또는 사회적 지위나 직책이 아니라 사유 재산권의 대상이 되는 경제적 재화에 국한한다. 경제적 재화의 평등 분배론은 일반적으로 시장 기능을 폭넓게 제한하거나 축소할 것을 요청한다. 그런데 드워킨의 평등론은 흥미롭게도 시장 기능의 적극적인 발휘를 필요 조건으로 요청한다.

시장에 대한 일반적인 견해는 대략 세 가지로 분류된다. 전략적 시장 옹호론이라 말할 수 있는 입장은, 번영, 효율성, 사회 전체의 유동성 등 경제적 가치를 공동체 전체의 목표로 규정하고 시장은 이를 달성하기 위한 필수적인 장치로 본다.[67] 원리적 시장 옹호론이라고 이름할 수 있는 입장은, 시장을 개인의 자유를 보장하기 위한 조건, 즉 개인들이 행위의 주도권과 선택권을 행

---

65) Dworkin, EW, pp. 224~26.

66) 이 이론의 전개는 다음 논문에서 이루어지고 있다. Dworkin, "What is Equality? Part 2: Equality of Resources," in *Philosophy & Public Affairs* 10, No. 3, pp. 283~345. 이하 Dworkin, ER로 약함.

67) 프리드먼과 같은 자유주의 경제학자들이 이 견해를 지지한다. M. Friedman, *Capitalism and Freedom*, Chicago: Univ. of Chicago Press, 1982; F. A. Hayek, *Law, Legislation and Liberty*, Vol. 1; *The Mirage of Social Justice*, Chicago: Univ. of Chicago Press, 1976 참조.

사하여 자신의 삶을 자신의 뜻대로 영위케 하기 위한 장치로 파악한다.[68] 이 두 입장과 반대로 시장 제도의 폐지를 주장하는 이론이 있는데, 이에 따르면 시장이란 효율성과 자유의 이름 아래 평등이라는 도덕적 가치를 희생시킬 뿐 아니라 불평등을 조장할 가능성이 있으므로 시장의 기능은 적절히 제약하거나 완전히 철폐되어야 한다는 것이다.[69] 시장을 옹호하는 위의 두 입장은 실은 시장이 평등의 실현에 저해가 됨을 시인하나, 그들은 효율성이나 자유를 우선하는 가치로 보기 때문에 시장의 존재를 인정하는 것 뿐이다.

이에 대해 드워킨은 시장을 평등의 적이 아니라, 오히려 다양한 재화들에 적정 가격을 매김으로써 재화의 실질적인 균등 분배를 실현하는 긍정적인 장치로 본다.[70] 드워킨은 시장의 이런 적극적 기능을 드러내기 위해 다음과 같은 가상의 상황을 구성한다.

IV. 선망 테스트와 평등

n인의 표류자가 풍부하고 다양한 재화를 가진 무인도에 표류하였다고 가정해보자. 그들이 그 풍부한 재화를 발견한 후 이를 모두 균등하게 분배하기로 결정했다고 가정하자.[71] 분배를 위해서 그들은 우선 분배자를 선출할 것이며, 분배 기준을 설정하리라. 이 분배 기준으로 선망 테스트 *envy test*를 선택할 수 있다. 이 기준에 의하면 분배가 이루어진 후에 어느 한 사람이라도 다른 사람의

---

68) 노직이 이와 비슷한 견해를 시사하고 있다. Nozick, *ASU* 참조. 드워킨 자신도 이 견해를 지지하나 그는 시장에 보다 더 적극적이고 긍정적인 기능, 즉 실질적 평등의 실현이라는 기능을 부여한다.

69) 사회주의 또는 통제 경제 체제의 입장이다. 롤즈의 재분배적 국가도 시장의 적절한 제약을 지지한다.

70) Dworkin, ER, p. 284.

71) Dworkin, ER, pp. 285 이하.

분배 몫을 부러워하거나 선호한다면 그 분배는 균등한 것이 아니다.[72] 즉 분배가 평등하기 위한 필요 충분 조건은 사회 구성원 누구도 자신의 것보다 타인의 분배 몫을 부러워하지 말아야 한다.

이런 기준을 만족시키기란 쉽지 않을 것이나, 여러 번의 시행착오를 거쳐 이런 기준을 만족시키는 분배 상태에 이르렀다고 하더라도 이 선망 테스트의 기준은 중요한 문제점을 안고 있다. 이런 기준에 따른 분배는 모든 사람들을 동등하게 취급하지 않는 분배일 수도 있기 때문이다. 그 이유는 다음과 같다. 분배자가 임의로 그 섬에 있는 여러 종류의 재화 모두를 이웃 섬에서 나온 갈매기알 100n개와 교환한 후 이 알을 자신의 섬 주민들 n명(표류자들)에게 나누어줄 수도 있다. 이 경우 이 분배 상태는 선망 테스트를 통과할 수 있다. 각각의 주민들이 100개씩의 갈매기알을 소유케 되었으므로 그 누구가 다른 사람의 소유 상태를 부러워할 리 없다. 그러나 n명의 주민 중 한 사람이 갈매기알을 싫어하고 나머지는 갈매기알을 좋아한다고 해보자. 이 경우 그 한 사람의 기호는 전혀 배려되지 않은 반면 타인들의 기호는 고려된 것이므로, 그 사람은 기호에 있어서 자신이 나머지 사람들과 동등하게 대접받지 못하였다는 불만을 품게 될 것이다. 즉 선망 테스트는 형식적이고 양적인 분배의 평등은 실현하였으나 실질적 평등은 전혀 이루지 못한 것이다.

이런 결과는 다른 상황에 의해서도 야기될 수 있다. 선망 테스트를 통과할 수 있는 n뭉치의 집합은 하나뿐 아니라 여럿 있을 수 있으며, 이 여러 집합들 중 어느 집합을 분배자가 임의적으로 택

---

72) Dworkin, ER, p. 285. "…… which I shall call the envy test. No division of resources is an equal division if, once the division is complete, any immigrant(즉 표류자) would prefer someone else's bundle of resources to his own bundle." Envy에 대한 또 다른 그러나 유사한 정의에 관해서는 R. Nozick, *ASU*, p. 239 참조.

해 분배하더라도 선망 테스트를 통과할 수 있다. 그러나 섬 주민들의 일부 또는 모두가 분배자의 임의적인 선택에 불만을 가질 수 있다. 이 경우 역시 형식적 평등은 실현되었으나 분배될 재화의 집합을 선택함에 끼여드는 자의성에서 오는 불공정성 때문에 진정한 평등이 이루어졌다고 보기는 힘들다.

V. 경매 제도와 실질적 평등

사회 구성원 일부 또는 모두의 기호를 무시함으로써 생기는 불공정성을 제거할 제도가 없을까? 사회 구성원 모두의 기호나 선택을 고려하면서도 선망 테스트를 통과할 수 있는 방법은 없을까? 이에 드워킨은 일종의 경매 제도의 개념을 도입한다.[73] 이제 섬의 다양한 재화들을 바로 분배하기 전에 모든 다양한 재화들 각각에 가격을 매겨 경매에 부친다. 이 가격은 구매자가 단 한 사람만이 있을 수 있는 그러한 가격, 따라서 그 재화에 대한 경매를 완전히 끝막음할 수 있는 그러한 가격이어야 한다. 실제의 경매를 시작하기 전에 섬의 주민들 각각에게 제한된 수의, 그러니 동일한 양의 조개껍질을 분배하고 이 조개껍질을 일종의 화폐로 활용하여 경매에 참여케 한다. 그러면 이들은 이 제한된 수의 조개껍질을 이용해 자신이 생각하는 최선의 집합의 재화들을 구매할 것이다. 경매 과정에서 특정 재화를 위해 많은 수의 조개껍질(즉 높은 가격)을 양도할 용의가 있으면 있을수록 그는 그 재화를 귀중하게 생각하는 것이다.

모든 재화들에 대한 경매가 완전히 끝난 연후의 재화의 분배 상태를 섬 주민들은 어떻게 평가할 것인가? 우선 이 분배 상태는 선망 테스트를 통과한다. 각 주민들은 동일한 양의 조개껍질을 가지

---

73) Dworkin, ER, pp. 286 이하.

고 자신에게 최선이라 생각되는 재화들의 꾸러미를 갖게 되었으므로 타인들의 꾸러미를 부러워할 리 없다. 각 주민들이 갖게 된 꾸러미의 가격은 정확히 자신에게 분배된 조개껍질의 총량과 같고, 따라서 모든 사람들의 꾸러미들의 가격은 정확히 같다. 따라서 각자는 원한다면 타인의 꾸러미를 구입할 수도 있었다. 이런 점에서 경매 후의 분배 상태는 양적 평등을 실현하였다.

그 다음 분포되어 있는 꾸러미들의 집합의 선택은 섬 주민 일부나 분배자의 기호만을 고려하고 타주민들의 기호는 무시한 채 이루어진 것이 아니다. 각 주민들은 경매 과정에서 자신의 가치관에 따라 각자가 원하는 종류의 꾸러미를 선택했다. 꾸러미들의 집합을 형성하는 데에 섬 주민들이 직접 참여했으므로, 각자의 기호·선택이 모두 균등하게 배려되어 있다. 이렇게 볼 때 경매 제도는 사회 구성원 각인의 기호와 취향을 모두 고려하면서도 재화의 평등 분배를 이룰 수 있는 효과적 제도이다.

물론 이 제도에 의해 재화들을 평등 분배할 때, 섬에 어떤 종류의 재화가 있느냐, 소정 재화의 총량이 얼마나 되느냐, 그리고 경매에 참여하는 다른 주민들의 취향이 어떠하냐에 따라 각 주민의 복지도는 달라질 수 있다. 섬에 다량의 코코아와 소량의 갈매기알밖에 없다면, 코코아 애호가는 매우 행복해할 것이고, 갈매기알 애호가는 그보다는 덜 행복할 것이며, 그 어느 것도 좋아하지 않는 자는 무한히 불행해할 것이다. 이런 측면에서 볼 때 경매를 통한 분배는 복지도의 균등 분배까지 실현할 수 있는 묘책은 아니다. 그러나 복지도의 차이에서 오는 불행감은 일부의 기호를 무시하는 분배 방식을 채용해서가 아니라 그 섬의 원천적인 제약에서 오는 것이므로, 그 누구도 분배 체제가 공정치 못하다는 불평을 하지는 않을 것이다. 삶의 자연적 여건의 우연성에 대한 불만은 가질 수 있겠지만.

드워킨이 선망 테스트와 공매 제도를 통해 만족시키려는 분배의 조건들은 무엇인가? 첫째, 추상적 경제력(조개껍질)의 균등한 분배를 통해 양적 평등의 기초가 마련되어야 한다. 그리고 이 추상적 경제력의 평등 분배 이후에, 자발적 교환에 의해 새로이 형성된 분배 상태는 역시 평등한 것으로 간주해야 한다. 둘째, 추상적 평등(또는 형식적 평등, 양적 평등)은 진정한 평등, 즉 모두가 공정하다 여길 수 있는 평등이 아니다. 진정하며 실질적인 평등은 각 개인의 가치관, 삶의 방식, 선택 등이 충분히 고려된 평등이다. 즉 개인의 자유와 권리를 최대한 보장하는 평등, 개인주의와 평등주의의 기본 조건을 모두 만족시키는 그러한 평등만이 진정 추구할 만한 평등이다. 셋째, 산술적 평등을 부인한다고 해서 복지나 행복도와 같은 주관적 상태의 충족도에 있어서의 평등을 지지하는 것은 아니다. 주관적으로 만족스럽고 객관적으로도 공정성이 보장될 수 있는 그러한 평등만이 실질적 평등이라고 말할 수 있다. 넷째, 각 개인은 자신이 선택한 삶의 방식과 이 방식대로 살기 위해 필요한 재화들을 위해 가격을 지불해야 한다.

이 둘째, 셋째, 넷째의 조건들을 모두 만족시키는 것이 경매 제도이다. 이 과정에서 개인들의 재화 선택권, 삶의 방식 선택권이 충분히 보장되며, 따라서 결과한 분배 상태에 대해 모두가 만족할 것이며(또는 적어도 불만이 없을 것이며),[74] 그리고 각 개인들은 자신이 선호하는 바를 위해 조개껍질을 지불하였다. 이 경매 제도는 또한 평등의 객관적 기준을 제공해주기도 한다. 이 공매 과정에서 각 개인들은 자신이 선택한 삶의 방식이 타인에게 얼마만큼의 값

---

74) 이 점에서 드워킨의 실질적 평등론은 개인의 자유와 사회적 평등 모두를 실현하고 있다고도 볼 수 있다.

어치가 있는가를 객관적으로 확인하게 됨으로써 그것의 가격을 객관적으로 결정할 수 있게 된다. 이렇게 해서 공매 제도는 양적 평등 분배와 달리, 각 개인의 주관도 존중하면서 평등의 객관적 기준을 제공해준다.[75]

　　마지막으로 드워킨은 분배 상태의 평등은 사회 구성원 모두의 동의를 얻어야 하리라 본다. 즉 사회 구성원의 누구도 타인의 분배 몫을 부러워하지 않는다면, 그것은 평등한 분배라 말할 수 있다. 드워킨의 생각은 A의 소유 상태와 B의 소유 상태가 평등하다 함은, A가 B의 몫이 자신의 몫보다 크다고 생각지 않음이라는 것이다. 각자가 각자의 것을 최선의 상태로 생각할 때 사실상의 평등은 실현된다. 이 다섯번째의 조건을 충족시키기 위한 장치가 바로 선망 테스트이다. 각 개인이 자신의 재화 소유 상태에 대해 불만스러워하는지의 여부는 스스로에 의해 판단되어야 하며, 그 여부는 절대적 기준에 의해서가 아니라 타인의 소유 상태와의 비교에 의해 이루어져야 한다. 이런 비교 결과 불만이 있다면 그 소유 상태는 공정한 분배의 결과라고 말할 수 있다는 것이 드워킨의 결론이다. 분배의 평등성에 대한 주관적 동의와 객관적 동의를 얻을 수 있는 장치이며 동시에 복지 평등 분배론의 장점도 수용할 수

---

75) 가령 A, B, C의 세 사람이 섬의 모든 주민이고, 이 섬에는 사과나무 4그루, 배나무 3그루, 소 3마리, 테니스장, 낚시터, 해수욕장 등의 재화가 있다고 가정해보자. 그리고 A는 과수원, 테니스장, B는 테니스장, 과수원, C는 해수욕장, 테니스장, 낚시터의 순으로 갖고 싶어한다고 해보자. 이 경우 A가 과수원을 꾸미기 위해 구입해야 할 사과나무와 배나무의 가격(또는 A가 전원 생활을 영위하기 위해 치러야 할 비용)은, B와 C의 열망·취미·기호 등으로 구성된 그들의 삶의 방식과 그들이 소유한 조개껍질의 수(추상적 경제력)에 의해 결정된다. B와 C가 과수원에 대한 욕구가 약하거나 적은 양의 조개껍질을 갖고 있으면, A의 비용은 적게 들 것이고, 그 반대라면 A가 치러야 할 비용은 클 것이다. 따라서 A가 자신이 원하는 방식의 삶을 영위하기 위해 치러야 할 비용은 B와 C에 의해 결정된다. 다음과 비교. Nozick, *ASU*, p. 158.

있는 장치로서, 그는 선망 테스트를 제안하고 있다.[76]

VII. 장애와 재능의 문제

이상과 같이 해서 드워킨은 자유와 평등의 이념을 조화시키고 복지 평등 분배론의 강점도 취할 수 있는 재화 평등 분배론을 선망 테스트와 공매 제도를 통해서 정의하였다. 그런데 사회적 평등은 이런 방식으로 이룰 수 있을 것이나 자연적 불평등성은 어떻게 극복할 수 있을까? 추상적 경제력을 분배받아 경매에 응하는 사람들이 자연적 조건에서 서로 다르므로 이 조건은 경매를 통한 분배 상태에 영향을 미칠 수 있으며, 자연적으로 불리한 여건에 있던 자는 이 여건이 최종적 분배 상태에 영향을 미쳤다고 생각할 경우, 불만을 느낄 수 있다. 정신적인 또는 신체적인 장애는 그 장애자에게 손해 요인을 제공하나, 뛰어난 재능은 그의 소유자에게 이익을 가져온다. 장애자는 자신의 가치관을 형성하고 이를 실현하기보다는 자신의 장애를 극복하는 데에 자신에게 분배된 경제력을 다 소모할 것이다. 이에 반해 재능 있는 자는 동일한 경제력이나 기회를 이용하여 평상인보다 훨씬 다양하고 풍요한 가치관과 삶의 계획을 실현시킬 수 있으므로, 평상인은 자신의 삶을 이들의 것과 비교할 때 자신을 장애자라고까지 느낄 수 있다. 이런 자연적 장애나 그 반대의 혜택은 그대로 방치하는 경우 그의 직접적인 소유자의 삶에 결정적인 영향력을 행사하므로 공매 제도와 선망 테스트만으로는 이 근원적인 불평등을 해소할 수 없다.

---

76) 선망이란 심리적 상태이다. 드워킨의 이론은 균등 분배의 기준을 심리적 상태에 두고 있는 것이며, 이 경우 그의 이론은 그가 비판하고 있는 의식 상태 평등론과 다를 바가 없어진다. 물론 이 경우라도 균등 분배의 기준은 객관적일 수 있다. 분배 후에 피분배자에게 타인의 것을 부러워하는지를 물어보면 되기 때문이다.

이 문제를 해결하기 위해 드워킨은 공매 제도를 보완한다.[77] 그
는 우선 정신적·신체적 장애의 손실을 그 장애자에게만 안겨서
는 안 되고 모두에게 분담되어야 하며, 역으로 재능의 이익은 그
의 소유자에 의해서만 향유되어서는 안 되고 모두가 누릴 수 있어
야 한다고 본다. 손익의 이러한 분담을 요청하는 논거는 장애와
재능은 일종의 교통 사고나 복권 당첨과 같은 일종의 불운 또는
행운으로 그의 소유자가 의도적으로 선택한 것이 아니기 때문이
다.[78] 손익 분담을 위해 어떤 장치를 창안할 것인가? 드워킨은 간
접적인 장치를 제안한다. 사회 구성원들은 자연적 불운(재능의 경
우는, 재능의 소유를 정상으로 보고 재능의 결여를 불운으로 보면 된
다)에 대한 안전 장치를 필요로 할 것이다. 이 안전 장치로서 보험
제도를 창안하여,[79] 위에 기술한 공매시에 여러 종류의 보험을 재
화의 한 종류로 등장시켜 사회 구성원들로 하여금 이를 구입케 한
다. 이 보험을 구입하는 데 드는 보험료는 국기적 관점에서는 세
금이 될 것이다.[80]

---

77) Dworkin, ER, pp. 292~304.
78) 롤즈의 도덕적 자의성의 개념과 드워킨의 운 *luck*의 개념은 같은 것이다. 그리고
   이 두 개념은 다시 필자가 뒤에서 논의한 우연성의 개념과 같은 것을 지적한다.
   그러나 필자의 우연성이란 개념이 보다 기본적이라 생각한다.
79) 보험 제도에 관해서는 Dworkin, ER, pp. 296, 301 참조.
80) 보험 제도로서의 세금에 관해서는 Dworkin, ER, pp. 323 이하 참조.

제13장
이성과 평등

1. 이성적 태도와 평등

I. 도덕적 행위의 보편성과 이성

이제 제12장에서 행한 검토의 결과를 기초로 하여 평등에 관한 필자의 견해를 개진해보려 한다. 평등이란 정치적 이념이기도 하지만 동시에 도덕적 가치이기도 하다. 도덕적 가치는 의무의 형태로 타인에 대한 우리의 행위나 우리 스스로에 대한 태두를 규제한다. 이 규제의 양식을 당위라 하는데, 당위로서의 평등은 우리로 하여금 어떤 중요한 관점에서 모든 타인들을 상호 평등하게 대우할 것을 요구하며, 이 원리가 재화 분배 문제에 적용될 경우, 재화를 동등하게 분배할 것을 요청한다. 평등성 또는 동등성이 요청되는 바가 분배되는 재화일 경우, 그 당위의 규제 대상, 즉 평등 분배의 주체가 되는 것은 개인이라기보다는 분배의 책임을 맡고 있는 사회 조직체, 또는 법과 제도일 것이다.

일반적으로 평등이나 동등의 가치는 타인에 대한 대우나 분배와 관련하여 요구되는 가치로 여겨지곤 하지만, 그것은 대우나 분배의 행위만이 아니라 더 보편적으로 모든 윤리적 행위가 지향하는 가치이다. 윤리적 행위의 일반적 구조는 어떠한가? 그것은 자연 상태에서 야수가 취할 수 있는 자연적인 태도가 아니다. 자연적인 태도는 차별적이다. 자연적 존재들의 행태는 그들 각각에 고유한 생존 방식, 욕망의 종류에 의해 결정되기 때문이며, 그 방식이나 종류는 상호간에 차이가 있기 때문이다. 자연적 존재들은 자연이 조건지어준 바대로 행동하고 생존한다.

인간은 자연적 존재들과는 달리 자신의 삶과 행위에 있어 일관성을 추구한다. 아마도 자연적 존재들의 생존도 자연 법칙의 지배 아래 있다는 점에서는 어떤 측면에서는 일관성이 있다. 그러나 그 일관성은 강제된, 스스로에 의해 선택된 일관성이 아니라는 점에서 인간적 삶의 일관성과는 차원이 다르다. 인간은 스스로의 삶의 질서를 개인적으로건 또는 집단적으로건 스스로의 선택에 의해 정립하려 한다. 이런 의식된 일관성을 규칙이라고 한다면, 인간의 행위는 여타의 자연적 존재들과 구분하여 규칙 준수적 행위라고 말할 수 있다. 이런 규칙은 습관과 같이 체화되어 무의식적인 경우도 있으나, 삶의 일상적 규칙·의무, 나아가 법과 제도와 같이 의식적인 경우도 있다. 전자의 경우도 체화되기 전에는 의식된 것이었을 것이다. 가장 근원적이고 기초적인 규칙은 언어적 규칙이라고 할 수 있는데, 그것은 어휘들의 의미에서부터, 문장의 구성을 위한 문법·어법 등으로 구성되어 있다. 인간의 삶이란 규칙들의 체계라고 말할 수 있다. 언어적 규칙의 기초적 성격에 주목할 때, 우리는 이렇게 말할 수도 있다. 인간이 규칙 준수적 삶을 영위하는 이유 또는 원인은 인간이 본질적으로 언어 사용적인 존재이기 때문이다.

그런데 규칙이란 무엇인가? 규칙이란 여러 다양한 사례들을 하나로 묶는 것이며, 서로 상이할 수도 있는 것들을 어떤 한 관점에서 동일한 것으로 파악하여 그에 대해 동일한 태도를 취하는 것이다. 비근한 예로 교통 신호의 준수라는 규칙을 예로 들어보자. 교통 신호를 준수해야 하는 상황은 매일매일 그리고 매 장소에서 다르다고 말할 수 있다. 그럼에도 빨강은 정지, 노랑은 경고, 초록은 안전이라는 동일한 신호 체계가 적용되고 준수될 수 있는 이유는 매번의 그 다양한 상황들이 중요한 관점에서 동일하기 때문이다. 그리고 교통 규칙은 보행자나 운전자들에게 그 동일성에 맞추어 동일한 태도나 행위를 취할 것을 요구하고 있다. 모든 규칙들은 동등성의 이념, 평등성의 이념, 하나임의 이념을 핵심으로 하고 있다. 인간 삶을 구성하는 그 다양하고 다수인 규칙의 체계들은 다(多)가 일자(一者)이며, 차별적인 것이 동등하다는 이념을 다양한 상황에서 해석한 것이다. 인간의 삶이 규칙 준수적이라는 사실은 우리를 둘러싸고 있는 상황의 다양성과 변화 가능성과 다수성에도 불구하고, 말 그대로 삼라만상임에도 중요한 측면에서 하나일 수 있음을 또는 동등할 수 있음을 보여준다.

이렇게 인간 삶의 규칙 준수적인 측면, 그리고 규칙이 함의하는 동등성과 일자성의 이념에 주목할 때, 동등성의 이념은 비단 평등 대우나 평등 분배의 행위만이 지향하는 이념이 아니라 인간의 모든 일관적 행위가 추구하는 가치이다. 평등에의 요구가 보다 강한 정당성을 지니고 있는 주장으로 여겨지며, 평등이 정의나 옳음의 이념과 내적으로 긴밀하게 연결되어 있는 이유는, 바로 동등성에의 지향이 규칙의 핵심적인 이념이고, 규칙이란 인간의 모든 행위의 기본적 구조이기 때문이다. 이런 사실은 지극히 자유주의적이고 표면적으로는 개인들의 다양한 자유의 행사를 지상의 가치로 여기며 나아가 경쟁을 권장하는 능력 위주의 사회에서도 마찬가지일 것이다. 이런 사회에서도 원리·가치·규칙 들은 항상 가동되고 있으며, 이런 것들이 가동되어야만이 하나의 사회로서 움직여갈 수 있다. 그리고 그런 한에서 이런 표면적으로는 차별적인 사회에서도 어떤 종류의 동일성·일관성은 추구되고 있으며, 그 일관성이 그 사회를 유지하는 기본적인 원리이다. 결국 문제는 평등을 지향하느냐 않느냐의 문제가 아니라, 어떤 측면에서 그리고 어느 정도의 폭으로 평등이나 동등성을 추구하느냐에 따라 사회 체제의 차이가 있다고 말할 수 있다.

인간의 모든 행위가 규칙 준수적이고, 그런 한에서 어떤 측면에서 일관성과 일자성과 동등성을 추구한다고 할 때, 윤리적 행위와 윤리 외적 행위의 차이는 무엇인가? 특히 우리의 논의 대상인 평등이라는 윤리적 가치의 위치는 어떻게 되는가? 윤리적 행위는 흔히 가장 보편적인 행위 규범 또는 규칙으로 간주된다. 그것은 다른 행위 규칙들과는 달리 시대와 사회의 제약을 넘어서는 것이라 일컬어진다. 윤리적 규범에 관한 이런 일반적 견해를 수락한다면, 윤리적 규범 일반은 인간에게 가장 보편적이고 기초적인 행위 규칙, 인간 삶의 틀을 구성하는 규칙들이라고 말할 수 있다. 어떤 규칙이 보편적으로 요청될 수 있다면, 그리고 그 요청이 실질적인 의미를 지닐 수 있다면, 우리는 그 규칙들이 모든 인간들에 의해 보편적으로 준수될 수 있는 가능성과 현실성이 있는 것으로 보아야 한다. 그렇지 않다면 그 보편성의 요구는 공허한 것이 되고 말 것이기 때문이다.

윤리적 행위 규칙, 즉 의무란 달리 규정하면 보편적 행위 규칙이다. 어떤 행위가 의무라 함은, 그것이 이성적 법칙에 따른 행위이며, 이성적 법칙은 본질적으로 보편적이다. 한 행위가 의무라 함은 모든 행위 주체가 그 행위를 수행해야 함을 의미하며, 동시에 그 행위와 유관한 상황이 동일할 경우에는 행위의 상대방이 누구이건간에 그 행위를 수행하여야 함을 의미한다. 약속의 이행이 의무라 함은 모든 이성적인 행위 주체는 이 행위를 수행하여야 하며, 동시에 약속의 행위와 유관한 상황이 같은 경우에는 약속의 상대방이 누구이건간에 약속이 이행되어야 함을 의미한다.

그런데 윤리적 의무는 분명 보편적 행위 법칙이기는 하되, 그것이 당위적인 것으로 여겨지며 그 의무가 숙고적 선택과 의지력의 발휘에 의해서만 현실화될 수 있는 것이라는 사실은, 그 의무인 행위 규칙이 인간의 현실이라기보다는 오히려 이상 또는 비현실임을 함의하지 않을까? 당위는 가능성을 함의하기는 하나 그렇다고 해서 현실성까지 함의하는 것으로 볼 수는 없지 않을까? 만약 당위가 현실과는 무관하고, 뿐만 아니라 그 현실성이 국지적인 것에 불과하다면, 그 당위는 실질성을 상실하게 된다. 그리하여 그 당위는 인간 모두에게 보편적으로 요청되며, 인간 모두가 준수할 수 있는 그런 규칙으로서의 지위를 상실한다. 논리적으로 실현되고 준수될 수 있는 가능성은 있으되, 실질적인 현실성과는 무관한 것, 나아가 단호한 결단력과 강인한 의지력을 지니고 있는 소수에게만 가능한 행위 규칙이란, 모두에게 보편적으로 요구될 수 있는 만인의 의무, 만인의 삶의 방식으로 요구될 수는 없다. 윤리적 규범이란 대부분이 현실적으로 실천하여 자신의 행위 방식으로 할 수 있는 그런 행위 규칙이어야 한다.

도덕적 행위 일반, 특히 성능 대우 또는 평등 분배라는 행위의 보편성은 어디에서 얻어지는가? 이 보편성은 이성에 의해서 얻어진다. 논리학과 수학은 보편성을 기준으로 할 경우 학문의 모델이요, 이들이 학문의 본질인 보편성을 최고도로 구현하고 있다고 여겨지는 이유는, 이들이 이성 또는 논리의 학문이기 때문이다. 논리학과 수학의 보편성은 이성에서 온다. 사실 인간이 얻을 수 있는 모든 보편성은 바로 이성에서 온다. 적어도 인간에게 있어 이성적인 것은 보편적이요, 보편적인 것은 이성적이다. 그리고 이성은 이성 모두가 공유하고 있는 보편적인 능력이다. 수학이나 기하학의 지식이 보편적일 수 있는 이유는 그것이 철저히 인간 모두가 공유하고 있는 이성에 의존하고 있기 때문이다.

우리는 윤리적 행위의 당위성은 물론 사실적 보편성도 같은 식으로 설명할 수 있다. 인간이 자신의 행위를 이성적으로 규제하려 하는 한에서 인간의 행위는 윤리적일 수밖에 없다. 마치 양(量)과 공간을 이성적으로 표상하려 하는 한에서 수학적이고 기하학적인 진리들을 인식하지 않을 수 없는 것과 같다. 기하학적 증명의 전제들은 우리에게 그 결론을 필연적으로 강요한다.[1] 이런 필연성을 인식적 필연이라 한다면, 우리는 이와 대응하여 윤리적 필연, 실천적 필연[2]과 같은 것을 생각해볼 수 있다.

논리학과 수학의 필연성은 바로 그것들이 이성에 근거하기 때문에 드러나는 특성들이다. 이제 양과 공간이 아니라, 우리의 행위와 실천을 이성에 근거하여 규제하려 할 때, 인간 행위의 보편적 법칙, 즉 윤리적 의무가 필연적으로 도출된다고 말할 수 있을 것이다. 인간이 접할 수 있는 모든 보편성은 이성에서 온다. 적어도 인간에게 있어 이성적인 것은 보편적이고, 보편적인 것은 이성적이다. 윤리적 의무는 이성적 행위 법칙이거나 그 일종이다. 혹자는 종교적이며 신비적인 관점 또는 초월적인 관점을 취할 경우, 비이성적이면서도 보편적이고 도덕적인 행위가 있을 수 있다고 논할지 모른다. 이런 경우에도 그 초월적이고 종교적인 믿음에 근거한 행위 법칙은 비이성적이라기보다는 초이성적이라고 해야 할 것이다.

인간 인식의 한계 내에서 보편적 행위 법칙을 정립하려 할 때, 윤리적 행위 법칙을 포함한 모든 보편적 행위 법칙은 합리성의 기준을 필수적 성격으로 구비하여야 할 것이다. 윤리적 행위 법칙의

---

1) 플라톤의 『메논』에서 소크라테스와 사동 사이의 대화는 양과 공간을 우리가 지니고 있는 이성의 능력으로 분석하는 경우, 기하학적 명제가 필연적으로 도출됨을 보여주려는 시도로 이해할 수 있다.
2) 칸트는 윤리적 의무를 실천 이성의 필연성이라고 규정한 바 있다.

하나인 평등 대우나 평등 분배의 행위도 따라서 이성적 행위라고 말할 수 있다. 인간이 윤리적 행위 주체가 되기 위한 제1의 필수적 요건은 우선 이성적 존재가 되는 것이다. 전통적으로 우리는 왜 윤리적이어야 하는가 하는 물음은 윤리학의 가장 중요한 물음 중의 하나였다. 이제 이 물음에 대한 답은 자명해진다. 그것은 인간이 이성적 존재이기 때문이다. 이성적으로 행위하는 한, 우리는 윤리적으로 행위할 수밖에 없다. 그리고 합리성이 인간의 필연적 존재 양식이라고 한다면, 윤리성도 인간의 필연적 존재 양식, 삶의 방식일 것이다. 이렇게 보면 왜 윤리적이어야 하는가라는 질문은 이제 해답되어야 할 질문이 아니라, 해소되어야 할 사이비 질문이 된다.

II. 이성과 우연

윤리적 행위는 우리의 행위를 이성화하고자 할 때 나타나는 여러 양태들 중의 하나이다. 평등의 이념도 바로 이런 이성화에의 요청과 본질적으로 연결되어 있다. 아니 더 정확히는 위에서 시사한 바와 같이, 이성화에의 요구란 최소한 일관성의 요청이며, 일관성이란 다적인 것에서 하나를, 그리고 차별적인 것에서 동일한 것을 찾으려는 시도라 할 때, 이성은 기본적으로 동등성의 이념을 기초로 한다. 타인을 대우하고 재화를 여럿에게 분배함에 있어 이성적 태도를 취하고자 한다면, 우리는 최소한 대우와 분배 기준에 있어 일관성을 유지하여야 하며, 이런 원칙은 유관한 관점에서 타인을 동등하게 대접하고 재화를 평등하게 또는 공정하게 분배하라는 요청으로 구체화된다.

이성은 인간 삶의 조건이다. 그러나 이 삶의 조건이 우리를 완벽하게 장악하고 있지는 않다. 이성이 삶의 조건인 한에서, 인간이 완전히 탈이성적이거나 비이성적일 수도 없지만, 그럼에도 동시에 우리의 상당히 많은 부분은 자연 상태에 몸담고 있다. 인간은 이성적이기도 하지만 동물적이기도 하다. 인간은 자연적 존재로서는 특수적이고 일회적인 존재이다. 동시에 인간의 행위도 특정한 시간과 장소, 그리고 상황에 구속되어 있다. 그런데 인간의 이성은 아직도 자연에 몸담고 있는 우리 삶의 부분을 최대한 이성화하려 한다. 인간은 특수적 상황에서 수행되는 행위를 이성적 숙고를 거쳐 결단하고, 일단 수행된 연후에도 이를 합리적 이유들에 의해 정당화하려 한다. 그리고 유사한 상황에서는 유사한 행위 방식을 취함으로써 자신의 삶과 행위에 일관성을 부여하려 한다. 이런 경향성의 이유 또는 원인은 무엇인가? 그것은 인간의 필연인가 또는 이유 있는 선택인가?

이성화 또는 일관성을 추구하려는 경향성의 원인은 주관의 측면에서 또는 주관과 타자 또는 주위 상황과의 관계에서 찾을 수 있다. 전자의 방향에서 원래의 실문을 재표현하면, 그것은 우리는 왜 사실에 있어 이성적이려 하느냐 하는 인간의 근원적 현상에 대한 물음이 된다. 이런 물음은 결국 우리가 이성적임에 대한 이성적인 이유를 대라는 요구로서 순환성을 띠게 된다. 인간은 왜 이성적이냐에 대해 가능한 유일한 답은 인간이 이성적으로 태어났기 때문에 또는 이성적으로 만들어졌기 때문이라는 것이다.

우리 주위의 타자와의 관계에서 질문을 이해한다면, 그 질문은 그 타자들의 구조가 어떠하길래 인간은 이성적으로 행위하려 하느냐는 물음이 된다. 이 물음에 대한 자명한 답은, 인간 자신의 일부를 구성하고 있는 자연적 요인이나 인간 주위의 자연적 상황, 그리고 인간의 사회적 여건이 비이성적이기 때문이라는 것이다. 인간은 이성적 사유를 통해 자신의 삶과 사회를 통제하기 시작하면서 자신과 환경을 지속적으로 이성화하려 해왔다. 자연은 물론 우리 자신까지도 상당히 많은 부분이 자연적이며, 이 자연적 요소들은 적어도 주어진 그 자체로서는, 이성의 관점에서 볼 때, 비이성적이고 우연적이다. 우연성으로서의 자연은 이성에 대한 타자인데, 이런 타자성에도 불구하고 자연이 우리 삶의 여건이라 할진데는, 인간의 이성은 자연의 우연성을 그대로 수용할 수는 없을 것이다. 이성은 자연을 이성화하려 한다.

이런 노력의 단초이자 기초는 인간이 자신의 행위를 이성화하는 데에 있다. 인간 행위의 규칙 준수적인 성격은 바로 이런 노력의 귀결이다. 인간의 삶이란 것이 행위와 활동의 연속이요 체계라고 한다면, 인간의 삶은 교차하며 중첩적인 수많은 규칙들의 체계라고 말할 수 있다. 이미 지적한 바와 같이 이성은 일관성에의 노력인데, 이런 노력은 다적(多的)인 존재자들을 하나의 규칙으로 묶어 일자화하는 일, 다자(多者)들간의 차별성을 해소하고 동등성을 실현하는 일이다. 그러나 이런 이성화의 노력은 필연적으로 저항에 부딪힐 수밖에 없다. 그 하나는 자연의 저항이며, 다른 하나는 인간 자신들의 저항이다. 전자의 저항을 해결하려는 노력이 자연에 대한 학적인 탐구, 그리고 이를 원용한 기술의 발전이다

후자의 저항은 이성과 함께 인간을 구성하고 있는 신체성과 같은 자연적 요소에서 온다. 인간은 자신의 삶의 안정성을 추구하며, 이런 경향은 자신의 현재 여건을 절대화시키려 한다. 그리하여 인간은 자신의 신체성에 기초한 차별성과 특수성을 절대화하여 자신의 삶의 근거지로 삼는다. 여기서 개인성의 이념이 생겨난다. 이 개인성의 이념은 자연 상태에서 저절로 생기는 것이 아니라, 정치적 공간을 좌표로 하여 형성되는 것으로, 개인들이 타고난 자연적 특성을 기초로 한 개별적이고 우연적인 차이와 함께, 정치적 좌표에서 오는 보편성과 동등성 등의 이성적 요소를 기반으로 한다. 그리하여 정치적 공간에서의 개인성은 우연성과 합리성의 두 상반적인 구성 요소를 지니고 있다.

하나의 정치적 공간을 구성함에 있어 평등과 일관성의 이념은 핵심적인 가치이다. 공정성이나 일관성이라는 최소한의 조건조차 충족되지 않고서는 정치 공간이 구성·유지될 수 없다. 그 이유는 정치 공간이란 기본적으로 삶을 이성화하려는 욕구에서 생긴 것이기 때문이다. 그러므로 결국 평등의 문제는 평등이라는 이념을 정치적 가치로 채택할 것이냐 여부의 문제가 아니라 어느 정도 그리고 어느 측면에서 실현하느냐의 문제이다.

Ⅲ. 우연과 평등

자연적 존재로서의 인간은, 홉스의 지적대로, 대체로 평등하다. 그러나 언어적 구분들이나 이를 기초로 하는 이성적 관점에서 평가할 때, 평등한 것으로 보이는 자연 상태는 불평등하며 차별적인 것으로 평가된다. 이제 언어와 이성의 질서가 우리 삶의 주축을 이루는 한에서, 그런 불평등과 차별성은 외면적 현상에 그치는 것이 아니라, 실재적인 것이며, 따라서 극복의 대상이 된다. 언어와 이성은 역설적이다. 한편으로는 대체적으로 평등한 자연을 세밀하고 다양한 관점에서 기술함으로써 불평등의 산출에 기여하기도 하지만, 다른 한편으로는 자신이 낳은 불평등을 해소 극복하여, 새로운 평등, 즉 이성적 평등을 실현해내려 하기도 한다. 언어와 이성의 이런 경향에 의해 자연은 이제 더 이상 우리에게 자연스러운 것, 본성적인 것이 아니라, 우리에게 우연적인 사고, 타자적인 것으로 적대시된다. 자연만이 그러한 것이 아니라, 언어와 이성의 소산 또는 부산물인 사회의 어떤 측면들도 우연적이다. 사회적 삶은 개인들간의 차이와 불평등을 자연의 질서보다 더 큰 폭으로 확대시키고 심화하는 경향이 있다. 그리하여 평등을 실현하려는 이성적 시도의 주요 대상은 사회적 우연, 사회적 불의인 경우가 더 많다. 평등의 이념이란 우리의 자연적·사회적 우연성을 적극적으로 극복하여 이성화하려는 데에서 형성된다.

이성의 관점에서 볼 때, 자연 상태의 인간은 우연적이고 서로 차별적인 존재이지만, 그럼에도 우리가 이성을 원리로 하여 우리의 삶을 영위하고 사회적 삶을 구축해나가려 한다면, 평등의 이념은 가장 중요한 사회적 가치로 등장하게 된다. 평등의 이념이란 합리성의 원리 또는 일관성의 원리에 다름아니다. 결국 사회간의 차이는 어떤 면에서 어느 만큼 그 사회를 이성화하느냐의 차이에 있을 뿐, 모든 사회들이 이성을 사회 운영의 원리로 삼고 있으며, 그런 한에서 어느 정도는 평등의 이념 또는 공정성의 이념을 주축적 가치의 하나로 삼고 있다.

정치와 도덕의 궁극적 목표의 하나는 우리의 삶과 사회 속에서 존재하는 우연성, 즉 비합리성의 해소이다. 우리 인간의 본질적 능력의 하나는 사유의 능력이며, 이 사유 행위에서 중심적 역할을 하는 것이 이성이다. 우리는 따라서 사유하는 한 이성적으로 살려고 하며, 이 사회를 이성적으로 만들려 한다. 도덕의 발생은 이런 욕구에서 출발하며, 이 사회의 규범적 근거[3]는 합리성을 실현하여 우리의 삶과 사회를 이성화하려는 데에서 비롯한다. 바로 이 이성이 우리 삶의 근본적인 축으로서 역할하는 한, 합리성에 대한 욕구는 필연적이며, 우리 삶의 가장 중요한 규범적 영역인 도덕과 정치 세계에서 이성의 실현은 가장 중요한 목표로서 등장한다.

---

3) 사회 조직, 특히 국가의 역사적 발생 과정은 국가의 규범적 발생 과정과 역방향일 수 있다. 국가의 역사적 발생은 개인의 지배욕과 같은 지극히 비이성적이고 비윤리적인 데에 연원을 두고 있을 가능성이 크다. 국가의 규범적 기원에 대한 논의는 사실상 역사적 과정을 거쳐 발생한 국가의 불의를 개선하려는 의지에서 시작된다. 그러므로 국가의 역사적 기원과 규범적 기원을 엄격히 구분함은 매우 중요하다. 위의 3장 참조.

2. 평등 대우론

　자연적·사회적 우연성에서 기인하는 불평등성을 해소하고 평등을 실현해야 함이 이성의 요청임은 분명한 듯하나 이 요청을 현실적으로 실현할 수 있는 방법은 어떤 것일까? 그리고 평등이라는 사회적 가치는 다른 주요 사회적 가치인 개인의 자유와 권리, 그리고 효율성과 어떤 관계에 있는가? 현실 세계에서 평등의 이념은 어떻게 실현해야 할까? 그리고 평등의 이념은 정의의 이념과 어떤 관계에 있는가? 이제 다음에서 이런 문제들에 관하여 시론적인 해답을 모색해보자.

I. 평등 대우론

　이미 앞에서 지적한 바이지만, 평등 당위론에는 평등 대우론과 평등 분배론이 있다. 정치 경제적인 영역에서 보다 구체적이고 실질적인 의미를 지니는 것은 평등 분배론이다. 그러나 평등 분배론이 원리로 삼아야 할 것은 평등 대우론이다. 좀더 정확히 말하면, 평등 분배론은 기회 균등론, 법 앞에서의 평등론, 존중 평등론, 행위의 일관성론 등과 함께 평등 대우론의 한 구체적이고 실질적인 형태라고 말할 수 있다. 평등 분배론은 그것이 복지 분배론이건 재화 분배론이건간에, 재화 분배에 있어서 사회 구성원을 동등하게 대우하라는 주장으로 이해할 수 있다. 이런 이유에서 평등 분배론을 논함에 앞서 평등 대우론을 검토함이 순서이겠다.

　평등 대우론의 요지는 다음과 같다. 두 개인이 유관한 상황에서 동일할 때 그 두 개인은 동등하게 대우받아야 한다. 이 입장은 기본적으로 블라스토스와 윌리엄스에 의해 지지된 입장이다. 이 유관한 사항으로 양자는 모두 인간적인 특성을 지적했다. 블라스토

스는 가치 선택의 능력과 가치 향유의 능력을 제안하였고, 윌리엄
스는 고통과 정(情)에의 능력, 자존심에의 욕구, 그리고 도덕적
가치를 실현할 수 있는 능력을 들었다. 인간의 이런 사실적 동등
성을 기반으로 하여 양자는 평등의 당위를 추론하였다.

이들의 추론들 중 특히 윌리엄스의 추론에서 주목해야 할 것은,
고통이나 정에의 능력을 사실에 있어 소유하고 있다는 사실이 평
등한 대접을 받기 위해 충분한 조건이라고 한다면, 인간 아닌 동
물도 평등 대우의 대상이 된다는 점이다. 동물들도 고통이나 정에
의 능력을 지니고 있음은 주지되는 사실이며, 이 점에서 인간과
인간 아닌 동물은 사실상 동일하다. 이 사실에 근거하여 동물 살
생의 금지를 도덕적 규범으로 주장할 수도 있으며, 이 규범을 수
락할 경우 채식주의는 도덕적이나 육식은 비도덕적이라고 말할
수 있다. 인간의 육식은 식량의 부족이나 균형잡힌 영양 공급이라
는 인간 생존의 필요에 의해서라기보다는 미각의 쾌락을 향유하
기 위한 경우가 많다. 미각의 향유를 위한 육식의 자행은 거의 일
상의 다반사여서 별로 거부감을 느끼진 않으나, 이런 거부감의 부
재가 동물의 고통을 무시함이 논녁적으로 정당화될 수 있음을 의
미하지는 않는다.[4] 이런 입장을 철저히 밀고 나아간 것이 불교의
중생주의이며,[5] 최근 학자들, 가령 싱거 P. Singer 같은 학자도 불
살생주의를 강력히 주장한다.[6] 이런 논리의 대응책으로 벤과 같은
학자는 동물의 살생, 동물과 인간의 차별 대우를 정당화하기 위해

---

4) Nozick, *Anarchy, State, and Utopia*, pp. 35~42 참조.

5) 불교의 중생주의는 동물들이 고통을 느낀다는 사실보다는 그들이 인간과 같은 영
   혼을 갖고 있으며, 그 영혼은 윤회의 과정을 거치면서 여러 다른 종류의 육신을 입
   게 된다는, 보다 형이상학적 가정에 기초하고 있다. 피타고라스 학파의 불살생주
   의도 마찬가지이다.

6) P. Singer, "All Animals are Equal," in J. Rachels ed., *Understanding Moral Philosophy*,
   California : Dickenson Pub. Co., 1976, pp. 284~97 ; P. Singer, *Animal Liberation*,
   N.Y. : New York Review Books, 1975.

인간 평등 대우의 한 중요한 요건으로 인간의 외형적 모습을 들고 있기도 하다.[7]

II. 일관된 행위의 요청

과연 인간들이 중요한 측면에서 사실적으로 동등함은 평등 대우를 위한 충분한 논거가 되는가? 두 개인이 중요한 측면에서 동등하다는 사실이 그들을 동등하게 대우할 것을 논리는 요청하는가? 이 논변에 대한 반례를 우리는 쉽사리 생각해낼 수 있다. 두 개비의 동일한 품질의 담배를 생각해보자. 이 둘은 같은 공장 제품인 데다 동일 상표의 것이므로 중요한 측면에서 그리고 앞으로의 나의 행위(끽연)와 유관한 측면에서 동일하다. 그러나 이 사실이 나로 하여금 두 개비의 담배를 동등하게 대우할 것을 요구하지는 않는다. 그 둘 중 어느 하나를 자의적으로 선택하여 피워도 아무 도덕적인 문제가 발생하지 않는다. 그런데 이와 달리 두 개인이 중요한 측면에서 동일하다는 사실이 그들을 평등하게 대우할 것을 요청한다면, 두 개비 담배의 동일성 역시 그들에 대한 평등 대우를 당위로 요청한다고 보아야 할 것이나 이런 결론은 부조리하다. 그렇다면 두 개인의 동일성이 아니라 두 개인의 인간됨이 이들에 대한 평등 대우를 당위적으로 요청하는가? 그렇지 않다. 그 두 개인의 인간됨은 이미 두 개인의 동일성이라는 단서 속에 고려되어 있다.

그렇다면 왜 중요한 측면에서 동일한 두 개인들은 평등하게 대

---

7) S. I. Benn, "Egalitarianism and the Equal Consideration of Interests," pp. 159~61, in H. A. Bedau ed., *Justice and Equality*, New Jersey: Prentice-Hall Inc., 1971. 벤의 이 입장은 그러나 도덕적인 입장을 전혀 반도덕적인 사실에 의해 지지하는 잘못을 범하고 있다. 종의 외적인 형태는 종에 우연적인 것으로 이는 도덕적 행위의 정당화 또는 부당화 논거가 될 수 없다. 삶의 우연성은 도덕적 행위에 의해 극복되어야 할 것이다.

우해야 하며, 두 개비의 동일한 담배에 대해서는 그럴 필요가 없
는가? 그 해답은 우리가 인간에 대해서는 동일한 상황에서 동일
하게 행위해야 한다는 믿음을 갖고 있기 때문이다. 두 개인이 중
요한 측면에서 동일한 경우, 이들을 동등하게 대우하지 않음은 일
관되지 못한 행위이다. 동일한 것에 대해서는 동일하게 대우하는
것이 일관된 행위이다. 그런데 일관성이란 이성의 최소한의 조건
이다. 이성의 합리성을 갖추기 위한 최소의 조건은 일관성이다.
따라서 동일한 것에 동일한 대우를 하지 않음은 비합리적인 행위
라고 말할 수 있다. 동일한 두 개인이나 동일한 두 개비의 담배를
동일하게 대우하지 않고 한쪽을 자의적으로 선택하여 편애함은
모두 수미일관하지 못한 행위이며, 따라서 비합리적이고 자의적
인 행위라 말할 수 있다.

그런데 이 비합리적 행위가 인간의 경우에는 도덕적 문제를 야
기하는 반면, 왜 담배의 경우엔 그런 문제를 야기치 않는가? 그 이
유는 이미 말한 바처럼 우리가 인간에 대해서는 합리적으로 행위
해야 한다고 믿기 때문이다. 우리는 타인의 행동이 우리에게 영향
을 줄 때 최소한 일관되게 행동하길 요구한다. 그래야 그에 대처할
수 있기 때문이다. 마찬가지로 우리 행위의 영향을 받는 상대방도
우리에게 합리적으로 또는 최소한 일관되게 행위하기를 요구한다.
이런 사실은 도덕과 합리성이 대자적(對自的)이거나 대신적(對神
的)인 사태라기보다도 대인적(對人的) 사회 현상이라는 추정을 하
게 한다. 로빈슨 크루소의 도덕이란 없다. 상호에 대한 합리성의 요
청에서 도덕이 발생한다. 상호적인 합리성이 도덕성의 충분 조건
까지 될지의 여부는 확실치 않으나 절대 필요 조건이 됨은 명백하
다. 우리가 담배에 대해서는 일관되고 합리적인 행위를 해야 한다
고 생각지 않는 이유는 담배가 그런 요청을 우리에게 하지 않기 때
문이다. 따라서 두 동일한 담배 개비에 대해 차별적인 태도를 취한

다 해도 이는 아무 도덕적인 문제를 발생시키지 않는다.

인간에 대한 평등 대우 당위론의 핵심적 논거는 바로 이 믿음, 우리는 인간에 대해 일관되고 합리적인 행위를 취해야 한다는 믿음에 있다. 그리고 평등 대우 당위론은 이 믿음으로부터 직접적으로 도출되는 정리이다.[8] 이런 긴밀한 연관성 때문에 평등 대우의 당위는 모든 도덕적 행위의 기본 전제라 말할 수 있다. 한 행위, 가령 약속의 이행이 도덕적 의무로 정립될 경우, 그 의무는 모든 인간에 대해서, 그가 빈자이건 부자이건 사회적 지위가 높건 낮건, 평등하게 수행되어야 한다. 그 행위가 의무로서 간주되는 이유는 다름아니라, 그 행위가 모든 인간에게 평등하게 적용되어야 하는 행위, 즉 보편적이며 이성적인 행위이기 때문이다. 역으로 말하면 모든 인간에게 동등하게 적용되는 보편적 행위가 의무이다.

3. 현실적 평등론

I. 복지 평등 분배론의 비현실성과 순환성

이미 말한 바와 같이 평등 분배론은 평등 대우론의 한 구체적이고 실질적인 예이다. 블라스토스와 윌리엄스는 간접적으로, 그리고 롤즈와 드워킨은 직접적이고 적극적으로 분배 평등론을 지지하고 있다. 앞의 두 학자는 복지 평등 분배론을, 그리고 뒤의 두 학자는 재화 평등 분배론을 지지하고 있다. 여기에서 우리는 복지론을 취하건 재화론을 취하건 모두 직접적인 분배의 대상은 재화

---

8) I. Berlin, "Equality," *Concepts and Categories: Philosophical Essays*, London: Hogarth Press, 1978, p. 84: "All rules, by definition, entails a measure of equality. In so far as rules are general instructions to act or refrain from acting in certain ways, in specified circumstances, enjoined upon persons of a specified kind, they enjoin uniform behaviour in indentical cases."

가 될 수밖에 없음에 유념해야 한다. 두 입장의 차이점은, 복지론은 재화를 분배함에 있어 재화의 소유 상태의 평등이 아니라 이 재화를 사용해 향유할 복지나 행복도의 평등을 기준으로 삼고자 하는 반면, 재화론은 이와 무관하게, 각 개인이 자신의 재화를 이용해 얻어낼 수 있는 행복도에는 상관치 않고 단지 재화의 소유량을 평등하게 하자는 데에 있다.

복지 평등 분배론과 재화 평등 분배론 중 어느 것이 보다 현실적이며 실질적인 이론인가? 국가나 사회 조직체가 재화를 분배하기 위한 기준을 찾으려 할 때, 어느 것이 보다 현실적으로 적용 가능한 이론일까? 삶에 있어서 우선적인 중요성을 갖는[9] 것은 재화의 소유 자체보다는 이를 수단으로 하여 얻는 복지와 행복의 성취나 향유이다. 이 점에서 복지의 평등을 재화 분배의 기준으로 삼는 것이 타당할 듯이 보인다. 그러나 복지나 행복의 향유 상태란 주관적 의식의 상태이므로 이를 측정하는 일은 극히 어렵다. 설사 이를 측정할 묘책이 발견된다 하더라도 복지나 행복이란 각 개인이 형성하는 가치관·인생관·사회관과 직접적인 상관 관계에 있으며, 이런 것들은 개인에 따라 다르다. 따라서 복지나 행복의 측정을 위한 범사회적이고 객관적인 기준을 마련하기란 현실적으로는 물론 이론적으로도 불가능하다.

이와 긴밀히 연결되어 있는 난점으로, 복지 분배론은 드워킨이 지적한 바와 같이, 선결 문제 요구의 오류에 빠질 가능성이 있다는 것이다. 개인의 인생관이나 가치관의 설정은 합리적으로 이루어져야 하며, 그러기 위해서는 자신의 가치들을 실현키 위한 수단으로

---

9) 복지와 행복의 성취 및 향유가 삶에 있어 궁극적 중요성을 갖지는 않는다. 적어도 도덕적인 삶에서는 복지의 향유는 단지 재화 소유에 대해 우선적일 뿐이다. 쾌락이나 행복을 윤리적 행위의 척도로 삶는 쾌락주의·공리주의는 윤리설로서는 심각한 문제점을 지니고 있다. 이 문제점은 다음 기회에 논하기로 한다.

서 자신이 앞으로 소유할 수 있는 재화의 양을 고려해야 한다. 인생관의 수립과 향유코자 하는 복지의 내용의 형성은 합리적으로 취득 가능한 여건 내에서 이루어져야 한다. 따라서 개인이 자신의 가치관을 합리적으로 설정할 수 있기 이전에 이미 각 개인에게 돌아갈 재화의 양이 합리적으로 산정되어 있어야 하며, 그러기 위해서는 재화를 공정하게 분배하기 위한 기준이 이미 마련되어 있어야 한다. 즉 평등한 복지의 분배는 공정한 재화 분배에 종속적이며, 재화 분배의 기준이 허용하는 범위 내에서만 의미를 가질 수 있다. 그러므로, 복지 평등을 기준으로 해서는 재화 분배를 할 수가 없다.

Ⅱ. 실질적 평등의 중요성

이렇게 볼 때 재화 평등 분배론이 복지 평등 분배론에 비해 이론적으로나 현실적으로 강점을 지니고 있다. 그러면 롤즈의 차등의 원리와 드워킨의 선망 테스트 및 공매 제도에 의거한 평등론 중 어느 것이 보다 나은 이론일까? 롤즈의 차등의 원리는 평등이라는 도덕적 가치와 효율성이라는 경제적 가치를 수용했다는 점, 그리고 사회 내에서 가장 불우한 집단에 깊은 애정을 가지고 그들의 지위를 대폭 상승시키려 한다는 점에서 상당한 호소력을 발휘한다. 그러나 이런 매력에도 불구하고 그의 차등의 원리는 많은 이론적·현실적인 비판의 대상이 되어왔다.[10] 여기서는 그 비판을 다시 반복하지 않고 드워킨이 지적한 문제점만을 간략히 살펴보기로 하자.[11] 이 검토에 앞서 간단히 언급해둘 것이 있다. 현대 영미권에서 두 대표적인 정치철학자들로는 흔히 존 롤즈와 로버트

---

10) Nozick, *ASU*; B. Barry, *The Liberal Theory of Justice*, Oxford: Clarendon Press, 1975; R. P. Wolff, *Understanding Rawls*, New Jersey: Princeton Univ. Press 등 참조.

11) Dworkin, "What is Equality? Part 2: Equality of Resources," in *Philosophy & Public Affairs* 10, No. 3, pp. 283~345. 이하 Dworkin, ER로 약함. ER, pp. 34 이하.

제13장 이성과 평등 541

노직을 들고 있다. 그러나 이들은 사회 정의의 원리에 관해 상반된 입장을 취하고 있다. 롤즈는 평등을 정의의 근본 이념으로 보고 있는 데 반해, 노직은 개인의 자유가 정의의 본질이라 보고, 전자는 재분배적 국가를, 그리고 후자는 자유방임적 국가를 각각 옹호하고 있다.[12] 드워킨은 롤즈와 같은 평등론자이긴 하나 노직과 같이 개인의 자유와 권리를 적극 옹호하고자 한다. 드워킨은 이런 중도적 입장에서 평등론을 주장하고 있으며, 따라서 그의 평등론은 시장에 보다 적극적이고 긍정적인 역할을 부여하고, 이를 통해 개인의 자유와 권리, 특히 경제적 재화를 이용한 삶의 방식 선택권을 존중하자는 데에 주안점이 있다. 이런 점을 염두에 두고서 롤즈에 대한 그의 비판을 살펴보자.

첫째, 사회 내의 가장 불우한 집단에 대한 롤즈의 규정이 자의적이며, 차등의 원리는 장애자 집단을 고려치 않고 있다. 롤즈는 장애자의 문제를 해결하기 위해 보상의 원리 *the principle of redress* 라는 별도의 원리를 마련한다. 그러나 드워킨은 재화 분배의 원칙은, 특히 그것이 평등 분배론의 원칙인 한에서는 장애자의 문제를 정의 실현을 위한 핵심적인 과제이 하나로 삼아야 한다고 구상한다. 위에서 우리가 논한 바와 같이, 정의란 자연적·사회적 우연성을 해소키 위한 것이므로 장애의 문제는 정의 실현의 제1과제라는 드워킨의 논지는 설득력이 있다. 이 문제는 롤즈가 불우 집단의 한 전형적 예로 보는 미숙련 노동자 집단의 지위 향상보다도 선결을 요하는 과제라 생각된다.[13]

---

12) 롤즈와 노직의 정의론에 대한 비교적 고찰은 위의 제4부, 특히 9장 참조.

13) 롤즈는 무지의 베일을 통해 정의의 원리를 선택하는 상황에서 자연적 우연성을 배제하려 했음에도 불구하고, 차등의 원리 자체에서는 자연적 우연성의 피해를 받은 장애자 집단이 아니라 사회적 우연성의 피해를 보고 있다고 생각되는 미숙련 노동자 집단을 정의의 수혜자로 선택하고 있다. 그 이유는 명확치 않으나, 짐작건대 정의에 의해 시정되어야 할 일차적 대상이 사회적 불의라 본 데에 있는 듯

둘째, 롤즈는 사회 내의 가장 불우한 집단의 지위 향상을 차등의 원리의 목표요 단서로 명시함으로써 사회 내의 특정 집단만을 편애하고 여타 집단에는 무관심하다고 드워킨은 비판한다. 이런 편애는 한 사회가 위기에 처했을 때 당장 난점을 야기한다. 반면 드워킨의 이론은 어떤 특정 집단도 편애하지 않으며 모든 집단이 정의의 혜택을 받을 수 있는 집단으로 간주한다. 나아가 그는 집단이 아니라 개인을 정의의 대상, 분배의 당사자로 간주한다. 그리고 이 개인들은 시장 활동을 통해 자신의 삶과 타인의 삶을 연계시키게 되며, 이런 연계를 통해 상호간의 권리를 존중하게 되고 그리하여 공동체의 결속력은 강화된다. 반면에 집단 위주의 롤즈의 이론은 불우 집단 내의 장애자의 존재가 불우 집단 전체의 평균적 복지를 감소시킬 경우 그들에 대한 배려는 희생되어야 한다. 가령 장애자들의 복지를 위한 세제는 폐지될 수도 있다.

롤즈의 차등의 원리가 안고 있는, 평등론으로서의 가장 큰 세번째의 문제점은 다음과 같다. 차등의 원리는 사회의 일차적 재화를 도식적으로 평등 분배함을 목표로 하며, 개인들의 열망·취향·직업·가치관 등을 전혀 고려하지 않는다는 것이다. 이런 요인들에서의 차이로 하여 일차적 재화를 개인들에게 산술적으로 평등 분배할 때 많은 난점이 발생하는데, 바로 이런 이유 때문에 롤즈의 평등론은 집단간의 평등을 목표로 설정하는 것이었다. 그러나 이 경우, 위에서 지적한 불우 집단의 선정 기준 문제와 특정 집단에 대한 편애의 근거 박약, 그리고 장애자에 대한 무관심 등과 같은 문제에 부딪히게 된다는 것이 드워킨의 비판이다.

롤즈는 개인의 취향·기호·열망·욕구, 그리고 심지어 가치관이나 삶의 계획 등까지도 도덕적인 관점에서는 자의적인 것으로

___

하다. 이 점은 그의 이론의 현실 적용 가능성을 높이는 반면, 순수 규범 이론으로서의 정합성을 낮추게 할 수 있다.

간주하고, 무지의 베일을 씌워 원초적 입장에서 제외시켜버렸다. 그에 따르면 사회 구성원들은 이들에 대한 무지의 상태에서 자신의 가치관·인생관에 상관없이 단지 일차적인 사회적 재화를 보다 많이 갖기를 원한다는 가정 아래서 정의의 원리를 선택하도록 되어 있다. 따라서 롤즈가 제시한 공정한 분배의 원리는 당연히 개인들의 가치관·인생관에 대한 고려 없이 재화를 분배하게 된다. 그러나 사회 구성원들이 분배받기를 원하는 재화의 종류나 양은 개인의 취향·기호·가치관·인생관 등과 전혀 무관한 것이 아니라 사실상 이들에 의존해 있다. 이들은 롤즈의 주장대로 도덕적 관점에서는 자의적일지 모르나 재화 분배의 관점에서는 필수적으로 고려해야 할 요인들이다.[14] 어떤 가치관·인생관을 갖느냐에 따라 개인들이 필요로 하는 재화의 종류와 양이 다르기 때문이다. 사람들은 자신이 원하는 재화들을 소유케 될 때 그 분배를 공정하다고 하며, 이런 요구가 충족되지 못한 채 재화의 양적인 평등만 이루어졌을 때 그들은 당연히 불만을 품을 것이다. 물론 이런 주관적 요소를 고려할 때 재화 분배를 위한 객관적이고 공정한 기준을 마련하는 일이 어려울 수 있나. 그러나 드워킨은 이런 어려움을 선망 테스트와 공매 제도를 통해 해결할 수 있다고 보고 있다. 조개껍질이라는 추상적 구매력의 양적 평등 분배를 실시한 후 각 개인이 분배한 구매력을 사용하여 시장에서 자신의 인생관 성취에 적합한 구체적인 재화의 종류와 양을 취득케 함으로써 실질적인 평등을 실현하자는 것이 드워킨 평등론의 취지이다.

III. 드워킨 평등론의 문제점

이렇게 평등의 이론들을 비판적으로 검토해볼 때, 분배에 대한

---

14) Y. Nagel, "Rawls on Justice," in *Reading Rawls*, pp. 8 이하 참조.

사회 구성원들의 요구들을 가장 현실적이고 실질적으로 수용한 것이 드워킨의 평등론으로 판단된다. 그의 이론은 평등의 실현을 분배의 목표로 설정함으로써 자연적·사회적 우연성 또는 자의성에서 기인하는 사회 구성원들간의 차이와 불평등성을 해소함이 사회 조직의 궁극 목표라는 기본 전제에 부합한다. 그리고 시장 제도를 이 평등의 이념을 실현하기 위한 적극적이고도 실질적인 제도로 활용함으로써 개인들의 경제적 자유와 권리를 충분히 존중하려 하며, 모든 개인들에게 균등한 기회를 제공하고 역시 시장을 통해 재화의 실질적인 평등 분배를 시행함으로써 개인들의 가치관과 인생관이 반영될 수 있게 한다. 나아가 선망 테스트에 의해 평등의 여부를 판정함으로써 주관적 만족도나 복지도의 평등도 동시에 이룰 수 있다.

드워킨의 평등론은 위와 같은 강점들에도 불구하고 몇 가지 문제점 내지는 보완되어야 할 약점을 안고 있다. 이들은 드워킨 자신의 이론에 관한 것이기도 하고 평등주의 일반의 문제점 또는 단점이기도 하다.

우선 드워킨은 원초적으로 추상적 경제력을 평등하게 분배해야 한다고 했는데, 그는 이 평등 분배의 논거를 제시하지 않았다. 그런데 평등에 관한 철학적 논의에 있어 가장 중요한 과제는 바로 그 분배 대상이 추상적 경제력이건 아니면 다른 어느 것이건간에 평등 분배의 정당화 논거를 마련하는 것이다. 드워킨의 평등론은 이 핵심적 과제를 소홀히하고 있다. 나아가 그는 개인들 사이의 공적·기여도·필요 등에 대한 고려 없이 무작정 평등 분배를 할지 또는 어떤 합리적인 기준을 세워 공정한 분배를 해야 할지에 대해 명백히 언급하고 있지 않다. 그러나 이 문제는 매우 중요하다. 롤즈의 이론을 비롯한 대부분의 분배 이론이 직접적인 분배 대상으로 삼는 것은 이 추상적 경제력이다. 화폐나 유가 증권과 같은 것이 재화의 가치를 재는 척도가 되어 있는 사회에서 직접적인 분배의 대상은 이런 구매력이며, 현대의 분배 이론은 이 구매력 또는 조개껍질과 같은 추상적 경제력에 관한 분배 이론이다. 따라서 조개껍질과 같은 추상적 경제력을 분배 대상으로 한다 함은 새로울 바가 없다. 의미 있는 평등론은 분배의 논리와 기준을 제시해야 한다. 그러므로 드워킨은 구매력을 무작정 균등 분배할지, 아니면 공적이나 필요도와 같은 기준을 통해 분배할지에 관해 입장을 천명해야 할 것이다. 그런데 후자의 길을 택하는 경우 그의 평등론은 다른 종류의 분배론으로 변형되며, 전자의 길을 택할 경우 그것은 급진적 사회주의자들까지도 거부감을 느낄 정도의 도식적인 평등주의가 될 가능성이 있다. 그리하여 게으른 자와 부지런한 자, 불의한 자와 의로운 자를 구분할 수 없을 것이다.

둘째, 평등의 척도로서 드워킨이 제시하고 있는 선망 테스트는 심리적 기준이다. 드워킨의 평등론이 목표하는 바는 부러움의 제거이다. 이는 매우 소극적인 목표이다. 그리고 어떤 부러움은 비합리적일 수도 있다. 이 경우 그의 평등론은 비합리적인 욕구까지도 충족시키고 정당화하며, 따라서 사회 내에 합리성을 증대시키기보다는 비합리성을 증대시킬 가능성도 있다. 소극적인 측면을 지니는 점에서 그의 입장은, 국가란 개인의 행복을 증진시키려 하기보다는 개인의 불행을 감소시키는 데 목표를 두어야 한다는 포퍼의 소극적 공리주의 *negative utilitarianism*나,[15] 국가는 국민의 복지 향상보다는 개인의 자유와 권리가 침해되는 것을 막는 데 그 역할을 국한시켜야 한다는 노직의 최소국가론[16]과 유사하다.[17] 국

---

15) 포퍼의 소극적 공리주의에 관해서는 *Conjectures and Refutations*, London: Routledge & Kegan Paul, 1972, pp. 345 이하, 361 참조.

16) 노직의 최소국가론에 관해서는 Nozick, *ASU*; 필자, 위의 11장 참조.

17) 드워킨과 노직과의 차이점은 Dworkin, ER, pp. 334 이하 참조. 드워킨의 노직과의

가와 같은 분배 기구를 축소하거나 아예 분배 기능의 중앙화를 배제한다면 드워킨이 목표로 하는 평등은 시장 기능에 맡겨질 수밖에 없을 터인데 과연 평등과 같은 적극적인 도덕적 가치를 시장이 실현할 수 있을지 회의적이다. 설사 실현할 수 있다 해도, 그 평등은 소극적 성격을 지닐 것이며, 그나마 국가가 수시로 개입하여 추상적 구매력의 평등 분배를 지속적으로 유지시켜야 할 것이다.

셋째, 드워킨은 실질적 평등의 실현을 경매 제도, 현실적으로는 시장을 통해 이루고자 한다. 시장은 경쟁의 상황이다. 이런 상황에서는 드워킨 자신도 인정하고 있다시피, 경쟁 참여자가 선호하는 바가 경쟁에 의해 영향받아 원래 자신이 원했던 바가 변질할 가능성이 있으며, 이런 상황은 삶의 현장을 본질적으로 협동이 아니라 경쟁적 관계로 규정해버릴 위험성을 안고 있다.[18] 구성원 상호간의 경쟁 관계가 이들 사이의 주된 관계가 되고 이 관계가 지속되는 공동체는 진정한 공동체라고 보기 힘들다. 경쟁 관계는 경쟁 당사자들 상호간에 차이가 있음을 전제한다. 경쟁 참여자가 경제력, 능력, 취향 등에 있어 서로 같다면 경쟁이 성립되지 않는다.[19] 개인들의 사회·경제·자연적 우연성에서 오는 차이들을 롤즈는 무지의 베일로 차단하려 했으나, 경쟁자 상호간에 이런 차이들에 대한 인식이 이루어져야 경쟁이 이루어질 수 있다는 것이 드

차이점에서 중요한 것은 드워킨이 시장에 대해 적극적이고 당위적인 기능(실질적 평등 실현을 위해)을 부여함에 반해, 노직은 소극적이고 우연적 역할만을 기대한다. 이러한 차이점에도 불구하고 양자 모두 자본주의의 공개 경쟁 시장을 적극 지지한다.

18) Dworkin, ER, p. 290 참조.

19) 롤즈의 원초적 입장을 계약 상황이라 볼 수 없는 이유도 바로 이것이다. 롤즈는 원초적 입장을 차등의 원리를 위한 논거로 제시하기도 하는데, 이 논거를 계약 논증으로 파악하는 학자들이 있다. 이들의 이해는 재고를 요한다. D. Lyons, "Nature and Soundness of the Contract and Coherence Arguments," in *Reading Rawls*, pp. 141~68. 또 이 논문집의 편집자 서문 p. xvi 참조.

워킨의 논리이다. 이런 점에서 드워킨의 경쟁적 평등론은 기회 균등론과 유사한 점이 있다. 드워킨의 평등론은 경쟁을 통해 평등의 실질성을 실현하자는 것이다.

그런데 평등이라는 이념은 그를 통해 사회·경제·자연성·우연성을 해소하고 합리성을 실현하여 공동체의 결속력을 강화하자는 것인데, 그의 평등론은 오히려 이런 우연성을 전제하고 이 우연성을 심화시킬 가능성이 있는 경쟁을 핵심적 장치로 원용하고 있음은 역설적이라고 말할 수 있다. 따라서 시장을 통해 평등의 실질성을 확보하더라도, 공동체 내의 결속력, 공동체 의식을 강화할 수 있는 시장보다 상위의 어떤 제도적 장치가 있어야 하리라 본다. 이 제도는 통상적으로 광장이라 말할 수 있는 것으로 생각된다. 즉 경제적 시장에 관한 정보의 교환, 언론·집회·결사의 장소, 각자의 가치관·인생관의 비교·검토·토론이 가능한 공간, 같은 취향을 지닌 동호인들이 만날 수 있는 곳으로서의 광장을 뜻한다.

4. 결 론

I. 요약

여러 학자들의 평등론에 대한 비판적 검토에서 내릴 수 있는 결론은 다음과 같다. 정치·사회·경제적 공동체의 궁극 목표의 하나는 우리 인간의 기본적인 여건이라고 할 수 있는 우연성의 해소 극복이다. 우리 인간의 이성은 이를 비합리성으로 이해하며, 이성적인 삶을 영위코자 하는 한, 그리고 우리 삶의 직접적인 환경인 공동체를 이성화하고자 하는 한, 이 우연성은 극복되어야 한다. 평등의 이념은 우리 삶과 공동체의 이러한 목표 실현을 보다 적극적으로 실현하자는 것이다. 평등의 이념은 이성의 요청이다.

이 요청이 우리의 행위와 관계하여 구체화될 때 그것은 평등 대우론이 되며, 이 평등 대우론은 우리의 모든 대사회적 행위나 사회 조직이 사회 구성원에 대해 취하는 행위의 기초가 되어 있다. 이 평등 대우론은 행위의 보편성을 당위적으로 요구하는 칸트의 정언 명령과 그 정신에 있어 같다. 도덕적 행위 규범이란 따라서 평등 대우론을 우리의 행위 규율에 적용한 것이다. 사회 조직이 사회 구성원에 대한 행위를 평등 대우론에 의해 규제할 때, 분배 평등론 또는 평등 분배론을 취하게 된다.

우리 인간이 이 현존의 현상 세계에서 신체를 가지고 삶을 영위하고자 하면 여러 종류의 재화를 필요로 한다. 식량·주거지·의복 등 기본적인 것에서부터 사회적 지위와 정치적 자유와 권리, 그리고 자신의 가치관·인생관을 실현하기 위한 여러 수단들, 그리고 심지어 자존심[20]이라는 재화까지 필요로 한다. 어떤 재화는 인간의 현존의 조건에서 요구되는 필수적 재화이고, 어떤 재화는 삶의 가치와 이상을 실현하기 위한 재화들이다. 평등 분배론은 이 재화를 공정하게 분배함으로써 사회 구성원 모두가 자신의 기본적 생존을 영위하며 동시에 삶의 가치를 실현할 수 있는 공정한 기회를 부여하자는 데에 있다. 복지 분배론은 그러나 재화 분배의 기준을 복지의 평등에 둠으로써, 삶의 가치와 이상이 복지의 성취나 행복의 정복에 있다는 함의를 내포한다. 이 함의는 삶에 대해

---

20) 롤즈는 자존심을 매우 중요한 사회적 재화로 보고 있다. Rawls, *A Theory of Justice*, Oxford: Clarendon Press, pp. 440, 446 참조. 노직은 인간 삶에 있어서 자존심 또는 자긍심의 중요성을 지적하면서, 사회는 모든 개인들에게 동등한 정도의 자존심의 충족을 얻게 해주어야 한다는 자존심 평등론을 제안한다. Nozick, *ASU*, pp. 239~46 참조. 필자의 생각으로는, 자존심 또는 자긍심은 삶의 의미와 본질적인 관계를 갖고 있다고 생각되며, 이 견해가 맞다면 자존심도 윤리적·존재론적 의의를 지니는 것으로, 단순히 사회적 재화가 아니다. 즉 자긍심은 대사회적 관계에서 얻어지는 것이 아니다.

상당히 강한 형이상학적이고 윤리적인 주장을 하는 셈이며 이는
매우 설득력 있는 논거를 필요로 한다.[21] 그리고 재화 분배의 기준
을 제시하는 이론은 개인 삶의 목표가 무엇이 될지에 대해서는 원
칙적으로 무관심한 입장을 취하여야 한다. 그런데 복지 분배론은
개인 삶의 목표가 무엇인지에 관한 명확한 규정을 전제하고 있으
면서도, 위에서 논한 바와 같이, 재화 분배론에 의존하고 있다.

Ⅱ. 현실적이고 실질적인 평등을 위한 조건들

위와 같은 이유에서 평등 대우론은 재화 평등 분배론의 형태를
지녀야 한다. 재화의 평등 분배를 통해 사회 구성원들에게 공정한
삶의 기회와 수단을 제공함에 있어 고려해야 할 조건들을 살펴보
자. 그 조건들은 대략 네 가지이다. 첫째, 재화 분배에 있어 일차
원적이며 양적 평등만을 목표로 할 것이 아니라 실질적 평등, 즉
각 개인 고유의 가치관과 인생관의 요청을 반영하여야 한다. 개인
들의 가치관은 상이할 수 있으며, 이에 따라 다른 종류의 재화와
다른 정도의 양을 필요로 할 수 있다. 이 상이한 필요를 충족시킴
으로써 재화의 평등 분배가 궁극적으로는 복지의 평등에 기여할
수 있게 해야 한다. 양적 평등이나 형식적 평등만을 고집하는 사
회는 경직적이어서 불평등하긴 하나 개인이 상이한 가치관과 인
생관을 형성하고 실현하게 할 수 있는 사회보다 전체적으로는 더
큰 불만의 대상이 될 수 있다.

둘째, 각 개인의 삶의 목표와 계획의 차이를 인정하고 재화 분
배에 있어 오히려 적극 고려하긴 하되, 이 목표와 계획을 실현할

---

21) 이 입장은 공리주의의 근본 주장이다. 이 주장에 대한 공리주의자들의 논거는 인
간의 심리에 대한 사실적 관찰이다. 그들의 논리는 사실에서 당위로 이행하는 자
연주의적 오류를 범하고 있다는 것이 일반적인 지적이다. 심리적 논거에 관해서
는 J. Bentham, *An Introduction to the Principles of Moral and Legislation*, Ch. 1,
1987 참조.

수 있게 하는 수단이나 여건에서의 차이는 제거되어야 한다. 이 차이는 거의 대부분의 경우 우연적인 것이며 우연성은 비합리성이다. 평등의 근본적인 정신은 합리성의 실현이므로 이 후자의 우연적 차이는 제거되어야 한다.

셋째, 사회 조직이란 이념적 존재이기도 하지만 도구적 존재이기도 하다. 우리 개인들은 국가와 같은 사회 조직을 당위적 가치의 현현체로 또는 그 가치의 실현을 위한 이념적 조직으로 파악하기도 하지만, 그 이념의 실현을 위한 재화들의 생산체로 규정하기도 한다. 후자로서의 기능을 사회 조직이 수행해야 하는 한, 그것의 주된 덕목은 효율성이라는 경제적 가치일 것이다. 사회 조직은 협동을 통해 재화를 효율적으로 생산하는 도구이기도 하다. 국가와 같은 사회 조직은 종교 집단과 같이 단지 이념적·정신적 가치만의 실현을 목표로 하는 조직이 아니라 우리의 일상 생활도 돌보아야 한다. 국가에 의한 또는 국가 내에서의 재화의 분배는 평등하게 이루어져야 하겠지만 동시에 그 분배될 재화는 효율적으로 생산되어야 하며, 효과적으로 분배되어야 한다.

넷째, 재화의 분배는 중앙 정부에 의해 중앙 집권적으로 그리고 강제적으로 행해질 수도 있고, 개인들에 의해 자발적으로 그리고 자유롭게 행해질 수도 있다. 정치적으로 자유주의, 경제적으로 자본주의를 채택하고 있는 체제 아래서 후자의 방법이 보다 바람직할 것이다. 전자의 분배 방식을 채택할 경우, 강제력이 동원되어 개인의 자유와 권리, 특히 경제적 자유와 권리가 상당히 제약될 가능성이 있으므로 이를 위해선 합법적 지지 논거가 필요하다. 정치·경제적 행위로서의 분배는 개인들의 존재를 전제하며, 이 개인들은 경험적으로 확인되고 구별될 수 있는 개인들이다.[22] 그렇

---

22) 우리가 통상 '우리 자신의 것'이라고 생각하는 것들의 대부분은, 윤리적·존재론적 관점에서 파악할 때 우리의 것이 아니라 외부에서 주어진 것들이다. 우리의 신

지 않으면 분배의 행위 자체가 무의미해질 것이다. 분배의 대상
또 분배될 재화의 생산자로서의 개인들은 그 능력과 자질·취
향·가치관 등에 있어서 서로 다른 개인이어야 한다. 이런 점을
염두에 둘 때, 롤즈의 원초적 입장에서의 개인들과 같이 상호 구
분 불가능한 개인들의 존재가 분배 행위의 전제가 되어서는 안 된
다.[23]

이상의 네 조건들을 염두에 두고, 두 재화 평등 분배론, 즉 롤즈
의 이론과 드워킨의 이론을 비교해보자. 롤즈의 이론은 개인들 사
이의 우연적 차이를 적극적으로 제거하자고 주장하며, 이를 위해
원초적 입장에서 정의의 원리 선택자들에게 무지의 베일을 씌운
다. 다른 한편으로 차등의 원리라는 단서 아래 어느 정도의 사
회·정치적 불평등을 허용하여 분배될 재화 생산에서의 효율성을
노리고 있다. 반면 그의 이론은 평등의 실질성에 대한 고려를 하
지 않고 양적 평등의 실현에 국한하며, 재분배적 국가를 이상적
국가 형태로 봄으로써 개인의 경제적 자유와 권리를 제약할 가능

체적 조건, 정신적 능력, 성품까지도 진화의 결과인 유전 인자와 외적 환경에 의해
설성된다. 따라서 그런 관점에서는 우리에게 진정 개인적인 것이란 존재하지 않을
가능성이 있다. 롤즈가 도덕적 관점에서 자의적인 것들이라는 이유로 무지의 베일
을 씌운 것들은 실상 존재론적 관점에서는 한 개인에 속하지 않는 것들이다. 그의
문제점은 경험적으로 확인할 수 있는 개별적 개인들의 존재를 전제해야 하는 정치
규범론에서 선험적 입장을 취한 데에 있다. 칸트는 현상적 자아와 예지적 자아를
구별함으로써 개인주의와 자유주의, 그리고 평등주의의 존재론적 기반을 마련하
긴 했으나, 개인들의 개인적인 요소들이 모두 현상적 자아, 즉 비본래적 자아의 것
이라 규정함으로써 개인의 개별성을 경험적으로 확인할 논거를 없애버렸다. 이 점
에 관해서는 B. Williams, "The Idea of Equality," p. 116; B. Williams, "Persons,
Character and Morality," in B. Williams, *Moral Luck*, Cambridge: Cambridge Univ.
Press, 1981 pp. 3~5 참조.

23) 존재론적 관점에서는 사실상 특수자로서건 보편자로서건, 개인의 자아가 존재치
　　않을 수 있다. 자아의 동일성을 부정하는 고전적 견해는 흄의 '지각 다발론' 참
　　조. 현대적 이론은 다음 참조: D. Parfit, "Personal Identity," in J. Perry ed.,
　　Personal Identity, Univ. of California Press, pp. 199~226; Williams, 위의 논문.

성을 내포하고 있다. 드워킨의 이론은 이와 대조적으로 평등의 실질성, 분배의 효율성, 자연적·사회적 우연성의 제거, 그리고 개인의 자유와 권리의 존중을 목표로 한다. 그의 문제점은 주로 기술적인 것으로 추상적 경제력의 평등 분배, 공매 제도의 시행, 선망 테스트의 실시를 어떻게 수행하느냐는 것이다.

Ⅲ. 자유주의 사회에서의 평등

이상에서 필자는 평등의 논거를 제시하려 하였고, 평등의 이념이 현실적으로 시행되기 위해 충족시켜야 할 조건들을 제시하였다. 이제 정치적으로는 자유주의, 경제적으로 자본주의를 채택하고 있는 한국 사회에서 평등의 이념, 특히 재화의 평등 분배론이 어떻게 실행될 수 있을지 검토해보자. 일반적으로 평등주의는 정치적으로는 자유주의 또는 개인주의와 갈등하며, 경제적으로는 자본주의가 신성시하는 사유 재산권과 시장 제도에 대한 침해나 억제를 정당화하는 것으로 생각된다. 자유주의나 개인주의는 개인들 사이의 차이와 이들의 삶의 계획과 방식의 다양성을 인정하는 반면 평등주의는 사회의 도식화·획일화를 기도하는 것으로 인식되어왔다. 그리고 자본주의는 사유 재산권과 시장 제도를 통해 빈부의 차이를 극대화하는 경향이 있어 평등의 실현에 기여하기는커녕, 불평등을 극대화·가속화하므로, 필연적으로 평등주의와 모순 관계에 있는 것으로 간주되어왔다.

이러한 인식이나 파악은 올바른 것인가? 자유주의나 개인주의의 근본적인 생각은 사회 구성원 모두가 각자가 생각하는 바대로 삶의 계획을 입안하고 이 계획을 자신의 방식대로 실현할 자유와 권리를 누릴 수 있다는 견해이다. 평등주의의 경우에도 재화의 평등 분배를 당위로 요청하는 이유는 개인들이 재화를 평등하게 소유함 그 자체가 중요해서라기보다는,[24] 사회 구성원 모두가 자신

의 고유한 삶의 계획을 수립할 수 있으되 이를 실현할 수단은 공
평하게 소유해야 한다는 것이다. 평등주의에서도 중요한 것은 동
일한 가치관의 공유나 동등한 양의 재화 소유가 아니라, 이 재화
를 도구로 사용해 각 개인이 실현하기를 바라는 각자 고유의 가치
관이며, 이를 실현할 수 있게 하는 재화의 기회이다. 모든 사람들
이 동일한 가치관을 소유해야 한다는 견해는 종교주의적이거나
도덕주의적 사회에 이르기 쉬우며, 재화의 동등한 양을 소유함 그
자체가 중요하다는 견해는, 그 의도와는 달리 물질주의적 사회에
이르게 하기 쉽다.[25]

거듭 지적하건대, 자유주의나 개인주의의 기저에 있는 신념은
각자 고유한 가치관과 인생관의 실현 주체로서의 개인들이 모두
존중의 대상이 된다는 입장이다. 이 점에서 자유주의는 존중 평등
론이나 평등 대우론과 일맥상통하며, 이 때문에 자유주의는 각 개
인이 자신의 가치관과 인생관의 실현을 위해 동등한 양의 재화와
기회를 소유해야 한다는 평등주의적 요청에 동의하리라 생각된
다. 다른 한편으로 평등주의 역시 적어도 그 현대적인 형태에서는
사회 구성원의 가치관이나 인생관의 평준화를 목표로 하기보다는

---

24) 재화 평등 분배론이 재화의 평등 소유 그 자체가 중요하다는 견해를 함축한다면
그것은 우리의 삶에 대해 매우 그릇된 가정을 하고 있는 것이다. 재화의 소유는
수단이지 목적이 아니다.

25) 사회 구성원 모두가 자신의 가치관을 실현하기에 충분한 양의 재화를 소유하였으
되, 타인들과 비교할 때 상대적인 빈곤감을 느낄 수 있다. 그리고 이런 상대적 빈
곤감의 원인이 되는 재화의 불평등 분배 상태를 정의에 의해 시정되어야 할 것으
로 요청할 수 있다. 이 경우 그 원래의 분배 상태가 정의롭게 이루어진 것이면 그
분배 상태는 설사 불평등한 것이며 상대적 빈곤감을 불러일으키더라도 시정의 대
상이 되지 않는다. 이런 정의로운 불평등에 대한 불만이나 빈곤감은 잘못된 가치
관이나 심리 상태에 기인하는 것이므로 정치적 이념이 해결해야 할 문제가 아니
다(Dworkin, ER, p. 332 참조). 그 원래의 분배 상태가 불의의 결과라면, 이는 당
연히 시정되어야 할 것이다. 그러나 이 경우라도 시정의 이유는 불평등 그 자체나
빈곤감이 아니라 분배를 야기한 불의한 과정이다.

그를 실현할 기회와 수단의 균등성을 주장하는 것이지, 재화의 평등한 소유가 개인적 삶의 최종 목표라고 생각지는 않는 점에서 자유주의적이다. 평등주의가 재화의 균등성을 지지하는 궁극적 이유도 역시 재화의 평등 분배 자체가 중요해서가 아니라 그를 사용해 실현될 각 개인의 가치관과 개인의 인격이 동등하게 존중·대접받아야 한다고 보기 때문이다.

　모든 개인들은 각자의 가치관과 인생관을 형성하여 이에 따라 일관되게 자신의 삶을 영위하려 한다. 그러나 인간 현존의 조건들은 이런 가치관과 인생관을 실현하는 데 많은 제약들을 안고 있으며, 이 제약들은 이성의 관점에서 보면 우연적인 것들이다. 그리고 사회적 제약들은 악의가 숨어 있는 불의의 결과인 경우가 많다. 이성은 이 우연적인 것들을 불합리한 것으로 평가하고 이를 해소·극복하고자 한다. 여기에서 평등론, 보다 적극적으로는 재화 평등 분배론이 등장한다. 이성적인 관점을 취할 때, 즉 이 사회를 이성화하고자 할 때, 모든 사회 구성원들은 자신의 가치관과 인생관을 실현할 동등한 재화와 기회를 소유해야 한다. 삶의 우연성을 극복하고, 모든 사회 구성원들이 삶의 가치를 실현할 기회를 갖는 것, 이것이 바로 공동체의 이념이다. 재화 평등 분배론의 주요 논거는 자질 공유론이 아니라 이 우연성의 극복이라는 당위적 명제이다.

논문들의 출처와 보완 사항

「책머리에」에서 밝힌 바와 같이 이 책을 구성하는 논문들은 10여 년 전부터 여러 곳에 발표하였던 것을 수정 보완한 것들이다. 독자의 편의를 위하여 논문의 출처와 수정 및 확대의 범위를 적는다. 논문에 따라서는 수사적인 수정만이 아니라 상당량의 내용 보완을 하여, 양이 두 배 이상 늘어난 것도 있으나 가급적 기본적인 주장이나 노선은 변경하지 않도록 하였다.

제1장 공동체, 자유 그리고 말
『해방 40년—민족 지성의 회고와 전망』(1985년 11월, 문학과지성사 간)에 게재된 논문에 약간의 수사적 수정을 가하였다.

제2장 정치 세계의 존재론
『문학과사회』(제3집, 1988년 가을호, 문학과지성사 간)에 게재된 논문에 수사적 수정과 상당량의 내용 보완을 한 것이다.

제3장 규범적 국가의 인간존재론적 정초를 위한 시론
『철학』(제27집, 1987년 봄호, 한국철학회 간)에 실린 논문에 역시 수사적인 수정을 가하고 명료화를 위해 보완하였다.

제4장 자연계 내의 이성 질서로서의 국가

한국철학회 1989년 춘계 연구발표회(주제: 동서의 국가관)에서 발표한 후에 『철학』(제31집, 1989년 봄호, 한국철학회 간)에 게재하였다. 이 논문에 수사적인 퇴고를 가하고 내용상으로도 보완하였다.

제5장 아리스토텔레스의 국가론

원래 『서양 고전학 연구』(제3집, 1989년 10월, 서양고전학회 간)에 「아리스토텔레스에서의 demokratia」라는 제목으로 발표되었던 것이다. 이는 약간의 수정을 거쳐, 『사회철학 대계 I: 고전적 사회철학 사상』(1993년 12월, 민음사 간)에 「아리스토텔레스의 국가론」으로 다시 수록되었다. 여기에 실린 글은 이 논문에 제5절을 새로이 추가한 것이다.

제6장 개인의 존재론: 권리 개념의 새로운 해석

『철학』(제29집, 1988년 봄호, 한국철학회 간)에 「권리 개념 소고」라는 제목으로 게재되었던 것을 상당한 정도의 내용적인 수정과 보완을 한 것이다. 양적으로는 2배 이상으로 늘어났다.

제7장 사유하는 인간의 등장과 권력의 탄생

『세계의 문학』(1992년 가을호, 민음사 간)에 게재된 논문에 약간의 수정을 가한 것이다.

제8장 권리와 권력

원래 「권력과 권리」라는 제목으로, 경북대 1990년 여름 심포지엄(주제: 권력과 이성, 1990년 6월 9일)에 발표되었다. 이는 다시 수정 보완을 거쳐 『한국문화연구원 논총』(이화여대 한국문화연구원 간, 1991년 12월)에 게재되었다. 이 책의 논문은 그 동안의 메모들을 추가하여 이를 다시 수정 보완한 것이다.

제9장　사회 정의론에서 평등과 자유

『세계의 문학』(제31집, 1984년 3월, 민음사 간)에「사회 정의, 평등이냐 자유냐」라는 제목으로 게재되었다. 이는 이대 여성학과 대학원의『여성학 논문집』에 다시 수록되었고, 이 글은 이에 약간의 수사적인 수정과 내용 보완을 한 것이다.

제10장　사회 정의의 이념

이화여대 한국문화연구원 편,『현대 사회와 사상』에 실렸던 것으로 수사적인 퇴고를 하였다.

제11장　최소국가의 이념과 자유주의적 정의론

1984년 한국철학회 추계 연구발표회에서 발표한 후에,『철학』(제 22집, 한국철학회 간)에 게재되었던 것에 약간의 수사적인 수정을 가하였다.

제12장　현대의 여러 평등 이론들

『현대 사회의 이념적 기초』(1993년 8월, 한국정신문화연구원 간)에「평등의 이념과 실제」라는 제목으로 실렸던 논문의 전반부로서 이에 수사적인 수정을 하였다. 이 논문을 둘로 나눈 이유는 이 책의 체재를 고려해서이다.

제13장　이성과 평등

『현대 사회의 이념적 기초』(1993년 8월, 한국정신문화연구원 간)에「평등의 이념과 실제」라는 제목으로 실렸던 논문의 후반부로 수사적인 수정을 하였다.

394, 510 이하

〈라〉

라이언 A. Ryan   440

라이언스 D. Lyons   237, 244

라파엘 D. D. Raphael   326

래스렛 P. Laslett   48, 434

래스키 H. Laski   104

레이든 W. von Leyden   188

로스 W. D. Ross   239

로크적 단서   392

로크 Locke   47, 224, 435

롤즈 J. Rawls   41, 47, 69~70,
  115, 288, 290, 359, 500, 511,
  542 이하

루소 Rousseau   181, 213, 260,
  351

루카치 G. Lukács   57

르바인 A. Levine   49, 154

〈마〉

말   27 이하, ―의 질서 210, ―
  과 자유 31, ―과 보편 30

매보트 J. D. Mabbott   121

맥시민 *maximin* 전략   373

맥킨타이어 A. MacIntyre   255

맥퍼슨 C. B. MacPherson   121,
  127, 181

메타 유토피아 *meta-utopia*   153,
  362, 462

명분   188, 236

모랄 J. B. Morrall, 101

무국가적 상황   119, 121, 162

무의미   169

무의식   158

무지의 베일   412

문제의 논리   105~09, 113

민주정의 문제점   195

민주주의   174, 181 이하

밀 J. S. Mill   26

〈바〉

바커 E. Barker   183, 189, 329

반란 *stasis*   188, 210

반성적 이성   78 이하, 91

방법   107, ―과 도구의 차이 328

벌린 I. Berlin   48, 511, 539,

법실증주의   226

베리 B. Barry   541

벤 S. I. Benn   536